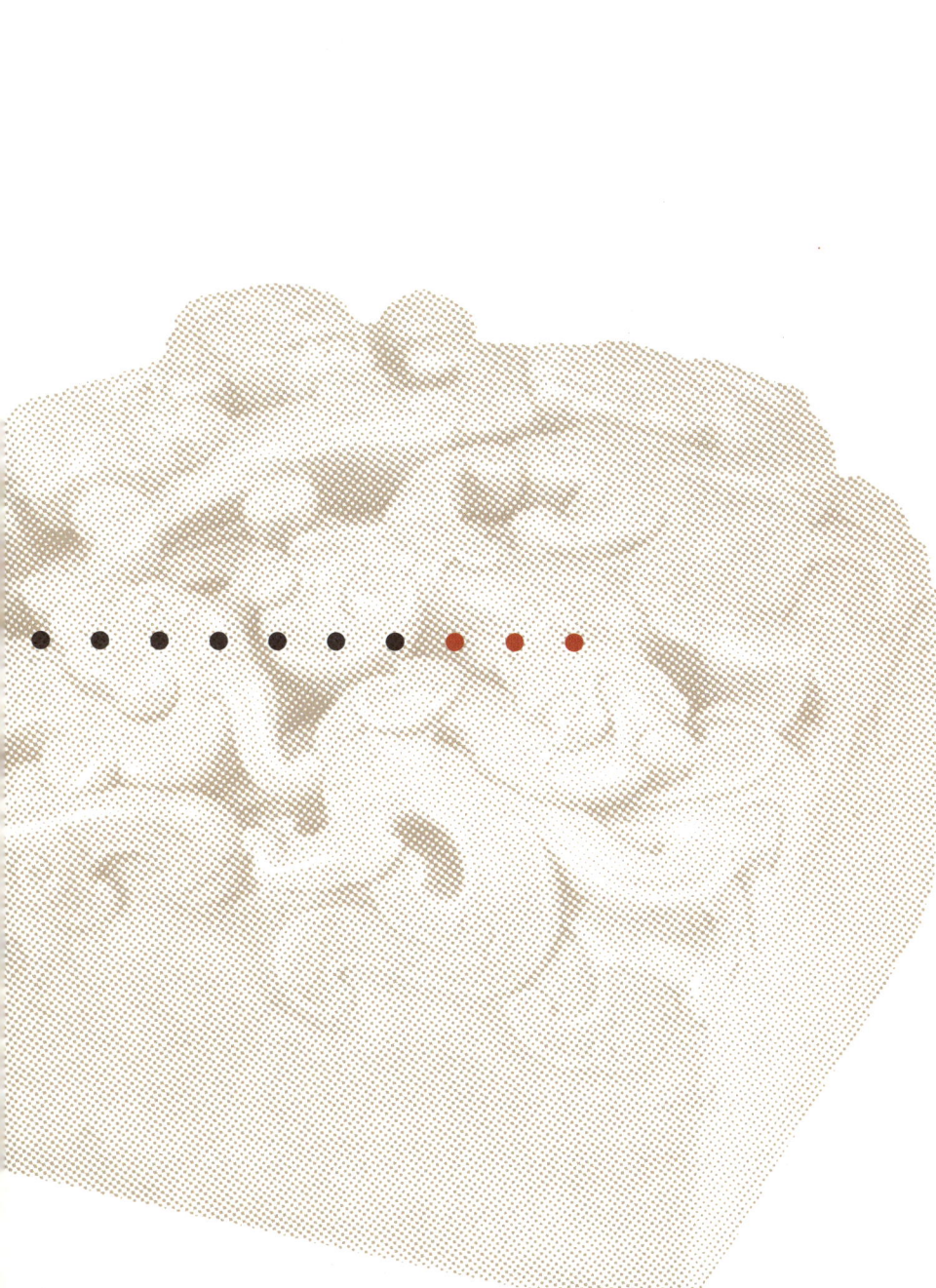

중국을 말한다

14 석양의 노을

1644년~1840년

멍펑싱 지음 · 김순림 옮김

좋은 책 좋은 독자를 만드는—
㈜신원문화사

Copyright ⓒ 2003 by Shanghai Stories Culture Media Co., Ltd.
Korea copyright ⓒ 2008 by Shinwon Publishing Co., Ltd.
All right reserved.

이 책의 한국어판 저작권은 상해문예출판사와의 독점 계약으로
신원문화사가 소유합니다.
저작권법에 의하여 한국 내에서 보호를 받는 저작물이므로
무단전재와 무단복제를 금합니다.

발간에 즈음하여

역사란 사람에 따라서 여러 가지 뜻으로 사용되고 있지만, 일반적으로 두 가지의 뜻이 있다. 하나는 인류가 살아온 과정에서 일어난 과거의 모든 사실과 사건 그 자체를 말하며, 다른 하나는 이러한 과거의 모든 사실과 사건의 기록을 의미한다. 즉 역사는 '사실로서의 역사'와 '기록으로서의 역사'라는 두 가지 측면이 있는 것이다.

기록으로서의 역사는 과거의 사실을 토대로 역사가가 이를 조사하고 연구하여 주관적으로 재구성한 것이다. 이 과정에서는 필연적으로 역사가의 가치관과 같은 주관적 요소가 개입하게 되며, 이 경우 역사라는 말은 기록된 자료 또는 역사서와 같은 의미가 된다.

역사는 정치, 경제, 사회, 문화 등 여러 방면에 걸친 지식이 포함되어 있는, 과거 인간 생활에 대한 지식의 총체를 의미한다. 역사를 배움으로써 우리는 인간 생활에 대한 지식의 보고에 다가갈 수 있다. 역사를 알지 못하면 현재를 살아가는 우리 자신의 정체와 우리를 둘러싸고 있는 현재의 상황을 바로 알 수가 없다. 그러므로 현재를 바로 알기 위해서 뿐만 아니라 미래를 예측하고 설계하기 위해서도 과거의 역사를 바로 알아야 한다.

발간에 즈음하여

이 책 《중국을 말한다》는 총 15권으로 구성되어 있으며, 중국의 원시 사회부터 마지막 왕조인 청나라가 멸망하기까지의 역사 과정을 서술하고 있다. 본서는 유구한 중국 역사의 흥망성쇠를 시대별로 나누고, 그 시대의 주요 역사적 사실과 인물들에 관한 이야기를 1500여 편의 표제어로 엮어 구성하였을 뿐만 아니라 누구나 쉽게 읽고 이해할 수 있도록 이야기 형식으로 서술했다.

또한 당시 사회생활을 반영한 3000여 점의 그림 및 사진 자료가 매 페이지마다 실려 있어 본문의 내용을 생생하고 깊이 있게 이해하도록 도와준다. 나아가 사진과 그림들을 문화적인 유형으로 분류하면 또 하나의 독립적인 복식문화사, 풍속사, 미술사, 과학 기술사가 될 것이다.

특히 본서의 번역에 있어서 최대한 원서의 내용과 의미를 살리고자 했으며, 중국 지명 및 인명 표기에 있어서는 독자들의 혼란을 야기하지 않기 위해 외래어표기법에 의한 중국식 발음이 아닌 우리나라의 한자음으로 표기했다. 부득이 중국식 발음으로 표기한 인명에 있어서는 한자를 병기했다. 수많은 중국 고대의 문명과 인물, 그리고 생소한 지명 등을 일일이 찾아 번역하기란 쉬운 일이 아니었다. 중국의 역사는 그만큼 방대하고 폭넓기 때문이다.

《중국을 말한다》는 중국인들이 그들의 역사를 보는 시각이다. 때문에 분명 우리와 그 맥락을 달리 하는 부분이 있다. 그럼에도 불구하고 이 책을 발간하게 된 취지는, 비록 내용 중 우리 역사와 충돌하는 부분이 있지만 중국과의 교류가 날로 늘어 가고 있고, 또 중국의 국제적 영향력이 확대되고 있는 상황에서 중국을 제대로 이해할 필요가 있다고 판단했기 때문이다. 우리의 역사를 올바로 이해하기 위해서는 밀접한 관계에 있는 주변국들이 주장하는 그들의 역사도 분명히 알아야 한다. 때문에 중국인의 세계관이 잘 드러나면서도 쉽게 읽을 수 있는 역사서를 소개하고자 하는 것이다.

청소년들과 일반인들에게 더 넓은 지식을 알려줌과 동시에 역사를 전공하는 사람들에게는 비교 분석을 통해 실증적인 연구를 하는 데 도움을 주고자 이 책을 출간하게 된 것이다.

신원문화사 대표

꿈과 추구

중국 상해문예출판사 편집위원 허청웨이何承偉

발간사

독자들을 위해 엮은 중국 역사 백과사전

찬란한 문명사를 가진 중국은 생기와 활력이 넘치는 나라이다. 선사 시대부터 동방에 우뚝 선 중국은 오늘날에 이르기까지 끊임없는 발전을 거듭해 오고 있다. 수많은 역사가 그 땅에 살고 있는 사람들에 의해 선도되어 왔으며, 그 역사는 또한 길이길이 남아 후손들에게 지혜와 슬기를 안겨 주고 있다.

우리는 지금 매우 새로운 시도를 하고 있다. 보다 많은 사람들에게 중국 역사를 알리고 싶은 소망 하나로, 이야기 형식의 역사책을 만들고 있는 것이다. 그래서 이 책은 보통의 역사책처럼 지루하지 않다. 마치 할머니에게 호랑이 담배 피우던 시절의 이야기를 듣는 것처럼 흥미진진하다.

이 시리즈는 모두 15권으로 구성되어 있다. 제1권 〈동방에서의 창세〉, 제2권 〈시경 속의 세계〉, 제3권 〈춘추의 거인들〉, 제4권 〈열국의 쟁탈〉, 제5권 〈강산을 뒤흔드는 노래 – 대풍〉, 제6권 〈끝없는 중흥의 길〉, 제7권 〈영웅들의 모임〉, 제8권 〈초유의 융합〉, 제9권 〈당나라의 기상〉, 제10권 〈변화 속의 천지〉, 제11권 〈문채와 슬픔의 교향곡〉, 제12권 〈철기와 장검〉, 제13권 〈집권과 분열〉, 제14권 〈석양의 노을〉, 제15권 〈포성 속의 존엄〉 등이다.

역사에 대한 현대인들의 감정에 가장 넓은 공감대를 형성하고 있는 문학 장르는 이야기이다. 사람들은 이야기를 통해 재미와 슬픔을 느끼고, 경탄하거나 한숨을 쉬기도 한다. 이야기는 한 민족의 잠재의식 속에 존재하고 있는 집단적인 기억이다. 이야기는 또한 역사적인 문화의 유전자를 독자들에게 심어 주고, 그들의 의식意識을 깨끗하게 정화淨化시켜 준다.

그래서 이 책은 이야기체를 주체로 했다. 또 기존의 역사서들이 갖고 있던 중국 중심의 전통적인 틀에서 벗어나, 세계적인 안목을 가진 일류 역사학자들의 견해를 우선시했다. 나아가 중국 역사의 발전 맥락과 세계사의 풍부한 정보를 함께 실어 이야기만으로는 부족하기 쉬운 지식의 결함을 보완했다. 이야기가 가진 감성적인 감동과 역사 지식에 대한 이성적인 의견을 통일시킨 것이다. 그래서 이 책을 읽은 독자들은 한 그루의 나무뿐만 아니라 거대한 숲도 한눈에 볼 수 있으며, 각각의 이야기가 주는 심미적인 흥미와 함께 역사적인 큰 지혜도 얻게 될 것이다.

또한 이 시리즈에는 많은 사진과 그림들을 첨부했다. 비록 편면성을 갖고 있다 할지라도 오늘날 독자들의 수요와 취향이 그것을 요구하고 있기 때문이다. 이 책 속의 사진과 그림들은 감상을 위주

로 하는 사진이나 기존의 그림과는 크게 다르며, 독자들로 하여금 생생한 역사적 사실감을 느끼게 해줄 것이다.

이 책에 실린 사진과 그림들은 그 영역 또한 대단히 넓다. 역사의 현장을 깊이 있게 재현하고, 발전과정과 변화를 입체적으로 돌출시킴으로써 본문의 내용을 생생하고 깊이 있게 이해하도록 도와준다. 따라서 이 책 속의 사진과 그림들은 중국 역사와 문화의 전면적인 정보를 알려 주고 있다고 해도 과언이 아니다. 나아가 사진과 그림들을 문화적인 유형으로 분류한다면, 사진으로 읽는 복식문화사, 의약사, 도서 서적사, 풍속사, 군사軍事史, 체육사, 과학 기술사 등 독립적이고 전문적인 분야의 역사 사진들이라고 할 수 있다.

이 시리즈에 들어 있는 하나의 이야기, 한 장의 사진, 하나의 그림 등 모든 정보는 각각 대표성을 가진 '점點'들이라 할 수 있다. 그러나 이 점들은 개별적으로 존재하는 것이 아니라 역사라는 거대한 수레바퀴를 잇는 연속선 위의 서사敍事 단위들이며 중국 문명의 반짝이는 광점光點들로, 중국이라는 거대한 국가의 문화적 성격들을 굴곡적으로 반사하고 있다. 따라서 이 광점들을 연결시키면 하나의 역사적인 '선線'이 된다. 이 선과 선 사이에 날실과 씨실로 엮어진 것이 바로 신성한 역사의 전당이다. 점과 선과 면, 이 세 개가 합쳐져 중국 역사라는 거대한 탑이 완성된 것이다.

인쇄술은 중국이 자랑하는 4대 발명 중의 하나이다. 한때 중국의 도서 출판은 세계 출판 역사를 선도한 적이 있었다. 하지만 근대에 이르러 중국의 출판업은 퇴보하기 시작했고, 지금도 선진국에 비하면 출판 기술적인 측면에서 상당한 후진성을 벗어나지 못하고 있다. 따라서 우리는 이 책을 출판하는 과정에서 외국의 선진 출판 기술을 열심히 배우고 소화시키며 양자 간의 거리를 단축시키기 위해 노력했다.

우리는 이 시리즈를 만드는 과정에서 중국의 역사와 문화가 너무나 위대하여 그 어떤 찬미를 한다 해도 과분하지 않다는 것을 가슴 깊이 느꼈다. 나아가 중국의 역사와 문화는 단지 중국만의 것이 아니라 세계적인 것이라는 사실을 절감할 수 있었다.

중국의 역사에 비견해 보면, 이 시리즈의 완성은 광야에 핀 꽃 한 송이에 불과할 것이다.

그러니, 앞으로 우리가 꽃피울 세상은 한없이 넓고 아름답다.

총서總序

현대인과 역사

상해사회과학원 연구원 류수밍劉修明

지나간 역사와 오늘은 어떤 관계일까?
역사는 오늘을 살아가는 사람들에게 어떤 영향을 미치고 있는가?
과거란 지나간 세월이다. 과거의 살아 숨 쉬는 실체는 이미 없어지고 유적과 기록만 남아 있을 뿐이다. 시간은 거슬러 흐르는 법이 없다. 그렇다면 과거를 배워 도대체 무엇을 어떻게 하겠다는 말인가?

역사는 무용지물이라는 무지몽매한 개념이 개인에게만 있는 것이 아니다. 특히 과학 기술이 고도로 발달한 현대 사회에서는 역사를 현실과 동떨어졌다 하여 더욱 경시하는 경향이 있다. 또한 역사에 대한 자신의 무지를 부끄럽게 여기지 않는 사람도 적지 않다.

그러나 이런 현상을 그저 나무라기만 할 수는 없는 일이다. 다양한 양질의 자료를 통해 역사와 현시대 사람들 사이의 거리를 단축시킬 수만 있다면, 사람들은 생생한 역사 속에서 깨달음을 얻을 수 있을 것이다. 또한 역사적인 진리를 깨달아 예지叡智를 키움과 동시에, 현대 사회의 문명에 대한 인식을 더욱 깊게 하여 현시대 사람들의 인식과 실천을 한 단계 높은 차원으로 도약시킬 수 있는 기회를 만들 수 있다. 그렇게 된다면, 사람들은 오늘이 곧 역사의 계승이며 역사는 현재의 생존과 발전에 불가결한 요소임을 알게 될 것이다.

중국 역사는 생동감 있고 폭넓은 지식으로 사람들의 슬기를 키워 주는 교과서이다. 또한 독특한 성격을 가진 동방 문명사이기도 하다. 중국 역사는 그 형성과 발달 과정이 이집트나 메소포타미아 문명, 또는 인도 문명처럼 중단되거나 전이되지 않았고, 침몰되지 않았다. 비록 온갖 우여곡절을 겪기는 했지만, 여전히 불굴의 자세로 아시아의 동방에 우뚝 서 있다. 중국 역사는 시간과 공간을 포함하면서도 시간과 공간을 초월하는, 나아가 유형적이면서도 무형적인 운반체인 것이다.

영국의 철학자 베이컨은 "역사는 사람을 지혜롭게 만든다"고 했다. 역사적 경험에는 깊은 사색을 필요로 하는 이치들이 담겨 있다. 그러므로 현실을 바르게 인식하고 미래를 현명하게 내다보려면 역사를 올바르게 이해할 줄 알아야 한다. 역사를 제대로 아는 사람만이 현실을 명확히 파악할 수 있다.

문학과 역사와 철학. 이 세 가지 학문을 주간으로 하는 인문 교육은 인간의 소질을 높이는 데 특별한 가치가 있다. 그리고 이 세 가지 요소가 통합되어 있는 것이 중국 역사이다. 외국어 교육이나 컴퓨터 교육만을 중시하고 인문 교육을 소홀히 하는 경향은 반드시 고쳐져야 한다.

역사는 다양한 서적들을 통해서 연구할 수 있다. 그러나 중요한 것은 독자들의 흥미를 어떻게 이끌어 내느냐 하는 것이다. 우리는 지금 재미나는 글과 정확한 사진이 합쳐진, 이야기 형식으로 편찬된 중국 역사 서적을 독자들에게 선보이고자 한다. 이 시리즈를 주관한 허청웨이何承偉 선생은 평생이라고 해도 과언이 아닐 만큼 오랜 세월 동안 출판업에 몸담은 분이다. 또한 수많은 학자들의 자발적인 참여와 협력이 이 시리즈를 완성하게 했다.

이 시리즈는 생생한 형상과 특이한 엮음으로 누구든 쉽게 중국 역사라는 거대한 전당 속으로 들어갈 수 있게 했다. 또한 그 역사의 전당에서 지식과 도리를 깨닫고 시야를 넓혀, 과거를 거울로 삼아 미래를 꿈꿀 수 있도록 최선을 다했다. 이 책은 전통에 대한 교육과 미래에 대한 전망을 조화시켜 공부하게 함으로써, 오늘날을 살아가고 있는 사람들이 중국의 역사를 넘어서 세계 문명 발달을 선도하는 데 결정적인 역할을 하게 되기를 소망한다.

우리는 옛 선인들의 슬기로움을 가슴으로 느껴야 한다.

그들은 우리가 세계사의 주인공이 되기를 바라고 있다.

차 례

발간에 즈음하여 4

발간사 : 꿈과 추구 - 독자들을 위해 엮은 중국 역사 백과사전 6

총서總序 : 현대인과 역사 8

전문가 서문 : 중국 역사와 현대 독자와의 대화 14

찬란한 중국 역사 한눈에 보기 - 이 시리즈를 읽기 전에 16

머리말 : 1644년부터 1840년까지
중화판도의 확정 그리고 민족의 단결과 융합 - 청나라 전기 20

이 시대는 선대를 능가하고 후대가 자랑으로 생각하는 시대였다.
강희, 옹정, 건륭 세 왕조를 주체로 하는 청나라 전기의 문명은 문화적, 역사적 유산을 창조했지만
역대왕조의 봉건적 사고에서 벗어나지 못하고 세계화에 뒤떨어지게 되었다.

001 여진족의 후예 28
만족의 영웅, 개국황제

002 누르하치의 기병 32
13부병으로 천하를 얻다

003 후금국의 창건 35
연속으로 목표를 명중시켰다

004 사르후 전투 38
몇 갈래로 오든 나는 한쪽으로만 간다

005 심양에 도읍을 정하다 41
지혜롭고 용감한 정치가의 안목

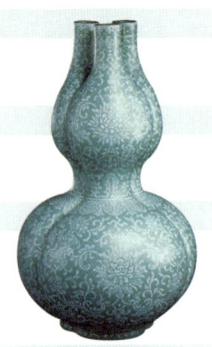

007 누르하치의 죽음 44
백전백승의 장군도 한번쯤은 패배하기 마련이다

007 대청의 건국 47
창업이 어렵지만 뒤를 이어나가기는 더욱 어렵다

008 북경성을 포위 50
삼국연의를 활용해 얻은 승리

009 대릉하 포위전 53
성을 공격하는 것 보다 마음을 공략함이 더 상책이다

010 홍승주가 투항하다 57
길을 갈 때 우리는 모두 장님과 다름없다

011 홍타이지와 몽골인, 한인 8기   60
황권에 대한 강화는 바로 제왕의 본색이었다

012 복림을 황제로 추대하다   64
도요새와 조개의 싸움에서 어부지리를 얻다

013 관내로 들어간 도르곤   68
천재일우의 좋은 기회를 얻었다

014 북경을 도읍으로 정하다   71
대청국의 도읍이 정해졌다

015 이자성의 종말   75
군사가 패배하면서 영웅을 휘몰아가버렸다

016 명나라 충신 사가법   78
지조를 지키지 못했지만 찬양을 받았다

017 신비의 여인 유여시   82
"청산을 어여쁘게 보니, 청산도 나를 어여쁘게 보는구나"

018 삭발령   85
머리를 깎으라는 명령은 습관을 변화시켰다

019 불굴의 강음성   89
살아있는 사람이 죽어있는 사람보다 더 더럽다

020 대학자 황도주   92
무너져가는 청사를 기둥 하나로 받칠수 있는가

021 남경에서 참패한 정성공   94
교만한 자는 실패하기 마련이다

022 달라이라마가 북경에 오다   98
달라이라마를 '서천대선자재불령천하석교' 로 책봉했다

023 공자에게 절을 올린 황제   102
총명한 천자는 모두 우상을 존중했다

024 정유 과거시험장 사건   104
문자범위에서 음으로 조작했다

025 승전고를 두 번 울린 이정국   107
후금 건립 후 최대의 참패였다

026 화를 면치 못한 영력 황제   112
망국의 비운에서 벗어나지 못했다

027 천연두에 걸린 순치황제   114
천연두가 사람을 사경에 몰아넣었다

028 곡묘사건   117
미움을 받아 목숨을 잃었다

029 대만을 수복한 정성공   119
제국주의자에게서 영토를 되찾아 왔다.

030 의롭게 죽은 장황언   122
충신과 열사들은 강산을 영원히 빛낼 것이다

031 이래형과 기동 13가   125
지속된 전투로 장렬하게 희생되었다

032 명사사건   129
저작은 자신을 해쳤고 임금은 사람을 잡아먹었다

033 오보이를 사로잡은 강희 황제   134
예로부터 영웅은 소년시절에 나타났다

034 일본에서 유학을 강의한 주순수   137
중국의 유학은 국경을 가리지 않았다

035 만리 길을 걸은 고염무   140
시대는 한세대의 표상을 기른다

036 대학자 황종희   143
그의 창작품이 후세사람들에게 전해졌다

037 궁정안의 서양 선교사   146
서학이 들어오면서 서양 과학 기술을 전해왔다

038 산서학자 부산   150
대학자 한 사람이 10명의 장군을 대체할 수 있다

039 오삼계 토벌   154
8년 동안의 반란은 10개 성에 화를 끼쳤다

040 청렴한 관리 우성룡   158
하급 관리로부터 변경의 큰 벼슬에 이르기까지

041 시랑의 대만 탈취   162
군사가의 재능, 정치가의 기품

042 황하를 다스린 근보   165
청나라의 으뜸가는 수리 지휘관

043 육척항   168
"석자를 더 물러선들 어떠하리오."

044 강녕지부 진붕년   172
청렴한 관리는 황제에 의거했다

045 팽붕과 시세륜   175
민간에서 청렴한 관리의 이름이 회자 되었다

046 사가 나란싱더   178
세상에 이름을 날릴 뻔한 청나라 지식인

047 중국과 러시아의 전쟁   181
러시아에 대한 최초의 정벌

048 네르친스크 조약   185
'귀중한 평화'는 승전을 해야만 실현될 수 있었다

049 효장태황태후   188
청나라의 첫 여류정치가

050 포송령과 《요재지이》   192
"꽃같은 얼굴들이 반겨주는 세상일이 귀신같다."

051 시인 왕사진   195
송나라의 소식과 견주었으며 문단의 태두라고 했다

052 강희 황제의 갈단 정벌   197
정벌의 목적은 평화를 찾기 위한 것이었다

053 쿠룬회맹   200
뛰어난 재능과 원대한 지략을 펼친 걸작

054 미신을 타파한 탕빈   203
청렴한 관리를 등용한 황제는 훌륭한 황제였다

055 공상임과 《도화선》   205
정치적 색채를 띤 재자가인의 전기

056 극을 보고 벼슬자리를 잃다   208
'장생전'으로 공명을 잃을줄은 몰랐다

057 강희 황제가 남방을 순시   211
남방의 상황을 파악하기 위한 것이었다

058 대명세의 《남산집》   214
청나라를 비방한 흔적을 찾지 못했다

059 천수연   216
노인을 공경한 전통을 계승했다

060 목란 사냥터   219
말을 타고 천하를 탈취한 사람들의 습관과 군사훈련

061 책립하기 어려운 태자   224
나라보다 가정을 다스리는 일이 더 어렵다

062 연갱요, 룽커둬의 죄   227
세도를 부리면서 그 까닭을 모르면 궤도를 벗어난다

063 손가감의 직언   230
황제의 총애와 미움을 받았다

064 오경재의 《유림외사》   233
세계 문단에서 보기드문 지식인들의 이모저모

065 사사정 옥살이 사건   235
문자로 중죄를 내렸다

066 증정에 관한 이야기   238
부정적인 교재를 솜씨있게 적용했다

067 에얼타이의 개토귀류   242
큰 일과 사소한 일을 구별할 줄 알아야 한다

068 노량제 적인   245
특출한 사람은 많지만 발견하기는 어렵다

069 천민제활   248
옹정 황제가 훌륭한 황제라는것을 알 수 있다

070 갈단처링의 평정   251
불장난을 즐기는 자는 불에 타죽기 마련이다

071 감봉지   253
살아서는 경호원이었지만 죽어서는 협객이 되었다

072 절강의 이위   256
옹정 황제가 세운 모범의 귀감

073 보친왕 홍력이 계위   259
만주혈통의 황자

074 사향공주   264
그의 문화적 형상은 역사적 좌표보다 더 높았다

075 7품 지현 정판교	267	**091** 대만 임상문 봉기	311
총명한 사람이 바보가 되기는 어렵다		장강남북, 해협양안 등 천지회 사람들이 있었다	
076 《이신전》을 출판하다	270	**092** 여장수 왕총아	314
임금에 의해 치욕의 기둥에 걸리고 말았다		그녀는 양양 의병에서 총교사로 추대되었다	
077 강남의 유명인사 심덕잠	273	**093** 황궁으로 쳐들어간 천리교	317
시로 인해 황제의 존경과 비방을 한꺼번에 들었다		미신은 정복자를 신격화했고 백성을 노예로 여겼다	
078 유통훈, 유용 부자	276	**094** 장거얼의 난	320
그들은 정직하고 청렴한 사람들이었다		죽음에 이르기까지는 짧은 한순간에 지나지 않았다	
079 볼가강에서 돌아온 투르후터인들	279	**095** 동남의 해환	323
투르후터인들이 중국으로 되돌아왔다		밀수꾼인가 아니면 반란의 무리인가?	
080 기효람과 《사고전서》	282	**096** 근검절약하는 도광 황제	326
평생 동안 작품을 편찬한 위대함		비록 자신을 절제했지만 시야가 좁았다	
081 천하의 기재 대진	286	**097** 영국 상선 암허스트호	328
그는 건가학파의 집대성자였다		서양은 다시 중국의 문을 두드렸다	
082 강남의 순시한 건륭 황제	288	**098** 공자진	332
여섯 차례의 강남 순시는 득보다 실이 많았다		마음에서 우러나온 외침은 중세기를 벗어났다	
083 나이 어린 화가 해강	290		
목적이 바르면 수단을 가리지 않는다		초점: 1644년부터 1840년까지의 중국	334
084 장원 필원	292	1644년 ~ 1840년의 사회 생활 및	
요행에 의해서는 학자가 될 수는 없다		역사 문화 백과	336
085 원매가 용권풍을 논의하다	294	찾아보기	348
정확한 일처리로 백성들의 칭송을 받았다			
086 백의시인 황경인	296		
백에서 하나도 쓸모없는 것은 서생이로다			
087 조설근과 《홍루몽》	298		
문학의 거장이자 시대의 선봉에 선 사상가였다			
088 쿼얼커의 침입을 반격	302		
무력으로 침입을 반격한 성공적인 실화			
089 매카트니 특사를 접견	305		
세계와 융합할 수 있는 기회를 포기했다			
090 화신이 권력을 잃다	308		
한 왕조에 한 신하는 왕조 교체의 법칙이다			

중국 역사와 현대 독자와의 대화

국가청사편찬위원회 부주임·중국인민대학 청사연구소 소장 청충더成崇德

중국의 5000년 역사에서 청나라는 최후의 봉건 사회였고, 청나라가 마련한 강건康乾의 성세는 중국 고대 최후의 성세였다.

1583년 누르하치는 '유갑13부遺甲十三副'로 군사를 일으켜 여진의 여러 부족을 통일했으며 8기 제도와 만족 문자를 창제했고, 금나라를 창건하여 유구한 역사를 가진 여진족이 두각을 나타낼 수 있도록 했으며, 새로운 민족 공동체인 만족을 형성했다. 만족이 건립한 청나라는 농업을 발전시키고 주변 나라들을 정복하여 원래의 사회제도와 정권을 봉건화했으며, 청나라의 토대를 마련했다. 1644년 청나라군이 관내에 들어가면서 전국 통치를 시작했다. 청나라 전기에 중국의 전통적인 봉건 체제가 한층 강화되고 완벽해졌다. 내각, 의정왕 대신회의 제도, 어문청정, 비밀입저秘密立儲, 비밀 상주제도와 군기처의 설립으로 황권이 무한 팽창했다.

강희·옹정·건륭 황제 시대는 중국 역사에서 보기 드문 '태평성세'였으며 청나라는 국가의 안정을 이루고, 변경에 대해 안정적인 정치적 영향과 군사적 통제를 실현했다. 변경 지구는 중국 영토의 일부분이 되었고, 한족과 변경의 여러 소수민족은 경제와 문화가 연계되었다. 또한 지금의 중국 영토의 토대를 마련했는데, 이러한 성과는 어느 왕조와도 비교할 수 없는 성과다.

건륭 황제 시대 중국의 인구는 처음으로 3억 명을 넘어섰는데, 그 성장 속도가 전례 없이 빨랐다. 지금의 중국 인구와 세계 인구 구조에서 차지하는 지위는 강희 황제와 건륭 황제 시대에 다져졌다. 당시 중국은 세계의 10분의 3가량의 인구가 먹을 식량을 생산했을 뿐만 아니라 국가와 사회의 안정을 장기간 확보했다. 이는 강건의 성세에서 또 하나 성과라 할 수 있다.

국가의 재정 또한 풍부했는데, 호부의 은고銀庫에 비축되어 있는 은성은 일 년 내내 6만~7만 냥가량 되었다. 강희·옹정·건륭 황제 시대 국가 재정의 풍부함은 그전의 어느 왕조에 비해도 전례 없는 일이었으며, 청나라 왕조의 268년 중에도 절정에 이르렀다고 할 수 있다.

강건 시대의 문화와 학술 사업 또한 전례 없는 성황을 이루었는데, 옛사람들은 무인이 나라의 토대를 마련하고 문인이 나라를 다스려야 하며, 예악의 흥성하려면 100년 동안 기다려야 한다고 했다. 그러나 성세기에 와서 개척성을 띤 책들을 편찬할 수 있었다. 강건의 성세기 특징을 띤 대규모 문화 전적은 100년에 걸쳐 편찬한 《명사明史》와 《영락대전永樂大典》의 뒤를 이어 강희·옹정 왕조를 걸쳐 편찬한 《고금도서집성古今圖書集成》, 그리고 건륭 연간에 편찬을 완성한 중국 고대에서 규모가 가장 큰 총서 《사고전서四庫全書》 등 세 가지였다.

청나라의 한학漢學은 송명이학宋明理學 이후에 발생한 학술유파의 한 갈래였는데, 이를 건가학파 乾嘉學派라고도 불렀다. 청나라 시대 한학은 학술 발전에 큰 영향을 끼쳤으며, 또한 중국 고대 학술

격려사

의 집합이자 총화였다. 청나라 전기와 중기의 100여 년 사이 문학 예술은 크게 발전했다. 일찍이 중국 고대에 발생한 각종 문학 체제와 예술 부문은 모두 지속적으로 발전해 왔는데, 그 가운데 소설 창작은 중국 고대 문학 발전의 최고에 이르렀고, 그중 가장 빛나는 분야는 소설이었다. 포송령의 《요재지이聊齋志异》, 오경자의 《유림외사儒林外史》, 조설근의 《홍루몽紅樓夢》은 모두 한 세대 문학사에서 거작이었다. 그 가운데서 《홍루몽》은 중국 고전소설 중 최고라고 할 수 있다.

강희·옹정·건륭 황제 시대에 세계 경제 일체화의 진척이 갈수록 빨라졌다. 동부아시아의 강대한 나라인 중국은 제조업에서 세계 경제에서의 중요한 지위를 차지했는데, 비단, 생사, 자기, 차 등 세계적으로 독보적인 상품은 남양, 일본, 중앙아시아 등에 판매되었을 뿐만 아니라 멀리 러시아와 구미까지 수출했다.

청나라 전기에는 수백 명의 천주교와 기타 여러 교회 선교사들이 중국을 찾아왔다. 당시 서양인들은 주로 중국에 온 선교사들과 상인, 여행자들이 관찰하고 묘사한 경로를 따라 중국으로 왔으며, 유가 경전들도 그들의 손을 거쳐 서양으로 번역되어 전해졌다. 그렇게 서양으로 전해진 여러 정보들은 서양 사람으로 하여금 유구한 문명을 가진 동방의 신비한 나라에 대해 끝없는 동경을 주었다. 서양인들은 중국에서 가져온 비단, 자기, 칠기, 복장, 가구, 가마, 벽지, 부채 등을 소중히 여겼다. 이 역시 멀리 동방에서 전해온 갖가지 소문이 사실임을 증명했다. 이리하여 유럽, 특히 프랑스에서는 '18세기의 중국 열풍'이 출현했다.

강건의 성세기에 출현한 인구와 물가 문제, 그리고 황권의 지나친 팽창은 18세기 말에 뚜렷하게 나타났으며 19세기 중국의 철저한 몰락에 결정적인 영향을 주었다.

19세기부터 중국의 국세는 신속히 쇠퇴·몰락했다. 이는 역대 왕조들이 번영에서 쇠퇴·몰락으로 나아간 역사의 재현이었을 뿐만 아니라 농업사회에 뿌리를 둔 중국 전통 문화의 내적 결함을 폭로한 것이기도 했다. 이와는 달리 세계는 영국의 산업혁명과 북아메리카의 독립전쟁, 프랑스 대혁명이 빠르게 서방 열강을 개혁하고, 신속한 발전을 가져왔다. 그러나 건륭 황제의 자손들인 가경 황제와 도광 황제는 성세가 더는 오지 않는다고 개탄하면서도 가법家法을 준수하면서 변화와 개혁을 소홀히 했으며, 날로 접근해 오는 서양 열강의 침략에 대해서는 아무런 반응이 없었다.

19세기 전기의 40년 세월은 이렇게 헛되이 흘러가 버렸고, 영국이 아편전쟁을 일으키면서 중화민족은 열강들에게 유린당하는 고난 속으로 빠져들었다.

찬란한 중국 역사 한눈에 보기

이 시리즈를 읽기 전에

《중국을 말한다》는 재미나는 이야기, 다채로운 그림, 풍부한 지식 등을 집대성한 중국 역사 백과사전으로 중국의 역사와 찬란한 문명을 한눈에 보여 준다. 이 책을 효과적으로 이해하려면 옆의 안내도를 꼼꼼하게 읽고 참조하기 바란다. 그러면 중국 역사가 한 폭의 그림처럼 눈앞에 펼쳐질 것이다.

독창적인 구성으로 역사와 문화의 매력을 적절하게 표현하고 있음은 물론, 저자의 의도를 최대화시키고 있다.

광범위한 지식 정보와 귀중한 역사 자료에 그림과 사진이 더해져 누구라도 쉽게 이해할 수 있도록 했다.

이 책은 유구한 중국 역사를 이야기로 엮어, 읽는 이들의 흥미를 배가시키고 있다. 또한 이야기마다 각각의 대제목과 소제목을 붙여 본문의 중요 내용을 쉽게 파악할 수 있도록 했다.

또한 이 책은 단순히 이야기에만 그치지 않고 거기에 합당한 정보를 종합적으로 전달해 주고 있다. 이를 테면 이야기의 감성적 느낌과 역사 지식에 의한 이성적 느낌을 결부시켜 읽는 이들에게 나무와 숲을 동시에 보도록 한 것이다. 또한 '중국사 연표', '세계사 연표', '역사문화백과', '역사 시험장' 및 그림과 사진 설명을 통해 다양한 역사 지식을 두루 섭렵할 수 있도록 하고 있다.

동시에 페이지마다 삽입된 수많은 그림과 사진은 그 내용이 풍부해서 지나온 역사를 시각적으로 느끼게 하고 있으며, 각각의 역사 단계와 사회의 발전과 변화를 입체적으로 표현해 역사책이라는 지루함을 최소화했다.

- 이야기 제목

- 이야기 번호 : 이 번호는 이야기의 순서일 뿐만 아니라 찾아보기를 보다 쉽게 이용할 수 있게 한다.

- 중국사 연표

- 역사 시험장 : 본문과 관련된 역사 문화 지식에 대해 왼쪽에서 물어보고 오른쪽에 답안을 제시했다.

- 그림, 사진 설명 : 그림과 사진에 깃든 역사 문화 지식을 기술함으로써, 그 시기 역사를 보다 실제적으로 느낄 수 있도록 하고 있다.

- 중국사 연표 : 본 이야기와 비슷한 연대에 중국에서 발생한 중요 사건을 기술함으로써 중국 역사 발전의 기본 맥락을 제시한다.

- 이야기 안내 : 역사 이야기를 요약하여 소개함으로써 본 이야기의 중심을 쉽게 파악하도록 도와준다.

- 세계사 연표 : 중국사 연표와 비슷한 시기에 발생한 세계의 중대한 사건을 제시함으로써 중국과 세계를 비교할 수 있도록 하고 있다.

- 출전은 이야기의 출처가 되는 자료를 밝힘으로서 풍부한 정보량과 실용성을 갖추었다.

- 본 책의 역사 연대의 시작과 끝.

- 역사문화백과 : 동시기와 관련되는 정치, 경제, 문화, 과학 기술 등 다방면의 지식을 소개했다.

- 그림과 사진 : 지나간 역사를 직관적으로 재현시킨다. 이 책의 그림과 사진을 종합해 나열하면, 그것으로 중국 역사를 체험할 수 있다.

- 단락 제목 : 단락의 주제를 제시해 단락의 중점을 파악하기 쉽도록 돕고 있다.

- 표는 분산된 정보를 종합함으로써 통일성을 이루게 한다.

1644년 〉 청·1 〉 1840년

머리말

1644년부터 1840년까지
중화 판도의 확정 그리고 민족의 단결과 융합

청나라 전기

상해사회과학원 연구원 　 성손창盛巽昌

청나라는 중국 최후의 통일왕조다. 다민족 국가인 중국을 통일한 왕조는 진시황이 6국을 통일한 후 양한兩漢(동한·서한)·수隋·당唐·원元·명明·청나라밖에 없었다. 통일된 왕조는 모두 후세에 많은 문화유산과 정치적 유산을 남겨주었다. 그러나 청나라는 어느 왕조보다도 눈부신 성과를 쌓았지만 반면에 어느 왕조도 겪어 보지 못한 고통을 남겼다. 청나라 왕조는 268년 동안 전례 없이 원시사회, 봉건사회와 식민지사회를 겪어왔다. 청나라는 복잡한 시대에 건립된 특수한 왕조였다. 청나라는 전 왕조의 경험과 교훈을 바탕으로 개혁하려 했으나 오만과 방자함으로 인해 세계로 나아가려 하지 않았다. 그리하여 세계가 발전하고 있을 때 청나라는 뒤떨어지게 되었고 열강들에 침략당하는 신세가 되었다.

중세기의 청나라

농민들은 훌륭한 황제를 원했고 지주 또한 훌륭한 황제를 원했다. 백성이 우매하고 주체 의식이 결여되어 있을 때 제왕의 명령과 위엄은 모든 것을 결정했다. 한 왕조의 성공과 실패는 일반적으로 제왕들의 행실, 품성과 밀접한 관계가 있다. 개국 황제가 천하를 다스림에 있어서 국책 제정은 중요했다. 그렇지만 그런 국책이 연속될 수 있느냐 없느냐의 관건은 두 번째, 세 번째 황제에게 있었다. 중국의 많은 통일 왕조, 즉 진나라, 수나라 그리고 많은 지방 정권은 모두 계승자가 향락을 탐했기 때문에 붕괴되고 말았다. 그러나 예외도 있었는데 그중 가장 뚜렷한 왕조가 바로 청나라였다.

청나라는 12명의 황제가 있었는데, 황제의 대부분은 유가에서 말하는 훌륭한 황제의 기준에 부합되었다. 그들은 선조의 낡은 제도와 관례를 따르지 않고 과감하게 개혁하면서 생산에 주의를 기울이고 정사를 보았으며 또 관리들을 엄하게 다스렸다. 중국의 역사에서 그 어느 왕조도 청나라(후금)의 누르하치에서 건륭 황제에 이르기까지 장장 180년의 치세처럼 줄곧 훌륭한 황제들이 연속적으로 출현해 본 적이 없었다. 그들은 모두 재위 기간 동안 지혜와 세상을 놀라게 하는 업적을 쌓으면서 사서에 이름을 남겼다. 건륭 황제 이후 봉건 성세는 기울기 시작했다. 그러나 가경 황제, 도광 황제도 어리석은 임금은 아니었다. 그들은 나라를 다스리기에 힘썼지만 낡은 이념 때문에 시대를 따르지 못했을 따름이다.

여진을 통일

누르하치는 여진족이 후금(청나라)을 건립한 후의 개국 황제다. 누르하치는 13부철갑으로 군사를 일으키고 건국했다. 33년간의 군사 생활을 거친 누르하치는 자그마한 참새에서 나래를 활짝 펼친 대붕으로 변했다.

민족의 특색이 담긴 관리 제도를 정착

누르하치는 독창적인 관리 제도를 많이 만들었는데, 그중 가장 특색 있는 제도는 8기 제도八旗制度다. 누르하치는 만력 29년(1601)에 이미 8기를 건립하기 시작했으며, 만력 43년(1615)에 최종적으로 8기 제도를 확정했다. 8기 제도는 지역에 기반을 두고 혈연으로 구성된 군정합일軍政合一, 민병합일民兵合一의 관리 기구였는데 행정 관리, 군사 정벌과 농업 경영 등 세 가지 역할을 했다. 매 기의 고산액진固山厄眞, 매륵액진梅勒厄眞과 고위급 성원들은 모두 누르하치의 가족이었다. 씨족연맹을 기반으로 구축한 이런 가부장제의 계단식 통치의 특색은 바로 노예적인 것이었다.

홍타이지가 한족화에 전력

누르하치가 세상을 뜬 후 계위한 여덟째 아들 홍타이지가 청나라를 일으켰다. 그는 문무를 겸비하고 용맹하기 그지없었으며 만족 글과 한족 글을 알고 있었다. 숭덕 원년(1636) 홍타이지는 국호를 대청이라고 고쳤다. 대청국은 건립 초기부터 만족과 한족과의 관계를 조절하고 돈독히 하는데 중시했다. 홍타이지는 또 재능 있는 한족 관리를 중요한 위치에 등용했으며 공유덕孔有德, 경중명耿仲明과 상가희尙可喜가 의탁하러 왔을 때 격식을 차려 정치적 대우를 해 주어 후대에게 본보기를 보였다. 한인들에 대한 믿음은 홍타이지의 정치적 안목과 도량을 보여 주었다.

> 1644년-1840년
> 중화 판도의 확정 그리고
> 민족의 단합과 융합
> **청나라 전기**

조선과 막남 몽골을 정복

홍타이지의 취지는 명나라를 정벌하고 중원으로 진군하는 것이었다. 당시 청나라는 명나라와 조선, 막남 몽골 간의 삼각지대에 있었다. 명나라를 정벌하기 위해 홍타이지는 명나라와 강화하는 전략을 취하여 먼저 조선과 막남 몽골의 각 부족들을 해결하려 했다. 조선은 홍타이지의 두 차례 정벌을 거쳐 항복했다. 홍타이지는 세 번이나 출병해 막남 몽골에서 제일 강한 차하부족을 토벌했다.

천총天聰 8년(1634) 홍타이지는 나중에 무력으로 차할한을 항복시켰다. 숭덕 원년(1636)에는 몽골아문을 설립했으며 후에 이번원理藩院으로 고쳤고 6부와 동등한 위치에 놓았다. 이번원은 청나라 시대에 특별히 설치한 만족과 한족 외의 여러 민족 사무를 관리하는 기구였다. 조선, 막남 몽골을 항복시킨 후 홍타이지는 원래 주동적으로 명나라 조정과 강화하던 높은 자태를 개변했다. 홍타이지는 도르곤, 지르갈랑 등의 건의에 따라 명나라 경내를 훼멸시키는 방침을 실시했다. 즉, 가는 곳마다 살륙과 약탈로 명나라의 국력을 약화시키는 것이었다. 그리하여 천총 3년(1629), 천총 8년(1634), 숭덕 원년(1636), 숭덕 3년(1638), 숭덕 7년(1642)에 청나라군은 다섯 번이나 대규모로 침입해 들어갔는데, 어떤 때에는 북경을 포위하기도 했고 어떤 때에는 덕주德州에 이르러 황하 이남까지 쳐들어갔다. 그리고 매번 재물을 약탈했다.

황제가 된 복림

홍타이지가 죽자 복림福臨(순치 황제)이 즉위했다. 순치 황제 시대의 7년 동안 정권을 좌지우지한 사람은 도르곤이었다. 도르곤은 한족으로 한족을 다스리는 방법을 알고 있었다. 도르곤은 북경으로 들어오는 즉시 명나라의 제도와 정책을 그대로 유지한다고 했다. 그는 명나라 때 크고 작은 벼슬을 하던 선비 가운데서 이자성李自成에게 과거를 묻지 않고 원래의 직위에 있도록 한다고 선포했다.

도르곤은 한인들을 등용했으며, 그와 가깝게 지내는 한인들은 대부분 재능이 있고 견식이 있는 문화인들이었다. 이런 한인들 가운데는 관내로 들어가기 전의 범문정, 홍승주洪承疇와 관내로 들어간 후에 중용한 대학사 풍전馮銓 등이 있었다. 도르곤은 이들의 말을 따랐으며, 북경에 도읍을 정한 후 한인들에 대한 삭발역복剃髮易服을 늦춘 것도 그들의 말을 따른 것이었다.

명나라에서 청나라로 옮겨가는 변혁의 불안정 속에서, 그리고 이런 대개혁의 시기에 도르곤은 확실히 청나라를 공고히 하는 면에서 큰 역할을 수행했다. 그는 무력으로 전국을 통일하는 전략을 펼쳤는데, 그가 제정한 전략의 첫 번째는 경도京都를 공고히 하는 것이었다. 그리하여 그는 아지게阿濟格, 도도多鐸를 각각 파견해 서안으로 퇴각한 이자성을 공격하고 중원을 탈취하도록 했다. 두번째는 차례로 동남으로 쳐들어가 남명의 여러 번왕 정권을 소멸시켰다. 그런 과정에서 도르곤이 권지령圈地令을 내리는 바람에 많은 농민들이 밭을 빼앗기고 집과 가족을 잃었다. 대도시도 마찬가지로 북경성 내에서 동성, 서성, 중성을 8기의 주둔지로 하고, 남성과 북성만 민가로 지정했으며 점용당한 사람들은 집을 내놓고 나가야 했다. 그는 또 황제와 같은 사치스러운 생활을 했다.

순치 황제의 친정 시국

7년(1650) 12월, 도르곤이 죽자 열다섯 살 된 어린 순치 황제가 친정親政했다. 복림의 친정은 그의 어머니 효장孝莊 황태후에 의한 것이었다. 그런 가운데 복림은 점차 나라를 다스리고 천하를 평정하는 여러 방법에 적응하게 되었다. 순치 황제는 재위 기간이 길지 않았으나 명나라가 멸망한 교훈을 중시해 관리들을 다스리고 탐관오리를 엄벌했다. 그도 몽골과 서장과의 관계를 강화하는 홍타이지의 정책을 계승했는데 친정 후 달라이라마 5세를 북경에 청했다. 복림은 많은 책을 읽었으며 《서상기》와 《수호전》도 빠짐없이 읽었다. 이는 모두 후세 자손들에게 본보기가 되었다.

다민족 통일국가의 토대 마련

뛰어난 재능과 원대한 지략의 소유자인 강희 황제는 중국에서 황위에 가장 오랫동안 재위한 황제였다. 뛰어난 치적을 쌓은 강희 황제는 후세 사람들이 칭송하는 가장 훌륭한 황제 중 한 사람이었다. 강희 황제가 친정하기 전에 오보이鰲拜 등 보좌대신들이 권력을 독점했지만 국사는 기정방침에 따라 처리했다. 당시 중국은 아직 통일하지 못한 상태였다.

친정한 후 강희 황제는 단호하게 번藩을 취소하고 대만을 평정했다. 8년간의 전쟁을 거쳐 강희 황제는 오삼계 등을 제거했으며 또 20년간의 끊임없는 전쟁을 거쳐 대만을 수복했다. 강희 황제의 노력으로 그의 집권 기간에 조정과 기타 여러 민족은 친선과 단합을 강화했다. 북방의 몽골족, 서남의 장족, 서북의 말갈, 회족 간의 관계가 크게 개선되었다. 그들과 만족, 한족은 관계가 밀접해지고 서로 융합했으며 나아가 통일된 다민족국가가 형성되고 국가의 기반이 튼튼히 다져졌다.

정사에 부지런하고 관리를 잘 다스렸다

강희 황제는 정사에 부지런했다. 황제 자리에 있던 61년 동안 아문청정衙門聽政은 조정의 일상적인 제도가 되었다. 강희 황제는 또 남서방南書房을 설치하여 사무를 처리하는 능력 있는 관원들을 배양했으며, 밀절密折제도를 세우고 직접 아래서부터 위까지 관리들의 정사와 백성의 생활을 알아보았다. 관리들의 치적은 예부터 바른 정치와 밝은 인심의 근본이었다. 강희 황제는 과거시험으로 관리들을 선발하면서 관리들에 대하여 엄하게 심사했다. 사사로이 부정행위를 저지르는 사람은 보거연좌법保擧連坐法에 따라 처분했다. 특히 과거시험에서 시험관이 부정행위를 저지르면 사형에 처하고 가산을 몰수하는 엄한 징벌을 가했다. 강희 황제는 또 신하들에게 청렴한 관리를 천거할 것을 요구했다. 지방 총독, 순무에 대한 선발 등용에 중시를 돌린 그는 "총독, 순무들이 청렴해야 그 수하들이 그 본을 받을 것이며 모두가 훌륭한 관리가 될 수 있다."고 말했다. 강희 황제는 관리의 청렴결백을 중시했으며 이런 관리들을 장려했다. 그리하여 강희 왕조는 청렴한 관리들이 운집한 시기였다.

인재를 널리 모집하고 이학을 제창하다

인재들을 널리 모집하기 위해 강희 17년(1678), 강희 황제는 박학홍사과博學鴻詞科를 창설하고 내외대신들에게 지식과 품행 면에서 모두 우수하고 문사가 출중한 사람들을 추천하도록 했으며 시험을 거쳐 그들에게 벼슬을 주었다. 그리고 또 조정관원들이 책임추천하는 관리선거법을 창제했다. 청나라의 그 어느 시기에도 강희 전기처럼 학계에 인재들이 넘쳐난 적이 없었다. 이 시기에 안원顏元, 이공李塨, 손기봉孫奇逢, 염약탁閻若璩과 모기령毛奇齡 같은 대학자들이 출현했으며 나아가 철학, 역사학 등 분야에서 모두 주목하는 성과를 올렸다.

서양 제국주의의 반격

15세기 이후 서양의 열강은 여러 차례 동방에 와서 약탈했다. 처음에는 포르투갈과 스페인이었고 그 후로는 네덜란드, 러시아, 영국이었다. 정성공이 네덜란드의 수중에서 대만을 수복한 후 네덜란드는 여러차례 청나라에 연합으로 대만을 공격할 것을 제시했지만 청나라는 동의하지 않았다. 강희 20년(1681) 네덜란드는 청나라가 바다를 건너 대만을 광복시키려 한다는 소식을 듣고 먼저 찾아와 도와주겠다고 했다. 그러나 그때에도 역시 강희 황제는 거절했다. 강희 황제는 네덜란드의 병사 한 사람도, 전선 한 척도 요구하지 않았으며 식민주의자들에 대한 고도의 경계심을 표현했다. 강희 37년(1698)에는 영국이 스스로 중국에 와서 무역하지 못하도록 했고 해상으로 오는 상선은 광주에서만 정박하도록 했다. 강희 45년(1706)에는 또 서양인으로서 중국에 영원히 정착하는 자만 중국에 남아 있을 수 있다고 규정했으며, 강희 59년(1720)에는 중국의 천주교 신자들은 예수만 신앙해야 하며 선조와 공자를 참배해서는 안 된다는 로마교회의 규정을 단호히 배격하면서 중국에서 천주교의 전파를 금지한다고 선포했으며 또 명령을 내려 비밀리 왕래하는 서양인들을 체포하게 했다.

옹정 황제의 정치적 사유

강희 황제는 생전에 여러 차례 태자를 폐했다. 여러 황자는 계승자가 되기 위하여 몇 십 년 동안 다투었다. 강희 황제는 만년에 태자를 책립하는 일로 엄청난 힘을 쏟았는데 그만큼 건강도 해쳤다. 다행히 그의 계위자인 넷째 아들 윤진은 정치적 실전경험과 풍부한 사회지식을 지닌 황제였다. 윤진은 부친의 업적을 이어받아 앞세대를 물려받고 뒷세대를 이어가면서 옹정 왕조의 성세를 개척했으며, 또한 자신

> 1644년~1840년
> 중화 판도의 확정 그리고
> 민족의 단합과 융합
> **청나라 전기**

의 아들 건륭 황제를 위해 최대 번영의 토대를 마련했다. 기백 있고 창의력이 넘친 옹정 황제는 등극 후 일종의 밀립저법密立儲法을 창립했으며 과갑科甲 붕당지쟁을 타격하고 문자옥文字獄을 크게 벌였다.

부역 제도의 대담한 개혁

강희 후기에 돈과 식량이 딸리고 국고가 텅 비고 관리들이 부패했다. 즉위 후 옹정 황제는 즉시 돈과 식량을 전면 조사했다. 강희 말년에는 국고에 800여만 냥밖에 없었지만 옹정 6년(1728)에 이르러서는 6000만 냥으로 급증했다. 강희 만년에 새로 태어난 사람에게는 영원히 부세를 안기지 않는다는 규정을 제정하는데 이어 옹정 황제 시대에는 또 사람에 따라 땅을 내주고, 인구세를 없앴다. 그리고 노역부담도 면제해 주었기 때문에 더는 인구를 속일 필요가 없었다. 이리하여 인구가 급속히 늘어났다.

남다른 계책 문자옥

옹정 황제 재위 때 봉건정치는 최고조에 달했으며 황권이 고도로 집중되었다. 옹정 황제는 과감하게 붕당을 타격하고 문자옥을 크게 벌였다. 옹정 왕조 때 문자옥이 특별히 많았는데 어떤 문자옥은 유달리 특이하게 처리했다. 처음의 문자옥은 왕경기汪景棋 사건, 전명세錢名世 사건과 같이 황태자 자리를 다투거나 당쟁에 의하여 연루된 것이었다. 증정曾靜 사건, 장희張熙 사건을 처리할 때 옹정 황제는 그들의 공술을 일종의 공공 문집으로 편성하여 부, 주, 현학에 간행하도록 명했으며 또 두 사람에게 사처로 돌아다니며 연설을 발표하여 자신을 비판하고 반성하게 했다.

영예로 빛나는 강건의 성세

봉건사회는 건륭 황제 중기에 최고조에 달했다. 뛰어난 재능과 원대한 지략의 소유자인 건륭 황제는 중화민족의 통일국가를 공고히 하고 발전시켰다. 이 시기는 또한 청나라 역사상 가장 영예로운 시대였다. 이 시기 전국 인구는 2억을 넘었고 경작지 면적은 740여만 헥타르에 달했다. 건륭 황제는 농업과 수리 건설을 중시했는데 여러 번이나 해안의 방파제와 황하를 직접 시찰했다. 식량이 풍족했기 때문에 건륭 황제 시대에 일찍이 세 번이나 전국적으로 지세를 면제했다.

건륭 황제는 강희 황제의 기정방침을 견지했다. 건륭 24년(1759)에는 '양무이상洋務夷商 규정조목'을 반포했고 외국 상인들은 물건을 판 후에는 반드시 귀국해야 하며 중국 고용자를 고용하지 못한다고 규정했다. 건륭 황제는 또 외국 선박이 절강 정해에 머무는 날이 길어지는 것을 보고 그 지역의 지세액을 높여 외국인들이 아무런 이득도 보지 못하게 했다. 그는 명조 때에 광동에서 무역을 한 결과 마카오가 탄생하게 되었다는 사실을 알고 있었다. 지금 정해에 외국 상인들이 날로 많아지고 있는데 만약 제한하지 않는다면 장차 다른 하나의 '마카오'가 또 나타나게 될 것이라고 말하였다.

문화 속박술의 부정적 효과

건륭 황제는 문인들을 모아 도서들을 수집, 정리하고 편찬했다. 그 가운데 규모가 가장 큰 도서는 《사고전서四庫全書》였다. 이 기간에 건륭 황제는 강희, 옹정 이래 문자옥을 새로운 고조로 끌어올렸다. 그가 통치하는 60년 사이 문자옥 사건은 무려 101건이나 발생했다. 사상을 속박하고 견제했으며 사람들로 하여금 사상이 경직되고 진보하려 하지 않으면서 옛 서적 더미에 파묻혀 고적들을 정리하고 경전을 고증하도록 하여 문화역사에서 유명한 건가고증학파가 형성되었다.

석양 황혼의 건륭 만년

건륭 중기 이후, 황제는 전기 여러 해 동안 모아둔 국고를 마음대로 써버렸다. 공로를 과시하기 좋아한 건륭 황제는 겉치레하는 데에 돈을 마구 썼으며 결국 성세의 미몽 속에서 헤어나오지 못했다. 그는 재위한 60년 동안 여섯 번이나 남방을 순시했는데 이르는 곳마다 행궁行宮을 세우고 건축 공사를 벌였다. 성세의 극에 달했던 대청 왕조는 마침내 내리막길로 들어섰다.

국난을 다스린 가경 황제

건륭 황제는 60년 동안 황제로 있다가 열다섯째 아들 옹염에게 황위를 넘겨주었다. 그러나 건륭 황제가 옹염에게 넘겨준 것은 난장판의 국가정세였다. 가경 황제는 일을 잘해보려 한 황제였다. 가경 황제에 대한 최대의 위협은 백련교白蓮敎였다. 백련교는 가경 원년(1796)에 규모가 비약적으로 커지며 호북, 섬서, 사천에서 널리 활동했다. 그때 8기군의 역량은 이미 쇠퇴했고 상비군인 녹영綠營도 전투력을 상실해 오합지졸이 되었다. 후에 3성의 향병연용鄕兵練勇을 동원해서야 겨우 백련교를 진압할 수 있었다.

병마의 시달림 속에서의 도광 왕조

가경 황제는 이렇다 할 만한 정치적 업적을 쌓지 못했으며 아들 민녕旻寧에게 더욱 큰 짐을 떠안겼다. 그때 서양의 열강은 한창 중국을 호시탐탐 노리고 있었기에 중국과 서양 간의 충돌은 피하기 어려웠다. 도광 황제는 관리들을 다스리는 면에서 비장이 마음대로 사람을 요청하여 의논하는 것을 금지하고, 각 성 남위좌藍委佐를 보좌하는 인원들이 주, 현 사무에 관여하는 것을 금지하며, 옥졸들이 수인들을 학대하는 것을 금지했다. 그는 평소에 근검절약을 숭상하고 사치를 절제한 황제였다. 청나라는 계속 폐쇄적인 정책을 실시해 서양 세계와의 거리가 갈수록 멀어졌다. 이 시기는 대전환의 시기였다. 비록 후에 도광 황제와 그의 신하들도 서양이 산업혁명 후 일사천리로 발전하는 것을 보았고 때로는 얼마간 선망의 감정을 드러내기는 했지만 그들은 머리만 중세기에서 벗어났을 뿐 발은 여전히 제자리에 단단히 붙박혀 있었다. 청나라의 번영과 강성은 이미 쇠잔할 대로 쇠잔해졌다. 이제는 몇천 년 동안 있어 본 적이 없는 변화 국면에 대해 어떻게 인식하고 어떻게 대처하는가 하는 문제만 남아 있을 뿐이었다.

1644년~1840년
중화 판도의 확정 그리고
민족의 단합과 융합

청나라 전기

건륭 황제 시대의 저잣거리

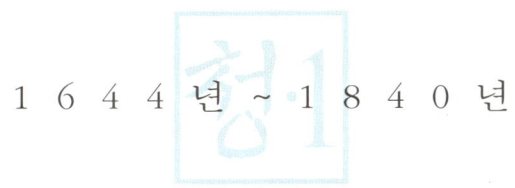

1644년 ~ 1840년

청나라 전기전도

《중국 역사 지도집》 제8권 : 청나라 시대

청나라 전기 세계표世系表

1 태조太祖 아이신쥐뤄 누르하치努爾哈赤(천명天命) → 2 태종太宗 아이신쥐뤄 홍타이지皇太極(천총天聰, 숭덕崇德) → 3 세조世祖 아이신쥐뤄 복림福臨(순치順治) → 4 성조聖祖 아이신쥐뤄 현엽玄燁(강희康熙) → 5 세종世宗 아이신쥐뤄 윤진胤禛(옹정雍正) → 6 고종高宗 아이신쥐뤄 홍력弘曆(건륭乾隆) → 7 인종仁宗 아이신쥐뤄 옹염顒琰(가경嘉慶) → 8 선종宣宗 아이신쥐뤄 민녕旻寧(도광道光)

| 중국사 연표 |

1583년 누르하치가 아버지와 할아버지의 원수를 갚기 위해 군대를 일으켜 건주여진의 니칸와이란을 공격했다.

001

여진족의 후예

누르하치努爾哈赤는 만주족의 영웅이었으며 자손들에게 개국 청태조淸太祖라고 불렸다.

누르하치는 만주족의 영웅이었다. 여진족의 후예인 만주족은 11세기에 이미 강력한 왕국 금나라를 건립한 적이 있다.

방대한 건주가족

유구한 역사를 자랑하는 숙신족肅愼族은 조상 대대로 백산흑수의 광활한 땅을 차지하고 있었다. 이 민족은 주周나라의 통치를 받던 소수민족이었는데, 북위 때는 물길勿吉이라 불렸고 수나라와 당나라 때는 말갈이라 불렸다. 또한 북송 때는 여진이라 통칭했다. 그때 아구다阿骨打가 건립한 금나라 정권은 점차 힘을 길러 중원의 북송을 멸망시켰으나, 100여 년 후에는 남송과 몽골의 연합 공격 때문에 조상들이 살던 고향으로 돌아가지 않을 수 없었다.

명나라 중기 이후 여진인은 건주建州여진, 해서海西여진, 동해東海여진 등으로 나뉘었다. 그중 건주여진에 속해있던 한 종족의 세력이 제일 강했는데, 그 종족의 지도자는 대대로 명나라 변경의 관리였다.

명나라 가정 때는 건주 종족의 수장을 복만福滿이라 불렀다.

그는 여섯 아들을 두었는데 큰아들 더세쿠德世庫는 쭤르차싸이, 둘째 아들 유천劉闡은 아하허뤄싸이, 셋째 아들 창아長阿는 허뤄제싼싸이, 넷째 아들 쮀창안覺昌安은 할아버지를 비롯

만주족의 역사책 《흠정만주원류고》 (위 사진)
20권으로 된 《흠정만주원류고欽定滿洲源流考》는 청나라 관부에서 편찬한 만주족의 선조와 동북의 여러 민족에 관한 역사책이다. 이 책은 건륭 24년에 아계阿桂 등이 황제의 명에 따라 편찬했다. 이 책은 특별 제목의 형식으로 중국의 역대 사서의 만주족 선조와 관련된 부분을 집중적으로 기록했으며 원문의 기록과 사실과 부합하지 않는 곳을 수정했다.

어제의 화산, 지금의 천지

길림성 동남부에 자리 잡고 있는 백두산 천지는 송화강, 도문강, 압록강의 발원지이자 중국과 북한 두 나라 국경이기도 하다. 태고적에 장백산(백두산)은 화산이었다. 사서에 따르면, 16세기 이래 장백산에서는 또 세 차례나 화산이 폭발했는데 화산 폭발로 많은 용암이 분출한 후 화산구가 대야 모양이 되었고 시간이 지남에 따라 물이 고이고 호수가 되면서 지금의 천지가 형성되었다고 한다.

●●● 역사문화백과 ●●●

[동주]

청나라에서는 동북 지구에서 나는 진주를 동주東珠라고 불렀다. 동주는 북주北珠라고도 불렸는데 이는 남방 합포 지구 등에서 나는 남주南珠와 구별하기 위한 것이었다. 동주는 흑룡강, 압록강, 우수리강, 혼동강混同江 및 그 유역의 강과 호수, 바다에서 나는 것이었다. 백산흑수가 청 왕조의 '용흥지지龍興之地'였기 때문에 통치자들은 동주를 고향에 대한 그리움과 선조에 대한 존경으로 간주했으며, 권력과 존엄을 표시하는 관복의 장식물로 사용했다. 왕족, 귀족들의 관작과 권력은 사모관대에 박힌 동주의 크기로 구분했다. 황후, 황태후의 겨울 조복에 박은 동주와 진주는 300여 개나 되었다. 그중 세 층은 동주 13개, 진주 51개를 박았다. 금가락지, 귀걸이, 조주朝珠 등에는 모두 동주를 박아 넣어 신분을 구별해 황실의 지고지상의 권위를 과시했다.

| 세계사 연표 |
1583년 네덜란드가 통일되었다.

《청사고清史稿·태조기太祖紀》

선녀 부쿠룬

옛날 옛적에 백두산 천지가에는 아름다운 선녀 셋이 살고 있었는데 첫째 따쿠룬, 둘째 얼쿠룬, 셋째는 부쿠룬이었다. 어느 날 부쿠룬이 천지에서 목욕을 하고 있는데 어디선가 고운 새가 날아와 부쿠룬의 손에 앉았다. 그녀가 고운 새를 손에 높이 쳐들고 언니들에게 보여주려 할 때 새가 물고 있던 빨간 과일이 그녀의 입속에 떨어졌다. 그 후 그녀는 임신을 하여 하늘나라로 돌아가지 못하고 인간세상에 남게 되었다. 13개월 후 그녀는 아이를 낳았는데 이름을 부쿠리융쑨이라 했다. 그가 바로 만주인의 시조다.

한 어른들과 함께 허투알라, 다섯째 아들 포랑아包朗阿는 니마라싸이, 여섯째 아들 뽀쓰寶實는 장쟈싸이에서 살고 있었다. 형제들은 서로 멀리 떨어져 살지 않았고 우애 역시 아주 좋았다. 그리하여 그 일대에서 실력과 명망을 얻게 되었으며, 사람들은 그들을 영고탑패륵寧古塔貝勒이라 불렀다. 힘이 약한 일부 부족은 영고탑패륵이 강성하는 것을 보고 모두 그들에게 의지했으나 두 부족만은 그들의 명을 들으려 하지 않았다. 그들 중 쉬세나碩色納라 불리는 부족 족장은 건장한 아홉 아들을 두었고, 쟈후加虎라 불리는 다른 한 부족 족장 역시 무예가 출중한 아들 일곱을 두고 있었다. 이들은 늘 약한 가족들을 업신여겼을 뿐만 아니라 수시로 영고탑패륵을 공격했다. 그러자 넷째 아들 쮀창안이 주축이 된 영고탑패륵은 일거에 쉬세나와 쟈후를 정복하고 그 기세로 사방 200리 이내의 많은 부족을 통일했다.

소자하蘇子河 서안에 있는 그 땅은 드넓은 옥토여서 농산물 경작은 물론 수렵도 할 수 있었다. 이로써 영고탑패륵은 계속 강성해질 수 있었다.

누르하치가 태어나다

할아버지와 아버지를 모시고 살던 쮀창안은 아들 다섯을 낳았다. 다섯 아들 중 타크세의 넷째 아들이 이웃 부족의 수장 아구의 딸 씨타라씨를 아내로 맞아들여 가정 38년(1559)에 아들을 낳았다. 그녀가 해산할 때 활이 문 위에 걸려 있었는데 활은 이 아이가 장차

황종희黃宗羲, 고염무顧炎武, 왕부지王夫之

| 중국사 연표 |

1599년 누르하치가 어얼더니, 제까이에게 방점 없는 만주어를 창제하라고 명령했다.

훌륭한 궁수가 되리라는 것을 암시했다. 그 아이가 바로 누르하치였다.

어려서부터 말타기와 활쏘기에 능했던 누르하치는 산속을 누비고 다녔다. 그가 열 살 되던 해 어머니가 세상을 떠났고, 새로 들어온 계모 나라씨는 그가 열아홉 살 되던 해 약간의 재산을 주고 집에서 내보냈다.

집을 나온 누르하치는 산속으로 들어가 사냥을 하고 잣, 인삼 등을 팔아 생활했다. 아들이 기개가 있다는 것을 알고 있던 타크세는 재산을 더 주려 했으나 누르하치는 거절했다. 그는 "저는 지금 잘 살아가고 있어요. 그러니 그 재산을 동생들에게 나눠 주세요"라고 말했다.

누르하치에게는 동생 둘이 있었는데 하나는 수르하츠舒爾哈齊라 불렀고 다른 하나는 야르하츠雅爾哈齊라 불렀다. 그리고 계모는 빠야라巴雅喇를 낳았으며, 또 다른 부인은 무르하츠穆爾哈齊를 낳았다. 누르하치는 네 동생들을 잘 보살폈고 동생들도 형을 존경하고 따랐다.

《삼국연의》와 《수호전》을 즐겨 읽다

누르하치는 한인漢人들과 교제하면서 한문을 알게 되었다. 그가 제일 즐겨 읽은 고전소설은 《삼국연의三國演義》와 《수호전水滸傳》이었는데, 세상 호걸들이 의

여진의 기마무사 조각 (위 사진)
여진은 흑수말갈의 후예다. 누르하치는 건주여진의 여러 부족을 통일한 후 또 해서부와 야인부를 정복하고 8기 제도를 창립했으며 한이라 칭하고 나라를 건국했다. 홍타이지 때 만주라고 명칭을 고쳐 여진이란 명칭은 점차 사라져 갔다.

호산장성虎山長城 (왼쪽 사진)
호산의 명나라 때 장성의 동쪽 시작점은 요령성 단동시 호산인데, 예전에 이곳에서 금의 침입을 막았다. 사진은 최근 복구한 장성으로 경관이 위풍당당하다.

부러후리 호수에서 목욕하는 세 선녀 (오른쪽 그림)
부쿠룬 세 자매가 목욕하는 모습이다.

| 세계사 연표 |

셰익스피어의 극작품이 이 시기를 전후해 유럽을 휩쓸었다.

실용적인 만주족의 말채찍
만주족은 말을 잘 타는 민족으로서 말과 관련된 도구가 아주 많다. 손잡이가 달려 있는 이 말채찍은 아주 정교하고 실용적이다.

형제를 맺고 난세에 영웅이 나타나 활동하는 것에 대한 묘사는 그에게 깊은 인상을 남겼다. 또 내용 중에 나오는 병법은 그가 후에 실전을 치를 때 가장 훌륭한 참고서가 되었다.

그는 늘 이렇게 말했다. "모름지기 사내대장부로 태어났으면 높고 큰 일을 해야 한다!"

나중에 그는 자신이 꿈꾸던 대로 만주족의 영웅이

시일시이도是一是二圖 (청나라 정관붕 그림)
정관붕丁觀鵬(1736~1795)은 명나라 말기의 유명한 인물화가 정운붕의 아들이다. 아버지에게 그림을 배운 그는 인물들을 분석하는 데 아버지를 능가했다는 평판을 들었다. 그림에서 건륭 황제는 서재의 침대에 앉아 글을 쓰고 있고, 병풍에는 건륭 황제의 두상이 그려 있다. 그래서 이 그림의 제목을 '시일시이是一是二, 불즉불리不卽不離'라고 달았다.

양은호수월아구鑲銀護手月牙鉤
청나라는 유목 민족인 만주족이 건립했기 때문에 말에 관한 무기가 중요한 역할을 했다. 전투에 사용하던 이것은 일반 병사들이 사용한 무기가 아니었다.

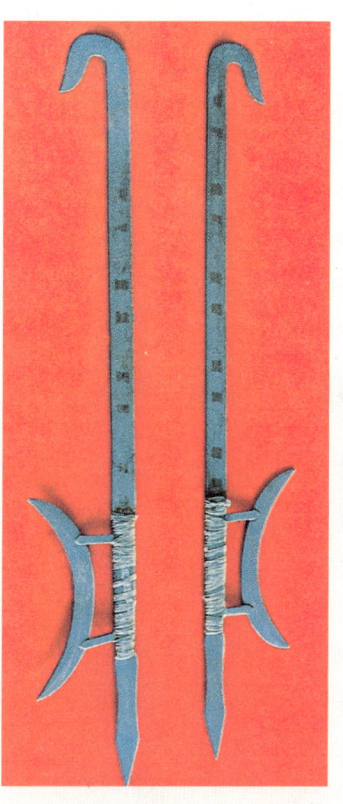

되었으며, 청나라 왕조의 자손들에게 나라를 창건한 태조 황제로 추앙받았다.

1644 ~ 1840

청나라 · 1

평서왕平西王 오삼계吳三桂, 평남왕平南王 상가희尙可喜, 정남왕靖南王 경중명耿仲明

| 중국사 연표 |
1615년
누르하치가 8기 제도를 확정했다.

002

누르하치의 기병

누르하치는 아버지와 할아버지가 남긴 13부병副兵으로 군사를 일으켜 복수했다.

누르하치는 원래 여진족 중 친명파親明派였고 그의 할아버지 줴창안은 명나라로부터 건주좌위도독으로, 그의 아버지 타크세는 좌위도지휘사로 임명받기까지 했다. 그러나 명나라 만력 11년(1583) 건주우위도지휘사 왕고王杲와 그의 아들 아타이阿臺의 반란을 평정하는 전투에서 니칸와이란尼堪外蘭의 꾐에 빠진 명나라 장군 이성량李成梁은 아타이를 공격할 때 항복을 권고하기 위해 성에 들어간 줴창안과 타크세 부자를 살해하고 말았다.

줴창안의 손녀사위

그때 여진족의 크고 작은 부족들은 서로 공격하면서 지배자가 되려고 했다. 허투알라赫圖阿拉성 서북쪽에는 두 개의 성새가 있었다. 한 성새는 고랄古埒성으로 성곽 주인은 왕고, 아타이 부자였고, 다른 한 성새는 사제沙濟성으로 주인은 아하이亥였다. 그들은 실력이 막강했고

청나라 태조의 조복朝服상
청나라 태조 누르하치는 성이 아이신줴뤄이고 호는 쑤러패륵이며 명나라 가정 38년(1559) 건주좌위쑤크쑤호부 허투알라성(지금의 요령성 신빈현)의 한 만주족 노예주 가정에서 태어났다. 명나라 만력 11년(1583) 누르하치는 아버지, 할아버지가 남긴 13부병으로 출병하고 스스로 왕으로 칭했다. 그는 백산흑수 사이를 넘나들면서 용맹을 떨쳐 위망을 세웠으며, 부족들의 추대를 받았다. 30여 년의 시간을 거쳐 그는 여진 각 부족을 통일하고 여진 사회의 발전과 만주족 공동체의 형성을 촉진했다. 만력 44년(1616) 그는 허투알라에서 연호를 정하고 칸汗으로 칭했으며, 국호를 대금大金(후금)이라 했다.

영고탑패륵과의 관계도 나쁘지 않았다. 나아가 아타이는 누르하치 백부 리둔禮敦의 사위이자 누르하치의 할아버지인 줴창안의 손녀사위였다.

허투알라성 북쪽은 쑤크쑤호허부蘇克蘇護河部였는데, 그곳에는 투룬圖倫성이 있고 성곽 주인은 니칸와이란이었다. 니칸와이란은 교활하고 간사했다. 그는 패자가 되기 위해 백두산의 인삼, 돈피, 흑채 등 귀중한 물건을 명나라 변경 장군 이성량에게 뇌물로 바치며 이성량 앞에서 고랄성과 사제성에 대한 험담을 늘어놓았다.

오래전부터 고랄성의 아타이가 말을 잘 듣지 않는다는 소문을 들어온 이성량은 니칸와이란의 말을 듣고 고랄과 사제를 공격했다. 당시의 성곽은 부족들이 모여 살기 위해 쌓은 흙담에 지나지 않았기 때문에 사제성 병사들은 명나라 군사가 쳐들어오는 것을 보자마자 모두 흩어져 버렸다. 힘들이지 않고 사제성을 함락한 명나라 군사들은 다시 고랄성을 공격했다. 그러나 고랄성의 아타이는 험준한 산세에 의지해 고랄성을 방어하면서 영고탑패륵에 구원을 요청했다.

포위된 성곽으로 들어가다

구원 요청을 받은 줴창안은 타크세와 함께 수하들을 거느리고 고랄성에 도착했다. 줴창안은 타크세에게 "성안이 위험하다. 그러니 내가 먼저 들어가 항복을 권할 테니 너는 성 밖에서 기다

| 세계사 연표 |

1615년 세르반테스의 《돈 키호테》가 전권이 출판되었다.

《청태조실록淸太祖實錄》 출전

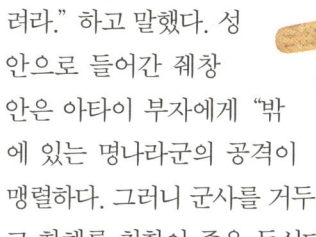

아제그뤠명 사건에 관한 만문 목간

이는 고궁내각서적표장고 내에서 발견한 26쪽의 만문 목간이다. 이 목간은 신로新老 만문으로 쓰였으며 숭덕 원년(1636) 무영군왕 아제그뤠명阿濟格略明 때 적을 무찌르고 전리품을 노획한 일들을 기록했다.

려라." 하고 말했다. 성 안으로 들어간 쮀창안은 아타이 부자에게 "밖에 있는 명나라군의 공격이 맹렬하다. 그러니 군사를 거두고 화해를 청함이 좋을 듯싶다. 그렇게 하지 않으려면 내가 손녀를 데리고 나갈 것이다."라고 말했다. 그 말에 아타이는 "이 성곽은 매우 견고해 명나라군이 쳐들어오지 못하옵니다. 그자들이 나를 없애 버리려 하는데 내가 왜 그대로 잡히겠나이까?"라고 대답했다. 한참을 밖에서 기다리던 타크세는 걱정이 되어 성안으로 들어갔다.

이성량은 속전속결로 두 개의 작은 성곽을 탈취하려는 계획을 세웠기 때문에 고랄성의 강력한 저항을 받을 줄은 예상조차 못했다. 그러자 화가 난 그는 니칸와이란이 이간질을 했다고 책망하면서 만약 고랄성을 함락하지 못하면 죽여 버리겠다고 위협했다. 겁을 먹은 니칸와이란은 고랄성으로 찾아와 성문에 대고 이렇게 소리쳤다.

"명나라의 대군은 이 성곽을 공략하지 않고는 물러 가지 않을 것이다. 이 총병께서는 아타이를 죽이는 자를 이 성곽의 주인으로 삼겠다고 했다." 그 말을 들은 성내의 몇몇 병사가 밀모해 아타이를 살해하고 고랄성을 내놓고 말았다.

13부병

성문이 열리자 이성량은 잔인하게 살육을 했다. 그는 성안의 남녀노소를 속여 성 밖으로 나오게 한 다음 부대원들에게 모조리 죽이라고 명령했는데 성을 바친 자들까지 포함해 한 사람도 남기지 않았다. 그렇게 2200여 명의 사람을 죽였다. 쮀창안, 타크세와 아타이의 아내 등 조손 3대 역시 마찬가지였다.

만주족의 옛글 목간木簡
누르하치의 뜻에 따라 어얼더니爾德尼, 제까이噶蓋 두 사람은 원래 민족 언어의 특징에 근거, 몽골 문자모를 모방해 만문을 창제했다. 이를 '옛 만문' 또는 '방점 없는 만문'이라고 한다.

●●● 역사문화백과 ●●●

[인삼 매매 독점]

청나라 사람들은 인삼의 채집과 매매를 중요한 경제적 원천으로 삼았으며 관내로 들어간 후 독점을 실시했다. 즉, 산삼과 인삼은 국가 소유로 하며 일반 사람들이 마음대로 들어가 채집하지 못한다고 규정했다. 조정은 염인지법鹽引之法을 참조하고 인삼 채집 인표印票를 발급해 전문 인원이 정한 양에 따라 채집하도록 했으며 사고司庫, 영최領催 등의 부서에서 감독하도록 했다. 채집한 인삼 일체를 거두어들여 황실 내 창고에 보관했는데 많을 때는 무려 1000근이나 되었다. 궁에 저장해 둔 인삼은 대지大枝, 특등, 일등과 2, 3, 4, 5등 및 노수蘆須, 사말渣末과 잎, 씨, 고 등 여러 등급이 있었다. 일반적으로 4등 이상은 황후들이 먹거나 어약御藥을 만들었고 5등 이하는 관원들, 소수민족 상층 인물과 외번外藩의 사절들에게 상으로 주거나 팔고 일반적인 약을 조제하는 데 사용했다. 인삼에 대한 독점 채집 매매는 황실과 내무부 지출의 중요한 원천이었다.

《고금도서집성古今圖書集成》 33

| 중국사 연표 |

1616년 누르하치가 국호를 후금이라 하고 연호를 천명이라고 했다.

누르하치의 어용검
누르하치는 여진의 각 부족을 통일해 한국(汗國)을 건립하고 명나라군을 크게 물리쳤다. 이 검은 이 커한(可汗)에게 중요한 물건이었다.

할아버지, 아버지, 사촌 누이가 피살되었다는 소식을 들은 누르하치는 분통을 참지 못하고 그 자리에 쓰러졌다. 그는 비분에 떨며 이렇게 말했다.

"이 원수를 갚을 때까지 나는 아무것도 하지 않을 것이다!"

일이 분명히 잘못되었다고 판단한 명나라 조정에서는 누르하치가 강하게 반발하자 하는 수 없이 잘못을 시인하면서 그에게 말 30필을 보내 주었으며 도지휘사의 직무를 이어받도록 했다. 그러면서도 한편으로는 니칸와이란을 지지한다는 기치를 내걸고 그를 도와 성곽을 축조하는 한편, 그를 건주여진 각 부족의 주인으로 부추겼다.

누르하치는 달갑지 않았지만 명나라를 공격할 힘이 없었다. 그리하여 그는 먼저 이 원한을 니칸와이란에게 풀었다. 동생 수르하츠와 함께 자기 부족으로 돌아온 누르하치는 소를 잡아 하늘에 제사를 지낸 다음 할아버지와 아버지가 남긴 13부병으로 군사를 일으켜 복수했다.

선산누각도 仙山樓閣圖 (청나라 왕시민 王時敏 그림)
이 그림은 왕시민이 74세 때 그린 작품이다. 그림의 숲속에는 청수하고 우아한 정취가 풍긴다. 가까이는 전예(篆隷) 필치로 쌍을 이룬 두 그루의 소나무를 묘사했는데 유난히 더 푸르러 보인다.

남령 유지 (오른쪽 사진)
누르하치는 일찍이 이곳에서 부하들을 지휘해 예허부를 공격해 또 대승을 거두었다.

| 세계사 연표 |

1616년 — 네덜란드인 W.C.쇼우텐이 남아메리카 최남단 혼섬 남쪽 혼곶에 이름. 영국의 셰익스피어가 사망했다.

003

후금국의 창건

《황조개국방략皇朝開國方略》 출전

누르하치는 뛰어난 궁수였다. 연속해서 쏜 화살 다섯 발 중에서 명중하지 않은 화살이 없었다.

명나라 만력 11년(1583) 누르하치는 투룬성을 공격했으며, 3년 후에는 또 니칸와이란을 죽여 원수를 갚았다.

성곽을 쌓고 왕 제도를 건립하다

니칸와이란을 죽인 누르하치는 많은 부족들을 정복해 세력을 늘렸다. 그는 명나라 만력 15년(1587), 수리하와 가합하 사이의 산기슭에 비아랍성費阿拉城을 새로 세웠다.

비아랍성은 세 개의 성곽으로 되어 있었는데 외성에는 여러 장병과 그들의 가족이 살았고, 내성 중심에는 누르하치와 그의 가족이 살았다.

이런 성곽들은 나무 바자를 성벽으로 했고, 그 안에 신전·고루·객청客廳·각대閣臺가 있었으며, 제일 높은 집은 3층이었다. 비아랍성은 누르하치가 만주의 여러 부족을 통치하는 중심이었다. 13부병으로 거사를 일으킨 10년 후, 그는 1만 5000명의 장수와 병사를 거느리게 되었다.

살만신안
살만薩滿교는 신상을 비단에 그렸는데 이것을 신안神案이라고 불렀다. 신안은 제사를 지낼 때 공양하는 것이다.

살만제사신우
살만교는 원시적인 다신교다. 살만교의 성직자들을 '살만'이라고 불렀는데, 그들은 선조들의 영웅 조형으로 신우神偶로 만들어 제사祭祀의 대상으로 삼았다. 살만교는 신우에게 인간의 모든 혼을 부여했으며 신우도 인간처럼 희로애락을 가지고 있다고 생각했다. 그 때문에 정기적으로 신령에게 각종 제물을 공양하고 또 살만들의 영솔 아래 오부가를 둘러싸고 옛 제사무를 추었다.

●●● 역사문화백과 ●●●

[만주족 문자]

만주족의 만어는 알타이어계의 퉁구스어족 만어지에 속한다. 만문은 몽골어의 자모를 차용하고 여진의 언어와 결부해 글자로 맞춘 것인데, 천명 8년(1623) 어얼더니 등이 창제했다. 처음 창제할 때의 방점이 없는 만주어는 옛 만주어라고 했다. 그러나 이 문자로는 완전하게 표현할 수 없었고 자모가 적어 청음과 탁음, 보조음을 분별할 수 없었으며, 어법이 규범화되지 못해 글자 모양이 통일되지 못했다. 천총 6년(1632) 홍타이지는 따하이에게 방점 없는 만주어를 만들라고 명했다. 따하이는 옛 만문滿文을 방점 있는 만주어로 고쳐 누르하치의 후금 정권을 건립하기 전에 만든 서류에 응용했다. 그래서 1607년부터 숭덕 원년(1636)까지 여진 각 부족의 통일 과정을 기록한 《만문노당滿文老檔》은 후금(청나라) 초기 사회역사의 중요한 문헌으로, 청나라 후기에 관부에서 편찬한 전기역사보다 더 신뢰성이 있다.

1644~1840 청나라·1

| 중국사 연표 |

1618년 누르하치는 명나라가 저지른 7가지 죄상을 들춰내며 '7대한恨'을 공표하고 명나라 정복의 길에 들어섰다.

출중한 무예로 여러 부족을 귀순시키다

동악董鄂 부족에 유옹금鈕翁金이라는 궁수가 있었는데, 실력이 뛰어나 아무도 그를 능가하지 못했다. 그 소문을 들은 누르하치는 유옹금을 불러 100보 밖의 버드나무를 향해 화살을 쏘아 보라고 했다. 유옹금이 아무 거리낌 없이 말에서 내려 연속 다섯 개의 화살을 쏘아 나무 줄기를 맞히자 누르하치도 활을 들고 연속 다섯 개의 화살을 쏘아 모두 명중시켰다. 이것을 본 유옹금은 누르하치 앞에 다가가 찬사를 표했다.

얼마 후 소완부의 수얼索爾과, 동악부의 크처바얀의 손자 허화리何和里, 그리고 야르구싸이의 읍라호도 모두 그에게 의지했다. 누르하치는 수얼의 아들 베이잉뚱을 일등대신으로, 읍라호의 아들 읍르한을 이등

바르다성을 공략하는 얼이도 - 《만주실록》
백두산에서 태어난 얼이도는 누르하치를 따라 탁월한 전공을 세웠다. 그는 다섯 대신 중 한 사람이었다. 이 그림은 《만주실록滿洲實錄》에서 그가 바르다성을 공략하는 장면을 묘사한 것이다.

대신으로 책봉하고 그들을 양자로 받아들였으며 허화리를 일등대신으로 책봉하고 사위로 맞았다.

건주 북쪽에는 예허부가 있었는데 그곳의 수장 양지누楊吉砮는 작은딸을 누르하치에게 시집 보내고, 아들 나른부르納林布祿에게 그의 뒤를 잇게 했다. 나른부르는 누르하치에게 열네 살 된 여동생 나라씨那拉氏를 보내주었으며 동시에 예허부葉赫部도 누르하치에게 의탁하겠다고 했다.

누르하치는 곧 나라씨와 결혼했다. 4년 후 나라씨는 아들을 낳았는데, 이름을 홍타이지皇太極라고 했다. 홍타이지가 바로 청나라의 개국 황제다.

위엄 있는 살만신의

살만薩滿에는 반드시 '신모神帽' '신의神衣' '신고神鼓' 등의 용구가 있어야 했다. '신의'는 몸에 딱 붙는 대금對襟 두루마기로, 일반적으로 녹피로 만들었으며 옷 주변에는 상하로 동경, 소경小鏡, 요령腰鈴 등을 달고 아래에는 여러 개의 띠를 달았다. 살만은 춤을 출 때 '신고'를 두드렸고 크고 작은 동경과 요령이 절도 있게 소리를 냈으며 띠가 사방에 날렸는데 마치 싸움터의 용사를 방불케 해 이로써 '신령'의 위엄을 과시했다.

| 세계사 연표 |

1618년 독일을 무대로 신교(프로테스탄트)와 구교(가톨릭)의 30년 전쟁이 시작되었다.

노구교盧溝橋

춘추전국 시대 이래 노구 나루터는 남북 교통의 요충지였다. 1153년, 금주金主 완안량이 중도를 도읍으로 정한 후 이곳은 금나라 사람들의 정치 중심지가 되었다. 도읍의 교통을 개선하기 위해 금대 정金大定 29년(1189) 이곳에 돌다리를 놓았다. 처음에 이 돌다리는 광리교廣利橋라고 불렸는데 아치로 이어진 큰 돌다리였다. 광리교는 하북의 조주교趙州橋, 천주의 낙양교洛陽橋와 함께 3대 명교라 불렸으며 지금까지 800년이 지나오면서 수많은 전화를 겪었다.

아홉 부족의 연합군을 토벌하다

누르하치에게 귀순한 부락과 수장들은 사실 저마다 속셈이 있었다. 그들은 얼마간의 땅과 성을 달라고 누르하치에게 요구했고, 그가 응하지 않자 아홉 부족이 연합해 누르하치를 공격했다. 그러나 누르하치는 100여 명의 정예병을 파견해 일거에 아홉 부족을 물리친 후 하다, 후이바, 울라의 모든 부족을 멸했다. 그러고 나서 그는 예허부를 정벌했다.

제일 북쪽에 자리 잡은 예허부는 고립무원에 빠져 명나라에 구원을 요청했다. 명나라도 누르하치의 위협이 점점 심해진다는 것을 느끼고 있었기에 마시남馬時楠, 주대기周大歧가 이끄는 1000명의 정예병을 파병하며 경고했다.

누르하치는 명나라와 겨루는 것은 시기상조라는 것을 알았다. 그는 명나라 조정의 기치를 빌려 여진의 여러 부족을 통일했으며 부하들에게는 "지금 급선무는 역량을 축적하는 것이다."라고 말했다.

8기의 설치

누르하치는 비아랍에서 16년 동안 살다가 만력 31년(1603) 도읍을 허투알라로 옮겼다. 이 기간에 그는 정복, 귀순한 부족들에 대해 300명마다 우록액진牛錄額眞 통령統領을 두고, 5개 우록마다 갑라甲喇액진 통령을 두었으며, 5개 갑라마다 고산固山액진 통령을 두

었다. 그리고 각 고산은 깃발의 색깔로 구분했는데 먼저 황·백·홍·남 4개의 깃발로 구분했고, 그 후에는 양황(황색에 테를 두른 것을 말함)·양백·양홍·양남 등 4개의 깃발을 더 만들어 8기 제도라고 불렀다. 그들은 평상시에는 농사와 수렵을 하고 전시에 전투를 했다. 이렇게 민병합일, 군정합일로 만든 그는 8기의 최고통수가 되어 직접 2기의 황기를 이끌고 나머지 6기는 각각 대선代善, 홍타이지가 이끌었다.

명나라 만력 44년(1616) 음력설에 누르하치는 보전에 앉아 있었다. 그의 오른쪽에는 아돈이, 왼쪽에는 만문 창제자인 어르더니바크쉬가 서 있었다. 대선, 아돈, 망구르태, 홍타이지 등 각 패륵, 대신들과 문무관원들은 각각 네 줄로 나뉘어 네 모퉁이의 여덟 곳에 서 있었다.

8기 대신들은 무릎을 꿇고 상소를 올려 누르하치에게 '봉천복육열국영명한奉天複育列國英明汗'이라는 존호를 드리고 하늘에 알린 후 연호를 '천명天命'이라고 정했다. 그러나 신중한 누르하치는 대외에 아무 내색도 하지 않았으며 3년 후, 사르후에서의 대승리를 거둔 후에야 국호를 '후금'과 '대금'이라 부르게 했다.

| 중국사 연표 |

1625년 후금이 도읍을 심양으로 옮겼다.

004

사르후 전투

사르후 전투는 후금과 명나라 흥망성쇠의 전환점이었다. 이 전투에서 누르하치는 뛰어난 군사적 재능을 과시했다.

누르하치가 여진의 여러 부족을 통일했을 때 요동 지구에 큰 수재가 들어 굶어 죽는 사람까지 생기자 누르하치는 여진인의 원한을 명나라로 돌렸다. 후금 천명 3년(1618) 누르하치는 〈7대한七大恨〉을 발표해 하늘에 알린 다음 명나라를 공격해 중요한 도시인 무순撫順을 탈취했다.

명나라 조정을 놀라게 한 누르하치

무순이 함락당하고 그 주변의 크고 작은 성과 4000여 개의 마을이 약탈당했다는 소식이 북경에 전해지자 만력 황제는 산해관진山海關鎭을 설립하고 누르하치에 대한 공격을 결정했다. 또 누르하치를 생포하거나 사살한 자에게는 은 1만 냥을 주며, 8대 총관, 12친 백숙제질親伯叔弟侄과 유명한 두목을 생포하거나 사살한 자에게는 후한 상을 내리고 승급시키며, 적군에게 포로가 되었거나 투항한 자가 누르하치를 생포하면 죽이지 않겠다고 선포했다.

명나라는 10만 명의 대군, 1000명의 장수로 허투알라로 공격하면서 이족소국異族小國을 한꺼번에 공격하지 못하는 것을 한스럽게 생각했다.

총지휘자 요동경략 양호楊鎬는 심양에 지휘부를 두고 검문, 산서, 산동 등지에서 모집한 명나라군과 원수 강홍립姜弘立, 부원수 김경서金景瑞가 통솔하는 조선 원군을 심양, 개원, 철령, 청하, 관전 등 네 개로 나누어 후금의 대본영인 허투알라로 공격했다. 그리고 병충秉忠, 장승기張承基를 요양에, 이광영李光榮을 광녕廣寧에 주둔시켜 후방 안전은 물론 협동 작전할 수 있도록 하고, 군수품은 관둔도사管屯都司 왕소훈王紹勳이 책임지도록 했다.

이렇게 모든 준비가 끝나자 양호는 후금국에 선전포고를 했다.

사르후 전투
1619년에 발생한 사르후 전투는 후금 정권과 명나라가 요동에서 벌인 전략적 결전이었다. 이 싸움에서 누르하치는 뛰어난 군사적 재능을 과시했다. 그는 닷새 만에 5만 명의 명나라군을 물리치고, 대량의 군사 물자를 노획해 요동에서의 전쟁을 유리한 국면으로 바꾸었다. 이 싸움으로 명나라는 공격에서 방어 태세로, 후금 측은 방어에서 공격 태세로 바뀌었다.

수복한 후의 동경성 남문 천우문天佑門
청나라 왕조가 관내로 들어가기 전 태조 누르하치는 요령 신빈新賓을 창업 후 금나라 정권의 근거지로 삼았으며, 요령 지구에서 몇 차례나 도읍을 옮기면서 세 개의 도성을 남겼다. 흥경興京(신빈 옛성), 동경東京(요양), 성경盛京(심양)을 '관외3도關外三都'라고 한다.

1625년

| 세계사 연표 |
영국, 네덜란드, 덴마크가 반합스부르크 동맹을 결성했다.

《명사기사본말보유明史紀事本末補遺》1권 출전
《청태조실록淸太祖實錄》6권

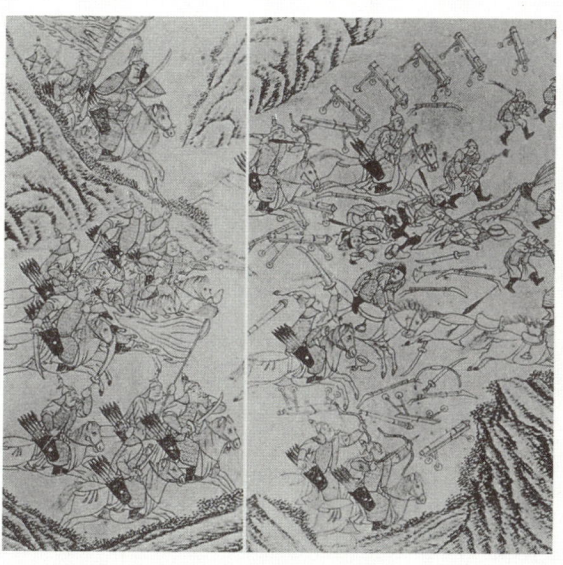

사르후 전쟁

누르하치는 태연했다. 그는 "너희들이 여러 곳으로 쳐들어와도 나는 한 곳으로만 간다!"면서 일부분의 병력을 파견해 군사 요충지를 지키게 하고는 대부대를 무순 주변에 집중해 사르후(지금의 요령성 무순시 동 대화방댐 일대)에서 돌을 날라 성을 쌓았다.

후금국과 명나라군의 제1차 대결은 철북산 기슭에서 두송杜松군을 섬멸하고 사르후에 있는 명나라군 병영을 탈취한 전투였다. 사르후 전투는 몇 조로 나누어

●●● 역사문화백과 ●●●

[청나라 황족 특권의 상징 황띠 · 홍띠]
만주 귀족의 최고층은 황족이다. 황족이란 아이신쥐뤄 가족을 말한다. 이 가족은 혈연에 따라 종실과 각라角羅로 나누었다. 종실, 즉 청(후금)나라의 창건자 누르하치(청나라 태조)와 그 형제의 후예로서 황띠를 둘렀고 각라, 즉 누르하치의 부계 형제의 후예로 홍띠를 둘렀다. 그들의 자손들은 모두 작위를 물려받을 수 있었다. 작위를 물려받은 누르하치의 후예들은 무려 1987명이나 되었는데, 그중에는 140명의 친왕, 94명의 군왕이 있었다. 황띠, 홍띠를 두르면 모두 종실학교 또는 각라학교에서 공부할 수 있었고 졸업한 후 벼슬할 수 있었다. 그들은 또 여러 정치적 특권이 있었다.

마림부대 섬멸도 - 《만주실록》
누르하치와 명나라군의 전투는 치열했으나 누르하치는 용맹하게 적군을 무찔렀다. 그러나 겁에 질린 마림馬林은 갑옷을 벗어던지고 도주하는 신세가 되었다.

합동 공격하는 명나라군에게서 결정적 승리를 이룬 전투였다. 두송이 2만 명의 주력부대를 거느리고 강을 건넜을 때, 이미 상류에 둑을 쌓아 물을 가두어두고 있던 후금 군사는 둑을 터뜨렸다. 그러자 두송의 1000여 명 군사와 말들은 강 한가운데에서 물에 빠져 죽었다. 강을 건넌 두송은 부대를 두 갈래로 나누어 한 갈래는 사르후산 기슭에 주둔하고 다른 한 갈래는 그가 직접 거느리고 길림애공吉林崖攻의 계범성界凡城에 도착했다. 누르하치는 병력을 집중해 한 번에 사르후 대영을 함락하고 군사를 돌려 계범성을 지원해 명나라군을 무찔렀다. 이때 두송도 전사했다.

두 번째 대결은 개원,

종산란약도從山蘭若圖 (청나라 왕탁王鐸 그림)
왕탁(1592~1652)은 자가 각사覺斯이고 호는 숭초嵩樵 또는 치선痴仙 도인이었으며 하남 맹진 사람이었다. 그는 명나라 말기, 청나라 초기 화가였다. 이 그림은 첩첩한 산과 무성한 초목을 묘사했다.

1644~1840 청나라 · 1

봉건 제왕들이 신하와 문인들이 쓴 글 또는 상주서, 서신, 저작, 시, 글에서 몇 글자 또는 몇 마디를 뽑아내어 죄명을 꾸며내 옥살이시킨 것을 말한다

| 중국사 연표 |

1626년 누르하치가 영원을 공격했으나 패하고 병사해 태조로 존대받았다.
홍타이지가 한위를 계승하고 그 다음해를 천총 원년으로 했다.

철령으로 오는 마림군을 무찌른 전투였다. 후금 군사는 사르후에서 승전고를 올린 다음 상간애尙澗崖에서 마림이 거느린 명나라 북로군과 만났다. 누르하치는 직접 군사를 거느리고 이미 전투에 투입한 홍타이지의 군사를 지원했다. 마림은 군사를 세 갈래로 나누어 적을 포위하게 했는데, 그 진세를 '우두진牛頭陣'이라고 했다. 그러나 그들도 금나라군에게 격파당하고 마림만 죽음에서 벗어났을 뿐이다.

누르하치는 서쪽, 북쪽의 명나라군을 모두 섬멸한 후에도 여전히 전진 속도를 유지했다. 그리고 나서 병력을 집중해 유정劉綎이 이끄는 명나라 동로군을 섬멸하려 했다. 유정은 군사를 거느리고 천천히 전진하고 있었는데 그는 그때까지 두송군이 섬멸당한 줄은 전혀 몰랐다.

그들이 허투알라에서 약 50리쯤 떨어진 아부다리강 관문에 이르렀을 때 두송의 영전令箭을 가지고 와서 그에게 급히 전투에 참가할 것을 독촉하는 병사를 만났다. 그러나 유정은 영전을 가지고 온 사람이 후금의 첩자이고 그가 함정에 빠지도록 유인한 것임을 알 리 만무했다.

얼마 후 두송의 기치를 든 사람들이 마주오면서 유정의 대열을 후금 8기군 주력이 포위한 아부다리강으로 유인했다.

대패륵 대선代善이 중로로 공격하면서 와르카슈산 남쪽의 4패륵 홍타이지와 상하로 명나라군을 협공했다. 유정은 날아오는 화살에 부상을 입었지만 숨이 끊어질 때까지 수십 명의 금나라군을 죽였다. 후금의 포위에 걸려들어 며칠 동안 굶던 조선 군사는 더는 싸울 기력을 잃고 대선에게 무기를 바치고 항복하고 말았다.

명나라군의 참패

승전보가 날아오기만을 고대하던 명나라군 총지휘자 양호는 두송, 마림의 군사가 패했다는 소식을 듣고 철군을 명령했다. 그러나 유정은 명령을 받기 전에 이미 섬멸당했으며 이여백李如柏의 남로군만이 명령을 받고 철수했다. 그러나 길에서 20여 명의 후금 초병들이 추격하자 저희들끼리 혼란에 빠져 1000여 명이나 죽고 말아 군사 체제만 가까스로 보존했다.

명나라는 이번 전쟁에서 불과 사흘 만에 4명의 지휘관과 대·소 장령 300여 명이 전사하고, 4만 5800여 명의 병사가 전사했으며 노새, 말, 총, 포 등 무기를 수없이 잃어버렸다. 그에 반해 누르하치의 금나라군은 겨우 200여 명의 사상자만 발생했을 뿐이다.

사르후 전투 후, 누르하치는 후금 정권을 확보했을 뿐만 아니라 명나라와의 전쟁에서 주도권을 쥐게 되었다. 그때부터 누르하치의 야망은 더욱 커졌다.

백운홍수도白雲紅樹圖 (청나라 유도劉度 그림)
유도(연도 미상)는 자가 숙헌叔憲(숙헌叔獻이라고도 함)이며 전당錢塘 사람이고 명나라 말기, 청나라 초기의 화가다. 그는 산수화를 잘 그렸는데 남영제자藍瑛弟子라고 한다. 이 그림은 몰골沒骨 청록산수화에 속하며, 율동감이 강하며 색채가 화려하다.

| 세계사 연표 |

1626년 스페인이 군사를 파견해 중국 대만 북부의 계롱鷄籠(지금의 기륭)을 점령했다.

005

《청태조실록淸太祖實錄》 6·8·9권

심양에 도읍을 정하다

누르하치는 심양을 '사통팔달한 곳'이라고 했다.

여진의 통일에 이어 명나라와의 전쟁으로 누르하치의 영토가 크게 늘어났다. 그래서 도성도 출생지인 비아랍에서 허투알라로 옮겼다. 나아가 세 번째는 계범성界凡城, 지금의 요령 신빈으로, 네 번째는 사르후산성, 다섯 번째에는 요양遼陽, 나중에는 심양沈陽을 도읍으로 정했다.

허투알라에서의 천도

누르하치는 허투알라에서 16년 동안 살았다. 명나라와의 전쟁에서 승리하자 그는 허투알라에서 120리 되는 곳의 계범을 새로운 도읍으로 선택했다. 그가 석재를 운반하면서 도읍을 건설할 때 명나라군이 대규모로 공격해 왔다. 얼마 후 사르후에서 승리를 거둔 그는 중심을 서쪽으로 옮겨 계범에 궁전을 건축하고 군량미 확보를 위한 토지를 마련했다.

그러나 만주의 많은 귀족은 이에 동의하지 않았다. 그들은 명나라를 공격하려는 누르하치의 뜻을 알지 못하고 옛 고장으로 돌아갈 것을 강하게 요구했지만 누르하치의 결심을 꺾을 수는 없었다. 계범으로 옮겨간 누르하치는 서북의 철령을 함락하고 예허를 멸망시켰다. 15개월이 지난 후 그는 또 서쪽의 사르후산성으로 도읍을 옮겼다.

심양성 최초의 약도 - 〈성경성궐도〉 (위 사진)
〈성경성궐도盛京城闕圖〉는 현존하는, 심양성에 관한 최초의 형상 자료다. 중국 제1 역사 서류관에 있는 이 지도는 견본채도絹本彩圖다. 이 지도는 심양성의 전반 배치를 묘사하고 8개의 성문, 4개의 각루와 성내의 주요 건축물을 표시했다.

사르후성에서 누르하치는 또 심양과 요양을 점령하고 반년도 안 되어 또 도읍을 요양으로 옮겼다.

요양에서의 건제建制

후금 천명 6년(1621) 후금은 명나라 요동의 수도인 요양을 점령했다. 누르하치는 즉시 요양에 도읍을 세우려고 계획했다. 많은 신하와 패륵들이 요양 천도를 반대했지만 요양이 명나라, 조선, 몽골과의 접경지이자 요충지라는 사실을 알게 된 후 도읍을 옮기기로 결정했다. 누르하치는 요양에 궁전을 신축하고 그곳을 동경이라 불렀다. 그는 요양에서 4년 동안 살았다.

요양에 머무르는 동안 누르하치는 입법을 강화해 본래의 3심제도三審制度를 실행했다. 즉 사건을 처음에 경리사관經理事官 10명이 심문하고, 그 다음 이정청송理政聽訟의 다섯 대신이 재심하며, 세 번째에는 여러 패륵에게 넘겨 확정하게 하는 것이었다.

그는 요양에 이른 후 각 패륵과 대신들에게 닷새에 한 번씩 모여 사건 심리에서 뇌물을 받지 않고 술을 마시지 않고 산해진미를 먹지 않을 것을 하늘에 맹세하게 했다.

그는 사사로이 재물을 차지하는 것을 특히 싫어했는데,《만문노당滿文老檔》의 기록에 의하면 그의 조카 제르하치, 짜이상무와 손자 웨퉈, 쉐퉈가 사사로이 재물을 나누어 가졌는데 누르하치는 그들에게 치마를 입고 땅에 감옥을 그린 다음 그곳에 3일 동안 감금했다고 한다.

《대청율례大淸律例》

| 중국사 연표 |

1636년 홍타이지가 후금의 국호를 대청이라고 고치고 황제로 칭했다. 연호는 숭덕이다.

심양고궁의 십왕정

1625년에 건축된 심양고궁沈陽故宮은 후금의 태조인 누르하치가 건설한 것이다. 누르하치가 사망한 후 제2대 한인 홍타이지가 이를 완성했다. 심양고궁의 건축 구조는 세 개로 나눌 수 있는데, 동로는 누르하치 시대에 건축한 대정전과 10왕정이고, 중로는 태종 홍타이지 시대에 계속 건설한 대청문大淸門, 숭정전崇政殿, 봉황루鳳凰樓 및 청녕궁淸寧宮, 관휴궁關雎宮, 연경궁衍慶宮, 계복궁啓福宮 등을 포함한 대중궐이며, 서로는 건륭 황제 시대에 증축한 문소각文溯閣, 가음당嘉蔭堂과 앙희재仰熙齋 등이다. 대정전이 가운데 있고 양쪽에 각각 10개의 정자가 있는데 이를 십왕정十王亭이라고 부른다. 십왕정은 좌우익왕과 8기 대신들이 사무를 보던 곳이다.

그는 또 네 패륵이 유폐된 곳에 직접 찾아가 그들을 질책하고 그들의 얼굴에 침까지 뱉었다.

누르하치의 형률은 비교적 가혹했다. 예를 들면 그는 '삭발'을 나라의 기본법으로 정했는데, 한족을 점령할 때마다 내리는 첫 명령이 바로 삭발이었다. 그는 '삭발'을 항복의 표징으로 삼았고 '삭발'을 강요해 따르지 않은 자는 바로 죽이고, 그 가족은 8기 관병들의 노비로 만들어 버렸다. 그러자 그의 점령지에서 많은 한인이 반항했다.

심양에 도읍을 건설

후금 천명 10년(1625) 누르하치는 또다시 도읍을 심양으로 옮기려 했으나 당시 패륵과 대신들은 천도를 반대했다. 이에 누르하치는 "심양은 사통팔달한 곳으로 서쪽으로 명나라를 정벌하려 할 때 요하만 건너면 된다. 그리고 북쪽으로 몽골을 정벌하려 할 때 이삼 일밖에 걸리지 않으며, 남쪽으로 조선을 정벌하려 할

심양고궁의 대정전
대정전은 조서의 반포, 군대의 출정을 선포하거나 개선하고 돌아오는 장병들을 영접하고, 황제가 즉위하는 등 국가의 큰 행사를 거행하는 곳이었다.

봉황루
봉황루는 심양고궁에서 제일 높고 대표적인 건축물로 만주족, 한족, 몽골족, 장족 등 여러 민족의 건축 예술이 집약되어 있으며 당시의 '성경 8경' 중 하나였다. 이곳은 홍타이지가 연회를 열고 성대한 의식을 치르던 중요한 장소 중 하나였다.

역사 시험장 〉 명나라, 청나라 제왕들이 제천기곡祭天祈谷(하늘에 풍년을 기원하는 일)을 진행한 곳은 어디인가?

산수도 山水圖 (청나라 보하普荷 그림)

보하(1593~1683)는 승려이며 통하通荷라고 불렀고 호는 담당擔當이다. 속세에서 그의 성은 당唐이고 이름은 태泰이며 자는 대래大來인데 운남 진녕 사람이고 명나라 말기, 청나라 초기의 화가였다. 그는 시와 산수화에 능했다. 이 그림은 원근감이 뛰어나다.

이 있었다. 이런 계열의 건축물들은 후금의 한汗과 8화석패륵이 공동으로 정사를 의논한다는 것을 반영했으며, 국가의 8기 제도를 두드러지게 했다. 후에 건륭 황제는 성경을 순시하고 나서 이런 시를 썼다. "정전이 한복판을 차지하고 / 10개의 정이 좌우로 나뉘었구나 / 한마음 되어 상하를 한데 세우고 / 뜻을 합쳐 공훈을 세웠노라 / 고생을 함께 나누어가니 / 그 모양은 예사롭지 않구나 / 이 세상 신하들 그 본을 따르니 / 대를 이어 노력하는구나."

때 청하만 건너면 곧 도착하게 된다. 또 이곳은 수풀이 무성해 부근의 산에는 짐승이 뛰놀고 강에는 물고기가 아주 많다. 그러므로 반드시 천도해야 한다."라고 말했다.

누르하치는 뛰어난 재능과 원대한 지략을 가진 사람이었다. 심양을 도읍으로 정한 그의 결단으로 명나라를 공격할 때 훨씬 이로웠고 또 후금왕국도 강화할 수 있었다.

심양은 후에 성경(흥성하는 도시)으로 불렸다. 누르하치는 도읍을 옮긴 후 궁전을 대대적으로 건설했는데, 주요 건축물에는 대아문(대정전)과 그 좌우로 배열된 8기정(후에 좌익정, 우익정을 더 증가해 십왕정으로 했음)

칠대한 – 목각게방 木刻揭榜

1618년(명나라 만력 46년, 후금 천명 3) 4월 13일 누르하치는 '7대한七大恨'을 하늘에 알리고 출병해 명나라를 토벌했다. 이 7대한은 다음과 같다. ① 명나라는 누르하치의 아버지, 할아버지를 무고하게 살해했다. ② 명나라는 예허, 합달 편만 두둔하고 건주를 억눌렀다. ③ 명나라는 쌍방이 구분한 범위를 위반하고 누르하치에게 월경해 들어온 사람들의 목숨을 보상하라고 협박했다. ④ 명나라는 군사를 파견해 예허를 보위하고 건주에 항거했다. ⑤ 명나라의 지지를 받은 예허는 맹세를 어기고 자기들의 '노녀老女'들을 몽골에 시집보냈다. ⑥ 명나라는 이미 농사를 짓고 있는 차이허, 산차이, 무안에서 철수하며 곡식을 걷어들이지 못한다고 누르하치를 핍박했다. ⑦ 명나라의 요동당국은 수비장령 상백지를 건주에 파견해 위세를 부리고 복을 누리게 했다.

●●● 역사문화백과

[본 민족을 위해 명분을 바로잡은 홍타이지]

천총 9년(1635) 홍타이지는 다음과 같은 유지諭旨를 발표했다. "지금부터 모든 사람은 우리 만주의 원명을 사용해야 한다." 홍타이지는 또 만주족은 숙진, 여진에서 발전해온 것이라고 말하지 못하게 했다. 이때부터 만주족(원래 만주족이라고 불렀음)이라는 명칭이 지금까지 사용되어왔다. 다음해 4월 홍타이지는 정식으로 국명을 '대청大淸'이라고 고쳤다.

006

누르하치의 죽음

누르하치는 포탄에 맞아 큰 부상을 입었을 뿐만 아니라 갑자기 악성 종기가 생기면서 상처가 악화되어 세상을 떠났다고 한다.

재상을 세 번 바꾸다

광녕을 점령한 누르하치 때문에 명나라는 불안에 떨었다. 병부상서 장학명張鶴鳴은 직책상 어쩔 수 없이 자청해서 산해관 전선에 나가 군사를 감독했다. 그러자 천계 황제는 그의 관작을 올려주고 망포蟒袍 옥대와 상방보검尙方寶劍을 하사했다. 그러나 성지를 받은 장학명은 17일 후에야 산해관을 나섰다. 또한 그곳에서 시간만 끌다가 몸이 아프니 고향에 돌아갈 것을 조정에 청하는 보고를 올렸고, 천계 황제는 선부순무 해경방解經邦에게 장학명의 직무를 맡으라고 명령했다. 그러나 해경방은 관직을 박탈당하더라도 산해관으로는 한 걸음도 내디디지 못하겠노라고 했다.

별다른 방법을 생각해 내지 못한 황제는 신하들에게 사람을 추천하라고 명령했다. 그 결과 왕재진王在晉이 추천되었고, 황제는 명령에 복종하지 않으면 국법으로 다스리겠다고 했다. 그러나 왕재진이 산해관으로 떠난 지 반년이 지났지만 형세는 계속 악화되기

복릉도福陵圖 (청나라 일명佚名 그림)
복릉은 일반적으로 동릉이라고 부르는데 청나라 태조 누르하치와 그 후비의 능묘다. 복릉은 심양시 동쪽 교외에 자리 잡고 있는데 구릉에 건축되어 있다. 능묘의 앞에는 혼하渾河가 있고 뒤에는 천주산天柱山이 있다. 이 능묘는 천총 3년(1629)에 시작해 순치 8년(1651)에 준공되었으며 후에 확장되었다.

청나라의 시조릉인 영릉
영릉은 만어로 '언트화머몽안恩特和莫蒙安'이라고 한다. 영릉은 신빈현성 서쪽으로 21km 밖 계운산 기슭의 소자하 근처에 자리 잡고 있다. 이 능묘는 대청황제 아이신줴뤄 씨족의 선조릉이다. 능묘 안에는 누르하치의 6세조 멍가테무르, 증조부 복만, 조부 줴창안, 부친 타크세와 백부 리돈, 숙부 타차밴구와 그들의 친족이 안장되어 있다. 명나라 만력 26년(1598)에 건설하기 시작했는데, 처음에는 흥경릉이라고 부르다가 청나라 순치 16년(1659)에 영릉이라고 존칭했다. 영릉은 산해관 밖의 3개 능 가운데 하나다.

| 세계사 연표 |

1636년

북아메리카에 하버드대학이 설립되었다.

《명희종실록明熹宗實錄》 출전

계운전
정전이라고도 부르는 계운전啓運殿은 영릉의 중요한 건축물이며 청나라 황제가 제사를 지내던 곳이기도 했다. 정전 꼭대기의 용마루에는 진주를 물고 있는 여덟 마리 용이 새겨 있고 양쪽 끝에 장식이 된 검자루에는 각각 '일日' '월月'이라는 글자가 새겨 있다. 이는 선조의 신령이 청나라를 일월과 같이 영원히 보우해준다는 뜻을 담고 있다.

만 했다. 이때 손승종孫承宗이 자청해 산해관으로 가겠다고 한 후, 돌아와 경략經略으로 부임하겠노라고 했다. 그제야 조정은 손승종을 병부상서 겸 동각대학사로 임명해 요동의 책임을 맡겼다.

산해관에 도착한 손승종은 군사제도를 정비하고, 감군 원숭환袁崇煥에게 병영 건설을, 총병 이병성李秉誠에게 화기를 만들게 했다. 그리고 포대를 구축하고 식량과 옷, 무기 등을 책임지게 했다. 그러자 얼마 지나지 않아 영원寧遠에서 금주錦州와 산해관을 하나로 이어 놓은 영금寧錦 방어 시설이 구축되었다.

20만 대군에게 포위된 영원성

손승종은 산해관 밖의 각 지역에 성을 쌓고 또 영원성에 대한 방비를 강화했다.

도읍을 옮긴 누르하치는 또 명나라에 대한 공격을 명했다. 요하를 건넌 후금군은 두 갈래로 나뉘어 한쪽은 해안선을 따라 남하하고, 다른 한쪽은 광녕대통로를 따라 금주, 송산, 대소릉하, 행산, 연산, 탑산 등의 성을 공략했다. 그리고 나서 영원에서 산해관까지 길

명나라 충신 원숭환
원숭환(1584~1630)은 고향이 광동 동관이며 후에 광서 등 현으로 이사갔다. 명나라 만력 시기에 진사 급제했으며 소무지현으로 부임되었다. 후에 요동 변경에 뜻을 둔 그는 군에 입대했는데 벼슬이 병부상서, 독사계료에 이르렀다. 숭정 2년(1629) 홍타이지는 직접 대군을 거느리고 원숭환의 방어 지역을 돌아 준화를 공략하고 바로 북경성에 이르렀다. 그 소식을 들은 원숭환은 군사를 이끌고 경사를 지원해 광거문, 좌안문 대첩에서 승리해 경사의 위험을 제거했다. 후에 숭정 황제는 엄당 잔당들의 거짓말과 홍타이지의 이간책에 넘어가 그를 죽였다.

을 차단했다. 이때 손승종은 엄당閹黨의 배척을 받아 벼슬을 잃고 고향으로 돌아갔고 그를 대신한 사람은 엄당의 부하인 고제高第였다. 고제는 산해관 밖 각 성의 수비를 맡고 있던 장병들에게 모두 관내로 철수하라 했다. 그때 원숭환만 그 명령을 따르지 않아 영원은 고립무원의 성이 되고 말았다.

영원에는 원래 성곽이 없었는데 원숭환이 부임한 후 성곽을 쌓고 전략적 요충지로 만들었다. 누르하치

••• **역사문화백과** •••

[청나라 때의 인순人殉]

기록에 의하면 청나라 시대에도 여전히 산사람을 생매장하는 제도를 실시했다고 한다. 구체적인 예는 다음과 같다. 첫째, 누르하치가 죽은 후 세 사람을 순장했는데 한 사람은 누르하치가 총애하던 어린 대비 아바하이阿巴亥였고, 다른 두 사람은 '서비庶妃'였다. 누르하치의 원후元后 예허나라가 죽었을 때는 네 명의 노비가 죽은 주인과 함께 생매장당했다. 둘째, 홍타이지가 죽었을 때 장경 둔다리와 안달리가 함께 순장당했다. 셋째, 도르곤이 죽은 후 시녀 우얼쿠니가 주인과 함께 생매장당했다. 이런 인순제도는 강희 초년에야 폐지되었다.

| 중국사 연표 |

1641년 청나라군이 송산과 탑산, 행산의 명나라군을 크게 무찔렀다. 홍승주가 포로가 되었다.

영원성의 종고루鍾鼓樓
영원 옛성은 서안 옛성, 형주 옛성, 산서 평요 옛성과 함께 중국에서 지금까지 완전하게 보존된 4개의 고대 성곽 중 하나다. 영원성은 정사각형이며 네 개의 성문이 있고 성의 중앙에는 종고루가 있다. 명나라와 후금군이 싸우는 기간에 영원성을 지키던 원숭환은 종고루에서 작전을 지휘했다. 천계 6년(1626) 정월 누르하치는 영원성을 공격했으나 중상을 입고 물러났다. 천계 7년 5월 홍타이지가 다시 영원성을 공격했지만 역시 패배했다.

는 원숭환에게 영원은 금나라군에 포위됐으니 항복하라고 했지만 총병 만계滿桂와 2만여 명의 장병은 모두 고성孤城과 생사를 같이할 것을 맹세했다.

누르하치의 철퇴

누르하치는 성을 공격했고, 원숭환은 응전 준비를 했다. 성 아래의 후금군은 함성을 울리며 사다리를 타고 올라 성을 공격했으나 성안의 군민들은 한마음으로 화살과 대포를 쏘면서 적병을 살상했다.

누르하치는 금나라 군사의 사상자가 많이 나자 성벽을 파서 성곽을 허물어 버리라고 명령했다. 그러나 성곽이 꽁꽁 얼어붙어 이 작전도 실패했다. 이튿날 누르하치는 영원의 서남쪽을 공격했으나 서양 대포의 포격에 후금군의 방패 수레들이 파괴되었고, 결국 성

취규탑聚奎塔
이 탑은 복건 소무에 있다. 원숭환은 복건에서 현령으로 있을 때 일찍 취규탑이라는 글을 썼다. 후에 원숭환은 이곳에서 성곽과 나라를 보위하기 위한 일을 의논했다.

을 공략하지 못했다.

사상자를 많이 낸 후금군은 시체를 운반하기에도 바빴다. 그러나 땅이 꽁꽁 얼어붙어 시체를 매장하지 못하고 벽돌 가마에 가져다 태워 버리는 수밖에 없었는데 이 역시 후금군의 사기에 영향을 주었다.

이는 그가 군사를 지휘해 온 40년 동안 한 번도 없었던 대참패다. 또한 그는 성을 공격할 때 포탄에 맞았으며, 반년 후 상처가 심해지고 독창이 생기면서 사망했다고 한다. 철군 때 그는 몽골 8기의 무나거武納格를 파견해 각화도覺華島를 공격하라 했는데 명나라군의 식량과 군수물자를 태워 버리고, 또 섬에 있는 명나라 병사와 상인, 백성 수천 명을 죽이고 나서야 심양으로 돌아갔다.

영원에서의 싸움에서 원숭환은 명나라와 후금이 싸운 이래 처음으로 승전고를 울렸다.

| 세계사 연표 |

1640년
포르투갈이 독립, 영국에서 자산 계급혁명이 일어났다.

007 대청의 건국

《청사고淸史稿·태종기太宗紀》출전

누르하치가 사망하자 여덟째 아들인 홍타이지가 그 뒤를 계승하고 1636년 대청국을 건립했다.

누르하치가 죽자 그의 여덟째 아들이자 4패륵인 홍타이지가 후금국을 계승했다.

명나라 제도를 모방하다

누르하치가 죽은 후 몇몇 형제들이 함께 국정을 다스렸다. 홍타이지가 비록 그 뒤를 계승하기는 했지만 강력한 견제를 받아 여전히 패륵에 지나지 않았다.

34세가 된 홍타이지는 탁월한 군사적 재능과 비범한 정치적 수단을 가지고 있었다.

얼마 후 그는 몇 가지 조치를 단행했다. 첫째, 장원의 한인들을 농호로 만들고, 한족 관리들이 한족 농민들을 관리하도록 했다. 둘째, 농·공업 생산을 발전시켜 경제를 활성화시켰다. 셋째, 군사를 개혁해 몽골 8기, 한족군 8기를 조직했으며 '천우조위장군天佑助威將軍'의 홍의대포紅衣大炮를 만들어 흑룡강 유역을 후금국에 속하게 했다. 넷째, 명나라의 제도를 모방해 호부, 이부, 병부, 예부, 형부, 공부 등 6부를 설립하고 그 산하에 승정承政, 참정參政, 계심랑啓心郞 등의 벼슬을 두고 만인, 몽골인, 한인이 임직하도록 해 여러 민족의 사기를 북돋우고 만주족 귀족들의 권력을 분산시켰다.

그때 이백용李佰龍이라는 한인이 벼슬 서열에 따라 조정에 들어가 배알해야 한다고 건의하자 홍타이지는 즉시 그 건의를 받아들여 이후부터는 형제들이 함께 배알받지 못한다고 명하고, 또 6부 패륵은 관아로 출근해 사무를 보도록 규정했다. 다섯째, 시험제도를 실시해 인재를 선발하고 능력에 따라 등용했다. 이때부터 범문정范文程이 문관文館에 들어가 높은 벼슬을 했으며 영완아寧完我는 참장이 되었다. 여섯째, 제복을 정해 존비귀천을 구별했다. 이 규정에 따르면 호군護軍 이상만 비단옷을 입을 수 있고 기타 사람들은 무명옷을 입어야 했다. 동시에 흑호모黑狐帽, 오과용五瓜龍, 명황明黃, 행황杏黃, 금황金黃, 자색은 한이 아닌 경우 마음대로 사용하지 못한다고 했다. 그리고 친왕, 군왕, 패륵, 패자, 공주, 거거格格, 액부額附 등 신분의 차이를 명확하게 규정했다.

홍타이지는 내정을 정돈하는 동시에 몇몇 패륵의 행동에도 주의를 돌리기 시작했다. 그는 영평, 천안 등지에서 항복한 관리와 군민을 학살한 죄로 2패륵 아민을 연금했으며 칼

1644~1840 청나라·1

홍타이지 인물상 (왼쪽 그림)

홍타이지의 갑옷과 투구 (오른쪽 사진)

'식'의 원뜻은 양식, 규격을 말한다. 중식이란 규격에 맞는다는 것, 즉 과거시험에서 급제했다는 것을 말한다 47

| 중국사 연표 |

1642년
청나라 조정에서 후한 예로 서장의 달레사신을 환대했다.

을 차고 정전에 들어온 죄로 3패륵 망고르타이를 일반 패륵으로 낮춘 다음, 후에 역모를 꾀했다는 죄로 지도권을 박탈했다. 이외에 대패륵 대선의 권력도 계획적으로 약화시켰다.

도르곤은 투항한 차할린 단의 아내, 쑤타이태후에게서 '제고지보制誥之寶' 라는 글이 새겨 있는, 나라를 물려주는 옥새를 받아 홍타이지에게 바쳤다. 홍타이지의 마음을 잘 알고 있는 패륵 대신들은 홍타이지에게 황제 자리에 오를 것을 청했다. 그러자 홍타이지는 여러 패륵의 명확한 태도를 보려고 했다.

도르곤 등 패륵들은 제각기 충효에 관한 편지를 써서 향을 피우고 무릎을 꿇은 채 읽으면서 하늘에 대고 이후부터는 신하의 도리를 지켜 황제에게 충성하겠다고 맹세했다. 그래도 홍타이지는 조선 국왕도 황위에 오르기를 바라는 상소를 바쳐야 한다고 주장했다.

홍타이지의 말안장과 요도腰刀 (위·아래 사진)
영웅을 동반하던 말은 더 이상 볼 수 없지만 안장만은 영구히 기념으로 남았다. 홍타이지가 사용하던 이 요도는 길이가 94cm이며, 강철로 만들었다.

국호를 대청, 기년을 숭덕이라 고치다

천총 10년(1636)의 정월 초하룻날, 홍타이지는 임금과 신하의 자리를 정한 후 위엄있는 기세를 보이려고 했다. 동이 틀 무렵, 그가 뭇 왕과 대신들을 거느리고 무근문의 알제묘謁帝廟에서 나와 입궁하여 선조들의 제를 지낸 때는 이미 신시辰時였다. 한전汗殿에 돌아온 후 대패륵 대선만이 그의 오른쪽에 앉았고 처음은 도르곤, 그 다음 도도, 어튀, 알바타이, 아지게 등 패륵들이 홍타이지에게 알현하고 하례를 드렸으며 그 다음으로 외번 몽골의 패륵, 8기의 벼슬아치와 장령, 대신들이 서열에 따라 홍타

●●● 역사문화백과 ●●●

[국새의 진위]

국새란 일반적으로 춘추변화득자형산春秋卞和得自荊山(호북성 남장)의 옥새를 말한다. 옥새는 진시황이 이사에게 영을 내려 제작한 황제의 기호다. 국새는 각 왕조를 거쳐 당나라 말기까지 전해졌으며 그후 전란에 의해 실종되었다. 홍타이지가 얻었다는 원나라 왕조 후예가 전한 그 국새는 남송이 멸망할 때 임안(절강성 항주)에서 구비라이 대제에게 바친 송나라 왕조의 전국傳國 옥새이며 원나라 말년에 타환테규르(순제)가 대도(북경)에 도망칠 때 사막까지 가지고 간 것이라고 한다. 순치 황제는 북경을 도읍으로 정한 후 자금성 교태전에 39개의 황제 옥새를 수장해 두었는데 그중 하나가 바로 '하늘의 명을 받고 오래도록 번영 창성하리라'는 글이 새겨 있는 전국새였다. 그러나 건륭 11년(1746) 건륭 황제는 그중 25개를 정해 천자의 옥새로 수장할 때 그 옥새를 배제해 버렸다. 이것으로 이 국새는 위조품이라는 것을 알 수 있다.

강희 연간에 만든 법랑채락사 그림 무늬 자기접시

| 세계사 연표 |

1641년 영국 의회가 '3년 회기법'을 채택해 3년에 한 번씩 국회를 소집한다고 규정했다.

차하르 여성의 머리 장식품

사막에서 생활하는 몽골족은 동물의 가죽으로 옷을 지어 입고 금·옥·진주를 장식물로 하면서 유목 생활에도 적응했다. 청나라 때 몽골족 가운데는 30여 개 부락이 출현했는데 이런 부락의 특징이 복장에 반영되면서 지역 차이가 뚜렷해졌다. 특히 여성의 머리 장식이 가장 특색 있었다. 차하르 여성의 머리 장식은 두위고頭圍箍, 유수流穗, 후렴后簾으로 구성되었다. 두위고에는 산호와 송석松石을 박고 그 양쪽은 정교한 누공호접鏤空蝴蝶장식(또는 누화 장식)으로 유수를 연결했다. 머리 뒤에는 초생달모양의 철화 장식이 있고 그 아래에 산호, 송석 구슬로 그물 모양의 후렴을 짜서 어깨까지 드리운다.

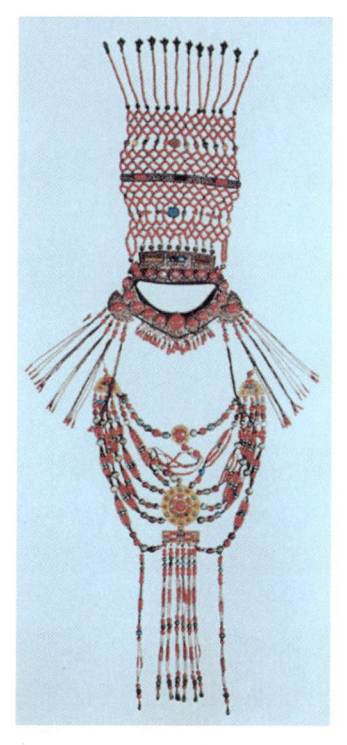

이지에게 새해 인사를 드렸다.

그 후 도르곤은 명령을 받고 등극대전을 준비했다. 변강 외몽골의 16국 49패륵이 앞다투어 하례를 보내자 때가 되었음을 느낀 홍타이지는 4월 11일에 등극하기로 결정했다. 이날 도르곤이 등극대전의 진행을 맡았다.

홍타이지는 뭇 패륵과 대신, 몽골족과 한족 관원들을 거느리고 하늘에 대고 축문을 선독했다. 의식이 진행된 후 그는 수금단용의보좌繡金團龍椅寶座에 올라 천천히 자리를 잡았다. 좌반左班 도르곤과 석패륵, 커얼친 사사도제농바따례가 옥새를 받쳐 들고 우반 악탁과 석패륵, 액철이 보책寶冊을 들고 표문表文을 선독했다. 문무대신들은 '삼궤구고례三跪九叩禮'를 올렸고 만세를 높이 불렀다.

이날부터 홍타이지는 관온인성寬溫仁聖 황제로 존대받았으며 건국호를 대청大淸이라 하고 기년을 숭덕崇德이라 고쳤다. 대청국이 정식으로 탄생하는 순간이었다.

세조도歲朝圖 (청나라 장정석蔣廷錫 그림)
청나라 시대의 화가 장정석은 꽃을 즐겨 그렸다. 〈세조도〉는 새봄에 활짝 핀 꽃과 수목을 묘사했는데, 선이 고르고 색이 조화되어 맑고 우아한 느낌을 준다.

1644～1840 청나라·1

| 중국사 연표 |

1643년 홍타이지가 사망, 묘호를 태종이라 했다. 복림이 황제로 즉위, 그 이듬해를 순치 원년으로 정했다. 도르곤이 섭정했다.

008

북경성을 포위

홍타이지는 '장간도서蔣幹盜書' 계책을 교묘하게 이용해 숭정 황제의 칼을 빌려 원숭환을 제거했다.

명나라 숭정 황제는 황위를 계승한 후 동북의 군사 사무를 원숭환에게 전권위탁했다. 홍타이지에게 원숭환은 아버지를 살해한 원수이자 명나라를 멸망시키는 가장 큰 장애물이었다. 이 때문에 홍타이지는 원숭환을 제거하려 했다.

군대를 셋으로 나누어 북경으로 진격하다

천총 3년(1629) 10월, 홍타이지는 수십만 명의 청나라군을 거느리고 우회해 내몽골 지구의 노합하老哈河에 들어가 주둔한 후 여러 패륵의 장병들에게 작전 임무를 내리자 그들은 파죽지세로 진군했다. 준화의 수비장령 왕원아王元雅는 성이 포위되고 또 원군이 섬멸당한 것을 알고 목을 매 자결했다.

홍타이지가 다시 군사를 지휘해 서쪽으로 진군하자 검주의 명나라 장령은 성문을 열고 항복했다. 그 소식을 들은 원숭환은 군사를 거느리고 검주를 지원했다. 그러나 그와 결전을 벌일 생각이 없던 홍타이지가 퇴각해 북경으로 갔다.

금나라 군사가 경사京師로 쳐들어갔다는 말을 들은 원숭환의 마음은 초조하기 그지없었다. 그래서 그는 결사적으로 길을 재촉해 홍타이지를 앞질러 나갔다. 그가 북경 광거문廣渠門에 이르렀을 때는 후금군이 북경에서 20리 떨어진 경교목마창京郊牧馬廠을 점령한 뒤였다. 두 군대가 격전을 벌이자 대포 소리가 자금성 창문을 뒤흔들었다. 원숭환은 결사적으로 싸웠고, 말을 타고 전장을 돌아본 홍타이지는 전황이 불리하다는 것을 알고 공격을 중지할 수밖에 없었다.

이간책을 쓰다

무력으로는 원숭환을 이기기 어렵다고 판단한 홍타이지는 이간책을 이용해 그를 제거하기로 마음먹고 화해한다는 명분으로 원숭환과 항금장령 모문용毛文龍과의 대립을 이용해 원숭환이 모문룡을 죽이도록 계략을 꾸몄다.

그는 참장 포승선鮑承先과 부장 고홍중高鴻中을 불러 그들에게 무엇인가를 지시했다.

이미 원숭환이 군사를 이끌고 검주에 들어갈 때 북경 조정에서는 그가 후금병을 북경에 끌어들인다는 소문이 나돌고 있었다. 변고가 생기는 것을 두려워한 조정은 원숭환에게 검주를 나서서는 안 된다고 명령했다. 그때 부총병 주문욱周文郁이 원숭환에게 장가만

덕승문전루
북경성 북원北垣 서쪽에 자리 잡은 덕승문전루德勝門箭樓는 명·청나라 시대 북경내성에서 지금까지 보존되어 있는 세 개의 전루 가운데 하나(다른 두 전루는 정양문전루와 동편문전루)다. 명나라 정통 2년(1437)에 건설된 이 전루는 '군문軍門'이라는 이름을 가지고 있으며 당시 전루, 문루, 옹루 등 건축물을 포함해 경사에서 장성 이북으로 통하는 중요한 문호였다.

| 세계사 연표 |

1642년
영국에서 찰스 1세와 의회의 충돌이 벌어져 내란으로 발전했다.

《국각國榷》 90권
《청태종실록淸太宗實錄》 5권 출전

원숭환 묘비 - 탁본
'유명원대장군묘'라는 묘비는 억울하게 죽은 사람에게 위안이 될 수 있을지도 모른다.

張家灣에 주둔해 있으면서 통주의 후금 군사와 15리를 사이에 두고 있어야 작전에 유리하다고 일깨워 주었다. 그러나 원숭환은 경사를 구원하려는 생각에 주문욱의 의견을 받아들이지 않았다. 또한 그는 세간에 나도는 소문에 대해서는 전혀 눈치채지 못하고 있었다.

포승선과 고홍중이 홍타이지의 밀지를 받고 병영으로 돌아왔을 때는 어느덧 깊은 밤이었다. 그들의 직책은 목마창에서 포로가 된 두 태감을 감시하는 것이었는데 그때 그 두 태감은 장막에서 잠든 척하고 있었다. 포승선과 고홍중은 자리에 앉은 후 일부러 목소리를 낮추어가며 이야기를 나누었다. 그들 중 한 사람은 오늘 군사를 철수한 데는 이유가 있다고 했고, 다른 한 사람은 임금과 원 장군 사이에 이미 밀약이 맺어졌는데 북경을 함락할 모략이 있다고

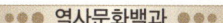
역사문화백과

[8대왕과 8분공]

청나라 왕조 종실에는 전기와 중기에 좌명원훈佐命元勳 또는 혁혁한 전공을 세운 여덟 가족의 친왕, 군왕이 있었다. 그들은 예친禮親왕, 예친睿親왕, 예친豫親왕, 숙친肅親왕, 정친鄭親왕, 장친莊親왕, 순승군順承郡왕, 극근군克勤郡왕이었다. 그들은 왕위를 대대로 이어 가고 세습되는 영예를 가지고 있었다. 그래서 이 여덟 가족을 8대 왕이라고 불렀으며 일반적으로는 철모자왕鐵帽子王이라고 불렀다. 8분공分公이란 누르하치 시기에 둔 국사를 함께 의논하는 여덟 화석패륵을 말한다. 그들은 각각 관속을 두었는데 조정의 연회석에서 모두 예절을 지켰고 상도 똑같이 받았다. 이런 이유로 그들을 8분공이라 했다.

숭정 황제가 자결하다
명나라 숭정 17년(1644) 이자성이 농민봉기군을 거느리고 북경성으로 쳐들어갔다. 막다른 골목에 이른 숭정 황제는 황후와 공주를 죽인 다음 경산에 올라가 늙은 홰나무에 목을 매고 자결했다.

했다. 그러면서 그들은 태감들이 듣지 못하도록 하는 척했으나 사실 그들이 들으라는 것이었다.

의심 많은 숭정 황제

숭정 황제는 침궁에 앉아 생각에 잠겨 있었다. 그는 원숭환이 5년 안에 요동을 복구하겠다는 말에 대해 의심을 가지고 있었고, 또 원숭환이 자기 마음대로 모문용을 주살한 일을

강희 연간에 만든 법랑목단 무늬가 그려 있는 작은 병

1644 ~ 1840
청나라 · 1

봄 51

| 중국사 연표 |

1644년

이자성이 북경에 들어가고 명나라가 멸망했다. 청나라군이 오삼계의 인도 아래 관내에 들어갔다. 순치 황제가 도읍을 북경으로 옮겼다.

강희 연간에 만든 황유암화제량호黃釉暗花提梁壺

이해할 수가 없었다. 게다가 원숭환이 영원에서 대승을 거둔 후 강력하게 화의를 주장한 일도 이해하기 어려웠다. 그가 이런 생각에 빠져있을 때 양씨 성의 태감이 그에게 전날 저녁에 귀동냥으로 들은 이야기를 고했다. 의심이 많은 숭정 황제는 원숭환이 적을 북경으로 끌어들이고 조정을 압박해 강화조약을 체결하려 함이 틀림없다고 생각했다.

원숭환이 성 밖의 병영으로 입궁해 보니 많은 대신이 모두 그곳에 모여 있었다. 숭정 황제는 어두운 낯빛으로 계속 따져 물었고 영문을 몰라 하던 원숭환에게 금의위들이 달려들어 그의 의관을 벗겨 버리고 감옥에 넣었다. 이 소식을 들은 홍타이지는 득의양양하게 웃었다. 그는 '장간도서' 계책을 교묘하게 이용해 북경으로 가는 가장 거대한 장애물을 제거했다. 그 후 청나라 사람들이 이 일의 진상을 밝히지 않았더라면 원숭환의 억울한 죽음은 아마 천고에 가서도 알기 어려웠을 것이다.

만주족들의 전통적 미덕을 구현한 선조상

만주족들은 예의를 중시했다. 만주족 가운데는 '예중효경禮重孝輕'이라는 말이 유전되고 있는데 만주족들은 노인을 존경하고 어린이를 돌보며 선조들의 예를 일체 폐지해서는 안 된다고 했다. 만주족들에게는 명절, 경사, 상사 등 예절이 아주 많은데 평소에도 사흘에 한 번씩 절을 올리고 닷새에 한 번씩 큰절을 올리며 일반적으로 집집마다 선조들의 위패와 화상을 두고 모셨다.

산수도山水圖 (청나라 만수기万壽棋 그림)

만수기(1603~1652)는 자가 연소年少 또는 개약介若이라고 했다. 청나라에 접어든 후 그는 이름을 수壽, 자는 내경內景으로 고쳤다. 그가 유생의 옷에 승려의 모자를 쓰고 오吳나라와 초楚나라를 드나들었기 때문에 사람들은 그를 만도인万道人이라고 불렀다. 그는 스스로 사문혜수沙門慧壽라고 이름을 붙였다. 그는 강소 서주 사람이며 청나라 때 화가인데 시와 문장 전각篆刻도 뛰어났으며 산수와 미인을 잘 그렸다. 이 그림은 기암괴석 수풀 속에 자리 잡은 옥루누각을 묘사한 것이다.

| 세계사 연표 |

1643년 크롬웰이 동부동맹군을 결성해 왕당군과 작전을 펼쳤다.

009 대릉하 포위전

《이신전貳臣傳·조대수전祖大壽傳》
《동화록東華錄》 천총天聰 5년 10월

홍타이지는 투항한 장병들에게 무릎을 꿇지 말라고 하며 그들을 포견례抱見禮로 환대했다.

홍타이지가 서쪽을 정벌하려면 반드시 영금방선을 돌파해야 했다. 그래서 그는 직접 대릉하大凌河 포위전을 펼쳤다. 이 전투에서 홍타이지는 명나라군의 유생역량을 섬멸했으며 또 대릉하성을 공격해 승리를 거두었다.

그리고 참호 주변에 높은 벽을 쌓아 대릉하성을 물샐틈없이 포위했다. 홍타이지는 진격하지 않고 포위만 하는 전략을 세운 다음 매일 성 남쪽의 산등성이에 올라가 성 안의 동정을 살폈다.

물샐틈없는 포위전

홍타이지가 북경성 아래에서 동쪽으로 돌아온 후, 명나라는 영원, 금주 방선을 강화하기 위해 금주에서 45리 되는 곳에 대릉하성을 구축해 총병 조대수祖大壽, 부장 하가강何可綱 등이 1만 3000명의 군사를 거느리고 지켰다.

홍타이지는 대릉하성이 강화되기 전에 직접 만주 8기와 몽골병을 포함한 군사 8만 명을 거느리고 대릉하성 주변에 진을 쳤다. 그는 그곳에 45개의 병영을 세우고 주변 50리에 성을 둘러싼 4개의 참호를 팠다.

강희 연간에 만든 비단으로 수놓은 금계錦雞 목단 무늬 도배조각

선봉에 선 홍타이지

홍타이지는 대릉하를 탈취할 때까지는 이 일을 포기하지 않기로 마음먹었다. 조대수, 하가강의 부대도 역시 명나라의 정예부대였다. 조대수 가문은 요동의 이름난 가문이었는데 권세 또한 대단했다. 이 가문의 가병家兵은 명나라 시대 산해관 외의 중요한 지주였다. 홍타이지는 만약 조대수와 그 자제들의 항복만 받아낸다면 자기가 요동 정권을 공고히 하는 데 유리하다는 것을 알고 있었다. 그래서 그는 대릉하를 포위한 뒤 여러 차례에 걸쳐 투항을 권했다. 조대수가 여러 번 군사를 성에서 내보내 공격했지만 홍타이지는 쫓아 보내기만 하고 공격하지는 않았다.

한번은 그가 200명의 친위대를 거느리고 소릉하로 가서 정찰을 했는데 갑자기 금주성에서 나온 6000명의 명나라군과 대적하게 되었다. 홍타이지는 조금도 두려움없이 말을 몰아 명나라군을 향해 돌격했다. 그러자 당황한 명나라군은 달아나기 바빴으며, 홍타이지는 그들을 성 아래까지 추격했다. 또 한번은 홍타이지가 명나라의 4만여 기병과 보병이 대릉하의 포위를 뚫기 위

1644~1840 청나라·1

중연경림重宴瓊林 53

| 중국사 연표 |

1645년 남명 홍광(복왕) 정권이 멸망했다. 이자성이 사망했다. 청나라 조정에서 '삭발령'을 내렸다.

해 온다는 소식을 듣고 직접 양익의 기병을 거느리고 명나라 병영으로 쳐들어갔다. 갑작스러운 공격에 명나라군은 앞다투어 도망치기 바빴다. 그러자 홍타이지는 적들이 도망가는 길에 매복해 있다가 4만여 명의 명나라 군사를 거의 몰살시켰다. 이 전투가 있은 후 명나라는 더 이상 원군을 파견하지 못했다.

앵속화도罌粟花圖 (청나라 유우柳遇 그림)
유우(생몰연대 미상)는 자가 선기仙期이고 오현(지금의 강소 소주) 사람이다. 그는 인물화와 화조화를 즐겨 그렸다. 이 그림은 몰골沒骨법으로 앵속화 중 가장 고운 부분을 그린 것이다. 앵속화는 아름답기는 하지만 독이 있고 아편을 만들 수도 있다.

조대수의 투항

외부의 지원이 단절된 대릉하는 포위된 지 두 달만에 수천 명이 굶어 죽었는데, 성안에서는 사람들이 서로 잡아먹는 일까지 발생했다.

홍타이지는 대릉하를 포위할 때부터 조대수에게 투항을 권했지만 조대수는 투항 후 피살되는 것을 걱정했다. 그러자 홍타이지는 다시 편지를 보내 한 사람도 죽이지 않고 조대수와 함께 일을 의논해 처리할 것이라고 했다. 하지만 조대수는 그에 대한 믿음이 서지 않아 또 한 달을 끌었다. 그러자 성내에서는 군인들과 백성이 서로 잡아먹고 먹히는 일이 만연했다. 그제야 그는 아들 조가법趙可法을 인질로 보내 성에서 나와 투항했다.

조가법이 홍타이지의 병영에 들어서 무릎을 꿇고 절을 올리려 하자 지르갈랑 웨퉈가 즉시 그를 일으켜 세우면서 이렇게 말했다. "우리가 서로 대치해 있을

산서영무관
영무관寧武關은 지금의 영무현성 구역에 있다. 명나라 중기에 건설하기 시작한 영무관은 역사적으로 유명한 산서 '3관'(편관·안문관·영무관) 중 하나다. 명나라 성화 3년(1467)에 낙성된 영무관은 만리장성의 중요한 관문으로 지세가 험준하다.

| 세계사 연표 |

1644년 크롬웰 기병이 마스턴에서 왕당군을 크게 격파했다.

유당하우도劉塘夏雨圖 (청나라 장종창長宗蒼 그림)

장종창(1686~1756)은 자가 묵존默存이고 일명 묵잠默岑이라고도 한다. 그는 호가 황촌篁村이고 만년에는 수죽瘦竹이라고 불렸다. 왕원기의 제자인 그는 산수화를 즐겨 그렸다. 이 그림은 여름철에 비가 내린 후 갠 날씨를 보여 주는데 물안개가 피어오르고 있다. 수촌의 우거진 버드나무, 쪽배와 다리, 그물을 말리는 어부 등은 한가로운 정취를 보여 준다.

●●● 역사문화백과 ●●●

[포견례]

포견례抱見禮는 만주족의 전통적인 관습이다. 포견례는 원래 오랫동안 헤어져 있던 친구를 다시 만나거나 작별할 때 하던 일종의 예절로서 일반적으로 친구, 후배, 선배에게 주로 사용했지만, 후에는 임금과 신하, 동료 사이에 적용되었으며 최고의 예의로 간주되었다. 이 예절은 《만문노당滿文老檔》과 《건주문견록建州聞見錄》에 기록되어 있다. 예를 올릴 때 서로 허리를 잡고 얼굴을 맞대는데, 남녀 간에도 이런 예절을 행했다. 북경을 도읍으로 정한 후, 임금과 신하 그리고 동료 간에 대부분이 예절을 적용했지만 가족 간에도 가끔 사용되었다. 건륭 중기 이후 점차 읍하고 손을 맞잡는 예절로 교체되었다.

왕유의 〈강산설제도江山雪霽圖〉의 모방 (청나라 왕시민 그림)

왕시민(1592~1680)은 자가 손지遜之이고 호는 연객煙客이며, 만년의 호는 서전주인西田主人, 귀촌노농歸村老農이다. 강소 태창 사람인 그는 일생 동안 벼슬하지 않았으며 시, 글, 서화에만 몰두했다. 그는 산수화를 즐겨 그렸고 황공망黃公望을 스승으로 모셨다. 그의 그림은 청나라 시대에 비교적 큰 영향을 끼쳤는데 왕휘王翬, 오력吳歷, 그의 손자 왕원기王原祁가 모두 그의 가르침을 받았다. 그는 왕감王鑒, 왕휘, 왕원기와 함께 4왕으로 불렸다. 이 그림은 그가 77세에 그린 것이다.

때는 원수였지만 지금 서로 화해했으니 형제입니다. 그런데 왜 절을 하려 합니까?' 그는 이어서 조가법에게 투항한 사람들을 학살하지는 않을 것이라고 말해 주었다. 이렇게 몇 차례 조정을 거쳐 조대수는 투항하기로 결정했다.

그 자리에 있던 사람 중 하가강何可綱만 투항을 강하게 반대했다. 어쩔 수 없이 조대수는 그를 성 밖으로 끌고 나가 후금 장병들 앞에서 목을 잘랐다. 하지만 하가강은 조금도 두려운 기색 없이 웃음을 머금은 채로 죽었다.

그날 저녁, 조대수가 투항하자 홍타이지는 여러 패륵과 함께 병영에서 나와 영접했다. 그는 조대수를 포견례로 환대했으며 그를 데리고 나란히 군영으로 들어갔다. 홍타이지는 또 금잔에 술을 부어 조대수에게 권하고 자신이 쓰던 흑고모, 담비옷을 선물했다. 그러

| 중국사 연표 |
1647년 대청률이 작성되었다.

●●● 지명 대조표 ●●●

묘호(廟號)	시호(諡號)	이름	재위 기간	주요 공적	연호	황릉
태조	승천광운성덕신공계기립극인효예무단의흠안홍문정업고 황제	아이신줴뤄 누르하치	1616~1626	여진의 각 부족을 통일하고 8기 제도를 창립했으며 만주어를 창제하라고 명했다. 후금국을 건립했다. 천명 3년(1618)에 '7대한'으로 명나라를 공격할 것을 맹세했다. 천명 10년(1625)에 도읍을 심양으로 옮겼다.	천명 1616~1626	복릉
태종	응천흥국홍덕장무관온인성예효경민소정륭도현공문 황제	아이신줴뤄 홍타이지	1627~1643	동북을 통일하고 조선과 몽골로 나아갔으며 명나라군 장병들을 수차례 패배시켰다. 천총 10년(1636) 4월에 황제호를 개칭하고 관동일통의 대청제국을 건립했으며 만주족을 '만주'로 개칭했다.	천총 1627~1636 숭덕 1636~1643	소릉
세조	체천륭운정통건극영예문흥무대덕홍공지인순효장 황제	아이신줴뤄 복림	1644~1661	한족문화를 흡수하고 성법조제를 수정해 한족관리를 중용했다. 환관과 붕당의 폐해에 경각성을 높였고 관리들의 치적을 중시했으며 백성의 노동력을 효과적으로 이용했다.	순치 1644~1661	효릉
성조	합천홍운문무예청공검관욕효경성신공덕대성인 황제	아이신줴뤄 현엽	1662~1722	대만을 통일했으며 인재들을 신중하게 등용하고 청렴한 관리들을 포상했다. 한족 지식인들을 대우해 주었다.	강희 1662~1722	경릉
세종	경천창건중표정문무영명관인신의예성대지성헌 황제	아이신줴뤄 윤진	1723~1735	개혁을 진행하고 치국안민으로 13년 동안 탁월한 업적을 쌓았으며 후대 건륭을 위한 초석을 마련했다.	옹정 1723~1735	태릉
고종	법천륭운지성선각체원립극오문분무흠명효자신성순 황제	아이신줴뤄 홍력	1736~1795	안정된 정책으로 나라를 부유하게 했으며 농업을 중시했다. 부세 납부를 중지해 반란을 평정했다.	건륭 1736~1795	유릉
인종	수천흥운오화수유승문경무효공검근단민영철예 황제	아이신줴뤄 옹염	1796~1820	건륭 후기의 여러 가지 폐정을 개혁하는 데 힘을 모았다.	가경 1796~1820	창릉
선종	효천부운립중체정지문성무지용인자검근단효민관정성 황제	아이신줴뤄 민녕	1821~1850	검소한 황제로서 아편을 금지했으며 서양의 침략자들을 반격하려고 했지만 능력 밖의 일이었다.	도광 1821~1850	모릉

자 조대수는 감격의 눈물을 흘리며 아내가 금주錦州에 남아있으니 돌아가 금주를 점령할 수 있는 방법을 모색해 오겠다고 했다.

홍타이지가 이에 동의해 그를 보내주었으나 조대수는 돌아오지 않았다. 그래도 홍타이지는 조가법 등 조대수의 자제들을 잘 대해 주었다.

10년 후 조대수는 금주성이 함락되었을 때 다시 투항해 성경盛京으로 압송되었다. 당시 많은 대신이 그를 처형할 것을 강력하게 권했지만 홍타이지는 처음의 마음을 바꾸지 않고 10년 동안 기다려 왔다고 말했다. 그제야 조대수는 깊이 감동을 받고 마침내 진심으로 홍타이지에게 귀순했다.

| 세계사 연표 |

1645년 영국 하원에서 '신모범군법안'을 채택. 크롬웰이 또다시 왕당군을 물리치고 결정적 승리를 거두었다.

010

《청태종실록淸太宗實錄》 57권
《소정잡록嘯亭雜錄》
출전

홍승주가 투항하다

홍타이지는 웃으면서 "길을 떠나려는 우리는 지금 소경이나 다름없다. 홍승주洪承疇는 그런 우리의 길잡이가 되어 줄 것이다!"라고 말했다.

중원의 주인이 되려면 한족 관료 중 우수한 인재들을 불러들이지 않으면 안 되었다. 특히 홍타이지에게는 홍승주와 같이 변경을 안정시키고 나라를 다스릴 수 있는 인재들이 필요했다.

금주 점령을 위한 치밀한 계획

홍타이지가 조선과 몽골을 정복하고 대릉하성을 탈취한 후, 요서의 군사 요충지인 금주錦州가 청나라 군사 앞에 나타났다. 하지만 금주성은 난공불락의 요새다. 주변에 송산성松山城, 행산성杏山城, 탑산성塔山城이 마치 날개처럼 금주성을 보호하고 있었다. 그리고 120리 밖의 영원성은 금주성의 든든한 힘이 되어 주었다. 홍타이지는 금주를 점령하기 위해 힘을 쏟았으나 명나라의 금주, 영원, 산해관 전선을 깨뜨린다는 것은 무리였다.

금주 점령에 온 역량을 쏟기로 한 홍타이지의 결정은 명나라와 청나라 간의 전면전을 예고했다. 이 결정은 그가 북경을 점령해 명나라를 멸망시키기 위해 반드시 거쳐야 할 길이었다.

치밀한 계획을 세운 홍타이지는 먼저 정예 군사와 장령을 의주로 파견해 전략적 기지를 세우도록 했다. 뒤이어 전위부대에 영원, 금주의 명나라군을 교란해 그들의 둔양전屯養戰을 파괴하라고 명령했다. 동시에

홍승주 초상
홍승주(1593~1665)의 자는 언연彦然이고 호는 정구亨九이며 복건 남안 사람이다. 만력 시기에 진사 급제한 후 숭정 황제 시대에 병부상서를 지냈다. 숭정 14년(1641) 명나라와 청나라가 송산에서 벌인 전투에서 계요총독 홍승주는 오삼계 등 여덟 총병과 13만 명의 군사를 거느리고 조대수를 지원했으며 후에 싸움에서 패해 포로가 되었다. 숭정 15년(1642) 홍승주는 청나라에 투항했다. 청나라에서 그는 병부상서 겸 우보도어사, 한림홍문대학사 등 요직을 역임했다.

홍승주사 옛터
홍승주사 옛터는 지금 북경에 있는 명인고적 중 하나다. 동성 남쪽 나고골목에 자리 잡고 있는 이 집은 청나라 초기의 건축물이며 홍승주의 옛집이라고 확인되었다. 그러나 뜰 안에는 북쪽 집의 세 칸 밖에 남아 있지 않다. 원래 홍승주 집의 대문은 방전장골목 북쪽에 있었고 대문이 아주 장관이었으며 문밖에는 커다란 동사자가 놓여 있었고 뜰 안에는 집이 아주 많았다. 지금 이곳은 홍승주의 사당이라고 한다.

1648년

│ 중국사 연표 │

청나라가 서장西藏에 사신을 파견해 달라이라마, 벤첸에게 문안을 전하고 명사를 편찬했으며, 천계·숭정 왕조에 대한 기술을 전했다.

청나라 시대 역참에서 사용하던 신용물 – 만문신패
명나라 때 역부驛符의 기능과 마찬가지로 만문신패滿文信牌는 청나라 시대에 역참에서 사용하던 것이다. 청나라 시대 역도驛道 계통은 3등급으로 나누는데 첫째는 북경을 중심으로 한 '관마대도官馬大道', 둘째는 성 소재지를 중심으로 한 '대로大路', 셋째는 각 시와 진의 '소로小路'였다. 역도의 중요한 지점에 역참을 두고 청나라 조정의 문서가 제때에 도착하도록 했다.

대량의 군수 물자를 끊임없이 의주로 보내고, 또 홍의대포 60문을 제조했다. 그리고 명나라 군사들이 심은 농작물을 거두어들이고 금주를 포위해 고립시키는 계획을 세웠다.

이 시기 명나라의 검요총독은 홍승주였다. 홍승주는 복건 천주부 남안현 사람이었으며 만력 대에 진사에 급제했다. 홍승주는 병부상서 겸 우부도어사右副都御史로 임명되었다. 청나라군의 포위에 대해 그는 방어와 공격을 동시에 진행해야 한다고 했고, 그의 의견은 모든 이의 지지를 받아 그는 8총병, 13만 대군을 거느리고 금주를 지원했다.

그는 곳곳에 방어 시설을 쌓고 진을 치는 전술을 썼다. 또 여러 차례 도르곤과 아지게의 부대를 무찔러 청나라군의 위협을 제거하기 시작했다.

영원, 금주는 명·청나라 모두에게 영향을 주는 방어선이었다. 명

병부화표
병부화표兵部火票는 군기대사를 전달하는 긴급문서의 증거이자 역참 계통에서 사용한 문서다. 연도의 주, 현 역참의 관리들에게 규칙에 따라 반드시 역졸을 파견해 제때에 목적지에 전할 것을 요구했으며 거역하는 자는 중죄로 처벌했다.

웅위한 대묘방
태산의 대묘방岱廟坊은 일명 영롱방玲瓏坊이라고도 하며 강희 연간에 산동 포정사 시천예施天裔가 대묘를 재건할 때 처음으로 세운 것이다. 석재로 만들어진 대묘방은 네 개의 기둥으로 대들보를 받치고 있으며 면에 부각이 새겨 있고 조각이 섬세하다. 대묘방은 청나라 때 석각 건축의 백미이며 방의 전후를 둘러싼 고석鼓石에는 각각 조각한 사자가 한 쌍씩 있다.

나라의 원군이 온다는 소식을 들은 홍타이지는 정예부대를 통솔해 송산, 행산 간의 연결을 차단하고 홍승주의 퇴로를 차단하는 동시에 군사를 파견해 명나라군의 식량을 빼앗았다. 그러자 숭정 황제는 홍승주를 질책하면서 그에게 진군을 독촉했다. 숭정 황제의 독촉에 장기전 책략을 세우던 홍승주의 계획은 틀어지기 시작했다. 큰 전투를 치를 아무런 준비도 하지 못한 홍승주는 할 수 없이 송산결전을 포기했다.

그 결과 명나라군은 퇴로를 차단당해 후방 지원을 모두 잃어 참패하고 말았다. 잃어버린 말과 갑옷, 투구는 1만에 달했고 바다에

| 세계사 연표 |

1647년 이탈리아의 나폴리가 공화국을 성립한다고 선포했다.

춘산난취도春山暖翠圖 (청나라 운수평 그림)
운수평惲壽平이 그린 이 그림은 봄의 아름다운 경치를 묘사했다.

떠다니는 시체는 군사들의 사기를 떨어뜨렸다. 부장 하승덕夏承德은 싸움에서 이길 가망이 없을 뿐 아니라 포위도 뚫기 어렵다는 것을 알고 청나라군과 내통했다. 그리하여 송산성이 함락되고 홍승주는 생포되었다. 뒤이어 8기의 정예기병들이 탑산, 행산을 공략해 결국 관외의 중요한 네 개의 진이 모두 함락되었다.

투항한 홍승주에 대한 견해

그 소식을 들은 홍타이지는 즉시 포로가 된 홍승주와 조대수를 심양으로 압송하고, 나머지 200여 명의 관원과 병사 3000명은 죽이고 하승덕만 살려두라고 명령했다.

포로가 된 홍승주는 죽어도 투항하려 하지 않았다. 후에 그가 명나라를 버리고 청나라에 투항한 일에 대해서는 의견이 분분한데, 그중 하나는 이러하다.

홍승주가 성경으로 압송된 후 홍타이지가 직접 그를 만났다. 그때 홍승주가 산발하고 있는 광경을 본 홍타이지는 자기 몸에 걸치고 있던 담비옷을 그에게 걸쳐 주었다. 이에 감동한 홍승주는 머리를 조아려 절을 올리면서 투항했다고 한다.

또 다른 한 가지는 홍타이지가 범문정을 파견해 홍승주에게 투항을 권했지만 홍승주는 응하지 않았다. 이때 대들보에서 먼지가 떨어져 홍승주의 옷에 묻자 홍승주는 먼지를 털어냈다.

이것을 본 범문정은 홍타이지에게 "홍승주는 죽을 마음이 없는 것 같습니다. 자기의 옷을 아끼는 것을 보니 목숨은 더 소중하게 생각하고 있을 것입니다."라고 아뢰었다. 그러자 홍타이지는 직접 홍승주를 찾아갔다. 여기서 홍타이지가 자기의 옷을 홍승주에게 입혀 준 이야기가 비롯된 것이다.

길 안내자를 찾다

홍타이지는 홍승주를 투항시키기 위해 온 심혈을 기울였다. 홍승주가 투항하자 그는 기뻐하며 홍승주에게 후한 상을 내리고 연회를 열어 경축했다. 그러자 만주 귀족들은 그것을 달갑지 않게 여기며 홍승주를 왜 그렇게 환대하느냐고 물었다. 그러자 홍타이지는 "길을 떠나려는 우리는 지금 모두 장님과 다를 바 없다. 그런데 중원의 넓은 세상을 차지하려는 우리에게 안내자가 생겼다. 그러니 내 어찌 즐겁지 않겠는가?" 하며 웃었다.

그제야 홍타이지의 마음을 안 뭇 대신들은 진심으로 탄복했다.

●●● 역사문화백과 ●●●

['3향'의 폐지]

'3향三餉'이란 명나라 말기에 공식적인 부세 외에 백성들에게 추가한 부세, 즉 요향遼餉, 초향剿餉, 연향練餉을 말한다. 요향은 후금(청나라)에 대처하기 위한 군비였고, 초향은 이자성 등 농민군을 대처하기 위한 군비였으며, 연향은 추가한 군대의 훈련비용이었다. 순치 원년(1644) 7월에 도르곤은 전국에 영을 내려 '3향'을 폐지한다고 공포했으며 만약 관리들이 이런 부세를 거두어들이다 적발되면 사형에 처한다고 했다.

| 중국사 연표 |

1649년 청나라 조정에서 여러 왕과 대신들이 각 아문의 정사를 간섭하는 것을 금지했다.

011

홍타이지와 몽골인, 한인 8기

홍타이지는 몽골인, 한인 8기를 건립해 8기제도를 완성하고 강화했다. 이 제도는 청 왕조 260여 년 동안 가장 특이한 풍치를 이루었다.

핵심적인 만주 8기

누르하치가 처음 8기를 건립했을 때는 군대의 기치색을 황·백·홍·남 네 개로 정했다. 만력 29년(1601) 그가 여진의 각 부족을 통일하면서 그 구성원이 크게 확충되었고, 4개의 기치도 8개의 기치로 확대되었다. 그리하여 기치도 정황기正黃旗, 정백기正白旗, 정홍기正紅旗, 정남기正藍旗, 양황기鑲黃旗, 양백기鑲白旗, 양홍기鑲紅旗와 양남기鑲藍旗로 정했다.

8기의 기본 구성원이 만주족이었기 때문에 만주 8기라고 불렀다. 누르하치는 8기의 총 기주旗主이자 양황기의 화석패륵이었고, 나머지 각 기도 그의 형제, 자식, 조카들이 기주였다. 홍타이지는 자기의 형이며 누르하치의 큰아들인 추잉褚英이 태자 자리에서 밀려난 후 그가 총괄하던 정백기를 접수한 후에야 화석패륵이 되고, 후에 황제가 될 수 있었다. 그도 누르하치와 마찬가지로 양황기를 직접 관할했는데 그것이 그 후 대청 황제가 직접 관할한 '상3기上三旗' 였다.

누르하치의 8기 제도는 기치로 군사를 통솔하고 군대와 백성을 일체화한 조직 형태였다. 그리하여 각 가정에서 남성은 기에 편입되어 대문을 나서면 바로 전쟁에 임할 수 있었다. 기에 편입된 사람은 주로 만주족이었지만 귀순한 몽골족과 한족도 기에 편입되는 경우가 있었다. 누르하치는 투항한 한인들은 농민으로 편성하고 기에 편입될 수 있도록 했지만, 포로가 된 한인들은 8기 장병들의 노예로 하사했다.

몽골 8기의 건립

몽골 8기는 몽골족으로 구성되었다. 일찍이 후금이 요양, 심양에 들어갔을 때 몽골족이 귀순하자 단독으로 우록을 편성하고 몽골군이라고 불렀지만 그 수가 적어 만주 8기에 예속시켰다. 천총 3년(1629) 홍타이지는 몽골군이 계속 늘어나자 몽골군을 토대로 몽골 2기로 확대한 후, 고산액진固山額眞을 두었고, 천총 9년(1635)에는 몽골 2기를 몽골 8기로 확대하였다. 몽골 8기의 기치 색깔과 편제는 만주 8기를 참조했다.

양황기 기치 (위 사진)
누르하치는 우록牛錄에 토대해 8기를 건립했는데 8기의 기치는 황, 백, 홍, 남, 양황, 양백, 양홍, 양남이다. 8기의 기치에도 일정한 격식이 있다. 즉, 기치의 색깔에 따라 상응한 8개 군사 단위로 구분했으며 방위에 따라 기치의 색깔을 구분했다. 기치는 길이가 두 자이고 폭은 약 5.4m였으며 깃대는 나무나 참대로 만들었다. 양황기는 북방에 있었고 한汗기였다.

정황기 기치 (아래 사진)
방위는 북방이었고 역시 한기에 속했다.

| 세계사 연표 |

1648년 러시아 탐험가가 베링 해협을 발견했다. '베스트팔렌 조약'을 체결하고 스위스를 독립국가로 공인했다.

《청태종실록清太宗實錄》
《소정잡록嘯亭雜錄》

양백기 기치
방위는 동방이고 패륵기다.

정백기 기치
방위는 동방이고 패륵기다.

양홍기 기치
방위는 서방이고 패륵기다.

정홍기 기치
방위는 서방이고 패륵기다.

두 기의 한 군을 새로 건립

천총 7년(1633) 홍타이지는 산동 등주에서 군사를 일으킨 공유덕孔有德, 경중명耿仲明이 1만여 명의 군사를 거느리고 신식 총포를 가지고, 몇백 척의 배를 몰아 바닷길로 투항하러 왔다는 소식을 듣고 기뻐했다. 홍타이지는 그들이 도착하자마자 준마를 상으로 보내주었으며 자기가 쓰던 좋은 말을 내놓았다. 그리고 각 패륵들에게 각각 말안장을 지운 상등말 한 필, 말안장을 지우지 않은 말 네 필씩 모두 40필을 내놓게 하고, 만주족, 몽골족, 한족 관원들에게는 직무에 따라 각각 말 한 필씩 약 100필을 내놓으라고 명했다. 그리고 중신重臣 범문정 등에게 그들을 맞을 때 말들을 보내라고 명령했다. 공유덕이 심양 교외에 도착하자

| 중국사 연표 |

1651년
도르곤이 사망하자 그의 작위를 삭탈했다.

양남기 기치
방위는 남방이고 패륵기다.

정남기 기치
방위는 남방이고 패륵기다.

홍타이지는 여러 패륵을 거느리고 성밖에서 10리 되는 곳까지 마중 나가 포견례로 영접했다.

한군 8기를 완벽히 하다

공유덕 등 한군은 귀순한 후 만주 8기와 동등한 권력을 갖게 되자 투지가 불타올라 과감하게 결사전을 벌였다. 이 모든 것을 본 홍타이지는 단독으로 한군을 설립하기로 결정했다.

천총 7년(1633) 그는 만주 8기에 속해 있던 한인 가운데 10명에 피갑披甲 1명을 선발, 모두 1580명으로 흑기를 표징으로 한 1기의 한군을 뽑는다고 명령했다. 이리하여 한군 8기를 건립하기 시작했다.

숭덕 7년(1642) 6월 10년간의 조정·확대를 거쳐 한군은 이미 1기, 2기에서 4기로 확대되었으며 다시 8기로 개편했다. 한군 8기의 기치색, 명칭, 관제는 모두 만주 8기와 같았다. 하지만 만주 8기의 기주는 세습되

강희 연간에 만든 유리홍단화무늬의 연적

••• 역사문화백과 •••

[한문 번역에 역점을 둔 홍타이지]

천총 3년(1629) 홍타이지는 문관文館을 설립하고 다하이達海에게 한문 서적의 번역 책임을 맡겨 천총 6년(1632) 《명회전明會典》《삼략三略》 등을 번역했다. 후에 다하이가 병사한 후에도 완성하지 못한 《자치통감》, 《육도六韜》, 《맹자》, 《삼국지》와 《대승경》 등을 계속 번역했다. 순치 7년(1650) 대학사 범문정의 주최 아래 《삼국연의》 번역을 완수했다. 한문을 모르던 만주족 귀족들은 대부분 이때부터 이치를 알게 되고 병법을 학습하면서 조정을 위해 충성을 다했다.

| 세계사 연표 |
1649년 영국에서 찰스 1세를 사형시키고 일원제 공화국을 선포했다.

하북성 천서현 희봉구장성喜峰口長城

는 반면, 한군 8기는 황제가 임명하고 배치하는 등 황제가 직접 관할했다. 이리하여 만주의 여러 화석패륵의 권력을 크게 약화시켰으며, 따라서 만주 8기도 한 가문이 독점하던 권력을 상실하게 되었다.

그해 8월, 공유덕 등 세 사람은 소속 부대를 한군 기치에 편입할 것을 요청해 비준을 받았다. 홍타이지는 한군에서 병사가 적은 부대의 기치를 합병하라고 명령했다. 이리하여 공유덕 부대는 한군 정홍기에 편입되었고, 경중명 부대는 한군 양남기에 편입되었으며 상가희 부대는 한군 정황기에 편입되었다.

청나라군은 관내로 들어간 후 한군 8기를 강화하기 위해 투항한 명나라군과 이자성, 장헌충 부대의 장령들을 한군 8기에 편입했다. 예를 들면 허정국許定國은 한군 양백기, 유양좌劉良佐는 한군 양황기, 손가망孫可望, 백문선白文選은 한군 정백기에 편입되고, 대만의 정극상鄭克塽은 한군 정홍기에 편입되었다.

| 중국사 연표 |

1652년 대만의 곽회일郭懷一이 민중들을 거느리고 네덜란드 점령자들에게 대항해 적감赤嵌을 점령했다.

012

복림을 황제로 추대하다

도르곤은 비록 황제가 되지는 못했지만 전국의 권력을 수중에 넣을 수 있었다.

숭덕 8년(1643) 추석 전날 밤, 갑자기 중풍을 맞은 홍타이지가 청녕궁에서 급사했다.

보좌 쟁탈전의 징후

장경 곽달리郭達里와 안달리安達里가 홍타이지와 함께 순장되려고 했다. 그들은 패륵들에게 "우리들은 선황제를 만난 자리에서 후사를 어떻게 배치했는가에 대해 어떻게 대답해야 하나이까?" 하고 물었다.

순치 황제 반신 조복朝服상
순치 황제(1638~1661), 즉 청나라 세조 아이신줴뤄 복림은 홍타이지의 아홉째 아들이다. 1643년에 홍타이지가 급사한 후 여섯 살 난 복림이 즉위했으며, 숙부 도르곤, 지르갈랑이 섭정했다. 순치 원년(1644) 관내로 들어가 이자성 농민군을 무찌르고 북경으로 도읍을 옮겼다. 그는 정사를 돌보고 반청 세력을 진압했으나 24세에 병사했다.

그 말에 여러 패륵은 서로 얼굴만 쳐다볼 뿐 아무 말도 하지 못하고 있다가 누군가 "하늘에서 선황제의 영혼은 꼭 보우해 줄 것이오. 우리들은 진심으로 국사를 돌보면서 선황제가 개척한 위업을 이어 나갈 것이오."라고 대답했다.

하지만 그들은 누가 황위를 계승하는가에 대해서는 아무 말도 하지 못했다.

여러 왕과 패륵 가운데 가장 속을 알 수 없는 사람은 도르곤 형제였다. 그들도 누르하치의 총아들이었다. 도르곤은 이미 화석 예친왕의 자리를 차지하고 있었는데 6왕 중에서 제3위였다. 용맹하고 싸움을 잘하는 그의 두 동생 아지게와 도도는 여러 차례 "우리는 형님이 즉위할 것을 고대하나이다!"라고 말하기까지 했다.

순치통보
청나라 세조 순치 원년(1644) 공부의 치보원국置寶源局, 호부의 치보천국置寶泉局은 개주제(평)전開鑄制(平)錢을 주조했는데, 전문은 해서楷書로 '순치통보順治通寶'라고 썼다.

●●● 역사문화백과 ●●●

[섭정攝政]
청나라 시대에 제위한 황제가 나이가 어려 최고 권력을 행사할 수 없을 경우 친족 중에서 그와 혈연관계가 제일 가깝고 또 명망과 지위가 있는 사람이 황제를 대리해 권력을 행사했다. 이를 섭정이라고 한다.

| 세계사 연표 |

1651년 영국 의회가 '항해조례'를 채택하고 외국 선박이 북아메리카 식민지로 오는 것을 금지시켰다.

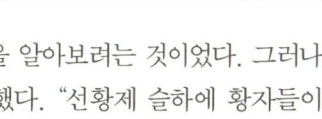

《청사고清史稿·대선전代善傳》
《청사고清史稿·도르곤전多爾袞傳》
《청사고清史稿·호계전豪格傳》

장비의 조복상
장비莊妃 버르제지트씨는 원래 몽골의 커얼친 패륵 한상의 딸이었다. 청나라 태조 누르하치 천명 10년 2월, 열두 살이던 그녀는 자기보다 스무 살 연상인 친고모부 홍타이지에게 시집가서 측실복진側室福晉이 되었다. 숭덕 원년 7월 10일 그녀는 영복궁장비로 책봉되었으며, 사망 후 '효장문황후孝莊文皇后'라는 시호를 받았다.

도르곤과 권력가들의 쟁탈전

이튿날 숭정전에서 새 임금 옹립에 관한 회의를 한다는 소식을 들은 도르곤은 잠을 이루지 못했다. 그는 만약 이번에 황위 계승 문제로 충돌이 빚어진다면 8기의 실력이 타격을 받으며, 그렇게 되면 누르하치와 홍타이지가 명나라를 멸망시키려던 큰 뜻을 실현할 수 없다고 생각했다. 그래서 이튿날 날이 밝자마자 그는 궁중의 삼관묘에 가서 소니索尼를 찾았다. 그의 생각은 양황기의 생각을 알아보려는 것이었다. 그러나 소니는 단호하게 말했다. "선황제 슬하에 황자들이 많지 않소이까? 그들 가운데 한 사람을 선택하면 되지 않소이까?"

홍타이지에게는 아들이 모두 11명이나 있었는데 그때는 일곱 명이 남아 있었다. 그중 큰아들 호게는 대단한 인물이었다. 그는 자신의 능력으로 이미 화석 숙친왕의 지위를 차지하고 있었으며, 홍타이지가 생전에 그를 위해 많은 경쟁자를 제거하기까지 했다. 그 동안 투르거, 소니, 투라이, 시한, 궁아다이, 오보이, 탄타이, 타짠 등은 모두 그에게 황위를 쟁탈하라고 부추기고 있었다. 호게도 그들의 뜻을 사양하지 않고 허

소릉도昭陵圖 (청나라 일명佚名 그림)
소릉은 청나라 태종 홍타이지와 황후 버르제지트씨의 능묘다. 요령성 심양시 옛성 북쪽에 있는 이 능묘는 북릉이라고도 한다. 소릉은 관외에 있는 청나라의 세 개 능묘 가운데 규모가 제일 크다.

| 중국사 연표 |

1653년 청나라가 홍승주를 파견해 호광·광동·광서·운남·귀주의 군사 사무를 운영하도록 했다.

청나라 태종 문 황제의 시책

시책諡冊이란 후세 황제가 선황제에게 시호를 올릴 때 만드는 것이었다. 청나라 태종 황제의 시호는 '응천흥국홍덕창무관온인성예효경민소정륭도현공문황제應天興國弘德彰武寬溫仁聖睿孝敬敏昭定隆道顯功文皇帝'다.

뤄후이, 양선 두 사람을 파견해 지르갈랑을 만나도록 했다. 두 사람은 지르갈랑에게 "양황기 대신들은 숙친왕을 임금으로 옹립하려고 합니다만, 이 일은 그래도 당신과 상의해야 할 줄로 아옵니다."라고 말했다.

지르갈랑은 누르하치의 조카였으며 홍타이지는 그를 양남기 기주로 임명하고, 또 여섯 친왕 중에서 두 번째 자리로 책봉했다. 이런 이유로 호게는 그의 지지를 받지 않으면 안 되었던 것이다. 허뤄후이와 양선의 말을 들은 지르갈랑은 이렇게 말했다. "나는 아무 문제가 없으나 도르곤 쪽에서 어떻게 나올지 궁금하오이다."라고 말했다.

회의 참석을 위해 도르곤이 자리에 앉자마자 소니, 투라이, 오보이 등 양황기 대신들이 숭전전에 들어왔는데 저마다 손에 검을 들고 그를 노려보고 있었다.

지위가 제일 높은 화석형 예친왕 대선이 개회를 선포했다. 이미 환갑을 넘긴 대선은 여러 해 동안 조정 일에 관여하지 않았다. 그는 아들과 조카들이 죽거나 강등되는 바람에 더이상 바라는 것이 없어 지금의 일은 그에게 아무런 흥미도 없었다. 다만 왕들 가운데 첫 자리를 차지하고 있었기에 마지못해 역할만 담당하고 있을 뿐이었다.

예상대로 그의 말이 떨어지기 무섭게 소니와 오보이가 호게를 임금으로 옹립해야 한다고 말했다. 그들의 말을 듣고 난 뒤 도르곤은 호통을 쳤다.

"아직 여러 왕이 의견을 내지도 않았는데 감히 너희들이 무엇이기에 여기에서 떠들어 대는 것이냐? 썩 물러가지 못할까!"

그러자 소니와 오보이가 머뭇거리며 물러섰다. 이때 도르곤의 동생 화석 예친왕 도도와 뒤뤄 무영군왕 아지게가 도르곤의 계위를 천거했다. 그러자 도도가 소리쳤다. "그럼 나이가 제일 많은 예친왕을 옹립합시다."

대선은 시비에 말려들 생각이 없었다. 그런데 지금 화제가 자기에게 쏠리자 입을 열지 않으면 안 되었다. "가령 예친왕이 즉위하는 데 동의한다면 그건 나라의 복이라고 할 수 있사옵니다. 그렇지 않으면 숙친왕도

도르곤 인물상

금산령장성
금산령장성金山嶺長城은 명나라 시대의 군사 방어 시설로, 일찍이 후금의 침입을 저지할 때 중요한 역할을 했다. 이 장성은 또한 중국에서 완전하게 보존되어 있는 한 구간이다.

복림의 황위 계승

숭정전에는 도르곤, 도도, 지르갈랑과 손에 번득이는 칼을 든 양황기 대신들밖에 남지 않았다. 분위기가 팽팽해지자 도르곤이 말했다.

"여러분 말이 모두 맞소이다. 우리에 대한 선황제의 은혜는 태산과 같소이다. 그러니 반드시 선황제의 아들을 옹립해야 할 줄로 아옵니다. 방금 숙친왕께서 이미 양보하고 물러났으니 복림을 옹립하는 것으로 합시다. 복림은 나이가 어리니 여러분께서 전력을 다해 도와야 할 것이요. 예친왕이 나이가 많아 나서려 하지 않는다면 정친왕과 지르갈랑, 그리고 내가 이 중임을 맡고 좌우로 보좌하면서 함께 8기의 사무를 돌볼까 하옵니다. 그러다 임금님께서 어른이 된 후 권리를 되돌리면 되는 줄로 아옵니다."

도르곤의 상상 외의 말은 순식간에 일촉즉발의 위기를 가라앉혔다. 양황기 대신들은 황실 가족의 정치적 지위를 보존했고, 지르갈랑은 보정왕輔政王이라는 직위를 쉽게 얻었다.

도르곤은 비록 황제가 되지는 못했지만 전국의 군정 실권을 쥐게 되었다. 결국 자리를 물러난 호게만이 후회막급이었다.

여섯 살의 복림福臨은 이렇게 황제의 보좌에 올랐다. 그가 바로 청나라가 중원에 들어간 이후의 첫 통치자인 순치 황제였다.

될 수 있습니다. 그는 선황제의 큰아들이니까요. 그리고 나이도 많고 기력도 없는 저는 그만두는 걸로 합시다."

말을 마치고 나서 그는 회의장을 나가 버렸다.

그러자 호게도 짐짓 사양하는 척하며 말했다. "나이 어린 제가 어찌 이토록 큰 중임을 맡을 수 있겠소이까?" 그도 이런 말을 남기고 자리를 떠났다. 양황기 대신들은 이는 그가 상대방에게 무력 위협을 할 수 있는 기회를 마련해 준 것임을 잘 알고 있었다. 그리하여 그들은 검을 쥐고 앞으로 나서면서 말했다.

"오늘 선황제의 아드님을 옹립하지 않는다면 우리들은 선황제와 함께 무덤에 들어갈 것이옵니다."

중국사 연표

1654년 청나라 조정에서 도망친 자를 숨겨 두는 자는 감금한다고 언명했다. 당쟁의 괴수인 대학사 진명하陳名夏를 죽였다.

013

관내로 들어간 도르곤

청나라군은 오래전부터 북경을 점령하려 했지만 영원, 산해관이 막고 있었다. 오삼계吳三桂의 군사 요청은 도르곤에게 더없는 기쁨을 안겨 주었다.

천재일우千載一遇

홍타이지가 죽고 한 달 후 도르곤은 방침에 따라 8기의 주력을 거느리고 여원 부근의 세 개 요새를 탈취했다. 산해관山海關 밖에는 최근에 숭정 황제로부터 평서백平西伯으로 책봉받은 산해관 총병 오삼계가 지키고 있는 영원성밖에 남지 않았다.

1644년 3월 도르곤은 영원성을 포기한 오삼계가 20만 군민들을 거느리고 철수하고 있다는 보고를 받았다. 그때 그는 이자성李自成 농민군이 두 갈래로 나뉘어 북경에 접근하고 있다는 것을 알지 못했지만 오삼계의 철수는 북경에 중대한 위험이 발생했기 때문이라는 것을 직감했다. 그래서 그는 4월초 대군을 거느리고 명나라를 토벌하기로 결정했다. 바로 그때 이자성이 북경을 점령했다는 소식이 전해졌다.

그들이 출정 준비를 서두를 무렵, 대학사 범문정이 상소를 올려 이번에 관내로 들어가는 것은 좀처럼 만나기 어려운 기회이며 승패는 이번의 행동에 달려 있다고 했다. 그러면서 범문정은 천하를 통일하려면 군사들이 백성들을 조금도 해치지 못하게 하여 인심을 얻어야 한다고 했다. 도르곤은 범문정의 건의를 받아들이고 실천에 옮겼다.

어린 순치 황제로부터 대군을 통솔하여 중원을 찾으라는 영을 받은 도르곤은 7일 후 출정의식을 거행했다.

이번 출정은 후금(청나라) 건국 이래 규모가 가장 큰 출정이었는데, 주력에 10만 명의 장병이 있었고 70세 이하, 열 살 이상의 남성들은 모두 군대에 편입되어 출정해야 했다.

청나라군은 여전히 홍타이지가 북경을 공격하던 옛길에서부터 장성을 격파하고 관내로 들어가려는 계획을 세웠다.

북경 진입에 실패한 오삼계

이자성 농민군이 북경을 점령한 후, 당시 가장 완전하게 보존되어 있던 명나라 정예부대는 오삼계가 거느린 군대밖에 없었다.

당시 산해관 총병이던 오삼계의 할아버지 고향은 강소 고우高郵였는데 후에 요동으로 이사했다. 그의 부친 오양吳襄은 숭정 초년 금주총병이었다. 오삼계는 무과武科로 공명을 얻었으며 아버지의 후광으로 도지휘사로 있다가 총병으로 승진했다. 그 일가는 요동 10여 곳에 전장田莊을 가지고 있었기에 생활이 아주 부유했다.

천하제일관天下第一關 산해관성문루
하북 진황도 동북쪽 요충지에 자리 잡고 있는 산해관은 화북과 동북 교통의 요충지이자 장성의 첫 관문이다.

| 세계사 연표 |

1652년

영국, 네덜란드가 상업과 항해 경쟁으로 해상에서 여러 번 전쟁을 했다.

《청사고淸史稿·도르곤전多爾袞傳》
《명계북략明季北略》

출전

1644~1840 청나라·1

양황기의 갑옷과 투구 (위 왼쪽 사진)
청나라 시대 8기병은 일상적인 복장 외에 갑옷과 투구가 있었다. 갑옷에는 명갑明甲, 암갑暗甲, 면갑綿甲, 철갑鐵甲 등이 있었는데 모두 위아래로 나뉘어 있다. 투구는 가죽과 무쇠로 만들었는데 위쪽에는 관盤과 창槍이 있고, 둘레에는 담비꼬리, 수달꼬리, 붉은 소털, 독수리털 등을 둘렀다. 호항護項은 뒤에 드리우고 좌우로 귀를 보호하도록 했으며 턱 아래에는 호경護頸이 있었다. 양황기의 갑옷과 투구는 밝은 황색 바탕에 붉은 테를 둘렀다.

정황기의 갑옷과 투구 (위 오른쪽 사진)
정황기의 갑옷과 투구는 암황색 바탕이었다.

●●● 역사문화백과 ●●●

[청나라 시대 지방 행정 체제]

청나라 시대에는 장성 이남 대륙을 18개 성으로 구분했다. 즉, 원래 명나라 초기의 13개 성 외에 북직예를 직예성으로, 남직예를 강남성으로 호광을 호남, 호북 두 개 성으로 고쳐 18개 성을 만들었다. 기타 지구에는 장군, 도통, 대신이 관할했기에 원래는 성을 두지 않았다. 청나라 말기에 원 봉천, 길림, 흑룡강 세 개의 장군 관할구를 성으로 고쳤는데, 민간에서는 동북 3성이라고 불렀다. 그리고 원래 복건성에 속해 있던 대만도를 대만성으로 승급했고, 원래의 일리 장군 관할구를 신강성으로 고쳤다. 이리하여 전국에는 모두 23개의 성이 있었다. 이외에 성급에 속한 지구로는 차하르, 열하(모두 도통관할에 속했음), 수원(장군을 설치했음), 청해, 서장(모두 판사대신관할이었음)과 내·외 몽골을 두었다.

진원원 인물상
고소 일대에서 아름답기로 이름난 그녀는 오삼계의 첩이었다. 후에 진원원은 이자성의 부하 장령 유종민劉宗敏의 포로가 되어 궁중에 감금되어 있었다. 이는 오삼계가 청나라군을 관내로 청한 원인이 되기도 했다.

홍타이지가 금주를 포위하고 있을 때 홍승주는 대군을 통솔해 지원했다. 당시 오삼계는 여덟 총병 중 한 사람이었으나 송산 전투가 치열할 때 그는 영원으로 도망쳤다.

이에 크게 노한 숭정 황제는 그를 세 등급이나 강등시키고 영원을 지키도록 했다. 얼마 후 숭정 황제는 영원에 있는 그의 군사를 이용해 이자성 봉기를 진압하기 위해 그를 평서백으로 책봉하고 또 옥살이를 하고 있는 그의 부친을 석방한 다음 제독경영提督京營으로 임명했다. 동시에 오삼계에게 영원을 포기하고 북경에 들어와 이자성을 치라고 명령했다.

오삼계는 20만 명의 군민 가운데 보병과 기병을 뽑아 먼저 보내고 자신은 정예부대를 거느리고 뒤따라갔다. 그가 관내에 들어간 셋째 날, 풍윤豊潤에 도착했을 때 이자성의 농민 봉기군은 이미 북경에 진입했다.

마제수는 관내로 들어가기 전의 만주족 복장 양식이었는데, 활을 쏠 때 손이 어는 것을 막는 것이었다. 일명 전수前袖라고도 한다.

| 중국사 연표 |

몽골의 카르카부족이 하얀 낙타 한 마리, 백마 여덟 필을 공물로 바쳤는데, 이를 '9백九白'이라고 했다.

양백기·정백기·양남기·정남기·양홍기·정홍기의 갑옷과 투구
(사진 왼쪽부터 오른쪽 방향)

양백기의 갑옷과 투구는 백색을 바탕으로 하고 붉은 테를 둘렀다. 정백기의 갑옷과 투구는 호항護項, 호이護耳, 호령護領이 모두 백색이다. 양남기의 갑옷과 투구는 남색 바탕에 붉은 띠를 둘렀고, 투구의 호항·호이·호령은 모두 양홍색이다. 양홍기의 갑옷과 투구는 붉은색 바탕에 흰 띠를 둘렀다. 정홍기의 갑옷은 붉은색이고, 투구의 호항·호이·호령도 모두 붉은색이다.

그래서 오삼계는 북경으로 들어가지 못하고 산해관으로 돌아와 형세의 변화를 살폈다.

오삼계의 역량을 알고 있는 이자성은 그를 귀순시켜 청나라군의 남침을 저지하려 했다. 그리하여 그들은 오양을 붙잡은 후 오삼계에게 투항을 권하는 편지를 쓰게 하고 또 오삼계에게는 은 4만 냥을 주었다.

청나라에 투항하기로 결정한 오삼계

오삼계는 양갈래 길에 서 있었다. 이자성이 북경에서 장물을 거둬들이고 집을 수색하면서 이미 투항한 명나라 문무관원과 그 부하들이 화를 면치 못했고, 오삼계의 아버지는 붙잡힌 후 가산을 몰수당하기까지 했다. 이자성은 또 토지소유권을 공평하게 하고 소작료를 면제한다고 했다. 특히 그의 애첩 진원원이 이자성의 부하 장령 유종민에게 붙잡혀 간 일이 이자성을 화나게 했다.

그는 아버지에게 서신을 보내 "아버님께서는 명나라 충신이 되지 못하셨으니 이 아들이 효자가 되지 못하는 것을 나무라지 마십시오."라고 썼다.

산해관 대문을 열어놓다

오삼계는 마침내 결단을 내렸다. 그는 부하 장령 양곤楊坤과 유격遊擊 곽운용郭云龍을 파견해 청나라군과 연락했다. 그때 청나라군은 이미 옹후翁后, 지금의 요령 북령에 이르렀다. 또 그는 도르곤에게 이런 내용의 편지를 보냈다. "저희는 군사를 일으켜 임금의 은혜에 보답하고자 하오나 군사가 보잘것없기에 대왕과의 연합을 바라나이다. 이자성을 소멸한 후 북조北朝에 재물뿐 아니라 땅도 떼어 드리겠습니다."

도르곤은 답신을 보냈다. "제환공은 옛 원한에 얽매이지 않고 관중을 중부仲父로 삼았나이다. 당신은 적이었지만 지금 귀순을 했으니 자신과 가정의 목숨을 보전했을 뿐 아니라 작위까지 받고 왕으로 책봉되어 부귀영화를 누리게 되었나이다."

이 서신을 받은 오삼계는 도르곤의 조건을 받아들여 산해관 성문을 활짝 열어놓았다. 청나라군은 이렇게 피 한 방울 흘리지 않고 산해관에 들어섰으며 전력을 온전히 북경성으로 돌릴 수 있게 되었다.

| 세계사 연표 |

1653년 크롬웰이 국회를 해산하고 자칭 '호국경'이 되었다.

014

《청사고淸史稿·도르곤전多爾袞傳》 출전

북경을 도읍으로 정하다

도르곤의 절대적 권위에 의해 마침내 대청국의 도읍이 정해졌다.

북경에 들어간 도르곤은 치안을 정돈해야 했으며 숭정 황제의 장례를 지내 인심을 수습해야 했다. 또 천도를 계획하고 순치 황제를 영접해야 했다.

북경에 들어간 도르곤

어린 복림이 성경에서 황제로 즉위한 후, 도르곤은 군정대권을 쥐고 섭정을 했다. 이로써 그는 뛰어난 재능과 원대한 지략을 과시할 수 있는 기회를 얻었다. 명나라 왕조가 침왕 이자성의 농민군에 의해 전복되었다는 소식을 접한 도르곤은 기쁨을 감추지 못하며 "이야말로 하늘이 나를 도와주는 것이다!"라고 말했다. 그리고 즉시 8기의 정예병들을 통솔해 중원으로 들어섰다. 북경에서는 큰비가 내려 이자성이 철수하면서 지른 불이 꺼졌다. 말발굽 소리가 들려오더니 조양문朝陽門 밖에서 청일색의 8기 병마들과 함께 오삼계가 태자를 모시고 돌아오는 것이 영접하러 마중나온 관원들의 눈앞에 나타났다.

태자를 맞이하는 거련車輦에 대청의 섭정왕 도르곤이 앉아서 득의양양하게 북경성으로 들어섰다.

그때 아지게阿濟格 등 친왕패륵들은 북경을 약탈한 후 성경으로 돌아갈 것을 강하게 주장했다. 그러나 도르곤은 홍타이지의 유언에 따라 반드시 북경으로 도읍을 옮겨 중국을 통일해야 한다고 주장했다. 그의 앞을 내다보는 안목과 절대적 권위에 의해 마침내 대청국의 도읍을 북경으로 정했다.

자금성 내에서 제일 웅장한 황극문
황극문皇極門은 명나라 궁전의 주체인 영수궁寧壽宮, 황극전 궁전 건축의 입구이며 순치 2년(1645) 태화문太和門이라고 고쳐 불렸다. 지금의 태화문은 광서 15년(1889)에 재건한 것이다. 이 건축물은 자금성 내에서 제일 높고 웅장한 문이다. 황극문은 한백옥漢白玉으로 만든 3층의 평대平臺 위에 세웠으며 아홉 개의 기둥에 세 개의 문과 이중처마로 되어 있다. 앞에는 광장이 있고 광장 중앙에는 황제가 다니는 '백옥석어로白玉石御路'가 있다. 광장 앞에는 금수하金水河가 흐르는데 모양이 마치 옥띠와 같아 옥대하玉帶河라고도 부른다. 금수하에는 아치형의 한백옥 다리 다섯 개가 있다.

1644~1840 청나라·1

| 중국사 연표 |

1656년

청나라 조정에서 《통감전서通鑑全書》 편찬을 명령하고 백련교白蓮敎, 문향교聞香敎 등을 금지했다.

북경에서 다시 등극한 복림

원래 정한 시간보다 닷새나 늦어진 8월 20일에 효장 황태후, 복림과 성경의 청나라 여러 왕들 그리고 귀족, 권력가들은 8기인들을 거느리고 마침내 도읍을 옮기기 시작했다. 9월 19일 오전, 1000여 기의 인마가 북경에 도착했고, 오후에 제후들은 정양문正陽門으로 입궐했다. 도르곤은 여러 왕과 만주족, 한족 대신들을 거느리고 상소를 올려 복림에게 하늘의 뜻을 받들어 보좌에 오를 것을 청했다.

또 도르곤은 만주족, 한족 신하들을 대표해 황제에게 상소를 올린 후, 황제를 대표해 대신들이 올린 상소를 비준하고 성지를 내렸다. 등극 성전盛典의 예식, 악곡, 선조의 예법대로 역법을 고치는 등 모든 사무는 그가 직접 배치하고 결정해야 했는데, 전 왕조의 예법을 따라야 함은 물론 절대 후세의 조롱을 받지 않아야 했다.

누르하치, 홍타이지의 염원이 그의 손을 거쳐 실현된 마당에 또 그들의 신주영위神主靈位를 북경의 태묘에 모셔야 했다. 새로운 시헌력時憲曆도 이미 확정되었고 명년(1645)부터는 일률적으로 순치 2년의 신력新曆을 사용한다고 천하에 알려야 했다.

북경에 있는 태묘

명나라 영락 18년(1420) 처음으로 건설된 태묘太廟는 명나라와 청나라 두 왕조 황실의 선조들의 묘다. 묘 안에는 각 세대의 황제 신주위패神主位牌가 모셔져 있다. 묘는 남북으로 직사각형이며 총면적은 약 14만㎡이다. 묘 안의 주요 건축물은 극문戟門, 전전前殿, 중전中殿, 후전後殿이며, 이외에 동서로 배전配殿, 재생정宰牲亭, 치생방治牲房, 정정井亭 등 건축물이 있다. 명나라와 청나라 두 왕조에서는 새 황제의 등극, 친정親政, 결혼 등의 모든 행사 때 태묘에 제사를 지내야 했다.

천단 기연전

명나라 시대 영락 18년(1420)에 건설된 기연전祈年殿은 원명이 대사전大祀殿, 대정전大亭殿이었고 천단天壇 북반부에 위치해 있다. 기연전 아랫부분은 한백옥으로 쌓아올린 원형 3층의 단체壇體이고 앞쪽 기연전은 원형으로 되었는데 하늘이 둥글다는 것을 표현하며 기와는 푸른색으로 되어 있어 푸른 하늘을 상징한다. 기연전에 있는 기둥의 수는 천상天象에 따라 설계했다. 청나라 왕조는 이곳에서 기곡례祈穀禮를 거행했다. 광서 15년(1889) 8월 24일 기연전은 번개에 맞아 불에 탄 후 재건되었다.

| 세계사 연표 |

1654년 러시아가 우크라이나를 합병하고 폴란드와 13년 동안 전쟁을 치렀다.

도르곤을 섭정왕으로 책봉

10월 초하루 아침, 복림은 여러 왕과 문무백관을 거느리고 의장대의 안내를 받으며 천단으로 향했다. 엄숙하고 숙연한 악곡 속에서 복림은 하늘을 향해 향을 피우고 절을 올리고 갖가지 예식을 올린 후, 하늘의 명을 받고 용포를 입었다. 이리하여 그는 정통 황제가 되었다.

그때 도르곤은 마음이 복잡했다. 그 이유는 오늘의 이 장엄한 천도성전은 모두 그의 공로였지만 그는 보좌에 앉지 못하고 여섯 살 난 조카의 신하라고 칭하지 않으면 안 되었기 때문이다. 또한, 지금의 상황은 대청이 중원에서 나라를 세웠음을 상징했지만 이후 타개해야 할 어려운 일이 더 많았기 때문이다.

고궁 전경
명나라 영락 4년(1406)에 건설된 고궁은 명나라, 청나라 두 왕조의 황궁이었다.

전정
청나라 황족들은 무武를 숭상했다. 전정箭亭은 황실에서 무예를 닦는 곳이었다. 전정은 청나라 순치 4년(1647) 초에 건설했는데, 당시 이 전은 사전射殿이라고 불렀으며 후에 전정이라고 고쳤다.

| 중국사 연표 |

1658년
청나라 조정에서 내삼원內三院을 내각으로 고쳤다.

황제의 제일조복

숭정 연간에 홍타이지는 "복장 제도는 나라를 세우는 방도다."라고 했으며, 건륭 시대에 들어 마침내 완벽한 청나라 관복 제도를 제정했다. 청나라 황제의 복장은 최고 규격의 예복이었고 규격이 좀 낮은 복장을 용포龍袍의 길복吉服이라고 했다. 보통 때 입는 상복常服, 사냥할 때 입는 행복行服, 비올 때 입는 옷 등이 있었다. 여러 장소에서 입는 옷에는 모두 엄격한 규정이 있었다. 조복朝服은 황제의 결혼이나 축전, 제사 등 성대한 예식에서 입어야 하는 예복이었는데, 겨울 예복과 여름 예복으로 나뉘었다. 제삿날의 조복은 붉은색이었다.

황제의 제월조복

황제의 제월조복祭月朝服은 흰색으로 만들었다. 그 양식은 윗도리와 아랫도리로 구성된 전신 두루마기며 전수箭袖와 피령披領을 달았다. 옷에는 모두 금룡을 수놓았는데, 몸체에는 34마리의 금룡을, 양 소매는 각각 금룡 한 마리씩 수놓았으며 피령에는 금룡 두 마리를 수놓았다.

원명원의 분수

원명원圓明園은 청나라 황실의 정원이었는데 강희, 옹정, 건륭 세 왕조를 거쳐 계속 건축했으며 건륭 9년(1744)에 기초가 건설되었다. 그림에서 해안당海晏堂은 원명원에서 제일 큰 유럽식 건축물로 그 주변에는 분수가 여러 개 있다. 이 분수는 열두 시각과 12가지 띠를 표징하는 청동 수두인신獸頭人身 분수다.

그는 오래전부터 청나라 역사에 그의 이름이 특별하게 기록되기를 바랐다. 공로에 따라 상을 주는 의식은 축전에서 가장 실제적인 이익 분배였는데, 도르곤은 예부에 차이를 크게 하라고 지시했다. 공문도 이미 작성했기 때문에 그대로 읽으면 되었다. 그는 숙부섭정왕으로 책봉받았다.

책문冊文은 그의 특수한 공로를 기록했다. 그가 상으로 받은 예물에는 꼭대기에 열세 개의 동주東珠를 박은 검은 여우털 모자 하나, 검은 여우털 외투 한 벌, 황금 1만 냥, 은 10만 냥, 비단 1만 필, 안장을 얹은 말 10필, 말 90필, 낙타 10마리였다. 다른 섭정왕 지르갈랑은 신의보정숙왕을 책봉 받았고 상으로 받은 황금 1000냥, 은 1만 냥, 채색비단 1000필을 받았다.

복림의 큰형 호게는 그의 친왕 작위를 회복했는데 안장을 얹은 말 네 필, 말 여덟 필을 상으로 받았다. 기타 공신들도 공에 따라 책봉과 상을 받았다.

●●● 역사문화백과 ●●●

[북경의 천안문]

명나라 영락 18년(1420)에 천안문을 처음 건설할 때의 명칭은 승천문承天門이었는데 누런 기와와 처마는 다섯 개의 목패방木牌坊으로 만들어졌으며 가운데 편액에는 '승천지문承天之門'이라는 글이 쓰여 있었다. 불에 탄 후 성화 원년(1465) 다시 아홉 개 칸으로 된 성문루 식의 건축으로 재건했다. 순치 8년(1651) 지금의 모양으로 개건하고 천안문天安門이라 불렀다. 천안문은 황궁대문으로서 대명문을 마주하고 있고 중간에 어도御道가 있으며 양쪽에 천보랑千步廊이 있고 중앙기관의 예부, 호부, 공부, 흠천감 등이 동쪽에 있었고 형부, 도찰원, 대리사 등이 양쪽에 있었다. 황제의 등극, 황후 책봉 등 국가 예식은 모두 천안문에서 거행했다.

| 세계사 연표 |

1655년 영국의 크롬웰이 국회가 호국경은 세습하지 못한다고 규정했다는 것을 구실로 또다시 국회를 해산했다.

015

이자성의 종말

산해관에서 참패한 후 이자성李自成은 제대로 된 싸움을 한 번도 해보지 못했다.

《명사明史·이자성전李自成傳》
《수구기략綏寇紀略》 출전

관내로 들어간 청나라군은 북경을 도읍으로 정했다.

중국 통일을 완수함에 있어 첫 번째 과제는 이자성의 대순국大順國을 소멸하는 것이었기 때문에 이를 위해 전력을 기울여야 했다. 이자성은 싸움마다 패해 붕괴되었다.

서안으로 도주한 이자성

산해관에서 참패한 이자성은 순치 원년(1644) 4월 26일 북경으로 되돌아갔다. 출정하기 전 이미 이자성과 그의 주요 장령들은 서안으로 돌아갈 생각을 하고 있었다. 이번의 패배로 그들은 그 생각을 행동에 옮겼다.

4월 28일, 이자성은 유종민, 이약 등에게 북경성 교외에서 추격병을 저지하라고 명령했다. 그러나 그 싸움에서도 참패했다. 29일, 그는 황제로 등극한 후, 북경에서 철수하면서 그곳에 불을 질러 민심까지 잃게 되었다.

이튿날 새벽, 침왕(이자성)이 북경에 들어온 41일 만에 대순군은 북경성을 떠났다. 그는 북경에서 하루 동안 황제로 있다가 가버리고 말았다. 도르곤은 오삼계와 영친왕 아지게, 예친왕 도도 부대에 추격 명령을 내렸다.

이자성의 군사는 추격병보다 훨씬 수가 많았지만 패하고 말았다. 그들은 잠시 추격에서 벗어나 획록獲鹿, 정형井陘을 거쳐 산서 남부로 들어갔다가 서안으로 돌아갔다.

서안을 버리고 다시 무창으로

5개월 후, 다시 정돈된 청나라군은 둘로 나누어 하나는 오삼계, 아지게의 인솔 아래 서쪽으로 진군했고 다른 하나는 도도가 이끌고 남하했다.

이자성 능원
이자성 능원은 호북 통산현 구궁산 기슭의 우적령牛迹嶺에 자리 잡고 있다. 부근에는 낙인落印, 말을 매던 소나무가 있다. 전하는 바에 따르면 이곳은 이자성이 희생된 고적이라고 한다.

이자성의 묘비
1975년에 이자성의 묘를 국비로 세웠다. 곽말약이 능묘에 묘지명과 묘비의 글을 썼다.

태액지太液池(지금 북경의 북해와 중남해)

봉선전

봉선전奉先殿은 청나라 황제들이 선조의 위패를 모시는 곳으로, 청나라 순치 13년(1656)에 건설되었다. 봉선전은 전전과 후전으로 나뉘는데 가운데는 천당穿堂(두 개의 정원 사이에 통로 역할을 하는 당堂)으로 이어져 있다. 매달 초하루와 보름, 매년 원단, 동지, 만수절 그리고 큰 축전을 거행할 때면 모두 전전에서 큰 제를 지냈다. 그리고 황제 선조들의 생일·기일·정월보름·청명절·추석 등의 명절에는 후전에서 절을 올렸다.

오삼계, 아지게가 산서로 들어가자 그곳의 대순군이 앞다투어 투항했다. 그들은 섬북에서 이과李過, 고일공高一功 군을 몰아냈으며 유림楡林과 연안을 점령하고 남하해 서안을 진격했다. 도도군은 하남 회경懷慶에서 이자성의 부대를 격파하고, 또 동관에서 이자성, 유종민이 직접 거느린 주력을 크게 이겼다. 이자성은 서안으로 돌아간 후 서안을 지키기 어렵다는 것을 알고 남으로 향했다. 떠날 때 전견수田見秀에게 뒤를 차단하고 양식 창고를 태워 버리라고 했지만 전견수는 이를 따르지 않고 함께 떠났다. 둘로 나뉘었던 청나라군은 서안에서 만났다.

서안을 점령한 도르곤은 도도에게 오삼계, 아지게

에게 계속 이자성을 추격하라고 명령했다. 이자성군은 반격할 엄두를 내지 못하고 급히 양양襄陽으로 남하해 무창武昌으로 들어갔다.

무너져 버린 이자성

이자성은 무창에 50일 동안 머물러 있었다. 그는 무창부를 상부현祥符縣으로 고쳤다. 이때 그의 승상 우금성牛金星이 이미 떠나 버렸고, 이암李巖은 억울하게 죽었으며 장병들은 대부분 도망치거나 적에게 투항했다. 무창에서 이자성은 반격을 꾀했지만 패하고 말았다. 산해관에서의 참패부터 지금까지 열 달도 안 되는 사이에 몇십만 명의 대순군은 늘 자기보다 열 배, 백 배나 적은 청의 추격병에게 패하기만 했다.

청나라군은 무창을 함락한 후 계속 추격했는데 흥국興國, 지금의 호북 양신 동쪽의 부지구富池口에서 이자성의 주력군을 전멸했다. 이때 유종민은 피살되었고 송헌책은 투항했다. 이자성은 잔여 부대를 거느리

9변도九邊圖 — 대동大同
9변은 명나라 때 북방의 중요한 군사 요충지 아홉 곳에 대한 총칭이다. 후에 청나라군이 모두 격파했다.

| 세계사 연표 |

1656년 러시아가 북경에 사신을 파견했지만 황제를 배알하지 못했다.

건륭 연간에 만든 채루공반리문투병彩鏤空蟠螭紋套瓶

고 서쪽으로 가다가 통산 구궁산에서 민단民團에 의해 살해되었다. 그러나 그의 죽음에 대해 다른 일설도 있다. 그는 부지구에서 천리 밖에 있는 호남 석문石門의 협산사夾山寺에 숨어 승려가 되었다고도 한다. 야사에는 대부분 출가해 승려가 되었다고 쓰여 있다.

호남, 호북에 흩어져 있는 이자성의 잔여 부대는 그때까지 3, 40만 명이나 남아 있었는데 일부는 대청나라에, 일부는 남명으로 귀순했다.

역사문화백과

[청나라 시대의 '양세']

청나라 시대의 화폐 제도는 은전 본위제였는데 대부분의 경우 은전을 사용하고 전을 적게 사용했다. 외국 은전의 유입은 주로 서양 상인들이 중국과 무역을 하면서 생사, 차, 자기를 가져가 팔면서 가져온 것이었다. 도광 황제 시대 전의 거의 180년 사이 서방과 일본에서 유입된 은전은 무려 30만~600만 원이나 되었는데 이 시대에 유통된 외국 은전은 몇십 가지나 되었다. 강희·건륭 황제 시대에는 스페인의 쌍주 은전, 베네치아의 은전, 프랑스 은전, 포르투갈의 십자 은전, 네덜란드의 마검 은전이 있었다. 도광 연간에는 또 대계大髻, 소계小髻, 봉두蓬頭, 편복蝙蝠, 쌍주雙柱, 마검馬劍 등의 명칭이 있었으며, 후에는 순도가 비교적 높은 흑은 응양鷹洋이 유통되었다. 중국 사람들은 이런 외국 은원들을 모두 '양세洋細'라 불렀다.

관조도觀潮圖 (청나라 원강袁江 그림)

원강(?~약 1746)은 자는 문도文濤이고 만년의 호는 수천岫泉이며 강소 강도, 지금의 양주 사람이다. 청나라 시대 화가인 그는 산수와 누각을 즐겨 그렸다. 이 그림은 산과 파도가 이는 넓은 강, 강에서는 배들이 오가고 있다. 또 강기슭에는 나무가 울창하고 누각이 바위 위에 서 있다.

| 중국사 연표 |
1660년 프랑스 상선이 처음 광주에 와서 무역을 했다.

016

명나라 충신 사가법

도도의 명령으로 10일 동안 성안 사람들을 학살했다. 이것이 바로 피가 바다를 이루고 시체가 산을 뒤덮었다는 '양주 10일' 사건이다.

청나라군의 흉흉한 기세에 남명의 홍광 황제는 원 병부상서인 사가법史可法에게 독사督師의 명의로 양주를 사수할 것을 명령했다.

양주성을 포위한 청나라 군대

회하를 건넌 청나라군이 후방암侯方岩의 부대를 소멸하고, 우이盱眙와 사주泗州의 명나라군이 청나라에 투항했다는 소식이 전해졌다. 그러나 양주를 꼭 사수하겠다고 결심한 사가법은 부대를 거느리고 양주로 달려갔다. 그때 양주로 쳐들어오는 청나라군은 예친왕 도도의 부대였다.

사가법이 양주에 도착했을 때 이미 수비 부대는 도주해 버렸고, 일부 관리와 부자들도 피난 준비를 하는 등 혼란에 빠져 있었다. 사가법은 이곳에서 생사를 같이하겠다는 결심을 표해 민심을 안정시키고, 병부에 혈서를 보내 구원병을 요청했다. 그러나 남경의 조정은 사실상 명나라의 부패 정치인들의 잔재였다. 그리고 현 병부상서 원대성阮大鋮은 위충현魏忠賢의 부하였는데 청렴한 관리들을 제일 싫어하는 사람이었다. 그런 그가 동림당 좌광두左光斗의 제자인 사가법을 도울 리 만무했다.

양주를 진격하는 청나라군은 10만여 명이었다. 청나라군은 양주성을 물샐틈없이 포위했다. 처음에 도도는 사주에서 투항한 이우춘李遇春을 이용해 사가법의 투항을 종용했다. 그러나 사가법은 이우춘이 변절

자라면서 듣지 않았다. 그러자 도도는 친필로 쓴 항복 권유 서신을 두 사람을 시켜 보냈으나 이번에도 사가법은 그 두 사람을 편지와 함께 호성강 속에 빠뜨려 버렸다.

이 일로 도도가 화가 머리끝까지 치밀어 올랐는데, 육합六合·의정儀征이 또 5만여 명의 기병을 거느리고 도도에 합류했고, 홍의대포도 도착했다. 드디어 성에 대한 공격이 시작되었다. 청나라군의 맹렬한 포화 앞에서 이서봉李栖鳳과 고기봉高岐鳳은 동요하기 시작했다. 그들이 사가법을 찾아가 투항하자고 권유하자 사가법은 그들을 심하게 꾸짖었다.

"투항하겠으면 그리하라. 나는 막지 않을 것이나 나에게 투항하라고는 하지 마라! 나는 명나라의 대신

남경으로 들어가는 도도 (청나라 일명 그림)
이 그림은 중국 국가박물관에 소장되어 있다. 순치 2년(1645) 4월 도도는 양주에서 대학살을 감행했으며, 5월에 남경을 점령하고 홍광弘光, 융무隆武 등 남명 정권을 멸망시키고 대청 정권을 공고히 했다.

| 세계사 연표 |

1658년
영국의 호국경 크롬웰이 사망했다.

《명사明史·사가법전史可法傳》
계육기計六奇《명계남략明季南略》 출전

강희 연간에 만든 겹사법랑천구식향훈掐絲琺瑯天球式香熏

이다. 나는 이곳에서 내 목숨을 바칠 것이다!'

당시 이서봉, 고기봉과 사천의 장령 호상우, 한상양의 군사를 모두 합치면 그곳 병력의 반이나 되었기 때문에 사가법이 군법을 집행할 수도 없었다.

목숨을 바쳐 양주성을 고수하다

이서봉, 고기봉의 변절은 병사들을 동요시켰다. 비분에 넘친 사가법이 핏자국으로 얼룩진 갑옷을 입고 통곡하자 그제야 장병들은 한 목소리로 높이 외쳤다.

"걱정하지 마십시오. 우리가 양주를 결사적으로 지킬 것이옵니다!"

이에 힘을 얻은 사가법은 양주 백성을 모두 모아 다시 배치했다. 양주의 모든 군민이 일심동체가 되어 사가법의 명령에 따랐다. 사가법은 양주성과 생사를 같이하리라 결심했다. 그의 전술은 '적을 치지 못하면 성곽을 지키고, 성곽을 지키지 못하면 자결한다'는 것이었다.

순치 2년(1645) 4월 24일, 청나라군이 실험적으로 대포를 쏘고 그 이튿날 총공격을 개시했다. 사가법은 반격 명령을 내렸으나 그 역량은 청나라군의 맹렬한 포화를 당해내지 못했다. 성곽의 바깥벽이 허물어지고 쌍방 군사는 육탄전을 벌이기 시작했다. 시체가 갈수록 높이 쌓여 청나라군은 사다리를 사용하지 않고도 시체를 밟으면서 성곽에 올라 어느새 성을 점령해 버렸다.

사가법의 기개

대세가 기울자 사가법은 총병 장자고庄子固에게 자기를 죽여 달라고 했으나 장자고는 그에게 손을 대지 못했다. 그러자 사가법은 다시 부장副將 사덕위史德威에게 부탁했으나 여의치 않자 칼을 빼들고 자결하려 했다. 부하들이 간신히 그를 말리고는 그를 데리고 피신하려 할 때 도도가 군사를 거느리고 돌격해 들어왔다. 그러자 사가법이 소리쳤다.

"사가법이 여기 있다!"

청나라의 장령 장응이 사가법을 압송해 신성 남문 성루에 오르자 도도는 사가법의 동료였던 양우춘에게 확인을 명령했다. 그러자 사가법은 "내가 스스로 나섰는데 거짓이 있을손가!"라고 말했다. 그때까지도 도도는 그를 투항시키기 위해 귀순하기만 하면 높은 벼슬자리를 줄 것이라고 했다. 그러나 사가법이 계속 거부하자 도도는 칼을 빼들었다. 이에 사가법은 얼굴색 하나 변치 않고 자기의 목을 들이댔다.

그러자 도도는 이렇게 말했다.

"당신이야말로 진정한 사나이라고 생각하오. 나도 더는 강요하지 않을 것이니 충신의 지조를 지키도록 하시오!"

사가법이 목숨을 바친 후에도 양주성 내에서는 여전히 시가전이 벌어지고 있었다. 유조기, 마응괴 등은 시가전에서 희생되었고, 하강何剛과 오이손吳爾損 등은 싸움에서 패하자 우물에 빠져 자결했다. 양주지부 임민육任民育은 명나라 관복을 입고 손에 관인官印

강희 연간에 만든 창금전채칠화훼소기戲金塡彩漆花卉小機

기균紀昀, 자는 효담曉嵐이다 79

| 중국사 연표 |

순치 황제가 사망했다. 묘호는 세조. 현엽이 즉위하고 그 이듬해를 강희 원년으로 했다. 13개 아문으로 감축했다. 정성공이 대만을 수복했다.

계산비폭도溪山飛瀑圖 (청나라 오우화 그림 – 왼쪽 그림)

오우화吳又和(생몰연대 미상)는 강희 연간에 활동했다. 그는 안휘성 흡현歙縣 사람이다. 그는 서예와 그림에 뛰어났는데 특히 산수화를 즐겨 그렸다. 그림은 높은 데서부터 내려오면서 정밀하게 그려진 나무들과 벽계수가 흘러내리고 산등성이가 있으며, 산허리에는 집 한 채가 서 있다. 또 산기슭에는 구름이 흐르면서 동네가 아스라히 보인다.

층암첩학도層岩疊壑圖 (청나라 곤잔 그림)

곤잔髡殘(1612~?)은 속세의 성은 유劉씨이고 자는 개구介丘이며 호는 백투白禿, 석도인石道人, 잔도자殘道者 등이다. 무릉武陵(지금의 호남 상덕常德) 사람이며 요강녕(지금의 강소 남경)에서 살았다. 청나라 초기의 화가인 그는 산수화를 잘 그렸는데 원나라 화가 왕몽王蒙과 명나라 화가 심주沈周, 문징명文徵明, 동기창董其昌 등의 영향도 받았다. 그는 석도石濤와 함께 '2석二石'이라고 불리며 청나라 초기 네 명의 고승 중 한 사람이다.

●●● 역사문화백과 ●●●

[청나라 궁전의 경비 제도]

청나라에는 통일된 경비 기구와 경비군을 총괄하는 대신이 없었다. 청나라 제국은 시위처侍衛處, 호군영護軍營, 전봉영前鋒營, 내무부 삼기포의각영三旗包衣各營, 신기영神機營 등의 기구를 설치했는데, 서로 소속되지 않고 견제하며 직접 황제 앞에서 책임을 졌다. 정홍기·정황기·정백기 3기의 정예병들이 돌아가며 자금성 내의 경비를 맡았고, 양황기·양백기·양홍기·정남기·양남기 등 다섯 개 기가 돌아가며 자금성 외의 경비를 맡았다. 이외에 또 3개 기에서 무예가 출중한 사람들을 선발해 경비를 서도록 했는데 그중에는 어전시위, 건청문시위 등이 있었다. 북경성은 황제의 거처를 중심으로 8기의 만주 장병들의 엄한 통제에 싸여 있었다. 이것이 바로 청나라 때 경비 제도의 특색이다.

| 세계사 연표 |
1659년
프랑스, 스페인이 '피레네 조약'을 체결했다.

봉래선경도蓬萊仙境圖 (청나라 원요袁耀 그림)
원요(생몰연대 미상)는 약 건륭 중기에 활동했으며 산수, 누각, 계절화를 즐겨 그렸다. 이 그림은 신화 속의 봉래선경을 묘사했는데 산 중에 수목이 울창하고 누각과 전각이 화려하다.

을 들고 정전에 단정히 앉은 채로 피살되었으며, 그의 가족은 모두 강에 몸을 던졌다.

죽어도 굴하지 않는 사가법과 양주 백성을 만난 도도도 몇 천 명의 장병을 잃었다. 이에 화가 난 도도는 양주를 점령한 후 성의 사람들을 모두 학살하라고 명령했다. 10일 동안 무고한 백성 수십만 명이 학살당했는데, 바다가 피로 물들고 시체가 산더미처럼 쌓였다.

역사에서는 이 학살을 '양주10일'이라 한다.

강희 연간에 만든 가피자유리이병茄皮紫釉螭耳瓶

●●● 녹영 무관의 등급 일람표 ●●●

벼슬	등급	직책	비고
제독	종일품	전성의 녹영을 통솔하고 그 직속을 '제표'라고 했다.	건륭 18년(1753) 편제를 정하고 육로, 수로제독을 설치했다.
총병	정이품	한 개 진의 녹영을 장악하고 그 직속을 '진표'라 했다.	제독의 감독을 받으며 육로총병, 수로총병을 설치했다.
부장	종이품	직접 녹영을 통솔했고 '협표'라 했다.	다시 독무를 더 두고 중군부장이라 불렀다.
참장	정삼품	직접 영병營兵을 통솔했다.	다시 독무를 더 두고 중군참장이라 불렀다.
유격	종삼품	직접 영병을 통솔했다.	이외에 또 진표중군유격이 있었다.
도사	정사품	직접 영병을 통솔했다.	이외에 또 협표중군도사가 있었다.
수비	정오품	직접 영병을 통솔했다.	이외에 참장, 유격에서의 중군수비가 있었다. 조운총독이 유위수비를 관할했다.
천총	정육품	더 늘어나는 군사를 영솔했다.	조운총독이 유위천총을 관할했다.
파총	정칠품	더 늘어나는 군사를 영솔했다.	
외위천총	정팔품	더 늘어나는 군사를 영솔했다.	
외위파총	정구품	더 늘어나는 군사를 영솔했다.	
액외외위	종구품	더 늘어나는 군사를 영솔했다.	정원이 없고 규정된 편제 안에 있지 않았다.

건륭 연간(1736~1795)에 형당에서 은거한 지식인 손수孫洙가 편찬한 《당시3백수唐詩三百首》

| 중국사 연표 |

1662년 영력 황제가 곤명에서 피살당했다. 남명의 최후 정권이 멸망했다. 정성공과 이정국이 죽었다.

017

신비의 여인 유여시

후세 사람들은 세속 사회와 끊임없이 항쟁한 유여시柳如是를 협기俠妓라고 불렀다.

"내 청산을 어여쁘게 보고 있나니 청산도 날 어여쁘게 보리로다."

송나라 때 사인詞人 신기질辛棄疾의 '신랑을 축하'라는 노래는 명나라 말년의 한 기생의 마음을 흔들어 놓았다. 청산을 반려로 하여 지기를 찾는 것이 바람직하다고 생각한 그녀는 자기의 이름도 유여시라고 고쳤다.

풍류여인 유여시

유여시는 가흥 사람이고 원명은 양애楊愛다. 그녀는 어릴 때 성택서불盛澤徐佛의 양녀로 들어갔다. 당시 사대부 문인들은 색을 마음껏 즐기면서 방탕하게 지냈다. 그리하여 어떤 사람은 어린 여자 아이들을 모아 악기, 바둑, 서화, 노래와 춤, 시를 가르쳐 예기藝妓로 키운 다음 고관들에게 첩으로 팔거나 청루의 기생집에 창기로 팔기도 했다. 중개인이었던 서불도 유여시를 예기로 키워 주도등周道登의 시녀가 되게 했다. 열네 살 되던 해에 그녀를 시기한 주도등의 첩들이 그녀를 모함해 창기로 내쫓았다.

그 후 강호江湖를 떠돌아다니던 그녀는 늘 복사復

미인도美人圖 – 독서讀書 (청나라 일명 그림)

전겸익 인물상

전겸익(1582~1664)은 자가 수지受之, 호는 목재牧齋이고 만년의 호는 몽수蒙叟, 동간노인東澗老人이며 상숙 사람이다. 명나라 만력 연간에 진사 급제했고 한림원편수翰林院編修 직을 수여받았으며, 천계 시대에는 절강에서 전시를 맡았고 후에 우춘방중윤이 되어 《신종실록神宗實錄》의 편찬에 참여했다. 그러나 위충현이 꾸며낸 동림당 사건에 연루되어 삭탈관직당해 고향으로 돌아갔다. 저작에는 《초학집初學集》《유학집有學集》《투필집投筆集》《열조시집列朝詩集》《내전문장內典文藏》 등이 있다.

| 세계사 연표 |

1660년 영국 찰스 2세가 영국으로 돌아왔다. 스튜어트 왕조가 부활했다.

진인각陳寅恪 《유여시별전柳如是別傳》

현청단운견대금대양변 여면괘玄靑緞云肩對襟大鑲邊女綿掛
청나라 때 복장은 장소와 성별을 가리지 않고 모두 '양곤鑲滾'을 입는 것이 성행했는데 바느질이 섬세했다. 이 옷은 목, 옷섶, 소매를 모두 무늬로 장식했으며 모두 네 겹으로 되어 있고, 세 겹은 기계로 짰다. 기계로 짠 꽃테두리는 청나라 말기에 출현했는데 이때부터 점차 기계로 수를 놓게 되었다.

社, 기사幾社에서 장부張溥, 진자용陳子龍, 왕연명汪然明 등 문인들과 함께 시를 읊고 술을 마시면서 천하의 흥망성쇠를 논했다. 그로써 그녀는 송강에서 소문난 명기名妓가 되었다.

어느 겨울날, 송원문宋轅文이라는 부잣집 자제가 그녀의 배가 있는 강가에 와서 유여시를 만나려 했다. 그러자 유여시는 진심을 보이려면 먼저 배에 오르지 말고 물속에 들어가 잠시 기다리라고 했다. 그러자 송원문이 정말로 강물에 뛰어든 것이 아닌가. 이것을 본 유여시는 자기의 일생을 맡길 수 있는 사람을 찾았다며 기뻐했다. 바로 그때 송강지부는 유랑 기녀들의 활동을 금지하며 발견 시에는 즉시 축출한다고 공표했다. 의지할 데가 없어진 유여시는 송원문을 찾았으나 의지가 나약했던 송원문은 그녀를 위해 어떤 행동도 하지 못했다.

백발이 성성한 전겸익

이 일로 유여시는 세상인심을 알았고 자신의 신분도 똑똑히 알게 되었다. 아침에는 꽃을 맞고 저녁에는 달을 보며 권주가를 부르던 세월은 어느덧 순식간에 사라져 버렸다. 결국 그녀는 백발이 성성한 목재牧齋 선생 전겸익錢謙益에게 시

집가기로 결정했다.

전겸익은 환갑이 지났지만 사회적 지위와 문단의 명망은 유여시를 얼마든지 지켜줄 수 있었다. 전겸익은 명예도 아랑곳하지 않고 정실 아내를 맞이하는 예로 유여시를 맞았다.

그는 또 소중하게 보관해 둔 송나라 때 《한서漢書》를 팔아 유여시를 위해 강운루絳雲樓와 홍두관紅豆館을 지어주었다.

어느덧 3, 4년이 흘러 바깥세상에는 변화가 발생했다. 명나라 숭정 황제가 자결했고 청나라 순치 황제가 북경에서 황제로 등극했으며, 복왕 주유숭朱由崧이 남경에서 홍광弘光 조정을 건립했다. 그러자 유여시는 전겸익이 홍광 정권의 예부상서로 부임하는 것을 지지하면서 그녀도 정계 인사들을 찾아다니며 청나라를 반대하고 명나라를 회복할 것을 주장했다.

그녀는 장강방선의 전선에 나가 홍광 정권의 병사들을 위로하며 청나라군과 끝까지 싸우겠다고 다짐했다. 그러나 얼마 후 홍광 정권이 내란과 청나라군에 의해 쓰러지자 유여시는 전겸익에게 "우리가 나라를 위해 몸바칠 때가 온 것 같사옵니다. 당신은 반드시 정의를 위해 목숨 바쳐 절개와

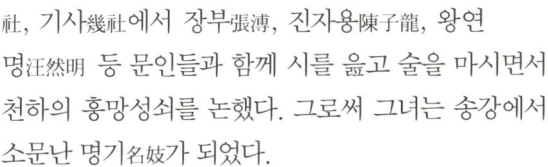

장단 여례복
청나라 때 비단직물은 종류가 많고 모양이 풍부했다. 고궁박물원에 있는 청나라 때 비단직물은 장화단妝花緞, 암화단暗花緞, 직금단織金緞, 이색단二色緞, 섬단閃緞, 장단漳緞, 융단絨緞, 화단花緞, 파단巴緞, 고단庫緞, 공단貢緞, 편금단片金緞, 고금庫金 등 30여 종이나 된다. 두루마기 천은 순금을 사용해 정교하고 아름다웠는데, 당시의 전형적인 예복 양식이었다.

포송령 83

| 중국사 연표 |

1663년 청나라군이 금문·하문을 공략, 정경이 대만으로 퇴각했다.

청만춘애도清巒春靄圖 (청나라 당대唐岱 그림)

당대(1675~1752)는 만주 정백기 사람이며 자는 육동毓東이고 호는 정암靜岩, 일명 호를 지생知生, 묵장默莊이라고도 했다. 그는 강희 왕조 시대 궁정화가이며 왕원기王原祁의 제자이다. 이 그림은 숭산준령, 산줄기와 골짜기를 흐르는 벽계수를 그린 것이다.

●●● 역사문화백과 ●●●

[진회8염]

명나라 말기, 청나라 초기에 남경의 진회강 기슭에는 문장, 그림, 기예가 뛰어난 기생 8명이 출현했는데 후에 그들을 '진회8염秦淮八艷'이라고 불렀다. 정의감 있던 그녀들은 대부분 동림당 문인들과 연관되어 후세까지 전해지고 있다. 일반적으로 인정하는 '8염'은 마상란馬湘蘭(여첨심余澹心의 《판교잡기》에서는 마완용馬婉容이라고 함), 고횡파顧橫波, 변옥경卞玉京, 이향군李香君, 동소완董小宛, 구백문寇白門, 진원원陳圓圓과 갈눈낭葛嫩娘이라고 한다. 갈눈낭을 유여시라고도 하는데 유여시는 진회하에 간 적이 없다. 그녀는 남경에서 세 번 살기는 했지만 그것은 모두 전겸익을 만난 이후다.

명성을 지켜야 할 것이옵니다."라고 말했다.

그녀는 그의 손을 잡고 호숫가에 나와 함께 자결하려 했다. 하지만 전겸익은 몸을 돌려 기슭으로 올라갔다. 그러나 유여시는 조금도 주저 없이 계속 깊은 물속으로 들어갔다.

협기 유여시

전겸익은 결국 청나라에 투항하고 벼슬을 하기 위해 북경으로 갔으나 어떤 사건에 연루되어 옥살이를 했다. 그러자 유여시는 북경으로 찾아가 그를 구해 돌아왔다. 그녀는 자신의 사회적 영향력과 재산을 이용해 정성공, 장황언, 구식사瞿式耜, 위경魏耕 등 반청 의병들을 도우라고 전겸익에게 말했다. 그리고 재산을 팔아 요지조가 군사를 모집하고 반청 대열을 만드는 것을 도왔다.

전겸익도 유여시의 영향을 받아 그 대열에 합류하려 했으나 83세 되던 해에 세상을 뜨고 말았다. 전겸익이 죽자 전씨 일가가 유여시를 찾아와 모든 재산을 내놓으라고 위협했다. 그녀는 딸에게 유서를 남기고 목을 매 자결했다.

후세 사람들은 세속적인 사회와 항쟁하면서 출중함을 과시하던 그녀를 '협기俠妓 유여시'라 불렀다.

강희 연간에 만든 오채가금화접五彩加金花蝶 무늬 반찬 그릇

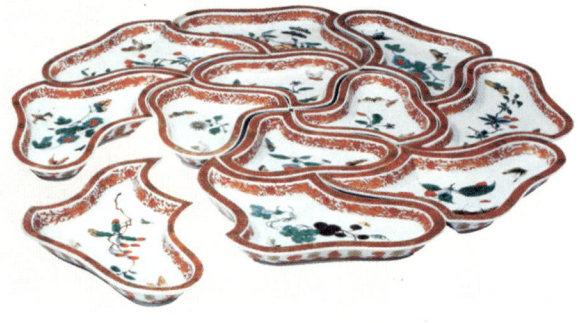

1661년

| 세계사 연표 |
포르투갈이 인도 뭄바이를 영국에 할양했다.

018

《청세조실록清世祖實錄》 5권, 17권
《명계남략明季南略》 출전

삭발령

만주 귀족들은 머리를 깎고 뒷머리를 남겨 땋는 것을 다른 민족이 항복한 가장 중요한 표징으로 삼았다. 그들은 삭발을 강요해 타 민족의 전통을 바꾸려 했지만 이는 다른 민족의 인격과 존엄을 모욕하는 것이었다.

만주족의 머리양식은 앞머리를 밀고 뒷머리만 남겨 땋는 것이었다. 이러한 변발은 귀순을 상징했기 때문에 삭발하지 않은 한인은 죽음을 면치 못했다.

보류한 삭발령

순치 원년(1644) 도르곤은 귀순한 관리와 백성들에게 삭발을 요구했다. 북경에 들어온 그는 다음과 같은 격문을 써 온 성내외에 붙여 놓았다.

"격문을 발표하는 날 삭발하고 귀순하는 사람 중 지방관리는 각각 한 계급씩 승진시킨다. 항한 관리와 군민은 모두 삭발해야 하며 의관은 본 왕조 제도를 따라야 한다."

백성들이 반발하자 도르곤은 즉시 명령을 바꾸어 "이전에는 귀순한 백성을 가려내지 못했기 때문에 삭발을 명하는 것으로 귀순과 반역을 가려냈다. 그러나 오늘날 삭발이 민심에 반하는 것이라는 말을 들었는데, 이것이 교육으로 백성을 안정시키겠다는 우리의 본심과 다르게 인식되었도다. 그러니 이후부터는 머리 모양을 마음대로 하기를 바란다."라고 했다.

당시 청나라군은 이자성을 북경에서 몰아내기는 했지만 관내의 대부분 지역은 여전히 남명 복왕정권 그리고 이자성의 대순국, 장헌충의 대서국수중에 있었기 때문에 나라의 기본 정책인 삭발령을 뒤로 밀어 놓을 수 밖에 없었던 것이다.

외톨이가 된 손지해

산동의 진사 출신이고 투항한 명나라 관리 손지해孫之獬는 세상물정을 잘 몰랐다. 당시의 북경 조정에서 황제의 보좌 아래에서는 한족 관리와 만주족 관리가 좌우 두 줄로 서는 것은 약정된 관습이었는데 한족 관리들은 여전히 명나라식 사모와 직급을 표시하는 포복袍服을 입고 있었다.

어느 날 아침 조회에서 손지해는 충성심을 표시하기 위해 머리를 깎고 만주족 옷을 입고 입궐해 만주족 관리들의 서열에 섰다. 그러자 만주족 관리들은 그가 한인이라고 밀어냈다. 손지해가 다시 한족 관리들 쪽에 섰지만 받아주지 않았다. 바로 그때 도르곤이 나왔다. 대전 한복판에 손지해가 홀로 서 있는 것을 본

'황제의 보배' 옥새 (왼쪽과 위 사진)
황제의 인감을 보배라고 부른 것은 청나라 때다. 이때 황제의 인감을 어보御寶라 불렀다. 청나라 초기에 어보를 교태전에 두고 상보사를 설립했다. 이 반룡뉴옥인蟠龍鈕玉印에서 문자는 만문, 한문의 예서체로 조각되었다. 만한문 합벽合璧은 상용적인 인감으로 황권을 대표했는데 황제가 발급하는 칙서에는 모두 이 도장을 찍었다.

점토에 약간의 목화섬유를 고루 섞은 후 여러 가지 인물의 흙 모형을 만들고 그늘진 곳에 말린 다음, 바탕색을 칠하고 다시 색을 칠해 만들었다

묘봉산묘회 妙峰山廟會 (오른쪽 그림 포함)
이 그림은 청나라 때 북경 묘봉산묘회를 묘사한 민속화다. 그림에서 참배자들이 길을 메우고 있고 물건이 가득하다. 또 각양각색의 놀이가 벌어지고 있다. 이 그림은 청나라 시대 북경의 사회생활·풍속·신앙 등을 연구하는 데 중요한 사료가 된다.

| 세계사 연표 |
1662년 러시아 볼가강 유역 등지의 민중들이 봉기를 일으켰다.

청나라 시대 전당포 간판
청나라 시대 전당포의 간판은 대부분 불교와 연관이 있었다. 사진의 보제질점이란 글은 명·청나라 시대 전당포에서 통용한 표식이었다. 이 전당포는 산서 태고현에 있었는데, 도광연간에 문을 열고 1949년 영업을 중지했다.

그는 이유를 알고 속으로 기뻐했지만 겉으로는 엄하게 책망하는 척했다.

무관과 병사만 머리를 깎는다

순치 2년(1645) 청나라군이 남경을 점령하자 홍광弘光이 포로가 되고 남명의 고위급 관리와 몇 십만 대군이 모두 청나라에 귀순했다. 청나라군 대사大師이며 예친왕인 도도는 여전히 머리를 깎지 않아도 된다는 도르곤의 명령을 지켰다.

아첨을 잘하는 홍광정권의 총헌總憲 이교李喬는 도도가 남경성에 들어온 이튿날 체발역복剃髮易服을 하고 도도를 만나러 왔다. 그러나 도도는 도리어 그를 질책했다. 뒤이어 도도는 각 성문 어구에 "머리를 깎는 일은 예부터 내려오는 우리의 관습이기는 하지만 지금은 무관만 머리를 깎고 문관은 깎지 않으며 병사만 머리를 깎고 백성은 깎지 않는다. 그러니 이것을 지켜주기 바란다. 얼마 전 무치한 관원이 먼저 머리를 깎고 나를 만나러 왔지만 그는 오히려 질책만 받았다. 이에 알리는 바이다."라는 포고령을 붙였다.

다시 하달된 삭발령

싸움 없이 남경을 차지하고 항주의 노왕潞王 정권이 항복했으며 또 이자성이 패망했다는 소식이 북경에 전해지면서 온 조정은 기쁨에 휩싸였다. 도르곤은

●●● 역사문화백과 ●●●

[역대의 변발제]
청나라(후금)의 변발제辮髮制는 유구한 역사를 가지고 있었다. 중국 고대에 북방의 여러 민족이 이런 머리 양식을 많이 했는데, 예를 들면 진나라 시대의 흉, 위진 시대의 선비, 수·당나라 시대의 돌궐, 철륵, 말갈과 동북의 숙진, 여진女, 서양의 토곡혼과 저씨가 이런 머리 양식을 했다. 민족에 따라 머리 양식도 조금씩 달랐는데 흉노, 돌궐, 철륵의 변발은 머리를 둥글게 묶어 머리 위에 얹었다. 선비족의 한 갈래인 척발은 흉노의 머리 양식을 보존했으며 몽골족도 변발을 했다. 지금 고궁 남훈전南薰殿에 수장되어 있는 역대 제왕화상에서 원나라의 여러 황제는 모두 두 갈래 머리를 양쪽 귀밑에 드리우는 양식을 했다.

중국사 연표

1665년
개인이 인삼을 캐는 것을 금했다.

일품 문관의 관복 보자

보괘補掛라고도 하는 보복補服은 명나라, 청나라 때 관복의 일종으로 명나라 때에는 보자補子라 불렸고 청나라 때에는 보괘라 불렸다. 이런 복장은 앞쪽과 뒤에 금실, 색실로 수놓은 '보자'가 달려 있어 이런 명칭이 생겼다. 보자는 관직의 표징이었는데 문관은 날짐승으로, 무관은 맹수로 표시했다.

머지 않아 전국이 통일될 것이라고 생각한 도르곤은 6월에 모든 백성은 삭발해야 한다는 칙서를 내리고 따르지 않는 자는 군법으로 다스리라고 했다.

열흘 후, 도르곤은 공식적으로 삭발령을 내렸다. 각지에서는 이 명령을 받은 후 10일 안에 삭발해야 하며 삭발하지 않으면 죽음을 면치 못하고, 만약 관원이 이 일로 간언을 올린다면 그도 죽을 것이라고 했다. 삭발령은 가차없이 집행되었다.

청나라 왕조에서 각별한 예로 대하던 곡부의 공자의 후예 공윤식孔允植이 이의를 제기했지만 도르곤에게 거절당한 후 순순히 머리를 깎았다. 그리고 곡부의 지부 공문표孔文諤도 이의를 제기했다가 도르곤의 노여움만 샀다.

도르곤은 그에게 사면받지 못할 죽을죄를 졌지만 성인의 후예이기 때문에 죽이지는 않고, 관직을 삭탈하고 다시 등용하지 않을 것이라고 했다.

목을 남기면 머리털을 남기지 않고 머리털을 남기면 목을 남기지 않는다

이 기간에 가장 성행한 업종은 이발업이었다. 관청에서는 많은 이발사를 고용해 청나라군의 뒤를 따라 다녔다. 어떤 이발사는 머리를 깎기 전에 "목을 남기면 머리털을 남기지 않고 머리털을 남기면 목을 남기지 않는다"라고 소리치기까지 했다. 청나라군은 머리를 기른 자를 보기만 하면 머리를 깎으라고 명령하고, 이에 응하지 않으면 가차없이 죽인 다음 도구함에 대나무를 꽂아 놓고 죽은 자의 머리를 달았다. 이것이 바로 몇백 년 동안 이발사들이 도구함에 대나무를 꽂아 놓게 된 유래가 되었다.

도르곤의 삭발령은 다른 민족들을 자극해 여러 곳의 반발을 격화시켰다. 그들은 목숨을 잃을지언정 머리를 깎으려고 하지 않았다.

이런 반발로 청나라는 남중국을 통일하는 데만 18년이 걸렸다. 따라서 삭발령에 반항하는 민중의 잠재의식은 신해혁명辛亥革命까지 거의 200년 동안 지속되었다고 할 수 있다.

| 세계사 연표 |

1663년 프랑스가 재정, 공업과 상업 개혁에 관한 중상重商 정책을 반포했다.

019 불굴의 강음성

'지나다니는 사람들이여, 코를 막지 마라. 살아 있는 사람이 죽어 있는 사람보다 더 더럽거늘.'

《명사明史·염응원전閻應元傳》

강남에서 청나라군은 그동안 겪어 보지 못한 한족 관리와 백성들의 강한 반항에 부딪혔다. 가장 큰 원인은 청나라의 삭발령이었다.

삭발을 반대한 10만여 명의 백성

머리 깎기를 거절한 강음江陰 사람들은 지현 방정이 군사를 동원할 것을 요구했다는 소식이 전해지자 분노에 치를 떨었다. 상인들이 먼저 철시를 단행했다. 네 개 향의 농민들은 강음성의 상황을 알고 계세미季世美, 계종효季從孝의 통솔 아래 강음성을 지원했다. 10만여 명의 백성은 명륜당明倫堂 광장에 집결해 대회를 열었다.

수재 허용許用이 '목이 잘릴지언정 머리를 깎지 않는다!'는 구호를 외쳤다. 사람들은 현의 주부主簿인 진명우陳明遇를 이번 저항 운동의 수장으로 삼고, 또 삭발을 감독하는 청나라 병사를 죽여 버렸다.

강음의 반란 소식을 접한 청나라는 즉시 군사를 파견해 탄압했다. 진명우는 전임 전사典史였던 염응원閻應元을 청해 함께 성을 지키기 위한 의논을 했다.

무과 수재 출신인 염응원은 출중한 군사적 재능을 가지고 있었다. 그는 원래 광동에 가서 임직하도록 되어 있었지만 떠나지 않고 청나라군이 오자 성박의 사산砂山에 옮겨가 살고 있었다.

이때 진명우가 함께 청나라에 대항할 것을 요청하자 그는 바로 노모와 작별하고 직접 왕진충王進忠 등 40여 명을 거느리고 강음성으로 찾아왔다.

순치 2년(1645) 7월, 성안으로 들어간 염응원은 진명우와 함께 성을 사수할 준비를 했다. 그들은 군사를

일품 무관의 관복 보자

수를 놓은 무관의 보자 도안은 직급에 따라 그 도안이 달랐다. 청나라 시대 신하 이상의 황자皇子, 친왕, 군왕들은 용, 패륵, 패자를 사용했고 진국공鎭國公은 구렁이를 그려 넣었으며 도어사, 안찰사 등은 모두 해태를 그려 넣었다. 여성이 관작을 수여받을 때에도 역시 보자를 사용했는데, 아버지의 직위에 따라 등급을 나누었다.

중국사 연표

1666년 양황기·성백기가 땅에 떨어진 일로 오보이鰲拜가 대학사 소납해蘇納海 등을 살해했다.

정비하고 성곽을 단단히 다지고 배들을 모으는 한편, 부유한 상인들에게 자금 조달을 부탁했다.

이튿날 네 개 향의 향병鄕兵들도 그들을 지원하기 위해 왔다. 그들은 강음성 성문을 무쇠로 단단히 막아 놓고 장정들이 번갈아 가며 성곽에 올라가 지켰다. 부녀자와 노인들은 입을 것과 먹을 것 등 군사들을 후방에서 지원했다. 진서지陳瑞之와 그의 아들은 함께 목총木銃과 화관火罐을 만들고, 또 황명강黃明江은 가볍고 다루기 편리한 작은 화살과 독즙을 바른 화살을 많이 만들어 청나라의 공격에 대비했다.

염응원과 진명우

드디어 청나라군이 대포로 북문을 포격한 다음 정예병을 뽑아 사다리를 타고 성곽에 오르기 시작했다. 성 위에서는 활을 쏘고 돌을 던지며 성곽을 오르던 청나라군을 격퇴했다. 그 후 청나라군은 한 달 동안 계속 공격을 퍼부었지만 성을 함락시키지 못했다.

강음성의 백성들은 또 심리전도 이용했다. 그들은 관제關帝, 수양왕睢陽王, 동평왕東平王, 성황城隍의 신상을 모두 성루에 가져다 놓은 다음 그 신상들을 들고 다니면서 순찰을 했다. 그리고 신상의 수염을 자석으로 고쳐 쇠붙이를 만나기만 하면 수염이 움직이게 했다. 또 기계를 이용해 그 신상의 손이 성 밖의 청나라군 병영을 가리키도록 했다. 이런 방법은 청나라군을 한동안 혼란에 빠뜨렸다.

진명우와 염응원은 병사들을 잘 돌보고 전략적 결정이 필요할 때는 모든 사람의 의견을 경청했다. 그래서 성의 군민은 모두 화합하여 사기가 드높았다.

성을 함락시키지 못한 청나라군은 강음성의 투항을 권했다.

어느 날 투항한 장령 유량좌劉良佐가 성 아래에 찾

옹정 연간에 만든 방가유삼양병仿哥釉三羊瓶

청나라 초기의 나침반
나침반의 발명은 풍수가들과 밀접한 관계가 있었다. 원래 풍수에서 음양을 정하는 데 쓰던 나침반은 해상에서 항로를 찾기 위해 꼭 필요한 도구가 되었다. 청나라 초기의 나침판은 체적이 아주 작고 눈금이 정밀했다. 팔괘는 풍수가들이 택지의 음양을 볼 때 쓰던 나침반으로 건축물을 지을 때 그것으로 방위를 정했다.

옹정 연간에 만든 법랑채홍琺瑯彩紅 사발

| 세계사 연표 |

1665년 제2차 영국·네덜란드 전쟁이 일어났고, 프랑스와 네덜란드가 동맹을 맺었다.

잡화도雜畫圖 (청나라 변수민邊壽民 그림)
변수민(1684년~1752)은 원명이 유기維祺이고 자는 수민壽民이며, 또 글자의 행에 따라 자를 이공頤公이라고 고쳤다. 그의 호는 점승漸僧, 위간거사葦間居士이며 강소성 산양山陽 사람으로 청나라 시대 화가다. 그는 화훼와 깃털을 잘 그렸는데, 특히 갈대와 기러기를 주로 그렸다.

아와 염응원에게 투항을 권하자 염응원은 "나는 명나라의 보잘것없는 전사典史지만 나라를 위해 충성을 다하고 있소이다. 하지만 장군께서는 명나라의 총병이지만 적들을 위해 일하고 있소이다. 그대는 부끄러운 줄 아시오."라고 대답했다.

이에 크게 노한 도도는 홍의대포 수백문을 집결해 각각 성의 동남쪽과 동북쪽을 포격했다. 포화의 엄호 아래 그들은 또 갱도를 파 화약으로 성 밑을 폭발해 구멍을 내고는 안으로 맹공격해 들어갔다. 그러자 염응원은 청룡언월도靑龍偃月刀를 휘두르며 청나라군에 대항했지만, 이것이 마지막이라는 것을 안 그는 주위 사람들을 보고 이렇게 말했다.

"강음의 백성들에게 감사를 드립니다. 나는 나라를 보위하는 책임을 완수했소이다!"

말을 마친 그는 연못 속에 몸을 던졌으나 죽지 못하고 그날 밤 바로 피살되었다. 진명우도 시가전에서 중상을 입자 불 속에 뛰어들어 자결했다.

청나라군이 강음을 공격할 때 모두 24만 명의 병력을 동원했다. 강음성을 공격할 때 6만 8000명이 죽고, 시가전에서 또 7000명이나 죽었다. 도도는 성을 공략한 후 이를 갈면서 "온 성을 짓밟은 다음 칼을 거두라!"라고 명령했다.

이리하여 무참히 학살당한 백성은 무려 17만 2000여 명이나 되었다. 이번 재난에서 벗어난 사람은 사관탑寺觀塔 내에 있던 인월화상印月和尙과 50여 명의 백성뿐이었다.

강음 백성들의 불굴의 정신은 줄곧 후세 사람들의 칭송을 받았다. 청나라군이 강음을 점령한 후 어느 날 아침 시 한 수가 발견되었다. 그중 두 구절에는 이렇게 쓰여 있었다.

'지나다니는 사람들이여, 코를 막지 마라. 살아 있는 사람이 죽어 있는 사람보다 더 더럽거늘.'

● ● ● **역사문화백과** ● ● ●

[만주족의 주택]

만인들의 주택은 대부분 흙과 나무로 지었으며 일반적으로 세 칸이나 다섯 칸으로 되어 있다. 남향에 흙으로 벽을 바르고 풀로 이엉을 얹었으며, 지붕은 새끼로 풀을 고정시키도 하고 흙을 발라 바람에 날리지 않도록 했다. 문은 남쪽 벽 가운데에 있고 양옆에 창문을 내었다. 그리고 실내의 북쪽, 서쪽, 남쪽에 구들을 놓았는데 이를 권항圈炕이라고 하며 '만卍' 자형 항이라고도 한다.

1667년
강희 황제가 친정했다.

| 중국사 연표 |

020

대학자 황도주

황도주黃道周는 홍승주에게 이렇게 말했다. "홍승주는 죽은 지 오래다. 날 보고 귀신을 만나라 하는데 내가 어찌 귀신을 만날 수 있겠는가?"

강남에 이른 청나라군이 삭발령을 전면적으로 실시하자 강남 백성들은 명나라 종실을 옹립해 여러 곳에서 청나라에 반대했는데, 그중 한 사람이 바로 황도주다.

당왕을 옹립하고 의용군을 모집한 황도주

명나라 말기 강남의 대학자 황도주는 많은 저서를 남겼으며, 제자도 많았다. 청나라군이 장강을 건너자 황도주 등은 복주에서 당왕唐王 주율건朱聿鍵을 황제로 옹립했다. 주율건이 바로 남명의 융무제隆武帝다. 융무제는 황도주를 무영전대학사 겸 이부상서, 병부상서로 임명했다. 그러나 황도주는 아무런 권력이 없었으며 모든 대권은 정지용鄭之龍과 그의 가족 손에 있었고 그들은 청나라군과 내통하고 있었으나 황도주는 정지용을 막을 힘이 없었다.

별다른 방법이 없었던 황도주는 순치 2년(1645) 융무제에게 상소를 올려 의병을 모집해 잃은 땅을 수복할 것을 요구했고, 융무제는 연회를 열어 그를 전송해주었다.

그해에 황도주는 이미 예순 살이었다. 그는 휘주徽州에 가서 그곳 의용군과 합류한 다음 청나라와 대항하려고 했다. 가는 길에 많은 사람이 그 대열에 가담했는데, 한 달 후 그들이 숭안崇安에 도착했을 때는 의용군 숫자가 4600명이나 되었다.

그러나 대다수 의용군이 군사 훈련을 받아 본 적이 없고, 병장기가 없는 사람들은 호미를 메고 나와서 사람들은 그들을 '멜대병'이라 불렀다. 황도주의 아내는 여자들을 데리고 후방에서 도왔는데 그들을 '부인군夫人軍'이라 불렀다. 식량이 부족해 황도주가 복주에 식량을 요구하자 정지용이 이를 묵살했다.

별다른 방법 없이 광신부廣信府에 이른 그는 휘주가 이미 함락당했다는 것을 알게 되었다. 병서에 통달했고 10여 만 자나 되는 《광명장전廣明將傳》까지 썼지만 한 번도 전장에 나가 본 적이 없는 그는 진퇴양난에 빠졌다. 그러자 그는 가까스로 군사를 셋으로 나누어 하나는 무주撫州로, 다른 하나는 무원婺源으로, 그리고 그의 부대는 광신에 남았다. 그러나 그들 모두 청나라군에 패했고, 황도주는 다시 복주에 구원을 요청했으나 이번에도 정지용은 이를 묵살했다.

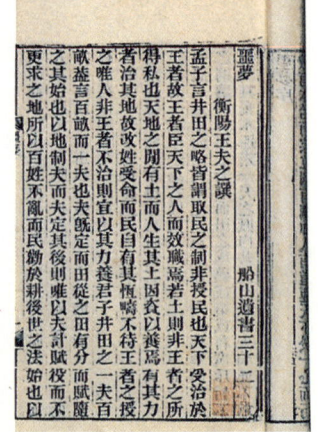

유물주의 사상가, 왕부지

왕부지王夫之(1619~1692)는 형양 사람이며 명나라 말, 청나라 초기의 사상가다. 그는 일찍이 반청 투쟁에 적극 참가했으며 실패 후 은거해 책을 저술했는데, 사람들은 그를 '선산선생船山先生'이라 불렀다. 학술 면에서 그는 송나라 시대 장재張載의 유물주의 사상을 발전시켜 그 체계를 확립했다. 그는 세계는 물질로 되었으며, 물질은 1차적이고 불멸하다고 했다.

| 세계사 연표 |

1666년 프랑스에서 프랑스 과학원을 설립했다.

《명사明史·황도주전黃道周傳》
강일승江日升《대만외기臺灣外紀》 출전

어쩔 수 없이 황도주는 광신을 떠나 북상했다. 그곳 백성들은 그에게 성곽을 지켜줄 것을 요구했으나 그때 황도주의 부대는 군사 300여 명, 말 10필과 사흘 분의 식량밖에 남아 있지 않았다.

그러던 어느 날 아침, 청나라군이 새벽에 습격해 황도주의 군사가 거의 몰살 당하고, 황도주와 그의 제자들도 모두 포로가 되었다.

홍승주를 꾸짖은 황도주

다음해 정월 그는 남경으로 압송되었다. 연도에서 그는 죽음에 관한 시 네 수를 지었는데 그중에는 "사람들이여, 내 뼈를 묻어다오. 내 마음 맑은 하늘이 알거늘. 누굴 위해 혼란을 뒤엎으려나. 모두가 당한 재난을 보고 있지 못함이었거늘諸子收吾骨, 靑天知我心, 爲誰分板蕩, 不忍共浮沉" 등의 시가 있다.

문방4보 중의 하나인 붓
청나라 시대에 문방4보文房四寶의 제작 공예는 수준이 아주 높았다. 이 붓은 자기 바탕에 채색 유약을 올리고 금색의 구름과 용 무늬를 그려 넣었으며 토끼털로 붓 끝을 만들었다. 예서체로 '대청건륭년제大淸乾隆年制'라고 써넣었다.

청나라 조정에서는 그와 동향인 홍승주를 이용해 그를 투항시키려고 했으나 황도주는 홍승주와 만나려 하지 않았으며 이렇게 말했다.

"송산에서 홍승주는 전군이 복멸당했다. 선황제(숭정 황제)께옵서는 일찍이 어단 열다섯 개를 차리고 통곡하면서 제를 지냈다. 그러니 이 사람이 죽은 지도 옛날이다. 지금 나를 보고 귀신을 만나 보라 하는데 내가 어찌 귀신을 만날 수 있겠는가?"

두 달 후 황도주와 그를 따르던 네 명의 제자가 모두 살해당했다. 그들이 죽은 후 사람들은 황도주의 집에서 피로 쓴 '대명고신황도주大明孤臣黃道周'라는 글을 찾아냈는데, 그 옆에는 또 "삼강오상은 만고에 전해지고, 절개는 천추에 남으리로다. 하늘 땅이 나를 알고 있거늘. 집사람들은 근심하지 마시라綱常万古,節義千秋,天地知我,家人無憂"라는 열여섯 자가 쓰여 있었다.

수자도壽字圖 (청나라 때 그림)
복福·녹祿·수壽는 중국 전통문화에서 행복과 평안을 나타내는 예술적 형상이며 글자로 그림을 그리는 것도 예술 방식의 하나다. '수' 자로 그림을 그리면 장수에 대한 사람들의 소망을 나타낼 뿐만 아니라 생명의 아름다움을 음미하는 데 긍정적인 역할을 한다.

●●● 역사문화백과 ●●●

[거거]
청나라 시대 친왕 슬하의 여자들을 거거格格라고 불렀다. 친왕의 딸을 화석和碩거거로 책봉했고, 정실 복진福晉이 낳은 딸의 품급品級은 군주郡主였으며 측실이 낳은 딸은 군군郡君이었다. 군왕의 딸은 다라多羅거거로 책봉했고 정실 복진이 낳은 딸은 현주縣主, 측실이 낳은 딸은 현군縣君이었으며 패륵의 딸은 다라거거로 책봉하고 정실이 낳은 딸은 군군, 측실이 낳은 딸은 향군鄕君이었다. 그리고 패자貝子의 딸 가운데 정실이 낳은 딸은 고산固山거거로 책봉하고 현군이라 했으며 측실이 낳은 딸은 종녀宗女라 부르고 작위를 책봉하지 않았다.

1644~1840 청나라·i

화부. 일반적으로 문인들은 곤산강을 아부라 불렀다

| 중국사 연표 |
1668년 봉천 주변의 땅을 농민들에게 돌려 주었다.

021

남경에서 참패한 정성공

정성공鄭成功에게 최대의 꿈이자 최후의 희망이던 북벌은 실패로 종말을 고했다.

옛 왕조를 복위하는 데 뜻을 둔 정성공은 세 번이나 북벌을 시도했지만 매번 후방의 실패와 또는 날씨 때문에 중지되었다. 네 번째 북벌은 그의 최대 북벌이자 최후의 북벌이기도 했다.

남경에 대한 첫 공격에서 승리하다

순치 16년(1659) 5월 정성공은 수사水師의 수천 척의 배, 갑사甲士 17만 명, 용맹한 철인군鐵人軍 8000명을 거느리고 장황언張煌言의 부대와 연합해 다시 북벌했다. 그는 숭명에서 장강으로 들어섰다.

청나라군은 대부분 북방 사람들이었기 때문에 물에 익숙지 않았다. 그리하여 그들은 강에 통나무로 뗏목을 묶어 놓고 그 주변의 일정한 거리마다 화포를 걸어 놓았다. 그들은 이런 진세를 목포영 또는 목성木城이라고 불렀다. 이외에 그들은 또 굵은 쇠사슬로 금산과 초산 사이의 수면을 가로막았는데, 이를 곤강용滾江龍이라고 불렀다. 그리고 강기슭에는 동시에 수백 문의 홍의대포를 걸어 놓았다. 그들은 이렇게 하면 반청 부대의 공격을 막을 수 있을 것이라고 여겼다.

장황언은 이번 북벌의 선봉이 되어 곧장 장강 어구로 쳐들어갔다. 그곳에서 청나라군의 방어선을 발견한 장황언은 병사들에게 물에 들어가 곤강용을 끊어 버리라고 명령한 후 전선을 몰고 과주瓜洲강에 들어섰다. 그들을 발견한 청나라군 목포영이 즉시 하류로 돌격해 왔고, 강기슭의 홍의대포도 화력을 뿜기 시작했다. 사태가 긴급해지자 장황언은 조타실에 올라서서 소리쳤다.

"형제들, 사태는 위급하고 우리에게는 퇴로가 없다. 용감히 전진하라. 청나라 달자韃子를 무찌르라!"

그러면서 그는 목포영으로 돌격해 갔다. 장황언의 군사들은 강을 거슬러 올라가 연속 세 개의 목포영을 점령해 청나라군의 사기를 한껏 꺾어 놓았다. 원래부터 수전水戰에 익숙지 못한 청나라군은 감히 싸울 생각도 못하고 목포영을 버린 채 도주했다.

이튿날 정성공이 대군을 거느리고 진강에 도착해 일거에 청나라군 1만여 명을 섬멸하고 고주성을 공략했다. 뒤이어 북벌 연합군은 파죽지세로 의정 · 진강 · 육합 · 포구를 점령하고 남경성 교외에 도착했다.

정성공과 장황언은 부하 장령들과 함께 남경을 공격할 방법을 의논했다. 정성공은 장황언이 강을 거슬러 올라가 무호를 점령해 청나라군이 상류에서부터 남경을 지원하지 못하도록 막으며 자기는 대군을 거

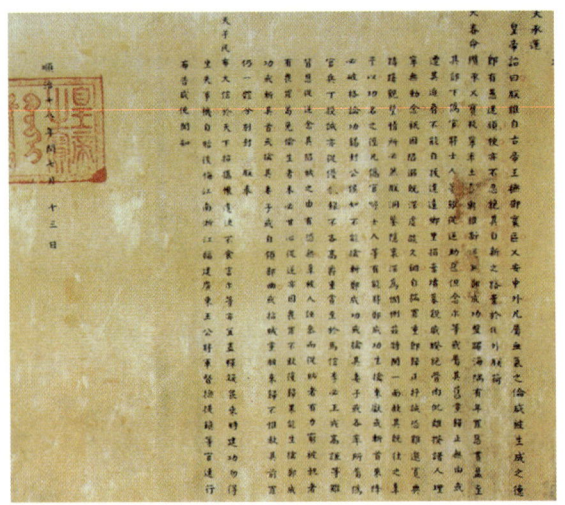

청나라 정부가 반포한 〈초무서〉
1659년 5월 정성공은 최대 규모의 북벌 전쟁을 일으켜 파죽지세로 나아갔으며, 7월 초 남경성 근처에 도착했다. 승리가 눈앞에 다가왔음에도 정성공은 공격 시기를 놓쳐 참혹하게 실패하고 9월에 금문, 하문의 기지로 퇴각했다. 뒤이어 청나라 정부는 초무서招撫書를 반포하는 수단으로 반청 세력을 분산시켰다.

| 세계사 연표 |

1667년
뉴욕이 정식으로 영국령이 되었다.

출전
《대만외기臺灣外紀》
《선왕실록先王實錄》

1644~1840
청나라·1

황부 섭정왕 이질상빈애조以疾上賓哀詔

천하에 공덕을 남긴 '황부 섭정왕' 도르곤은 순치 7년(1650) 11월 장성 이북으로 사냥을 나갔다가 12월, 39세를 일기로 객라성喀喇城(지금의 하북 안평)에서 병사했다. 그의 영구가 북경으로 돌아올 때 순치 황제는 직접 성 밖에 나가 꿇어 앉아 맞이했다. 순치 황제는 이런 애조를 반포했다. "지난날 태종 문황제가 승하하셨을 때 왕들과 신하들은 황부 섭정왕을 추대했다. 우리의 부황 섭정왕께서는 사양하시고 짐을 옹립하고 떠받들었다. 또 중원을 평정하시고 천하를 통일했으니, 그 덕성과 공로가 천고에 둘도 없다. 그러나 불행히 순치 7년 12월 초아흐렛날 무시에 병으로 세상을 떴다. 이에 짐의 마음은 찢어지는 듯하여 애도하며 예식을 올리고 모두의 뜻대로 제왕의 예를 올리는 바이다." 뒤이어 도르곤을 '무덕수도광업정공안민립정성경의懋德修道廣業定功安民立政誠敬義 황제'로 추존追尊했으며, 묘호廟號를 성종成宗이라고 했다. 그리고 그의 원비元妃를 '의황후義皇后'로 추가 책봉하고 부부를 함께 태묘제정太廟祭亭에 모셨다.

국성야 정성공의 국성병

이것은 정성공 군대가 사용한 화약탄이다. 도기로 만든 병은 안에 화약과 사철을 넣었는데 폭발한 후 살상력이 아주 컸다. 이 무기는 네덜란드를 몰아내고 대만을 수복하는 전투에서 많이 사용했다. 정성공은 일찍이 남명 융무제 조정에서 주朱씨 성을 하사받았다. 그리하여 백성들은 그를 국성야國姓爺라고 존칭했으며, 이런 화약탄을 '국성병國姓甁'이라 불렀다.

느리고 남경을 공략할 것을 제의했다. 그러나 장황언은 남경을 공략하는 것은 북벌의 중대한 전략적 목표이기 때문에 자기가 통수부에 남아 성을 공격하는 전역에 참여해야 하며 증원병을 막는 일은 다른 장령이 맡으면 된다고 했다.

군사를 나누어 서정한 장황언

장황언은 정성공의 고집을 이기지 못하고 6000~7000명 규모의 부대를 이끌고 출발했다. 무호의 적군은 싸우지도 않고 투항했다. 북벌 의병들이 왔다는 말을 들은 그곳의 백성들은 음식물을 들고 나와 환영했으며 저마다 쓰고 있던 과피모瓜皮帽를 벗어 버렸다. 얼마 안 되어 장강 하류의 태평, 영국, 지주, 휘주

●●● 역사문화백과 ●●●

[정성공의 흑인 병사]
정성공이 대만을 수복할 때 그의 군대에는 아프리카에서 온 흑인들이 있었다. 정지용은 해상에서 군사를 일으킨 후 동남아시아 각지에서 무역을 진행하던 중 네덜란드인에게 예속되어 있던 흑인들을 받아들였다고 한다. 정지용은 그들을 경호대로 뽑았다. 정지용이 청나라에 투항하면서 북경에 잡혀가자 이 흑인들은 정성공에게 넘어갔다.

은과 전을 병용했다. 즉 액면이 높으면 은을 사용하고 액면이 낮으면 전을 사용했다

| 중국사 연표 |

1669년 오보이와 그 일당이 제거되었다. 각 성에서 천주교 성당을 세우고 선교하는 것을 금지했다.

난모
난모暖帽는 청나라 시대 관리들이 겨울에 쓰던 예모다.

양모
양凉모는 청나라 시대 관리들이 여름철에 쓰던 예모이며, 꼭지 재료의 우열로 등급을 구별했다.

등 네 개 부와 광덕, 화주, 무위 세 개 주 그리고 당도當涂, 번창 등 24개 현·성을 모두 북벌군이 수복했다.

절호의 공격 기회를 놓치다

정성공은 일부분의 병력을 남겨 고주·진강을 지키라고 한 다음 직접 대부대를 이끌고 남경으로 향했다. 도중에 그는 이런 시를 썼다.

"상복 입고 강을 마주해 오랑캐 소멸을 맹세하나니 10만 대군의 기세 오나라를 삼키누나. 천험에 채찍 뿌려 건너려니. 누가 중원이 주씨 성이 아니라고 하랴."

그리고 그는 또 성 밖의 명나라 효릉에서 반드시 청나라군을 몰아내고 명나라의 강산을 수복하리라 맹세했다. 이어서 그는 83개 영을 주둔시켜 남경성을 겹겹이 포위했다.

당시 남경을 수비하던 군은 3만 명밖에 안 되었다. 양강총독 낭정좌郞廷佐는 투항한 명나라의 신하였는데, 정성공의 기세를 본 그는 겁에 질려 떨었다. 이때 죄를 지어 벌을 받은 적이 있던 정성공 군대의 한 군사가 낭정좌에게, 정성공의 군은 적을 경시하고 있다고 알려주면서 힘이 아니라 지혜로 이겨야 한다는 의견을 냈다.

화려하고 아름다운 거울 커튼
거울 커튼은 청나라 시대의 민간 자수공예다. 거울에 먼지가 끼는 것을 막아주는 커튼을 길상·경사·부귀영화 등을 소재로 삼아 만들었다. 가운데에 상서로움을 상징하는 짐승을 새겨 넣고 둘레에는 박쥐를 그려 넣었는데 길함과 경사로움을 뜻을 표현한 것이다.

권서도倦書圖 (자수)
색실로 수를 놓아 만든 자수도는 공부하던 서생이 색시를 맞아들이는 꿈 장면을 묘사했다. 서생의 옆에 있는 어린 서생의 모습도 주인과 비슷하기 때문에 이 그림의 희극적 색채를 더 짙게 해준다. 이 자수도는 구상과 수공이 뛰어난 풍자 소품이다.

《논서론서論書論書》의 한 단락 (청나라 단옥재 글)

단옥재段玉裁는 유명한 학자인데, 그의 서예도 독특한 풍격을 자아내고 있다.

그의 건의를 들은 낭정좌는 구변이 좋은 세객說客을 정성공에게 보내 30일만 기다려주면 성문을 열것이라면서 한 달 이상 버티다가 투항한 장령의 가족을 죽이지 않는 규정이 청나라에 있기 때문에 북경에 가족을 두고 있는 자신이 그런 화를 피하기 위해서라는 이유를 말했다. 그러자 정성공의 부장部將인 감휘甘輝, 장황언이 이것은 그들의 간계라고 했지만 정성공은 들으려 하지 않았다.

북벌의 성공을 눈앞에 두고 실패하다

이때 남경에 들어선 청나라의 숭명총병 양화봉梁化鳳은 성곽에 올라 동북쪽에 있는 신책문神策門을 바라보았다. 그곳의 정성공의 군대가 기강이 해이해진 것을 본 그는 즉시 500명의 기병을 거느리고 야간에 기습을 했다. 갑작스러운 공격에 정성공 군대의 장군 여신余新이 포로가 되었으며, 두 개 진의 군사가 전멸되었다.

이튿날 청나라군은 수륙 두 갈래로 나뉘어 공격했다. 이때 정성공은 명령을 받지 못하면 대응하지 못한다고 호령했다. 그리하여 각 진의 군사들은 청나라군의 공격을 보면서도 서로 구원하지 못했다. 청나라군이 산 뒤로 대포까지 쏘면서 공격하자 정성공 군대의 각 진이 모두 무너졌다. 산속에 매복해 있던 중제독中提督 감휘도 포로가 되고 전군이 복멸했다. 당시 정성공이 배치한 일곱 군데의 군사 중 네 군데가 모두 패배하고 강기슭까지 퇴각한 철인군은 배가 없어 강에 빠져 죽은 자가 6000여 명이나 되었다. 정성공은 할 수 없이 돛을 올려 바다로 나간 다음 하문으로 돌아가 버렸다.

정성공과는 달리 장황언의 부대는 갈수록 강성해졌다. 그는 호남, 강서, 산동, 하남 등 성의 반청反淸 의병들을 받아들이면서 구강九江을 탈취하고 귀주, 운남으로 통하는 길을 개척하고, 청나라군을 장강이남에서 몰아내려는 방대한 계획을 준비하고 있었다. 그런 와중에 정성공이 남경에서 실패했다는 소식이 전해지자 그는 하늘을 우러러 탄식했다. "하늘이여, 어이하여 우리 명나라의 성공을 보우해 주지 않나이까?"

전국을 뒤흔든 이 거대한 북벌 전쟁은 성공을 눈앞에 두고 이렇게 실패하고 말았다.

강희 연간에 만든 분채묘금粉彩描金 태백취주太白醉酒 상

| 중국사 연표 |
1671년 만주의 관원, 병사들이 한어를 알게 되자 내외 각 아문의 통사通事들을 취소했다.

022

달라이라마가 북경에 오다

순치 황제 재위 때 서장에 여러 번이나 사신을 파견했으며, 달라이라마는 직접 찾아와서 순치 황제를 배알했다.

달라이라마 5세는 청나라 초기 티베트 불교의 수장이자 대학자이기도 했다. 범문梵文에 통달한 그는 《서장왕신사西藏王臣史》 등 여러 가지 저서를 썼다.

홍타이지와 연계를 맺다

17세기 초 티베트 불교는 장파한藏巴汗 지방 정부의 배척을 받다가 티베트 불교를 믿는 몽골과 허세트 부족의 고시한固始汗의 지지를 받아 장파한을 죽였다.

달라이라마 5세 상 (당잡 그림)
당잡唐卡이 그린 이 그림은 달라이라마 5세를 표현한 것이다.

이때부터 달라이라마 5세가 흑모黑帽 10세 활불活佛 춰잉다지却英多吉를 대체해 티베트 불교 각 교파 중 최고의 수장이 되었다. 고시한도 티베트 지방 정권을 장악했다.

청나라 왕조는 달라이라마 5세를 지지했다.

일찍이 홍타이지가 대청국을 세울 때 달라이라마 5세, 벤첸班禪 4세와 고시한 등은 특사를 파견해 홍타이지를 배알하기로 결정했는데 서신에서는 홍타이지를 '만추사리대황제曼殊舍利大皇帝'라고 불렀다. '만추'란 한어의 '묘길상妙吉祥'이라는 뜻이다.

기쁨을 감추지 못한 홍타이지는 직접 성문에 나가 특사를 맞이했으며 닷새에 한 번씩 큰 연회를 베풀라고 명령했다.

청나라 숭덕 8년(1643) 홍타이지는 차한察罕과 거릉格陵 등을 사신으로 해 티베트에 파견했다. 차한과 거릉 등은 각각 서신을 가지고 달라이라마와 벤첸에게 경의를 드렸다. 서신에서는 달라이라마를 '금강대사金剛大師 달라이라마'라고 불렀으며 또 티베트가 명나라에서 벗어나 청나라에 들어올 것을 요구했다.

●●● 역사문화백과 ●●●

[기계가 자동으로 시간을 알리다]

청나라 초기 강녕 사람인 길탄연吉坦然은 유럽의 시계 기술을 받아들여 자명종을 제작했다. 이 시계는 표면이 탑 모양이기 때문에 일명 통천탑通天塔이라고도 했다. 한 시간이 되면 나무로 만든 동자童子가 나타나는데, 동자는 시간을 알리는 패쪽을 들고 중간층 위에 달려 있는 종을 한 번 때렸다. 이 시계는 동과 철로 태엽과 치륜을 만들었기 때문에 분해와 조립이 가능했으며, 현대의 시계 원리와 비슷했다.

| 세계사 연표 |

1669년
인도 무굴 제국이 브라만교를 엄금하고 사원을 불태워 버렸다.

《청세조실록清世祖實錄》
《청사고清史稿·서장전西藏傳》 출전

어느덧 네 해가 지났다. 사신과 달라이라마, 벤첸, 고시한의 특사가 되돌아올 때는 순치 황제가 이미 북경에 군림한 지 세 해째 되는 때였다.

북경에 여러 번 사신을 파견한 달라이라마

순치 원년(1644) 청나라는 도읍을 북경으로 옮긴 후 얼마 안 되어 특사를 라싸에 파견해 달라이라마 5세와 벤첸 4세를 요청했다.

순치 4년(1647) 2월, 북경에서 집권하고 있는 도르곤이 티베트로 또 대표단을 파견해 달라이라마, 벤첸을 비롯한 수령들을 만나 말안장과 고삐, 갑옷과 투구

달라이라마 5세, 순치 황제 배알 (벽화)
이 그림은 티베트 포탈라 궁 전당에 있는 벽화다. 1643년부터 티베트 지구의 60여 명의 화가들은 10년 동안 포탈라 궁의 여러 전당 안벽에 698폭의 벽화를 그렸다. 달라이라마 5세 영탑전靈塔殿에 있는 벽화에는 달라이라마 5세의 업적이 묘사되어 있다. 그중에서 달라이라마 5세가 순치 황제를 배알하는 그림은 1652년 정월에 달라이라마 5세가 청나라 관원들의 안내를 받으며 수행 인원 3000명을 거느리고 순치 황제를 배알한 일을 묘사했다. 그림에서 순치 황제는 보좌에 앉아 있고 달라이라마 5세는 순치 황제의 오른쪽에 앉아 합장하고 있는데 윗몸을 앞으로 약간 굽힌 것이 마치 순치 황제에게 무엇인가 묻고 있는 듯하다. 그 아래에는 연회에 함께 참석한 대신과 라마들이 그려 있다.

포탈라 궁
홍산紅山은 티베트의 수도 라싸의 서북부에 있는 작은 산이다. 그곳 사람들에게 홍산은 관음보살이 살고 있는 보타산과 마찬가지였다. 그래서 장어藏語에서는 이 산을 '포탈라' 라고 부른다. 포탈라 궁은 해발 3700m 산 위에서 산세에 따라 건축되면서 산꼭대기에까지 이르렀다. 궁전·영탑전·불전·경당·승사·정원이 갖추어진 포탈라 궁은 7세기부터 세워지기 시작했는데, 당시 티베트의 왕 송짠감보가 당나라 문성 공주를 맞이하기 위해 특별히 홍산 위에 방이 1000칸이나 되는 9층 궁전을 세우고 포탈라 궁이라 명명한 후 공주를 맞이했다고 한다. 토번 왕조가 멸망한 후 궁전 보루도 대부분 전화에 불타 버렸다. 그 후 17세기에 이르러 달라이라마 5세가 포탈라 궁을 다시 짓기 시작했는데, 그때가 1645년이었다. 그 후 역대의 달라이라마가 계속 확장해 포탈라 궁은 지금의 규모를 갖게 되었다.

청나라 초기 8기 자제들은 조정에서 발급한 '용표龍票' 를 가지고 각지에 가서 자제서子弟書를 공연하면서 청나라 왕조를 선전했기 때문이다

| 중국사 연표 |

1673년 청나라 조정에서 번을 취소하자 오삼계가 운남을 차지하고 반란을 일으켰다.

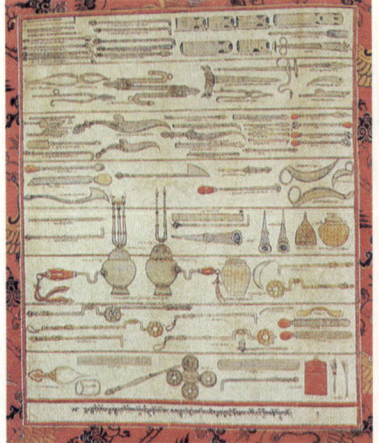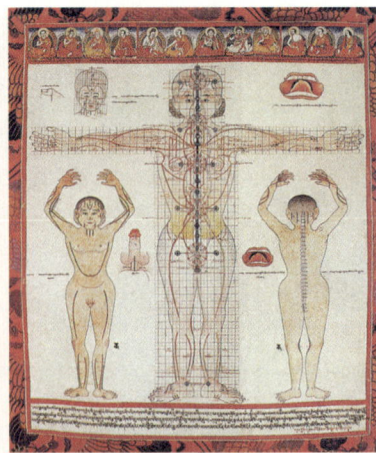

장족의 의학 경전 – 〈4부의전계열괘도〉 (왼쪽 그림)

〈4부의전계열괘도四部醫典系列掛圖〉에는 100여 가지 의료 기자재에 관한 도형이 묘사되어 있다. 이 그림을 보면 장족藏族의 의사들은 일찍부터 정교한 의료 기자재를 만들어 냈다는 것을 알 수 있다.

흑백이 분명한 〈장의맥락도〉 (가운데 그림)

장의藏醫는 인체 내의 맥락脈絡을 백맥白脈과 흑맥黑脈으로 구분했는데 전자는 신경을 말하고 후자는 혈관을 말한다. 이 그림은 〈4부의전四部醫典〉에 근거해 그린 것이다. 여기서는 서로 다른 색깔의 숫자로 내장맥, 골격맥, 피육皮肉 간 맥락의 부위와 구별을 나타냈다.

〈장의의 발육도〉 (오른쪽 그림)

장족 의사들은 태아 발육에 대해 독특한 인식을 가지고 있었는데 남녀의 정혈精血이 합쳐서 수태한 후, 어기魚期·구기龜期·저기豬期 등 세 단계를 거쳐 발육·성숙한다고 했다. 이는 척추동물의 어강魚綱·파행강爬行綱·포유강哺乳綱의 진화 순서와 일치한 것이었다. 장의는 인간의 태아, 탯줄, 모체 자궁 간의 상호 연계에 대해 1100년 전에 비교적 과학적으로 비유했다.

를 바쳤다. 순치 5년(1648) 3월, 달라이라마는 사신을 파견해 여러 가지 물건을 보내 왔다.

순치 6년(1649) 8월, 달라이라마가 사신을 북경에 파견해 여러 가지 물건을 보내 왔으며, 순치 9년 여름에는 황제를 배알할 수 있기를 바랐다. 11월 달라이라마는 거부추시라부 등을 파견해 청나라 조정에 보다 후한 예물을 보내 왔고, 순치 7년(1650) 7월, 달라이라마는 사리 등을 보내 왔다.

순치 8년(1651) 정월, 음력설을 맞을 때 달라이라마, 벤첸과 고시한은 각각 사신을 파견해 문안을 올렸고, 그해 3월 순치 황제는 달라이라마가 북경에 오는 것을 허락했다. 4월에 또 특사를 파견해 성지와 예물을 가지고 티베트에 있는 달라이라마를 북경으로 모셔 오라고 했다.

이런 기록들은 모두 순치 황제에 대한 실록에 나오는 것이다.

달라이라마 5세가 북경에 찾아오다

순치 9년(1652) 달라이라마가 파견한 사신이 북경에 도착해 배알 지점을 귀화歸化, 지금의 내몽골 훅호트나 대거代噶, 지금의 내몽골 양성凉城으로 할 것을 요구했다.

이에 순치 황제는 "최근 내지의 서남에서 군사를 동원했기 때문에 군국軍國인 나는 장성 밖으로 나가기 어렵도. 만나는 지점은 장성 안이 좋으며, 전란이 지난 다음 직접 나갈 수 있도." 라고 답했다. 그러나 달라이라마는 순치 황제의 답을 받지 못한 채 3000명의 대열을 거느리고 나이가 많아 북경으로 가지 못하는 벤첸 4세와 고시한의 달목까지의 배웅을 받으며 동으로 오고 있었다.

| 세계사 연표 |

1671년 코사크 지방의 농민반란 지도자가 모스크바 붉은 광장에서 처형당했다.

청나라의 지방 주요 관제官制 일람표

직함벼슬		등급	직책	비고
성급	총독	정2품	한 개 성 또는 성의 군정 최고 장관.	상서 벼슬만 더하면 종1품이 됨. 조운·하도 총독도 마찬가지임.
	순무	종2품	한 개 성을 관할했는데 총독에 버금감.	병부시랑 벼슬을 더하면 정2품이 됨, 그리고 순무는 일반적으로 모두 시랑 벼슬을 겸했음.
	포정사 (번사)	종2품	한 개 성의 행정을 관할했는데 돈과 양식출납을 총괄함.	순무의 부직이며 일반적으로 순무가 없을 경우 대부분 본성의 포정사가 대행했음.
	안찰사 (고사)	정3품	한 개 성의 법률, 탄핵을 담당.	큰 사건은 포정사와 함께 처리했고 순무에게 보고했음.
	제독 학정		한 개 성의 학교, 지식인들의 학습, 문풍을 담당.	진사 출신의 시랑, 경당京堂, 한림관이 맡았으며 각기 원 벼슬 직함을 가지고 3년 동안 겸임함.
도원		정4품	포정사와 안찰사를 보좌하고 어느 한 개 면 또는 지구의 정무를 책임졌음.	이외에 따로 병비도, 양식도, 염법도 등을 설치했음.
지부		종4품	각 소속 현을 총적으로 영솔.	건륭 18년(1753)에 편제를 정했는데 두 보좌관으로는 동지(정5품), 통판(정6품)이 있었음.
동지 통판		정5품 정6품	청의 행정장관이었음.	성의 직속 청에 속하며 부의 직속 주와 동급이었음. 부에 소속되었을 경우 산청이고 주·현과 동급이었음.
지주		정5품	주의 행정장관이었음.	직속 주는 정5품이고 주의 지주에 속하면 정5품이었음. 보좌관은 주동, 주판이었음.
지현		정7품	현의 행정장관이었음.	현의 두 보좌관으로는 현승(정8품), 주부(정9품), 순검(종9품), 교유(정8품)가 있었음.

그의 일행이 청해경青海境 내에 도착한 후 연도에서 관원들이 맞이하고, 국고에서 식량을 내어 그들에게 공급했다.

도중에 순치 황제의 답을 받은 그는 장성 안은 질병이 돌고 있기 때문에 장성 밖에서 만나는 것이 좋다고 했다. 그의 요구에 순치 황제는 전례를 깨뜨리고 변강인 대거에까지 나가 맞이하려 했다. 후에 대신들이 지금 궁을 나서기에 아주 적합하지 않다고 아뢰자 순치 황제는 측근을 변강에 보내 영접하도록 했다.

그해 12월, 달라이라마는 순치 황제가 하사한 금정교를 타고 북경 남원南苑으로 오자, 순치 황제는 성대하게 그를 맞았다. 그날 순치 황제는 호부에 명령해 9만 냥을 주며 달라이라마를 황사黃寺로 모시라고 했다. 황사는 그를 위해 경사 북쪽 교외에 세운 것이었다. 달라이라마 5세도 말과 여러 가지 물건을 바쳤다. 얼마 후 고시한도 특사를 북경에 파견해 순치 황제에게 서신을 보내고 여러 가지 물건을 올렸으며, 또 달라이라마 5세에게 빨리 돌아올 것을 요구했다.

라싸로 되돌아가다

달라이라마 5세는 북경에서 두 달 동안 있었다. 이듬해 2월에 그가 티베트로 돌아갈 것을 요구하자 순치 황제는 연회를 베풀고 달라이에게 황금과 은, 비단 등 기타 진귀한 물품을 선물했다.

4월에 달라이라마 일행이 대거에 이르렀을 때 순치 황제는 또 예부상서 등을 파견해 만주족, 한족, 몽골족, 장족의 문자로 쓰인 금책과 금인을 보내주면서 그를 '서천대선자재불령천하석교보통와적라달라달뢰달마西天大善自在佛領天下釋敎普通瓦赤喇怛喇達賴喇嘛'로 책봉했다.

티베트로 돌아간 달라이라마는 철봉사哲蚌寺에서 중건된 포탈라 궁으로 이사하고, 또 직접 짜부른사에 가서 그의 스승, 즉 81세의 벤첸 4세를 만나 보았다.

벽라춘碧螺春 101

| 중국사 연표 |
1674년 경정충과 손연령이 반란을 일으켜 오삼계와 호응했다.

023

공자에게 절을 올린 황제

관내로 들어온 만주 귀족들이 점차 한족화하면서, 천하를 다스리려면 유가학설에 의거해야 한다는 것을 인식했다.

청나라 초기의 여러 황제들은 통치를 안정시키기 위해 순치 황제 때부터 모두 유학에 깊은 관심을 돌렸다.

대성지성문선선사

청나라 왕조는 관내에 들어가 도읍을 정한 이듬해인 순치 2년(1645) 국자감에서 신봉하는 공자의 신위神位를 '대성지성문선선사大成至聖文宣先師'라 고치고 이를 전국적으로 통용한다는 칙령을 내렸다. 이때부터 지식인들이 모여 있는 곳이나 교육을 하고 있는 곳에서 공자의 신위는 모두 이 존호尊號를 사용했다.

순치 황제는 태학에 가서 공자를 참배했으며 또 공자 위패 앞에서 이궤육고례二跪六叩禮를 두 번이나 올렸다. 그리고 공자와 안顏, 증曾, 사思, 맹孟 네 가지 성을 가진 자손들에게 제주祭酒, 사업司業 등의 관직을 하사했다.

순치 14년 10월에는 청나라 시대의 첫 경연經筵 축전을 거행했다. 점차 한족화된 만주 귀족들은 천하를 다스리려면 유가 학설에 의거해야 하며, 유가 학설은 국가의 안정과 발전에 중요한 가치가 있다는 것을 깨달았다.

삼궤구고의 예를 올리다

독서를 즐긴 강희 황제는 즉위한 후 유학을 숭상하고 공자를 신봉했다.

강희 8년(1669)에 열여섯 살이 된 강희 황제는 성대한 공자 참배의 예를 행했다. 먼저 재계齋戒하고 참배하는 날이면 공자 묘의 영성문欞星門 밖에서부터 어가에서 내렸으며, 공자 신위 앞까지 걸어가서 이궤육고의 예를 올렸다. 또 이논당彝論堂에서《역경》과 사업司業의《서경》강의를 들었다. 그리고 매년 봄과 가을에 축전을 열겠다고 했다.

강희 23년(1684)에 강희 황제는 처음으로 남방을 순시하고 돌아오는 길에 곡부曲阜에 들러 공자 묘를 참배했다. 이날 그는 공자의 소상塑像 앞에서 삼궤구고 례를 올린 후 어제축문御制祝文을 선독하고 직접 쓴 '만세사표万世師表' 편액을 하사했다. 그리고 공자 묘 앞에서 제사를 지내면서 삼궤구고 례를 올렸다. 그리고 강희 황제는 공자에 대한 황실의 대우를 과시하기 위해 황제가 출행할 때의 의장곡병황개의仗曲柄黃盖 등을 묘에 남겨 두고 사계절마다 진행하는 제사 때 전시하도록 했다.

곡부에서 지낸 이번 제사는 공자를 존중한다는 면에서 청나라 왕조가 규격을 승급시켰음을 표했다.

'구됴'를 '구邱'로 고치다

공자에 대한 옹정 황제의 존경은 그의 부친 강희 황제를 훨씬 뛰어넘었다. 그는 직접 '생민미유生民未有'라는 편액을 써서 전국 각지의 학궁學宮에 걸게 했으며, 또 직접 공자의 제사를 지냈다.

황색혁사공작모용수자망포黃色緙絲孔雀毛龍壽字蟒袍 (위 사진)

| 세계사 연표 |

1673년 일본이 영국과의 통상을 허락했다.

출전 《청세종실록淸世宗實錄》
《청성조실록淸聖祖實錄》
《청세조실록淸世祖實錄》

지난날 제왕들은 제사에서 술잔을 올릴 때 무릎을 꿇고 절을 올리지 않았지만 그만은 무릎을 꿇고 "만약 스승들 앞에 서서 예를 올린다면 짐의 마음은 불안할 것이다."라고 말했다.

옹정 황제는 문자에 대해도 각별히 신경 쓰면서 누구보다 공자를 존경한다는 것을 표시했다. 옹정 2년(1724) 그는 황제의 '신학辛學'을 '예예학'으로 고쳤다. 지난날 제왕들이 학궁에 가는 것을 '신학'이라고 했다. 그러나 그는 "제왕들의 순행을 존중한다는 것은 원래 신하가 임금을 존중한다는 뜻이기는 하지만 그 말에 짐은 실로 마음이 불안하다. 그러므로 이후에는 무릇 태학에 갈 때 그에 대한 기술에서 반드시 '신' 자를 '예' 자로 고쳐 쓰는 것으로 존경을 표시해야 한다."라고 말했다.

또 그는 공자를 존경하기 위해 제왕들이 꺼리는 일도 마다하지 않았다. 옹정 3년(1725) 옹정 황제는 공자의 명휘名諱에서 지명, 성씨 등이 연관되면 반드시 피해야 한다고 명령했으며 이후부터는 '4서 5경' 외에 공자와 관련된 글자 뒤에는 모두 '구邱'로 해야 한

만한 대역본 《삼국지》
순치 7년(1650) 내부內府에서 창작한 만한 대역對譯 《삼국지》다. 한족의 문화를 배우기 위한 청나라 황족의 노력을 알 수 있다.

다고 했다. 이 '구邱'자는 지금까지 쓰이고 있다. 일설에 따르면, 땅을 두고 다투는 소송이 벌어졌을 때 쌍방이 다 땅문서를 가지고 있었기 때문에 몇십 년 동안이나 사건을 해결하지 못하고 있었다. 후에 어떤 관원이 원고가 가진 강희계약서에서 등장할 수 없는 '토구土邱'의 글자 모양을 근거로 그의 땅문서가 가짜임을 판정했다고 한다.

천암경수도千岩競秀圖 (청나라 정수程邃 그림)
정수(?~1691)는 자가 목청穆倩, 후민朽民이고 호는 구구垢區, 청계靑溪, 구도인垢道人, 야전도자野全道者, 강동포의江東布衣이며 흡현歙懸 사람이다. 만년에는 양주에서 살았고 명나라 말, 청나라 초기의 목각가이자 서예가다. 처음에는 거연을 모방했으며 후에는 갈필초묵渴筆焦墨만을 사용했다. 그는 신안화파新安畵派의 중심 화가다.

1644~1840 청나라·1

●●● 역사문화백과 ●●●

[청나라 때의 공부]

'연성공부衍成孔府'라고도 하는 산동 곡부성 내의 공부는 송나라 보원 연간(1038~1040)에 곡부의 옛 성내에 건설되었다. 명나라 홍무 10년(1377) '현성을 위로로 옮기고 연성공부를 묘동 쪽에 고쳐 건설했다'. 이것이 바로 그 후의 공부다. 청나라 시대에 공부를 확장했는데 건축물을 증설하여 공부가 더 큰 규모를 갖게 했다. 청나라 시대의 공부의 저택에는 여러 가지 형태의 정·당·루·각이 463칸이나 되었으며 아홉 겹의 정원이 있었다. 앞 네 겹의 정원은 공부의 '육청六淸' 관아로, 지방의 백성과 공부의 소작들을 관리하던 곳이었으며 뒤의 다섯 겹의 정원과 뒤 화원은 주택이었다. 동서 양쪽에는 어서루, 모사당, 홍악헌紅萼軒, 충서당, 안회당, 동서남화정, 학방, 불당루, 일관당 등이 있었다.

| 중국사 연표 |

1676년
상지신尙之信의 아버지 상가희尙可喜가 구금된 후 오삼계에 의지했다.

024

정유 과거시험장 사건

부정부패의 전형을 보여 준 강남 과거시험장에 대한 조정의 처벌은 매우 혹독했다.

수·당나라 때부터 과거제도를 실시한 이후 많은 지식인이 고생스럽게 공부해 왔다. 그러나 순치 14년(1657) 발생한 정유 과거시험장 사건은 과거제도의 폐단을 모두 폭로했다.

고소당한 시험관

그해에 치른 순천 향시에서 황제는 한림원 시독 조본영曹本榮과 시강 송지승宋之繩을 주시험관으로 지정했다. 부시험관은 이진업李振鄴, 장아박張我朴, 곽준郭濬 등 14명이었다. 이 시험관들은 저마다 청탁을 받아들이고 뇌물을 받았는데 특히 이진업은 수단을 가리지 않았다.

장한張漢이라는 사람은 이진업을 도와 청탁을 알선해 주고 자신이 급제하게 해 달라는 조건을 제시했으나 이진업은 장한이 이런 청탁을 알선해 주면서 돈을 떼먹었다는 사실을 알았다. 화가 난 이진업이 장한을 낙방시키자 장한은 이진업을 과도科道 아문에 고소했다.

이 일을 알게 된 순치 황제는 크게 노했다. 그는 이부吏部와 도찰원都察院에 공동심사를 명했다. 그 결과 이진업 등 7명이 사형당하고 전 재산을 몰수당했으며, 가족 108명이 모두 산해관 밖으로 유배당했다. 이에 연루된 사람이 무려 100여 명이나 되었으며 주시험관 조본영은 다섯 등급을 강직당했다.

형부에서는 40명을 사형에 언도했지만, 황제가 배려하여 태형을 받은 후 변경으로 유배당했다.

신분제도를 구현한 건축 장식 – 오문의 문고리와 문정門釘

고대 건축에서 '문'은 실용적인 기능과 상징의 기능을 가지고 있었다. 건축 면에서 중국의 신분제도는 각 계층의 건축 규모·재료·구조에 대해 엄격하게 규정했을 뿐만 아니라 '문'을 신분과 지위를 표시하는 부호로 삼았다. 거주자 신분의 상징으로 색·문고리의 짐승도안·재료·수량 등 여러 가지 면에서 상세한 규범이 있었다. 오문午門은 자금성의 정문이다.

실용성에서부터 장식에 이르기까지 – 태화문 들보의 채색 그림

중국 고대의 건축물은 나무기둥과 대들보로 구성된 골조인데 천장과 처마의 중량은 들보를 통해 기둥에 전해지며 벽은 가옥의 무게를 받지 않았다. 태화문의 기둥과 들보는 단홍丹紅으로 장식하고 두공들보 등에 채색 그림을 그렸다. 이는 건축 형식 면에서 신분제도의 적용을 구현한 것으로, 건축 양식과 그림의 도안이 모두 황권의 위엄이라는 주제를 구현했다.

| 세계사 연표 |

1674년

일본이 천주교를 금지했다.

《청세조실록清世祖實錄》 출전

황권의 상징 – 태화전

일명 금란전金鑾殿이라고도 하는 태화전太和殿은 명·청나라 황제가 전례典禮를 거행하는 대전이었다. 이곳은 황권을 과시하기 위해 호화롭게 장식했다. 명·청 두 왕조가 이곳에서 거행한 예식에는 황제의 즉위·결혼·황후의 책립·장령의 출정 그리고 매년 원단元旦·동지冬至·만수万壽(황제의 생일) 등이 있었다. 황제의 보좌는 태화전 중앙에서 약간 뒤쪽으로 들어가 있다. 병풍과 어좌 위에는 용의 장식이 있고, 의자밑·등받이·손잡이·병풍 등에는 나무로 조각한 용이 있으며, 어좌 좌우에는 향궤香几·향통香筒 등이 있다.

어도에서의 상징석

고궁 중화전中和殿 뒤에 있는 보화전保和殿은 고궁에서의 3대 궁전 중 하나다. 영락 18년에 건설된 이 궁전의 초기 명칭은 근신전謹身殿이었으며, 가정 황제 때에는 건극전建極殿이라고 고쳤고, 순치 황제 때부터 지금의 명칭을 사용했으며 건륭 황제 시대에 대수리를 했다. 청나라 때 해마다 섣달그믐날과 대보름날에 황제는 이곳에서 왕공 귀족들과 도읍에 있는 문무대신들을 연회에 초청했다. 보화전도 청나라 때 과거시험의 최고급으로 인정받은 전시를 벌이는 곳이기도 했다. 보화전 북쪽 어도의 돌층계 가운데 아래층에는 돌로 새긴 운용부각이 있는데, 이는 고궁에서 제일 크고 웅장한 부각이다. 운용부각은 애엽청艾葉青으로 부각되었으며 무게는 200톤이나 된다. 아홉 마리 용은 바다와 흐르는 구름 속에서 노닐고 있는데, 진명천자真命天子가 강산을 통일함을 상징했다.

순천 과거시험장 사건은 큰 파문을 일으켜 각지에서는 계속 그와 비슷한 사건이 고발되었다. 그중에서 제일 큰 영향을 받은 곳은 강남 과거시험장이었다. 이 사건은 순천부 사건과 같은 해에 발생했다.

명나라 때부터 강남 향시는 지식인들에게 중요한 지위를 차지했다. 그 이유는 당시 양경제兩京制를 실시해 북에는 순천부가 있고 남에는 응천부가 있었으며, 두 곳에 국자감을 두고 향시를 동시에 치렀기 때문이다. 청나라 때에는 응천부를 취소하고 강녕江寧이라고 했다. 그러나 지식인들은 여전히 순천과 강남 두 곳의 과거시험만을 바라보고 있었다.

이 해에 강남의 향시에 대해 황제는 방유方猷, 전개종錢開宗을 시험관과 부시험관으로 지명했다. 그런데 그 두 사람은 뇌물을 받고 부정행위를 하자 급제하지 못한 선비들이 소동을 부렸고, 어떤 사람은 이 사건에 근거해 《만금기万金記》라는 전기 극본을 쓰기까지 했다. '만금기'라는 극 제목에서 만万은 방方자에서 점

●●● 역사문화백과 ●●●

[청나라 때의 과거제도]

청나라 과거제도에서 응시는 동생童生에서부터 시작해야 하며 기본적인 교재는 《4서》, 《5경》이었다. 그 후의 각 급별 과거시험은 모두 여기에서 냈다. 현시縣試에서 합격된 수재는 원고院考 자격을 얻었고 또 이런 자격을 얻어야 3년에 한 번씩 열리는 원고에 참가할 수 있다. 원고는 6등으로 나누었는데 앞 2등을 차지하면 향시鄕試에 참가할 수 있고, 여기에서 급제한 사람을 거인舉人이라 부르며 회시會試에 참가할 수 있다. 회시에서는 일반적으로 300명가량을 급제시켰는데 이런 사람을 공사貢士라고 불렀다. 공생은 중앙의 국자감에 들어가 공부할 수 있고 전시殿試 참가 자격도 주어진다. 전시 성적은 3갑으로 나누었는데 1갑에 3명이고, 1갑에 급제한 사람을 진사급제한 사람이라고 했다. 2갑에 17명, 2갑에 급제한 사람은 진사 출신이라고 했으며 나머지 3갑은 일반적으로 같은 벼슬을 수여했다.

경보京報 105

을 떼어버린 것이고, 금金자는 전錢자의 반을 떼어낸 것이다.

결국 도찰원 간관이자 급사중인 음응절陰應節이 나서서 이 일을 탄핵했고 이에 순치 황제는 방유와 전개종을 도읍으로 압송할 것을 명했다.

얼마 후 어사 상관현上官鉉이 또 서성현舒城縣 지현 공훈龔勛이 지난해에 강남 과거시험장 시험관으로 있을 때 선비들의 능욕을 당한 적이 있으며 이 일은 과거시험장의 부정행위와 연관되어 있다는 사실을 적발했다. 이에 순치 황제는 "엄하게 조사하고 심문하라"는 어명을 내렸다.

강남 급제자들이 북경에서 재시험을 치르다

고발은 끝이 없었다. 나중에 순치 황제는 직접 재시험 날짜를 정하고 급제한 사람들을 직접 북경에 불러 면접시험을 치르며 강남의 시험을 즉시 중지했다.

재시험을 치는 날 100여 명의 급제자가 북경 태화문 밖에 모여들었다. 순치 황제도 직접 전전前殿에 앉아 있었다. 그해 북경의 겨울은 일찍 찾아왔다. 급제자들은 눈 쌓인 언땅에 앉아 답을 썼는데 두 손이 점점 얼면서 온몸을 떨었다. 그것은 추위 때문만이 아니라 삼엄한 분위기 탓이기도 했다.

이런 분위기에서 어떤 사람은 아무 생각도 나지 않아 기승전결의 팔고문을 지어낼 수가 없었다. 그렇지만 백지를 내면 모두 곤장 40대에 가산을 몰수했으며, 그의 가족까지도 모두 흑룡강성 영안현 영고탑으로

> **역사문화백과**
>
> **[청나라 순치 원년에 설립한 '태의원']**
>
> 황제와 후비들의 병을 치료하며 궁에서 의료 사무를 담당하기 위해 청나라 정부는 순치 원년에 '태의원太醫院'을 설립했다. 태의원에는 원사院使 한 사람(한원, 정5품급으로 태의원 주관이며 각 과의 사무를 담당함)과 좌우원판院判이 각각 1명이고 정6품급이었다. 태의원에는 어의, 이목吏目, 의사, 의생醫生 등 100여 명이 있었는데 관리 대신을 제외하고 모두 한인이었다. 원내에는 부인, 침구, 인후 등 9개 과를 두었으며 어의, 의사, 의생은 저마다 한 학과의 치료 기술을 배웠다. 태의원에는 또 어약방, 약고 그리고 궁정을 위해 의무원을 양성하는 교습청教習廳이 설치되어 있었다.

유배를 보냈다.

강남의 과거시험장 사건의 조사 결과 시험관이던 방유와 전개종은 사형을 당하고 그의 재산은 국고로 환수되었으며 가족들은 궁의 노비로 들어갔다.

또 다른 시험장 관원 18명 가운데 노주정盧鑄鼎이 감옥에서 죽었고 나머지도 목숨을 잃었으며, 가산과 가족도 관가에 몰수당했다. 어떤 사람은 강남에 대한 조정의 처벌이 순천보다 더 가혹하다고 말했는데 이는 아마 강남 지구의 반청 운동에 대한 청나라 통치자들의 보복이었을 수도 있다.

강산와유도江山臥游圖 (청나라 정정규程正揆 그림 – 일부분)
정정규(1604~1676)의 이름은 정규正葵이고 자는 단백端伯이며 호는 국릉鞠陵이다. 만년의 호는 청계도인青溪道人이고 효감(지금의 호북에 속함) 사람이며 명나라 말기, 청나라 초기의 화가다. 숭정 4년(1631)에 진사 급제해 청나라 궁궐에 들어가 공부우시랑으로 있었다. 그가 곤잔髡殘(석계)과 가깝게 지냈기에 '이계二溪'라고 부른다. 〈강산와유도〉는 그의 대표작인데 이 그림은 《강산와유도》 제25권의 삽화이다.

| 세계사 연표 |

1676년

프랑스 함대가 지중해에서 네덜란드·스페인 연합 함대를 물리쳤다.

025 승전고를 두 번 울린 이정국

이천근李天根《작화록灼火錄》
황종희黃宗羲《영력기년永曆紀年》 출전

이정국李正國이 두 번이나 승전고를 울린 일은 이전에 찾아보기 어려운 일이었다.

남명의 마지막 왕조인 영력永曆 왕조가 19년 동안이나 유지할 수 있었다는 것은 대서군大西軍의 지지 때문이라고 할 수 있다. 대서군의 후기통수가 바로 지용을 겸비한 이정국이다.

충신열사들을 흠모한 이정국

장헌충張獻忠의 부장部將이던 이정국은 열 살 때 벌써 농민봉기에 가담했다. 그가 용감하고 싸움을 잘해 사람들은 그를 '꼬마 울지蔚遲', '만인적万人敵'이라고 불렀다. 그는 열일곱 살 때 벌써 2만 명의 병사를 거느렸다. 장헌충이 죽은 후 이정국과 손가망 등은 사천, 운남, 귀주 등지에서 영력 황제를 추대한다고 표했다.

군영에서 이정국은 《삼국연의三國演義》 등을 즐겨 들었다.

어느 날 막객幕客 김공지金公趾는 촉한에 관한 이야기를 하던 중 그에게 제갈공명 같다고 말했다. 그러자 이정국은 "내가 어찌 제갈공명 같은 사람처럼 되겠소만, 관우와 장비 같은 사람이 된다 해도 괜찮겠소이다"라고 말했다.

또 광서계림의 칠성암에서 남송이 멸망한 이야기를 듣고 난 이정국은 "문천상, 육수부, 장세걸과 함께 하늘을 찌를 듯한 정기를 가진다면 청사에 길이 빛을 뿌릴 것이다. 그들이야말로 내가 배울 귀감이다."

건륭 시대의 저잣거리 1
이 그림은 청나라 시대 '건륭남순도권'에서 발췌한 것이며 작가는 서양徐揚 등이다. 남방순시는 청나라의 중요한 정치·사회 활동이었다. 이 그림의 첫머리에서는 건륭 황제가 경사에서 나오는 장면과 저잣거리의 번화함 당시의 풍토, 지방풍경 경제의 번영 등을 적극 반영해 역사적 가치가 크다.

1644~1840 청나라·1

건륭 연간(1736~1759)에 이곳에 4고관을 설립해 학사들이 운집했고 처음에 서사書肆, 고물상들이 있었기 때문이다

| 중국사 연표 |

1678년 청나라 조정이 지방에 박학홍유(博學鴻儒)를 천거할 것을 명령했다.

건륭 황제 시대의 저잣거리 2

역사 시험장 〉 청나라 시대 해외무역을 담당하도록 허가한 양행 상인을 무엇이라 불렀는가?

| 세계사 연표 |

1677년 제1차 러시아·터키 전쟁이 일어났다.

계림성을 공격하다

순치 9년(1652) 이정국은 보병과 기병 8만 명을 거느리고 계림을 공격한 청나라군 주력 공유덕 부대에 대한 공격을 발표했다.

이정국의 군사는 규율이 엄했다. 그는 전 군에게 백성을 죽이지 말고 불을 지르지 말며, 간음하지 말고 소를 잡지 말며, 재물을 약탈하지 말라는 다섯 가지 규율을 명했다.

그의 부대는 이런 규율 덕에 백성들의 옹호를 받았다. 전주 부근의 엄관嚴關에서 청나라군이 물샐틈없는 방어선을 구축해 놓았다.

이정국은 운남에서 가져온 20여 마리의 코끼리를 동원해 적의 방어선을 돌파하고 엄관을 넘었다. 공유덕이 다시 용강榕江에 방어선을 구축하자 이정국은 코끼리들을 방어선으로 내몰았다. 청나라군 병사들은 코끼리가 울부짖는 소리를 듣자 싸우지도 않고 도

청나라 때 궁정 의료보건 기구
이 추배기推背器는 청나라 궁정에서 사용하던 물리치료 기구이다. 이 기구는 국부 또는 전신의 기와 혈의 운행을 촉진시킨다.

청나라 건륭 시대 〈투조군진해회도透雕群眞海會圖〉
이 그림은 컵으로 산석山石 모양을 만든 것인데 컵 밖에 다양한 장면을 부각했다. 컵 안쪽에는 용무늬가 새겨 있으며, 컵 밑에는 '대청건륭방고大淸乾隆仿古'라는 글씨가 있다. 코뿔소 뿔로 만든 이 컵은 양생건신養生健身을 기도하는 뜻을 내포하고 있다.

주해 버렸다. 이정국은 그 기세를 타고 청나라군을 무찔렀는데 공유덕은 간신히 계림성으로 도망쳤다.

이정국의 군대는 계림을 포위했다. 사흘 후 코끼리들이 성문을 돌파하자 막다른 골목에 빠진 공유덕은 자결하고 말았다.

이정국은 계속 북상해 형양·장사·악주 등지를 점령했으며 3000리 땅을 개척했다. 그의 장병 절반은 서로 다른 민족이었지만 서로 허물없이 지냈다. 그들이 장사에 반년 동안 주둔해 있었지만 백성들은 그런 군사가 옆에 있는 줄도 몰랐다고 한다.

경근친왕 니칸을 죽이다

이 일로 청나라 조정이 떠들썩했다. 당시 청나라 조정에는 남방 7개 성을 포기하자는 말까지 나왔을 정도였으나 경근친왕敬謹親王 니칸尼堪을 정원대장군으로 파견해 군사 10만 명을 거느리고 남정南征하기로 했다.

●●● 역사문화백과 ●●●

[정대화령]

일반적으로 정자頂子라 부르는 정대頂戴는 관모 꼭대기에 다는 구슬로, 벼슬 등급을 나타낸다. 화령(관모 꼭대기에서 뒤로 드리운 공작새 꼬리털)은 삼안三眼·쌍안雙眼·단안單眼으로 나뉘는데, 삼안화령은 친왕 등 권세와 지위가 높은 사람에게만 수여한다. 정대화령은 청나라 때 관료 제복의 독특한 표시일 뿐만 아니라 지위와 영예의 상징이기도 했다.

| 중국사 연표 |

1679년

《명사明史》를 편찬하라고 명령했다.

건륭 연간에 만든 광채인물화조曠彩人物花鳥 대야

출정하는 날, 니칸에게 기대가 컸던 순치 황제는 몸소 남원에 나와서 전송했다.

그해 11월, 호남에 들어선 니칸 대군은 첫싸움에서 명나라군을 크게 이기고 상담湘潭을 점령했다. 이정국이 적들을 유인하기 위해 장사長沙를 포기하자, 승전고를 올리려는 급한 마음에 니칸은 직접 경장비를 갖춘 기병을 이끌고 추격했다. 이정국은 형양으로 퇴각하는 길에 일부러 투구와 갑옷들을 버리고 밀림 속에 매복했다.

통혜하조운도通惠河漕運圖 (청나라 시대. 일부분. 오른쪽 그림 포함)
이 그림은 청나라 건륭 연간 통혜하의 조운 정황을 묘사했다. 통혜하는 원나라 시대에 팠는데, 청나라 때까지 사용했다.

어가도漁家圖 (청나라 사빈謝彬 그림)
사빈(1604~1681)은 자가 문후文侯이고 상우上虞사람이며 전당錢塘에서 살았다. 그는 명나라 말기, 청나라 초기 화가로 인물화를 주로 그렸다. 그가 그린 산수화는 오진吳鎭과 흡사하다. 이 그림은 어민들의 소박한 생활을 묘사했다.

그들을 뒤따라 추격하던 니칸은 승리를 확신하고 북경에 승전 소식을 알렸다. 승전보에는 "날이 밝으면 형양성을 점령할 것이옵니다."라고 썼다.

| 세계사 연표 |

1678년   영국 의회 의원들이 토리당Tory party과 휘그당Whig party으로 분열되었다.

날이 밝았다. 니칸군이 형양성에 접근했을 때 숲에 매복해 있던 이정국의 군사가 공격을 했다. 북소리를 크게 울리며 큰 코끼리들이 앞에서 돌격했다. 이 격전에서 니칸은 목숨을 잃었다.

순치 황제가 형양衡陽을 공격하기 전에 보낸 니칸의 첩보를 받았을 때는 그가 죽은 후였다.

이정국의 두 차례 대승은 전에 없는 승리였다. 후에 황종희黃宗羲는 이렇게 칭찬했다.

"계림과 형양에서의 이정국의 싸움은 천하를 뒤흔들었다. 이 두 차례 승리는 만력 무오년(1618) 이래 전성천하全盛天下에서 유례없던 일이다."

| 중국사 연표 |
1681년 청나라군이 곤명에서 철수했다. 오삼계가 반란했고 8년 후에 쇠망했다.

026

화를 면치 못한 영력 황제

영력 황제는 목숨을 부지하기 위해 오삼계에게 용서를 빌었지만 끝내 화살에 맞아 죽었다.

영력 황제 주유랑朱由榔은 남명의 최후 황제였다. 그는 16년 동안 황제로 있었지만 나약하고 겁이 많았으며, 조금만 이상한 기미가 보여도 제일 먼저 도망치다가 결국 포로가 되어 피살당하고 만다.

정신이 나약한 영력 황제

청나라 순치 3년(1646) 계왕 주유랑은 광동 조경에서 감국監國으로 추대되었다. 당시 그의 모친은 그를 옹립한 대신들에게 몇 번이나 다른 사람을 택하라고 했으나, 몇 달 후 그는 다시 황제로 떠받들어졌다.

영력 황제는 겁이 많아 작은 일이 터져도 도망칠 궁리만 했다. 그는 감국으로 조경肇慶에 있을 때 청나라군이 장주와 감주를 탈취했다는 말을 듣고 그곳에서 몇백 리 밖에 있었지만 다시 오주梧州로 도망쳤다.

또 청나라군이 조경을 함락하자 계림으로 도망친 후 다시 남령으로 도망쳤다. 그 후 이과李過, 고일공高一功의 대서군과 구식사瞿式耜 등이 청의 전투에서 승리하자 그는 한때 계림과 조경으로 돌아가 살았지만 다시 소주 등지를 잃었다는 소문을 듣고 오주로 도망쳤다. 그리고 오주에서 그는 행궁에 들지 않고 도주의 편의를 위해 누선樓船에 들었다.

청나라군이 가까워오자 그는 다시 뇌단瀨湍으로 도주했으며, 풍문에 적군과의 거리가 100리밖에 안 된다는 말을 듣고는 누선을 태워 버리고 뭍으로 도망쳤다.

무능한 영력 황제

영력 황제가 궁지에 빠져 있을 때 운남, 귀주를 차지하고 있던 대서군 손가망孫可望과 이정국이 그를 구해 주었다.

순치 9년(1652) 영력 황제와 그의 망명정부가 귀주의 안륭安隆에 안치되자 그는 안륭을 안용부安龍府라 고치고, 그곳에서 5년이나 살았다.

처음에 손가망은 어려운 가운데서도 영력 황제 일가에게 해마다 은 8000냥, 쌀 100석을 공급했다. 그런데도 영력 황제는 주색과 사치에 빠져 지냈으며 오히려 손가망과 이정국 사이를 이간질하는 것이었다.

처음에 그는 이정국에게 밀지를 보내 자기를 구해 달라고 했다. 후에 이 일을 알게 된 손가망이 이를 추궁하자 영력 황제는 발뺌을 하다가 결국 변명하기 바빴다. 그러면서도 "손가망이 지켜주었기에 망정이지 그렇지 않았으면 내가 이 자리에 있을 수 없었을 것이다."라고 말했다.

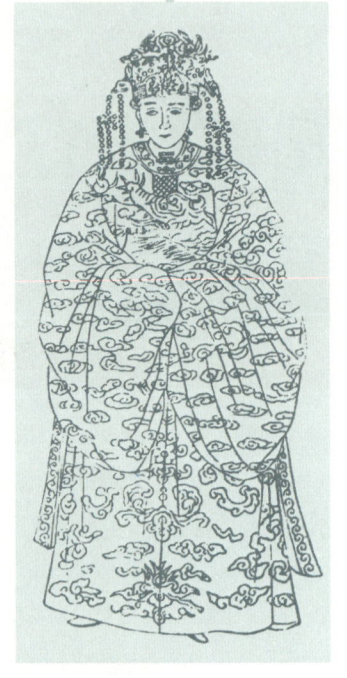

건륭 연간에 만든 법랑채황지개광양인산수수대法瑯彩黃地開光洋人山水綏帶 호리병 (위 사진)

영력 황태후 인물상
1646년 조경에 계왕을 위시한 영력 소왕조를 건립했다. 영력 왕조는 남명의 최후 정권이었다. 영력 황제의 적모嫡母는 왕태후, 생모生母는 마태후였다.

| 세계사 연표 |

1679년 영국이 '인신보호법'을 채택했다. 프랑스가 신성로마제국과 강화조약을 체결했다. 이 조약은 처음에 프랑스어로 라틴어를 대체했기 때문에 그 후 프랑스어는 외교에서 사용하는 첫 문자가 되었다.

《소전기서小腆紀敍叙》 정달鄭達《야사무문野史無文》
강지춘江之春《안룽기사安隆紀事》

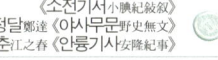
출전

그 후 손가망은 이정국을 더욱 질투하고 미워했으며, 그러한 행동을 한 영력 황제도 멸시했다. 손가망 수하의 무인武人들은 늘 황궁에 들어와 총으로 새를 잡기도 하고 문인들은 가마에 앉은 채 황궁을 드나들기까지 했다.

그들은 아예 '황제일원皇帝一員, 황후일구皇后一口'라고 썼으며, 안룡安龍도 '안롱安籠'이라고 고쳐 놓기까지 했다.

미얀마에서 포로가 되다

순치 12년(1655) 이정국이 손가망을 물리치고 안룡에 들어와 영력 황제를 곤명으로 옮기게 했다.

패한 손가망은 청나라에 투항하며 여러 가지 기밀을 청나라군에게 넘겼다. 2년 후 청나라군은 운남을 공격하자 이정국은 영력 황제에게 상월변界으로 옮겨 여러 민족을 단합해 대리 등을 차지하고 만약 패하면 바다로 나가 정성공과 합치자고 했다. 그러나 영력 황제는 명나라는 가망이 없다며 목천파沐天波의 의견에 따라 미얀마로 피했다.

●●● 역사문화백과 ●●●

[만주족과 한족의 문화가 결합된 여성 복장]
청나라가 중원에 자리 잡은 후 만주족과 한족의 문화가 결합되었다. 이 결과 만주족의 상류층 여성들 가운데도 점차 전족을 하는 사람이 생겨났으며 한족 여성도 만주족 여인들처럼 머리를 치장했다. 그리고 만주족 여성의 전통의상인 치파오旗袍도 유행하기 시작했는데, 여러 차례 개량 과정을 거쳐 마침내 중국 근·현대 여성의 보편적인 민속 옷이 되었다.

추경산수도秋景山水圖 (청나라 오력吳歷 그림)
오력(1632~1718)은 자가 어산漁山이고 호는 묵정도인墨井道人, 도계거사桃溪居士이며 상숙 사람이다. 청나라 초기 화가인 그는 산수를 주로 그렸다. 그는 '4왕四王', 운수평惲壽平과 함께 '청6가淸六家' 또는 '4왕오운四王吳惲'이라 불린다. 이 그림은 강희 32년(1693) 급고각汲古閣을 위해 그린 그림이다.

영력 황제가 미얀마에 있는 동안 이정국이 몇 번이나 찾아갔지만 그는 모든 일을 이정국에게 맡긴다며 만나주지 않았다. 그런데 오삼계의 군대가 미얀마 근처에 다다르자 미얀마 국왕은 그를 오삼계에게 넘겨주었다.

포로가 된 영력 황제는 오삼계에게 목숨을 구걸했지만 오삼계는 그와 그의 식구들을 곤명昆明으로 끌고 가 처형했다.

장송선관도長松仙館圖 (청나라 왕감王鑒 그림)
왕감(1598~1677)은 자가 원조圓照, 호는 상벽湘碧이며 염향암주染香庵主라고도 한다. 태창 사람인 그는 명나라 말기, 청나라 초기 화가다. 왕세정王世貞의 손자인 그는 숭정 6년(1633) 거인 급제했으며 산수를 주로 그렸다. 그는 옛 작품을 모방하는 데 뛰어났고 청나라 초기 6대가 중 한 사람이다. 이 그림은 원나라 시대 왕몽의 화법을 모방해 준령의 소나무 숲속에 있는 서관선거書館仙居를 묘사했다.

| 중국사 연표 |

1682년 낭담郞談, 붕춘朋春은 야크사로 파견된 후 반격 대책을 세웠다. 고염무가 세상을 떠났다.

027

천연두에 걸린 순치 황제

병이 악화된 순치 황제는 셋째 아들 현엽玄燁을 황태자로 책봉하는 데 동의했다.

천연두의 발생

순치 17년(1660) 말기 순치 황제가 천연두에 걸리자 궁궐 안은 혼란에 빠졌다. 황태후도 직접 후비들을 거느리고 두진낭痘疹娘 낭묘에 가서 제사를 올리며 황제가 무사하기를 기도했다.

두진은 천연두였다. 만주족은 한족처럼 천연두에 대한 면역력이 없어 천연두에 걸리면 거의 다 사망했다.

새해 초나흗날, 조정은 공식적으로 황제의 천연두 발병 소식을 전하며, 전국에서 '콩을 볶지 말고, 초롱불을 걸지 말며, 물을 붓지 말 것'을 요구했다. 또 죽을죄를 지은 자를 제외하고 모든 수감자를 석방한다는 사면령을 내렸다.

순치 황제는 자신의 목숨이 경각을 다투고 있다는

효강 장황후 (왼쪽 그림)
효강 장황후孝康章皇后(1640~1663) 동가씨佟佳氏는 강희 황제의 생모다. 순치 황제는 일등시위 동국유國維의 누이 동가씨를 아내로 맞아들였다. 동가씨가 낳은 셋째 아들인 강희 황제 현엽은 후에 모친을 효강 장황후로 존칭했다.

명·청나라 때 후비들이 거주하던 궁전 - 경인궁
경인궁景仁宮은 내정 동6궁 중 하나며 명·청나라 시대에 후비들이 거주하던 궁전이다. 이 궁전은 명나라 영락 18년(1420)에 건설되었다. 처음에는 장안궁長安宮이라 불렀으며 가정 14년(1535) 명칭을 경인궁이라 고쳤는데, 청나라 시대에는 옛 명칭을 그대로 썼다. 순치 11년(1654) 3월 효강 장태후는 이 궁전에서 아이신쥐러 현엽, 강희 황제를 낳았다. 이곳은 또 옹정 황제의 효성헌 황후(건륭 황제의 생모)와 광서 황제의 진비가 거주하는 궁이 되었다.

| 세계사 연표 |
1681년 러시아가 흑룡강 유역에 성곽을 쌓고 사람들을 이주시켰다.

출전 《청세조실록清世祖實錄》

것을 알고 있었다. 여섯 살 되던 해 숙부에 의해 황위에 오른 그는 늘 병약했다. 더 시간을 끌 수 없다고 느낀 순치 황제는 모친의 주장에 따라 셋째 아들 현엽을 태자로 옹립하는 데 동의했다.

강희 황제의 등극

병세가 악화되어 더는 가망이 없다고 생각한 순치 황제는 급히 왕희王熙와 마지러麻吉勒를 불러 유조遺

●●● 역사문화백과 ●●●

[천연두]
사서의 기록에 따르면, 천연두痘疹는 동한 초년 서역에서 중국에 들어왔다고 한다. 고대에 중국에서는 천연두에 대한 연구가 있었는데 진晉나라 시대 갈홍葛洪의 《주후방肘后方》에 기록되어 있다. 또 당나라 개원 시대에 장강 이남의 조씨가 코에 두진 접종을 하는 방법을 처음으로 전했으며, 북송 10세기 말에 사람에게 두진을 접종하는 기술이 등장했다. 그러나 농경사회에서 이런 접종 기술은 널리 보급되지 못했다. 청나라(후금)는 처음에 천연두의 원인과 증상에 대해 잘 알지 못했기에 천연두에 걸리면 많은 사람이 목숨을 잃었다.

순치 황제 효릉석패방
효릉은 청나라 세조 아이신줴뤄 복림(순치 황제)의 능침陵寢이자 청나라 통치자들이 관내에 건설한 첫 능침이다. 효릉의 위치는 순치 황제가 생전에 정한 것이었다. 그러나 전쟁이 끊임없던 건국 초기인 데다 순치 황제가 젊었기 때문에 능묘를 세우지 않았다. 그러다 순치 18년(1661) 순치 황제가 붕어한 후에야 건설하기 시작했으며, 강희 3년(1664)에야 준공되었다. 석패방은 효릉의 첫 건축물이다. 석패방은 능묘 구역이 건설되기 시작했음을 나타낸다. 이 석패방은 중국에 현존해 있는 석패방 가운데 제일 넓은 석패방 중 하나다.

효강 장황후 시책
효강 장황후의 시책諡冊은 한 백옥의 바탕이 되었으며, 모두 10쪽이다.

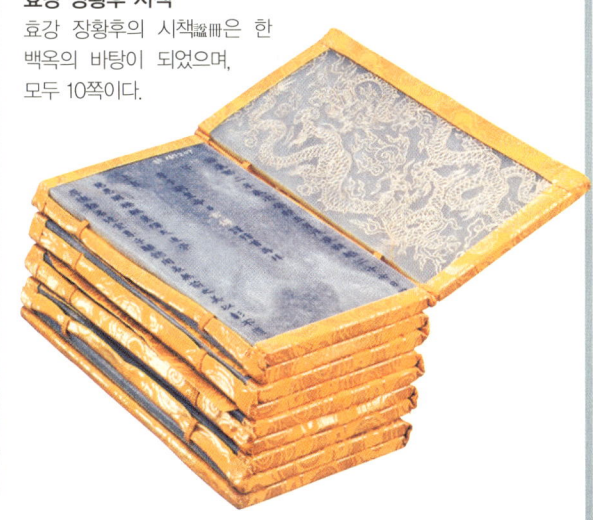

1644~1840 청나라·1

심양沈陽

| 중국사 연표 |

1683년
대만을 수복했다.

●●● 역사문화백과 ●●●

[강남의 지주 진신을 타격한 '진소 사건']

순치 18년(1661) 발생한 '진소秦銷 사건'은 청나라 정부가 돈과 양식 빚을 청산하면서 반항의식을 가지고 있는 강남의 지주 진신縉紳들을 압박한 사건을 말한다. 강남 지구는 명나라 이래 국가의 부세 지역이었기 때문에 부세의 압박이 매우 가혹했다. 그래서 사신士紳들에게는 부세에서 벗어나려는 습관이 있었다. 청나라 정부는 재정 위기를 완화시키기 위해 각 지방 관리들에게 철저한 조사를 명령했다. 얼마 후에는 또 "기한을 정해 전부 해결할 것"을 명하며 위반하는 자는 북경에 압송해 죄를 다스리라고 명령했다. 그 결과 강남성의 네 개 부와 한 개 현에서 2171명의 향신鄕紳과 1만 1346명의 생원生員들이 책임을 추궁받았다. 그 가운데 제3위로 진사 급제한 '탐화探花' 엽방애葉方藹는 한 푼의 빚 때문에 벼슬을 잃기까지 했다. 이리하여 '탐화도 한 푼어치도 안 된다'는 말까지 나왔다.

효강 장황후의 시보諡寶
순치 황제의 효강 장황후 동가佟佳씨는 원래 한인이었다. 그녀는 강희 황제의 생모이고 24세에 죽었는데 시호는 '효강 장황후'다.

詔를 작성하도록 했다. 유언을 마친 순치 황제는 하루 동안 의식 없이 누워 있다가 밤중에 마침내 숨을 거두었다.

그러자 청나라 조정은 장례에 관한 일을 선포하면서 장례 기간은 27일이며 아무도 마음대로 집으로 돌아가지 못하며 아흐레 동안 매일 건청문 밖에 와서 곡을 해야 한다고 했다.

임금의 자리는 하루라도 비울 수 없기 때문에 순치 황제의 임종 전날, 천연두를 앓아 얼굴이 얽은 한 아이가 황제의 보좌에 올랐다. 그가 바로 아이신줴뤄 현엽이다. 청나라가 중원으로 들어온 후 두 번째 황제인 강희 황제가 등극한 것이다.

효강 장황후의 시보인면諡寶印面
효강 장황후의 시보인면은 만주어와 한문 두 문자로 되어 있다.

효강 장황후의 시보문諡寶文
효강 장황후가 죽은 후 여러 차례 시호를 내렸는데, 건륭 황제 때는 '효강자화장의공혜온목단정숭천육성장황후지보孝康慈和莊懿恭惠溫穆端靖崇天育聖章皇后之寶'였다.

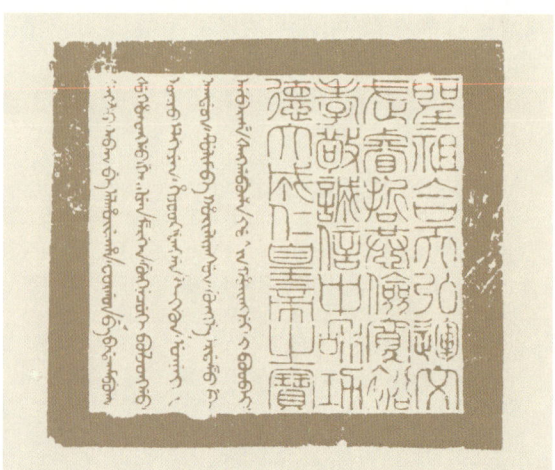

| 세계사 연표 |

1682년 러시아의 표트르가 황제로 옹립되고 그의 이복 누나 소피아 공주가 섭정했다.

028

《김성탄전집金聖嘆全集》 출전

곡묘 사건

김성탄金聖嘆은 곡묘哭廟의 소집자이자 곡묘문의 기초자였기 때문에 엄벌에 처했다.

청나라 초기의 문예 평론가인 김성탄은 청나라 왕조를 옹호했다. 그러나 찬가讚歌를 불렀다고 하여 관부의 등용을 받는 것은 아니다.

김성탄이 황제가 있는 북쪽에 절하다

순치 17년(1660) 봄이었다. 52세가 된 김성탄은 친구에게 황제가 그가 평어와 주해를 단 《서상기西廂記》를 읽은 후 한림들에게 재신을 칭찬했다는 소리를 들었다. 그 말을 들은 김성탄은 은혜에 감격을 금치 못하고 눈물을 흘리며 북쪽을 향해 절을 했다. 그리고 '봄의 느낌 8수'를 썼다.

"황제께옵서 지기로 안다니 / 신의 이름이 성인께 전해졌는가 / 궁궐과 가까운 신하의 절절한 말 / 구천의 따스한 소리 감미롭게 들려오네."

청나라 가경 시대의 목각본 《김성탄비제륙재자서》 영인본
김성탄金聖嘆(1608~1661)은 청나라 시대 문학비평가다. 그는 《이소離騷》《장자莊子》《사기史記》, 두보의 시집, 《수호전水滸傳》, 왕실보의 《서상기西廂記》를 '6대재서'라고 불렀으며 뒤의 두 책에 대해 비평하고 비점批点(잘 된 곳을 표시함)했다. 사진은 《김성탄비제륙재자서批第六才子書》에서 비평하고 비점을 단 《서상기》다.

 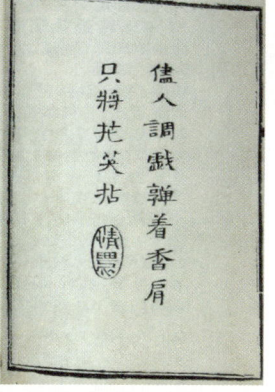

탐관오리를 고소하다

2월 초하루, 순치 황제의 붕어 소식이 소주에 전해지자 순무 이하 벼슬아치들은 3일 동안 장막을 쳐 놓고 곡을 했다.

김성탄은 예용빈倪用賓 등과 함께 의논했다.

"오현지현 임유초任維初가 국고의 식량 1000여 석을 축내고 그것을 백성들에게 부담시키고 이를 따르지 않는 사람들에게 부당한 처벌을 내리니 우리들이 이번 장례를 빌려 그들을 고소함이 어떠하오?"

의견 일치를 본 그들은 문묘에 가서 종을 울리고 북을 두드리며 그 탐관오리를 고소하기로 결정했다.

공부자에게 원한과 분노를 토로하다

이 소식은 즉시 소주성을 뒤흔들었다. 백성들은 너나없이 임유초의 행동을 비판하며 심지어 그를 가만두지 않겠다는 사람까지 있었다. 그러나 강소순무 주국치朱國治는 고발한 사람들이 감히 조정 관리에게 대

채색 서화집 - 《개자원화전》
청나라 때 목판인쇄가 널리 유행했다. 강희 연간(1662~1722)에 인쇄한 《개자원화전芥子園畵傳》이 바로 그 대표다. 이 책은 채색판 기술을 이용해 인쇄·제작한 채색 서화집이다.

1644~1840 청나라·1

| 중국사 연표 |

1684년 — 대만에 1부 3현을 설치했다. 백성들이 해상무역과 어로 작업을 하도록 했다.

황실의 존귀한 기질을 과시한 법랑채화훼 자기 사발

청나라 강희 황제 시대에 외국 자기 사발의 영향을 받아 법랑채색 자기 사발을 연구·제작했다. 이 법랑채화훼琺瑯彩花卉 자기 사발은 색채가 산뜻하고 아름다우며 호화롭다.

항하며 조정을 무시했다는 구실로 예용빈 등을 옥에 가두었다.

김성탄은 이렇게 관리들끼리 서로 비호하자 이튿날 더 많은 서생을 공묘에 불러다 놓고 선사先師 공부자孔老夫子에게 원한과 분노를 토로했다. 당시 소주 일대에는 억울함을 당한 서생들이 염원을 글로 써서 유가의 관복冠服을 입고 공묘에 가서 써놓은 글을 찢는 것으로 공부자에게 자신의 불만을 토로하는 습관이 있었다. 이런 행동을 곡묘哭廟라 했다. 김성탄 등은 곡묘를 할 때 종과 북을 울렸는데, 순식간에 몇 천 명의 백성이 공묘에 모여들었다. 그 광경은 탐관오리를 반대하고 부패를 징벌하는 민중 대시위와 흡사했다.

사형장의 이슬로 사라지다

이런 행동은 청나라의 금기禁忌를 범했다. 한 해 전 조정은 이미 강남 지식인들의 집단 활동에 대해 금지령을 반포하고 그 어떤 형식의 집단 행동도 엄금했던 것이다. 주치국은 이런 행동을 반란이라 말하면서 즉시 군사를 파견해 탄압했으며 체포한 사람들을 남경으로 압송해 국상國喪 기간에 무리를 지어 대중을 미혹시키고 선황제(순치 황제)의 영혼을 놀라게 했기에 죄악이 하늘을 찌른다고 보고했다. 그리고 김성탄은 곡묘의 소집자이자 곡묘문의 기초자이기에 엄벌에 처해야 한다고 했다. 보고를 받은 조정은 시랑侍郞 예니를 소주에 파견해 김성탄, 예용빈 등을 사형에 처하라고 명령했다.

순치 18년(1661) 7월 13일 오전 아홉 시경, 1000명의 시위 가담자가 사형장으로 압송되었다. 사형장은 남경성 남쪽의 삼산 거리에 설치했는데, 세 걸음마다 보초병을 두고 다섯 걸음마다 초소를 두었다. 오후 3시 호포號炮가 울리자 121명을 처형했다. 이로써 온 거리는 피로 얼룩졌으며 피비린내가 코를 찔렀다.

소니 고봉비

소니索尼(1601~1667)는 이름이 허써리고 만주 정황기 사람이다. 순치 황제가 남긴 유서에 소니, 수크사하, 에빌룬, 오보이 네 대신이 공동으로 보좌한다고 명령했다. 후에 오보이의 권력 독점을 막기 위해 소니는 앞장서 황제에게 그의 뜻을 고했다. 이 비석은 소니의 고봉비誥封碑이다. 이 비석의 정면에는 숭덕 8년(1643)부터 강희 6년(1667)까지 네 번에 걸쳐 소니에게 작위를 준 어제문御製文이 새겨 있으며 뒷면에는 강희 10년(1671) 그의 아들이 비석을 세워 그의 일생의 공적을 기술했다.

투조가채투병透雕加彩套瓶

청나라 강희·옹정·건륭 시대에 경덕진에서 도자기업이 번영했다. 이 자기병의 몸체는 투조한 것으로, 장식 꽃무늬가 있다. 병 전체에 색을 올린 모양이 정교하고 화려하다.

| 세계사 연표 |
1683년 폴란드 군대가 터키의 50만 대군을 물리쳤다.

029

《대만외기臺灣外紀》
《선왕실록先王實錄》 출전

대만을 수복한 정성공

정성공鄭成功은 네덜란드인들이 대열을 지어 총을 메고 배에 올라 포를 쏘며 떠나는 것을 허락함으로써 중국 정치가의 풍모를 과시했다.

대만에 출병할 생각을 하고 있었던 정성공은 대만을 차지하고 있는 네덜란드인들에 대해 경제 봉쇄를 했다. 바로 그때 네덜란드인들이 통사 하빈何斌을 파견해 정성공에게 경제 봉쇄를 해제해 줄 것을 요구했다. 하빈은 정성공에게 부유한 대만을 소개하고, 또 수륙 교통이 상세하게 표시되어 있는 대만 지도를 바치면서 대만을 수복하라고 격려했다.

1861년 봄, 정성공은 금문에서 군사를 이끌고 곧장 대만으로 향했다.

고립된 열란차 성새 포위

정성공이 2만 5000여 명의 병력을 거느리고 네덜란드인들이 열란차와 프로원차라고 부르는 대만성과 적감성에 쳐들어갔을 때 그들은 감히 대항할 생각도 못하고 있었다. 후에 정성공은 프로원차 성새를 포위한 후 네덜란드군 장관 쿠이에게 투항을 권유했다. 그러나 쿠이는 혈기血旗를 내거는 것으로 끝까지 싸울 것을 다짐했다. 정성공은 일거에 프로원차를 탈취하고 열란차 구역을 점령해 쿠이를 고립된 열란차 성새에 몰아넣었다.

열란차는 벽돌로 쌓아 올린 네모난 성새였는데 동·북·서 삼면은 바다와 접해 있었다. 성새 안팎에는 또 많은 사격대를 쌓았는데, 그 가운데 작은 산 언덕에 있는 우트리지원 사격대는 높은 곳에서 내려다 볼 수 있는 유리한 고지였고 지세도 가장 험준했다. 정성공군은 열란차 성새를 물샐틈없이 포위하고 있으면서 네덜란드 전함의 지원을 격퇴했다. 이리하여 성안의 네덜란드인들은 음식물과 탄약이 바닥나고 사상자가 날

바둑을 두면서 군사를 지휘하고 있는 정성공
정성공이 바둑을 두면서 군사를 지휘한 곳은 금문도의 중앙에 있다. 천연 동굴인 이곳은 지세가 높기 때문에 시야가 아주 넓은 곳이다. 한가롭게 바둑을 두는 모습과 천리 밖에서 달려온 말의 상태가 서로 대조되면서 정성공의 풍모를 잘 표현하고 있다.

하문에 있는 정성공 군대 주둔지

1644~1840 청나라·1

청나라 시대 황제가 노인들에게 베풀어준 일종의 대규모 연회로, 참가 인원이 1000명 이상이었다. 이런 이유로 천수연이라 불렀다.

| 중국사 연표 |

1685년 중국과 러시아가 야크사에서 충돌했다.

정성공의 묘
영력 16년(1662년 6월 23일) 정성공이 병사해 대남주 자미仔美에 매장되었다가 청나라 강희 38년(1699) 5월 22일 정씨 선조들의 무덤으로 이장되었다. 강희 황제는 글을 써서 이렇게 칭찬했다. "네 개 진에 두 마음이 많았거늘 / 두 섬에 주둔한 군사들 / 동남에서 절반 강산을 다투었어라 / 한 치의 땅도 없는 뭇 왕이 / 한구석에서 반격을 한 후에야 / 해외에 외로운 충혼이 있음을 알았노라." 정성공 묘는 지금 복건 남안현 수두진 복선산 기슭에 있다.

《도상부전島上附傳》
이 책에 나오는 〈정성공전鄭成功傳〉에서는 정성공이 대만을 수복한 일을 기록했다.

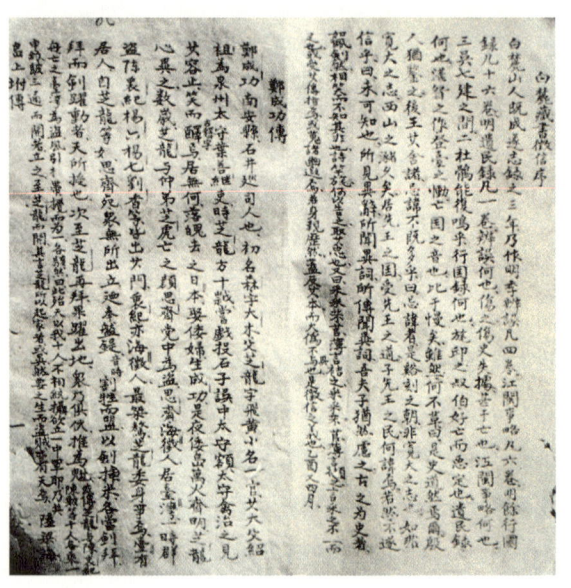

대만풍속도

마다 늘어났다. 정성공은 유리한 지형을 점령한 다음 28문의 대포를 걸어 놓고 열란차를 점령하는 것은 어렵지 않은 일이라고 생각했다.

백기를 건 쿠이

준비를 마친 정성공이 공격 명령을 내리자 순식간에 28문의 대포가 일제히 포를 쏘았고 2000여 발의 포

| 세계사 연표 |
1684년 교황이 반터키신성동맹을 조직했다.

탄이 전부 우트리지원 사격대에 쏟아졌다. 얼마 후 높은 곳에 자리 잡고 있던 네덜란드군의 사격대는 모두 무너져 버렸다.

뒤이어 정성공군의 대포는 전부 열란차성을 겨누고 있었다. 하지만 정성공은 적군이 투항할 시간을 주기 위해 공격 명령을 미뤘다. 그 시각 성안의 쿠이도 대세가 기울었다는 것을 알고 풀이 죽은 채 백기를 내걸었다.

네덜란드인의 투항

2월 1일, 해빈海濱 광장으로 장막이 들어앉았다. 정성공은 장막 중앙에 앉아 있었다. 예포가 울리자 금북이 일제히 소리를 냈다. 네덜란드인들은 최고장관 쿠이의 영솔 아래 무거운 발걸음으로 광장으로 들어섰다. 쿠이는 장막 앞까지 걸어간 다음 한쪽 무릎을 꿇고 서명한 항복서를 연평군왕延平郡王에게 바쳤다. 그러자 모든 네덜란드 장병들이 모자를 벗고 경례를 올렸다. 정성공은 쿠이가 지휘하는 네덜란드인들이 열을 지어 총을 메고 포를 쏘며 배에 올라 떠나는 것을 허락함으로써 정치가로서의 풍모를 과시했다.

●●● 역사문화백과

[정성공과 《삼국연의》]

《삼국연의》를 통달한 정성공은 그의 정책 결정에 《삼국연의》 내용이 많은 영향을 끼쳤다. 순치 14년(1657)에 정성공은 "나는 오래전부터 강남에 진군해 명나라를 회복하려는 뜻을 품고 있었다. 바로 제갈공명이 〈출사표〉에서 밝힌 바와 같이 "한나라의 도적들과는 한 하늘을 이고 살 수 없다." "우리와 청나라군은 불공대천의 원수이기에 내가 치지 않으면 그들이 나를 칠 것이다."라고 말했고, 2년 후 대군이 남경에 도착했을 때 정성공은 '팔괘진'을 썼는데 이는 제갈공명의 진법이다. 정성공은 또 법과 기율을 따졌다. 승천부윤 양조동楊朝棟이 공을 내세우며 군량을 차압하고 사사로이 관저를 짓자 정성공은 제갈량이 촉을 다스림에 있어 법과 기율에 의거했다면서 제갈공명이 마속馬謖을 죽여 버린 것처럼 눈물을 흘리면서 양조동을 죽였다.

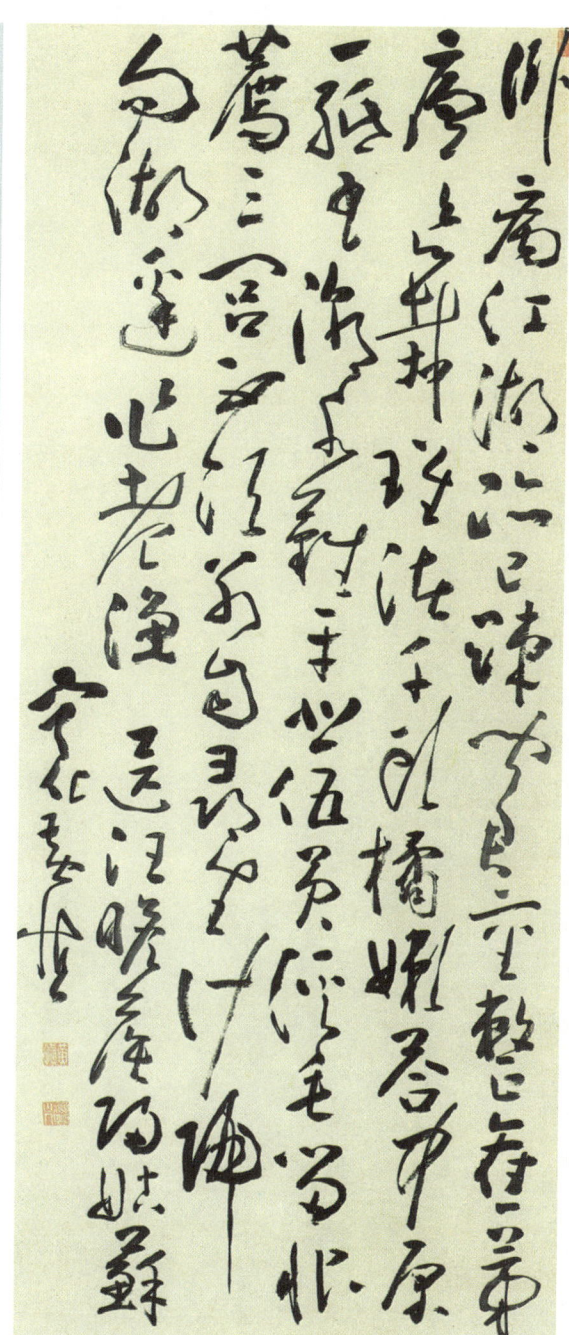

왕첨후 귀고소에게 보낸 시 (청나라 황신黃愼 글)
황신은 초서에서 회소懷素의 필법과 같았는데, 특유의 필치로 글을 썼기에 보통 사람들은 잘 구분하지 못했다.

1644~1840 청나라·1

원매袁枚의 《수원식단隨園食單》

| 중국사 연표 |
1687년
효강 장황후가 사망했다.

030

의롭게 죽은 장황언

장황언張煌言은 세상을 떠나며 다음과 같은 시를 남겼다. "나라도 집도 모두 파멸되었거늘 / 내가 무엇을 더 바랄 것인가 / 서자호 기슭에 / 나의 군대가 기다리고 있거늘……."

장황언의 거병이 실패로 끝나자 부하들은 흩어졌고, 장황언은 섬에 숨어 후일을 기약하려 했다. 그러나 포로가 된 그는 투항을 거절하고 사형장으로 향했다.

송등도松藤圖 (청나라 이선 그림)
이선李鱓(1686~1762)은 청나라 시대 화가다. 그는 자가 종양宗揚, 호는 복당復堂, 오도인懊道人, 강소 흥화 사람으로 궁정에서 그림을 그렸으며 후에 등현지현으로 부임했다. 그는 청렴하고 소박하게 정사를 보았지만 상관을 거역해 벼슬을 잃고 양주에서 그림을 팔았다. 그는 '양주 8괴'의 한 사람이며 화훼와 벌레, 새를 잘 그렸다.

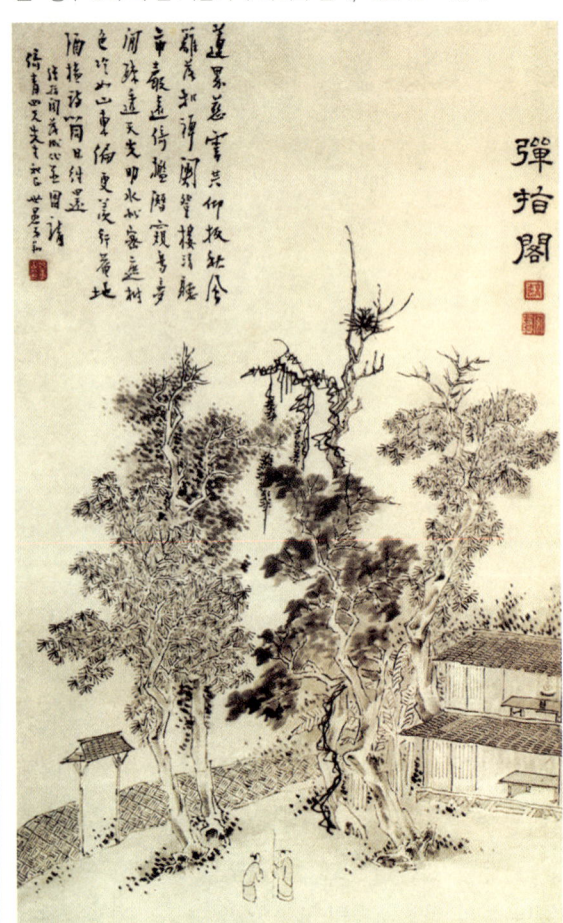

작은 섬에 은거

1664년 6월, 삼도만三都灣에서 장황언군은 큰 피해를 입었다. 장황언은 잠시 장병들을 해산한 후 자신은 참군 나자목羅子木, 시동侍僮, 양관옥楊冠玉 등을 거느리고 절강 남전도南田島 동쪽에서 60리 떨어진 작은 섬 현오도懸岙島에 은거했다.

조정에서는 장황언을 잡기 위해 현상금을 걸고 수배령을 내렸다. 절강 제독 장걸張杰은 장황언의 옛 군관을 매수해 스님으로 분장시킨 다음 보타산 시괘단寺挂單에 보내 장황언의 종적을 찾기 시작했다.

어느 날, 장황언 밑에 있던 부하가 쌀을 사기 위해 배를 띄웠다. 돌아오는 길에 배에 오른 사람 중에는 낯선 스님 한 사람이 있었지만 아무도 그를 수상하게 여기지 않았다. 그런데 배가 뭍에서 멀어지자 갑자기 칼을 빼든 스님이 사공을 제외한 모든 사람을 죽였다. 공포에 휩싸인 사공은 장황언의 거처와 비밀을 알려줄 수밖에 없었는데, 그 비밀이란 현오도에 있는 두 마리 원숭이가 바다의 동정을 살피다 멀리서 배가 지나가면 울부짖기 때문에 섬 사람들이 미리 피신할 수 있다는 내용이다.

정보를 입수한 청나라군은 원숭이를 피해 섬 뒷산 절벽을 타고 올라가 장황언과 얼마 남지 않은 부하들을 사로잡았다. 또한 병부상서의 인감과 중원호걸들이 청나

건륭 연간에 만든 파리태법랑비연호玻璃胎琺瑯鼻煙壺

| 세계사 연표 |

1685년 프랑스 신교도의 5만 세대가 금지령을 무릅쓰고 영국, 네덜란드, 북아메리카 등지로 이주했다. 이런 사람들은 대부분 숙련된 기술 노동자들이었기에 크게 환영을 받았다.

강희康熙《상산현지象山縣志》
정달鄭達《야사무문野史無文》
《장창수집張蒼水集》
출전

송학도松鶴圖 (청나라 심전 그림)
심전沈銓(1682~약 1760)은 자가 형지衡之, 호가 남여南茹이고, 절강 오흥(지금의 호주) 사람으로 청나라 시대 화가다. 그는 꽃과 새, 짐승, 미인도를 잘 그렸다. 옹정 9년 일본 나가사키에서 3년 동안 살았다. 이 그림은 푸른 소나무와 등나무 넝쿨이 드리운 곳에 두 마리의 두루미를 그렸다.

그들이 제독아문에 도착하자 관리가 정문이 아닌 옆문으로 들어가라고 명령했으나 장황언이 꿈쩍도 하지 않아 어쩔 수 없이 정문을 열어 통과하게 했다. 일행이 도착하자 장걸이 정중하게 그를 맞으면서 겸손하게 말했다.

"오랫동안 기다렸소이다. 조정에는 당신 같은 사람이 필요한데, 이참에 귀순을 하시지요. 그렇게만 된다면 당신은 높은 벼슬을 할 수 있을 것이외다."

그 말에 장황언이 차분하게 대답했다.

"그런 말을 해서 무슨 소용

건륭 연간에 만든 자지알도법랑채쌍련紫地軋道琺瑯彩雙連 병

1644~1840 청나라·1

라에 반기를 드는 내용이 담긴 여러 통의 비밀 편지를 압수할 수 있었다.

영파, 항주에 감금

이틀 후 장황언은 영파로 압송되었다. 수인가마에 앉은 그는 머리에 명나라 때 문인들이 사용하던 네모 수건을 쓰고 갈포葛布 두루마기를 입었는데, 매우 자연스러웠다. 나자목羅子木과 양관옥楊冠玉 등은 손목에 쇠고랑을 찬 채 걸어서 그 뒤를 따르고 있었다.

●●● 역사문화백과 ●●●

[양주의 염상]

양주는 남북 조운漕運 선박이 지나는 중요한 곳으로 부근에는 양회兩淮 염장이 있을 뿐 아니라 장강 하류에서 관부의 소금 운수 판매의 집산지이기도 했다. 양주의 염상鹽商들은 높은 이윤을 올리고 있었기에 당시 중국의 가장 큰 상업 자본의 하나였다. 양주의 염상들은 지배 계층의 사람들과 밀접한 관계가 있었다. 강희 연간에 형부상서 서건학徐乾學은 은 10만 냥을 내어 염상 항경원項景元과 합작했다. 건륭 51년(1786) 염상 강광달은 은 200만 냥을 내어 임상문林爽文 봉기를 탄압하는 군비와 상금으로 썼으며, 염상 포수방鮑漱芳은 청나라군이 백련교를 대처하는 비용을 공급한 일로 염운사鹽運使의 벼슬자리를 얻었다. 염상들은 또 은 300만 냥을 내어 황하를 다스리는 경비로 썼고, 건륭 황제가 남방을 순시할 때 임강행궁을 짓는 데만 20만 냥을 들였다.

오경재吳敬梓

| 중국사 연표 |
러시아와 '네르친스크 조약'을 체결했다.

이 있겠소이까? 아비가 죽어도 장사를 지낼 수 없고 나라가 망해도 구할 수 없는 판인데, 차라리 죽는 편이 낫소이다."

그리하여 장황언은 결국 항주로 압송되었다. 그들을 실은 배가 전당강 남쪽 기슭을 건너기 시작했다. 곧 항주성에 도착할 것을 알게 된 장황언은 생각했다. 서생에서 군인이 되어 살아온 지난 19년은 그야말로 고난의 연속이었다. 하지만 이제 그 삶을 정리할 때가 된 것이다.

그는 참담한 심정으로 시 한 수를 읊었다.

"나라도 집도 파멸되었거늘 / 내가 무엇을 더 바랄 것인가 / 서자호 기슭에 / 나의 군대가 기다리고 있거늘 / 해와 달 쌍쌍이 내 무덤을 비추니 / 부끄러운 장군은 맨주먹으로 세 자리를 나누었거늘 / 한 가닥 충성의 마음 애석하기만 하구나 / 다음 날 흰 수레가 동쪽을 향하면 / 성난 파도 올빼미 같은 오랑캐를 삼키리라."

필교방에서 사형 당하다

장황언이 항주에 도착하자 청나라 절강총독 조정신趙廷臣도 여러 차례 투항을 권했지만 장황언은 뜻을 굽히지 않았다. 그러자 조정신은 이미 투항한 사람들을 동원해 감옥 앞에서 투항을 권했다.

이에 혐오감을 느낀 장황언은 감옥 벽에 〈방가放歌〉라는 시를 적어 두었다.

"살아서는 중화 사람이요 / 죽어서

청나라 시대 여성 신발

건륭 연간에 만든 남색 유리로 만든 반룡조관이삼족로蟠龍朝冠耳三足爐

는 명나라 귀신이어라 / 한 치의 충성심은 태산같이 무겁고 / 칠 척 이 내 몸은 가볍기 그지없어라."

장황언은 그 시 한 편으로 자신의 충성심을 표현했다. 별다른 방법이 없던 조정신은 조정에 그대로 보고를 올릴 수밖에 없었다.

그해 9월 초이레, 장황언은 필교방弼教坊 사형장으로 압송되었다. 죽기 전, 그는 북쪽 봉황산을 보면서 얼굴색 하나 변하지 않고 말했다. "좋은 경치군!" 그러고는 짧은 시 한 수를 읊조리며 서리에게 기록을 부탁했다.

"내 나이 쉰아홉에 / 또다시 9월 7일을 맞이했도다. / 청사는 기울고 있는데 / 의롭게 죽으니 만사가 끝이어라."

후세 사람들은 그가 쓴 시에 근거해 그의 시신을 서호 기슭 남병산南屏山에 안장했는데, 묘지는 명나라의 우겸于謙 묘와 송나라의 악비岳飛 묘 사이에 있다.

자랑선관도紫琅仙館圖 (청나라 전두 그림)

전두錢杜(1764~1844)는 자가 숙미叔美, 호는 송호松壺이고, 전당, 지금의 절강 항주 사람이며 청나라 시대 화가다. 그는 시와 글을 잘 썼고 산수와 매화를 잘 그렸다.

역사 시험장 〉 건륭 연간(1736~1795)에 강소 양주에서 그림을 팔던 정섭鄭燮 등 몇 명의 대표적 화가들을 무엇이라고 통칭했는가?

| 세계사 연표 |

1687년 영국 국왕 제임스 2세가 종교의 자유를 공포했다.

031 이래형과 기동 13가

이래형李來亨을 비롯한 농민군 수장들이 기동夔東에 병영을 세웠다. 사람들은 그들을 '기동 13가家'라 불렀다.

출전 강희康熙《당양현지當陽縣志》《잔명기사殘明紀事》

이자성이 죽은 후에도 이과李過, 이래형 부자는 계속 싸웠다.

그들은 남명 왕조와 연합해 청나라에 반기를 들었다. 이과가 죽은 후 이래형과 기타 농민군 수장들은 기동에 병영을 세우고 계속 청나라와 싸웠는데, 사람들은 그들을 '기동 13가'라 불렀다.

칠리평에 지휘부를 두다

이자성의 부장 유체순劉體純은 기동에 병영을 세웠다. 기동은 산이 높고 초목이 무성할 뿐만 아니라, 남쪽으로는 장강을 끼고 있어 방어하기 안성맞춤인 요새지였다.

유체순이 그곳에 자리를 잡자 청나라에 투항하지 않은 군사들이 그 주변에 몰려들었는데, 그중 이름을 가장 널리 떨친 부대는 이과와 고일공이 죽은 후 이래형이 통솔하는 충정군忠貞軍이었다. 기동 홍산현에 주둔한 이래형은 칠리평七里坪에 지휘부를 두었으며, 관리를 임명해 백성들을 돌보게 했다.

홍산 지구는 땅이 척박해 인구가 많지 않았다. 그래서 이래형은 생산성 향상에 관심을 두었다. 그는 장병들을 조직해 밭을 일군 다음 밀, 기장, 목화 등을 재배하도록 했으며, 민간무역을 보호하고 상인들의 장사를 도와주었다. 또한 부하들을 파견해 소금과 철기 등을 사들이는 등 백성에게 필요한 물자 공급에 최선을 다했다.

이래형은 오직 명나라를 다시 일으켜 세우는 것을 목표로 삼고, 영력 황제에게 여러 번 상소를 올렸으며, 대서군大西軍과 연합해 전쟁을 주도하기도 했다.

청나라군이 세 갈래로 나누어 곤명을 공격해 영력

1644~1840 청나라·1

원화院畵 12월령도十二月令圖 (청나라)
모두 12폭의 이 그림은 열두 달간의 궁정 생활을 묘사했는데 청나라 옹정 연간의 원화산수대, 인물계화의 전형적인 작품이다. 그림의 색상이 우아하고 화려하며 누대의 배치가 입회적이고, 인물은 생동감 있게 묘사되었다. 그리고 사계절의 경치를 생생하게 표현했다. 오른쪽 그림은 〈정월관등도正月觀燈圖〉다.

양주팔괴揚州八怪 125

무산에서의 실패

강희 원년(1662) 가을, 청나라 조정은 사천, 호광, 섬서 등 세 성에서 각각 3만 명의 군사를 뽑아 기동夔東을 공격할 것을 명령했고 얼마 후 서안과 북경에서 병력을 차출해 서로와 동로에 대한 공격을 감행했다.

그 이듬해 청나라 군대는 대창과 대녕을 함락했으며, 홍산현에서 남쪽으로 장강을 이웃한 향계구까지 차지하고 말았다.

이래형은 청나라 군대가 승리한 후 경계심을 늦출 것이라고 판단했다. 그래서 몇백 명의 정예 장병을 골라 적군으로 가장해 청나라 병영에 투입시킨 후, 유체순劉體純, 학요기郝搖旗 등과 함께 전선으로 나아가 크게 승리했다.

이래형은 동로의 청나라군에 큰 피해를 입힌 후 여세를 몰아 서쪽으로 진군해 사천 문호인四川門戶 무산현성을 공격했다. 하지만 현성을 포위한 지 10여 일도 지나지 않아 군사들이 점점 나태해졌다. 바로 그때 청나라군 사천총독인 이국영李國英이 식량 공급선을 탈취하고 태워 버렸다. 결국 현성을 포위하고 있던 5만여 장병은 기아에 허덕일 수밖에 없었다. 그리하여 이래형 등은 눈물을 머금고 후퇴하기로 결정했다.

피로 물든 모록산

무산에서 후퇴하자 청나라 군대가 압박을 가하기 시작했다. 얼마 후 유체순은 포위를 당해 자결했으며, 학요기, 원종제袁宗第는 포로가 된 후 최후를 맞이했다. 강희 3년(1664) 초, 이래형과 장기간 싸워 온 당수

5월경주도五月競舟圖

황제가 위급한 상황에 처하자 이래형을 비롯한 기동 13가는 강을 거슬러 올라가 중경을 공격했다. 그러나 영력 황제가 포로가 되어 죽고 이정국도 변강에서 병으로 죽자 청나라에서는 그들을 회유하고자 했으나 실패했다.

| 세계사 연표 |

1689년 영국 의회가 〈권리장전〉을 발표했다.

2월 답청도 二月踏靑圖

3월 상도도 三月賞桃圖

4월 류상도 四月流觴圖

6월 납량도 六月納凉圖

7월 걸교도 七月乞巧圖

8월 상월도 八月賞月圖

9월 상국도 九月賞菊圖

10월 화상도 十月畵像圖

소당守素, 마등운馬騰雲 등의 부대가 투항했다. 이때 기동 13가의 수장 가운데 오직 이래형이 거느린 군대만 홍산 모록산茅麓山을 사수하고 있었다.

그해 2월, 25만 명의 청나라 군대가 세 갈래로 나뉘어 쳐들어왔지만, 이래형과 충정군 장병들은 조금도 두려워하지 않고 완강하게 맞섰다.

그들은 먼저 동로의 정서장군 목리마穆里瑪의 8기병을 산간벽지에서 크게 무너뜨렸다. 그러나 나중에 청나라군이 포위만 하면서 공격하지 않는 전술을 취하는 바람에 봉쇄를 돌파할 수 없게 되었다.

8월 초까지 그렇게 대치한 가운데 이래형은 병영을 불태우라고 명령한 다음 불 속으로 뛰어들어 자결했

| 중국사 연표 |

1690년

강희 황제가 직접 갈단噶尔을 정벌한 후 두 번을 더 출정했다.

다. 그 몇 달 전에 이래형은 청나라 조정에서 파견한 총병 고수귀高守貴의 투항 권고를 다시 한 번 거절했다. 그때 이래형은 이미 죽을 각오를 하고 있었기 때문에 나이 일흔이 된 자신의 아내 고高씨를 고수귀에게 맡겼다.

납월상설도臘月賞雪圖 (오른쪽 그림)

동월삼선도冬月參禪圖 (아래 그림)

●●● 역사문화백과 ●●●

[궁녀 선발]

궁녀는 궁궐에서 청소를 하거나 빨래를 하며 심부름을 하는데, 주로 다음과 같이 분배했다. 황태후에게는 12명, 황후에게는 10명, 황귀비·귀비에게는 각 8명, 비·빈嬪에게는 각 6명, 귀인에게는 4명, 상자常在에게는 3명, 답응答應에게는 2명이었다. 그러나 각 궁궐에는 흔히 규정된 정원을 초과했다. 궁녀는 출신이 비천했으나 대부분 내무부 포의좌령 이하 벼슬의 자녀들 중 해마다 한 번 선발했으며, 내무부 회계사에서 주관했다. 궁녀는 입궁한 후 황제의 관심을 받게 되면 내정 주위主位 봉호를 받을 수 있었다. 궁녀는 만 25세가 되면 궁 밖으로 내보냈는데 은 20냥 정도를 상으로 주었다. 그러나 병으로 나가게 될 경우 나이의 제한을 받지 않았다.

| 세계사 연표 |

1690년 영국 국왕 제임스 2세가 프랑스로 피했다.

032 명사 사건

《청대문자옥淸代文字獄》 출전

《명사明史》와 관련된 사람은 모두 투옥되었는데, 연루된 사람이 무려 2000여 명에 이르렀다.

1644~1840 청나라·1

청나라 왕조의 '문자옥文字獄'은 한족 사대부 계층의 이화의식異化意識에 대처하기 위한 것이었다.

강희 왕조의 문자옥은 청나라를 반대하고 명나라를 회복하려는 시도를 뿌리 뽑기 위한 일종의 탄압 조치였다.

《명사집략》 편찬

청나라 초기에 절강호 주부 남심진南潯鎭에 장씨 성을 가진 큰 부자가 있었는데 이 사람은 재산이 많았을 뿐만 아니라 학식도 뛰어나 '구룡九龍'이라 불렸다.

이 가문의 형제들은 모두 책을 많이 읽고 시와 글에 정통했다. 그 가운데서 장정롱庄廷鑨은 겨우 열다섯 살에 국자감에 들어갔으나 병에 걸려 눈이 멀게 되었다.

그러나 그는 사마천司馬遷은 왼쪽 눈이 실명되었지만 《국어》를 편찬했는데, 나라고 역사학자라는 명성을 역사에 남기지 못할 이유가 없다고 했다.

그런데 그 이웃에 명나라 천계 시기의 재상 주국정朱國楨의 후대가 살고 있었는데, 너무 가난해서 집안 대대로 전해 내려온 주국정의 《명사明史》 원고를 팔려고 했다. 그 말을 들은 장정롱은 1000냥을 주고 그 원고를 샀다.

《명사》에는 숭정 왕조에 관한 역사적 사실이 없었다. 장정롱은 강소와 절강의 이름난 지식인 모원명茅元銘, 오지명吳之銘 등 10여 명과 주씨의 《명사》를 보충해 《명사집략明史輯略》을 편찬하고 자신의 저작으로 삼았다. 그리고 얼마 후 장정롱은 죽었다.

장정롱의 아버지 장윤성庄允城은 이영석李令晳에게 서문을 쓰게 했다. 그는 편찬에 참여한 사람들의 이름은 물론 본인의 동의도 구하지 않고 사계좌查繼佐, 육기陸圻, 범양范驤 등의 교열자도 마음대로 적어 넣은 후 이 책을 인쇄했다.

장정롱의 장인 주우명朱佑明은 이 책을 인쇄하는 데

건륭 연간에 만든 외남지분채루공전심外藍地粉彩鏤空轉心병 (위 사진)

《장씨사안본말》 (왼쪽 사진)

장정롱의 명사明史 사건은 일명 '장씨사안庄氏史案'이라고도 하는데, 청나라 순치·강희 시대의 문자옥 중 하나이다. 청나라 순치 연간에 남심南潯의 부자 장정롱은 명나라 시대의 대학사이며 수보首輔인 주국정의 《명사》 원고를 사들인 후 절강의 일부 학자를 초빙해 아직 판각하지 않은 《명사개明史槪·제신열전諸臣列傳》 등 원고를 다시 편찬하고 천계·숭정 등 두 왕조의 역사 사실을 추가해 《명사집략》으로 편찬했다. 이 책은 명나라가 요동에서 만인과 교전을 언급할 때 명나라 때의 용어와 명나라의 연호를 사용했고, 청나라의 선조와 청나라 병사들을 '역적'이라 했으며, 청나라 왕실의 선조 이름에 존칭을 붙이지 않았다. 이는 청나라를 비방하는 '십악불사十惡不赦'의 대죄가 되었다. 그 후 이 책과 관련해 집필, 교열, 인쇄, 구독한 사람은 모두 연루되었는데 감옥에 들어간 사람이 무려 2000여 명이며 사형에 처해진 사람은 70여 명이었다.

경극京劇 129

중국사 연표

1691년 강희 황제가 몽골 카얼카의 여러 부족을 순시했다.

많은 자금을 대면서, 책을 인쇄할 때 '청미당淸美堂'이라는 글자를 적어 넣을 것을 요구했다. 청미당은 명나라 때 대가大家인 동기창董其昌의 자필로, 주국정의 집안에 써준 편액이었다. 주우명은 주국정의 종친이라는 것을 자랑하기 위해 그 편액을 얻어 걸어 놓았다.

분채십금배粉彩什錦杯
분채는 '연채'라고도 한다. 강희 연간에 관요官窯 장인들은 '분채' 유약에 색을 입히는 새로운 기술을 개발했다. 여러 가지 색에서 '분화'가 발생했기 때문에 '분채'라 불렸으며 이런 방법으로 그린 인물, 화조, 산수 등은 모두 명암과 음양의 구분이 있었고 입체감을 주었다. 옹정 연간에 분채 기예는 날로 발전해 건륭 연간에 황금시대로 접어들면서 다양한 모양과 특색 있는 제품이 많이 나왔다. 채색 그림 도안은 대부분 용, 봉황, 화훼, 산수, 인물, 이야기 등을 주제로 했으며 당시 명화가들의 그림을 기본으로 서양의 회화 기법을 겸용했다.

고소에 의해 문자옥이 일어나다

《명사집략》이 세상에 나온 후, 범양의 친구이자 호부시랑직을 해임당한 주량공周亮工은 책 내용의 일부가 조정의 뜻과 상반되어 문제가 생길 수도 있다는 사실을 발견하고 범양 등 세 사람에게 자수를 권유했다. 범양 등은 예사롭게 생각했으나 자신의 명예를 높일 수 있는 기회였기에 자수하기로 했다.

그런데 호주의 지방관은 장씨와 관계가 좋아 그들이 자수한 사실을 적당하게 얼버무려 일을 마무리지었다. 그러자 뇌물을 받고 평민이 되어 버린 오지영吳之榮이 장윤성과 주우명을 찾아가 협박했다. 그런데 장윤성과 주우명이 그의 협박에 눈 하나 깜박하지 않고 그를 호주에서 몰아내자 오지영은 그 일을 경성京城에 고발했다.

강희 원년(1662) 겨울, 조정은 라다羅多 등을 호주부에 파견했다. 그들은 장윤성과 주우명을 체포하고 서판書板을 압수했다.

처음에 당사자들은 이 사건을 그다지 크게 생각하지 않았다. 그러나 형부에서는 장씨의 《명사》가 명나

구두조도狗頭雕圖
(청나라 아이패 그림)
아이패阿爾稗는 자가 향곡香谷이고 만주 정황기 사람이며 이부랑을 지냈다. 그는 새와 짐승을 잘 그렸다. 《소정잡록》에는 "그가 그린 그림을 보면 매는 눈을 부릅뜨고 털을 곤두세웠는데 바람과 번개를 호령하는 듯한 기세를 보여 주고 있다."라고 적혀 있다.

> ●●● 역사문화백과 ●●●
>
> **[청나라에서 만든 벼슬 명칭의 통칭 경당]**
> 경당京堂은 청나라에서 만든 벼슬 명칭의 통칭이다. 일반적으로 도찰원, 통정사, 첨사부와 대리大理, 태복太僕, 광록사의 주관主官, 종인부宗人府의 부승府丞, 순천부의 부승을 경당이라고 불렀다. 이런 관아의 주관 가운데 도찰원의 좌도어사를 제외하고 모두 3품, 4품, 5품 벼슬이고 후에 3품 4품 5품 경당이라는 실속없는 벼슬이었기에 3품 4품 5품을 경이라고도 불렀으며, 경경京卿이라고 존칭했다.

| 세계사 연표 |

1691년 페르시아에서 6만여 세대가 헝가리로 이사했다. 그 후 몇 년 사이 또 두 차례의 대이동이 있었다.

라를 찬양하고 청나라를 비방한 8대 죄상을 조사하고, 《명사》는 역모를 찬양한 책이라고 규정했다. 모진 고문 끝에 장윤성은 머리말을 쓴 이영석을 끌어들였으며, 이영석은 고문과 형벌을 못 이겨 옥중에서 죽고 말았다. 그리고 온전한 《명사집략》이 발견되자 증거가 확실해졌다.

강희 2년 정월 20일 이른 아침, 호주 성문이 굳게 닫혔다. 청나라 정부는 책 속의 명단에 따라 집집을 돌며 수색하고 체포했는데 부자, 형제자매, 조손 그리고 내외 시종들까지 체포했다.

이영석 한 집만 해도 100여 명이 체포되었는데, 세배하러 온 친척과 구경하던 이웃까지 모두 잡혀 가고 말았다. 장윤성과 주우명 두 집은 호주에서 살고 있는 몇백 명이 잡혔을 뿐만 아니라 호주에서 살지 않는 식구마저 모두 붙잡혀 갔다.

문자옥에 연루된 사람들

그해 5월 26일, 항주의 필교방 사형장에서는 살육이 벌어졌다. 어떤 사람은 능지처참을 당했으며, 어떤 사람은 교형을 당했고 장정룡은 무덤을 파헤쳐 그 시체를 요절내는 형벌을 당했다. 책에 이름을 서명한 18명 중에서

건륭 연간에 만든 자기 접시

재난을 모면한 사람은 동이유董二酉, 사계좌, 육기, 범양 등 네 사람에 지나지 않았다. 그 가운데서 동이유는 판결을 내리기 3년 전에 죽었으며, 사계좌는 20여 년 전에 오육기吳六奇를 구해준 적이 있는 데다, 첫 고발자라는 이유로 무죄석방되었다.

나머지 열네 사람과 장윤성, 주우명은 모두 능지처참을 당했으며 장윤성, 주우명의 가족 중에서 남자들은 처형당하고 여자들과 어린 남자 아이는 변경에 유배당하거나 노비가 되었다.

무릇 《명사집략》과 관련되어 글을 새기거나, 교정, 인쇄, 장정 그리고 책을 판매하거나 구매한 사람, 또 소장하거나 읽은 사람까지 무려 2000여 명이 처벌을 받았다.

부임한 지 석 달밖에 안 된 호주지부 담희민譚希閔, 추관 이환영李煥寧, 고사 주국태周國泰 등은 은닉죄로 교형을 당했으며, 귀안 훈도 왕조정王兆楨도 부임한 지 반 달도 되지 않아 간수 방임죄로 교형을 당했다.

또 책을 바친 조군송趙君宋은 공로를 인정받기는커녕 오히려 반역의 책을 사사로이 소장한 죄로 목이 잘렸다.

절강 장군 가규柯奎는 수뢰 비호죄로 벼슬에서 물러났으며, 원 호주지부 진영명陳永命은 수뢰비

건륭 연간에 만든 누대수법좌종樓臺水法座鐘

1692년

| 중국사 연표 |
외몽골 5로에 역참을 설립했다.

청나라 전기 한학 편찬 일람표

제목	편찬 시대	주필	편찬 내용	편찬 과정	학술적 가치
연감류함	강희 왕조	장영 등	명나라의 《당류함唐類函》을 토대로 개편하고 보충해 책으로 묶음.	상고 시기로부터 명나라 가정 시기까지 문체, 전장典章, 제도 등 40여 부류를 언급함.	창작할 때 단어, 전고典故를 따서 쓰는데 편리하게 함.
고금도서집성	강희 왕조	윤지, 진몽뢰 등	강희 황제 때 편찬을 완성하고 옹정 황제 때 수정하여 간행함.	도합 1만 권인데 6편 32지, 6109부로 나뉨. 가장 큰 유서類書임.	내용이 광범위하고 자료가 풍부하며 분류가 상세함.
패운운부	강희 왕조	장옥서 등	《운부군옥》, 《5거운서》를 합해 편찬되었으며 더 보충하고 첨가함.	도합 556권인데 단어의 마지막 글자의 운에 돌리고 106운부로 나뉨.	운으로 전고의 출처를 검색하므로 연구와 창작에 편리함.
역대부회	강희 왕조	진원용 등	상고 시기부터 명나라 때까지의 사, 부 작품 3800여 편을 집중함.	정집正集은 사물을 서술한 부이고 외집外集은 서정의 부이며 이외에 잔문일구殘文逸句 등이 있음.	지금까지 사와 부를 가장 완벽하게 수집한 총집임.
명사	강희 왕조	만사동, 왕홍서 등	순치, 강희, 옹정 세 왕조에서 명사관을 설립하고 편찬했으며 옹정 황제 때 탈고하고 건륭 황제 때 간행함.	도합 336권인데 기紀, 지志, 표表, 전傳을 제하고 토사土司, 외국 등 전을 창작함.	새로 창작한 전기는 시대적 특색을 반영해 연구하기에 좋음.
전당시	강희 왕조	팽정구 등	청나라 초기 계진의季振宜의 당시를 바탕으로 해 명나라 때 호진정胡震亨의 《당음통첨》을 참고하여 증정함.	당조, 5대 시기의 2837명 작가의 시가 4만 9403수를 수록했으며 작자의 소전小傳, 교열 주해가 있음.	당나라 시기 시가 예술을 연구하는 데 편리함.
청회전	옹정 왕조	윤진 등	강희 황제 때 처음 편찬하고 옹정 왕조 때 탈고하고 간행함. 그 후 역대 왕조에 모두 수정했고 광서 황제 때 재차 수정 간행함.	광서 황제 때 간행된 책으로는 회전會典 100권, 사례事例 1220권, 도圖 270권임.	청나라의 전장제도를 연구하는 데 좋은 자료임.
사고전서	건륭 왕조	4고관신	건륭 황제 이전의 모든 서적을 집중하여 필사한 것으로 경, 사, 자, 집 네 개 부분으로 나뉨.	이 책은 3503종의 7만 9337권을 수록함. 도합 7부를 써서 각각 문연각, 문원각 등 7곳에 수장함.	규모가 가장 큰 총서임. 봉건예교를 숭상하는 자들이 베끼는 데 유리함. 그렇지 않으면 배척·금지당했음.
속續통전	건륭 왕조	삼통관	당조 시기 두우杜佑의 《통전》의 속편임. 병부와 형부 두 부문에서 두 가지를 나누어 편찬하고 기윤 등이 교정함.	도합 150권인데 당숙종으로부터 명나라 말까지 기술했는데 명나라의 역사 자료가 가장 많음.	10종의 중요한 전지체정서典志體政書의 하나임. 당조부터 명나라까지 연구하는 좋은 사료임.
속續통지	건륭 왕조	삼통관	북송의 정초鄭樵 《통지》의 속편임. 그러나 세가와 연보年譜를 두지 않았으며 기윤 등의 교정을 거침.	기전 부분은 당조 초기부터 원조 말까지이며, 20략은 5대부터 명나라 말까지 썼는데 도합 640권임.	10종의 중요한 전지체정서典志體政書의 하나임. 당조부터 명나라까지 연구하는 좋은 사료임.
속續문헌통고	건륭 왕조	삼통관	명나라 시기 왕은王圻의 《속문헌통고》를 토대로 증가, 보충 수정해 책으로 만듦. 기균 등의 교정을 거침.	내용상 원조 말 마단림馬端臨의 《문헌통고》를 이어받았고 체례體例 면에서 군사群祀, 군묘群廟 두 종류가 더 있으며 도합 250권임.	10종의 중요한 전지체정서의 하나임. 원, 명 두 왕조를 연구하는 데 좋은 사료임.
청통전	건륭 왕조	삼통관	체례는 《속통전》과 같으나 9문九門 이하의 작은 제목들은 청나라의 실제 정황에 근거해 설정함.	기록한 청나라의 전장 제도는 건륭까지이며 도합 100권임.	10종의 중요한 전지체정서의 하나임. 청나라 전기 제도를 연구하는 데 좋은 사료임.
청통지	건륭 왕조	삼통관	체례는 《통지》와 《속통지》와 다르며 20략略밖에 설정하지 않음.	씨족, 6서, 7음, 교수도보校讐圖譜, 금석, 곤충초목 면에서 비교적 특색이 있음. 도합 126권임.	10종의 중요한 전지체정서의 하나임. 청나라 전기 사회를 연구하는 데 좋은 사료임.
청문헌통고	건륭 왕조	삼통관	체례는 《속문헌통고》와 같음.	도합 300권이며 8기전제, 전폐 등 26고考를 설정함.	10종의 중요한 전지체정서의 하나임. 그중 8기에 관한 부분이 상세함.

| 세계사 연표 |
영국이 처음으로 공채 100만 파운드를 발행했다.

13경주소	건륭 왕조	원원	남송 때 벌써 13종의 유가경전을 판각했으며 각 경의 주소注疏를 확정함. 명나라 시기에도 판각본이 있었음. 원원阮元은 송조 판본에 의해 다시 판각하고 교열기를 씀.	도합 416권이며 '역'은 왕필王弼, 한강백韓康伯이 주석을 닮. 간혹 공영달孔穎達의 정의를 적용함. '서'는 공안국孔安國의 '전'을 적용했으며 주석은 공영달의 '정의' 등을 적용함.	원원의 《13경주소》는 지금의 통행본通行本으로 고대의 경서와 주소를 보존하는 면에서 중대한 가치가 있음.
대청일통지	도광 왕조	관수	강희, 건륭 때 모두 수정했으며 가경, 도광 연간에 또다시 수정함. 도광 연간에 간행함. 연을 적용하는 자료가 다음의 가경 말까지였으므로 '가경 시기에 재차 편찬한다'는 말이 있음.	건륭 시기에 500권을 편찬했으며 도광 시기에 재차 500권을 편찬함. 각 행성 외에 강역, 인구, 유우流寓 등 중요한 내용이 있음.	내용이 풍부하고 상세함. 지금까지 유전된 권수가 가장 많은 고대 지리 총지이며 중국의 역사 지리를 연구하는데 중대한 사료적 가치를 제공함.
고문사류찬	가경 왕조	요내姚鼐	전국 시기부터 청나라까지의 각 부류의 우수한 문장을 선택 수록함. 문장 체재에 따라 분류했는데 논변論辯, 서발序跋 등 13가지 부류로 됨.	도합 75권이며 '전국책', '사기, 사와 부, 당송 8대가, 명나라의 귀유광歸有光, 청나라의 방포方苞 등의 산문을 수록함.	중국 고대 각 부류의 문장 체계를 인식하는 데 동성학파桐城學派의 산문풍격의 형성에 대하여 중대한 의의가 있음.

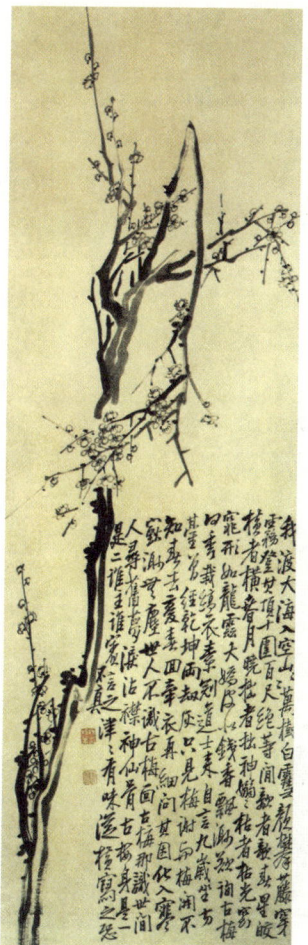

호죄를 언도받고 산동에서 자결했지만 그 시체를 항주의 사형장으로 가져가 많은 사람들 앞에서 36 토막을 냈다.

강녕 지현으로 있던 그의 동생 진영뢰陳永賴도 이 사건에 연루되었다.

그 일이 벌어진 후 오지영은 조정에서 상을 받았는데 장윤성, 주우명 등이 가진 재산의 절반을 차지했을 뿐만 아니라 우첨도어사右僉都御史로 복직되었다.

사서의 기록에 따르면 강희 4년 가을 어느 날, 오지영이 복권되어 돌아오는데, 갑자기 광풍이 휘몰아치고 번개가 쳤다. 오지영은 그때 병을 얻어 살이 썩기 시작했으며, 나중에는 뼈만 남게 되었다고 한다.

사람들은 그러한 일을 인과응보라고 입을 모았다.

매화도梅花圖 (청나라 이방응 그림)
이방응李方膺(1695~1754)은 자가 규중虯仲, 호는 청강晴江, 추지秋池이며 강소 남통 사람이다. 청나라 화가인 그는 양주팔괴의 한 사람이다. 그는 여러 가지 작은 물건을 잘 그렸는데 특히 매화를 잘 그렸다.

전동 (청나라 개기 그림)
전동錢東은 건륭, 가경 연간의 화가다. 그는 자가 동고東皐, 호는 수해袖海이며, 옥어생玉魚生이라고도 불렀다. 당시 그는 명성이 높았으며, 이 그림은 개기改琦가 전동을 위해 그린 유상遺像이다.

| 중국사 연표 |
1694년 몽골이 인구조사를 실시했다.

033

오보이를 사로잡은 강희 황제

강희 황제가 친정 체제를 구축하기 위해 장애물을 제거하는 데 성공했다.

강희 황제는 여덟 살 때 황제가 되었다. 선황제 순치의 유언에 따라 국가 대사는 조정의 원로 소니, 수크사하蘇克薩哈, 에빌룬遏必隆, 오보이鰲拜 등 네 명의 고명顧命대신이 공동 처리했다. 대신들은 순치 황제 병상 앞에서 어린 황제를 보좌해 성상의 은혜에 보답하겠다고 맹세했으나 오보이가 그 맹세를 깨고 말았다.

네 명의 대신들

오보이는 바투루 출신이다. '바투루'는 만주어로 용사라는 뜻이다. 그는 무예가 뛰어났지만 거만하고 난폭해서 조정의 문무백관은 모두 그를 두려워했다. 보좌 대신이 된 후 오보이는 더욱 안하무인이 되어 자기와 견해가 다른 사람은 누구든 벼슬자리에서 몰아냈다.

강희 황제의 용포龍袍 (위 사진)
청나라 때 황제의 옷차림은 크게 예복과 평상복으로 구분했는데, 조복朝服은 예복의 하나였다. 청나라 때 황제의 조복은 만족의 전통적 풍격의 피견披肩과 마제수馬蹄袖를 보존했으며 윗옷과 아래 치마 모양으로 만들었다. 강희 황제가 입었던 이 조복은 비단 옷감에 채색의 수를 놓고 금 조각을 달았다. 바닷물, 구름, 용 무늬와 깃에는 금운룡팔보金雲龍八寶 도안을 수놓았다.

●●● 역사문화백과 ●●●

[청나라 때의 씨름 부쿠]

'부쿠布庫'란 한어漢語로 씨름이란 뜻이다. 쌍방은 무기를 지니지 않고 맨손으로 싸우는데 먼저 넘어지는 쪽이 지게 된다. 그래서 일명 '각력角力(힘의 겨룸)'이라고도 했다. 강희 황제 초기에 소니의 둘째 아들 쉐허투가 10대 귀족 자제를 모아 궁궐 안에서 부쿠를 하면서 오보이를 사로잡았다. 그 후 청나라 궁궐에서는 명절 연회에서 꼭 부쿠를 공연했다.

원로 보좌 대신 네 사람 중 수석 대신 소니는 나이가 많은 데다 지병이 있어 그와 다투려 하지 않았고, 세 번째 대신 에빌룬은 능력이 없어 바라볼 수밖에 없었다. 오직 수크사하만이 그와 다퉜지만 세력이 오보이보다 약했기에 적수가 되지 못했다.

강희 황제는 열네 살 되던 해 친정親政을 했지만, 실권은 여전히 오보이가 쥐고 있었다. 그때 소니는 이미 병으로 사망한 후였고, 오보이와 일하고 싶지 않은 수크사하는 강희 황제에게 선황제 능을 지키는 일을 하겠다는 청원서를 제출했다.

그러자 오보이는 곧 자신의 심복들을 불러놓고 회의를 했다. 그 자리에서 수크사하의 24가지

청나라 초기 4대 보좌 대신 중 한 사람인 수크사하
수크사하(?~1667)는 나라씨이고 만주정백기 사람이며 4대 보좌 대신 중 한 사람이었다. 오보이와는 상극이었지만 자신을 보호하기 위해 선제릉침(청나라 동릉의 효릉)을 지키는 일을 지원했지만 오보이에게 교살당했다. 사진은 수크사하가 지키려 했던 동릉의 수릉守陵 대신아문이다.

| 세계사 연표 |
1694년 영국이 잉글랜드 은행을 설립했다.

《청성조실록淸聖祖實錄》 출전

군복 차림의 강희 황제

죄목을 만들어 냈으며, 수크사하의 큰아들이자 내대신인 차커단查克旦 등 아들과 조카들까지 연루되도록 일을 꾸몄다. 또한 그의 동족 등도 빼놓지 않았다.

오보이는 궁궐에 들어가 강희 황제에게 수크사하의 죄상을 열거하며 처벌하라고 협박했으나 강희 황제는 동의하지 않았다. 그러자 오보이는 강희 황제 앞에서 호통을 치며 주먹까지 휘둘러 댔다. 이렇게 며칠을 핍박하자 강희 황제는 할 수 없이 그의 요구를 들어주었다.

일을 성사시킨 오보이는 더욱 득의양양해 무엇이든 마음 내키는 대로 했다. 정부 각 부서에는 그의 심복이 있었는데, 그의 집은 정사를 토론하고 결정을 내리는 작은 조정이 되었다. 조정에서 가장 앞자리를 차지한 그는 옷차림새가 황제와 똑같았다. 모자 장식만 황제와 달랐는데, 그의 모자는 붉은 털실로 둥그렇게 매듭을 짓고, 강희 황제의 모자는 동주東珠를 박아 놓았다.

강희 황제는 그런 오보이에게 화가 났지만 겉으로 전혀 내색하지 않았다. 그리고 소니의 아들 쒜에투索額圖를 측근 시위로 삼고 무슨 일이든 그와 상의했다.

얼마 지나지 않아 궁궐에는 강희 황제와 나이가 비슷한 소년들이 모여들었다. 8기 자제들 가운데서 뽑은 소년들이었는데, 모두 총명하고 용감했다. 강희 황제는 궁궐 안이 너무 적적해서 그들을 불러 부쿠를 하기 위한 것이라고 하며 조석으로 그들과 함께 씨름·격투 놀이를 즐기곤 했다.

오보이는 권세를 앞세워 아무 때나 궁궐에 들어와 황제를 귀찮게 했다. 그럴 때마다 강희는 태감에게 소년들을 불러오라고 명령했으며, 소년들도 피하지 않고 여느 때와 마찬가지로 강희 황제와 장난을 치곤 했다. 이 모든 것을 지켜본 오보이는 그런 행태를 대수롭지 않게 여겼으며, 오히려 은근히 기뻐했다.

에빌룬의 패도佩刀

에빌룬(?~1674)은 뉴구루씨鈕祜祿氏이고 만주 양황기 사람이며 4대 보좌 대신 중 한 사람이다. 강희 황제가 친정을 한 후 보좌 대신, 일등공신으로 책봉했다. 나약하고 무능한 그는 줄곧 오보이의 비위를 맞추면서 의견을 내세우지 못했다. 오보이가 붙잡힌 후 에빌룬은 죽음을 면하고 태사와 공작 작위를 박탈당했다. 그러나 정치 세력의 균형을 위해 강희 황제는 그의 두 딸을 부인으로 맞아들이고 큰딸을 비로 책봉했다. 사진의 패도는 손잡이에 직사각형의 상아패가 있는데 위에는 '에빌룬영롱도'라는 글이 새겨져 있다.

1644~1840 청나라·1

삼희당법첩三希堂法帖

| 중국사 연표 |

1697년 달라이라마 6세가 좌상의식坐床儀式을 거행했을 때 강희 황제가 인감과 편지, 책봉문을 수여했다.

10준마도의 한 폭 (청나라 왕치성 그림)
왕치성王致誠(1702~1768)은 프랑스 사람인데, 리옹에서 그림을 배우고 로마로 유학했다. 초상화를 잘 그린 그는 건륭 3년(1738)에 중국으로 와 〈3왕래조야수도三王來朝耶穌圖〉를 바쳐 궁정화가가 되었다. 낭세녕郎世寧·애계몽艾啓蒙·안덕의安德義와 함께 '4인 서양화가' 로 불렸다. 이 그림은 건륭 황제의 10필의 어기御騎준마(그림은 그중 한 폭임)를 그린 것인데 서양 화법으로 준마를 정교하게 표현했다.

그는 날마다 놀이에 빠져 있는 강희 황제가 견제의 대상이 되지 않는다는 생각을 하기에 이른 것이다.

이 우르르 몰려들어 오보이를 쓰러뜨리고는 머리를 잡아채 꼼짝도 못하게 결박했다. 오보이가 상황을 알아챘을 때는 이미 포승에 꽁꽁 묶여 옴싹달싹하지 못하게 된 뒤였다.

강희 황제는 오보이를 체포한 후 정부 각 부서에 배치돼 있던 오보이의 수하를 모두 제거했다. 강희 황제는 권신들이 편을 가르고 서로 배척하던 암흑 정국을 바꾸었으며, 명실공히 친정의 길로 들어서게 되었다.

범을 잡은 '하룻강아지'

강희 황제는 때를 기다리며 오보이를 안심시키면서 자기의 심복들을 키워 나갔다. 시간이 지나자 소년들은 모두 훌륭한 능력을 갖추게 되었고, 얼마 후 때가 되었다고 생각한 강희는 마침내 결심을 했다.

강희 황제는 오보이에게 단독으로 만날 것을 요청했고, 강희에 대해 아무런 경계심도 없는 오보이가 궁궐로 들어왔다. 오보이가 문턱을 넘어 발을 붙이기도 전에 문 안쪽에 매복해 있던 소년들

부쿠 선수
건륭 연간에 그린 그림으로 재주를 보여 주는 부쿠 선수들이다.

| 세계사 연표 |

1697년 러시아 표트르 대제가 평복 차림으로 서유럽을 돌았다.

034

양계초梁啓超《중국근대 300년학술사中國近代三百年學術史》
《주순수집朱舜水集》 출전

일본에서 유학을 강의한 주순수

주순수朱舜水는 학술 면에서 실제적 효과를 중시했다. 그는 23년 동안 일본에 거주하면서 유학을 전파하고 중일 문화 교류를 촉진했다.

과거시험을 유희로

주순수는 절강 여요余姚 출신이다. 여요는 절강 동부의 작은 현이지만 많은 인재를 배출한 곳이다. 명나라와 청나라가 교체되던 시기에 여요에서 왕수인王守仁과 주순수 그리고 황종희黃宗羲 등 대학자들이 나왔다.

학문이 깊은 주순수는 일찍 이계현李契玄, 장긍당張肯堂 등 이름난 학자들을 스승으로 모셨으며 《시경》과 《상서》를 깊이 연구했다. 그가 한 벼슬 중 가장 높은 직책은 은공생恩貢生이었는데, 송강부에서 유생의 자격으로 얻은 것이었다. 당시의 주 시험관 오종만吳鐘巒은 그의 재능을 높이 평가하면서 그를 대명개국大明開國의 첫 사람이라 부르기도 했다.

하지만 그는 더 이상 과거시험을 치르지 않았다. 벼슬을 하던 집안에서 태어난 그는 어른들의 성화에 못 이겨 매번 과거시험에 참가는 했지만 답안을 제대로 쓰지 않았다.

그는 오직 자신의 아내에게만 "내가 만약 벼슬을 하게 되면 백성들에게 칭송을 받을 것이고 계속 승진해 출세도 할 수 있을 것이다. 하지만 나는 보는 대로 말하고 쉽게 흥분하며 포용력이 없어 결국은 큰 죄를 짓고 패가망신할 것이다. 그래서 나는 벼슬을 하지 않겠다."라고 말했다.

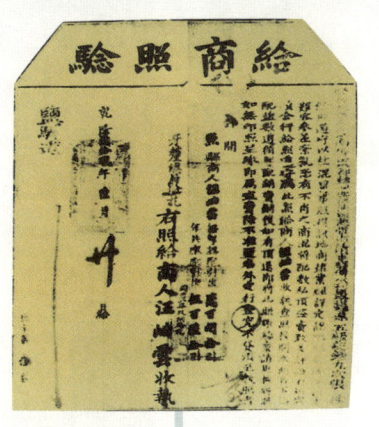

급상조험 - 청나라 시대 영업허가증 (위 사진)
청나라 시대의 급상조험給商照驗은 지금의 영업허가증이며 상공업에 대한 정부의 관리 수단이었다. 청나라 전기에 경제가 발달하자 이에 상응한 여러 가지 관리허가증을 발급했다. 급상조험은 건륭 19년에 강절염운사가 염상鹽商들에게 발급한 운송 판매 허가증이다.

주희를 선조로 섬기지 않다

강직한 주순수는 권세를 가진 자에게 아부하지 않았으며 자신을 높이려 하지도 않았다. 당시의 문인들은 대부분 자신의 신분을 높이기 위해 영향력 있는 인물을 선조로 받아들었다. 주원장朱元璋도 황제 초기에 주희朱熹를 선조로 모시려고 했지만 주희의 직계 후예가 족보를 들고 온 후 망신을 당할까 봐 포기하고 말았다.

주순수가 서른일곱 살 되던 해 어떤 사람이 주씨 족보를 들고 찾아와 주희의 후예라고 하면서 주순수와 자기는 종친이라고 말했다.

주순수는 족보를 읽어 보았는데, 그가 알고 있는 것과 대체로 같았지만 한 세대가 명확하지 않았다. 그래

●●● 역사문화백과 ●●●

[일본에서의 《수호전》]

《수호전水滸傳》은 제일 먼저 일본에 전해졌다. 명·청나라 때는 《수호전》이 금서였기에 많은 초기의 판본들은 중국에서 실전되었지만, 일본에는 지금까지 초기의 판본인 《영웅보英雄譜》 《삼국수호합전三國水滸合傳》, 이지李贄가 평론한 《충의忠義수호전》 《수호지전평림傳評林》 등이 보존되어 있다. 18세기 후반은 《일본수호전》 창작이 활발한 시기였는데, 《본조본朝수호전》 《일본수호전》 《여여수호전》 《신편新編여수호전》 《경성傾城수호전》과 《이여파취고전伊呂波醉故傳》 《천마天魔수호전》 등 20여 종이 나왔다. 사키토 아모토의 《일본수호전》에서는 인간 세상에 반란을 일으킨 영웅들은 하늘의 별들이 내려온 것이라고 했다. 《수호전》을 숭배한 작가는 결말에서도 시내암의 필법을 그대로 모방했다. 1840년에 출판한 《경성수호전》도 시내암의 《수호》를 모방해 창작한 것으로, 소설 속 인물은 모두 일본 이름이다.

1644~1840 청나라·1

중당中堂 137

| 중국사 연표 |

1698년 상림원을 줄였다.

인물산수도 人物山水圖 (청나라 나빙 그림)
나빙羅聘(1733~1799)은 자가 축부遯夫, 호는 양봉兩峰, 의운화상衣云和尙이며 안휘 흡현 사람으로 강소 양주에서 살았다. 청나라 때 화가이고 '양주팔괴楊州八怪'의 한 사람이다.

서 주순수는 자신의 이름을 그 족보에서 삭제하겠다고 했다.

에도에서 유학 강의

주순수는 남명 시대에 반청反淸 활동에 참가했다. 이 기간에 그는 해외를 떠돌아 다녔는데, 그때를 전후해 일곱 번이나 나가사키를 방문했다.

순치 16년(1659), 그는 마지막으로 일본에 가면서 그곳에 정착하기로 결심했다. 주순수가 일본으로 건너가 나가사키에 정착했을 때는 도쿠가와德川 막부幕府가 쇄국정책을 실시하고 있었다.

규정에 따르면 중국인은 일본에 40년 동안 정착할 수 없었다. 그러나 주순수의 학식을 흠모한 일본 학자 안토 모리나리安東守約가 그를 스승으로 모시고, 막부에 상소를 올려 허락을 얻은 이후 일본에 정착할 수 있었다. 주순수가 무척 가난하다는 사실을 알게 된 안토 모리나리는 자신의 녹봉 절반을 주기까지 했다.

강희 3년(일본 야마토 4년 1664), 주순수를 존경하던 미토水戶 번주藩主 도쿠가와 미쓰쿠니光國는 막부의

〈사녀도仕女圖〉의 한 폭 (청나라 진자 그림)
진자陳字(1634~?)의 원래 이름은 유정儒禎으로, 그의 자는 무명無名 또는 명유名儒이고, 호는 소련小蓮, 주도인酒道人이라고도 했으며 절강 제기諸曁 사람이다. 그는 유명한 화가 진홍수陳洪綬의 아들로 인물과 화훼를 잘 그렸다. 〈사녀도〉 병풍의 열두 쪽은 모두 귀족 여성들의 한가롭고 여유로운 생활을 그렸다. 이 그림은 그중 세 번째 〈낭원채방閬苑采芳〉이다.

| 세계사 연표 |

1698년
런던에 증권거래소가 설립되었다.

강희 연간에 만든 청화유리홍靑花釉里紅 그물 무늬 주전자

동의를 얻어 주순수를 수도 에도(도쿄)에 청해 유학을 강의하도록 하고, 정식으로 그를 빈사賓師로 초빙했다. 그 후 주순수는 여러 차례 중국 유학儒學을 강연했으며, 일본 제자들을 모집했다. 그는 강희 21년(일본 야마토 2년, 1682)에 83세를 일기로 세상을 떠났다.

도쿠가와 미쓰쿠니는 주순수를 스승의 예로 대하며 존경했다. 처음 일본에 가서 일본 교육이 뒤떨어졌다는 것을 느낀 주순수는 자신을 찾아온 학자에게 "국학을 흥성하게 하는 것은 나라의 대전大典입니다만, 귀국을 놓고 말하면 더없이 중요하오이다. 저는 귀국에 기대를 걸고 있소이다."라고 말했다.

그 후 도쿠가와 미쓰쿠니는 미토에 대성전을 건축할 때 먼저 주순수에게 30분의 1의 모형을 만들어 달라고 했다. 주순수는 또 성묘聖廟, 명륜당明倫堂, 존경각尊經閣 등도 만들어 참조했다.

강희 8년(1669) 도쿠가와 미쓰쿠니는 정식으로 학궁學宮을 세웠으며, 주순수에게 석존의주釋尊儀注를 제정하도록 하고 유생들을 거느리고

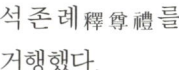

강희 연간에 만든 오채가금로사하화문봉미존五彩加金鷺鷥荷花紋鳳尾尊

옥호춘색도玉壺春色圖
(청나라 김농 그림)
김농金農(1687~1764)은 자가 수문壽門, 사농司農, 길금吉金이고, 호는 동심선생冬心先生, 필반승粥飯僧, 곡강외사曲江外史, 계류산민稽留山民이다. 그는 절강 인화, 지금의 항주 사람으로 청나라 시대 서화가이며 시인이다. 그는 예서, 해서, 전각篆刻에 재주가 있었다. 50세부터 그림을 그리기 시작했는데 대나무, 매화, 불상, 인물, 산수 등을 잘 그렸으며 '양주팔괴'의 한 사람이다. 이 그림은 김농의 그림 풍격을 보여 주는 매화다.

석존례釋尊禮를 거행했다.

당시 도쿠가와 미쓰쿠니는 전표존왕일통專標尊王一統의 뜻을 이루기 위해 창고관彰考館을 세우고 《대일본사大日本史》 편찬을 주최했는데 주순수도 요청을 받아 이 책의 편찬에 참가했으며, 그의 제자가 제1임 총재직을 맡았다.

이 역사책은 주순수가 존왕양이尊王攘夷를 지도사상으로 하여 완성한 것이며, 후세의 메이지 유신에 큰 영향을 주었다. 그런 까닭에 메이지 천황은 도쿠가와 미쓰쿠니에게 정일위正一位를 증여했으며, 그를 위해 상반신사常盤神社를 세워 주었다.

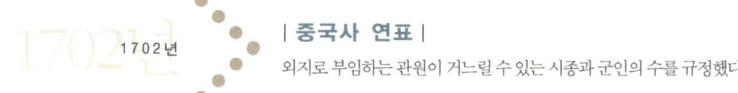

| 중국사 연표 |
외지로 부임하는 관원이 거느릴 수 있는 시종과 군인의 수를 규정했다.

035

만리 길을 걸은 고염무

고염무顧炎武의 대표작 《천하군국이병서天下郡國利病書》와 《조역지肇域志》 그리고 《일지록日志錄》 등은 모두 전세傳世의 명작이다.

필부의 직책을 마다하지 않은 서생

명나라 숭정 12년, 청나라 숭덕 4년(1639), 과거시험이 끝난 가을이었다. 곤산에서 온 두 젊은이가 급제에 실패하자 집으로 돌아가려고 행장을 꾸렸다. 하지만 그들이 과거시험에 참가한 것은 그저 지식인으로서의 의무를 이행하기 위함일 뿐, 위태로운 민족의 위기와 재난만을 걱정했다.

두 젊은이는 복사復社에서 만나 마음을 열게 된 친구였다. 옷차림이 수수하고 성미가 소탈한 젊은이는 이름이 귀장歸莊이고, 사팔뜨기이며 얼굴에 주근깨가 있는 젊은이는 고강顧絳으로 자는 염무炎武였다.

귀장이 심각한 표정을 짓자 고강이 말했다.

"예부터 왕조가 교체되고 임금의 성이 바뀌는 상황은 늘 벌어졌기에 이를 그저 망국亡國이라고만 할 따름이었네. 그러나 외족이 침입하여 땅과 백성을 차지하면 천하를 망치게 되네. 임금과 조정을 보호하는 것은 관리들의 책임이지만 천하를 지키는 일은 백성 모두의 책임이네. 지금 우리는 천하가 망하는 위기에 직면했네. 그래서 나는 봄에 있을 과거시험에 참가하지 않을 작정이네."

고강의 열변에 감동한 귀장이 말했다.

"옳은 말일세! 삼국 때 등애鄧艾라는 명장이 있었지. 그는 어릴 때 이르는 곳마다 꼭 높은 곳에 올라서서 지형地形을 관찰하는 버릇이 있었는데, 그 버릇은 장군이 된 후 크게 쓸모가 있었지. 우리도 천하의 산천지리를 연구하는 일부터 시작하세나. 그러면 이후에 꼭 쓸모가 있을걸세."

살아 있는 강남의 사기士氣

고강은 귀장의 의견에 찬성했고, 고향으로 돌아가 역대의 사서史書, 명가名家 문집, 관원들의 상주서에 나타난 지리 연혁, 산천 형세, 지방 물산 등의 자료를 뽑아 기록하고 연구해 40여 권의 책을 정리했다.

고강이 서른두 살 되던 해 귀장과 함께 걱정하던 일이 마침내 벌어지고 말았다. 명나라가 멸망하고 청나라 군대가 북경에 들어왔으며 복왕 주유숭朱由崧이 남경에서 남명 황제가 되었다. 그와 동시에 곤산昆山에 있는

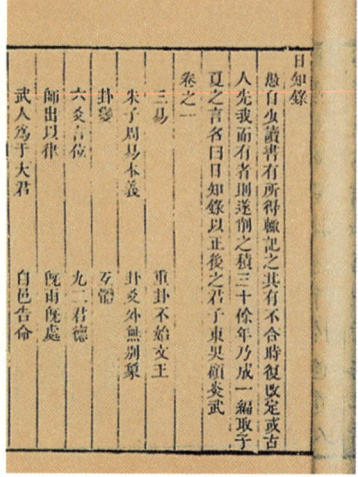

'천하의 흥망은 필부에게도 책임이 있다'는 글이 있는 책과 고염무

고염무는 호가 정림亭林이며 곤산 사람이다. 그는 명나라 말기, 청나라 초기의 사상가이자 학자다. 그는 경학, 사학, 천문, 지리, 음운, 금석 등에 대해 연구했으며 '천하의 흥망은 필부에게도 책임이 있다.'는 사상 및 경세치용經世致用을 제출했다. 저작으로는 《일지록》 등이 있다.

| 세계사 연표 |

1702년 영국의 왕 윌리엄 3세가 죽고, 그의 여동생 앤이 즉위했다.

출전 《고염무학보顧炎武學譜》

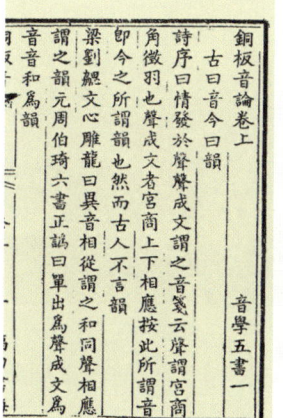

고염무의 《음학5서》의 영인
《음학音學5서》는 고염무의 저서로 1643년에 책으로 편찬되었으며, 한어에서의 상고음上古音의 음운학音韻學 연구 저작이다. 이 책은 음론音論, 시본음詩本音, 역음易音, 당운정唐韻政, 고음표古音表 등 다섯 부분으로 나뉘었으며 이론과 실천에서부터 이전의 엽음설葉音說을 부정하고 고음학古音學의 토대를 마련했으며 음운학 연구의 새로운 영역을 개척했다.

귀장
귀장歸莊은 명나라 말기, 청나라 초기의 문인이다. 그는 반청 투쟁에 참가했다 패한 후 승려로 가장하고 망명했으며, 고향으로 돌아가서는 죽을 때까지 미치광이처럼 행동했다. 글과 서화에 능했던 그의 저작에는 《귀장집歸莊集》이 있다.

독후감을 기록하며 현실에 적용하다

고강의 집은 명나라 패잔병들에게 약탈당했고, 옛집은 몽땅 불타고 말았다.

고강은 남송 시대의 문천상文天祥을 흠모해 문천상의 제자 왕염오王炎午와 이름이 비슷하게 자를 염무炎武라고 지었다. 그는 문천상의 '단심난멸丹心難滅'의 민족적 절개를 배우리라 다짐했다.

남경에 도착한 고염무는 남명의 조정이 일을 제대로 해주기를 바랐지만 크게 실망하고 말았다. 지사志士 진자용陳子龍은 그에게 무거운 어조로 말했다.

"세상일은 그야말로 실망케 하오이다! 하지만 강남의 사기와 민심이 아직 살아 있거늘 일찌감치 돌아가서 만반의 준비를 하는 것이 나을 것이오. 우리는 때가 되면 청나라를 반대하는 싸움터에서 다시 만나면 될 것이오."

강남 일대에서 반청 투쟁이 번지기 시작했다. 고염무는 회하 남북과 소주, 항주를 드나들었다. 그는 상인으로 변장하고 이름도 장산용蔣山佣이라 고친 다음 이르는 곳마다 반청 지사들과 연계해 청나라군과 투쟁할 것을 주장했다.

어느 날, 그는 청나라에 투항한 열신劣紳 엽방항葉方恒에게 잡혀 뭇매를 맞고, 또 통해通海죄로 관청에 압송되었다.

제조 공예가 발달한 청나라 시대의 선지
선지宣紙는 최초에 당나라 시대 안휘 무호蕪湖지구에서 나타났다. 당시 무호지구를 선주宣州라 불러 선지라 부르게 되었다. 청나라 시대에 선지 생산은 더욱 발달했는데 내부內府, 관부官府의 모든 공문과 서신은 모두 선지를 썼다. 청나라 시대의 이 선지는 먹으로 테두리와 꽃무늬를 넣었을 뿐만 아니라 탁표托裱 절차를 거쳤다.

●●● 역사문화백과 ●●●

[흠정만인불득전각欽定滿人不得纏脚]

숭덕 원년(1636)에 홍타이지는 왕공 대신들을 모아 놓고 내홍문원대신에게 《금사金史·세종기世宗紀》를 읽게 하고는 사람에게 한인들의 옷차림을 따라 하지 못하도록 했다. 남자들은 목깃이 넓은 옷을 입지 못하고 융모絨帽를 쓰지 못하며, 여인들은 전족을 하지 못하며 승려와 도사들은 예전의 옷차림을 하고 모자를 써야 하며, 비구니들은 전족을 하지 못한다는 법령을 반포했다.

가는 색실과 적합한 침법針法으로 앞과 뒤에 색상, 형상, 크기, 침각針脚이 똑같은 자수품을 만드는 것을 말한다

| 중국사 연표 |

1703년 강희 황제가 황하를 다스린 10여 연간의 성과에 근거해 하도河道 관원들을 장려했다.

청원도聽阮圖 (청나라 유언충 그림)
유언충劉彥衝(1807~1847)은 원래 이름이 영泳, 자는 영지詠之이며 사천 동량 사람으로 강소 소주에서 살았다. 그는 산수, 인물, 화훼를 잘 그렸다. 그림에서는 문인이 머리에 높은 관冠을 쓰고 앉아 가녀歌女가 타고 있는 원금阮琴 소리를 듣고 있다.

통해란 정성공과 사사로이 내통한다는 뜻이었는데, 죄가 성립되면 목숨을 잃을 수밖에 없었다. 하지만 귀장의 도움으로 송강 감옥에서 풀려날 수 있었다.

어느덧 순치 16년(1659) 가을이 되었다. 산해관에서 거용관에 이르는 길에는 도가道家 옷차림을 한 사람이 먼지를 흩날리며 힘겹게 걸어가고 있었는데 그는 바로 마흔여섯 살이 된 고염무였다. 그의 시종은 책을 가득 넣은 궤짝과 간단한 행장을 실은 노새 두 마리를 몰고 있었다.

성새의 관문에 도착하기만 하면 고염무는 그곳을 자세히 관찰했다. 그리고 현지의 노인이나 제대한 병사를 만나면 그들에게 그 지방의 역사와 지리, 방어진을 어떻게 쳤는지 물어보았다. 그리고 저녁이 되면 허름한 시골 객주집 등잔불 아래에서 낮에 듣고 본 일을 정리해 기록했다. 그러다가

의문나는 곳이 있으면 관련 서적을 놓고 상세하게 확인했다. 고염무는 몇 년을 그렇게 보냈다.

거용관에 오른 후 고염무의 여행은 마무리가 되었다. 그는 고향이 그리웠지만 강산을 회복하지 못했기에 돌아갈 생각이 없었다. 그 대신 평생 읽은 책과 현지 관찰 결과의 차이점은 물론, 새롭게 얻은 자료를 토대로 집필을 했다. 《천하군국이병서》 《조역지》 《일지록》 등이 그 결과물이다.

휴금방우도척홍携琴訪友圖剔紅 필통
방우도는 회화에서 늘 쓰는 소재였다. 필통 바깥에는 산수·정자·누각·인물·수목을 조각해 넣었다. 이 필통은 칠층漆層이 두껍고 조각이 정교하며 무늬가 뚜렷하고 색채가 아름답다.

●●● 역사문화백과 ●●●

[천하의 흥망은 필부에게도 책임이 있다]

일반적으로 사람들은 '천하의 흥망은 필부에게도 책임이 있다'는 말을 고염무의 말로 인정하고 있다. 그러나 고염무의 《일지록》에서는 다만 '나라를 지키는 일은 임금과 신하의 일이고, 고기를 먹는 자들이 추구해야 할 일이지만 천하를 지키는 일은 비천한 필부와 도적에게도 책임이 있다'라고 썼다. 이에 근거해 후에 양계초梁啓超가 고정림은 천하의 흥망은 필부와 도적에게도 책임이 있다고 말했으며, '음빙실합집飮冰室合集통정죄언삼痛定罪言三'이라고 귀납했다. 이것으로 상술한 말은 고염무에서 나온 것이지만, '천하의 흥망은 필부에게도 책임이 있다'는 말은 양계초가 했다는 것을 알 수 있다.

| 세계사 연표 |

1703년 러시아가 수도를 모스크바에서 페테르부르크로 옮겼다.

036

《명사明史·황종희전黃宗羲傳》 출전

대학자 황종희

강희 황제는 지금 누가 지식과 재능이 제일 많고 문장을 제일 잘 쓰는지를 물었다. 그러자 서건학徐乾學은 황종희黃宗羲라고 대답했다.

1644~1840 청나라·1

황종희는 평생 학문을 연구했다. 그의 말과 행동은 지식인들의 본보기가 되었고, 제자들 중에서 영재英才가 배출되면서 청나라 초기 절동浙東 학파를 형성했다.

제자백가들의 책을 모두 읽다

황종희는 과거제도를 혐오했다. 따라서 그는 과거시험에 응시하기 위해 학문에 매진한 것은 아니었다.

그는 서른 살이 되기 전에 집에 있는 책을 모두 읽자 고향 여요余姚의 여러 학자들이 소장하고 있는 장서루藏書樓에서 읽지 못한 책을 찾아 필사한 다음 학문 연구에 몰두했다.

청나라 군대가 남하할 때 명나라 종실의 노왕魯王 주이해朱以海가 감국으로 추대되었다. 그때 황종희는 고향에 있는 제자 몇백 명을 모아 사명산四明山에 올라가 청나라를 반대하는 투쟁을 벌였다.

그 후 고향으로 돌아와 저술 활동을 시작했고, 높은 신망과 많은 제자를 얻었다. 역사학자 만사동万斯同, 만사대万斯大와 두보의 시에 주석을 단 학자 구조오仇兆鰲 역시 그의 제자들이다.

몇 년에 걸친 도서 수집은 황종희의 '남뢰속초당南雷續鈔堂'을 절강 동부에서 가장 큰 장서루로 탈바꿈시켰지만 그는 절강 동부와 절강 서부의 모든 장서루를 거의 다 방문할 정도로 여전히 열심히 책을 읽었다.

강희 5년(1666), 그는 화록사化鹿寺에서 기광원祁曠園의 장서를 판다는 소식을 듣고 그곳으로 달려가 사흘 밤낮을 뒤져 읽지 않은 책을 구해 돌아오기도 했다.

강희 12년(1673)에는 영파의 천일각天一閣에 가서 책을 읽었다. 그는 자신의 글 〈천일각장서기天一閣藏書記〉에서 당시 지식인들의 독서와 장서에 대해 이렇게 썼다. "독서가 어렵다면 장서는 더욱 어렵고, 장서가 오랫동안 흩어지지 않게 하는 것은 더더욱 어려운 일이다."

박학홍유시에 불참하다

강희 17년(1678), 시국이 안정되자 강희 황제는 지식인을 모으기 위해 박학홍유博學鴻儒과를 모집한다는 조서를 내리는 한편, 3품 이상 관원들에게 학식과 품행을 겸비하고 있음에도 산림에 은거한 자들을 특별히 우대하라고 명령했다. 그 결과 벼슬하기를 바라는 명나라 시대의 유민遺民, 후방역侯方域 등과 같은 사람들

명나라 말기, 청나라 초기 사상가 황종희
황종희(1610~1695)는 호가 이주梨洲이며 절강 여요 사람이다. 청나라군이 남하하자 그는 절강 동부 등지에서 반청 투쟁을 했으며 실패한 후 은거해 저술에 전념했다. 그의 저작은 유물주의 사상과 민주주의 사상을 가지고 있다. 그는 또 공업과 상업의 중요성도 제시했다. 그의 대표작은 《명이대방록明夷待訪錄》이며, 위 사진은 《명이대방록》 영인본이다.

강희 연간(1662~1722)의 오초재吳楚材, 오조후吳調侯가 편찬한 《고문관지古文觀止》

| 중국사 연표 |

1704년

시위 라시拉錫 등이 황하원黃河源을 찾은 후 상황을 파악해 그림을 그려 바쳤다.

이 모여들었다. 그 광경을 보며 어떤 사람은 이런 시를 써서 야유했다.

"현량을 모집한다는 조정의 특별 성지가 내리자 / 오랑캐 무리들 떼를 지어 앞을 다투는구나 / 집에서 새로운 벼슬자리를 찾아 주니 / 뱃속의 옛 문장 다시 떠올리는구나 / 당년에 주조에서 녹봉을 타먹은 일 부끄럽게 생각하며 / 오늘은 국록을 타먹을 생각을 하는구나 / 일조일석에 절개를 꺾어 버렸는가 / 서산의 고사리는 모두 없어지고 말았는가."

《명사》 편찬에 관심을 두다

강희 18년(1679)에 《명사》를 편찬하기 시작하자 황종희는 제자 만사동이 북경에 들어가 편찬 사업에 참가하는 것을 동의했다. 나아가 《대사기大事記》《삼사초三史鈔》등 사료들을 넘겨주기도 했다. 이듬 해 강희 황제는 엽방갈葉方葛과 서원문徐元文 등의 건의에 따라 양강총독 이지모李之茅, 절강순무 이본성李本晟에

체인각體仁閣
체인각은 고궁에서 곁채의 주 궁전이며 책을 편찬하던 곳이다.

《흠정명사欽定明史》
《명사》는 장정옥張廷玉이 전체적으로 편찬한 책으로 중국 역사 중 관부에서 편찬한 사서 가운데 편찬 기간이 제일 긴 책의 하나이며 건륭 연간에 '흠정'된 24사 가운데의 제일 마지막 한 부다.

게 예를 다해 황종희를 모셔 《명사》 편찬 사업에 참가하게 하라는 명을 내렸다. 그러나 황종희는 노모가 병사했다는 구실을 대고 나가지 않았다. 그러자 강희 황제도 더 이상 강요하지 않고 황종희의 논저와 수집한 자료에서 명나라와 관련된 것은 지방관이 발췌 기록해 북경으로 보내 사관에 교부하라는 성지를 내렸다.

강희 29년(1690) 어느 날, 강희 황제는 형부상서 서건학에게 지식과 재능이 뛰어나고 글을 가장 잘 쓰며 고문으로 등용할 만한 인재가 있는지 물었다. 서건학은 재차 황종희를 언급하면서 그는 여든 살이 넘었지만 아직도 손에서 책을 놓지 않고 있다고 말했다.

강희 황제는 그를 고문으로 삼고 싶다며, 그가 돌아가고 싶을 때 언제든지 돌려보낼 것이라고 하자 서건학은 황종희가 절대로 이곳에 오지 않을 것이라고 말했다.

황종희는 비록 《명사》 편찬에 참가하지는 않았지

●●● 역사문화백과 ●●●

[전시 전과에 따로 첨부한 과거시험 특과]

특과特科란 전시정과殿試正科 외에 따로 첨부한 과거시험인데, 박학홍사과博學鴻詞科, 효렴방정과孝廉方正科, 경제특과이며 강희·건륭 황제가 남방에서 순시할 때 각각 첨부한 특별 시험이다. 이 중에서 영향력 있는 특과는 강희 17년(1678)에 치른 박학홍사과인데 이 시험을 치른 사람 중에는 주이존朱彝尊, 탕빈湯斌, 모기령毛奇齡, 우동尤侗, 번뢰潘耒 등이 있었다. 건륭 원년(1736)에는 박학홍유과博學鴻儒科를 거행했다.

| 세계사 연표 |

1704년 영국이 지브롤터 해협을 점령했다.

대학자 서건학

서건학(1631~1694)은 강소 곤산 사람이다. 그의 자는 원일原一, 호는 건암健庵이고 내각학사內閣學士, 형부상서 등을 역임했다. 해임당해 남쪽으로 돌아간 후 그의 친속과 문객들은 그를 믿고 횡포를 부려 여러 번 고소당했으며 직무 취소처분까지 받았다. 죽은 후 원직무를 회복했다. 그는 어명을 받고 《대청일통지大淸一統志》《청회전淸會典》 및 《명사》를 편찬했다. 그리고 당, 송, 원, 명 학자들의 4서 5경에 대한 해석을 수집해 《통지당경해通志堂經解》로 묶었으며, 역대의 장사제도를 수집해 《독례통고讀禮通考》로 편찬했다.

역사학자 만사동 (위 그림)

만사동万斯同(1638~1702)은 절강 동부의 유명한 역사학자이다. 그는 자가 계야季野, 호는 석원石園이며 절강 은현鄞懸 사람이다. 그는 여러 역사에 정통했으며 명나라의 전적典籍과 연혁에 익숙했다. 그는 일생 동안 많은 저작을 썼는데 20여 종, 562권에 달한다. 그의 저작 중 최고는 《명사고明史稿》다.

만 사관들이 어려움에 처하면 언제든지 대답해 주었고, 때로는 천리 길을 걸어 원고를 직접 갖다 주면서 심사하고 교정했다. 따라서 《명사》 편찬에 큰 영향을 미쳤다고 할 수 있다.

이공 (왼쪽 그림)

이공李塨(1659~1733)은 자가 강주剛主다. 그는 안원顔元에게 배우고 함께 '안이학파顔李學派'를 창립했다. 그의 책으로는 《대학변업大學辨業》《논어전주論語傳注》《주역전주周易傳注》 등이 있다.

방고산수도 (아래 그림)

청나라 시대 사람이 그린 방고산수도仿古山水圖는 수려하고 맑고 깨끗한 감을 준다.

| 중국사 연표 |

1705년 강희 황제가 남방을 다섯 차례 순시했다. 남경에서는 명나라 태조 능에 직접 절을 올렸다. 강희 황제는 로마 교황이 중국 내정을 간섭하려 하자 서방 선교사를 모두 추방했다.

037

궁정 안의 서양 선교사

독일인 아담 샬 폰 벨(중국 이름 : 탕약망湯若望)과 벨기에인 페르비스트(중국 이름 : 남회인南懷仁)가 연이어 흠천감欽天監 감정監正으로 부임했다.

천문에 대해 박식한 독일인 탕약망은 청나라 초기에 흠천감을 20여 년 동안 관리했는데, 영향력이 가장 큰 선교사 중 한 사람이었다.

새로운 과학기술이 들어오다

탕약망은 독일 예수회 신부였는데 포르투갈의 지지를 받아 중국에 와서 선교 활동을 시작했다. 그는 몇 년간의 노력 끝에 중국 상류사회에 진입할 수 있었으나 본격적인 선교 활동을 시작하기도 전에 명나라가 망하고 말았다.

순치 황제가 자금성을 차지한 사실을 알게 된 그는 혼천성구渾天星球, 지평地平, 해시계, 망원경 등의 과학 기계를 들고 찾아가 청나라를 위해 최선을 다하겠다고 다짐했다.

당시 청나라 조정은 어린 순치 황제 복림福臨을 대신해 도르곤이 정권을 장악하고 있었다. 도르곤은 탕약망에게 그 자리에서 실험할 것을 명령했다. 그리하여 1644년 9월 1일, 신하들이 모인 가운데 일식 측정 실험을 했다. 그리고 탕약망의 측정이 흠천감 관원들의 측정보다 정확하다는 것이 입증되었다.

결과를 확인한 도르곤은 서광계徐光啓와 예수회 선교사가 편찬한 《숭정역서崇禎歷書》를 《시헌력時憲歷》으로 이름을 고쳐 사용한다고 반포했다. 그것은 바로 음력이었다. 그 후 탕약망은 흠천감 책임자인 감정監正이 되었다. 그리고 얼마 후 태상사

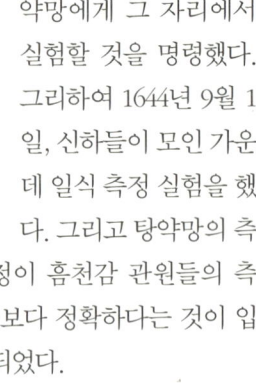

《숭정역서》(위 사진)
《숭정역서》는 명나라 말 서광계(1562~1633)가 주필하고 이천경李天慶(1579~1659)이 이어받았으며, 숭정 2년부터 7년까지 5년에 걸쳐 완성한 것이다. 이 역서는 유럽의 고전 천문학 지식을 인용했는데 천문학 기초이론, 기하학, 천문계기, 일월, 행성 운동 등 46종, 137권을 망라한다. 청나라 때부터 《숭정역서》에 근거해 계산한 역서 《시헌력時憲歷》을 사용하기 시작했는데 이 역서는 청나라 말까지 사용했다. 《4고전서四庫全書》에서의 100권본의 《서양신법산서西洋新法算書》는 선교사 탕약망이 《숭정역서》에 근거해 수정한 책이다.

탕약망 (오른쪽 그림)
탕약망(1592~1666)의 원래 이름은 요한 아담 샬 폰 벨로, 1592년에 독일의 쾰른에서 태어났다. 그는 1618년 리스본을 떠나 1619년에 오문澳門에 도착했으며 한동안 한족 문화를 학습한 후 1623년에 북경에 도착했다. 명나라의 숭정 황제가 즉위한 후 탕약망은 위탁을 받고 《숭정역서》를 편찬했다.

| 세계사 연표 |

1705년 영국의 천문학자 핼리가 혜성에 대한 연구발표를 했다.

《청사고淸史稿·탕약망전湯若望傳》

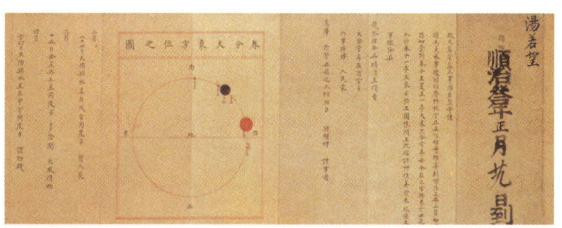

탕약망 계첩揭帖
탕약망은 흠천감 감정으로 임명되었다. 사진은 순치 3년(1646)에 그가 천상에 관해 상주한 계첩이다.

소경太常寺少卿, 통의대부通議大夫, 통현교사通玄敎師, 통정사通政史, 광록대부光祿大夫 등 봉호와 관직을 수여받았다.

서양인이 중국 조정에서 큰 벼슬을 하자 일부 사람들이 질투하기 시작했다. 명나라 때 신안위부천호 벼슬을 지낸 양광선楊光先은, 천주교는 서양 오랑캐들이 신봉하는 사교邪敎이며, 그들은 복음을 알린다는 명목으로 나라를 찬탈하기 위한 계략을 쓰고 있다고 주장했다. 따라서 서양 종교가 전파되면 삼강오륜三綱五倫이 무너진다고 역설했지만 예부에서는 그의 주장에 반응을 보이지 않았다.

순치 황제가 죽은 후 강희 황제가 즉위하자 오보이 등 네 명의 독재정치가 시작되었다. 그러자 양광선이 다시 '서양 오랑캐'에 관한 여러 가지 죄상을 주장했다. 그 첫째는 서양 오랑캐가 역법 속에 몸을 숨기고 기밀을 탐지하고 있으며, 둘째는 작은 도움을 주면서 사교를 믿고 청나라를 반대하도록 하고 있으며, 셋째는 단지 200년 동안의 역법만을 제정한 것은 대청 제국이 오래가지 못하도록 하기 위한 술수이며, 넷째는 병장기를 제조하고 군사를 집결해 청나라를 탈취하려 한다고 했다. 그러면서 그는 나라에 역법이 없을망정 서양인이 있게 해서는 안 된다고 주장했다.

오보이, 수크사하 등은 처음부터 순치 황제에게 불만을 품고 있었기 때문에 양광선의 말에 귀가 솔깃했다. 그리하여 그들은 즉시 서양인 역모 사건을 심사하라고 명했다. 75일간의 심사를 거쳐 그들은 일흔세 살이나 된 탕약망과 북경에 있던 서양인을 모두 파직시키고 천뢰天牢에 감금했다.

이조백李祖白, 송가성宋可成, 송발宋發, 주극현朱克顯, 유유태劉有泰 등 흠천감의 중국 관원들도 이 사건에 연루되면서 목숨을 잃었으며, '시헌력'을 폐지하

북경성 내에 현존하는 성당 – 남당南堂
남당은 북경성 내에서 현존하는 가장 오래된 천주교회다. 1605년 (명나라 만력 33년)에 마테오 리치가 이곳에 첫 경당經堂 성모무염원죄당聖母無染原罪堂을 지었는데 규모가 작았다. 청나라 순치 7년(1650) 탕약망이 이 교회를 재건했는데, 부지 면적이 1700㎡였다. 교회 안은 아치형 천장과 성모상, 예수성상, 고난의 14처 벽화 등이 있었다. 교회 정원 내에는 선교사들의 거처 외에 천문대, 장서루, 계기실 등이 있었는데, 순치 황제는 24차례나 남당에 와서 탕약망과 이야기를 나누었다. 황제는 '통휘가경通徽佳境'이란 편액을 하사하면서 탕약망을 '통휘교사'라 불렀다.

《4고전서총목제요四庫全書總目提要》

| 중국사 연표 |

1707년
강희 황제가 여섯 번째로 남방을 순시하면서 항주杭州에 도착했다.

남회인 인물상

남회인(페르비스트, 1623~1688)은 1657년에 중국에 왔으며 섬서에서 선교했는데, 중국에 있는 동안 천문, 지리, 병기 등 여러 방면에서 공헌을 했다. 1660년에 칙령을 받고 북경에 가서 탕약망을 도와 역서를 편찬했다. 강희 황제는 친정한 후 그에게 《영년역서永年曆書》 33권을 편찬하라고 명령했다. 그는 대포를 주조하는 일도 주관했다. 황제는 그에게 공부시랑, 정이품의 벼슬을 하사했으며, 그는 중국에 온 선교사들 중 가장 높은 벼슬을 했다.

● ● ● 역사문화백과 ● ● ●

[서양문화의 전입傳入과 융합]

명나라 말기, 청나라 초기에 유럽의 많은 선교사가 중국에 와서 선교활동을 했으며 신역법新曆法을 실시했다. 1669년에 강희 황제는 벨기에의 선교사 남회인을 흠천감 감부監副로 임명했다. 남회인은 세 가지 일을 했다. 첫째는 역법 개혁에서 성공하고 여섯 건의 대형 천문 계기를 주조했으며, 둘째는 서양 대포 120문, 신무포神武炮 560문을 주조해 청나라군을 무장시키고 삼번을 평정하는 데 공을 세운 것이며, 셋째는 다른 선교사들과 함께 강희 황제에게 서양의 과학 지식을 전수한 것이다. 이외에 궁중의 선교사들은 서양의 과학 기술 서적, 약품, 예술품, 음악 기자재와 악기, 공정 계기 등을 전파했다. 이 모든 것은 당시 사회 발전에 직접적 또는 간접적 영향을 미쳤다.

남회인의 거처

고 '대통력大統曆'을 회복했다. 그리고 중국인들이 천주교를 믿지 못하도록 하며, 각지에 흩어진 선교사들을 오문澳門으로 압송했다. 다행히 탕약망은 강희 황제의 할머니인 효장태황 태후의 도움을 받아 목숨을 건질 수 있었고, 유배를 가지도 않았다.

그 후 양광선과 오명환吳明桓이 흠천감의 정·부 책임자가 되었는데, 실무를 책임지고 있던 30여 명의 기술자가 일자리를 잃고 말았다. 하지만 새로 배치된 사람들은 서역법을 전혀 알지 못했기 때문에 흠천감은 난장판이 될 수밖에 없었다.

남회인 무덤

강희 27년(1688)에 남회인이 북경에서 죽었다. 1년 후 강희 황제는 관리를 보내 제를 지내도록 하고 "남회인은 성품이 소박하고 자기의 업을 정통하고 있었다. 중국에 와서 영대靈台의 지휘권을 가졌고 여러 가지 무기고의 수요를 충족시켰다. 그가 별세한 지금 깊은 비애를 느끼노라. 그의 노고를 기려 시호를 내리노라."는 글을 지었다. 서양 선교사 가운데 사망한 후 시호를 하사받은 사람은 남회인밖에 없었다. 강희 황제의 이 칙서는 만문과 한문으로 남회인의 묘비 앞면에 새겨져 있으며, 묘비 뒤에는 한문과 라틴어 비문이 새겨 있다.

| 세계사 연표 |
1707년 스코틀랜드와 잉글랜드를 대브리튼 왕국이라 통칭했다.

남회인이 만든 혼천의渾天儀
강희 8년(1669)에 남회인이 강희 황제에게 올린 기기다.

강희 황제, 남회인을 등용하다

친정을 하게 된 강희 황제는 오보이 등의 독단을 배격하면서 탕약망의 조수이자 벨기에의 선교사인 남회인에게 역법을 책임지도록 했다.

강희 황제는 남회인 등 서양인들과 양광선 등이 협력해 하늘을 측정하도록 했다. 그 결과 남회인 등에 정확하게 추산하자 양광선과 오명환 등은 패배를 인정하지 않을 수 없었다.

《서양약서西洋藥書》
청나라 황실은 한족 문화와 외국의 문화를 흡수하는 것을 중요시했다. 프랑스 선교사의 저서 《서양약서》가 바로 중국이 서방의약학을 요약한 서적이다.

장성이 편역한 만문 《기하원본》
《기하원본幾何原本》은 그리스의 수학자 유클리트의 저서로, 수학 체계를 설명하는 최초의 책이다. 청나라는 일찍이 수학의 중요성을 강조했다. 사진은 장성張誠(제르비옹)이 편역한 만문 복사본이다.

오보이 세력을 제거한 후 강희 황제는 탕약망 등에 대한 잘못된 처리를 고치도록 했다. 그리고 양광선을 감옥에 가두었다. 처음에는 양광선을 교수형에 처하려고 했지만 그의 나이를 고려해 고향으로 돌려보냈고, 양광선은 곧 병을 얻어 죽고 말았다. 강희 황제는 전국적으로 시헌역법을 사용한다고 교서를 내리면서 탕약망의 '통현교사'의 봉호를 회복시켰다. 나중에 강희 황제의 이름 자에서의 현을 피하기 위해 봉호를 '통휘교사通徽教師'라고 고쳤다.

탕약망뿐만 아니라 강희 황제는 과학 기술에 정통하고 법규를 준수하는 서양인을 모두 신임했다. 남회인은 흠천감 감정으로 임명되었으며, 공부시랑으로 책봉되었다. 그 원인은 그가 청나라 조정을 위하여 홍의대포와 신무포를 만들어 냈기 때문이다. 그때부터 흠천감의 감정, 감부監副와 내부에서 일하는 서양인이 많았다.

청나라 시대의 지구의
강희 황제는 지리 정황을 탐사하는 데 신경 썼다. 지구의는 그가 세계를 이해하는 창구 역할을 했다.

| 중국사 연표 |

1708년 처음으로 황태자 윤잉允礽을 폐위하고 황장자 윤제允禔를 연금했다.
강희 왕조의 태자 옹립 분쟁이 발생했다.

038

산서학자 부산

부산傅山은 벼슬자리에 오르기는 했지만 청나라 황제를 임금으로 여기지 않았다.

산서 태원서 북쪽에 산과 물로 둘러싸여 있는 양곡서촌陽曲西村이 자리 잡고 있다. 그곳에 부산 선생이 나타났다. 부산 선생은 명나라 말, 청나라 초기에 이름을 크게 날린 대학자였다.

삭발을 피하기 위해 가짜 도사가 되다

청나라 군대가 북경을 점령한 후 삭발령을 반포함으로써 한인들을 무릎꿇게 하려고 했으나 그러한 정책은 기개 있는 한인들의 반항을 불러일으켰다.

구식사瞿式耜라는 남명의 대신이 포로가 되자 청나라 장령 공유덕孔有德이 그에게 머리를 깎으라고 했지만 그는 명령을 따르지 않았다. 그러자 공유덕이 머리를 깎고 중이 되라고 했다. 그 말에 구식사가 대답했다. "중이 되어도 머리를 깎아야 하지 않는가? 나는 그렇게 못해!" 그래서 구식사는 참수를 당하고 말았다.

그와 달리 부산은 도사가 되는 방법을 생각해 냈다. 왜냐하면 도사는 머리를 깎지 않아도 되기 때문이다. 그뿐만 아니라 그는 붉은색 도포를 입고 스스로 호를 '주의도인朱衣道人'이라고 했으며, '주식도인酒食道人', '석도인石道人'이라고도 불렸다. 붉은색 옷은 명나라 왕조를 의미했는데, 부산은 스스로 가짜 도사가 되어 머리를 깎지 않고 청나라와 투쟁하려는 의지를 만천하에 보여준 것이었다.

부산

부산傅山(1607~1684)은 산서 양곡 사람이다. 그의 아명은 정신鼎臣으로, 후에 산山이라 고쳤다. 자는 청죽靑竹, 후에 청주靑主라고 불렀다. 부산은 명나라로부터 청나라로 교체되는 시기의 저명한 사상가이자 예술가다. 그는 시, 문장, 서예, 그림 배우기를 즐기고 조예 또한 깊었다. 그는 지식이 광범위했고 높은 성과를 이뤘는데 청나라 초기의 학자 가운데서는 그와 견줄 만한 사람이 없었다. 그는 의학에 정통한 명의이기도 했다. 그러나 그의 생애에 대해 정사正史의 기록이 없으며, 현지懸志, 부지府志에도 몇 마디 적혀 있지 않다. 하지만 그는 전국적으로 높은 명망을 누렸다.

부산이 책을 읽던 곳
부산은 교류의 폭이 넓었으며 찾아간 명산대천이 많았다. 그러나 그가 평생 동안 미련을 두고 특별히 좋아한 곳은 태원 서북쪽 교외에 있는 굴산堀山이다. 굴산에는 부산이 책을 읽던 곳이 있다.

명나라 회복을 바라며 반청 지사들과 사귀다

강남에 청나라를 반대하는 기운이 드세다는 소식을 들은 부산은 그곳으로 걸음을 옮겼다. 그러나 남쪽의 형세도 사람들의 말과 같이 그렇게 좋은 것은 아니었다. 실망한 부산은 고향으로 돌아와, '이제 나는 나라도 집도 없는 사람이 되고 말았다'며 한숨을 내쉬었다.

어느 날 여러 성을 관찰하고 다니던 고염무가 송장松庄에 찾아와서 부산을 만났다. 그날 저녁 두 사람은 무릎을 맞대고 밤새도록 이야기를 나누었다. 강남에서 돌아온 부산은 이미 강산을 되찾는 대업을 단기간에 실현할 수 없음을 잘 알고 있었다. 고염무는 여전히 '유곤劉琨이 진양을 고수하고', '장량張良이 한신을 위해 복수한' 이야기를 하면서 그를 격려했으며 언제든 청나라를 반대하고 명나라를 회복하는 대업이 이루어질 것이라고 말했다.

당시 부산의 집은 반청 지사들의 연락처가 되었다. 그의 집에는 고염무 외에도 신함광申涵光, 이인독李因篤, 굴대균屈大均, 염이해閻爾海 등이 다녀갔다.

●●● 역사문화백과 ●●●

[가마의 유행]

명나라의 관원들은 대부분 가마를 탔는데, 청나라가 북경을 도읍으로 정한 후 가마가 널리 유행했다. 휘장이 없는 가마를 양교凉轎 또는 양교亮轎·현교顯轎라고 했으며, 휘장이 있는 가마를 난교暖轎 또는 암교暗轎라고 했다. 또 결혼식에 쓰는 가마를 화교花轎, 황실 전용 가마를 여교輿轎, 관원들이 타는 가마를 관교官轎라고 했다. 관교에는 구분이 있었는데, 3품 이상의 도읍 관리가 도읍을 나다닐 때는 네 사람이 가마를 들었고, 도읍을 나갈 때는 여덟 사람이 들었으며, 외성의 독무 가마는 여덟 사람이 들었다. 무관독사武官督師도 때로는 가마를 탔다. 건륭 황제 때 복강안정福康安征 귀얼커는 가마에 앉아 지휘했기에 교군들은 저마다 공마公馬 네 필을 준비하고 가마를 쓰지 않을 때 탈 수 있도록 했다. 민간에서는 대부분 두 사람이 드는 편교便轎를 사용했다.

강심초각도江深草閣圖 (부산 그림)
부산은 시·문·서화에 능했는데, 특히 서예에 능했다. 〈강심초각도〉는 고궁 박물원에 있는 작품이다.

염이해는 일찍이 사가법史可法군에서 참찬군기로 있었으며 나중에는 태호太湖의 반청 의병에 가담했다. 그는 형세에 급격한 변화가 발생하기를 바랐다. 그러나 '망망한 바다에서 아무런 소리도 들을 수 없듯' 답답한 심정은 부산과 별 차이가 없었다.

청나라 정국은 갈수록 안정을 찾았다. 한족 지식인들에 대한 조정의 정책이 점차 온화해지기 시작하면서 청나라는

백납본百衲本이다. 백납이란 원래 낡고 기운 승려의 옷을 말한다

| 중국사 연표 |

1711년 강남 과거시험장 사건이 일어났다. 대명세의 《남산집南山集》 문자옥이 발생했다.

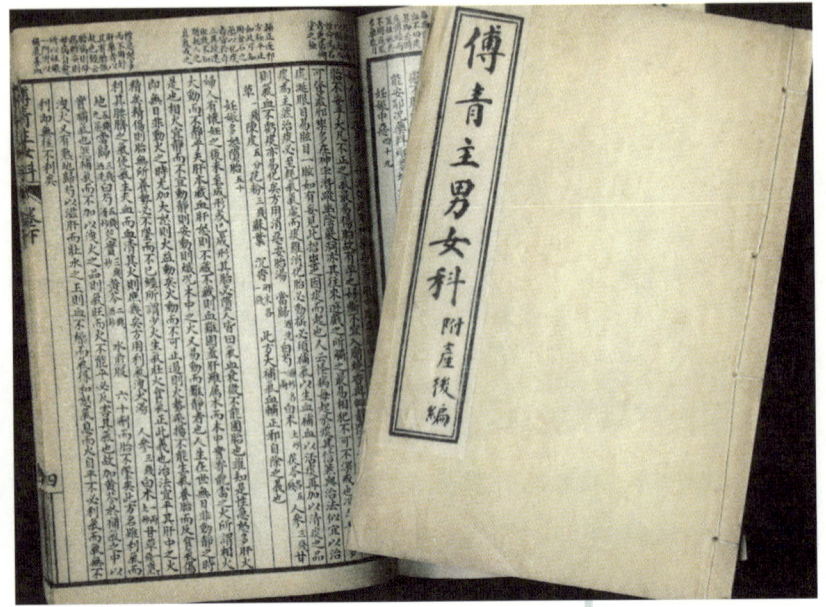

《부청주남여과傅青主男女科》
부산은 의학 이론이 깊으며 의학 저작이 많고 의술이 뛰어난 의학자다. 세상에 전해지는 그의 저작에 《외경휘언外經徽言》《본초비록本草秘錄》《변증록辨證錄》《대소제증방론大小諸症方論》《석실비록石室秘錄》《부청주여과傅青主女科》《부청주남과傅青主男科》《청낭비결青囊秘訣》 등이 있다.

덕망 높은 사람들을 북경으로 데려가려 했다.

부산은 자신을 급사중給事中, 이종공李宗孔과 유패선劉沛先이 추천했다는 소식을 들었다. 여느 반청 지사들과 마찬가지로 그는 전혀 기쁘지 않았다. 고염무는 이렇게 말했다. "나이 일흔인 내가 무엇을 더 바라겠는가? 죽으면 그뿐이 아닌가? 자네들이 나를 핍박하면 난 죽어버릴 거야."

이옹李顒은 지방 관리에게 압송되다시피 길을 떠났다. 그가 도중에 칼을 빼들고 자결하려 하자 지방 관리는 그를 놓아주었다.

부산도 북경으로 가려 하지 않았다. 양곡지현 대몽웅戴夢熊은 그를 연회에 청하고는 집에 돌려보내지 않았는데 말로는 떠나기를 권한다고 했지만 사실 '납치'였던 것이다. 대몽웅과 사이좋게 시간을 보내고 있던 부산은 그가 명령 때문에 그렇게 하지 않으면 안된다는 것을 잘 알고 있었다. 그래서 부산은 그에게 이렇게 말했다.

"그만 합시다. 당신을 더는 난처하게 하지 않을 것이니 시름 놓아요. 그러나 이번에 갔다가 내가 살아서 돌아온다면 서촌西村에서 조용히 여생을 보내게 해 주시구려."

청나라 황제를 인정하지 않다

북경에 도착한 부산은 그 길로 숭문문 밖 원각사에서 들어박혀 앓기 시작했다. 매일 만족, 한족, 왕공대신들과 그를 알고 있는 시민들이 찾아와 만나 보려고 했지만 그는 매번 아들 부미傅眉를 시켜 대접을 하고는 밖으로 나오지 않았다.

그의 병은 3월 초하루에 열리는 박학홍사과 시험을 치르는 날까지도 낫지 않았다. 풍부馮溥는 강희 황제에게 부산과 두월杜越, 두 사람은 명망이 높으니 은혜를 베풀어 이 두사람에게 내각중서의 벼슬자리를 주는 것이 어떠냐고 물었다. 그러자 강희 황제는 그 자리에서 그렇게 하라고 명했다.

벼슬자리를 얻은 사람은 누구나 황제에게 감사를 드리게 마련이다. 그러나 부산은 병을 핑계 삼아 가려고 하지 않았다. 그러자 풍부는 사람을 보내 그를 오문午門 밖에까지 들어다 놓고 절을 하라고 했다.

그러나 부산은 눈물을 흘리며 땅에 엎드리면서도 도무지 절을 하려고 하지 않았다. 이런 '대불경大不敬'은 형률에 따라 목을 베어야 했지만, 부산이야말로

| 세계사 연표 |

1711년 영국 의회가 '토지자격법안'을 채택했다.

공작개병도 孔雀開屏圖
(청나라 낭세녕 그림)

낭세녕(카스틸리오네 조세프, 1688~1766)은 이탈리아 밀라노 사람이다. 청나라 강희 54년(1715)에 선교사의 신분으로 중국에 왔으며 뒤이어 입궁했다. 그는 원명원圓明園 서양루의 설계 사업에 참여했으며 강희·옹정·건륭 세 왕조에서 벼슬을 했다. 낭세녕은 서양회화의 기법을 황제와 궁정 화가들에게 가르쳤다. 그는 인물, 초상, 달리는 짐승, 꽃과 새, 산수 등을 주로 그렸다. 그는 옹정·건륭 시기 궁정 회화의 대표적 인물이다. 이 그림은 한 쌍의 공작을 묘사했다.

기개가 있는 사람이라고 생각한 황제는 "그만 하라. 부산은 나이가 많은데 그에게 벼슬자리를 가지고 고향으로 돌아가도록 하라."라고 말했다. 그리하여 부산은 살아서 태원으로 돌아갈 수 있게 되었다.

그 후 지방 관원들이 찾아와 벼슬 명칭인 '내각중서 內閣中書'라고 부르면 그는 아무 대답도 하지 않았다. 그는 예나 다름없이 평민의 포의 布衣를 입고 전모 氈帽를 쓰고 있었다. 그는 임종 시 "만약 이후에 어떤 사람이 나를 유인劉因 같은 사람이라고 한다면 난 죽어도 눈을 감지 못할 것이오."라고 말했다.

유인은 원나라 때 사람으로, 원나라 세조는 그를 우찬선대부右贊善大夫로 등용했다. 그러나 얼마 지나지 않아 모친이 앓아눕자 벼슬을 사직했으며 후에 아무리 불러도 더는 나서려고 하지 않았다. 원나라 세조는 그를 '불소지신不召之臣(불러들일 수 없는 신하)'이라고 했다.

부산은 후세 사람들이 자기를 유인과 같은 사람으로 취급하는 것을 우려하고 있었다. 그는 청나라 황제를 자신의 군주로 인정하지 않았기 때문이다.

| 중국사 연표 |

1712년 현유 전량책錢糧冊에 있는 인구를 영원한 기준수로 하며 후에 태어난 인구에게는 영원히 부세를 가하지 않는다고 결정했다.

039

오삼계 토벌

강희 황제가 통치 기반을 강화하기 위해서는 지방 할거에 의해 초래된 잠재적 위협을 제거해야 했다. 그런 의미에서 '삼번'은 왕조의 최대 걸림돌이었다.

세 개의 독립 왕국

삼번은 명나라 말에 청나라에 투항하고 작위를 책봉받은 세 명의 번왕, 즉 운남의 평서왕 오삼계吳三桂, 복건의 정남왕 경중명耿仲明, 광동의 평남왕 상가희尙可喜를 말한다. 경중명 부자는 모두 죽어 왕위는 경중명의 손자 경정충耿精忠이 세습했고, 상가희는 나이가 많아 대권을 큰아들 상지신尙之信이 가지고 있었다.

세 명의 번왕은 원래 작위만 책봉받았을 뿐, 땅은 하사받지 못했다. 그러나 그들은 자신들의 임시 주둔지를 세 개의 독립 왕국으로 만들었다. 특히 오삼계는 청나라 군대를 이끌고 관내로 들어오면서 큰 공을 세운 것을 빌미로 운남, 광서, 귀주 등을 차지했다.

많은 군사를 거느리고 있던 그는 엄청난 세도가였으며, 자신이 거주하던 번왕부를 마치 황궁처럼 꾸며 놓았다. 나머지 두 번왕도 오삼계가 하는 대로 따라했다. 이에 조정은 불만을 가졌지만 반란을 일으킬 것을 우려해 작위를 취소하지 못했다.

강희 12년(1673)에 정국이 안정되면서 번을 취소하려는 중앙 정부의 결심이 날로 강해졌다. 그때 마침

평서왕 오삼계
오삼계(1612~1678)는 자가 장백長白, 고우高郵 사람이다. 무과 출신이며 부친의 군관직을 세습했다. 명나라 말에 요동총병으로 있었고 평서백으로 책봉받고 영원관寧遠關을 지켰다. 1644년에 청나라군을 이끌고 북경으로 진군했으며, 평서왕으로 책봉받았다. 그 후 운남에 주둔해 많은 군사를 장악하면서 큰 세력을 이뤘다. 강희 17년(1678) 3월, 오삼계는 호남 형주에서 등극했으며 국호를 '주周', 연호를 '소무昭武'라고 했다. 오삼계는 여섯 달 동안 황제로 있다가 형양에서 병으로 사망했다. 그림의 중앙에 앉아 있는 사람이 오삼계다. 이 그림은 명나라 사람이 그린 〈오삼계투순도吳三桂鬪鶉圖〉다.

이용통보 (위 사진)
이용통보利用通寶는 오삼계가 1674년에 운남을 차지하고 있을 때 주조한 동전으로 은으로 값을 정했다. 돈의 글은 해서로 썼는데 직접 읽을 수 있으며 소평小平·절2折二·절5折五·당14當十四 등이 있다. 뒷면에는 운云·귀貴·이厘·일분一分이라는 글자가 있다.

●●● 역사문화백과 ●●●

[한족 관원들에 대한 조정의 방비 대책]

청나라 조정에서는 관원을 등용할 때 만족을 중시하고 한족을 차별했다. 중앙의 중요한 기구인 내무부, 종인부宗人府, 이번원理藩院, 전량錢糧, 화약창고 관리, 방위장군, 도총 등은 모두 만인이 도맡았다. 지부 이하의 관원들은 대부분 한인이지만 만인 관원의 자리가 공석이 되어도 한인이 맡지 못하도록 했다. 한인 관리들을 방비하기 위해 '회피제回避制'와 '연좌제連坐制'를 적용했다. 외지로 부임하는 관리를 선발·보충할 때는 상급과 혈연관계라도 배제했으며 천거가 부당하면 추천자도 함께 처벌했다.

| 세계사 연표 |

1712년

영국이 언론 통제와 국고를 늘리기 위한 방법으로 날인법捺印法(Stamp Act)을 제정했다.

《청사고淸史稿·오삼계전吳三桂傳》

소무통보昭武通寶
강희 17년, 오삼계는 호남 형양에서 등극하고 황제로 칭했는데 대주국을 건립하고 연호를 소무라고 했으며 소무통보를 발행했다. 글자는 해서체와 전서체 두 가지인데 앞면에는 소평, 당12 등이, 뒷면에는 이厘·일분壹分 등의 글자가 있다.

아들 상지신의 협박을 못 견딘 평남왕 상가희가 요동에 가서 노년을 보낼 것을 요구하는 상주서를 올렸다. 그러자 강희 황제는 즉시 그의 요구를 들어주면서 그에게 부인까지 거느리고 원적지로 돌아가라고 명했다. 이 소식이 전해지자 운남과 복건은 크게 동요했다. 오삼계와 경정충도 상주서를 올렸다. 그 상주서의 내용은 오삼계는 자기는 나이가 많고 힘이 모자라 운귀를 총관하는 직무를 사직하려고 한다고 했다. 그러나 이는 조정에서 자신의 지위가 얼마나 탄탄한지를 떠보려는 것에 불과했다.

그 당시 강희 황제는 친정 체제를 한창 구축하고 있었다. 구실을 찾기 위해 신경을 쓰던 강희 황제는 오삼계가 상주서를 올리자 쾌재를 불렀다. 강희 황제는 즉시 신하들과 상의한 후 국가 제도에 따라 오삼계의 일부 권력을 회수하는 데 동의했다. 조정의 의중을 떠보기 위해 상주서를 올린 오삼계는 화가 나서 이를 갈았다. 강희 황제는 "오삼계는 오래전부터 역모를 꿈꾸어 왔으니 번을 취소해도, 취소하지 않아도 반란을 일으킬 것이다. 그래서 그들의 요구를 허락해 주리라!"라고 했다.

수를 잘못 쓴 오삼계가 심복들을 모아놓고 비밀 회의를 했다. 오응기吳應麒와 고대절高大節 등은 조정에 맞서 반란을 일으킬 것을 주장했다. 그러자 오삼계가

최고에 이른 오채소제 (아래·오른쪽 그림)
오채五彩는 청나라 이전부터 소제燒制가 있었으며 청나라 강희 황제 때 최고에 이르렀다. 청나라의 오채를 '강희오채'라고도 한다. 당시 오채에는 남색 유약을 올리는 것으로 명나라 시기에 사용하던 청화 유약을 대체했으며, 흑색 유약을 이용했다. 사진 속 큰 오채독은 강희오채의 대표작이다.

산동 요리 155

| 중국사 연표 |

1715년 직예의 마을에 의학義學을 준비할 것을 명령했다. 포송령蒲松齡이 사망했다.

말했다. "번을 취소하는 데 동의한다면 앉아서 죽기를 기다리는 것이나 다름없고, 번을 취소하지 않으면 임금의 명령을 거역하는 것이므로 그 죄를 사면 받지 못한다. 지금 우리가 핍박을 받고 있으니 반란을 일으키는 것이 낫다!'고 말했다.

그리하여 오삼계는 천하도초토병마대원수天下都招討兵馬大元帥로 자칭하고 상가신, 경정충과 약속한 다음 청나라를 토벌하고 명나라를 회복한다는 기치를 들고 운귀, 호광, 사천성 등을 협박해 무장반란을 일으켰다.

그 보고를 받은 강희 황제는 웃으면서 말했다.
"삼번의 역모는 짐의 예상대로다."

뒤이어 강희 황제는 어전 회의를 소집하고 반드시 번을 취소해야 하며 반란을 평정하는 책략에서는 주로 대군을 출동해 군사 공격을 하는 것이며 공격의 목표는 오삼계라고 선포했다.

그는 "삼계를 멸망시키면 나머지 역적들은 저절로 흩어질 것이다."라고 말했다. 그 후 강희 황제는 구체적인 군사 작전을 명하고 유관 관원들에게 지시했다. "정치 면에서 완고한 자들을 고립시키고 반란군을 와해하는 책략을 취하며, 죄를 뉘우치고 투항하는 자는 죄를 사하고 원 관직을 주며 포로를 관대하게 처리하며, 반란에 대해 모르는 자들은 일률적으로 연루시키지 말아야 한다."라고 지시했다.

경중명의 인감 (아래 왼쪽 사진)
경중명(1604~1649)은 자가 운대云台다. 그는 원래 명나라 등주참장이었다. 청나라가 관내로 들어오기 전 청나라에 투항했으며 1636년에 회순왕懷順王으로 책봉받았고 한군정황기에 속했다. 청나라군이 관내로 들어온 후 농민봉기군을 탄압했다. 순치 6년(1649) 그를 정남왕으로 고쳐 책봉했으며 그가 죽자 자식이 봉호를 세습했다. 사진 속의 인감은 삼번을 평정한 후 관부에서 압수한 것이다. 인감의 글은 한문의 구첩전체九疊篆體로 쓴 '정남왕장靖南王章'이다.

상가희 (아래 오른쪽 그림)
상가희(1604~1676)는 자가 원길元吉, 호가 진양震陽이다. 선조의 고향은 산서이며 후에 요동으로 왔다. 숭덕 원년(1636)에 청나라는 그를 지순왕智順王으로 책봉했으며 청군을 따라 관내로 들어왔다. 순치 6년(1649)에 다시 평남왕平南王으로 책봉되고 후에 광동에 주둔했다. 강희 12년(1673)에 요동으로 돌아가겠다고 싱서한 후 그의 아들 상지신이 작위를 세습받고 광동에 주둔했다. 조정에서 삼번을 취소한다는 명령을 내리자 오삼계와 경정충이 반란을 일으켰고, 상가희는 근심에 잠겨 있다가 죽었으며, 상지신은 반란에 참가했다.

번을 취소하는 8년간의 전쟁

반란 평정 전쟁이 벌어진 여덟 번째 해에 경정충과 상가신은 할 수 없이 투항함과 동시에 오삼계를 평정하는 전투에 가담했다.

예순일곱 살이 된 오삼계는 자신에게 희망이 별로 없다는 것을 알고 있었다. 마음을 모질게 먹은 그는 형주에 초가집들을 지어 조정으로 삼고 '대주大周'의 간판을 걸었으며 연호를 소무昭武로 고친 다음 황제가 되었다. 그러나 다섯 달 후 그는 갑자기 중풍에 걸렸고, 이질에 걸려 죽고 말았다.

위를 계위한 그의 손자 오세번吳世璠은 주변이 혼란에 빠져 있는 것을 보고 귀양으로

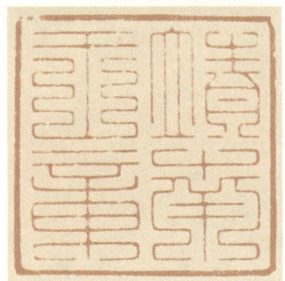

| 세계사 연표 |
1715년 영국 동인도회사가 무갈 황제를 대표해 상업 특권을 요구했다.

상지신의 인감 (왼쪽 사진)
사진 속의 글은 전자체로 쓴 '상지신인尙之信印'이다. 이 인감은 상지신의 개인 인감으로 삼번을 평정한 후 관부에서 압수했다.

상지신 (오른쪽 그림)
상지신(1636~1680)은 자가 덕부德符, 호가 백암白岩이며 상가신의 큰아들이다. 아버지가 나이가 많아 고향에 돌아간 후 평남왕의 작위를 세습받았으며 후에 오삼계의 반란에 참가했다. 오삼계가 병으로 죽자 상지신은 다시 청나라에 투항했지만 후에 사형당했다.

철수하고 말았다. 이때 청나라 군대는 연전연승을 하면서 운남까지 쳐들어갔다.

정원평구定遠平寇 대장군 장태章泰가 거느린 호남 제1로군이 광서 제2로군과 곡정曲靖에서 회합했다. 오세번은 곽장도郭壯圖에게 수만 명의 보병과 기병을 거느리고 곤명성昆明城에서 12km 떨어진 곳에 상진象陣을 쳐놓고 청나라군과 결전을 벌이라고 명령했다.

쌍방은 다섯 번 접전했는데 그 결과 상진이 혼란에 빠지면서 반란군은 곤명성 동쪽의 귀화사歸化寺로 퇴각했다. 청나라 군은 승리의 기세로 곤명성을 포위했다. 운귀총독 조양동趙良棟이 제3로군을 거느리고 사천에서 운남으로 진군하는 도중에 경내의 반란군을 섬멸하자 오삼계의 작은 조정은 곧 식량 지원이 단절되고, 남문수비장령 방지구方志球가 성문을 열고 투항했다. 막다른 골목에 빠진 오세번은 대들보에 목을 매어 자결했으며, 곽장도는 스스로 불 속으로 뛰어들었다. 마보馬寶, 방광침方光琛, 하국상夏國相 등 우두머리는 모두 생포되었다. 그리하여 8년여 세월과 10개 성에 화가 미친 삼번의 반란이 평정되었다.

강희 20년(1681) 겨울, 곤명 저잣거리에 대나무가 세워졌는데 대나무에는 오세번, 마보, 하국상, 이본심李本深, 왕영청王永淸 등의 수급이 걸려 있었다. 이외에 다른 한 대나무에는 죽은 지 벌써 3년이나 된 오삼계의 해골이 걸려 있었다. 오삼계의 해골을 파내 효수한 것은 전국의 안정을 파괴하는 자들에게 경고를 하기 위함이었다.

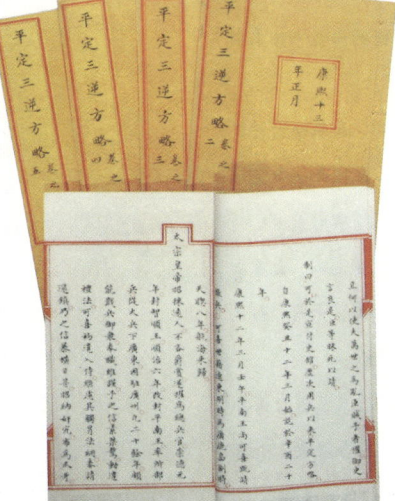

《평정삼역방략》
강희 21년(1682) 8월, 방략관方略館을 설립하고 륵덕홍勒德洪 등이 성지를 받고 《평정삼역방략平定三逆方略》 60권을 편찬했으며 4년 후에 책으로 간행되었다. 이 책은 오삼계, 상지신, 경정충의 반란 평정에 대해 기술했는데 청나라의 방략에 관한 첫 편찬 작업이다.

남주점은 강남 일대의 술과 요리를 판매했는데, 그 예로 화조花雕, 죽엽청竹葉青, 조어槽魚, 게, 송화단松花蛋 등이 있다

| 중국사 연표 |

1716년 인구세를 부치는 땅에 할당하고, 《강희자전康熙字典》을 편찬했다.

040

청렴한 관리 우성룡

우성룡于成龍은 천하에서 가장 청렴한 관리로 이름을 떨쳤다. 강희 황제는 "청나라에 우성룡과 같은 청렴한 관리가 과연 몇이나 되겠는가!"라며 칭송했다.

강희 왕조는 훌륭한 관리를 키워내는 데 각별한 노력을 기울였다. 그래서 강희 왕조에는 청렴한 관리가 많았는데, 그중 우성룡이 가장 훌륭했다. 우성룡은 7품 지현에서 연속으로 13등급이나 승진했으며, 나중에는 양강총독이 되었다.

직분에 충성한 지방 관리

우성룡은 산서 영녕永寧 사람이었다. 그가 순치 18년(1661)에 광서 나성羅城 지현知縣으로 부임했을 때 그의 나이 마흔다섯이었다.

나성은 산으로 둘러싸인 자그마한 현인데 여러 민족이 뒤섞여 있었다. 그가 부임했을 때는 전쟁이 끝난 지 얼마 되지 않아 백성들은 사방에 흩어져 있었고, 성곽에는 성벽도 없었다. 성안의 인가는 6세대밖에 없었다.

우성룡은 우선 치안을 강화해 백성들이 농사일에 힘쓰도록 했다. 그는 들녘을 돌아다니며 민가의 고충을 관찰했고, 백성들은 우성룡이 온다는 말만 들으면 서로 뒤질세라 달려왔으며, 나무 그늘 밑에서 한 식구처럼 담소를 나누었다.

강희 6년(1667), 우성룡은 사천의 합천 지주知州로 승진했다. 당시 사천은 큰 난을 겪은 후였는데, 성안에는 100여 명의 백성이 살고 있었고, 관아의 금고에는 은전 15냥이 전부였다. 부임 후 그는 백성들에게 밭을 개간하게 했으며 농사에 쓸 소와 말, 종자를 마련해 주었다. 그렇게 한 달이 지나자 인가가 1000여 세대로 늘어났다.

우성룡은 다시 호북 황강黃岡 동지同知로 승진했다. 황강 주변에는 도적이 창궐했는데, 심지어 백주대낮에도 강탈을 서슴지 않았다. 관부에서는 그들을 소탕할 방법을 찾지 못하고 있었다. 우성룡은 도적 두목 팽백령彭百齡을 귀순시켜 그에게 공을 세우는 것으로 속죄하게 함으로써 큰 성과를 올렸다. 그는 늘 사복 차림으로 돌아다녔으며, 많은 현안을 쉽고 정확하게 해결했다.

도적 산채에 잠입하다

우성룡은 담력이 있었을 뿐만 아니라 식견도 있었다. 오삼계 반란군이 북상하자 황주의 황금용黃金龍, 마성麻城의 유군부劉君孚가 수천 명씩 거느리고 제각기 호응했다.

호북순무 장조진張朝珍은 우성룡에게 출정할 것을 요구했고, 우성룡은

강희 황제
강희 황제는 여덟 살에 즉위했으며 친정한 후 세번의 반란을 평정하고 대만을 통일했다. 또 갈喝과 서장을 평정했으며, 중·러 '네르친스크 조약'을 체결하고 민족 관계의 조화를 중요시했다. 《고금도서집성古今圖書集成》을 편찬하고 선교사를 등용해 역법을 제정하게 했다.

| 세계사 연표 |

1716년 프랑스는 당시 재상인 존로의 제안으로 왕립은행의 설립 허가를 얻어 재정재건을 위해 은행권을 발행했다.

《비집전碑集傳》 65권
《청사고淸史稿·우성룡전于成龍傳》

출전

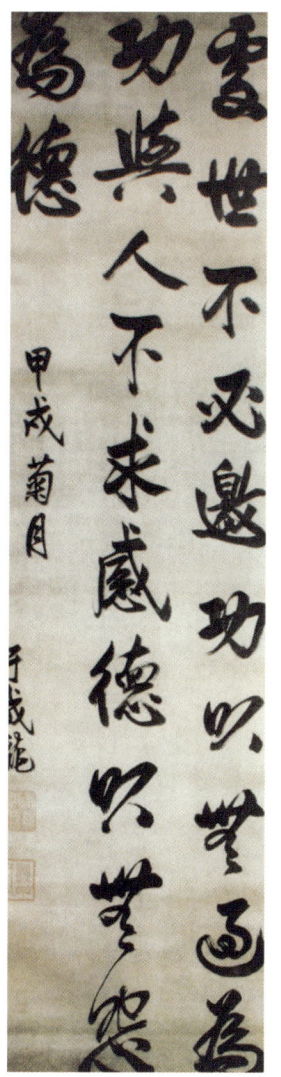

우성룡의 《행서격언行書格言》
우성룡(1617~1684)은 자가 북명北溟, 호는 우산于山이며 청나라 산서 영녕주 사람이다. 청나라 순치 18년(1661) 벼슬길에 올랐으며 지현, 지주, 지부, 도원, 안찰사, 포정사, 순무와 총독, 병부상서, 대학사 등을 역임했다. 정치에 탁월하고 일생을 청렴하게 살면서 백성들의 사랑과 강희 황제의 신임을 얻었다. 그는 '천하의 으뜸가는 청렴한 관리'라고 불렸으며, 태자태보를 증여받았다.

그 요구에 흔쾌히 동의했다. 장조진이 우성룡에게 얼마의 군사를 거느리고 가겠는가, 묻자 우성룡은 "군사는 아무리 많아도 모자랄 것인즉, 두 사람만 데리고 가면 되나이다"라고 대답했다.

우성룡은 떠나기 전에 유군부 등이 반란을 일으키기는 했지만 아직 망설이고 있으며, 또 인심이 단합하지 못했다는 것을 알고 방을 붙여 사흘을 기한으로 자수를 권했다. 그러자 자수하는 자가 1000여 명이나 되었다. 그 후 우성룡은 노새를 타고 반란군 소굴을 찾아갔다. 많은 반란군이 저마다 무기를 들고 길을 지키고 있었지만, 우성룡은 옆에 아무도 없는 것처럼 태연하게 반란군 산채로 들어갔다. 그 서슬에 경악을 금치 못한 많은 반란군이 앞다투어 달려와 인사를 올렸다. 잠시 후 우성룡은 침대에 누워 코를 골았다. 그리고 잠에서 깬

후 그는 "유군부라는 녀석은 왜 오지 않는가? 유군부는 손님 대접을 이렇게 한단 말인가?"라고 호통쳤다.

원래 우성룡의 아문에서 일을 한 적이 있고, 또 평시에 우성룡을 존경하던 유군부는 우성룡에게 악의가 없다는 것을 알아차리고는 급히 달려와 부하들과 함께 귀순하겠노라 약속했다. 그 후 우성룡은 귀순한 군사를 지휘해 황금용 등을 토벌했다.

우청채라 부르다

강희 17년(1678), 우성룡은 복건 안찰사로 승진했다. 당시 복건에 주둔해 있던 청나라 군대는 정성공鄭成功이 장주와 천주를 침범하는 것을 방어한다는 구

강희 황제의 독서讀書상
한족의 문화 지식을 받아들이는 것을 중요시한 강희 황제는 학습을 게을리 하지 않았다. 그는 "책 한 권을 읽으면 한 권을 읽은 덕을 볼 수 있고, 하루를 읽으면 하루의 덕을 볼 수 있다."고 말했다.

1717년

| 중국사 연표 |
상선 출해무역법을 제정하고 일본을 제외한 다른 나라와는 내왕하지 못한다고 규정했다.

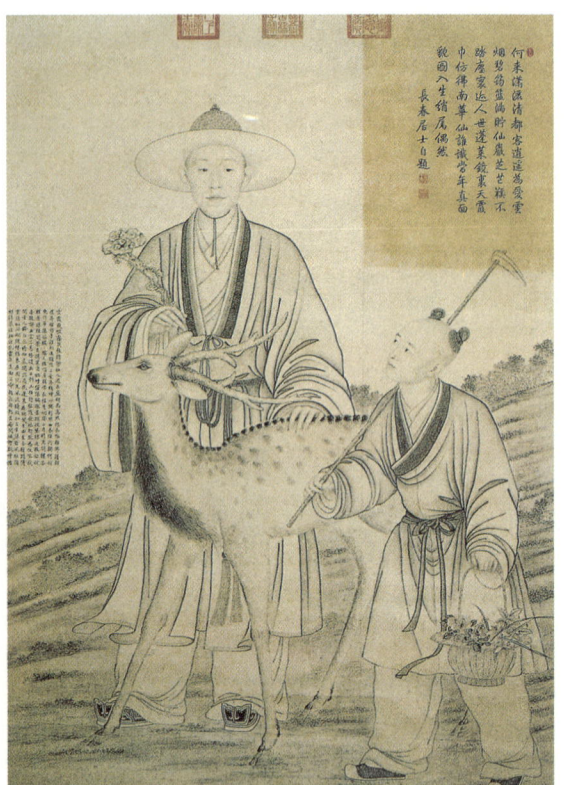

채지도采芝圖 (청나라 낭세녕郎世寧 그림)
중국과 서양 화법을 결합한 새로운 기법의 회화 황금 시기는 건륭 황제 때부터 시작되었다. 그림에서 한 젊은이가 한족 옷을 입고 여의如意 모양의 영지靈芝를 들고 꽃사슴의 등을 잡고 있다. 그 곁에 있는 소년은 편복便服을 하고 있는데 호미와 꽃바구니를 들고 있다. 두 사람의 용모를 보면 청나라 고종 홍력弘曆이 태자로 있을 때의 행락도다.

야전황작도野田黃雀圖 (청나라 화암 그림)
화암華嵒(1682~1756)은 자가 추악秋岳이다. 원래의 자는 덕숭德嵩, 호는 신라산인新羅山人이며, 백사도인白沙道人, 이후거사離垢居士, 동원생東園生이라고도 했다. 청나라 때 화가인 그는 인물과 산수를 잘 그렸으며, 특히 꽃과 새, 풀과 벌레, 짐승을 잘 그렸다.

실로 '간첩' 죄로 연루된 수천 명을 사형에 처할 계획을 세웠다. 이 일을 알게 된 우성룡은 통수인 강친왕康新王에게 글을 올려 그 사람들 중 대다수는 아무런 관계도 없는 평민이라고 설명했다. 그렇게 해서 우성룡은 많은 사람들의 목숨을 구해 주었다.

당시 전선의 장병들은 대부분 평민 자녀들을 강탈해 노비로 삼았는데, 우성룡은 그들을 돈으로 사서 집으로 돌려보내 생업에 종사하도록 했다. 그리고 강친왕의 허락을 받아 군대가 매달 민간에서 몇만 명의 인부를 징용하는 것을 취소함으로써 백성들이 농사일에 전념하도록 했다. 그는 공평하게 일을 처리했으며, 재산을 탐내지 않고 세도를 부리지 않았다. 복건순무 오조吳祚는 강희 황제에게 그를 추천하면서 그야말로 '청나라에 둘도 없는 청렴한 관리'라고 칭찬했다.

강희 황제도 우성룡과 그에 관한 사적을 알게 되었다. 강희 20년(1681), 강희 황제는 직예순무직에 있던 우성룡을 접견한 자리에서 '지금의 청렴한 관리들 중 으뜸'이라고 칭찬했다.

우성룡은 스스로에게도 엄격했다. 그는 강남의 양

| 세계사 연표 |

1717년 영국의 동인도회사가 공무역에 대한 관세면제특권을 획득하면서 영국의 인도 침략의 기반이 되었다.

산수도山水圖 (청나라 석도石濤 그림)
흰 구름이 소나무가 우거진 고개를 감도는데 서재옥사書齋屋舍가 그려 있다.

강총독으로 부임하러 갈 때 노새 수레 하나만을 가지고 천리 밖의 강녕으로 찾아갔다. 총독으로 지내는 동안에도 그는 매일 잡곡밥에 채소만 먹어 그의 동료들은 그를 '우청채于靑菜'라 불렀다. 그는 지방관리로 있는 20여 년 동안 가족을 데려가지 않고 단신으로 부임하곤 했다.

강희 23년(1684), 그가 병사한 후 동료와 수하관리들이 그의 집에 가 보았다. 그가 살고 있는 집은 초라하기 그지없었는데, 궤에는 두꺼운 비단옷 한 벌, 침대머리맡에는 몇 개의 그릇 그리고 쌀독에는 쌀 몇 되밖에 없었다.

우성룡이 병사했다는 소식을 들은 강남 백성들은 생업을 중단한 채 통곡했으며, 장례식에는 수만 명이 8km를 걸어와 조문했다. 심지어 많은 사람이 그를 선조 삼아 화상畵像을 그려 제를 지내기까지 했다. 이 일을 알게 된 강희 황제는 "우성룡 같은 관리가 과연 몇이나 되겠는가!"라고 말했다. 그해 겨울 남방을 순시하면서 강녕에 도착한 강희 황제는 여러 번에 걸쳐 우성룡을 언급하면서 "짐은 가는 곳마다 우성룡이야말로 천하에서 으뜸가는 청렴한 관리라는 말을 들었도다."라고 칭송했다.

연당쌍금도蓮塘雙禽圖 (청나라 황신 그림)
한 쌍의 오리가 연꽃밭에서 노닐고 있다.

●●● 역사문화백과 ●●●

[포정사]

포정사布政使는 명나라 초기의 벼슬로, 청나라 때도 적용했다. 각 성에서는 좌포정사, 우포정사 두 사람이 있었지만, 강희 6년(1667)부터는 한 사람만 있었다. 건륭 25년(1760)에는 강소 강녕(남경)에 한 사람을 추가했다. 직급은 순무 다음이며 순무 자리가 공석이면 서리署理가 대행했다. 포정사는 번대藩台·번사藩司라고도 했으며 종2품이다.

041

시랑의 대만 탈취

첩보를 받은 강희 황제는 '추석에 바다 건너 온 첩보를 받았도다'라는 시를 읊으면서 나라의 통일에 대한 즐거운 심정을 노래했다.

중국을 통일하기 위해 청나라는 여러 차례 귀순정책을 폈다. 정경鄭經 부자가 대만을 차지하고 있을 때는 사신을 파견해 귀순하도록 권했으나 아무런 성과가 없자 군사 행동을 취할 수밖에 없었다.

여러 차례 정씨 부자를 회유하다

청나라는 정성공을 투항시키기 위해 순치 9년(1652)부터 순치 11년까지 세 번이나 사신을 보내 그를 해징공海澄公으로 책봉했으나 정성공은 청나라의 회유책을 받아들이지 않았다. 얼마 후 정성공이 병사하고, 그의 아들 정경이 뒤를 이었는데, 그 역시 청나라의 신하가 될 수 없다고 고집했다.

강희 20년(1681), 정경이 죽자 대만 내부에 정변이 발생했는데, 풍석범馮錫範과 유국헌劉國軒이 연합해 정경의 큰아들을 죽이고 열두 살 된 차남 정극상鄭克塽을 옹립했다.

대만에 내란이 발생했다는 소식을 들은 강희 황제는 지금이야말로 중국을 통일할 절호의 기회라고 생각했다. 강희 황제는 즉시 시랑施琅에게 군사를 거느리고 출정할 것을 명했고, 시랑은 목숨을 걸고 명을 받들겠다고 말했다.

그러자 강희 황제가 미소를 띠며 말했다.

"짐은 경에게 복건수사제독에 태자소보太子少保의 벼슬을 하사하고, 요계성姚啓聖에게 경을 도와 식량과 배를 준비하도록 하겠다. 짐은 그곳에서 경의 승전보를 기다릴 것이다."

팽호해전에서의 대승

시랑은 요계성에게 하문廈門을 지키게 하고 자신은 수사 2만 명과 전선 300척을 거느리고 바다를 건너 화서花嶼·묘서猫嶼·초서草嶼 등 팽호澎湖 외곽의 작은 섬들을 공격했으며, 남풍을 타고 백팔조泊八罩에 들어섰다. 파편에 맞은 선봉 남리藍理는 부상을 입었으나 다시 일어나 군사를 지휘해 적을 무찔렀다. 시랑도 화살을 왼쪽 눈에 맞았지만 아픔을 참으며 계속 군사들

대만을 수복한 공신 시랑
시랑施琅(1621~1696)은 자가 존후尊侯, 호는 탁공琢公이며 복건 진강사람이다. 정지용의 부장部將으로 있었고 순치 3년(1646), 정지용을 따라 청나라에 투항했다. 얼마 후 정성공의 반청대오에 가입했으며 후에 미혐微嫌과 정성공의 이견 때문에 그의 아버지와 동생이 모두 정성공에게 살해되었다. 그리하여 시랑은 다시 청나라에 투항했고 동안부장同安副將, 천총병遷總兵으로 책봉되었다. 1665년에 정해장군靖海將軍으로 책봉되었으며 1683년에 대만을 수복했다.

개원사 석비石碑
복건 천주 개원사에는 '복건수사제독 시랑'이라는 글이 적힌 석비가 수장되어 있다.

| 세계사 연표 |

1718년 오스트리아와 터키의 전쟁이 종식되었다.

《청사고清史稿·시랑전施琅傳》
시랑施琅《정해기사靖海紀事》

을 이끌고 진격했다. 이튿날 다시 접전이 시작되었다. 유국헌은 전군이 패하자 대만으로 도주했다. 그리하여 시랑은 일거에 팽호의 36개 섬을 수복했다. 팽호에 주둔한 장령 유국헌이 패배하고 대만으로 도주하자 정극상은 어쩔 줄 몰라했다. 팽호에서의 싸움에서 정예 군사를 몽땅 잃고 방어선이 뚫린 지금에 와서 어떻게 대처한단 말인가?

시랑은 대만 당국의 처지를 손금 보듯 잘 알고 있었다. 그는 기회를 놓칠세라 사신을 보내 귀순할 것을 권했으며, 개인적인 복수를 하지 않을 것을 약속했다. 그러면서 "지금 나의 부친을 살해한 자가 이미 죽었기에 다른 사람과는 상관없는 일이다. 누구든 투

시랑이 수사를 훈련시키던 지휘대
1681년에 청나라 정부가 삼번의 반란을 평정한 후 대륙이 통일되었다. 이때 강희 황제는 시랑을 다시 복건수사제독, 태자소보로 임명해 대만을 수복하도록 했다. 시랑은 복건성 동산현에서 수사水師를 훈련시켰다.

사천정
사천정師泉井은 평해만 조양산 기슭에 자리 잡고 있다. 사천정 뒤에는 천후궁天后宮이 있고 앞에는 미주도湄洲島가 있다. 강희 21년(1682)에 수사제독 시랑은 성지를 받고 대만을 평정할 때 3만여 명의 부대를 거느리고 보전평해위莆田平海衛에 주둔했다. 그때 식수가 모자라자 그는 마조媽祖에게 기도를 드렸는데 마조묘 앞에 있는 오래된 우물에서 갑자기 맑은 샘물이 나와 수만 명이 마셔도 마르지 않았다고 한다. 시랑은 신의 은혜에 감격해 '사천정기師泉井記'라는 글을 새긴 비석을 세웠다. 이 우물에서는 지금도 샘물이 솟고 있다.

항하면 죽이지 않을 것이다."라고 말했다.

청나라군의 군사적 압박과 정치적 공세에 정극상은 투항의 길을 택했다. 풍석범과 유국헌의 안내에 따라 정극상은 청나라 양식대로 삭발하고 성 밖에 나와 투항했다. 그리고 그는 대만 군사할거 정권을 대표하는 '연평군왕', '초토招討 대장군' 인감을 시랑에게 바쳤다.

통일 소식에 시를 읊은 강희 황제

시랑은 군사적 재능이 뛰어날 뿐만 아니라 정치가의 면모도 갖추고 있었다. 정성공은 무고한 그의 부친과 동생을 살해했고, 그가 대만을 평정하기 전에 대만에 남아 있는 그의 73명의 친족이 유국헌에게 체포·살해되었다. 그러나 그는 약속대로 어떠한 보복도 하지 않으며 정성공의 무덤에 제를 지내는 등 예의를 다했다. 그뿐만 아니라 황제에게 유국헌이 필리핀으로 도주하려는 풍석범 등을 물리치고 대만의 귀순을 촉구했다는 상주서를 올렸다.

강희 황제가 첩보를 받은 날은 때마침 추석날이었

만족 여성들은 '연상連裳(치파오의 전신)'을 입었고, 한족 여성들은 상의에 치마를 입었다

다. 그는 둥근 달을 바라보며 저도 모르게 '추석날 해상의 첩보를 받고' 라는 시를 읊으면서 나라의 통일에 대한 기쁜 심정을 토로했다.

"만리부상에 언제부터 궁노를 걸어 두었던가 / 수서군水犀軍이 섬으로 진격해 성문을 열었구나 / 다음 조정에서 어찌 문덕文德을 닦으리오만 / 온화한 그때에 어찌 군사진공을 남용하리오 / 이 가을철 아장牙帳에서 항복을 접수하노라 / 우림羽林에서 첩보를 보내

대만의 녹항 마조신상

마조는 중국 동남 연해지구 백성들이 공인하는 보호신으로 '천후낭낭天后娘娘' 또는 '천상성모天上聖母'라고도 한다. 이 마조신상은 청나라 때 중국 대만의 녹항 지구에서 인쇄한 것이다.

마상작진도 (청나라 낭세녕 그림)

〈마상작진도瑪瑺斫陣圖〉는 후얼만呼爾滿대첩에서 청나라 병사의 늠름한 모습을 묘사했으며, 말과 무기는 구체적으로 표현했다.

오니 달도 더 밝은가 / 저 바다 건너에서 고생하던 백성들이 / 이제부터 우리와 똑같이 농사일을 할 수 있게 되었구나."

강희 황제는 특사를 보내 시랑에게 자기가 입었던 옷가지들을 보내주고, '시랑에게'라는 시 한 수를 써주면서 공을 치하했다.

얼마 지나지 않아 시랑의 청구로 정극상 등은 작위를 받았고 시랑도 정해후靖海侯로 진봉晉封되었다. 강희 황제는 시랑의 건의를 받아들여 대만부와 제라諸羅, 대만, 봉산鳳山 세 개 현을 설치해 복건포정사의 관할에 예속시켰으며, 팽호에 청급廳級 행정기구를 설립했다. 그리고 장육영蔣毓英을 대만의 제1임지부로 임명했다. 장육영은 대만의 제도, 조직이 본토와 일치하도록 노력했다.

> ●●● 역사문화백과 ●●●
>
> **[마괘]**
>
> 마괘馬褂는 관내로 들어가기 전 만족 남자들의 기사복騎射服이었다. 마괘에는 장수長袖, 단수短袖, 관수寬袖, 대금對襟, 대금大襟 비파금琵琶襟 등 여러 모양이 있었다. 관내로 들어간 초기에 마괘는 군영의 병사들 옷차림이었으며, 강희 황제 때 8기자제들 고관대작 부유한 집 등에서 유행했다. 옹정 황제 후에는 민간에 보급되면서 점차 일반적인 복장이 되었다.

| 세계사 연표 |

1721년 러시아가 제국임을 선포했으며, 스웨덴과 '니스타드 조약'을 체결했다.

042

황하를 다스린 근보

《청사열전淸史列傳·진황전陳潢傳》
《청사열전淸史列傳·근보전靳輔傳》
《청사고淸史稿·근보전靳輔傳》

부임한 후 근보靳輔는 여덟 번이나 상주를 올려 황하를 종합적으로 다스려야 한다고 주장했다.

근보는 황하를 다스리는 데 매우 큰 공을 세웠다. 그는 진황陳潢을 등용해 풍부한 경험을 쌓았으며, 중국의 수리 건설과 황하 치수에 귀중한 유산을 남겼다.

진황 발견

청나라 초기 황하가 범람하면서 재해가 빈번하게 발생했다. 순치가 북경에 입성한 때부터 강희 16년(1677)까지 30여 년 동안 황하에서 둑이 터지는 일이 무려 72차례나 발생했는데, 그 가운데서 강희 초기 16년 동안에만 67차례나 범람했다.

즉위한 강희 황제는 반드시 해결해야 할 세 가지 대사를 생각하고 있었는데, 그 대사는 삼번의 난을 평정하고 조운을 해결하며 황하를 다스리는 것이었다.

강희 16년(1677) 근보가 하도河道 총독으로 부임했다. 근보는 안휘순무로 임직하는 기간부터 회하를 다스리는 데 관심이 있었다. 그는 또한 수리 기술자를 모집하는 일에도 신경을 썼다. 언젠가 그가 한단邯鄲을 지날 때였다. 한단에서 황량몽黃粱夢에 관한 전고典故가 나온 여조사呂祖祠를 참관하던 그는 벽에 이름을 밝히지 않은 시가 적힌 것을 발견했다. 시는 황하를 다스리려는 작가의 감정을 토로하고 있을 뿐만 아니라 능력이 있어도 때를 만나지 못한 답답한 마음을 얘기하고 있었다. 시는 근보의 흥미를 유발했고, 수소문 끝에 시의 작가이자 절강 항주 사람인 진황陳潢을 찾아냈다.

진황은 고금의 치수 저작에 대해 깊이 연구하고 있었으며, 물길의 변천, 황하의 특징, 황하의 흙모래에 대해서도 잘 파악하고 있었다. 그는 황하를 다스리는 데 실제적인 지식을 갖고 있었다. 근보는 진황과 이야기를 나눈 다음 옛 지기처럼 절친한 사이가 되었다. 근보가 황하를 다스리기 시작하면서부터 진황은 모든 일에 직접 참여했는데, 여러 가지 중대한 물길 공사는 모두 진황이 설계하고 직접 시공 감독하지 않은 것이 없었다.

몸소 황하를 찾다

근보는 하도총독으로 부임한 후 강희 황제에게 여덟 번이나 상주서를 올려 황하는 종합적으로 다스려야 하기 때문에, 반드시 운하를 다스리는 일과 동시에 진행해야 한다고 주장했다.

그는 황하 남북 양안으로 가서 강희 원년(1662)에 하남 구간 황하가 터진 곳을 시찰했으며 이르는 곳마다 신사관민紳士官民, 나아가서 황하를 다스리는 일에 참여한 장인, 부역군 등의 의견에 귀를 기울였다. 실사를 거쳐 그는 이

강희 황제 남방순시도권·치수 (청나라 왕휘 등 그림)
강희 황제는 여섯 번이나 남방을 순시하면서 황하, 회하의 피해에 관심을 갖고 강을 다스리는 일을 나라를 다스리는 으뜸가는 대사로 간주했다.

| 중국사 연표 |

1722년 강희 황제가 죽었다. 묘호는 성조聖祖이다. 윤진이 황위에 즉위하고, 그다음 해를 옹정 원년으로 했다.

《치하방략治河方略》

명나라 말, 청나라 초에 그는 사회가 불안정했고 황하·회하·운하의 범람으로 농촌이 황폐해졌다. 강희 15년(1676)에 황하와 회하의 물이 불어나면서 둑이 터지고 회주·양주 등 7개 주·현이 물에 잠겼다. 강희 황제 16년(1677), 안휘 순무로 있던 근보(1633~1692)를 하도 총독으로 임명하고 황하, 회하, 운하를 다스리게 했다. 근보는 16년부터 26년(1687)까지 10년 동안 하도 총독으로 있으면서 치수 경험을 바탕으로 《치하방략》을 썼다.

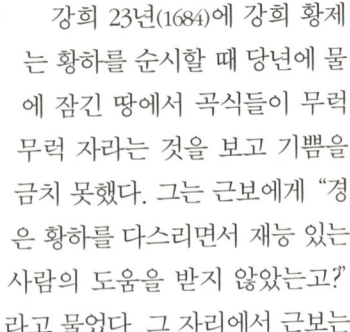

미 제정한 치수 계획을 치밀하게 만들었는데, 하류를 소통시키고 상류를 다스리며 터진 곳을 막았다. 또 탄파坦坡를 쌓아 경비를 조달하고, 관원을 축소해 하병河兵을 두었다.

당시 황하의 출구가 막히는 바람에 강물이 거꾸로 흐르면서 밭과 마을이 물에 잠겼다. 근보는 터진 곳을 막은 다음 단단히 다지고 더 높이 쌓아 황하의 물이 원래의 물길을 따라 바다로 흘러들게 했다. 또 진황은 물길 복판에 감수패減水壩를 쌓고는 터진 곳을 파서 강물을 분류分流한 후 다시 터진 곳을 쌓았다. 수년 후 황하 하류의 터진 곳을 막으면서 황하는 다시 옛 물길을 따라 흐르게 되었다.

강희 23년(1684)에 강희 황제는 황하를 순시할 때 당년에 물에 잠긴 땅에서 곡식들이 무럭무럭 자라는 것을 보고 기쁨을 금치 못했다. 그는 근보에게 "경은 황하를 다스리면서 재능 있는 사람의 도움을 받지 않았는고?"라고 물었다. 그 자리에서 근보는 진황을 추천했다. 강희 황제는 즉석에서 진황에게 참찬하무안찰사첨사參贊河務按察使簽事라는 벼슬을 하사했다.

그 후 몇 년 동안 근보와 진황은 황하 중류에 둑을 쌓았으며, 황하 이북에 '중하中河' 운하를 만들어 식량을 운반하는 선박들의 72km 항해 거리를 8km로 줄여 북운하에 들어서도록 했다.

파직과 복직

강희 27년(1688) 근보는 황하 입구에 큰 물길을 열고 긴 제방과 감수패를 쌓아 강물의 수량을 높이자고 했다. 우성룡 등 관원들은 그의 건의에 대해 소모적인 데다 효과가 없을 것이며 백성을 혹사시키고 물자를 낭비할 뿐이라고 질책했다. 그리하여 강희 황제는 그를 파직시키고, 진황을 체포해 감옥에 넣었다. 진황은 얼마 후 감옥에서 병사했다.

그 이듬해 남방을 순시하

강희 황제 남방순시도권·강희 황제가 황하에 이르다 (청나라 왕휘 등 그림)
강희 황제는 남방을 순시할 때 치수 사업을 직접 찾아가 시찰했다.

| 세계사 연표 |

1722년 러시아 표트르 대제가 군대를 거느리고 카스피 해 서안의 페르시아에 속하는 아제르바이잔, 크로아티아와 아르메니아를 진공했다.

성숙해하원도星宿海河原圖

황하의 수재를 근본적으로 다스리기 위해 강희 43년(1704)에 강희 황제는 납석拉錫과 서란舒蘭에게 황하의 원천지를 찾으라고 명령했다. 그들은 청해青海의 한복판에 이르렀는데, 그곳에는 곤륜 산맥, 바얀카라 산맥, 부르한부 산맥이 있었고, 산 아래에는 분지, 끝없는 소택지가 있었다. 그 소택지는 고산의 눈이 녹은 물로 형성된 화해자花海子였고 성숙해라고 불렀다. 그들은 또 성숙해 상류에 세 갈래의 하천이 있다는 것을 발견했다. 그러나 그들은 원천지까지 가지 못했다. 납석과 서란은 도읍에 돌아온 후 〈하원도河原圖〉를 그렸고, 서란은 《하원기河源記》를 썼다.

던 강희 황제는 '중하'에서 제방을 단단히 다진 후의 치수성과를 직접 목격했으며, 황하와 회하 지구의 백성들이 근보의 공적을 찬양하는 것을 보았다. 그리하여 그는 다시 근보를 복직시켰으나 근보는 얼마 후 병사했다.

근보가 사망한 후 계임자 우성룡은 대체로 그가 정

●●● 역사문화백과 ●●●

[청나라 때의 관원 등용 방식]

청나라에는 관원을 등용할 때 여러 방식이 있었다. 서직署職은 초임 관리를 시험적으로 2년(후에는 3년) 동안 배치했는데 직무에 적합하면 관직을 수여하고, 겸직兼職은 대학사가 상서를 겸하며 총독은 병부상서와 우도어사右都御史를 겸하는 것이다. 호리護理는 하급 관리가 상급 관리를 대행하는 것이고, 가함加銜은 원래의 벼슬 외에 따로 높은 벼슬을 주는 것을 말한다. 액외임용額外任用은 황제가 특별히 은혜를 베푸는 것이며, 혁직유임革職留任은 관직을 박탈했지만 여전히 직무를 수행하는 것을 말한다.

한 치수 방침대로 했다. 강희 황제는 우성룡에게 "경은 당년에 근보를 탄핵하면서 감수패를 열어서는 안 된다고 하지 않았던가? 그런데 지금은 어떠한가?"라고 물었다. 그러자 우성룡은 솔직하게 대답했다.

"그때는 소인이 모르고 그렇게 했나이다. 지금 그의 방법대로 하고 있나이다."

연생귀자도連生貴子圖 (청나라 냉매 그림)

냉매冷枚(생졸연대는 미상임)의 자는 길신吉臣, 호는 금문외사金門外史이며 산동 교주 사람이다. 이 그림은 우의화寓意畵로 계수나무, 여인이 손에 든 연화, 노생蘆笙 그리고 무릎 아래의 어린아이로 '연생귀자'의 길상적 뜻을 나타낸다.

| 중국사 연표 |

1723년 저밀제(儲密制)를 설립했다. 연갱요에게 청해 뤄부단진 반란 사건을 주최하라고 명했다.

043

육척항

먼 곳에서 보내온 편지 내용이 담장 때문이라니 / 석 자를 더 물러선들 어떠하리오 / 만리장성은 변함없건만 / 어제의 진시황은 보이지 않는구려.

강희 황제의 중용을 받다

장영張英은 강희 7년(1668)에 진사가 되었으며 강희 황제에게 선발되고 한림원편수編修로 부임했다. 그는 부임한 날부터 관아에서 생활했으며, 나중에 시독학사侍讀學士로 승진했다. 당시 강희 황제는 황궁에 남서방南書房을 설립하고 그에게 당직을 서라고 명했다. 그리고 장영의 출퇴근을 편리하게 하기 위해 자금성 서안문 내에 주택을 주었는데 그때부터 문신들이 황성 출입을 할 수 있게 되었다.

강희 황제는 장영을 매우 신임했다. 그는 비록 한족 관리였으나, 관내로 들어온 후 청나라의 여러 황제, 특히 강희 황제는 만족과 한족을 동일 민족으로 간주하고 평등하게 인재를 선발했다. 그래서 장영은 친신親臣이 될 수 있었다. 강희 황제는 건청문에서 청정聽政한 후에는 늘 무근전懋勤殿에 찾아와 장영 등 지식인을 불러놓고 학문을 담론하곤 했다. 장영은 능률 향상에 큰 관심이 있었으며, 크고 작은 일을 주도면밀하게 처리해 황제의 시름을 덜어 주었다. 그는 날마다 5경이면 의관을 차려입고 정사를 보았으며, 집집마다 등불이 환할 때에야 집으로 돌아갔다. 집에 돌아와 옷을 갈아입고 식구들과 함께 식사를 할 때 갑자기 황제의 성지가 오는 바람에 다시 조복을 차려입고 입궁하는 일도 다반사였다.

강희 황제는 그를 무척 신임했는데 그 후 남원으로 찾아가거나 외출할 때면 언제나 장영을 데리고 가서 수시로 자문을 구했다. 당시 반포한 황제의 조서도 대부분 그의 필치였다.

집에서 온 편지를 받다

강희 황제에게 장영은 없어서는 안 될 존재였다. 강희 28년, 장영이 52세 되던 해 강희 황제는 장영을 공부상서 겸 한림원 장원학사로 임명하고 여전히 첨사부詹事府의 일을 관할하게 했다. 그리하여 장영은 혼자 세 가지 요직을 맡게 되었다. 장영은 여러 차례 몸이 좋지 않다면서 고향에 돌아가 만년을 보내게 해 달라고 요구했지만 그럴 때마다 강희 황제는 그를 만류했다.

강희 38년, 장영은 일을 신중하게 처리해 여러 차례 강희 황제의 칭찬을 받고 문화전대학사文華殿大學士로 승진했으며 예부의 일을 겸했다.

강희 황제의 '문화전보文華殿寶'와 옥새의 글
문화전은 처음 건설할 때 태자들의 정전이었고, 지붕에 푸른 기와를 얹었다. 후에 몇몇 태자가 나이가 어려 정사를 처리하지 못하자 가정 15년 정식으로 황제편전便殿으로 고치고 황색 기와를 얹었다. 문화전은 황제가 '경연經筵'을 열고 경관經官들의 '진강進講'을 청취하는 곳이었는데, 황제가 청강하기 하루 전에는 문화전 동쪽의 전심전傳心殿에 가서 공자의 위패에 제고祭告해야 했다. 동시에 황제는 어론御論을 써 《4서5경》을 학습한 자신의 느낌을 발표했고, 조정의 신하들은 어전에 꿇어앉아 황제의 어론을 경청해야 했다.

세계사 연표

1723년 일본 막부에서 인재등용책 다시다카제를 정함.

광서光緒《유사현지榆社縣志》
건륭乾隆《동성현지략桐城縣志略》

출전

강희 황제의 '무근전보懋勤殿寶'와 옥새의 글
번근전은 강희 황제의 서재였는데 후에 황제의 비첩碑帖과 문방구를 놓아 두는 곳이 되었다. 강희 황제는 이 '한새閑璽'를 무척 아꼈다.

어느 날 장영은 안휘동성安徽桐城에서 보낸 가서家書를 받았다. 그런데 수백 자나 되는 편지는 다만 한 가지 내용만을 서술하고 있었다. 원래 장영의 집 담장 밖에는 공지가 있었고, 그 공지를 사이에 두고 큰 부자 오씨의 저택이 있었다. 그런데 오씨가 집을 새로 지으면서 저택을 확장했는데 담장을 허물고 다시 쌓을 때 원래의 담장에서 더 밀고 나오는 바람에 장씨의 담장 기초에 큰 영향을 주었다. 이에 장씨는 자기도 담장을 허물고 더 밀고 나갔다.

쌍방이 서로 다투어 공지를 더 많이 차지하려 하자 충돌이 일어났으며, 어느 쪽도 물러서지 않았다. 오씨도 만만치는 않았지만 장씨 집 식구들은 재상에 맞먹는 대학사가 배경에 있다는 것을 구실 삼아 사람을 직접 보내 북경에 전했다. 그 뜻은 장영이 대학사의 신분으로 지방관에게 명령을 내려 오씨가 물러서도록 하려는 것이었다.

석 자를 더 물러선들 어떠하리오

장영은 학문과 재능뿐만 아니라 견식도 넓었다. 기록에 따르면 그는 민생에서의 이익과 폐단, 여러 지방

도자도挑刺圖 (청나라 소륙붕 그림)
소륙붕蘇六朋(1798~?)은 광동 순덕 사람이다. 그는 인물화에서 원인元人과 청나라 시기의 화가 황신黃愼의 영향을 받았다. 이 그림은 일반인의 일상생활을 묘사했다.

의 수재와 한재 등에 대해 모르는 것이 없었다고 한다.

가서를 받았을 때 장영은 명나라 가정연간 완평현령 이금습李錦襲에 관한 이야기를 읽고 있었다. 이금습이 완평현 현령으로 있을 때 고향인 산서 유사현에서 보낸 아들 이난옥李蘭玉의 편지를 받았다. 아들은 편지에서 자기 집과 이웃집은 벽을 사이에 두고 있는데, 지금 이웃이 담장 기초가 자기네 것이라고 우기고 있으며, 호족豪族인 우리 가문은 물러설 수 없다고 하면서 아버님께서 결정을 내려 달라고 했다. 이금습은 답신을 썼다. 그런데 답신에는 그저 시 한수만 적혀 있었다.

"천리 밖에서 보낸 편지 내용이 담장 때문이라니 / 이제 한 보 더 물러선들 어떠하리오 / 이제는 함원전 위에 풀이 우거졌거늘 / 그네들의 풍류인 시만이 다 분하도다."

아버지의 시를 읽고난 아들은 땅을 양보했다.
장영도 그 시를 참고해 시 한 수를 적어 보냈다.

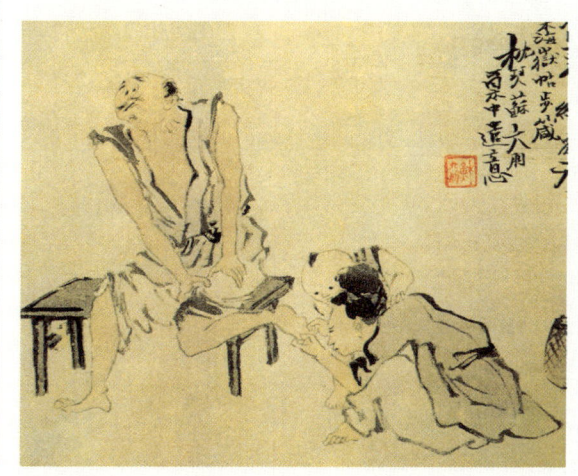

1644~1840 청나라·1

복왕 홍광弘光, 당왕 융무隆武, 감국 노왕, 당왕 소무紹武, 계왕 영력永曆, 한왕 정무定武 등 169

| 중국사 연표 |

1725년

청나라 정부가 개토귀류改土歸流를 실시했다. 연갱요年羹堯가 사망했다.

강희 연간에 만든 적록채묘紅綠彩描 금수면문루공방훈金獸面紋鏤空方薫

걸인도 (청나라 고기패 그림 - 오른쪽 그림)

고기패高其佩(1672~1734)는 자가 위지韋之, 호는 차원且園이며 남촌南村이라고도 불렸다. 그는 요녕성 철령 사람이다. 그는 젊어서 전통 회화를 배웠고 중년에는 손가락으로 그림을 그리기 시작했다. 그가 그린 꽃과 나무, 새, 짐승, 물고기, 용과 인물은 모두 생동감이 있으며 의미가 깊다. 그중 〈걸인도乞人圖〉는 손가락으로 그린 고기패의 걸작이다.

●●● 역사문화백과 ●●●

[남서방南書房]

남서방은 강희 황제가 독서를 하고 학문을 토론하던 곳이며, 국가대사와 기밀도 토의하고 결정했다. 이런 이유로 이곳을 전문기구라고까지 했다. 강희 황제가 친정한 후 황권을 강화하고 의정왕대신회의의 권력을 약화시키기 위해 남서방에 직접 황제의 명령을 따르는 내정고문판사지도부를 건립했다. 남서방에 입선된 사람은 황제와 학문·민정民情을 논할 수 있고, 군정기밀을 상의하고 조서를 작성할 수 있었다. 그 예로 삼번을 평정하고 권신 명주를 탄핵하는 등 중대한 사건은 모두 먼저 남서방에서 제정했다. 그러나 남서방이 국가기구는 아니기 때문에 선발된 관원은 여전히 원래의 관직에 '남서방행주南書房行走' 등 벼슬을 주었으며 품급品級도 4품을 넘지 않았다. 그러나 이런 사람들은 모두 황제의 심복이었다. 집권을 확보하기 위하여 후에는 매일 한림원, 첨사부와 국자감에서 윤번으로 네사람씩 뽑아 당직을 서도록 함으로써 일상적으로 당직을 서는 인원들이 권력을 남용해 사리를 꾀하고 부정행위를 하는 현상이 나타나는 것을 방지했다.

며칠 후 답장을 받은 장영의 식구들이 편지를 열어 보니 속지는 딴 종이가 아니라 그들이 보낸 편지였다. 그리고 뒷면의 빈자리에 시 한 수가 적혀 있었다.

"먼 곳에서 보내는 편지 내용이 담장 때문이라니 / 이제 석 자를 더 물러선들 어떠하리오 / 만리장성은 변함이 없건만 / 예전의 진시황은 보이지 않는구려."

편지를 읽은 식구들은 장영의 말대로 이미 세운 담장 기반으로부터 석 자 뒤로 물러섰다. 그 광경을 본 오씨네도 장씨네 담벽과 이어진 곳에서 석 자 뒤로 물

| 세계사 연표 |

1725년 영국, 네덜란드, 프랑스, 프로이센이 동맹을 결성해 스페인, 오스트리아에 대항했다.

●●● 자식을 많이 둔 강희 황제 ●●●

서열	이름	봉호	비고
황장자	아이신줴뤄 윤제胤禔	고산패자固山貝子	원명은 아이신줴뤄 보청保清
황차자	아이신줴뤄 윤잉胤礽	황태자, 후에 이밀친왕理密親王으로 책봉함.	원명은 아이신줴뤄 보성保成
황3자	아이신줴뤄 윤지胤祉	성은군왕誠隱郡王	
황4자	아이신줴뤄 윤진胤禛	옹정 황제雍正皇帝	
황5자	아이신줴뤄 윤기胤祺	항온친왕恒溫親王	
황6자	아이신줴뤄 윤작胤祚		어려서 요절함.
황7자	아이신줴뤄 윤우胤祐	순도친왕淳度親王	
황8자	아이신줴뤄 윤기胤禩	염친왕廉親王으로 책봉했다가 후에 폐함.	
황9자	아이신줴뤄 윤당胤禟		
황10자	아이신줴뤄 윤아胤䄉	보국공輔國公	
황11자	아이신줴뤄 윤자胤禌		어려서 요절함.
황12자	아이신줴뤄 윤도胤祹	이의친왕履懿親王	
황13자	아이신줴뤄 윤상胤祥	이현친왕怡賢親王	
황14자	아이신줴뤄 윤제胤禵	순근군왕恂勤郡王	
황15자	아이신줴뤄 윤우胤禑	유각군왕愉恪郡王	
황16자	아이신줴뤄 윤록胤祿		승택친왕의 뒤를 이어 석새지후가 됨.
황17자	아이신줴뤄 윤례胤禮	과의친왕果毅親王	
황18자	아이신줴뤄 윤개胤祄		어려서 요절함.
황19자	아이신줴뤄 윤직胤禝		어려서 요절함.
황20자	아이신줴뤄 윤위胤禕	간정패륵簡靖貝勒	
황21자	아이신줴뤄 윤희胤禧	신정군왕愼靖郡王	
황22자	아이신줴뤄 윤고胤祜	공근패륵恭勤貝勒	
황23자	아이신줴뤄 윤기胤祈	성패륵誠貝勒	
황24자	아이신줴뤄 윤비胤祕	성각친왕誠恪親王	
아이신줴뤄 승고承祜			어려서 요절함, 연령순이 없음.
아이신줴뤄 승서承瑞			어려서 요절함, 연령순이 없음.
아이신줴뤄 승경承慶			어려서 요절함, 연령순이 없음.
아이신줴뤄 사이인차훈			어려서 요절함, 연령순이 없음.
아이신줴뤄 장화長華			어려서 요절함, 연령순이 없음.
아이신줴뤄 장생長生			어려서 요절함, 연령순이 없음.
아이신줴뤄 만보万䃼			어려서 요절함, 연령순이 없음.
아이신줴뤄 윤찬胤禶			어려서 요절함, 연령순이 없음.
아이신줴뤄 윤우胤禑			어려서 요절함, 연령순이 없음.
아이신줴뤄 윤기胤禨			어려서 요절함, 연령순이 없음.
아이신줴뤄 윤원胤禐			어려서 요절함, 연령순이 없음.

러섰다. 그리하여 두 집 담장의 거리는 여섯 자가 되었다. 이것이 바로 그 후에 전해진 '육척항(六尺巷, 여섯 자 골목)'이다. 육척항 유적은 지금 동성 성서 뒷길에 있는데 골목에는 세로로 네모난 돌이 놓여 있으며, 돌에는 '육척항'이라는 세 글자가 적혀 있다.

| 중국사 연표 |

1726년 보갑법을 제정했다. 사사정지옥查嗣庭之獄을 일으켰다. '고금도서집성'을 64부 활자인쇄하고, 룽과둬를 구금했다.

044

강녕지부 진붕년

강언제로 찾아온 진붕년陳鵬年은 관복을 벗어던지고 강물에 뛰어들어 인부들과 함께 일을 했다. 그러자 많은 관원과 지식인은 물론, 주변의 민중들까지 스스로 찾아와 흙과 돌을 날랐다.

진붕년은 청백하고 정직했기에 '강남의 으뜸가는 청렴한 관리'라고 불렸으며, 강희 황제에게 칭찬을 받았다. 그리하여 그가 모함을 당하면 강희 황제는 매번 그의 억울함을 풀어 주었다.

양강 총독의 미움을 사다

강희 44년(1705), 강희 황제가 남방 순시를 시작하자 양강 총독 아산阿山은 성, 부, 현 등의 지방 관원들에게 기한부로 지세地稅와 인두세人頭

관공상도축關公像圖軸 (청나라 일명佚名 그림)
이 그림은 관공關公에 대한 사람들의 열광적인 숭배를 반영했다.

사복천궁도賜福天宮圖 (청나라 정관붕丁觀鵬 그림)
이 그림은 청나라 사람들의 행복한 삶에 대한 추구를 반영했다.

| 세계사 연표 |
1726년 러시아가 과학원을 설립했다.

《청사고淸史稿·아산전阿山傳》
《청사고淸史稿·진붕년전陳鵬年傳》
《청사고淸史稿·성조기聖祖紀》

稅를 더 받아들여 황제의 순행이 편리하게 하라고 명령했다.

하지만 강녕지부 진붕년은 그 명령에 동의하지 않았다. 화가 난 아산은 아무런 내색도 하지 않았지만 일부러 그에게 용담행궁龍潭行宮에 관한 일을 맡으라는 난제를 주었다. 강희 황제의 시종은 관례대로 진붕년을 찾아와 예물을 요구했고, 그는 요구를 거절했다. 그러자 시종들은 황제 앞에서 진붕년을 모함했다.

강희 황제를 따라 남방 순시차 온 강희의 형 윤제胤禔는 진붕년을 죽이자고 했다. 그러나 신중한 강희 황제는 한쪽 말만 듣지 않았다. 당시 강희 황제는 강녕직조부江寧織造府에 들어 있었다.

강녕직조 조인曹寅의 아들이 뜰에서 놀고 있는 것을 본 강희 황제는 그 아이에게 다가가 생각나는 대로 물었다. "넌 어느 관리가 좋은 관리인지 알고 있느냐?" 조인의 아들이 대답했다. "알고말고요, 진붕년이 가장 좋은 관리예요!"

바로 이때 퇴직한 대학사 장영이 고향 안휘 동성에서 찾아와 배알하자 그는 다시 장영에게 강남에서 누가 가장 청렴한 관리인지 물었다. 장영도 진붕년을 추천했다. 그 이유를 강희 황제가 묻자 장영은 "관리들은 그를 두려워하면서도 원망하지 않고, 백성들은 그의 덕성을 그리면서도 게으름을 피우지 않으며, 선비들은 가르치면서도 속이지 않습니다. 이것이 그의 청렴함이오이다"라고 대답했다. 장영의 말에 강희 황제는 진붕년이 어떤 사람인지 알게 되었다.

그러나 아산은 그만두려고 하지 않았다. 그는 강희 황제가 진강鎭江에서 수사水師를 검열하기 하루 전 진붕년에게 강에 돌을 쌓아 급류를 완충하라고 명령했다. 그러나 진붕년은 조금도 당황하지 않고 관복을 벗고는 직접 강물에 들어가 인부들과 함께 일을 했다. 그러자 수많은 관리와 지식인은 물론, 주변의 백성들이 스스로 찾아와 흙과 돌을 날랐다.

세조환경도축歲朝歡慶圖軸 (청나라 요문한姚文瀚 그림)
이 그림은 민간에서 설날을 즐겁게 맞는 광경을 묘사했다.

청렴한 태수를 지켜낸 민중들

아산은 진붕년이 상인들이 주는 여러 가지 새해 예물을 받고, 용강관세은龍江關稅銀을 횡령했다고 모함하는 상주서를 올린 다음 그의 관직을 삭탈하고 투옥했다. 그는 또 진붕년이 일찍이 성소재지의 남시루기원南市樓妓院 옛 터에 향약강당鄕約講堂을 지어 놓고 매달 삭일에 황제의 성지를 선독하도록 한 일은 '대불경'한 일이라고 하면서 '대벽大辟', 즉 사형에 처한다고 판결했다.

진붕년을 죄로 다스린다는 소문이 나자 강녕 백성들은 총독아문을 포위하고 탄핵의 이유를 따졌다. 그리고 수재秀才들은 '청렴한 태수를 지키자'는 구호를 외치면서 태수와 함께 감옥에 들어가 생사를 함께하

1644～1840 청나라·1

도시와 농촌 접경지의 정자에서 베풀었다 173

| 중국사 연표 |

1729년 증정曾靜의 일에서 여유량 문자옥이 비롯되었다.

겠다고 농성했다. 당시 구용현句容縣에서는 한창 강녕 8개 현의 수재 과거시험을 치르고 있었다. 8개 현의 생동生童들은 진붕년이 투옥되었다는 말을 듣고 시험장에서 소동을 일으키고 "우리들은 무엇을 바라고 책을 읽고 과거시험을 치르는가?"라고 외치면서 시험지를 태우고는 시험장에서 나가 버렸다.

이 소식이 북경에 전해지자 강희 황제는 대학사 이광지李光地에게 아산에 대해 물었다. 만족인에게 미움 받고 싶지 않은 이광지는 "아산은 일을 깨끗하게 처리하는데 유독 진붕년을 탄핵한 일만은 여론의 비난을 받고 있다."고 말했다. 그리하여 강희 황제는 아산의 판결에 책임을 물어 강녕지부의 직을 해임하고 무영전에서 책을 편찬하게 했다.

강희 황제가 다시 한 번 진붕년을 보호하다

강희 47년(1708), 진붕년은 강소지부로 부임했다. 당시 아산의 직무를 이어받은 양강 총독 갈례噶禮는 독선적이어서 강소순무 장백항張伯行의 배격을 받았다. 진붕년이 장백항을 지지하자 갈례는 황제에게 진붕년을 모함하는 상주서를 올렸다. 그러자 강희 황제는 갈례에게 북경에 올라와 책을 편찬하게 했다.

하지만 갈례는 다시 진붕년이 호구虎丘에서 유람할 때 원망하는 시를 썼다는 밀서를 올렸다. 그러자 강희 황제는 도리어 그 시를 대신들에게 돌려 읽게 했다. 그러고 나서 말했다. "갈례는 진붕년의 시어가 원칙을 어겼다고 상주했다. 소인배의 수준이 겨우 이 정도인데, 내가 어찌 이런 소인배들에게 속겠는가!"

강희 연간에 만든 청화만수자靑花万壽字 큰 병

합가환合家歡 (청나라 연화)
이 그림에는 새해를 즐겁게 맞으며 행운을 바라는 마음이 담겨 있다.

●●● **역사문화백과** ●●●

[관학화官學化한 청나라 때 서원]

청나라 때 서원은 백록동서원白鹿洞書院·악록서원岳麓書院 등과 같이 대부분 성·현의 사람들이 붐비는 곳에 설립했다. 서원은 정부에서 지원하거나 찬조했으며 산장山長과 강습은 지방의 주요 관리를 초빙했다. 학생은 도원道員과 포정사布政司에서 심사하고 합격시켰다. 만약 개인적으로 서원을 세우려면 반드시 해당 관부에 보고해 심사를 받아야 했다. 그 후 각 부·주·현에서 서원을 창설했는데, 신사紳士들이 자금을 마련해 창립한 서원도 모두 관부에 보고한 다음 비준을 받고 운영했다.

| 세계사 연표 |

1729년 조선에서 사형수에 대해 초심, 재심, 삼심을 거치게 하는 삼복三覆이 실행되었다.

045

팽붕과 시세륜

《청사고清史稿·시세륜전施世綸傳》
《청사고清史稿·팽붕전彭鵬傳》 출전

청렴한 관리의 기준은 첫째 지혜가 있고 시대에 어둡지 않으며, 둘째 강직하며, 셋째 새로운 것을 창조하고 옛 규범을 고집하지 않는 것이다.

청나라 초기 여러 황제는 관리들의 치적에 관심을 두면서 진취적이고 청렴한 관리를 배출하기 위해 노력한 결과 청렴한 관리가 많아졌다. 민간에서 전해지는 청렴한 관리는 팽붕彭鵬과 시세륜施世綸이 있다. 민간에서 《팽공안彭公案》과 《시공안施公案》을 책으로 엮었는데 그것은 청렴한 관리가 사건들을 심리하는 이야기였다.

치행위기보제일

팽붕은 복건福建 보전莆田 사람이며, 강희 왕조 때 삼하현三河縣 현령으로 부임했다. 북경 동쪽에 자리 잡고 있는 삼하는 청나라군이 관내로 들어올 때 8기를 안치한 중요한 요지다.

이곳의 백성들은 관청의 심부름꾼이 많았고, 백주에 강도들이 출몰하기도 했다. 그리하여 이곳은 다스리기 어려운 맹장盲腸 지구로 불렸다. 그러나 팽붕이 부임한 후 역도驛道의 부담을 줄였으며 기인旗人들이 신분을 이용해 제도를 위반하는 것을 엄금함으로써 치안을 개선했다.

팽붕은 문무를 겸비한 사람이었다. 그는 현아문에서 사건을 심리하고 있다가도 역졸이 달려와 강도가 나타났다는 보고를 듣기만 하면 그 자리에서 말을 타고 직접 달려가 강도를 붙잡아왔다.

그러자 차츰 그 지방은 안정을 되찾았는데, 지난날의 많은 억울한 사건들이 다시 조정을 받게 되었다. 그러다보니 주변의 여러 현에서 발생한 사건을 판결하기 어려울 때 저마다 팽붕을 모셔다 심문하게 했는데, 그때마다 그는 논리정연하고 명백하게 사건을 처리했다. 그리하여 그는 '치행위기보제일治行爲畿輔第一'이라는 명성을 얻었다.

강희 황제는 북릉과 동릉에 제를 지내러 갈 때마다 삼하를 지나곤 했다. 그는 팽붕이 훌륭하고 청렴한 관리라는 것을 잘 알고 있었다.

강희 27년(1688), 강희 황제는 태황태후의 존시책보尊

삼태타호三太打虎 (청나라 연화)
소설 《팽공안》은 강희 연간에 팽붕彭鵬을 주인공으로 한 소설인데, 이 연화는 《팽공안》 중 한 단락이다. 즉, 강희 황제가 사냥하고 있을 때 갑자기 호랑이가 나타났다. 그러자 호위하던 황삼태黃三太가 주먹으로 호랑이를 눕히고 강희 황제를 구했다.

| 중국사 연표 |

1730년 군수방軍需房을 군기방軍機房, 군기처軍機處라고 고쳤다.

중국을 말한다

석청색납사채운금용문황후하조복石青色納紗彩云金龍紋皇后夏朝服

청나라 때 황후들의 조복朝服에는 면綿, 협夾, 조單, 사紗 등 여러 가지가 있었으며 사계절에 나누어 입었다. 색상은 네 가지가 있었다. 황색은 등급이 제일 높은 색상이었는데, 설날, 동지, 만수 및 태묘제 등 전례典禮가 있을 때 입었고, 남색은 하늘에 제를 지낼 때, 적색은 아침해에 제사를 지낼 때, 흰색은 저녁달에 제를 지낼 때 입었다. 여름철 조포朝袍는 장화주妝花紬, 장화단妝花緞, 장화사직성료妝花紗織成料, 자수 주, 사, 단 등을 원단으로 만들었으며, 단협單夾은 계절에 따라 금 조각으로 깃을 둘렀다.

비덕공을 붙잡다 (자기 접시 그림)

소설 《시공안》은 강희 연간의 청렴한 관리 시세륜을 주인공으로 한 소설이다. 자기 접시 그림 〈비덕공을 붙잡다〉는 바로 《시공안》 중의 이야기를 묘사한 것이다. 회안의 비덕공費德功은 큰 도둑이며 한 지방을 차지하고 있었다. 그래서 사람들은 그를 '추혼태세追魂太歲'라 했다. 그는 진鎮에 있는 무거武擧 양대강의 여동생을 부인으로 맞으려 했으나 양대강이 동의하지 않자 그의 집을 도륙냈고, 이 일이 시세륜에게 보고되었다. 그러자 시세륜은 황천패黃天覇를 파견해 염탐한 후 비덕공을 잡아 판결했다.

諡冊寶를 지니고 순시하는 길에 잠시 삼하에 들러 팽붕을 불렀다. 그 자리에서 강희 황제는 "경은 본래 가난한 서생인데 관리로 있으면서 성망을 얻었도다. 지금 경에게 은 300냥을 하사하겠노라."라고 했다.

강희 17년(1688), 그는 강남 태주泰州에서 지부로 임직하고 있었다. 당시 회안에서 수재가 발생하자 그는 명을 받고 제방 공사를 책임지고 감독하게 되었다. 그때 역리驛吏가 제방을 쌓는다는 미명 아래 기회를 타서 구제금을 훔쳤다. 진상을 밝힌 시세륜은 우두머리 몇 명을 붙잡아 엄하게 심문한 다음 처결했다. 그러자 백성들은 그를 '청렴한 관리'라고 칭찬했다.

군사 규율을 잘 지키도록 도와주다

시세륜은 팽붕보다 늦게 나타난 인물로 대만을 수복한 명장 시랑의 아들이다.

호색지매죽제화여단의湖色地梅竹提花女單衣

청나라 시기 견직공예는 전통적인 직조기술을 발전시켰으며, 금錦은 견직물을 모두 가리키는 말이다. 그때의 견직공예는 직조기술이 복잡하고 꽃무늬도안이 다양하며 색채가 아름답다. 사진의 홑옷은 매화와 대나무 도안이다. 이런 꽃무늬는 견직기술이 최고에 이르렀음을 보여주는 것이다.

●●● 역사문화백과 ●●●

[청나라 때의 공안 소설]

청나라 때 많은 공안公案 소설(재판이나 의협적인 사건에 관한 이야기)이 나왔는데 최초의 공안 소설은 《용도공안龍圖公案(포공안包公案)》이다. 그 후의 유명한 공안 소설은 《시공안》과 《팽공안》이 있다. 이 때는 《우공안》《유공안》《이공안》《임공안》 같은 공안 소설이 나왔는데 소설에서의 주인공은 대부분 청나라 역사의 인물이었다. 그러나 이런 인물은 모두 《팽공안》처럼 사회적 영향을 미치지 못했다. 《팽공안》의 머리말에는 "거리마다 골목마다 과장하는 말, 괴상한 이야기들이었는데 그런 이야기들은 모두 사람들의 입에 올랐다. 그리하여 모임과 묘회에서 그 이야기를 하는 사람들이 부지기수고 구경꾼으로 붐볐으며, 듣는 자들은 저도 모르게 이야기 속에 끌려들었다."라고 쓰여 있다.

| 세계사 연표 |
1730년 표트르 대제의 조카딸인 안나 여제가 등극했다.

황후의 겨울 조복
이 옷은 청나라 때 황제의 등극, 결혼, 만수성절万壽聖節, 설날, 동지, 하늘땅에 제를 지내는 등 전례典禮 때 황후가 입는 예복이다. 다섯 가지 색의 금색 용 아홉 마리와 오색 구름을 수놓았으며, 아래에는 수산강아壽山江牙·팔보평수八寶平水가 있다. 어깨 부분에도 두 마리의 용을 수놓았고 소매에는 정룡正龍을 각각 한 마리씩 수놓았으며, 소매가 이어지는 곳에는 행룡行龍이 각각 두 마리씩 수놓여 있다. 편금片金(직금단, 직금주)에 수달 가죽으로 테를 둘렀으며, 테 안쪽에 세 가지 색의 금실 장식이 있다.

그해 호북에서 병변이 발생하자 군사들이 명을 받고 토벌하러 가는 길에 태주를 지나게 되었다. 군령이 제대로 서지 않은 군사들이 지나는 연도에서 여러 번 강탈 사건이 발생했다는 말을 들은 시세륜은 주리州吏·차역差役 등에게 그 군사들이 지나는 동네에 주둔하면서 병사들이 대오에서 떨어져 민간에서 소란을 피우면 즉시 체포하고 추호의 사정도 봐주지 말라고 명했다.

군사를 거느린 군관이 찾아와 항의하자 그는 "우리 주에서는 상급의 지령에 따라 우리 주 경내를 지나는 장병들에게 식량과 말여물을 공급하기로 되어 있는데 불초한 놈들이 감히 대군의 명예를 훼손했다. 나는 군기를 바로잡도록 도와주었을 따름이다."라고 말했

다. 군관은 할 수 없이 장병들을 단속하면서 진주를 지나지 않으면 안 되었다. 그리하여 백성들은 교란을 받지 않고 예전과 마찬가지로 편안하게 살았다.

일문정

강희 32년(1693), 시세륜은 강녕 지부로 옮겨갔다. 3년 후 시랑이 병사해 예제禮制의 규정에 따라 시세륜은 직무에서 물러나 복건 진강에 있는 고향으로 돌아가 상복을 입어야 했다. 소식은 어느새 온 시내에 쫙 퍼졌는데 1만여 명의 민중이 집결해 재직하고 상복을 입을 것을 요구했다. 양강 총독 범승훈範承勳은 대중의 애대愛戴라는 이유로 시세륜에게 직무에 있으면서 상복을 입도록 비준할 것을 청구했으나 비준을 받지 못했다. 시세륜이 상복을 입고 있는 사이에 불행하게도 그의 모친도 병사했다. 그리하여 그는 연속해서 상복을 입지 않으면 안 되었다.

강녕의 백성들은 시세륜의 치적을 못내 그리워했다. 그리하여 사람마다 자발적으로 일문一文의 돈을 헌납해 부府아문 앞에 대칭되는 두 개의 정자亭子를 지어 놓고 기념으로 '일문정'이라는 이름을 붙였다. 팽붕과 마찬가지로 어느 곳에 가든 그곳에서 직분에 충실하고 청렴하고 정직하게 일한 시세륜은 민중들의 칭송을 받았다.

금황색자수채운금용쌍희귀비길복金黃色刺繡彩雲金龍雙喜貴妃吉服
이 금황색자수채운금용쌍희귀비길복은 청나라 때 황비皇妃의 평상복인데, 조복이나 황후의 복장보다 한 급 낮았다. 말발굽형의 소매에 금단룡 아홉 마리가 그려 있다. 중앙에 단정룡團正龍을 수놓았고 양쪽에 측행단룡側行團龍을 수놓았는데 모두 황권을 상징한다. 한 쌍의 용은 어깨 위에 수놓여 있다. 모두 다섯 마리의 용으로 보이는데 황제의 지엄함을 상징한다.

아이의 베개에 좁쌀 또는 수수쌀을 넣어, 아이의 뒷머리가 평평하게 되도록 만드는 것을 말한다

| 중국사 연표 |

1735년 옹정 황제가 죽자 묘호를 세종이라 했다. 홍력 황제가 즉위했고, 이듬해를 건륭 원년으로 했다. 《명사》의 편찬을 완성했다.

046

사가 나란싱더

나란싱더納蘭性德의 사詞 300여 수가 세상에 전해지고 있는데, 그는 '청나라 초기의 제일사인第一詞人' '북송 이래 유일한 사인'이라는 칭송을 받았다.

청나라 때 많은 문인이 배출되었다. 만족 가운데서도 많은 문인이 배출되었는데, 그중 가장 유명한 사람이 나란싱더다. 그러나 그는 아쉽게도 서른한 살에 병사했다.

명주의 아들, 서건학의 제자

나란싱더는 강희 왕조 때 권세인 대학사 명주明珠의 아들로, 원명은 성덕成德, 자는 용약容若이다. 후에 태자(윤내의 아명이 보청임)의 이름을 거스르는 것을 피하기 위해 이름을 '싱더性德'라고 고쳤다.

강희 10년(1671), 열여섯 살 된 나란싱더는 국자감에 들어갔고, 이듬해 과거에 급제했다. 그때 주 시험관은 유명한 대학자 서건학徐乾學이었다. 급제자 명단을 발표하던 날, 그는 청포青袍를 입고 동년배들과 함께 서건학을 찾아갔다. 그날 서건학은 권세가의 자식이라는 거만함은 조금도 없이 옷을 소박하게 입고, 행동거지가 단아한 나란싱더에게 호감을 갖게 되었다.

그 후 나란싱더는 서건학의 집을 자주 드나들었는데, 서건학은 그를 환대하는 한편 제자로 받아들였고, 매달 3, 6, 9일이 되면 그는 서씨 집에서 강의를 들었다. 그때 그는 매번 새벽이면 길을 떠나 해가 진 후에야 돌아왔으며 한 번도 시간을 어기지 않았다.

나란싱더는 훌륭한 스승을 모신 것을 매우 자랑스럽게 생각했다. 그는 자신이 서건학의 제자가 되자 말로 표현할 수 없을 만큼 기뻐했다. 젊은 나란싱더는 경사經史 학문을 잘 익혔는데 특히 사를 잘 썼다. 그

나란싱더 가족 묘지 - 제존묘당
나란씨의 선조 무덤은 명부화원明府花園 북쪽 담장 밖에 있다. 묘지는 남수지南壽地·북수지北壽地로 나뉘며 남수지에는 보정寶頂 다섯 자리, 무덤 두 자리가 있고, 북수지는 남수지에서 서북쪽으로 200m 떨어져 있는데 보정 다섯 자리가 있다. 묘지의 제존묘당祭尊廟堂은 후세 사람이 세운 것이다.

청나라 초기의 사인詞人 나란싱더
나란싱더(1655~1685)는 원명이 싱더, 자는 용약容若다. 호는 러가산인楞伽山人으로 만주 정황기 사람이며 대학사 명주明珠의 아들이다. 그는 강희 연간에 진사에 급제했는데, 기마술과 궁술에 능했고 책 읽기를 즐겼다. 사에서는 소령小令을 잘 썼는데 대부분 감상적인 감정을 토로했다. 그는 '청나라 초기의 제일사인'이라 불렸다.

| 세계사 연표 |

1736년 영국이 신성로마제국에 선전포고를 했다.

《통지당집通志堂集》 출전

명주가묘비明珠家墓碑
명주는 강희 왕조 때 무영전 대학사다. 그의 묘지는 규모가 방대한데, 묘지에는 비갈碑碣, 패방牌坊, 망주望柱가 있어 사람들은 이 묘지를 '소13릉'이라 부르고 있다. 또 남북수지南北壽地의 신도神道 회합처에는 비정碑후이 있고, 비정 안에는 한백옥漢白玉으로 만든 비석이 있으며 서쪽에 석인石人과 석마石馬가 각각 한 쌍씩 세워져 있다.

래서 사람들은 그를 '북송 이래 유일한 사인'(왕국유, 王國維)이라고 했으며, '청나라 초기의 제일사인'(황주이, 況周頤)라고 했다. 청출어람, 이승우람(靑出於藍, 而勝于藍: 쪽에서 나온 푸른 물감이 쪽보다 더 푸르다)이라고 그의 성과는 서건학을 능가했다.

건청문시위

강희 15년에 나란싱더는 진사에 급제해 건청문 3등 시위侍衛가 되었다. 건청문은 황궁내전 대문이었고 시위는 황제와 제일 가까이에 있는 친신親臣이었기에 귀가자제貴家子弟들이 이런 직무를 맡게 되면 아주 영광스러운 일로 간주되었다. 이런 직위는 높은 벼슬 자리에 오를 때도 중요한 디딤돌이었다.

강희 황제는 나란싱더가 재능 있다는 것을 잘 알고 있었다. 그러나 나란싱더는 벼슬에 미련이 없었다. 그는 지식에 정통할 뿐만 아니라 기사騎射에도 능했기에 자신의 포부대로 일을 하고자 했다. 그러나 그는 관무官務에서 벗어날 수 없었다. 그의 이런 심정은 시에 나타나 있다.

"내 지금 사소한 일에 끌려 어디까지 왔는가 / 아무 일도 성사시키지 못하고 이렇게 된단 말인가 / 평생

장사가 잘되는 비단상점 (청나라 일명 그림)
비단은 중국 문명에서 매우 중요하며 비단에 대한 애착은 1000년이 넘게 이어지고 있다. 경제가 발달함에 따라 비단을 매매하는 점포들이 나타났다. 비단이 사람들의 생활필수품이 된 청나라 시대 비단상점은 명나라 시대보다 더 보편적이었다.

●●● 역사문화백과 ●●●

[황족을 관할하는 기구 – 종인부]

청나라는 명나라의 제도를 따랐다. 순치 9년(1652)에 종인부宗人府를 설치하고 종령宗令 한 사람을 두고 친왕이나 군왕이 종령직을 맡았다. 종인부에는 좌우 종정宗正, 좌우 종인宗人이 있었는데, 모두 종실의 작위를 가진 자가 맡았다. 종인부의 종령은 처음에 아이신줴뤄 가족과 기타 만족 귀족이 임직했지만 건륭 29년(1764)부터는 아이신줴뤄 가족에만 국한되었다. 종인부는 국가 기구지만 실제 황족의 가족을 관할했다. 종인부의 기능은 황족의 속적屬籍을 관리하고 정기적으로 족보를 편찬하며 종실 자녀의 적서嫡庶, 명봉名封, 사습嗣襲, 상벌賞罰, 생졸生卒, 혼인婚嫁, 시장諡葬 등 여러 일을 관리했다. 이외에 종실 사람에게 진정할 일이 있을 때 대신 상부에 전달했으며, 종족에서 재능이 있는 자를 책임지고 추천했다. 그리고 죄를 지은 자가 있을 때는 종인부에서 심리하고 판결했으며, 형부 등 직능 기구에서는 참여하지 못했다.

| 중국사 연표 |
1736년 13경, 21사를 각 성과 부학, 주학, 현학에 발부했다.

에 영웅의 피가 흐르고 있건만 / 그것이 한 방울 형강의 물방울인가."

강희 황제는 그를 중용했는데 자신을 따라다닌 9년 동안 그를 3등시위에서 2등시위로 승진시켰고 다시 1등시위로 승진시켰으며, 외지로 순시하러 다닐 때면 늘 그를 데리고 다녔다. 그러면서 나란싱더는 안목을 더욱 넓혔으며, 그로써 적지 않은 훌륭한 작품을 남겼다. 그중 하나가 변경에서 고금의 흥망에 대한 서정을 읊은 '접련화 변강에서'다.

나란의 추도사

강희 13년(1674), 나란싱더는 노盧씨를 아내로 맞았으나 2년 후에 아내가 난산으로 사망했다. 상심한 그는 죽은 아내를 추모하기 위해 50여 수의 사를 썼는데

산수도 (청나라 왕감王鑒 그림)
이 그림은 먼산과 가까운 언덕을 그린 것이다. 산 기슭 아래의 수풀 속에 농가가 있고 굽이굽이 흐르는 벽계수는 산림과 마을을 흐르고 있다.

이런 사는 현존한 나란싱더의 사에서 6분의 1을 차지한다. 그중 한 수는 강희 16년 중양절을 전후해 썼다. 그날 그는 꿈속에서 아내와 만나 서로 손잡고 흐느꼈고, 꿈에서 깨어난 그는 '접련화蝶戀花'를 썼다.

"가련토다, 고생하고 있는 저 달 / 한 석昔이면 한 고리를 이루는데 / 고리마다 패옥이런가 / 저 달도 마침내 밝으려 한다면 / 내 빙설을 녹이는 일도 서슴지 않으리 / 티끌 같은 인연 쉬이 단절되는가 / 제비들은 예이제없이 날아예면서 / 부드럽게 발을 거두며 속삭이누나 / 무덤에서의 지저귐이 아직 잦아들지 않았는데 / 봄의 숲속에서 나비들이 쌍쌍이 날아예는구나."

북경의 전문 상업지구
고대의 도시는 정치의 중심지이자 상공업 중심이었다. 북경 전문 상업지구는 명나라 시대에 상업 중심지였으며 청나라 시대에 들어서 동인당同仁堂·내련승內聯陞·서부상瑞蚨祥·마취원馬聚源·장일원張一元 등과 같은 독특한 옛 점포들이 나타났는가 하면 광덕루희원廣德樓戱園·경락원慶樂園·대형다원大亨茶園 등과 같은 문화오락거리가 나타나기도 했다.

염상부호
소금은 생활필수품이었고, 염세는 국가의 주요한 세금의 원천이었다. 청나라 초기에 세금을 충족하기 위해 정부는 호신부호豪紳富戶들이 염업을 경영하는 것을 격려했다. 많은 상공업자들은 관부와 합작해 부를 축적했는데, 특히 식염을 경영하는 사람은 정부의 지지하에 시장을 독점할 수 있었다. 그리하여 명나라 말, 청나라 초에 많은 염상부호鹽商富戶가 나타났다.

| 세계사 연표 |

1736년 러시아와 오스트리아가 동맹을 맺고 터키에 선전포고를 했다.

047

《청성조실록淸聖祖實錄》 출전

중국과 러시아의 전쟁

홍의대포의 위력으로 러시아는 화친을 요구했다.

중국과 국경을 접하고 있던 러시아는 동쪽으로 끊임없이 국토를 넓혔다. 그 과정에서 여러 차례 중국 흑룡강 유역에 침입했으나 매번 청나라 백성과 군대에게 쫓겨나고 말았다.

무력을 결심한 강희 황제

순치 11년(1654), 러시아는 흑룡강 상류 유역에 침입해 네르친스크를 점령했으며, 강희 4년(1665)에는 동쪽으로 진군해 야크싸雅克薩를 점령했다.

강희 20년(1681)에 조정은 사신을 보내 교섭을 시도했지만 야크싸 러시아 대장에게 거절당하자 강희 황제는 무력으로 러시아를 몰아내기로 결심했다.

강희 23년(1684) 초겨울, 강희 황제는 어안御案 위에 동북 지도를 펼쳐놓았지만 눈길은 계속 밖을 향하고 있었다. 한 사람을 기다리고 있었던 것이다.

얼마 지나지 않아 예순 살 정도 되어 보이는 노인이 들어왔다. 그는 복건 사람인 임홍주林興珠였는데, 원래 오삼계군에서 수사 장령을 지냈고, 번을 취소할 때 청나라에 투항해 건의후建義侯를 책봉받았다. 임금과 신하는 서로 인사를 했다. 강희 황제가 말문을 열었다.

"대재戴梓가 만든 연주포連珠砲가 28발을 연속 쏠 수 있고 위력이 대단하다고 들었는데 그걸 어떻게 막을 수 있는가?" 군인 출신인 임홍주는 병기에 관한 말이 나오자 저도 모르게 흥분했다.

"신은 한 가지 물건에는 그를 제어하는 물건이 있게 마련이라고 생각합니다. 화기를 방어할 때는 곤피滾被가 최고입니다."

황제가 이해하지 못하자 임홍주는 다시 말했다. "곤피란 부대에서 일컫는 말이지만, 실제는 집집마다 사용하는 이불입니다. 이 말은 유연함으로 단단함을 이긴다는 것이지요. 이불을 물에 적셔서 쓰면 포탄이 뚫지 못합니다."

강희 황제는 그제야 허허 웃었다. "그 방법이 좋기는 한데, 싸우는 데는 적합하지 않겠구만."

"성상께서 잘 말씀하셨습니다. 그러나 이외에 또 등패藤牌라는 방법이 있습니다." 임홍주는 계속 소개했다. "등패의 역할은 방패와 같지만 쉽게 다룰 수 있기 때문에 전투에 적용할 수 있습니다."

그러자 강희 황제가 다급히 물었다. "그대는 그것을 사용할 줄 아는가?"

"신의 집에 그 물건이 있고 또 쓸 줄 아는 사람도 있나이다."

이튿날 강희 황제는 관덕전觀德殿 앞에 앉아 있었다. 관덕전 앞은 공지였는데 강희 황제가 일상적으로 무예를 익히는 곳이

순시를 나가는 강희 황제
강희 황제는 1682년 봄에 동북을 순시했는데 성경盛京과 길림 오라吉林烏喇 등지를 시찰하면서 러시아의 침입을 막았다.

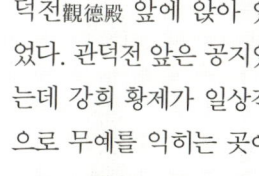

| 중국사 연표 |
1737년 박학홍사과 시험을 시험적으로 계속했다.

청나라군이 쓰던 등패
강희 24년, 붕춘朋春 등은 야크싸의 러시아군을 공격했다. 임홍주 등이 등패군을 거느리고 러시아군을 공격해 크게 무찌르자, 적군 대장 에리크시는 투항을 요청했다. 사진은 당시 청나라군이 사용하던 등패藤牌다.

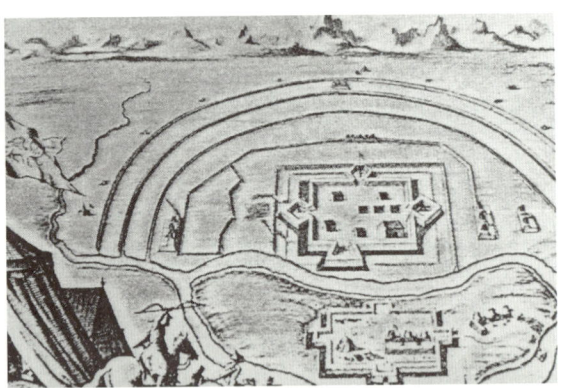

청나라군의 제1차 포위공격 형세도
러시아는 청나라 북부의 요새 야크싸를 침략했다. 대만을 통일한 후 청나라 정부는 강희 24년에 야크싸를 반격했으며, 패배한 러시아군은 항복했다. 청나라군이 철수한 후 러시아는 야크싸를 다시 점령했다. 이듬해에 청나라군이 다시 공격해 큰 타격을 입힌 후 '네르친스크조약'을 체결하고 야크싸를 수복했다. 그림은 청나라군의 제1차 포위공격 형세도다.

었다. 그곳에는 등패를 든 10여 명의 젊은이가 서 있었다. 임홍주의 명령이 떨어지자 궁수들이 활을 쏘았다. 그러자 등패수들이 칼과 등패를 휘두르면서 막았고, 순식간에 궁수들 눈앞에 다가섰다.

그 광경을 본 황제는 크게 기뻐하며 임홍주에게 말했다. "짐은 경이 하루속히 500명의 등패군을 훈련시키기를 바라오."

이듬해 이른봄, 등패군 훈련을 마쳤다는 보고를 받은 강희 황제는 즉시 임홍주를 불러 군사를 거느리고 흑룡강으로 가서 뤄차(청나라에서는 러시아 군대를 뤄차라고 불렀다)를 몰아내고 야크싸를 수복하라고 명했다. 그때 그와 함께 강희 황제를 배알한 사람은 도통都統 붕춘朋春이다. 강희 황제는 붕춘을 총지휘로 임명하고 흑룡강장

붕춘고서비朋春誥書碑
붕춘(?~1699년)은 팽춘彭春이라고도 하고 둥어씨棟鄂氏이며 만주 정홍기 사람이다. 순치 9년(1652) 부친의 일등공작의 작위를 물려받았다. 강희 15년(1676) 태자태보직을 추가로 받고 정홍기몽골 부도통직을 수여받았다. 강희 21년(1682) 낭단과 함께 흑룡강을 따라 가면서 러시아가 빼앗은 야크싸(지금의 러시아 스코브러틴노브 이남, 당시에는 중국 영토였음)의 지형을 정찰하면서 수륙 교통 노선을 자세히 정리하였으며 통수가 되어 러시아를 반격하고 야크싸를 수복했다. 한문과 만문으로 쓰인 이 비석 글은 강희 23년 붕춘에게 광록대부직을 수여할 때의 고서다.

신위무적대장군포

> 역사 시험장 〉 청나라 때 섬북의 요동窯洞(땅굴집)에는 토요土窯와 석요石窯의 구분이 있었다. 이런 집들은 어떻게 사용되었는가?

| 세계사 연표 |

1739년 오스트리아와 투르크의 전쟁을 종결하는 '베오그라드 조약'이 체결되었다.

서역도책 투르후터의 풍속 (일부분)

서역이란 서한 이후 옥문관玉門關 이서 지구에 대한 총칭이다. 이 도책圖冊은 신 강남북 소수민족의 사회생활상을 묘사했다. 그림의 '엘루트'는 청나라 시대 서부 몽골 각 부족에 대한 총칭이다. 그들은 목축업을 했으며 부분적으로 농사도 지었다. 이 그림에서 투르후터는 명나라 말 청나라 초에 볼가강 하류에서 유목하다 건륭 시기에 중국에 돌아왔으며 일리伊犁 등의 지구에 배치받아 유목했다.

군인을 주었으며 임홍주를 참찬군무로 하여 등패군을 지휘하게 했다.

야크싸 성의 뤄차를 몰아내다

3000여 명의 청나라 군사들은 붕춘, 임홍주의 인솔 아래 5월 22일 야크싸에 도착했다.

만문·몽골문·러시아어로 적힌 최후통첩이 성에 주둔한 러시아군에게 전해졌으나 하루가 지나도록 아무 반응이 없었다. 그러자 임홍주와 붕춘은 성동격서聲東擊西, 피실취허避實就虛의 방법으로 속전속결하자고 상론했다.

임홍주는 이렇게 말했다. "도통께서는 성남 쪽에 공사를 수축하고 화총과 궁노로 거짓 공격하며 홍의대포를 비밀리에 성북 쪽에 옮겨 놓고 '신위장군(神威將軍, 대포의 명칭)'을 선봉으로 하여 공격하면 성을 어렵지 않게 격파할 수 있을 것이옵니다."

붕춘은 그의 생각이 훌륭하다고 생각했다. 그들은 또 등패군으로 러시아의 원군을 막자는 계획도 세웠다. 등패군을 거느린 임홍주는 배에 올라 흑룡강을 거슬러 올라갔다. 아니나 다를까, 얼마 지나지 않아 수백 명의 러시아 원군이 뗏목을 타고 강을 따라 내려왔다. 쌍방은 즉시 전투를 벌였다. 그때 임홍주가 물에 뛰어들어 러시아 군대의 뗏목을 공격하라고 명령했다. 러시아 군사들은 수면에 등패만 보이고 사람은 보이지 않자 어쩔 바를 몰라 했다.

혼란에 빠진 러시아군은 거의 전멸되고 살아남은 군사들은 모두 도망갔다.

통군 붕춘은 성북 쪽에서 싸웠다. 홍의대포와 위력이 대단한 '신위장군' 포는 러시아 군대를 여지없이

토요는 주로 거주에, 석요는 서당, 학당, 저장실로 사용했다

| 중국사 연표 |

1740년 《대청율례》《대청일통지》를 재차 편찬했다.

서역도책 투르후터 풍속 (위·오른쪽 그림, 일부분)

공격했다. 혼이 난 러시아군은 어쩔 수 없이 강화를 요구했다. 그리고 다시는 야크싸를 침공하지 않겠다고 약속했다.

싸부쑤가 야크싸를 포위하다

그러나 청나라군이 강희 황제의 성지에 따라 야크싸 성을 없앤 후 돌아온 지 두 달이 지나자 러시아는 다시 야크싸를 점령했으며 더욱 견고한 성채를 구축했다. 크게 노한 강희 황제는 흑룡강 장군 싸부쑤薩布素에게 군사 2000명을 거느리고 가서 그자들을 엄벌

●●● 역사문화백과 ●●●

[피서산장에서의 황제의 흡연飮宴 활동]

청나라 시대에는 하북 승덕에 있는 피서산장避暑山莊을 열하행궁이라 불렀다. 피서산장은 황제가 피서하고 각종 정무 활동을 하는 곳이자 유명한 원림 승지勝地이기도 했다. 피서산장에서는 자주 잔치를 열었다. 황제는 대부분 침궁 또는 근정전에서 아침식사를 했고 저녁식사는 호수와 산의 경치를 구경할 수 있는 연우루煙雨樓나 문진각文津閣 등에서 했다. 축수연이나 명절 연회와 대규모 연회는 징호 기슭의 만수원에서 거행했다. 연회에서는 씨름, 경마, 곡마 그리고 몽골족악곡과 대형무용 등을 공연하기도 했다.

하라고 명령했다.

싸부쑤군이 야크싸성 아래 도착했다. 그는 야크싸 주변에 전호를 파고 보루를 수축하고 나서 성내의 식량 공급과 수원을 차단했으며, 대포로 끊임없이 포격했다. 반년도 지나지 않아 800명의 러시아 군사 가운데 150명밖에 남지 않았다.

러시아군은 더 이상 지탱할 수 없었다. 바로 이때 러시아 사신이 북경에 찾아왔다.

러시아 사신은 야크싸의 포위를 풀며 국경 확정에 대한 담판을 하자고 했다. 강희 황제는 사신의 요구에 동의했으며 흑룡강 장군 싸부쑤에게 포위를 풀라고 명했다. 동시에 대학사 쒜에투索額圖를 위수로 하는 대표단을 네르친스크에 파견하여 러시아와 국경을 정하게 했다.

| 세계사 연표 |
1740년 네덜란드가 자바섬에서 토착민을 학살했다.

048

네르친스크 조약

16일간의 대치 끝에 마침내 중국 측이 내건 조건대로 협의했다.

《청성조실록淸聖祖實錄》
《봉사러시아일기록奉使俄羅斯日記錄》 출전

야크싸에서 연이어 패한 러시아는 평화조약을 제의할 수밖에 없었고, 강희 황제는 평화조약에 동의했다.

쒜에투에게 회담 권한을 주다

강희 27년(1688) 5월 2일, 영시위내領侍韋內 대신 쒜에투와 국구國舅 동국강佟國綱이 거느린 대 러시아 회담 대표단이 길을 떠났다. 평화 회담의 수석 대표인 쒜에투는 강희 황제의 성은에 감격을 금치 못했다.

건청궁에서 작별 인사를 할 때 황제는 직접 그에게 이렇게 당부했다. "이번 일은 그 의의가 매우 중대하오. 그들은 수차례 우리나라 변강을 침범하고 우리의 땅을 차지하고 또 우리의 백성을 괴롭혔소. 그래서 내가 출병해서야 이번의 평화 담판의 기회가 생긴 것이오. 경들은 도리를 따지며 절대 경솔하게 선조들이 물려준 한 치의 땅도 포기해서는 안 되오!"

17세기의 네르친스크
네르친스크 성은 세로어하 북쪽 지류 네르친스크 강 동쪽에 있으며, 지금의 러시아 네르친스크다. 1658년에 러시아군이 이곳을 점령하고 성새를 건립했다. 1689년에 중국·러시아 두 나라 사신은 네르친스크성 부근에서 만나 '네르친스크 조약'을 체결했다.

또한 강희 황제는 그에게 자율적인 권리도 주었다.

사절단은 떠난 지 두 달 만에 몽골 경내에 들어섰는데 다시 며칠 더 가면 세렝가스크였다. 그런데 앞에서 싸움이 벌어지고 있을 줄은 누구도 생각지 못했다. 갈단噶丹이 무장반란을 일으켜 카얼카몽골의 영지를 침입한 것이다. 사절단은 북경에 돌아갈 수밖에 없었다. 러시아는 원정이 실패하자 국고가 텅 비고 사처에서 원망소리가 터져 나왔기에 하루속히 중국과 강화조약을 체결할 것을 요구했다. 강희 황제는 이듬해 여름에 네르친스크에서 평화 담판을 거행할 것을 약속했다.

중국 영토임을 증명한 역사

이듬해 봄, 평화 회담 대표단이 네르친스크로 떠났다. 갈단의 반란과 그들이 암암리에 러시아와 결탁할 가능성에 대비해 강희 황제는 네르친스크에만 구애되지 말고 논쟁이 벌어진다면 실리를 따지며 평화회담을 성사시켜야 한다고 분부했다.

네르친스크성에 있는 교회

1644~1840 청나라·i

| 중국사 연표 |

강남의 쌀을 외국에 파는 것을 금지했다.

현모도賢母圖 (청나라 강도康濤 그림)

그림에는 이렇게 쓰여 있다. "백성들의 소송 사건에서는 장공을 본받으라. 남의 불행을 기뻐하지 말고 동정을 보내고 효성과 자비를 다하고 직분에 충성하라." 어머니가 벼슬하러 떠나는 아들에게 주는 가르침이라는 것을 알 수 있다. 그림에서 어머니는 엄숙한 모습이지만 속으로 이별을 슬퍼하고 있으며, 며느리는 공손히 서 있지만 떠나는 남편을 아쉬워하고 있다. 아들은 공손히 경청하고 있지만 발을 떼기 어려워한다.

러시아 측 수석 평화 담판 대표는 어전 대신 골로빈(Fedor Aleksandrovich Golovin 1650~1706)이었으며 이외에 네르친스크 장군 울라쏘브가 있었다. 그들은 3000명의 무장 군인과 대량의 총과 탄약 그리고 대포까지 가지고 왔는데 담판에 성공하지 못하면 다시 싸우려는 태세였다.

네르친스크 성은 네르차 강과 실카 강이 합류하는 평원 지대에 자리 잡고 있었으며 40여 년 전에 러시아가 강점했다. 대표단은 회담 장소인 천막 안에 들어가 간단한 인사말을 나눈 후 날카로운 설전을 벌였으나 협상은 대치 상태에 들어갔다.

이튿날, 골로빈은 중국 측에 국경선 구분법을 제출

네르친스크 조약

네르친스크 조약의 공식 명칭은 '네르친스크의계議界 조약'이다. 이 조약은 법적으로 고혈도를 망라한 흑룡강과 우수리 강 유역의 광대한 지구가 모두 중국 영토임을 러시아가 인정했다. 러시아는 야크싸에 침입한 군대를 철수하는 데 동의했고, 청나라 정부는 바이칼 호 이동의 네르친스크 일대에 원래 중국에 속한 지방을 러시아에 양도하는 데 동의했다. 조약이 체결된 후 중국 동북 변강은 비교적 오랫동안 평화를 유지했다.

●●● 역사문화백과 ●●●

[카흐타 무역성]

옹정 5년(1727) 중국과 러시아는 '카흐타조약(Treat of kyakhta)'을 체결하고 카흐타와 네르친스크, 주르하이크 세 개 지방을 두 나라 변경무역통상지점으로 하며 두 나라 상인들이 이 세 곳에서 집을 짓고 상점을 차리는 것을 허락했다. 그곳에서는 관세를 면제받고 자유롭게 무역을 할 수 있었다. 이듬해 러시아는 실카 부근에 카흐타성을 건립했는데 성안에는 러시아 상인들의 32개 귀틀집과 1개의 여관이 있었다. 이곳은 중국과 러시아 변경의 러시아 측 무역 도시였다. 카흐타에서 정식으로 개장했을 때 무역에 참가한 사람들은 중국 측에서는 네 명의 상인과 러시아 측의 10명의 상인뿐이었다. 옹정 8년(1730)에 청나라 조정도 카흐타 맞은편 중국 측 변경에 매매성賣買城을 건설했다. 그때 건설한 매매성은 정사각형이었는데, 북쪽에서 남쪽으로 향한 세 갈래의 일방통행로가 있었다. 당시에는 남자들만 거주할 수 있으며 열네 살 이하의 남자 아이를 데리고 갈 수 있다고 규정했다. 건륭 35년(1770), 이 매매성에는 인구가 400명이었는데 그들은 대부분 산서의 상인들로 홍차, 차茶, 천·비단과 잡화를 수출하고 모피, 모직물, 가축을 수입했다.

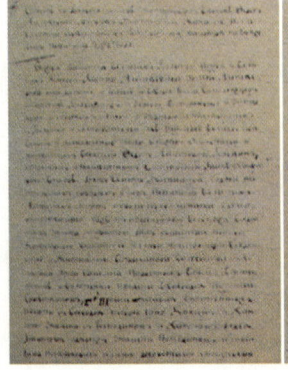 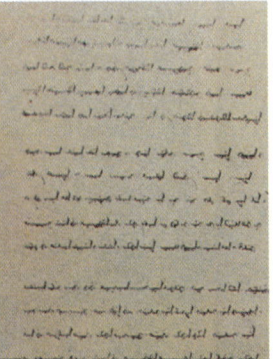

| 세계사 연표 |

1742년 러시아군이 스웨덴군에 수차례 패배했다.

했다. 쒜에투는 평화의 염원으로부터 실카 강 이동의 땅을 양보할 수 있다면서 네르친스크를 경계로 할 것을 제의했다. 쌍방이 또다시 날카롭게 대치하고 있을 때 중국 측 사절단에 변절자가 나타났다. 그들은 쌍방의 통역 왕래 중 사절단의 정보를 러시아 측에 밀고했다. 그자들이 바로 청나라 정부 사절단의 통역으로 있던 제르비용(Jean-Francois Gerbillon)과 페레이라 토마스(Thomas Pereira)다.

제르비용의 중국 이름은 장성張誠, 페레이라 토마스는 서일승徐日升이었다.

16일간의 담판에서 협의 달성

중국 사절단이 가지고 간 사료가 거의 떨어지자 쒜에투는 셀카 강을 건너 새로운 목장을 찾아 말을 방목하기로 결정했다. 그러자 골르빈은 청나라군이 군사적 행동을 취하는 것이라고 오해했다. 때마침 네르친스크 부근의 소수 민족이 러시아의 압박을 반대하고

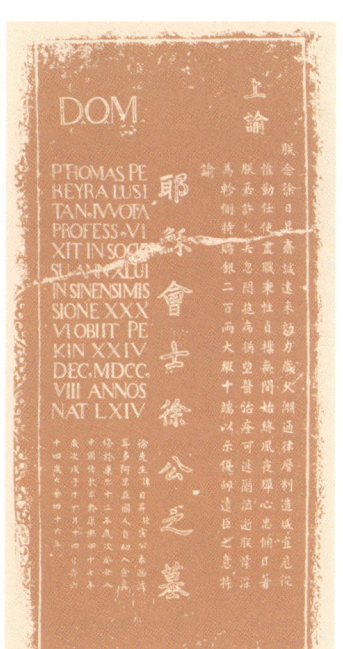

서일승 묘비
서일승(1645~1708)은 포르투갈인으로, 예수교 선교사다. 그는 1673년에 중국에 왔으며 오선보와 음계 창명법啊名法을 전했다. 다른 한 예수교 선교사 장성과 함께 중러 '네르친스크 조약' 담판에서의 라틴문 통역을 했다. 서일승 묘비는 현재 북경 서성구 행정관리학원 내에 있다. 비문의 정면 글은 한문, 라틴문으로 쓰여 있다.

할자설창도瞎子說唱圖 (청나라 김정표金廷標 그림)
할자설창도는 농촌의 밭에서 한 무리 농부들이 큰 나무 아래에서 봉사의 설창을 듣고 있고, 강 건너에는 아이를 안은 할머니가 그곳을 가리키며 건너가려 하고 있다.

조국으로 돌아갈 것을 요구하는 봉기를 일으켰다. 더 지체했다가는 불리해질 것을 깨달은 골르빈은 다시 회담석에 앉을 수밖에 없었다.

강희 28년 7월 24일(9월 7일), 16일간의 대치 끝에 마침내 중국 측이 제시한 조건으로 협의했다. 저녁 6시, 두 나라 대표단은 공식적인 조인 의식을 거행했다. 네르친스크 조약은 중국과 러시아는 실카 강의 고르비치 강 북쪽으로 외흥안령을 따라 직접 바다를 경계로 남쪽은 중국에 속하고 이북과 고르비치 강 이서는 러시아에 속한다고 규정했다. 쌍방이 서명한 후 두 나라 대신은 서로 포옹하고 헤어졌다.

| 중국사 연표 |
1745년 호남 묘강의학苗疆義學을 설립함. 어얼타이가 사망했다.

049

효장태황태후

그녀는 걸출한 여류 정치가였다. 전하는 말에 따르면 그녀는 아들을 황제로 만들기 위해 결연히 도르곤에게 시집갔다고 한다. 그러나 이는 신뢰성이 없는 이야기다.

효장문황후孝莊文皇后는 강희 황제의 할머니 버르제지트博爾濟吉特가 별세한 후 받은 시호다. 그녀는 본래 몽골 커얼친패륵 채상寨桑의 딸로, 열세 살에 오빠 우커싼吳克善을 따라 후금에 와서 홍타이지에게 시집갔으며 영복궁장비로 책봉되었다.

후에 그녀는 홍타이지의 아홉째 아들인 복림福臨을 낳았고, 복림이 황제가 된 후 그녀는 황태후가 되었다. 그 후 손자 강희 황제는 할머니를 태황태후로 존칭했다.

뛰어난 정치력

황조모皇祖母의 별세는 강희 황제에게 큰 충격을 주었다. 그리하여 강희 황제는 특별히 건청궁 밖에 간소한 천막을 쳐놓고 머리를 자르고는 그곳에서 매일 아침저녁으로 곡을 했다.

그는 황조모가 없었더라면 오늘의 자신이 있을 수 없다는 것을 잘 알고 있었다. 그의 모친 둥자佟佳가 스물네 살에 사망한 후 할머니가 손수 그를 키워 준 것이다. 비를 잃고 끝없는 비통에 잠겨 있던 부황父皇 순치 황제의 병세가 날로 악화될 무렵 다름 아닌 할머니가 부황에게 태자를 옹립할 것을 재촉했고, 또 강희를 선택하도록 했던 것이다.

조부가 살아 있을 때 조모는 젊고 아름다웠다. 그녀는 자신의 지혜로 내정을 도왔으며, 매번 큰 성과를 올렸다. 그리고 한족을 투항하게 하고 귀순시킬 때도 그녀의 견해가 반영된 정책이 실효를 거두었다.

당시 조정 안팎에는 장비莊妃를 모르는 사람이 없었다. 홍타이지가 사망한 후 슬픔에 빠져 남편과 함께 저세상으로 가겠다고 하자 뭇 대신들은 자식들이 어리고 돌볼 사람이 없다며 극구 말렸다. 그리하여 막내아들 복림이 황제에 오른 후 그녀는 전심전력을 다해 황제가 친정할 때까지 뒤를 돌봐주었다.

각 정파의 반발을 막다

정치 집단의 치열한 쟁탈과 암투 속에서 도르곤의 역량이 가장 크고 야심 또한 대단하다는 것을 알게 된 그녀는 한편으

효장 황태후상
효장이 바로 홍타이지의 장비 버르제지트씨. 홍타이지가 죽을 때 효장은 서른두 살이었다. 그녀의 여섯 살 된 아들 복림이 황위를 계승하고 연호를 순치라고 고쳤으며, 효장은 황태후로 책봉되었다. 순치 황제는 사망할 때 스물네 살밖에 안 되었다. 그의 여덟 살 난 아들 강희가 황위를 계승했다. 강희는 자신의 조모를 태황태후라고 존칭했다. 그녀는 순치, 강희 등 어린 두 황제를 보좌해 청나라 초기의 번영과 안정에 큰 공을 세웠다.

| 세계사 연표 |

1746년 미국의 프린스턴대학이 뉴저지대학이란 이름으로 설립되었다.

출전 《강희기거주康熙起居注》 《청성조실록淸聖祖實錄》 1권

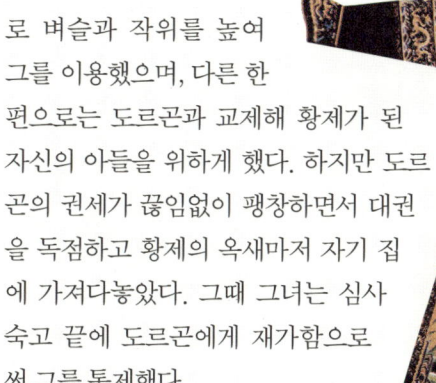

명황색 단수오채금용의주녀조복

청나라 시대 황제는 등극, 결혼, 만수성전, 설날 등 중대한 전례와 제사 활동 때는 조포朝袍를 입었는데 황후도 반드시 조포에 걸맞는 옷을 입어야 했다. 이 옷은 옹정 황후의 예복이다. 가슴과 등, 어깨 부분에 각각 정룡正龍 한 마리씩을 수놓았고, 앞뒤에는 승룡升龍 네 마리를 수놓았으며 밑에 승룡 한 마리를 수놓았다. 두 소매와 어깨에 각각 정룡 한마리씩 수놓았고, 가운데 소매를 이은 부분과 목깃에는 행룡行龍을 각각 두 마리씩 수놓았다. 금색의 용 무늬 사이의 틈에 오색실로 구름을 수놓았으며 아래에는 팔보해수강애八寶海水江崖를 수놓았다.

로 벼슬과 작위를 높여 그를 이용했으며, 다른 한편으로는 도르곤과 교제해 황제가 된 자신의 아들을 위하게 했다. 하지만 도르곤의 권세가 끊임없이 팽창하면서 대권을 독점하고 황제의 옥새마저 자기 집에 가져다놓았다. 그때 그녀는 심사숙고 끝에 도르곤에게 재가함으로써 그를 통제했다.

이것이 이른바 청나라 초기 궁정의 3대 기이한 사건인 '태후가 신하에게 시집가다' 는 이야기다. 사실 이는 믿을 바가 못 된다. 그러나 그녀는 도르곤이 죽은 후 왕조에 큰 역할을 한 것만은 사실이다. 그녀는 열세 살 된 순치 황제의 친정을 보좌했으며 범문정, 홍승주 등 한인 관원들을 중용했다. 그녀는 한인 관원, 한인 장군들을 이용해 조정을 위해 이바지하게 하고 자신의 역량을 키움으로써 중앙의 권력을 튼튼히 했다.

그런데 복림이 일찍 세상을 뜨고 말았다. 그녀는 또

효장 황태후의 편복상便服像

●●● 역사문화백과 ●●●●

[청나라 초기 궁정 사건은 대부분 사실이 아니다]

청나라 초기의 여러 황제에 관한 소문은 대부분 진실이 아니었다. 민간에서 전하는 말에 따르면 청나라 초기의 궁정 현안이란 태후가 아랫사람에게 재가했다는 사건, 순치 황제가 출가했다는 사건, 옹정 황제가 조서를 고쳤다는 사건 그리고 옹정 황제가 암살당했다는 것과, 건륭 황제가 만족이 아니라는 것이다. 그러나 이것은 사실과 부합되지 않는다. 태후가 아랫사람에게 재가했다는 것에 대해서는 홍타이지가 생전에 남편이 죽은 후 그 동생이 형수를 아내로 맞아서는 안 된다고 말한 적이 있다. 순치 황제가 출가했다는 것도 틀리다. 순치 황제는 비록 불교를 믿기는 했지만 홀로 오대산에 갈 수는 없었다. 더구나 동악비는 그보다 나이가 10세 이상인 동소완일 수 없다. 옹정 황제는 '황14자에게 전위한다' 는 비밀 조서를 작성할 리 만무하다. 비밀 조서에 찍는 글은 만문, 몽골문, 한문 세 가지 문자이고 또 한자에서 당년에는 '어於' 자로 되어야 하는데 그 후의 '우于' 자로 되어 있다. 건륭 황제가 한인이라는 말도 틀리다. 옹정 황제가 암살당했다는 말도 있을 수 없다. 그러나 그가 병사했다는 것에 대해서는 여러 가지 말이 돌고 있다. 즉 옹정 황제는 옹정 13년(1735) 8월 23일, 밤중에 죽었는데 병을 앓고 사망하기까지 사흘밖에 걸리지 않았다. 그는 장생하기 위해 승려와 도사들이 올린 단약丹藥을 먹고 중독되어 사망했을 수도 있다. 후에 건륭 황제가 승려와 도사들을 몰아냈다는 사실이 이를 증명한다.

| 중국사 연표 |

1747년 《통전》《통지》《문헌통고》를 교열 간행하라고 명했다. 《속문헌통고》를 편찬할 것을 명했다.

다시 황손인 현엽玄燁을 보좌하는 중임을 떠안지 않으면 안 되었다. 안휘에는 정치에 민감한 수재가 하나 있었는데, 그의 이름은 주남周南이었다. 주남은 그녀가 절대적 권위를 가지고 있는 사람이라는 것을 알고는 천리 길을 걸어 북경에 와서 그녀에게 수렴청정할 것을 요구했다. 그러나 그녀는 그런 감언이설에 혹하지 않고 그를 호되게 질책했다. 종실에서 조정에 협조해 온 그녀는 머리가 유달리 명석했다. 그녀는 황제를 설득해 선조들이 세운 법을 고쳐 유서에서 더는 종실에서 보좌하는 것이 아니라 대신들이 정사를 보좌하도록 한다고 쓰도록 했다.

걸출한 여류 정치가

어려서부터 조모 손에 자란 강희 황제는 조모와의 감정이 각별했다. 그는 매일 조모를 찾아가 문안을 드렸는데, 어떤 날은 하루에 세 번 찾아가기도 했다. 그것은 단순한 감정 때문만이 아니라 국사 정무를 처리하기 위한 것이었다. 오보이를 제거하고 삼번의 반란을 평정하며 차하르를 정벌하는 등 중대한 행동은 모두 태황태후의 계책과 지도하에서 진행된 일이었다. 강희 황제는 할머니에 대한 말이 나올 때마다 신하들에게 이렇게 말했다.

발달한 초상화 기법을 구현한 청나라 시대 여성 초상 (위 그림)
청나라 시대 초상화는 지금의 사진과 비슷한데, 화가에게 실제 인물의 용모를 그리게 했다. 일반적으로 귀인 또는 부잣집 여성들이 이런 그림을 그렸다. 서양 화법이 들어와 초상화 기법이 섬세했기에 인물의 모양을 사실적으로 표현했다.

민간 결혼식 (아래 그림과 오른쪽 페이지 그림)
청나라 시대 한족의 결혼식은 대부분 남자 측이 여자를 자기 집으로 데려가는 것이었다. 이 그림에서는 신부가 나귀를 타고 신랑이 옆에 있으며, 많은 들러리가 서 있는 모습을 그렸다. 장면으로 보아 이는 중국 북방이나 서북의 결혼식이다. 신부를 맞이한 후 손님들이 모여 즐겁게 술을 마시고 있다. 이 그림은 청나라 시대 화가가 그린 민간 결혼식 장면이다.

| 세계사 연표 |

1747년 프랑스 육군이 라피르드에서 영국군을 이겼지만 함대는 벨라이도에서 영국 해군에게 패했다.

"나는 다행히 할머니의 가르침을 받았기 때문에 오늘의 성과를 올릴 수 있다."

강희 26년(1687) 9월, 태황태후가 병석에 누웠다. 그러자 강희 황제는 밤낮을 가리지 않고 조모의 곁을 떠나지 않았으며, 직접 약을 달여 대접하면서 정성으로 시중을 들었다. 75세가 된 조모는 음력설 전야에 시간이 얼마 남지 않았다는 것을 알고 손자에게 말했다.

"태종을 안장한 지 오래되었기에 더는 그의 능묘를 버려 두면 안 될 것이고 나도 너희들과 멀리 떨어지고 싶지 않도다. 내가 죽은 후 나를 효릉(순치) 부근에 묻으면 될 것이로다."

그녀는 말을 마치고 얼마 지나지 않아 세상을 떠났다. 효장문황후는 일생동안 청나라 초기의 세 황제를 거쳤다. 그녀는 변화무쌍한 정치 위기 속에서 아이신줴뤄의 가업을 지킨 걸출한 여류 정치가였다.

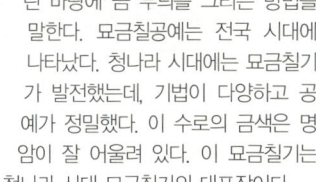

묘금칠기의 대표작 - 후비가 쓰던 주칠묘금용봉문수로朱漆描金龍鳳紋手爐

주칠묘금용봉문수로는 두 개의 원이 이어져 있는 모양이며 안에는 동으로 만든 대야가 있는데, 동실銅紗로 짠 덮개와 맞물린다. 묘금이란 칠을 올린 바탕에 금 무늬를 그리는 방법을 말한다. 묘금칠공예는 전국 시대에 나타났다. 청나라 시대에는 묘금칠기가 발전했는데, 기법이 다양하고 공예가 정밀했다. 이 수로의 금색은 명암이 잘 어울려 있다. 이 묘금칠기는 청나라 시대 묘금칠기의 대표작이다.

남자는 8월 15일 추석에 달을 보는 데 참가하지 않고, 여자는 섣달 24일에 부엌신 제사에 참가하지 않는 것을 말한다

| 중국사 연표 |

1748년 건륭 황제가 산동을 순시하는 길에 곡부에 이르렀다.

050

포송령과 《요재지이》

포송령蒲松齡은 문학 면에서 능력이 탁월한 사람이었다. 따라서 그의 문학은 자연스럽게 국내외에 널리 알려졌다.

포송령은 청나라 초기 사람으로, 이름을 널리 알리지도 못하고 벼슬도 하지 못했다. 하지만 그가 쓴 《요재지이聊齋志異》는 중국 최고의 전통적 필기筆記소설이며, 동서고금을 통해 그를 능가하는 사람이 없었다.

71세에 과거시험을 치르다

포송령은 어려서부터 매우 총명했는데, 4서5경을 한 번 보고는 곧 암기할 정도였다. 그는 열아홉 살에 동자童子시험을 치렀는데 현, 부, 주의 시험에서 모두 제일보박사제자원第一補博士弟子員으로 뽑혔다. 그리하여 대시인이며 산동 학정인 시윤장施閏章은 그의 문장은 '달처럼 환하고 필치는 바람과 같다'고 칭찬했다. 그러나 그는 향시에서 매번 낙제했다. 그러다가 강희 49년(1710) 71세가 된 포송령은 청주에서 응시해 세공歲貢에 급제하고 과거시험의 초기 단계에 들어섰다.

포송령은 순치 14년(1657) 결혼했지만, 생활이 안정되지 못했다. 강희 9년(1670), 그는 고향 사람인 손혜孫蕙의 수하에서 일하다가, 손혜가 고우高郵로 발령이

산동 치박의 포송령 옛집의 출입구
포송령의 옛집은 치천구 홍산진 포가장에 자리 잡고 있다. 그는 일생 동안 가난하게 살았다. 그는 《요재지이》 8권, 491편에 약 40만 자를 완성했다.

늙은 수재 포송령
포송령(1640~1715)은 자가 유선留仙, 또는 검신劍臣이라고도 하며 별호는 유천거사柳泉居士다. 사람들은 그를 요재聊齋 선생이라 불렀다. 포송령은 몽골족이고 유천현(지금의 치박시 치천구 홍산진) 포가장 사람이며 청나라 때 저명한 문학가다. 19세에 동자시험에 응시했으며 현·부·도의 시험에서 모두 1등을 했다. 보박사 제자원이 되었지만 그 후 몇 차례의 과거시험에서 급제하지 못하고 71세에 공생貢生이 되었다.

역사 시험장 〉 해마다 음력 10월이면 날씨가 추워진다. 이 계절에 피혁상인들은 어떤 연회를 열었는가?

| 세계사 연표 |

1748년 오스트리아, 영국, 프랑스, 네덜란드, 스페인 등이 아헨 조약을 체결했다.

《포송령연보蒲松齡年譜》
《포송령집蒲松齡集》 출전

나자 그를 따라가서 공사公私 문서를 쓰는 일을 거들었다. 이 기간에 그는 귀신과 여우를 소재로 한 창작을 시작했다.

사후 51년이 지나 판각본이 나오다

강희 18년(1679), 포송령은 산동 치천淄川 서보촌西鋪村의 필畢씨 집에서 서당 훈장을 했다. 당지의 명문 귀족인 필씨 집에는 장서가 많았다. 그해에 그는 여우, 귀신이 등장하는 단편을 여러 편 창작했으며, 이를 모아 《요재지이》라는 제목을 달았다. 《요재지이》는 그가 마흔 살 되던 해에 책으로 완성했고, 책이 아직 초고 상태일 때 벌써 알려지기 시작했다.

대시인이자 《향조필기香祖筆記》의 작자인 왕사진王士禛은 그의 글을 읽은 후 감명을 받았다. 그래서 포송령에게 편지를 보내 읽지 못한 다른 이야기도 보내줄 것을 요청했으며, 한 수의 7절시七絶詩를 증송했다.

포송령의 옛집 내당

"듣든 말든 듣고 보니 / 콩나무 오이순에 잔비가 내리는 듯 / 인간세상의 말들 싫고 싫어 / 가을 날 무덤 속 귀신 노래를 즐겨 듣노라."

그 시를 읽은 포송령은 '차운답왕사구원정선생견증次韻答王司寇阮亭先生見贈(왕사구 원정 선생의 운에 맞추노라)'이라는 화답시를 보냈다.

"괴상한 책을 읽고 모두들 웃건만 / 쓸쓸한 시골 사람 귀밑머리 희었구나 / 10년 세월 황주의 뜻을 얻었다니 / 찬비 속 차가운 등잔 밑에서 밤일을 하는구나."

당시 포송령은 출판할 능력이 없었다. 그러다가 그가 사망하고 51년이 지난 건륭 31년(1766) 겨울에야 《요재지이》의 첫 판각본이 나오게 되었다. 그 후 여러 곳에서 판각 인쇄해 세상에 널리 전해졌다.

꽃이 반겨 주는 세상

《요재지이》는 그 시대의 사회문화와 중·하층 백성들의 생활을 생동감 있게 묘사하는가 하면 짧고도 잘 짜인 이야기를 통해 중국의 광

《요재도책聊齋圖册》 (청나라)
이 그림은 포송령의 《요재지이》에 근거해 그린 도첩이다. 《요재지이》는 포송령이 창작한 단편 소설집이다. 소설은 귀신과 여우와 꿈의 이야기를 빌려 당시 사회 현실의 암흑을 폭로했으며 아름다운 생활을 추구하려는 민중의 염원과 감정을 나타냈다.

서북풍이 세차게 불면 피혁 값이 올라가기 때문에 피혁상인들은 이를 먼저 경축했는데 이를 점풍占風이라고 했다

| 중국사 연표 |

1749년 대금천大金川을 평정했다.

범위한 사회상을 보여 준다.

'세후細侯'에서는 만서생滿書生과 기녀 세후의 두터운 감정을 묘사했다. 서생의 집에 메마른 땅 조금과 찌그러져 가는 집 몇 채가 있다는 말을 들은 세후는 "그럭저럭 살아갈 수 있겠군요, 기장을 심고 베를 짜서 부세를 물면 되겠어요. 그리고 가족끼리 서로 돌보면서 당신은 공부를 하고 나는 길쌈을 하고 짬이 나면 술 몇 잔을 나누고 시를 읊으면서 소일하면 되겠군요. 부잣집에서도 그저 그렇게 사는 게 아닌가요."라고 말한다. 이것은 당시 사람들의 가장 이상적인 삶의 목표였다.

포송령은 상상력이 풍부했다. 《요재지이》는 귀신, 여우의 설교를 빌려 남녀 간의 애정을 예술적으로 묘사했고, 이야기에 등장하는 귀신과 여우들은 시를 쓸 줄 알 뿐만 아니라 감정도 풍부해 과거 출신의 서생들보다 더 훌륭했다. 《요재지이》는 과거제도와 팔고문을 대담하게 규탄했다. 예를 들면 '엽생葉生' '소추素秋', '신녀神女'에서는 사회와 관리 계층의 어두운 면을 폭로했고, '촉직促織'에서는 전 왕조시대 황제의 개인적 문제로 민간에서 많은 집들이 박해를 받고 파산당하는 장면을 묘사했으며, '석방평席方平'에서는 저승에서의 이야기를 빌려 현실의 관리 계층의 어리석음을 묘사했다.

이처럼 그는 저승이든 이승이든 벼슬아치들이 서로 감싸고 돈다는 것을 폭로했다.

우기굉촌 (안휘성)
청나라 시대 대염상 왕정귀汪定貴의 저택이 우기굉촌牛氣宏村에 있었는데, 부지 면적이 2000㎡나 되고 용마루와 들보를 모두 장식했기에 '민간의 고궁' 이라 했다.

용주 경기에서 현명한 신하를 얻다 (아래 그림)
《요재지이》에도 용주龍舟 경기를 배경으로 한 이야기 몇 가지가 있다. 용주는 해마다 단오에 열리는 행사로 청나라 시대에는 궁정, 민간에서 모두 용주 경기를 했다. 경기장에는 인산인해를 이루고 징소리와 북소리가 천지를 울렸다.

●●● **역사문화백과** ●●●

[청나라의 황실 정원]
청나라의 황실 정원에는 서원西苑·남원南苑·이화원頤和園·기춘원綺春園·창춘원暢春園·원명원圓明園 등이 있었다. 이런 정원들은 황제와 황후, 왕공 귀족들의 휴식과 피서지였으며, 어떤 원림은 유명한 황실 화원이었다. 그중 가장 유명한 정원은 '만원지원万園之園'이라는 원명원이다. 원명원은 후에 영국·프랑스 연합군의 전화에 불타 버렸다. 원명원은 세종(옹정 황제)이 번저藩邸에서 살 때 원을 하사했으며 강희 48년(1709)에 건설하고 고종(건륭 황제)이 여섯 번 강소와 절강을 순시할 때 천하의 명승지를 모방해 원명원에 건설했다. 그중 40개의 경치는 각곳의 명승지를 모방한 것이다.

| 세계사 연표 |

1749년
일본이 장원제를 제정했다.

051

시인 왕사진

《청사고淸史稿·왕사진전王士禛傳》

국자감이 주최하는 동안 생원들은 스승에게 예물을 올리는 것을 금지했고, 품행이 우수한 학생들을 장려했다.

왕사진王士禛은 훌륭한 관리일 뿐만 아니라 시도 잘 써 당시 문인들이 숭배하고 존경하는 사람이었다. 사람들은 그를 송나라 때 소식蘇軾에 견주었으며, 문단의 태두泰斗라고 했다.

젊은 양주 추관

왕사진은 과거 출신이었다. 순치 8년(1651), 열일곱 살이 된 그는 향시에 급제했고 스물한 살에 회시에서 진사에 급제했다. 이는 과거시험이 치러진 이래 보기 드문 일이었다.

처음에 왕사진은 강남의 양주 추관推官(사법관司法官)으로 부임해 5년간 일했다. 그때 그는 비록 어렸지만 큰 사건만 83건을 처리했으며, 많은 억울한 사건을 바로잡았다.

이 기간에 그는 양주 백성들이 몇 해 동안 내려오면서 내지 않은 세금 2만 냥을 징세하고, 녹봉을 떼 내고 모금하며, 부족한 부분은 조정에서 부분적으로 면제하는 방법 등으로 적자를 메웠다. 또 체포된 많은 백성을 석방했으며, 도적으로 연루된 무고한 백성의 억울한 사건을 시정했다.

왕사진잠미산도鷺尾山圖 (청나라 우지정禹之鼎 그림)

국가감 제주

강희 11년(1672), 왕사진은 호부랑중직에 올랐다. 강희 황제가 대학사 이위李霨에게 "지금 국내의 학자들 가운데서 시와 글을 잘 짓는 사람을 꼽는다면 누구를 꼽아야 하는가?"라고 물었다. 이위는 "왕사진을 꼽아야 할 것이옵니다"라고 대답했다.

왕사진

왕사진(1634~1711)은 자가 이상貽上, 호는 원정阮亭이며 별호는 어양산인漁洋山人이고, 산동 신성(지금의 환대에 속함) 사람이다. 순치 15년에 진사 급제하여 양주추관推官이 되었다. 그는 《대경당집帶經堂集》《어양산인집화록漁洋山人精華錄》 등 많은 책을 남겼다. 그는 순치, 강희 연간에 시의 풍격을 변화시킨 선구자였다. 왕사진은 잠미산을 지난 적이 있었는데, 산 이름에 따라 서방書房을 명명했으며 후에는 화가를 청해 그런 산들을 그렸다.

1644~1840 청나라·1

《황여전람도皇輿全覽圖》

| 중국사 연표 |

1750년
건륭 황제가 하남부터 숭산까지 순시했다.

왕사진 방한도放閒圖 (청나라 우지정禹之鼎 그림)
이 그림은 시인의 태연한 자태를 남김 없이 보여 주었다.

강희 황제는 또 풍부馮溥, 진정경陳廷敬과 장영張英 등 대신들에게도 물었고, 그들도 한결같이 왕사진이라고 대답했다.

어느 날, 강희 황제가 왕사진을 무근전으로 부르자 왕사진은 즉석에서 시를 지어 강희 황제의 높은 치하를 받았다. 왕사진은 6부의 관원으로부터 한림원시강侍講직을 맡게 되었으며, 얼마 후에는 시독侍讀으로 승진하고 직접 남서방으로 들어가게 되었다. 왕사진의 재능과 학식, 시와 글을 즐긴 강희 황제는 왕사진에게 시문 300수를 집록輯錄 편집하게 하고는 그 책에 《어람록御覽錄》이라는 제목을 달았다. 그해 왕사진의 나이는 서른여덟 살이었다.

얼마 후 왕사진은 또 국자감 제주祭酒로 승진했는데 그는 그곳에서 국자감의 규칙을 개혁했다. 그는 여러 해 동안 내려오던 낡은 관습을 없앴으며 품성과 학문이 모두 뛰어난 학생들을 장려했다. 또 국자감에서 오래 소장해 온 옛 4서5경을 다시 편찬하기 위한 상주서를 올려 진귀한 판본을 보호함으로써 많은 판본이 계속 전해지게 했다.

《어양산인정화록전주》 영인

《어양산인정화록전주漁洋山人精華錄箋注》 12권은 청나라 시대의 왕사진이 쓰고 김영金榮이 주석을 달았다. 이 책은 원래 10권이었는데 고체시古體詩 4권, 근체시近體詩 6권으로 모두 1000여 수의 시를 수록했다. 이 시집은 작가의 제자 성부승盛符升과 조화曹禾가 편집했지만 일설에는 작가가 직접 편집했다고도 한다. 전주본에는 따로 주석본 1권, 연보 1권을 첨부했다지만 편찬 순서가 원본과 다르다.

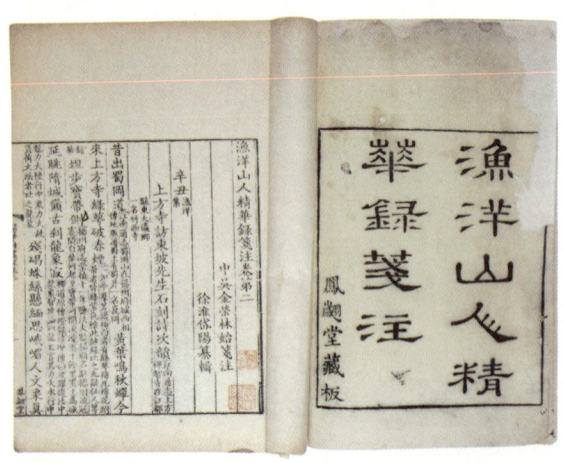

왕사진의 《행서시》 두루마리
"태학에 온 지 어느새 여덟 달 / 해종일 석고 옆에 앉아 있노라."
시인의 심정은 어떠했던가?

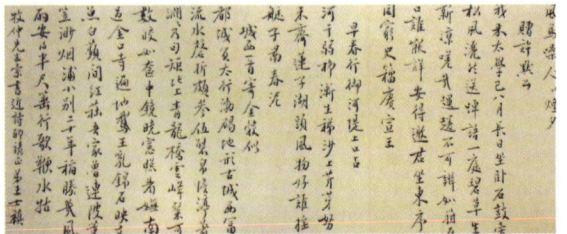

● ● ● 역사문화백과 ● ● ●

[과거시험장 북경공원貢院]

공원회시는 3년에 한 번 3월에 열렸으며 '춘위春闈'라고 했다. 회시가 열리는 해에는 전국의 거인들이 모두 이곳에 모여들었으며, 급제해야 황제가 주최하는 전시에 참가할 수 있고, 진사 급제자를 결정했다. 공원시험장은 몇십 채의 집이었는데 모두 9000여 칸이었고 호사號舍라고 불렀다. 호사는 명나라 영락 13년(1415)에 짓기 시작했으며, 광서 31년에 과거시험이 중지된 후 점차 기울기 시작했다. 현재 호사 소재지에는 중국사회과학원이 자리 잡고 있다.

| 세계사 연표 |

1750년
영국 의회에서 제철법制鐵法을 제정했다.

052 강희 황제의 갈단 정벌

《성무기聖武記》 2권 출전

카얼카몽골의 세 부족은 막북의 고향에 돌아와 열심히 일하며 편안하게 살고 있었다.

몽골 통일의 꿈

당년에 명을 받은 쒜에투가 대표단을 거느리고 러시아로 회담하러 갈 때였다. 그들은 장성을 벗어나고 얼마 지나지 않아 길이 막히는 바람에 중도에서 돌아올 수밖에 없었다. 카얼카몽골과 엘루트몽골이 서로 싸우고 있었기 때문이다.

그때 몽골은 크게 세 부족으로 나누어져 있었는데 장성 이북, 대사막 이남의 몽골을 막남몽골 또는 내몽골이라고 불렀다. 막남몽골에는 모두 24개의 작은 부족이 있었으며 청나라에 귀부한 후에는 49개로 나누었다. 대사막 이북의 투세투, 차사크투, 체첸은 외몽골 또는 카얼카몽골이라 불렀고, 천산 이북 알타이 이서의 몽골을 엘루트몽골이라고 불렀으며 여기에는 회갈, 허쉬터, 투르후터, 두르버터 등 네 부족이 있었다. 그때 싸우던 부족은 카얼카부족과 엘루트부족이었다. 그들은 청나라의 신하를 칭하고 있었다.

엘루트몽골의 네 부족 가운데 신강 일리 일대에서 유목 생활을 하던 회갈 부족은 제일 강한 부족이었는데 수령은 갈단이었다.

강희 10년(1671)에 갈단은 스스로 한이라 칭하고 부근의 부족들을 공격, 정렴해 청해靑海와 서장西藏을 통제했으며 위구르족과 카자흐족을 정복했으며 몽골고원을 통일하려 했다.

갈단에게 경고

강희 황제는 갈단의 야심을 알고 있었지만 당시 군사를 동원할 일이 많아 갈단을 공격할 기회를 잡지 못하고 있었다. 게다가 갈단은 아주 공경스러운 듯이 공물을 바치면서 신하라고 자칭하며 "자기는 청나라 조정과 한길을 가고 있다."고 말했기에 그자를 제거할 근거를 잡을 수 없었다. 그러나 이때 외국과 내통해 분열을 꾀하는 그의 행실이 더욱 더 뚜렷하게 드러나고 있었다.

얼마 후 강희 황제는 갈단에게 패한 카얼카몽골 세

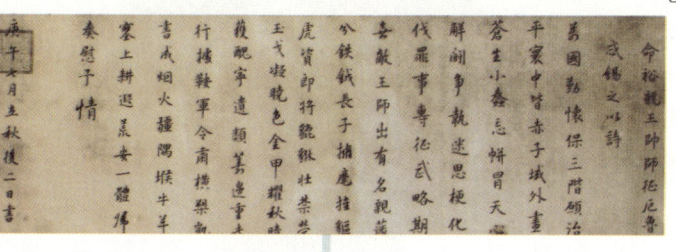

유친왕에게 친필로 써준 강희 황제의 시 (위 사진)
유친왕裕親王 복전福全(1653~1703)은 강희 황제의 형이다. 그는 강희 19년에 무원대장군으로 책봉받고 갈단을 토벌했다. 그러나 울란부통에서 갈단의 엘루트 군사를 공격한 후 추격해 이길 수 있는 기회를 놓쳤기 때문에 의정議政에 의해 파직당했다. 그리고 강희 35년에 다시 기용起用되어 갈단을 정벌했다. 그림은 강희 황제가 울란부통 대전전에 유친왕에게 친필로 보낸 시다.

동위원장군포銅威遠將軍砲
사진은 고궁 박물관에 있는, 강희 29년(1690)에 만든 동위원장군포다. 이 대포는 청나라의 유명한 화기 기술인 대자戴梓가 만들었으며, 지름은 212mm, 길이는 69cm, 무게는 280kg이고 바퀴를 네 개 달았다. 이 포는 무게가 15kg이나 되는 철탄鐵彈을 발사할 수 있어 강희 35년(1696) 갈단을 평정하는 전투에서 중요한 역할을 했다.

낭은 제조를 감독하는 관원의 성씨였다. 즉, 강희 44년부터 51년까지(1705~1712) 강서순무를 지낸 낭정극郎廷極을 말한다

| 중국사 연표 |

1751년 건륭 황제가 처음으로 남방을 순시하는 길에 절강 소흥에 이르렀다.

소소량갑일

강희 36년(1697) 강희 황제는 서정에서 개선하고 북경으로 돌아오는 길에 귀화성과 소소사召(숭불사)에 들러 갑옷과 투구, 활과 화살, 요도腰刀 등 몸에 지니고 갔던 물건들을 기념으로 남겼다. 그 후 해마다 정월 15일이면 소소에서는 강희 황제가 남겨놓은 물건을 공개적으로 전시했는데 이를 '소소량갑일小召晾甲晾日'이라 했다.

부족의 수십만 백성이 보호를 요청한다는 보고를 받았다. 강희 황제는 아얼니阿爾尼에게 식량 창고를 열어 구제하게 했으며 갈단에게 사신을 보내 군사를 일으키지 말고 속히 자기의 지역으로 물러가라는 어명을 내렸다. 그러나 갈단은 말을 들으려 하지 않았다. 그는 이미 카얼카인을 추격한다는 명분으로 군사를 지휘해 남하하면서 청나라를 공격할 태세였다.

전례 없는 낙타성

사태가 긴급하다는 것을 알게 된 아얼니는 즉시 카얼카몽골의 군사를 모아 저항했다. 강희 29년(1690) 여름, 그는 유친왕 복전을 무원대장군으로 하여 군사를 거느리고 장성 고북구古北口로 나가며, 공친왕恭親王 상녕常寧을 안북대장군으로 하여 장성 희봉구喜峰口

●●● 역사문화백과 ●●●

[장경]

장경章京은 만어로, 직위를 가지고 있는 관리라는 뜻이다. 각급 직관職官 중에는 장경이라고 부르는 사람이 적지 않았다. 군기처장경, 총리아문장경 등이 있다. 몽골 각 기의 차사크에 속한 관원들도 장경이라 불렀는데 관치管旗장경, 쑤무蘇木장경 등이 있었다. 만족 관원 중 장경은 습관적으로 상급에 대한 하급 관원들의 겸허를 나타내는 칭호이기도 했다.

로 나가 갈단을 공격하라고 명했다. 그리고 자신도 북쪽 변경의 요새로 나갔다. 그런데 버뤄허툰(하북 융화)에 이르렀을 때 독감에 걸리는 바람에 되돌아 수밖에 없었다.

장성 밖에 나선 공친왕은 우주무친에서 군사를 일으켰지만 첫 싸움에서 대패했다. 강희 황제는 강친왕恭親王 걸서杰書를 안북대장군으로 하여 귀화에 주둔해 갈단의 퇴로를 차단하라고 명한 후, 유친왕에게 진군해 갈단을 막으라고 명령한 다음 자기가 직접 대군을 거느리고 달려가 갈단을 포위했다.

두 군사가 맞붙었다. 갈단은 1만여 마리의 낙타들의 발목을 묶은 후 낙타 등에 상자들을 겹쳐 그 위에 젖은 양탄자를 덮어 놓고 둘러세우고는 낙타성이라고 하면서 청나라군의 공격을 막

울란부퉁

울란부퉁(몽골어로 '붉은 항아리'라는 뜻이며 한어로 홍산紅山이라고 번역했음)은 지금의 내몽골 조우다맹 크쉬크텅기 남부에 있었다. 1690년 8월에 유친왕 복전은 갈단 반란군을 울란부퉁에서 포위해 갈단에게 큰 피해를 입혔다.

| 세계사 연표 |

1751년 프랑스의 디드로가 《백과전서》를 출판했다.

으려 했다.

공격이 개시되었다. 청나라군의 조총鳥銃, 화포火砲들이 일제히 사격을 퍼부었다. 자모탄字母彈, 철심탄鐵心彈이 낙타성으로 날아가자 우레와 같은 소리를 내면서 낙타성이 무너졌다. 청나라군은 돌격해 들어갔고 갈군은 결사적으로 저항했지만 결국 청나라군의 공격을 막을 수 없었다.

이틀 후 청나라군은 갈단을 소택 뒷산에 몰아 놓고 포위했다. 그러자 갈단은 시간을 끌기 위해 청나라군 병영에 사람을 보내 평화 협정을 요청했다. 청나라군은 그 말을 믿고 각 군에 잠시 공격을 중지하고 명령을 기다리라고 했다. 그리하여 사기충천한 청나라군의 기세가 수그러들자, 갈단은 어두운 밤을 타서 슬그머니 도망쳐 버렸다.

식은화총飾銀火槍
나무와 은으로 만들었으며 길이가 147.5cm다. 이 총은 청나라 시대 몽골화창영蒙古火槍營 사병들의 무기다.

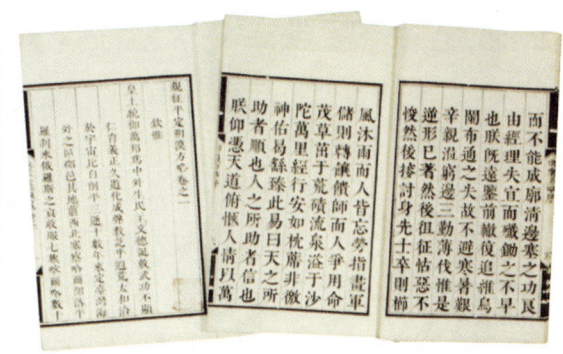

강희 황제가 직접 출정해 갈단의 반란 평정
《친정평정삭막방략親征平定朔漠方略》은 강희 47년에 원다溫達 등이 명령을 받고 작성한 것으로서 모두 18권으로 되어 있다. 강희 황제가 직접 갈단 반란을 평정한 내용을 기록했다.

북정독운도北征督運圖
여러 폭의 그림으로 된 도첩으로 원래 24폭이었으나 지금은 19폭만 남아 있다. 이 그림은 견본絹本으로 반은 밀화의 화법으로 색을 올려 그림을 그렸고, 나머지 반은 범승렬範承烈이 그림 내용을 간추려 썼다. 강희 35년(1696) 갈단을 평정할 때 군량 수송을 책임지고 감독한 내용, 경유한 지점과 전쟁 형세의 변화에 따라 군량을 수송한 정황을 설명했다. 마지막 쪽에는 '광릉우지정회廣陵禹之鼎繪'라는 서명과 도장이 있다.

| 중국사 연표 |

1752년 일본의 관영전寬永錢 사용을 금했으며, 상선이 항구에 들어오는 것을 금지했다.

053

쿠룬회맹

쿠룬회맹

강희 황제는 홍타이지의 생전 염원을 계승해 직접 쿠룬多倫회맹을 주최했다. 또한 카얼카몽골 지구에서 맹족제盟族制를 성공적으로 실시했으며, 북부 변경을 공고히 했다.

청나라 초기에 막북 몽골의 카얼카부족은 이미 차사크투한, 투세투한과 체첸한 등 세 부분으로 형성되었다.

숭덕 3년(1638) 세 대한大汗은 각각 사신을 심양에 파견해 홍타이지에게 상주서를 올려 신하로 칭했으며 '구백지공九白之貢' 을 했다. 기쁨을 감추지 못한 홍타이지는 막남몽골에 49기를 설립한 방법대로 막북에도 얼마 간의 기를 설치하려 했으나 갑자기 사망하는 바람에 실천에 옮기지 못했다.

반세기가 지난 후 청나라와 카얼카 세 부족에 큰 변화가 생겼다. 청나라는 중국을 통일했지만 카얼카에는 수시로 내란이 일어났는데 차사크투한이 살해되고 그에 예속된 부족이 투세투한에 귀속되었다.

강희 황제는 카얼카 세 부족의 단합에 대해 깊은 관심을 갖고 있었다. 강희 25년(1686)에 그는 이번원상서 아라니阿喇尼와 대라마 등을 투세투한부에 보내 쿠룬바이러치르에서 회맹하도록 했다. 회맹은 몽골 각 기에서 정기적으로 집회를 가지고 중대한 사건을 협

청나라 때 주선도합酒膳挑盒
청나라 중기의 것으로, 총 다섯 층으로 되어 있다. 안은 여러 칸으로 나뉘어 정교하다. 매화식의 은 주전자와 술잔, 접시 등을 넣을 수 있으며 휴대하기 편리하다.

취귀도醉歸圖 (청나라 원강袁江 그림)
이 그림은 등불이 환한 곳에서 주인이 술판을 끝낸 후 취객을 배웅하는 장면을 묘사했다. 당시 고급 관원들의 향락적인 생활을 묘사한 그림이다.

| 세계사 연표 |
1752년 미국의 프랭클린이 피뢰침을 발명했다.

《청성조실록清聖祖實錄》
《삭방비승朔方備乘》
출전

갈단이 잔꾀를 부려 파괴하다

쿠룬회맹 후 갈단은 불안을 느꼈다. 투세투한이 쿠룬회맹을 완전히 집행하지 않고 다만 투항하여 의부한 차사크투한의 부족을 절반만 돌렸다는 소식을 들은 갈단은 이간질을 시작했다. 그는 차사크투한을 속여 그와 연합해 투세투한을 진공했다. 그러자 투세투한은 경솔하게 군사를 일으켜 그들과 맞섰으며 차사크투한을 죽였다. 갈단은 차사크투한부에서 수령을 잃은 기회를 이용해 많은 부족을 약탈했다.

그런데 얼마 후 러시아가 침입했다. 투세투한의 주력 부대가 출정해 방어하자 갈단은 항애산杭愛山 뒤에서 투세투한을 기습했다. 앞뒤로 공격을 받게 된 투세투한은 싸움에서 패하고 남으로 갔다. 갈단은 이 기회에 동쪽으로 진군해 체첸한부를 무너뜨리고 돌아오는 길에 다시 투세투한부와 싸웠다. 3일간의 격전을 거쳐 또 패배한 투세투한은 계속 남으로 나아갔다.

강희 27년(1688), 카얼카몽골의 귀족들은 주동적으로 막남몽골의 49기와 같은 맹기제盟旗制를 실시할 것을 요구했다. 이에 강희 황제는 흔쾌히 동의하고, 이듬해에 쿠룬회맹의 14기 외에 또 12기를 증설했다.

1644~1840 청나라·1

어가락도漁家樂圖 (청나라 황신黃愼 그림)
어부들의 생활을 묘사했다. 황혼 무렵 배에서는 밥 짓는 연기가 피어오르고, 어떤 사람은 저녁식사를 하고 있다. 중간의 두 배에는 사람들이 모여 술을 마시며 시권猜拳 놀이를 하고 있다.

상해 해결하는 일종의 제도였다. 회맹할 때 아라니는 모임에 참가한 몽골 귀족들에게 더는 서로 싸우지 말고 문제를 해결하라는 황제의 성지를 전달했다. 강희 황제의 성지에 따라 카얼카의 원 8기를 14기로 했다.

••• 역사문화백과 •••

[청나라 시대의 행빙정혼]

행빙정혼行聘訂婚이란 남녀가 혼인을 맺는 방식을 말한다. 신랑 측은 절차에 따라 여자 신부를 맞았으며, 신부 측은 빙의 절차에 따라 시집갔다. '빙의'는 다음과 같다. 첫째는 부모의 명에 따라 중매쟁이를 정하는데 이를 '명매明媒'라고 한다. 둘째는 빙약聘約, 빙례聘禮가 있어야 하는데 이를 '정취正娶'라 한다. 셋째는 반드시 규정된 혼인의식에 따라 진행해야 하며, 이를 '명혼明婚'이라고 한다. 청나라 시대 법률은 '빙취혼聘娶婚' 절차에 따라 진행한 혼인만 합법적이었고, 보호를 받았다. 구체적인 행빙정혼 의식 절차는 대체로 《의례儀禮》 책에 기재되어 있다. 즉, '육례六禮' 예의 절차로 진행되었는데, 각각 납채納采·문명問名·납길納吉·납징納徵·청기請期·친영親迎이다.

| 중국사 연표 |

1753년 만문 소설 번역을 금지했다.

쿠룬회맹

쿠룬회맹은 원래 강희 28년에 거행하기로 했지만 갈단의 침입으로 지연되다 마침내 강희 30년(1691)에 둘룬노르에서 거행되었다. 이번 회맹은 모두 8일간 거행되었는데, 강희 황제는 처음부터 끝까지 회맹에 참가했다.

4월 30일, 둘룬노르에 도착한 강희 황제는 황제금장행영金帳行營을 설치했으며 카얼카 각 부족과 막남 몽골의 49개 기에 100리 밖에서 50리 안으로 이동해 행영을 둘러싸고 배열하라고 명령했다. 5월 1일, 강희 황제는 그들과 함께 자리를 배치하고 몽골 귀족은 모두 8줄로 앉으며, 첫 줄에는 카얼카몽골의 대한들이 앉는다고 규정했다.

5월 2일, 카얼카의 각 한들이 스스로 검토해 시비를 가렸다. 강희 황제는 과거를 묻지 않으며 앞을 내다보아야 한다고 다시 강조했다.

5월 3일, 카얼카몽골을 36개 기로 편성하며 투세투한, 체첸한의 명호名號를 보류하기로 결정하고, 아울러 순위에 따라 몽골의 각 귀족을 책봉하고 등급에 따라 작위를 내렸다. 5월 4일, 대열병을 진행했는데 열병을 받은 대열의 길이가 약 4km나 되었다. 열병식이 있기 전에 강희 황제는 그 자리에서 말타고 활쏘기를 했는데 열 개의 화살에서 아홉 개가 홍심紅心을 뚫었다. 그러자 몽골의 귀족 왕공들은 대단한 무예라고 칭찬을 아끼지 않았다.

5월 5일, 강희 황제가 카얼카 각 기의 병영들을 시찰했다. 5월 6일, 강희 황제가 황교黃敎의 영수들을 접견하였다. 5월 7일, 새로운 절을 세워 창화에서의 성전盛典을 기리는 데 동의했으며, 자금을 조달해 둘룬노르에 회종사滙宗寺를 세우기로 했다. 그날 강희 황제는 북경으로 돌아갔으며, 카얼카의 36개 기와 막남의 49개 기에서 배웅했다.

밭갈이 (청나라 때 사람이 그린 농사도)

| 세계사 연표 |
1753년 영국의 대영박물관이 건립되었다.

054

《청사고清史稿·탕빈전湯斌傳》 출전

집을 허물지 마라

미신을 타파한 탕빈

탕빈湯斌은 이학자理學家였지만 배운 것을 실제로 적용했다. 그는 큰 성과를 올린 청렴한 관리였다.

탕빈은 청나라 초기의 이학理學 명신名臣이었다. 강희 황제는 탕빈이야말로 지조 있는 사람이라 칭찬했고, 강희 23년(1684)에 탕빈은 내각학사에서 강소순무로 부임했다.

순무로 부임한 그해 강소 북부에서 큰 수해가 발생했는데 수만 명의 이재민이 소주 성으로 몰려들었다. 그때 강희 황제가 남방 순시를 위해 소주에 온다는 전갈이 왔다. 양강총독 등 관원들은 소주 성에서 이재민이 거리마다 천막을 지어 길이 좁아진 것을 보고 백성들의 집을 허물어 황제의 거가車駕가 지나는 길을 넓히라고 명했다. 일을 알게 된 탕빈은 즉시 그들을 말렸다. 그의 제지로 거리는 예전과 다름없이 오가는 사람들로 비좁기 그지없었다.

강희 황제의 거가가 소주에 도착했다. 도시 구역에 들어선 후 거리가 비좁아 거가와 대부대의 인마들이 순조롭게 통과하지 못하자 강희 황제는 지방 관원을 불러 물었다. 탕빈이 황제에게 말했다.

"현명하신 황제께옵서는 백성들의 고통을 보살피옵기에 남방을 순시하고 있사옵니다. 만약 한순간의 통행을 위해 거리를 넓힌다면 많은 백성이 살 집이 없어지는데, 이는 황제의 뜻이 아닐 것이옵니다! 신은 백성을 아끼시는 황제의 마음을 알고 있기에 백성들의 집을 허물지 말라고 했나이다."

탕빈의 말 한마디 한마디가 도리에 맞는지라 강희 황제는 기쁨을 감추지 못하고 즉시 견휴녕鐍睢寧, 술양沭陽과 비주邳州 등지에서 보낸 세은稅銀 수천 냥을 하사했다.

청나라 시대의 대음도배對飮圖杯 (위 사진)
청나라 옹정 연간의 유물이며, 흰 유약으로 채색 그림을 그렸다. 잔은 비교적 얇게 만들어졌고 윤기가 흐르며 인물 형상이 생동감 있다. 그림에서는 두 은사隱士가 탁상을 마주하고 앉아 제각기 취해 있는 장면을 묘사했다.

청렴한 관리 탕빈 (오른쪽 그림)
탕빈(1627~1687)은 자가 공백孔伯, 별호가 형견荊峴이며 만년의 호는 잠암潛庵이고 하남 저현睢縣 사람이다. 그는 청나라 순치 9년에 진사 급제했으며, 섬서 동관도潼關道, 강서 영북도嶺北道, 강소순무, 예부상서, 공부상서 등을 역임했다. 그는 일생 동안 정직하고 청렴해 칭송을 받았다.

| 중국사 연표 |

1754년
갈에喝爾로 출정할 통수를 정했다.

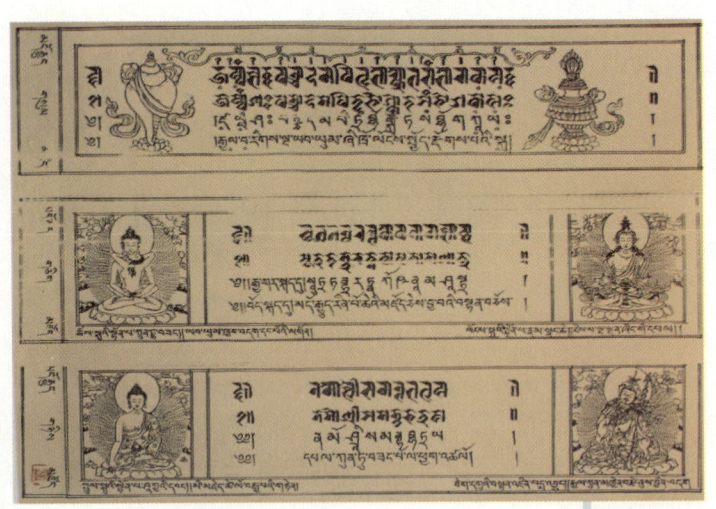

출상장경出相藏經
출상장경은 청나라 시대 범협梵夾에 넣은 장족불경 중 세 가지 작품이다. 양쪽에 불상을 그리고 가운데에 장문 불경을 썼다. 그림에서의 불상은 높이가 5cm도 안 되지만 인물의 옷차림, 모자, 손 자세, 손에 들고 있는 여러 법기法器들을 섬세하게 묘사했다. 부처를 공경하는 경건함을 알 수 있다.

뇌물을 보내지 말라

청나라 초기에 소주부, 송강부에는 갑부들이 많았으며 그곳에서 벼슬하는 자들은 3년도 안 되어 스스로 자리에서 물러났다.

그 원인은 상사가 제 욕심을 채우기 위해 하급 관리에게 뇌물을 강요했기에 국고의 돈을 유용해 감옥에 가는 사람이 많았기 때문이다.

20여 년간 집에서 글공부를 하고 장기간 지방관리로 있던 탕빈은 이런 폐단이 오래가면 고치기 어렵다는 것을 알고 있었다. 그는 이렇게 말했다.

"당신들이 국고의 돈을 유용해 상사의 비위를 맞추는 목적은 벼슬자리를 지키려는 것이겠지요. 그런 빚에 연루된다면 무슨 희망이 있겠소? 나는 이후부터 당신들이 직분에 맞게 일한다면 자연히 당신들을 승진시킬 것을 약속하는 바요. 조사를 거쳐 아무 일 없이 집에 돌아가고 편안하게 고향에 돌아간다면 그 얼마나 좋은 일이겠소?"

그는 또 소속 관원들에게 절대 하급의 뇌물을 받아서는 안 된다고 경고했다. 탕빈은 모든 일에 언행이 일치했기에 소주의 상황은 매우 좋아졌다.

강호랑중행의도江湖郎中行醫圖
명나라와 청나라 때 경제가 발달한 지역에서 인구밀도가 높아지면서 유행성 전염병이 크게 늘어났다. 이로 인해 새로운 병 치료 이론이 출현하고, 민간에서는 강호의 낭중들이 거리와 골목을 누비면서 의사로 행세하고 병을 치료하는 장면을 늘 볼 수 있었다. 이 행의도가 바로 청나라 시대 민간회화 중 강호랑중이다.

●●● 역사문화백과 ●●●

[매관 — 연납]
연납捐納이란 돈을 내고 벼슬자리를 산다는 말이다. 연납에서의 문직文職은 도읍의 작은 벼슬아치부터 낭중郞中, 도원道員에까지 이르렀으며, 무직武職으로는 파종把總부터 참장에 이르렀다. 연납제도는 청나라 초기에 건립되었고, 역대 왕조에 걸쳐 실시되었다. 강희 13년(1674), 삼번을 치는 데 군사를 일으키기 위해, 문직연관捐官의 사례가 있었는데, 3년 사이에 500여 명을 지현으로 연납했다. 이런 일은 가경 황제·도광 황제 때 더욱 많아졌다. 당시 재정 수입으로는 지출을 충족할 수 없었기 때문이다. 태감과 서직胥職은 연납이 그리 쉽지 않았다. 벼슬하려는 사람은 옹정 황제에게 뇌물을 주었는데 이 때문에 뇌물이 만연하고 관리들의 부패는 더욱 심해졌다.

| 세계사 연표 |
1754년
프랑스와 영국이 북아메리카 오하이오에서 전쟁을 했다.

055

공상임과 《도화선》

이향군李香君이 후공자에게 물었다. "첩의 뜻은 옥란처럼 굳건만 공자의 뜻은 어떠하온지 모르겠어요. 금과 같을 수 있을까요?"

《도화선桃花扇》 출전

"북치고 피리 불며 눈물을 가리며 듣노라니 / 집집마다 정월대보름날 초롱을 걸고 있구나 / 이원의 집사람 어디에 있는가 / 부채 속의 복숭아꽃이 울고 있는가."

강희 57년(1718), 등불 휘황한 정월대보름까지는 아직 사흘이 남아 있었다. 중국의 고전 희극 역사에서의 큰 별이 떨어졌다.

바로 공자孔子의 제64대 손인 공상임孔尙任이다. 공

상임은 자가 빙지聘之이고 일명 계중季重이라고도 했으며, 호는 동당東塘이고 별호는 안당岸塘이었는데, 자칭 운정산인云亭山人이라고 했다.

황제에게 경서를 강의한 적이 있던 그는 파격적으로 국자감 박사직을 수여받았다. 그러나 그중 사람들의 입에 오르내리는 그에 관한 이야기는 그의 책 《도화선전기桃花扇傳奇》다.

공상임인가도孔尙任引駕圖 (청나라 일명 그림)

강희 23년(1684) 강희 황제는 곡부에 가서 공자의 제를 지냈다. 공자의 후예들을 위로하고 사대부들의 마음을 안정시키기 위해 강희 황제는 궁궐에서 공상임이 강해講解하는 《대학》《중용》을 듣고 매우 만족스러워했다. 그 후 강희 황제는 공묘와 공림을 유람했으며 공상임을 인가관引駕官으로 삼았다. 공상임은 파격적으로 국자감 박사로 승진했다.

후방역

후방역侯方域(1618~1655)은 자가 조종朝宗이고, 호남 상구 사람이다. 명나라 말에 방이지方以智, 진정혜陳貞慧, 모양冒襄과 함께 이름을 날렸으며 이들을 '4공자公子'라 불렀다. 청나라 때는 하남 향시에 참가해 부방副榜으로 급제했으며, 청나라 총독을 위한 계책을 알려주었다. 그는 시와 글을 잘 썼으며, 저서로는 《장회당문집壯悔堂文集》《사억당시집四憶堂詩集》이 있다.

1644~1840 청나라·1

분채粉彩

| 중국사 연표 |
1755년 회갈을 평정했다.

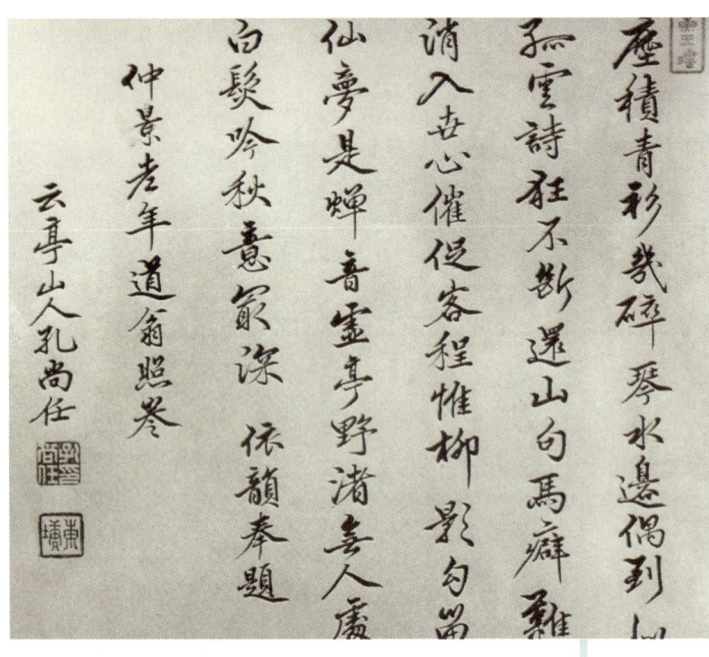

공상임서 《행서제중경소조行書題仲景小照》
공상임은 공정번孔貞璠의 아들이자 공자의 제64대 손이다. 강희 38년(1699) 6월, 그가 10여 년 동안 노력해 창작한 전기극傳奇劇 《도화선桃花扇》이 완성되었다. 이 극은 복사復社의 명사名士인 후방역과 진회秦淮의 명기名妓 이향군李香君의 사랑 이야기로 남명 왕조가 멸망한 역사를 광범위하고 심도 있게 반영했다. 이 극은 왕공 귀족들이 서로 돌려보며 베꼈고, 청나라 궁전 내정內廷과 유명한 극단에서 공연해 성황을 이루었다. 그는 당시 《장생전長生殿》의 저자 홍승洪昇과 함께 '남홍북공南洪北孔'이라고 불렸다.

남경의 명승고적 유람

청나라 초기에 곡부 일대에는 손에 북을 들고 다니는 한 노인이 있었다. 그는 이곳저곳을 다니며 북을 두드리면서 옛말을 했는데 역대의 흥망성쇠를 이야기하는 것을 통해 유민遺民의 가슴속에 싸인 분노를 토로하곤 했다.

그 노인은 비록 이름을 감추고 다녔지만 공상임의 부친 공정번孔貞璠과 교분이 두터웠기에 나이 어린 공상임도 그가 바로 목피산인木皮散人 가부서賈鳧西라는 것을 알고 있었으며, 그의 영향을 받기도 했다.

나중에 공상임이 벼슬길에 올라 시랑 손재풍孫在豊을 따라 장강, 회하 일대에서 강을 다스리고 있을 때 가부서와 마찬가지로 남경, 양주 등 명승고적을 유람하고 남명의 유신遺臣들을 방문하면서 옛이야기를 수집했으며, 모벽강冒辟疆, 등효위鄧孝威, 두우황杜于皇, 석도石濤, 장요성張瑤星 등 많은 문인 명사를 알게 되었다.

용이 서려 있고 범이 도사리고 있는 남경은 여섯 왕조의 도읍, 10세대 왕조로 이름난 도시였다. 공상임은 연자기燕子磯에도 오르고 명나라의 고궁을 참관하고 명효릉을 방문했으며 종산의 파란연기, 진회秦淮의 벽파를 바라보기도 했다. 밤의 장막이 드리울 때면 유람선에 앉아 향명香茗을 마시면서 진회 양안의 홍등녹주紅燈綠酒, 옥연향온玉軟香溫을 바라보았다. 사처의 크고 작은 배들에도 등불을 걸었는데, 절도 있게 들려오는 노젓는 소리가 가슴속 울분을 토로하는 듯한 처량한 피리 소리에 화답했다. 이런 장면들은 어느새 그를 이 세상에 둘도 없는 슬픈 향선추香扇墜의 사랑 이야기 속으로 끌고 갔다.

역사문화백과

[인형으로 〈서상기〉 공연]
건륭 29년(1764) 서양공동령西洋貢銅伶 18인을 개조한 후 '서상기西廂記'를 공연할 수 있게 되었다. 동인銅人은 길이가 30cm 가량이고 몸, 귀, 손, 발은 동으로 주조했다. 열쇠로 열면 일정한 기준 절차로 공연했으며, 열쇠를 잘못 열면 앉은 자세, 걷는 자세가 혼란했다. 장생長生, 앵앵鶯鶯, 홍랑紅娘, 혜명惠明, 법총제인法聰諸人 등은 스스로 상자를 열고 옷을 입고 몸체를 맞췄으며, 마치 살아 있는 듯했다. 그러나 대사를 하지 못하고 노래를 부르지 못했다. 공연이 끝나면 스스로 옷을 벗고 상자 속에 누웠다.

| 세계사 연표 |
1755년 러시아에 모스크바대학이 설립되었다.

이향군 독서도 李香君讀書圖
이향군은 소주 사람이다. 명나라 말에 그와 동소완董小宛, 진원원陳圓圓, 고횡파顧橫波 등은 '진회 8염秦淮八艷' 이라 불렸다. 후에 남명의 네 공자 중 한 사람인 후방역은 그를 본 후 첫 눈에 반했으며 서로 사랑했다. 이향군은 엄당을 규탄하며 청나라를 반대하고 명나라를 회복하는 정치 투쟁을 하는 후방역을 지지했다. 귀덕으로 돌아온 후방역은 이향군을 부인으로 맞이하고 비취루에서 살았다.

진회의 명기 이향

향선추香扇墜는 진회의 명기 이향李香의 별명이며 그 후 공상임의 글에서 이향군으로 나온다. 이향은 열세 살에 소주의 주여송周如松에게 노래를 배웠다. 그녀는 깜찍하고 총명했으며, 당당하고 호쾌한 성격이 있었다.

그녀는 복사復社의 인사 후방역侯方域을 만난 후 일편단심으로 그와 사귀면서 권세가들의 유혹과 위협도 두려워하지 않고 정조를 굳게 지켰다. 그녀는 나중에 후방역이 중주로 간 후 편지를 통해 자신의 마음을 전했다.

"많고 많은 말들 종이가 없어 적어 보내지 못하는가, 붉디붉은 편지지에는 글 한 자가 없는……."

이렇게 사모의 정을 전한 다음 자신의 확고한 마음을 표현했다.

"복숭아꽃 색이 바랬는가 / 핏자국이 연지臙脂로 변했는가? / 육두구의 향기가 사라져도 / 손가에는 아직도 란초사 향을 잡고 있는가"

나아가 후방역에게 이렇게 물었다.

"첩의 뜻은 옥란처럼 굳건만 공자의 뜻은 어떠하온지 모르겠어요. 금과 같을 수 있을까요?"

편지에는 그녀의 군센 지조와 집념이 그대로 나타나 있다.

후방역에게는 양용우楊龍友라는 친구가 있었다. 남경으로 이사한 후 서하산栖霞山에 은거해 공부하고 있던 양용우는 문무를 겸비한 사람이었는데 시와 글을 잘 짓고 그림도 잘 그렸다. 그러나 마음속에 나라를 위해 일하려는 뜻을 품고 있으면서도 의거할 곳이 없던 그는 할 수 없이 여기저기를 다니며 산수를 구경하고 유흥가를 다니다 보니 자연히 명나라 말기의 문인 풍류객들과 어울리게 되었다. 그런 까닭에 진회 일대의 이름난 기생을 다 알고 있었다.

엄당閹黨의 박해에 항거하기 위해 이향은 후방역이 그녀에게 준 시선詩扇을 무기 삼아 화장을 지우기를 거절해 이마의 선혈을 부채에 뿌렸다. 그리고 양용우는 부채에 뿌려진 선혈로 아름다운 복숭아꽃을 그렸다. 강실절姜實節은 양용우의 그림에 이런 시를 썼다. "복숭아꽃을 부채에 남겼는가 / 고개를 돌리는 그 자리에서 혼백이 사라지는가."

건륭 연간에 만든 분채칠왕각산수문난粉彩漆王閣山水紋暖 가마

1644~1840 청나라·1

여선女先 207

| 중국사 연표 |

1756년 상인들이 서북의 두 갈래 군사들의 군영에 들어가 무역하는 것을 비준했다.

056

극을 보고 벼슬자리를 잃다

《장생전長生殿》 때문에 어떤 사람은 공명을 잃고 백발이 될 줄은 아무도 몰랐다.

청나라가 관내로 들어온 초기에 억울함을 호소하는 사건이 많이 발생했다. 그중 가장 이상한 사건은 사신행査愼行이 벼슬을 잃은 사건이다. 사신행은 뇌물을 받지도 법을 어기지도 않았으며, 직무에 태만하지도 않았다. 역모를 꾀한 것도 아니었는데, 단순히 극을 한 번 본 탓에 벼슬자리를 잃고 말았다.

극을 보고 공명을 잃다

사신행은 원래 사사련査嗣璉이라 불렸다. 그는 진사에 급제한 후 한림원에 선발되어 계속 학문을 연구했으며 서길사庶吉士라 불렸다. 또한 그는 한림원에서 성적이 우수해서 편수직을 얻었다.

강희 28년(1689) 7월 초하루날은 희곡가戱曲家 홍승의 마흔네 번째 생일이었다. 그러나 동황후佟皇后가 병사해 생일을 쇠지 못하고 8월에야 생일 모임을 갖게 되었다. 사사련과 도읍에 있는 그의 절친한 친구들 그리고 유명 인사들이 그의 생일 모임에 모였다. 이날 홍승의 집은 손님으로 붐볐다. 홍승은 또 극단을 초청해 자신이 창작한 작품 《장생전》을 공연하도록 했다.

그러나 사사련은 그 《장생전》 때문에 백발이 되도록 다시는 벼슬을 하지 못했다. 하긴 극을 보았다고 일장 정치 풍파 속에 말려들고 누가 극을 본 일을 가지고 투옥 사건을 일으킬 줄은 생각이나 했겠는가? 그들은 100일의 국상 기간에 술상을 차려 놓고 노래를 부르고 춤을 추었으니 '대불경大不敬' 죄를 지은 셈이다.

그 결과 홍승은 국학생적國學生籍을 잃고 감옥에 들어갔다. 경축연에 참가해 극을 본 사사련, 주전朱典, 조집신趙執信 등 50여 명의 관원은 모두 벼슬을 잃고 말았다. 울지도 웃지도 못할 이런 교훈을 받아들인 사사련은 이름을 신행愼行이라 고쳤으며 '회여悔余'라는 자를 달았다. 이때부터 그는 고향에 돌아가서 은거했으며 더는 벼슬을 하지 않았다.

《장생전》에 정을 기탁한 홍승

홍승은 절강 전당 사람이었으며, 숭정 황제가 매산에서 목을 매 자살하고 청군이

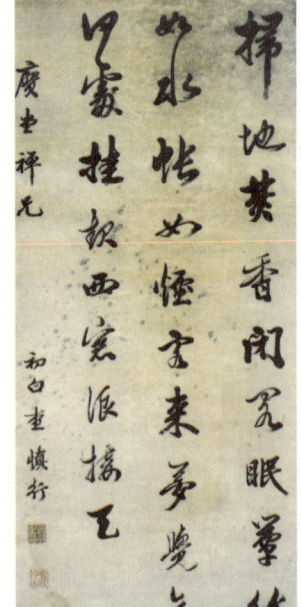

사신행 인물상
사신행査愼行(1650~1727)은 자가 회여悔余, 호는 초백初白이다. 절강 해녕 사람인 그는 강희 시기에 거인 급제하여 진사가 되었으며, 관직은 편수編修였다. 그는 황종희, 전징지錢澄之에게 배웠고, 시는 송인宋人에게 배웠다. 작품에 《경업당집敬業堂集》이 있다.

사신행의 〈행서칠언시〉
벼슬하는 사람들은 일반 사람들처럼 여유작작하게 '마당을 쓸고 향을 피울 수 있는 것'을 얼마나 흠모했는지 모른다.

| 세계사 연표 |

1756년

유럽의 열강들이 모두 참전한 '7년전쟁'이 시작되었다.

《홍승연보洪昇年譜》 출전

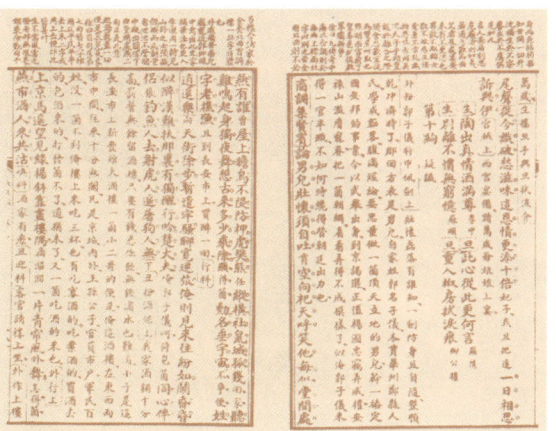

홍승의 《장생전》 영인
홍승洪昇(1645~1704)은 절강 전당(지금의 항주) 사람이다. 그의 희곡 작품 《장생전》은 애정 비극이다. 이 극에서 당명황唐明皇은 개원 이후 주색에 빠지고 간신들이 권력을 잡았으며, 국정國政은 나날이 혼란에 빠졌다. 양귀비가 총애를 받으면서 시기를 하고 양국충이 권세를 잡고 뇌물을 받는 바람에 수많은 군사를 가지고 있는 번장番將 안록산반란이 일어난 일을 서술했다.

관내로 들어온 이듬해 태어났다. 강희 27년(1688), 그는 마침내 민족의식과 조국의 정을 담은 극본 《장생전》을 썼다. 그는 문단에서 지위를 확립했으며 《도화선》의 저자 공상임과 나란히 이름을 알리게 되었는데, 당시에는 '남홍북공南洪北孔'이라 불렸다.

《장생전》이 세상에 나온 후 극단에서는 앞다투어 이 작품을 무대에 올렸다. 《도화선》과 마찬가지로 부

수로우정水路郵政
청나라 때는 우정사업이 발달했는데 도시와 농촌경제가 발달함에 따라 수천 개의 사설 우체국이 있었다. 그 우체국은 상해, 영파 등에 본점을 두고 각지에 지점을 두어 전국으로 통신망을 구성했다. 사진은 당시의 편지봉투다.

찻집의 연회석이나 술집에서 앞다투어 이 작품을 공연했는데 구란勾欄에서 공상임, 홍승의 작품을 앞다투어 공연하는 상황이 벌어졌다. 심지어 강희 황제마저 도읍 이원에서 공연을 보고 훌륭하다고 칭찬하면서 배우들에게 은 20냥을 하사했으며, 왕들에게 추천하기까지 했다.

그 후 조정의 연회석에서도 극을 공연했으며 극단에서도 《장생전》을 공연하는 것을 자랑으로 여겼다. 《장생전》은 당명황과 양귀비 간의 생사生死 연분을 살아 숨쉬듯 묘사한 것이다.

강희 황제만수도권康熙皇帝万壽圖卷 (청나라 왕휘 등 그림)
무대에서 극을 공연하는 것은 경축을 표시하는 방식이었다. 강희 황제 생일 경축 축전은 매우 성대했다.

| 중국사 연표 |

1758년 청나라 조정에서 군사를 동원해 대호자와 소호자를 정벌했다. 혜동이 사망했다.

역조현후고사도歷朝賢后故事圖 중 린지이휴麟趾貽休 (청나라 초병정焦秉貞 그림)
초병정(연도 미상)은 옹정·건륭 연간에 활동한 사람으로, 자는 이정爾正이고 제녕(지금의 산동성에 속함) 사람이다. 강희 때에 내정內廷에서 일했으며 인물, 산수, 화훼와 누각을 잘 그렸다. 이 그림은 모두 12쪽이었는데, 고대의 현후 순비順妃에 관한 이야기에서 소재를 잡았다. 이 그림은 그중 '린지이휴'다.

지식인이 사라지다

청나라군이 관내로 들어오고 소수민족 중원을 통치하면서 이르는 곳마다 장애물을 설치했다. 조정은 현혹적인 말, 소설, 희곡을 출판하여 전파해 민심을 자극하거나 유언비어를 퍼뜨리면 죄로 다스린다고 했다.

홍승의 《장생전》에는 당명황과 양귀비 같은 주역이 있었을 뿐만 아니라 외족인 안록산과 외족 군사가 중원을 침입하는 장면도 있었다.

"어양에서 북소리가 울리자 / 궁궐이 비고 풀이 무성하게 자랐구나 / 백발의 유로가 아직도 살아 있거늘 / 여한을 곡에 담아 흥망을 말하는가."

몇몇 사람이 이 시를 빌려 터무니없는 사실을 날조했다. 이는 만족 귀족들이 관내로 들어온 일을 말하며 국상 기간에 노래를 했기에 '대불경' 죄를 범했다고 했다.

비록 이번 사건은 비교적 관대하게 처리되고 이 일로 목숨을 잃은 사람은 없었지만, 그래도 감옥살이를 한 사람이 있고 또 많은 사람이 영원히 등용되지 못했다. 이로 인해 고생스럽게 공부한 노력이 수포로 돌아간 사람도 많았다.

역사문화백과

[청나라 전기 희곡 중 일지독수一枝獨秀 곤극]

청나라 전기에 사회가 안정되면서 여러 가지 민간 형태의 오락 활동이 활발해졌다. 많은 지방에서 극단들이 농촌과 도시에 드나들었다. 이리하여 청나라 때 지방 희극은 발전하고 고도로 종합된 특징을 보여주었다. 이때 전통적인 북방잡극이 점차 쇠락했지만 남곡南曲을 위주로 여러 가지 성강聲腔이 성행했다. 여요余姚, 해염海鹽, 익양弋陽, 곤산崑山 등 4대 성강이 출현했다. 청나라 초기에 곤극은 귀족들의 지지를 받았다. 곤극은 오음吳音 또는 수마강水磨腔이라고도 하는데 강음腔音은 모두 맑고 가늘다. 청나라 귀족들이 곤강 희곡을 지지했기에 '청나라 초기에는 곤극을 제일 숭상했다'는 말까지 나오게 되었다. 곤극은 지배적 지위를 차지했으며 봉건 문인, 사대부들은 누구나 칭찬을 아끼지 않았다. 저마다 극의 언어를 다듬고 운율을 맞추면서 자기의 심미적 정취를 그 속에 침투시켰다. 곤극은 남북을 휩쓴 관강官腔극 종목이 되었는데, 그때에는 곤극을 아부雅部라고 불렀다.

| 세계사 연표 |

1759년 영국이 프랑스령인 퀘벡을 점령했다.

057 강희 황제의 남방 순시

《청성조실록清聖祖實錄》 출전

강희 황제는 우성룡이 추천한 강녕 지부에게 반드시 전 총독 우성룡을 본받아 정직하고 청렴해야 한다고 말했다.

인부를 주시하다

강희 황제는 지식인을 위로하거나 각지의 경치를 구경하는 등 여러 가지 목적으로 남방을 순시했다. 그리고 그때마다 꼭 황하를 다스리는 공사장에 찾아가서 시찰하면서 실행할 수 있는 의견을 제기했다. 이로부터 남방 순시에서 민정民情과 지방 관리들의 치적에 대한 고찰을 시작했다.

그는 "옛 임금들은 궁궐에 깊이 틀어박혀 민간에서 얼마나 많은 질고를 겪고 있는지 모르고 있었지만 짐은 각지를 순시하면서 듣고 본 일이 많기 때문에 상황을 보다 정확하게 알 수 있었다."라고 말했다.

강희 23년(1684), 강희 황제는 처음으로 남방을 순시했다. 그때 그는 강소 북부를 시찰했다.

그는 어가를 타고 숙천에서 청하까지의 80km 길을 열이틀 걸려 가는데 지나는 곳마다 치수 공사 인부들이 흙을 나르면서 고생하는 광경을 보았다. 황제는 어가에서 내려 인부들을 위로했으며, 근보新輔 등 황하에서 일하는 대신들에게 관리들이 인부들의 노임을 떼지 못하도록 하며 인부마다 규정된 노임을 받게 하라고 명했다.

며칠 후 강희 황제는 배를 타고 청하에서 운하를 따라 남하했다. 고우호를 지날 때 그는 밭과 집 대부분이 물에 잠겨 있는 것을 보고 불안한 마음을 감추지 못했다. 그래서 그는 배에서 내려 기슭에 올라 호수 제방을 따라 4km 길을 걸으면서 지세를 살폈으며, 당지의 백성들과 지식인을 불러 수재가 발생한 원인을 자세히 알아보고 해결방도를 강구하라고 했다.

그는 동행한 양강 총독 왕신명王新命에게 "짐은 이번 걸음에 원래 민간의 질고를 알아보려 했도다. 무릇 지방에 폐단이 있다면 방법을 강구해 없애 버림으로

강희 황제 남방순시도 (청나라 왕휘 등 그림, 일부분)
왕휘王翬(1632~1717)는 자가 석곡石谷, 강소 상숙 사람이다. 1684년과 1687년에 강희 황제는 강남을 두 번 순시했는데, 문치의 공적을 과시하기 위해 1690년에 병부좌시랑 송준업에게 전국의 이름난 화가들을 불러다 〈강희 황제남방순시도〉를 그리게 했다. 그때 왕휘도 추천을 받고 북경에 들어가 주필직을 맡았다. 〈강희 황제남방순시도〉는 모두 12권으로 강희가 남방을 순시할 때의 상황을 묘사했다. 이 그림은 〈강희 황제남방순시도〉 제1권으로 비단에 그린 채색 그림이다. 이 그림은 강희 28년 정월 초여드레날 강희 일행이 경사에서 출발해 북경 외성 영정문으로부터 북경 교외의 남원까지 가는 장면을 그렸다.

이번원理藩院

| 중국사 연표 |
1760년 일리, 우룸치에서 둔전을 했다.

영은사

항주 서호 서쪽에 자리 잡고 있는 영은사靈隱寺는 북고봉北高峰과 비래봉飛來峰 사이에 있고 동진 함화원년咸和元年(326)에 세워졌으며 지금까지 약 1600여 년의 세월을 거쳐왔으며 중국 불교신종 10대 명찰의 하나이다. 강희 황제는 남방을 순시할 때 네 번이나 영은사를 유람했다. 천왕전天王殿에 걸려 있는 '운림선사云林禪寺'라는 편액은 강희 황제의 어제御題이다.

강희 황제 남방순시도 - (청나라 시기 왕휘 등 그림, 일부분)
이 그림은 강희 황제 일행이 하북성 남부에서 산동 제남에 이르는 장면을 묘사했다.

써 모두가 원하는 대로 하게 하라. 지금 이곳에 수재가 발생했으니 구조할 방법을 찾아야 하지 않겠는가?" 그러면서 그는 수재가 발생한 주와 현에서는 확실하게 원인을 조사한 후 반드시 해결해야 하며 경비가 필요하면 아낌없이 써야 한다는 조서를 내렸다. 그리고 시 한 수를 지었다.

"회양淮陽에 수재가 닥쳐 / 물결이 세차게 흐르는구나 / 용주가 지나는 곳에 / 바라보니 곳이 섬같이 보이는구나 / 밭들이 모두 물에 잠기고 / 집은 반나마 무너졌구나 / 의지할 곳 없는 백성들이여 / 불안한 마음 잠들 길 없어라…"

청렴한 관리를 고찰

강희 황제는 남방 순시 때 관리들의 치적을 살피는 가운데 적지 않은 훌륭한 관리들을 발견했다.

첫 남방 순시 전야에 강희 황제는 양강총독 우성룡이 사망했다는 소식을 듣고 비통함과 애석함을 금치 못하고 대신들에게 "지금 이 세상에 우성룡과 같은 청렴한 관리들이 과연 몇이나 되는고?"라고 물었다. 한 대신이 일곱이 있다고 대답했는데 그중에는 장붕핵張鵬翮, 곽수郭琇, 팽붕彭鵬이 들어 있었다. 그러나 강희 황제는 그 말을 믿지 않았다.

그해 가을, 강희 황제는 남방 순시차 연주兖州를 지나게 되었는데 그곳에서 연주 지부 장붕핵을 만났다.

| 세계사 연표 |
1760년 영국이 프랑스령인 몬트리올을 점령했다.

그리고 강희 황제는 장붕핵이 과연 듣던 대로라는 것을 알게 되었다. 그 후 장붕핵은 절강순무로, 예부상서로 승진했다.

남방 순시길에 강소 오강吳江에 들른 강희 황제는 평복을 차려입고 민간을 돌아다녔는데 백성들은 한결같이 본현의 지부 곽수가 청렴하고 훌륭한 관리라고 칭찬했다. 그리하여 곽수는 급별을 뛰어넘어 어사가 되었으며 나중에는 호광총독으로 부임했다.

남경에서 강희 황제는 양강총독 우성룡이 추천했던 강녕 지부 우성룡于成龍(양강총독 우성룡과 동명이인인 한군 양황기 사람)에 대해 각별히 주목했다.

양주의 고민사 (아래 사진)
양주의 고민사高旻寺는 진강의 금산강천선사金山江天禪寺, 영파의 천동사天童寺, 상주의 천녕사天寧寺와 함께 동남선종禪宗 4대 종림從林이라 불린다. 강희 38년(1699)에 청성조 아이신줴뤄 현엽은 제3차로 남방을 순시하는 길에 양주에 들렀다. 그때 천중탑天中塔이 시간이 오래되어 기울어지는 것을 본 청성조는 돈을 들여 수리하라고 분부했다. 이 소식을 들은 양회兩淮의 상인들은 앞다투어 돈을 기부했다. 강녕직조 조인曹寅, 소주직조 이후李煦가 책임지고 확충했으며 사서 쪽에 행궁을 지었다. 강희 황제는 네 번째로 남방을 순시하는 길에 고민사에 이르렀는데 탑에 올라 멀리 바라보았다. 가을이라 하늘이 높고 공기가 상쾌하고 구름 한 점 없이 맑았다. 남쪽으로는 금산金山, 북쪽으로 촉강(양주의 대명사임)이 보였다. 강희 황제는 크게 칭찬하면서 '고민'이란 글을 써 주었다. 강희 황제는 제5차, 제6차 순시 때에 고민사 행궁에 들렀다.

동성파 사승師承

대명세 → 방 포 → 유대괴 → 요 내 → 상향파 증국번

↓	↓	↓	↓
뢰현	전백	관동	장유검
심동	양호파	매증량	오여륜
왕우박	① 운경	① 주기	(매성파의
심정방	② 장혜언	② 용계서	마지막 종사)
왕조부	왕작	③ 진학수	설복성
진대수	오정	④ 오가빈	여서창
이학유	정진방	⑤ 등현학	
		⑥ 손정신	
		⑦ 노일동	
		⑧ 소의진	
		방동수	
		요영	

그리고 우성룡이 청렴하다는 것을 알고는 우성룡을 표창했으며, 친히 쓴 글을 그에게 주면서 이렇게 말했다.

"사람이란 처음부터 잘못해서는 안 되며 시종 선명해야 할 것이로다. 경은 반드시 마지막까지 지조를 굽히지 말아야 하며, 반드시 전 양강총독 우성룡처럼 정직하고 청렴해야 할지어다."

그러면서 우성룡을 안휘도찰사로 임명했다. 2년 후에는 직예순무로 임명하고 첫 남방 순시를 마치고 북경에 돌아온 후, 우성룡의 부친을 불러 담비 옷을 선물하면서 자식 교육을 잘 시켰다고 칭찬했다.

역사문화백과

[황여전람도]

강희 황제가 직접 확정한 〈황여전람도皇輿全覽圖〉는 강희 47년(1708)에 강희 황제가 예수회 선교사 백진白晋, 뢰효사雷孝思 등에게 명해 측량 제도한 것이다. 〈황여전람도〉는 북경 부근의 장성부터 측량하기 시작해 동북, 신강, 서장 등지까지 그렸는데 8년에 걸쳐 〈전도소圖〉를 그렸고 그 후 몇 번 수정했다. 〈황여전람도〉('당유이지도집唐維爾地圖集'이라고도 함)는 상해도서관에 소장되어 있다.

녹색綠色이다. 이때문에 한군漢軍을 녹영 또는 녹기군이라 불렀다

| 중국사 연표 |

1762년 영국 상인의 요구를 윤허하고 선박마다 지방의 사絲, 이잠호사二蠶湖絲를 구매하는 것을 허락했다.

058

대명세의 《남산집》

수많은 무고한 사람을 모함했지만 《남산집南山集》에서는 청나라 왕조를 비방한 글자를 찾지 못했다.

대세명의 《남산집》

강희 연간에 황제와 같은 달, 같은 날에 태어난 사람이 있는데 바로 안휘 사람인 대명세戴名世다. 역사에 관심을 갖고 있던 그는 명나라의 역사를 쓰고자 했다. 그의 고향 선배인 방효표方孝標는 운남, 귀주 등지를 돌아다니면서 보고 들은 일 그리고 명나라 말, 청나라 초기에 당지에서 발생한 일부 사건을 가지고 《전검기문滇黔紀聞》이란 책을 썼다.

대명세는 이 책의 자료 중 많은 부분이 명나라의 역사를 쓸 때 참고할 수 있다고 생각했기에 유용한 부분을 모두 발췌했다. 그 후 대명세는 여담余湛이라는 제자에게 영력궁 안에서 일을 한 적이 있는 이지犁支를 만났으며, 그 사람은 남명의 일에 대해 거의 모두 직접 겪은 것이나 다름없다는 말을 들었다.

그 말을 들은 대명세는 기쁨을 감추지 못했다. 그는 이런 자료들을 《전검기문》의 내용과 대조하면서 연구했는데 연구 가운데 많은 의문을 갖게 되었다. 그리하여 그는 여담에게 편지를 보내 자신의 견해와 느낌을 토로했다. 얼마 후 대명세의 다른 제자 용운악龍云鄂은 스승이 평소에 쓴 글 가운데 100여 편을 골라 스승이 살고 있는 강녕 남산강南山岡이란 지명에서 책 제목을 따서 《남산집》을 편찬했다. 대명세가 여잠에게 보낸 편지도 '여생에게 보낸 편지'라는 제목으로 책 속에 수록했다.

《남산집》 영인 (위 그림)

그 당시 대명세는 뛰어난 재능으로 문단에 이름을 날리고 있었으나 거만하고 방탕했다. 그러나 솔직했으며, 모든 일을 빨리 처리하곤 했다. 이런 성격은 문단에서든 정치무대에서든 다른 사람의 미움을 사기 십상이었다.

그는 어려서 두각을 나타냈지만 과거시험을 치르지 않고 글을 가르치다 서른네 살 때에야 국자감에 들어갔다. 국자감의 학생들은 저마다 견식이 넓었다. 그로 인해 대명세는 오만해졌다. 정계의 허위와 비열함을 혐오한 그는 늘 술기운을 빌려 조소하고 욕설을 퍼부었기 때문에 사람들은 그를 '미치광이'라고 부르기도 했다. 그리고 권세 있는 관료들은 저마다 기회가 되면 그를 단단히 혼내 주리라 벼르고 있었다.

강희 44년(1705), 53세가 된 대명세는 향시에서 제59등으로 급제했으며 57세에는 중회시中會試에서 1등으로 급제했다. 전시에서 제1갑 제2등으로 급제했다. 그리하여 그는 한림원 편수의 관작을 수여받고 명사관에서 일하게 되었다. 과거시험을 치르지 않으려던

서양 수학과 연결된 청나라 시대의 대수척과 평행선척
서양 수학이 중국에 들어온 후 고등수학 중의 계산 도구가 점차 사용되고 유행했다. 사진은 청나라 사람이 만든 대수척對數尺과 평행선척平行線尺이다.

| 세계사 연표 |

1762년 프랑스 루소의 《에밀》《사회계약론》이 출판되었다.

《청사고清史稿·조신교전趙申喬傳》
《청성조실록淸聖祖實錄》 248~249권

출전

그가 벼슬길에 들어섰다는 것은 대명세가 생각을 고치고 청나라와 합작하려 했음을 말해 준다. 그런데도 어떤 사람은 여전히 그를 해하려 했다. 강희 25년 (1711) 10월 12일, 도찰원좌도어사都察院左都御史 조신교趙申喬는 《남산집》을 빌미로 그를 고발했다.

조신교의 고발

조신교는 대명세가 전시를 볼 때 1등으로 급제한 장원 조웅조趙熊詔의 부친이다. 아들이 대명세의 앞자리를 차지해 장원급제를 했는데, 대명세의 자질이나 명망이 조웅조보다 높고 회시 때는 앞자리를 차지했기에 모든 사람들이 이번의 장원급제자는 대명세가 틀림없다고 생각하고 있었다. 그런데 장원급제 1등은 조웅조였다. 그러자 조신교가 부정을 하지 않았는지 의심하는 여론이 크게 일었다. 화가 치밀기도 하고, 두려워진 조신교는 미리 손을 쓰기로 작정했다.

그는 황제에게 대명세가 자신의 재능을 믿고 분별없이 날뛰는데 사사로이 문집을 인쇄해 사람들에게 나쁜 영향을 주었다며, 그 속마음을 추측하기 어렵다고 고발한 것이다.

명절의 장거리 (위 오른쪽 그림)
북경 화평문 밖의 광전廣甸은 매년 정월 초하루부터 열닷새까지 장이 열렸는데, 많은 사람이 이곳에 모여 난전을 벌였다. 이 그림은 청나라 때의 장터의 모습을 반영했다.

청나라 때 시계 (위 왼쪽 사진)
명나라 말, 유럽의 선교사들이 처음으로 서양의 기계 시계를 가져왔다. 청나라 초기에는 시계를 서양의 것을 모방해 제조했으며, 청나라 중기에는 궁정부터 민간에 이르기까지 시계를 대량 제조했다. 그러나 당시의 시계는 주로 관상품이었다.

●●● 역사문화백과 ●●●

[수녀선발]

청나라 황제가 후비를 뽑는 방식은 이전의 왕조들과 달랐다. 수녀秀女 선발 제도는 청나라 시대의 특징이다. 수녀는 3년에 한 번 선발했는데, 나이는 13세부터 17세까지이고 범위는 8기 내부로 규정했다. 수녀로 선발되면 내정주위主位로 있거나 황자, 황손들 친왕, 군왕 및 그 자녀들과 결혼했다. 그 후 근친 결혼을 방지하기 위해 역대의 왕조에서는 후족근지后族近支 또는 모친가계종실의 조로씨의 여자는 선발을 하지 않는다고 발표했다. 또 외지에서 직무에 종사하는 기원旗員 문관에서 동지同知 이하, 무관에서 유격游擊 이하의 여자는 선발을 하지 않으며 공주가 시집가서 여자아이를 낳을 경우 선발하지 않는다고 했다. 수녀는 기명記名기내에 시집을 가지 못했다. 입궁한 후 수녀의 일반적인 봉호封號는 답응答應, 상재常在, 귀인貴人, 빈비嬪妃였으며 그 후부터 점차 올라가면서 진봉晉封 받을 수 있었다. 만약 황후가 되면 경우 대혼大婚을 거쳐 곤녕궁坤寧宮에 들어가야 했다.

1644~1840 청나라·1

훈고고거訓詁考據

| 중국사 연표 |
1763년
북방 각 성에 버드나무를 심으라고 명했다.

059 천수연

'노인들을 잘 모셔라.' 강희 황제의 천수연千叟宴은 예부터 노인을 공경하는 중국의 전통을 계승한 것이다.

노인 환대

강희 황제의 재위 시절에 나라가 강대하고 백성들은 부유했다. 강희 황제는 모든 노인을 우대했는데 이에 관해서는 《청사고淸史稿》와 《성조기聖祖紀》에 많이 기록되어 있다.

강희 22년(1683), 남방 순시 도중 강소 숙천 백양하白洋河를 지날 때 고령의 노인이 길복판에 서 있는 것을 본 강희 황제는 어가가 미처 비키지 못하더라도 시위를 나무라지 말라고 명했다.

그는 남방 순시 때마다 당지에 있는 정년퇴직한 관원을 접견하고 그들의 형편을 알아보았으며 지방관원들에게 그들을 잘 보살펴 주고 배려해 주라고 명했다.

만수절에 차린 연회

만년에 강희 황제는 두 번이나 각지의 노인들을 연회에 초대했다.

강희 황제가 59세 되던 해인 강희 51년(1712)에 뭇 신하들은, 명년은 임금님의 60세 생신이기에 존호尊號를 올려야 한다고 상주했다. 이에 강희 황제는 동의하지 않았지만 그는 전례없는 축수연을 여는 데는 동의했다.

이듬해 만수절(황제의 생일날)에 그는 자기가 살고 있는 창춘원暢春園에서 연회를 베풀고 북경에 있는 노인들을 청했는데, 관원과 본지방 또는 외지에서 찾아온 만 65세 이상 되는 노인들은 모두 연회에 초대했다.

연회에서 강희 황제는 노인을 공양하고 존중하는 모습을 보여 주었으며, 일부러 뭇 황자, 황손皇孫 및 10세 이상, 20세 이하의 종실 자제들에게 모두 참가하여 나이가 많은 자는 술잔을 들고 술을 권하며, 나이가 적은 자는 서서 예의를 갖춤으로써 어려서부터 노인을 공경하게 했다. 그중 80세 이상의 노인들은 각별히 자기 앞에 모셔다 놓으라고 분부하고는 직접 술을 따르기도 했다. 강희 황제는 이렇게 말했다.

"예부터 노인을 공양하고 현능한 자를 존경하는 것을 으뜸으로 함으로써 사람마다 효도와 공경을 알도록 하는 것을 미풍양속이라 했도다. 당신들은 짐의 이 뜻을 고향에 가서 알리도록 하시라. 어제 큰 비가 내려 밭이 물에 잠겼는데 연회가 끝난 후 속히 돌아가 농사철을 놓치지 않도록 하라"고 말했다.

이날 연회에 참가한 사람 가운데서 90세 이상의

청 성조 강희 황제 조복상

| 세계사 연표 |

1763년 파리 조약의 체결로 영국이 북아메리카 대륙의 식민지를 대부분 통치하게 되었다.

《청사고清史稿·성조기聖祖紀》

성조인황제시보聖祖仁皇帝諡寶 및 보문寶文

옹정 원년 2월 19일, 강희 황제에게 '성조합천홍운문무예철공검관유효경성신공덕대성인황제聖祖合天弘運文武睿哲恭儉寬裕孝敬誠信功德大成仁皇帝'라는 시호를 올렸으며 건륭 원년 3월 11일에 시호 '성신'과 '공덕' 사이에 '중화中和'라는 두 글자를 첨부했다.

노인이 30명, 80세 이상의 노인이 538명이었다. 강희 황제는 이런 고령의 노인들에게 모두 은냥을 하사했다. 며칠 후 강희 황제는 창춘원에서 퇴직한 8기의 관원, 병사들을 연회에 청했는데 출석한 사람 가운데서 90세 이상 노인이 7명, 80세 이상 노인이 192명이었다.

천수연

강희 61년(1722) 정월에 강희 황제는 만몽8기문무대신滿蒙八旗文武大臣들을 불렀는데, 이미 고향에 돌아간 관원을 망라해 나이가 65세 이상 되는 노인 680명을 불러 건청궁 앞에서 연회를 베풀었다. 연회에서 황자와 종실의 자제들이 술잔을 들고 술을 권했다.

성조정훈격언
성조정훈격언聖祖庭訓格言은 세종 윤진이 엮은 것으로 후세 자손들이 꼭 읽어야 할 선조의 가훈지서家訓之書가 되었다.

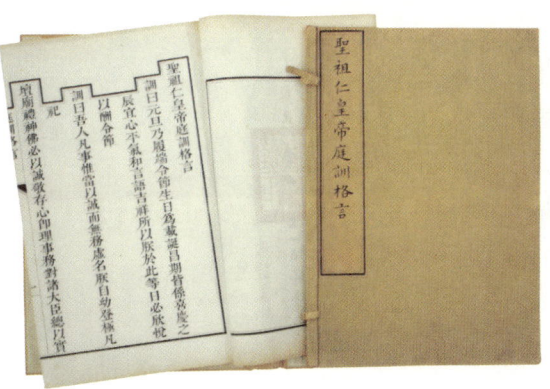

사흘 후에는 65세 이상의 한족 관원 340명을 연회에 청했는데 마찬가지로 황자와 종실의 자제들이 술을 권했다. 그때는 한창 음력설을 맞이하던 때라 즐거운 분위기가 흘러넘쳤다. 기쁨에 넘친 강희 황제는 즉석에서 시 한 수를 지어 즐거움을 노래했다.

"백리산천에 하얗게 아름다움이 넘치는데. 고래희 백발들이 향기 넘치는 연회석에 모였구나. 하얀 수염, 하얀 이빨들 술잔을 기울이고. 긴 눈썹 날리며 만년을 기리누나. 뭇 신하들 모두 건재했다 놀라지 마라. 사

만년의 강희 황제
강희 황제는 만년에 줄곧 태자 문제로 신경을 썼는데 이리하여 그의 정력이 거의 고갈되었다.

1644~1840 청나라·1

명나라 말, 청나라 초의 문학비평가 김성탄이다 217

| 중국사 연표 |
1764년 잠사를 서양에 수출하는 것을 금지했다

역사문화백과

[인구가 늘었지만 세금을 늘리지 않았다]

강희 51년(1712), 강희 황제는 '더 늘어나는 인구에게 영원히 부세를 안기지 않는다'고 선포했다. 즉 지금의 전량책錢糧冊에 있는 장정수에 따라 부세를 받으며 그 후에 태어난 인구에 한해 더는 부세를 징수하지 않는다는 것이다. 그리하여 전국의 장정들의 부세 총액은 대체적으로 고정되었고, 상대적으로 농촌 인구를 안정시켰다. 그러나 이런 조치로 인구가 대폭 증가했다. 순치 18년(1661) 전국의 장정 수는 2106만 명, 강희 50년(1711) 전국의 장정 수는 2462만명, 강희 61년(1722)에는 2530만 명이었다. 건륭 6년(1741)에는 1억 4340만 명으로, 늘어났으며 도광 29년(1849)에는 4억 1298만 명으로 늘었다.

성조인황제시책聖祖仁皇帝諡冊
강희의 묘호는 성조이며 하북 준화 청나라 동릉의 '경릉景陵'에 안장되었다.

람들 모두 함께 건재하기를 바라거늘. 하지만 나만 쉴 참 없이. 70의 고령에 어깨쉼도 못하는구나."

연회에 참석한 관원들도 시를 써서 화답했는데, 이런 시들은 후에 〈천수연시〉라고 했다.

그때 열두 살밖에 안 되던 꼬마 황자 홍력(건륭 황제)도 곁에 서 있었는데, 이런 장면들은 그에게 깊은 인상을 남겼다. 64년이 지난 후 홍력이 황제가 되어 50년(1758)이 되던 때, 그도 할아버지의 본을 받아 북경에서 천수연을 베풀었다. 그는 연회에서 강희 황제의 시를 읊었으며, 그 시를 나무 편액으로 만들어 천수연에 참가한 모든 노인에게 주면서 집에 가져가서 걸어놓고 영광을 과시하도록 했다.

두 차례의 성대한 연회에 출석한 노인은 모두 1020명이었다. 그래서 이런 연회를 천수연이라 불렀다.

설을 쇠는 기인旗人들
이 그림에서는 청나라 시기 북경성내의 기인들이 설을 쇨 때의 흥성흥성한 장면을 묘사했다. 개국초기에 청나라는 4기를 편성하여 민중을 관리했으며 후에는 8기로 늘이었다. 그래서 만인들을 기인이라고 불렀다. 기인이 관내로 들어온후 한족과 융합되면서 생활습관이 날따라 비슷하게 되었지만 그래도 얼마간의 차이가 있었다. 이 세화에서 볼 수 있다시피 기인들은 설을 쇨때 물만두를 빚지 않으며 향불을 태우지도 않고 재신財神을 부르지도 않았다.

| 세계사 연표 |
1764년 영국의 하그리브스가 방적기를 발명했다.

060

《강희 왕조실록康熙朝實錄》 출전

목란 사냥터

황제의 수렵은 가법, 습관이었을 뿐만 아니라 군사 훈련의 일종이었다.

황실의 사냥터

승덕에서 북쪽으로 117km 떨어진 곳에 옹기종기 늘어선 산봉우리를 도끼로 찍어 두 쪽으로 가른 듯한 벼랑이 있는데 그 벼랑 사이에 협곡이 있다. 그 협곡에는 이손하伊遜河가 줄기차게 흘러나온다. 이손하는 협곡을 빠져나오면서 넓어지는데, 청나라 때는 이 협곡을 애구崖口라고 불렀다. 한문, 만문, 몽골문, 장문으로 석비에 새겨진 건륭 황제의 '입애구시'는 바로 애구의 대지台地에 세워져 있다.

애구에 들어서면 목란 사냥터다. 만족어로 '목란'은 '초록哨鹿'이란 뜻이다. '초록'이란 사냥꾼들이 머리에 진짜와 흡사한 사슴 머리를 쓰고 입으로는 호루라기를 불고 사슴 우는 소리를 내어 진짜 사슴을 유인하는 일종의 유인 사냥 방법을 말한다.

이 사냥터는 강희 20년(1681) 4월, 황제가 두 번째로 애구를 순시할 때 탐사하고 확정한 것으로, 동서남북으로 길이가 각각 120km가량이고 둘레의 길이가 400km가량이며 총면적이 약 1만 km²나 되었다.

이 사냥터는 지형의 변화와 짐승의 분포 상황에 따라 67개의 작은 사냥터로 나누는데 이 곳은 북쪽의 고원을 병풍으로 하고 남쪽의 연산산맥을 울타리로 삼아 기온이 적합하고 삼림이 무성하며 샘물이 흘러 온갖 짐승이 다 있었다.

그야말로 사냥하기 좋은 곳이었다.

청나라 황실의 가장 큰 수렵장 - 목란 사냥터

목란 사냥터는 하북성 위장현의 최북단과 내몽골 크쉬크텅진의 접경지에 자리 잡고 있는데 부지 면적은 약 1만km²이다. 이 사냥터는 청나라의 가장 큰 수렵장이자 무예 훈련장이기도 했다. 강희 20년(1681)에 강희 황제가 직접 장성 밖에 나가 탐사했는데 커라친, 오한, 웡뉴트의 여러 기에서 목장을 헌납한다는 명의로 목란 사냥터 계선을 확정했다. 사냥터 안에는 70위圍를 설치하고 8기 제도에 따라 관리했다. 목란 사냥터는 수책柵을 경계선으로 하여 안팎으로 구분했으며 해마다 한 번씩 약 20일 동안 목란 사냥터에서 사냥을 했다. 목란이란 만어로 초록이란 뜻으로 유인 수렵방식이었다.

옹정 황제, 즉 '청세종'이다

| 중국사 연표 |

1766년 양응거楊應琚가 군사를 거느리고 미얀마를 공격했다. '대청회전大淸會典'을 완성했다.

보타종승지묘
'보타종승普陀宗乘'이란 장어 '포탈라'의 한어 역음으로 '작은 부라다궁'이라 불렸다. '보타종승'은 건륭 연간에 포탈라 궁의 모양에 따라 승덕피서산장 이북에 세웠으며 청나라의 외8묘 중 하나다.

피서산장의 정문

청명한 하늘, 푸른 산, 붉디붉은 단풍이 어우러진 가을철은 수렵하기에 더할 나위 없이 좋은 계절이었다. 해마다 추분이 지나면 강희 황제는 사냥을 하러 갔다. 그와 동행하는 사람들은 각 부, 원의 관원과 청

해몽골, 카얼카몽골, 내몽골 6개 맹, 49개 기의 왕공귀족 및 차르하르 8기의 몽골 관병들이었는데 1만 2000명 이상이었다. 내몽골 카라친, 커얼친, 웡뉴트, 빠린, 크쉬크텅, 오한 등 기에서 일반적으로 모두 1250명의 기병, 100명의 안내자, 그리고 300여 명의 수위隨圍 포수, 사슴 사냥 포수와 장창수長槍手를 파견해 사냥에 참가하고 시중들게 했다.

황제가 사냥을 떠날 때면 짐승을 쫓는 만족과 몽골

만주 귀족 자제들의 수렵 장면
이 그림은 만주 귀족 자제들의 수렵 장면을 묘사했다.

족 대신들은 동이 트기 전에 각 부의 기수騎手와 궁수를 거느리고 잠복해 사방 수십 리의 포위권을 형성하곤 했다. 해가 뜰 무렵이면 황제는 패도佩刀를 차고 대신, 시위, 측근, 사생수射生手, 호창수虎槍手들을 거느리고 사냥터로 들어선다. 처음에 황제, 황태자가 사냥하고 그다음 황제는 말 위에서 사람들이 사냥하는 것을 구경한다. 이때 포위권이 점점 좁혀지면서 사람들의 고함 소리, 말이 울부짖는 소리, 총을 발사하는 소리, 화살이 날아가는 소리, 깃발이 펄럭이는 소리, 짐승의 비명 소리가 천지를 울린다. 해가 지면 사냥물의 수를 세어 본 다음 공로에 따라 상을 내리며 그다음에는 어두운 밤에 등불을 피워 놓고 사냥한 짐승을 불에 구워 먹는다.

20일간의 사냥이 끝나면 성대한 고별 경축 연회를 베풀고 몽골 용사들의 무예, 씨름과 몽골족 노래와 춤을 감상한다. 나중에 황제는 몽골 왕공 귀족들에게 상을 내려 감사를 표한다.

승덕피서산장의 주전主殿 – 담백경성전澹白敬誠殿

녹나무로 정교하게 만든 초록

초록이란 수십 명의 병사들이 머리에 사슴 탈을 쓰고 수림에 숨어서 초록哨鹿을 불면서 숫사슴 소리를 내어 암사슴을 유인한 다음 사냥한다는 뜻이다. 초록은 야수를 유인해 잡는 데 쓰는 도구로 일반적으로 벗나무로 만들었다. 모양은 소뿔처럼 한쪽은 두껍고 다른 한쪽은 가늘며 사슴의 울음소리를 낼 수 있다. 초록을 불면 사슴 무리나 기타 짐승들이 소리를 듣고 오며 사냥꾼은 그때 짐승을 생포하거나 사살할 수 있다. 그림에서의 초록은 녹나무로 정교하게 만든 것으로 용을 조각하고 그 위에 금칠을 했다.

목란에서 무예를 연마하는 가법을 잊지 말라

강희 황제는 한 해에 한 번 있는 수렵 활동을 매우 중시했으며 대열, 행진, 기율, 호령 등 여러 면에서 요구가 많았다. 그는 이런 환경은 군사와 장령들이 높은 산을 넘고 준령에 오르며 평지를 달리고 심산계곡에서의 기마술을 향상하는 데 이로울 뿐만 아니라 군인이 화살을 쏘고 근거리에서 격투하는 기능을 연마하는 데도 이롭다고 생각했다. 강희 황제는 영고탑장군 빠하이에게 이렇게 말했다. "사냥은 군사훈련의 일종

피서산장 (청나라 냉매冷枚 그림)

피서산장의 원명은 열하행궁熱河行宮이었으며 중국에 현존하는 제일 큰 황실원림이다. 피서산장은 강희 42년에 착공해 87년 후인 건륭 55년에 완공되었다. 이 그림의 작가는 냉목인데, 실제 경치를 소재로 서양화법을 도입하여 산수의 명암明暗과 입체감을 높였다.

| 세계사 연표 |

1768년 영국의 아크라이트가 수차식 방적기를 발명했다.

이니 등한시해서는 안 된다. 최선을 다하지 않는다면 군법으로 다스릴 것이다."

이런 요구는 세세손손 전해졌으며 옹정 황제가 등극한 후에는 '후세의 자손들은 존경하는 황제의 법대로 행하여 목란에서 무예를 연마하는 가법을 잊지 말아야 한다'라는 규칙까지 세웠다.

청나라 황제의 목란에서의 사냥은 단순한 가법이나 일종의 사냥 습관이 아니었다. 항상 준비된 훈련 상태를 유지하고 8기의 군사력을 확보하기 위한 것이었다. 이런 활동은 몽골의 귀족들을 단합하게 함으로써 북부 변경을 공고히 하는 역할도 했다.

승덕피서산장

●●● 역사문화백과 ●●●

[권지]

순치 원년(1644) 12월, 도르곤은 '권지령圈地令'을 반포했다. '권지령'에서는 북경 주변의 주인 없는 땅을 만족 왕공 귀족과 8기 장병들에게 나누어준다고 했다. 그러나 집행 과정에 명나라의 황장皇庄, 관전官田 등 주인 없는 땅을 차지할 뿐만 아니라 주인 있는 땅도 차지했다. 원래는 땅만 차지하기로 했지만 후에는 땅에 덧붙은 가옥, 나무, 심지어 그곳에 살던 주민마저 땅을 다루는 농노로 만들었다. 권지에 연관된 주, 현 지구는 무려 81곳이나 되었다. 후에 권지에서 적용한 노예제와 농노제 생산이 퇴보로 실현될 수 없어 점차 소작 형식의 장전庄田으로 바뀌었다. 황장皇庄, 관장官庄과 기장旗庄에는 장두庄頭를 두고 장두가 소작농을 모집하거나 사람을 불러 다루었으며 수익은 내무부 또는 8기아문에 상납해 귀족과 장병들의 생활비로 보탰다.

| 중국사 연표 |
1768년 러시아가 챠크투에서 통상을 계속한다는 내용을 비준했다.

061

책립하기 어려운 태자

영민한 황제인 강희 황제는 나라를 잘 다스렸다. 그러나 가정을 다스리기란 결코 쉬운 일이 아니었다.

만년의 강희 황제에게 가장 큰 근심거리는 계승자를 책립해야 하는 일이었다.

황태자 옹립

만주인은 전통에 따라 계승자를 권세가 있는 여러 왕자 가운데 선발했는데 뭇 왕들의 처첩, 즉 대복진大福晉이 낳은 아들에게 우선권이 있었다. 그리하여 강희 14년 12월 13일 강희 황제는 태어난 지 18개월밖에 되지 않는 윤잉胤礽을 황태자로 책립하고 황위계승자를 확립했다.

윤잉이 태어났을 때 아명은 보성保成이었다. 그 뜻은 '기어코 살아날 것'이었다. 당시 황제는 삼번의 난과 대만 전란에 직면해 있었고, 또 자칭 주삼태자朱三太子의 모살과 조정 안의 남북 당파 간 싸움에 대처해야 했기 때문에 황태자를 보살필 여력이 없었다.

강희 황제는 정국이 어느 정도 안정된 후 태자 양성에 힘을 기울였다. 《4서》를 다 읽은 윤잉은 만주어, 한어, 몽골어 등 세 가지 언어를 숙달했고, 무예도 출중했는데, 아홉 살 때 화살로 호랑이를 쏘아 맞힐 정도였다. 그의 태자 신분과 비범함은 남서방에서 임직하고 있는 여러 조정대신으로 하여금 권세에 빌붙고 아

첨할 수 있는 기회를 마련해 주었는 바, 이때부터 윤잉은 아무 거리낌 없이 방자하게 굴었다.

황태자의 야심

계승자가 심상치 않다는 것을 발견한 강희 황제는 불안을 느끼기 시작했다. 그는 황태자에게 궁궐에 나가 공부해 유가의 정규 교육을 받게 하려 했지만 때는 이미 늦었다.

강희 황제가 출정했다가 중병에 걸려 돌아온 후 태자를 불렀을 때, 그의 얼굴에서 근심어린 기색을 전혀

경치를 구경하는 윤진
옹정 황제 윤진은 강희 17년(1678)에 태어난 강희 황제의 넷째 아들이다. 등극하지 않았을 때 윤진은 자신을 명리를 바라지 않고 아무런 욕심 없이 살아가는 한가한 사람으로 위장했으며, 자칭 '파진거사破塵居士'라고 했다. 원명원 중로中路 '천연도화天然圖畵' 내에 있는 낭음각朗吟閣은 강희 황제가 윤진에게 하사한 서재書齋다. 그림은 낭음각에서 경치를 구경하고 있는 젊은 시절의 윤진이다.

용정 황제 윤진이 홍력(건륭 황제)이 태어날 때 목욕 시켜 준 세삼분洗三盆 (위 사진)
옛날에 아이가 태어난 지 사흘째 되는 날에 목욕을 시켜주었는데 민간에서는 이를 '세삼'이라고 했다. 이 말에는 몸에 묻은 때를 씻어주는 것으로 아무 탈 없이 건강하게 자라라는 뜻이 담겨 있다. 사진은 청나라 옹정의 황자이며 그 후 건륭 황제가 태어난 지 셋째 날 목욕할 때 쓰던 그릇인데, 일명 어용변화분魚龍變化盆이라고도 한다. 그런데 이런 목욕절차를 거친 홍력이 그 후 실제로 진용眞龍 천자가 될 줄은 아무도 몰랐다.

| 세계사 연표 |

1769년 영국의 와트가 증기기관을 발명했다.

《청사고清史稿·성조기聖祖紀》

반이뉴인 (오른쪽 그림 포함)
강희 14년(1675) 강희 황제는 황태자 윤잉에게 반이뉴인蟠螭紐印을 수여했다. 돌로 만든 인신은 반이뉴이며 길이 9.2cm, 폭 9.2cm, 높이 7.4cm다. 인신의 글은 전체篆體다.

찾아볼 수 없었다.

조모가 세상을 뜬 후 황제는 만주족과 한족의 전통을 타파하는 뜻으로 머리를 자르고 영구를 잠시 안치했으며 장막을 쳐놓고 지키는 남다른 효행으로써 태자를 감화시키려 했지만 태자는 황제의 이 모든 행동에 대해 전혀 관심없어 했다. 그의 관심은 오로지 어떻게 하면 하루빨리 황제 보좌에 오르는가 하는 것뿐

육경궁毓慶宮
동륙궁東六宮 남쪽, 재궁의 동쪽에 있는 육경궁은 황실가묘家廟 '봉선전'과 이웃하고 있다. 강희 연간에 건축하기 시작한 육경궁은 태자를 위해 지은 침궁인데, 후에 황제가 지정한 황자가 거주하고 공부하는 곳이 되었다.

이었다. 쒀에투索額圖도 이미 여러 번 강희 황제에게 그런 의향을 내비쳤다.

강희 33년(1694) 청명절에 쒀에투는 심지어 예부에 선조의 제를 지낼 때 태자의 담요를 황제의 담요와 함께 봉선전奉先殿 문턱 안에 놓으라고까지 했다. 이에 강희 황제는 분노를 금치 못했다.

그렇지만 그 이듬해 강희 황제는 스무 살 난 태자에게 태자비를 맺어 주었으며, 얼마 후에는 또 태자에게 국가사무를 대행하도록 하고 자신은 갈단을 토벌하러 갔다. 날이 갈수록 태자의 행위가 불측하다는 소문이 무성하기 시작했으며 심지어 황제가 곧 황위를 태자에게 전위한다는 소문까지 나돌기 시작했다. 이는 사실상 태자의 정치적 야심이 날로 뚜렷해져 간다는 현실의 반영이었다. 거의 반백이 된 강희 황제는 고통스러운 선택의 기로에 직면했다.

윤잉을 폐립하다

강희 47년(1708) 9월, 강희 황제는 목란 사냥터에서 가을철 사냥을 할 때 35세가 된 윤잉을 폐립했다. 그 까닭은 태자가 밤낮으로 황제의 행동을 감시하고, 심지어 밤마다 장막 틈으로 훔쳐보기까지 했기 때문이

••• 역사문화백과 •••

[옹화궁]
북경내성 동북쪽에 자리 잡고 있는 옹화궁은 라마 사묘다. 원래는 청나라 세종 윤진의 옛 저택이었는데, 처음에 윤패륵부允貝勒府라고 부르다가 후에는 옹친왕부라 했으며, 등극 후에는 절반을 고쳐 황교상원黃敎上院으로 만든 후 라마들이 경을 읽는 장소로 바뀌었다. 나머지 반은 행궁行宮으로 고쳤는데, 얼마 후 불에 타고 말았다. 옹정 3년(1725)에는 상원을 옹화궁으로 고쳤다. 이곳은 차례로 패방, 영벽影壁, 용도甬道, 동서비정碑亭, 천왕전, 옹화궁, 영우전, 법륜전 만복각이 있다. 지붕은 겹으로 되었고, 기둥과 들보에 모두 그림을 그려 비범한 기세를 나타낸다. 각 전각 사이에는 조각하거나 그린 불상을 모셨다.

| 중국사 연표 |

1769년
청군이 미얀마에 들어갔다가 돌아왔다.

다. 강희 황제는 윤잉에게 이렇게 가슴아픈 말을 했다. "나는 이미 20년이나 너를 용서해왔다!"

태자가 폐립되자 뭇 황자들이 태자 자리를 놓고 암투를 벌이기 시작했다. 강희 황제는 마음속 고통을 참으며 윤잉에게 다시 한 번 기회를 주기로 마음먹고 그의 태자 지위를 회복해 주었다.

태자직을 회복한 후에도 윤잉은 버릇을 고치지 못하고 예전처럼 꿈에서마저 등극할 준비를 했다. 심지어 북경 주재 조선 사절 앞에서 "예부터 지금에 이르기까지 태자를 책립한 지 40년이 지나는 동안 계위하지 못하게 하는 황제가 있는가?"라는 말까지 흘리면서 일부러 그 말이 퍼져 나가게 했다. 그리하여 강희 황제는 다시 과단한 조치를 취했는데 강희 51년(1712) 윤잉을 역모 혐의로 영원히 폐립해 버렸다.

황태자 윤진

강희의 건강이 갈수록 나빠졌다. 그러나 그는 여전히 만주인의 무예 숭상을 상징하는 가을철 사냥 활동을 고집했다.

강희 61년(1722) 10월, 그는 수하들에게 자기를 시중들게 하여 남원南苑의 황실 수렵장으로 갔다. 그러나 보름쯤 지난 후 더는 버티지 못하고 자신을 북경 서쪽 교외의 창춘원으로 보내 옮기게 했다. 그러면서도 다시 동짓날에 천단에 가서 제천 의식을 주최하려고 준비했다.

그러나 건강이 극도로 악화된 강희 황제는 11월 13일 저녁 8시경 붕어하고 말았다. 이 소식을 들은 침궁 밖의 뭇 황자들은 부황의 침전으로 급히 들어가 무릎을 꿇었다. 윤진胤禛은 애달프게 곡을 하면서 고통 속에서 살 의욕마저 잃었다.

이때 룽커둬隆科多가 갑작스러운 선포를 했다. "임금님의 유조遺詔다. 4황자가 황제 위에 등극한다." 룽커둬는 말을 이었다. "이 유조는 오늘 아침 네 시에 여러 황자 앞에서 내린 임금님의 뜻이다." 황자들과 신하들은 머리를 숙이고 아무 말도 하지 않았다.

윤진은 룽커둬가 선포한 유조에 따라 황제 보좌에 올랐다. 그가 바로 옹정 황제다.

태자의 자리를 사이에 두고 이어져 오던 오랜 다툼은 마침내 막을 내렸다.

효공인황후孝恭仁皇后
효공인황후(1660~1723)는 우야烏雅씨이고 몽골인이자 만주정황기에 속하는 사람이며 강희 17년(1679) 10월 30일에 황4자, 즉 옹정 황제를 낳았으며 이듬해 덕빈德嬪으로 책봉되었다. 강희 19년 황6자 윤조胤祚를 낳았고 20년 덕비德妃로 책봉되었다. 21년 황7녀를, 22년 황9녀를, 25년 황12녀를, 27년 황14자 순군왕 윤제를 낳았다. 옹정 황제가 즉위해 황태후로 존봉尊奉된 후 사망하여 경릉에 안장되었다. 그녀의 시호는 효공선혜온숙정유자순흠목찬천승성인황후孝恭宣惠溫肅定裕慈純欽穆贊天承聖仁皇后다.

| 세계사 연표 |

1771년
영국 의회 의사록의 신문 공개가 승인되었다.

062 연갱요, 룽커둬의 죄

《청사고淸史稿·룽커둬전隆科多傳》
《청사고淸史稿·연갱요전年羹堯傳》

세도를 부리면서도 자신의 잘못을 깨우치지 못하면 머지않아 패가망신 길로 접어들게 된다.

옹정 황제에게는 기둥처럼 든든한 대신이 둘 있었는데, 한 사람은 연갱요年羹堯이며 다른 한 사람은 룽커둬이다.

옹친왕에게 의탁하다

연갱요는 원래 옹친왕雍親王 문하에 있던 사람이기 때문에 옹친왕과 아주 각별한 사이였다. 후에 강희 황제가 그를 장군으로 등용해 사천순무가 되면서 옹친왕과 관계가 멀어지기 시작했으며 6, 7개월이 지나도 옹친왕에게 문안을 드리는 글조차 보내지 않았다. 그러면서도 황3자이자 성친왕인 윤지胤祉에게는 은전을 예물로 보냈는데, 그 은전은 성친왕 수하인으로 가장한 사람이 윤지에게는 전해지지 않았다.

그러나 연갱요는 총명하고 대담한 사람이었다. 그는 옹친왕이 황제로 등극한다는 말을 듣자 즉시 태도를 바꾸어 황제를 옹호한다는 뜻을 확실히 했다. 이런 까닭에 옹정 황제는 등극 후 그를 중용했다.

룽커둬는 강희 황제와는 외사촌 지간이자 처남매부 사이였는데, 원래 황8자 윤기의 지지자였다. 그러나 중요한 순간에 룽커둬는 갑자기 옹친왕 수하에 가담했다.

공로자를 자처하면서 세도 부리다

강희 황제가 전위傳位 유조를 선포한 이튿날, 옹정 황제는 룽커둬를 총리사무대신 직위에 발탁했으며, 며칠 후 또 그에게 일등공훈작을 세습받도록 하고 영을 내려 그를 핏줄처럼 대하라고 했다. 연갱요는 무원대장군이 되었고 그 수하들까지 칭송을 받았다. 옹정

옹정 황제의 조복상

옹정 황제의 '위군난爲君難' 옥새 글
부지런한 옹정 황제는 현명하고 재능이 있었으며, 백성을 사랑하는 마음이 지극했다. 그러나 그 역시 '위군난'을 느꼈다. 위군난이 바로 황제의 마음이었다.

1644~1840 청나라·1

만인·한인복직제라고 했다. 예를 들어 6부에 모두 만인, 한인 상서를 각각 1명씩 두고 만인·한인 좌우시랑을 각각 1명씩 둔 것과 같은 것이다

| 중국사 연표 |

1771년
투르후터인 몽골부의 10여만 명이 돌아왔다.

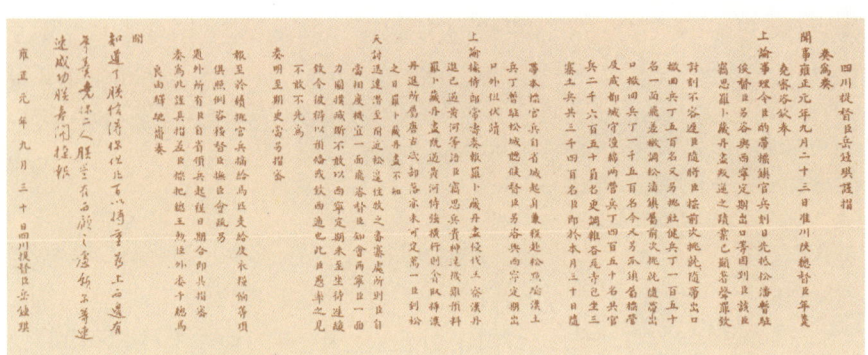

뤄부창단진에 관한 연갱요의 상주서
뤄부창단진羅卜藏丹津은 청해靑海 허쉬터和碩特 몽골 귀족 수령의 후손이다. 강희53년(1714), 그는 아버지의 친왕 작위를 세습받아 청해 허쉬터 몽골귀족의 최고 수장이 되었다. 옹정 원년(1723), 뤄부창단진이 반란을 일으켰다는 소식을 들은 청나라 조정은 즉시 연갱요, 악종기岳種琪 등에게 진압을 명해, 얼마 안 되어 반란을 평정되었다. 그리고 몽골족 각 부에 대해 기를 편성하고 좌령佐領을 설치했는데, 모두 29개 기로 편성하는 동시에 '청해몽골 번자사무대신番子事務大臣'(서녕판사대신이라고 약칭했음)을 주재시켜 청해의 모든 사무를 관할하도록 했다.

황제는 연 대장군에게 이렇게 말했다.
"경은 나라와 백성을 위해 충성을 다했도다. 하늘이 경의 가정에 평안을 안겨줄 것이다. 그렇지 않다면 누가 보응이라 말할 수 있겠는가?"

룽커둬, 연갱요는 옹정 황제에게 인정을 받자 점차 세도를 부리기 시작했다. 더욱이 연갱요는 천섬총독川陝總督을 지내면서 군비를 떼어먹고 뇌물을 받아 향락을 누렸다. 그는 정치도 제 마음대로 했는데, 이부에서조차 감히 그를 추궁하지 못했다. 이러한 행위는 황권에 대한 능멸과 위협이었다.

연갱요가 벼슬을 잃고 자살하다

옹정 3년(1725) 3월, 옹정 황제는 마침내 연갱요를 일월합벽日月合璧, 오성연주五星連珠를 드리는 축하상주의 일을 계기로 연갱요에게서 등을 돌렸다. 옹정 황제는 상주서를 대충 쓰고는 '조건석척朝乾夕惕'을 '석척조건夕惕朝乾'이라고 썼다고 하면서 그동안의 공로를 지워 버릴 수도 있다고 했다.

옹정 황제는 또 연갱요는 게으르고 눈과 귀가 어둡기에 총독과 무원대장군직을 맡을 수 없다면서 악종기岳鍾琪가 천섬총독을 대행한다고 했다. 연갱요는 성지와 조동령을 받은 후 사흘이 지나서야 총독 인감을 내놓았으며, 또 부임하러 가는 길에 "신은 천서에 오

연갱요의 수적
옹정 황제는 연갱요의 전횡을 용서할 수 없었다. 그는 연갱요가 올린 축하상주서의 글자를 대충 쓰고 또 '조건석척朝乾夕惕'을 거꾸로 '석척조건夕惕朝乾'이라고 쓴 것을 구실삼아 신하들에게 탄핵을 암시했다. 전하는 바에 의하면 옹정 황제는 연갱요의 직무를 18급이나 내려 항주에서 성문을 지키도록 했으며 또 죄명을 꾸며 스스로 자결하게 하고 가산을 몰수해 버렸다.

●●● 역사문화백과 ●●●

[보군통령]
보군통령步軍統領이란 청나라 제독提督 9문보군순포 5영통령에 대한 약칭이었다. 보군통령은 경사의 정양문, 숭문문, 선무문, 안정문, 덕승문, 동직문, 서직문, 조양문, 부성문 등 9개 성문의 일을 맡아보았기에 일반적으로 9문제독이라고 불렀다. 이 직무는 모두 만인이 맡았으며 그들은 모두 황제의 심복이었다. 청나라 때 사람들의 희곡과 설화에서 흔히 한인들을 '9문제독'으로 책봉했다고 말하고 있는데 이는 믿을 바가 못된다.

| 세계사 연표 |

1773년 영국이 인도 농민들에게 아편을 재배할 것을 강요하고 동인도회사에서 수매했다.

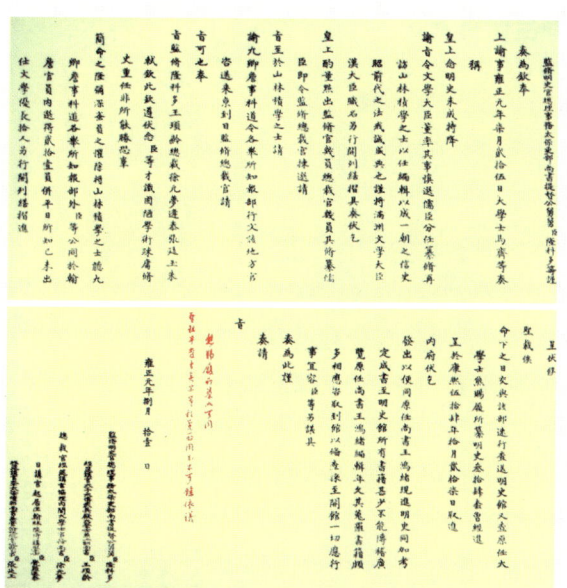

룽커둬의 상주서

룽커둬는 전 왕조의 중신이던 동국유佟國維의 아들이다. 강희 황제가 붕어한 후 그는 즉시 유조遺詔를 낭독해 넷째 아들 윤진이 계위한다고 했다. 윤진은 룽커둬를 '외삼촌'이라 불렀다. 그 후 연갱요, 룽커둬는 옹정 왕조의 중요한 기둥이 되었다. 그중 한 사람은 밖에서, 다른 한 사람은 안에서 세도를 부렸는데 윤진은 점차 권세가 강해지는 그들이 황권을 위협하고 있음을 느꼈다. 그래서 방법을 강구해 두 중신을 제거해 버렸다.

랫동안 머문 건 아니지만 한시바삐 절강으로 갈 엄두가 나지 않기에 지금 의정儀征에서 성지를 기다리고 있다."는 내용의 상주서를 올렸다. 상주서를 받은 옹정 황제는 더욱 분노했다.

황제의 뜻을 알아차린 대신들은 앞다투어 상주서를 올려 연갱요를 탄핵했다. 그리하여 옹정 황제는 성지를 여러 번 내렸는데 하룻밤 사이 연갱요의 벼슬을 18급이나 내려 대장군에서 항주 경춘문 성문관으로 강직시켰다고 한다. 그러나 연갱요는 예전과 다름없이 세도를 부리면서 성문 어구에 꿋꿋이 서서 안하무인격으로 총독과 순무들을 노려보았다. 조정은 결국 그에게 92조목의 대죄를 범했다고 확정했다. 그중에는 5가지 대역죄, 9가지 기만죄, 16가지 참월죄僭越罪,

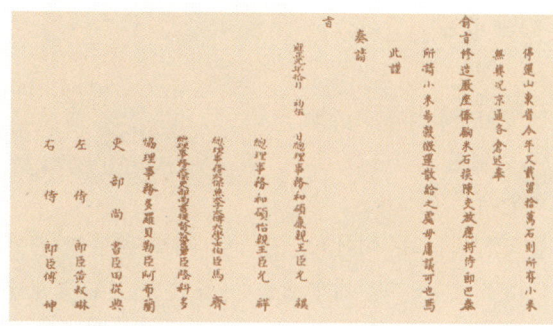

윤사胤禩의 상주서

강희 황제가 태자를 폐한 후 야심을 품고 있는 황자들은 파벌을 형성하고 사욕을 채우며 황위를 차지하려 했다. 태자당 외에 황8자 집단과 황4자 집단이 또 형성되었는데, 총명한 황8자 윤사는 사람의 마음을 사로잡았다. 처음에 황태자를 폐한 후 윤사는 내무부 총관사總管事로 일했다. 그러자 많은 대신들과 황자들이 그에게 의지했다.

13가지 광패죄狂悖罪, 18가지 탐욕죄, 15가지 침식죄侵蝕罪, 4가지 잔인죄殘忍罪, 6가지 기각죄忌刻罪가 들어 있었다. 이같은 대죄를 어찌 용서할 수 있단 말인가? 그리하여 그를 체포해 감옥에 넣었으며 자결을 명령했다.

룽커둬를 종신감금하다

그해 5월, 옹정 황제는 공개적으로 룽커둬의 실책도 꾸중했다. 1년 후 룽커둬가 사사로이 옥쟁반을 감춘 일이 적발되자 그가 41조목의 대죄를 범했다고 확정했다. 그것은 대불경大不敬 5가지, 기만죄 4가지, 조정교란죄 3가지, 간당죄奸黨罪 6가지, 불법죄 7가지, 탐욕죄 16가지였다. 옹정 황제는 룽커둬가 외삼촌이므로 죽음만은 면한다고 말했다. 그리하여 창춘원 밖 세 칸짜리 집에 영원히 감금시켰다. 룽커둬는 옹정 6년(1728) 6월에 죽었다.

옹정 황제가 연갱요와 룽커둬를 제거한 목적은 황권을 강화하고 자신의 통치 지위를 한층 공고히 하기 위한 것임에 틀림없다.

전자는 돌을 가득 넣은 대형 참대광주리로 쌓아 만든 것이고, 후자는 큰 돌덩이를 서로 맞추어 쌓은 것으로, 모두 풍랑과 밀물, 썰물을 막을 수 있었다

| 중국사 연표 |
1773년 4고전서관을 개관하고 유통훈을 총재로 임명했다.

063

손가감의 직언

손가감孫嘉淦은 직언을 잘하는 사람이어서 황제의 총애를 받기도 하고 미움의 대상이 되기도 했다.

담력과 식견 소유자

강희 52년(1713), 진사 급제한 손가감은 한림원에서 검토檢討 직을 맡았다. 그는 이학理學 연구에 명망을 갖춘 인물이었다. 그는 또 자신에게 계율戒律을 정했는데 그 계율은 '8약八約', 즉 임금 앞에서는 성실하지만 자신을 나타내지 않으며, 타인과 어울리면서도 뽐내지 않으며, 권세자들과 논쟁하지 않으며, 공로는 이름 밑에 감추며, 어떤 일이든 다 할 수 있으며, 쓸데없는 말을 하지 않으며, 파당을 만들지 않으며, 청렴을 얻어야 한다는 것이었다.

옹정 황제는 등극 후 뭇 신하에게 토론할 일을 상주하라고 권고했으며, 자유로운 의사 표현의 길을 열어놓았다. 이에 감동한 손가감은 상주서를 올려 "친혈육 사이에 돈을 주고 벼슬을 사는 일이 없어야 하며, 서사西師를 없애야 한다."고 건의했다.

당시 옹정 황제는 종실 가족 중 반대파를 제거해야 했다. 손가감의 상주서를 읽고 난 옹정 황제는 대신들 앞에서 한림원 수석학사에게 이렇게 말했다.

"경은 어찌 이런 방자한 서생을 용납하고 있는고?" 문무대신들이 어찌할 바를 몰라 하자 대학사 주식朱軾이 대답했다. "손가감은 방자하기는 하옵니다만, 신은 그의 담력에 탄복했나이다." 옹정 황제는 장난조로 웃으면서 말했다. "짐도 그의 담력에 탄복하고 있노라."

옹정 황제는 즉시 손가감을 어전으로 불러 국자감사업司業으로 승진시켰다.

며칠 후 옹정 황제는 조회 때 손가감을 가리키면서 뭇 신하에게 말했다.

"짐이 즉위한 이래 손가감은 늘 열성적으로 직언을 간했지만 짐은 화를 내지 않고 오히려 아주 기뻐했도다. 경들은 손가감을 본보기로 삼아야 할 것이다."

은고 행주로 강직

손가감은 또 국자감제주로 승진했다. 하지만 여전히 제주 직을 겸하면서 황제에게 인재를 추천하는 일을 책임지고 있었다. 그러다 한번은 황제에게 교습을 추천할 때 직언을 올리면서 말대꾸를 해 대불경죄를 저질렀다. 대불경죄는 목을 베어야 했으나 옹정 황제는 그를 용서하면서 말했다.

"그대가 잘못을 저질렀지만 재산을 탐내지 않았기 때문에 은고銀庫에서 일할 수 있다."

그리하여 그는 강직당해 호부에서 아무런 급별도 없는 행주行走가 되었다.

호부를 주관하는 사람은 과친왕 윤례允禮였다. 그는 강직당한 손가감이 화가 나서 일을 제대로 하지 않을 것이라고 생

옹정 효경헌 황후 조복상
옹정은 계위한 후 적복진嫡福晉 우라나라烏拉那拉씨를 황후로 책봉했으며, 시호는 효경헌孝敬憲 황후였다.

| 세계사 연표 |

1774년 제1회 식민지회의(대륙회의)가 필라델피아에서 열렸다.

《청사고清史的稿·손가감전孫嘉淦傳》

'윤진지장胤禛之章'
강희 황제의 넷째 아들 아이신줴뤄 윤진의 도장이다. 윤진은 나중에 옹정 황제가 되었다.

효공인 황태후 조복상
옹정 황제의 생모다. 그림 속의 황태후는 몸에 석청색石淸色 용포를 입고 있고 머리에 봉관鳳冠을 쓰고 있다.

각했다. 그런 데다 누군가가 그에게 손가감이 입고하는 은을 받아들일 때 청렴하다는 명예를 위해 고의로 은을 적게 받아들이는 바람에 금고의 은전이 늘어날 줄 모른다고 고자질했다.

윤례는 은고에 가서 손가감이 어떻게 일하는지를 염탐했다. 그의 눈에는 손가감이 허리를 굽히고 아래 사람과 함께 무게를 달고 있는 모습이 보였는데, 그 모습이 아주 힘들어 보였다.

윤례는 손가감의 손을 거친 은전은 모두 하나의 궤짝에 넣어 두고 다른 사람이 받아들인 은전과 뒤섞지 않았다는 보고를 받고 수하 사람들에게 당장 실사해 보라고 명령했다. 아니나 다를까, 그의 손을 거친 돈은 한 푼도 차이가 없었다. 이에 윤례는 놀라움과 탄복을 금할 수 없었다.

이 일을 알게 된 옹정 황제는 즉시 그를 하남 염정鹽政으로 임명한다고 명령했다.

건륭 황제에 의해 재차 등용되다

건륭 황제는 즉시 손가감을 불러들였다. 그는 이부 시랑, 좌도어사와 형부상서 겸 국자감 총무 직을 차례로 역임했다. 이 기간에 그는 건륭 황제에게 '삼습일폐三習一弊'에 관한 상주서를 올려 표창을 받았다.

건륭 3년(1738) 가을, 손가감은 직예총독에 부임했다. 당시 술 빚는 일을 엄하게 금지했으나 민간에서는 술 마시는 일이 습관으로 굳어져 있었기 때문에 이를 어기는 사람이 많았다.

손가감은 조사 후 황제에게 제대로 술을 금지할 수 있는 방법을 상주했는데, 그 내용은 이러했다.

"전임 총독 이위李衛는 임기 중 한 해만 해도 술을 제조한 사건 364건, 금주령을 어긴 자 1400여 명을 조사했나이다. 신 또한 총독 부임 후 한 달 동안 술을 제조한사건 78건, 금주령을 어긴 자 350명을 조사했나이다. 사정이 이러하니 부·청·주·현에서 이런 사건

과친왕 윤례 인물상
강희 황제의 열일곱 번째 아들 과친왕果親王 윤례允禮(1697~1738)는 한때 호부의 대권을 잡고 있었다.

| 중국사 연표 |

1774년 ― 군집결맹죄례를 정했다. 백련교 왕륜이 산동에서 대중을 모아 사단을 일으켰다.

청나라 때 황궁 용품 두방지斗方紙
황제가 대신들에게 복福, 수壽 자를 상으로 내릴 때는 사전두방蜡箋斗方에 썼다. '두방'이란 옛날의 두斗(용량 단위) 크기의 정사각형 종이로 둘레에 복잡한 꽃무늬가 찍혀 있다. 글을 쓸 때 대각을 맞추어 쓰는데, 모퉁이가 위로 향하게 하면 중앙에 아주 큰 복福자가 놓인다. 상서 이상부터 친왕, 외성의 순무, 총독, 장군 등 도읍 안 대신은 일반적으로 모두 이런 글자를 상으로 받았다. 이런 종이는 정교하고 아름다운 칠함에 34장의 붉은 종이를 넣는데 종이에는 금가루, 은가루로 운용云龍무늬를 찍었기에 색채가 아름답고 꽃무늬가 섬세하며 정교하고 아름다워 황실의 사치와 호화를 과시한다.

청나라 때의 혁사 - 단용團龍
생사가 원료인 혁사는 '통경단위通經斷緯'의 직포법을 도입해 채위彩緯로 꽃무늬를 돋우어 꽃무늬 변을 형성하면서 폭에 투공透空의 바늘구멍이 나게 해 걸어 놓고 보면 반짝이는 보석을 박은 듯 조각 효과가 나타나는 것을 말한다. 혁사는 염색의 구애를 받지 않고 여러 가지 도안을 낼 수 있으며, 고풍스럽고 우아하다. 자수를 한 것처럼 빛이 나고 질기기 때문에 천년이 지나도 변하지 않는다고 한다. 옛날에 용포는 일반적으로 용이 원복판을 차지하는 단용무늬양식이었다. 청나라 대 혁사 단용은 원금선圓金線과 혁직緙織 단용으로 가장자리는 오색 실로 떠도는 구름과 파도를 장식했으며, 아래쪽은 수산복해壽山福海 와 잡보雜寶무늬 양식으로 꾸몄다.

●●● 역사문화백과 ●●●

[공부채孔府菜를 각별히 즐긴 관료 사대부들]
공부는 공자에게 절을 하고 동쪽으로 순시하는 황제의 어가를 맞이하고 지방 관원들을 교체하는 곳이었기에 음식 맛에 대해 요구가 높았다. 이런 까닭에 맛이 독특한 공부채가 만들어졌다. 공부의 주방은 안쪽 주방과 바깥 주방, 그리고 작은 주방으로 나누어졌는데, 황궁의 어선방御膳房과 아주 흡사했다. 그렇기에 독특하고 전통적인 요리 메뉴와 요리법이 형성되었다. '공부채'는 산동 '노채鲁菜'의 전통을 계승했을 뿐만 아니라 강남과 내지의 요리 방법을 흡수해 일체화했다. 따라서 공부에서는 해마다 수차례 황궁에 공부채를 올려야 했다.

손가감은 금주령을 개혁해야 한다고 주장했다. 즉, 흉년일 때는 술을 금하고 풍년일 때는 금주령을 해제하는 것이 옳다는 내용이었다.

그의 건의를 듣고 기쁘고도 시름이 놓인 건륭 황제는 손가감의 의견을 그대로 수렴하여 각 성에 조서를 내렸다.

을 처리한 일이 얼마나 많을지 헤아릴 수조차 없나이다. 관리와 병졸들이 조사한 후 뇌물을 받고 놓아준 자는 부지기수외다. 직예성이 이러한대 다른 성은 어떠할지는 말하지 않아도 알 수 있나이다. 지금처럼 양주를 금지한다면 많은 백성이 실업자가 되고 부자들은 법령을 어겨 천하가 소란스러울 것입니다."

| 세계사 연표 |
1775년
조지 워싱턴이 혁명군 총사령관으로 임명되었다.

064 오경재의 《유림외사》

정진방程晋芳 《면행초문집勉行堂文集》 출전

건륭 왕조 대에 장편소설 창작이 크게 활성화했다. 오경재吳敬梓의 《유림외사儒林外史》는 중국 문단은 물론, 세계 문단에 불후의 업적을 남겼다.

명나라 말기, 청나라 초기에 화양산인華陽山人의 《원앙침鴛鴦針》과 포송령의 《요재지이》는 과거제도의 어두운 면을 폭로했지만 모두 《유림외사》를 뛰어넘지는 못했다.

허구가 아닌 범진의 과거 급제

《유림외사》를 쓴 오경재는 안휘 전초全椒 사람으로, 몰락한 부잣집 후손이었다. 정계의 암투를 보아 온 그는 유림儒林의 추태와 악행에 대한 글을 썼다.

많은 사람이 알고 있는 범진范進이 과거에 급제한 이야기는 《유림외사》에 등장한다. 반백의 범진은 과거 시험을 여러 번 치렀지만 낙방을 거듭하여 식량이 늘 바닥나곤 했다. 그러던 어느 날 범진이 과거에 급제했다는 소식이 들려오지만 가난에 시달릴 대로 시달린 서생은 미쳐 버리고 만다.

루쉰魯迅은 오경재가 쓴 인물이 실제로 있었다고 했고, 소설 속의 범진이 바로 도용陶鏞이라고 했다.

도용은 무호蕪湖의 현학縣學을 졸업했는데, 이 현학 문앞의 거리를 '유림가'라 불렀고, 동쪽으로 난 긴 골목을 '유림골목'이라 불렀으며, 서쪽에 있는 다리를 '유림교'라 불렀다. 소설의 제목이 《유림외사》인 것은 여기에서 비롯되었을 것이다.

당시 청동기를 주조할 때 도기로 만든 모형을 모범模范(거푸집)이라 불렀는데, 지은이는 모범의 '범范' 자를 주인공의 성씨인 '범范'자로 삼았고 '진사進士'에서 '진進'을 따서 이름으로 삼았다. 이것이 바로 범진이란 이름의 유래다.

촉수금죽연화8선도 蜀銹錦竹年畫八仙圖 (청나라 시대)
그림은 여덟 신선이 술 한 단지를 얻어 마시고 취해 있는 장면을 묘사했다. 여덟 신선은 중국 민간 전설의 인물로 아주 널리 전파되어 있는데 이 중에서 많은 이야기가 술과 깊은 관련이 있다.

우포의 원형

《유림외사》 제20회와 제21회에는 우포의牛布衣라는 시인이 등장한다. 무호의 노부교老浮橋 어구의 감로암甘露庵에 살고 있는 우포의는 항상 고위급 관리와 부자들과 함께 술상을 차려 놓고 시로 서로 화답했다.

산호 괴성점두독점오두魁星点頭獨占鰲頭 화분 (위 사진)
이 화분은 붉은 산호로 만들어진 괴성魁星으로 오수鰲首 위에 서 있는 장면을 묘사했다. 북두칠성은 괴성을 선두로 하고 표성杓星을 끝머리로 하며 첫머리를 '괴'라 한다. 괴성은 문곡성文曲星이라고도 한다. 전해 내려오는 이야기에 따르면, 문곡성은 글을 짓는 신이라 하며 세인들은 괴성을 공명을 추구함에 있어 신으로 신봉한다. 그리하여 '괴' 자 모양을 본떠 귀신이 발을 처들고 홀로 북두칠성을 처들고 있는 모양을 부각했다. 그래서 이를 '괴성점두魁星点斗'라 부른다.

1644~1840 청나라·1

네르친스크 조약 233

| 중국사 연표 |
1775년 광서 상인들의 출국 무역을 금지했다.

후에 임종을 앞둔 그가 평상시 자신이 창작한 두 권의 시 원고를 늙은 스님에게 주면서 대신 보관해 달라고 한다. 하지만 우포랑牛浦郎이라 불리는 젊은이가 그 원고를 훔쳐 가짜 명사名士 노릇을 한다. 사실 이 우포의는 다름아닌 주초의朱草衣의 화신이다.

주초의는 이름이 훼卉이고 별호가 초의산인草衣山人이다. 이 사람은 가난하지만 배우기를 즐겼으며, 오경재와 두터운 우정을 맺었다. 그는 많은 시를 썼으며, 이런 시들을 《초의산인집草衣山人集》이란 시집으로 묶었다.

주초의는 무호의 길상사吉祥寺에서 산 적도 있으며, 그 후에는 남북을 두루 돌아다니다 일생을 마쳤는데 만년의 그의 처지는 아주 비참했다.

《무호현지蕪湖縣志》에도 그에 관한 기록이 있다. 오경재는 그의 작품과 사람됨에 대해 탄복했다. 그리하여 '주朱' 자의 역임인 '저猪' 자로 자신의 작품 속 인물에게 '우牛' 자 성을 달아주었고, 일생 동안 벼슬하지 않는 사람을 '포의布衣'라 부른다고 해서 '포'라는 이름을 달았다. 더구나 그의 별명이 '초의'였기 때문에 우포의라는 인물이 부각되었다.

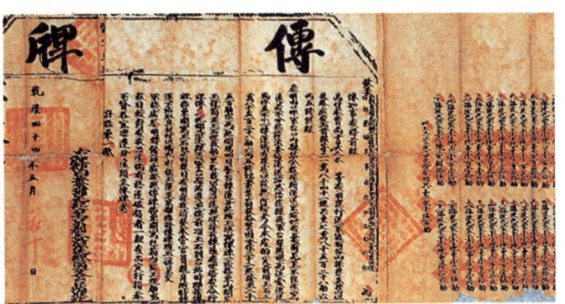

역참에서의 문서 전달 증거 – 전패傳牌
전패는 역참에서 문서를 전했다는 증거로, 공문의 전달 상황을 검사하는 역할도 했다. 이 전패는 건륭 44년에 쓴 역참 전패며, 당시 한족화가 보편화했음을 설명해 준다.

거작을 쓰다

오경재는 남경에서 여러 번 이사를 했는데, 경제적 원인도 있었지만 환경과도 관계가 있었다. 그는 안심하고 글을 쓸 수 있는 곳을 찾았던 것이다. 후에 그는 대중교大中橋 기슭으로 옮겨감으로써 외부의 간섭을 받지 않으려 했다.

오경재는 과거시험의 유혹에서 벗어나 냉정하게 직접 듣고 목격한 사람들을 묘사하고, 그들에 관한 이야기를 엮어 나갔다.

그러나 오경재는 《유림외사》를 아주 열악한 환경 속에서 썼다. 그는 항상 가난에 허덕였는데, 때로는 친구들의 도움과 얼마 남지 않은 책을 팔아서 먹을거리를 사야 하는 형편이었다.

남경의 겨울철은 아주 추웠다. 땔나무가 없고 굶주림을 참기 어려우면, 그는 가난한 친구들을 불러 달빛을 밟으며 동곽문에서부터 성곽을 따라 달리면서 서곽문을 돌아오기도 했다. 이렇게 해서 몸이 따뜻해지면 그는 자리 잡고 앉아 계속 창작을 했다.

오경재는 이렇게 현실과 이상 간의 첨예한 충돌 속에서 유림의 백추도百醜圖를 묘사했던 것이다.

●●● 역사문화백과 ●●●

[문예부흥 후 유럽인들이 중국 소설에 주목하다]
18세기에 유럽인들은 두 가지 측면에서 중국의 문학작품을 번역했는데 그중 한 가지는 애정소설인 《호구전好逑傳》·《옥교이玉嬌李》 등이었고, 다른 한 가지는 단편 통속평화平話, 즉 《금고기관今古奇觀》 등이었다. 그들의 목적은 소설 속 인물을 통해 중국 현실사회의 세속 윤리를 인식하려는 것이었다. 구체적으로 말해, 혼인과 가정의 기능을 알려는 것이었다. 유럽 문화 전통의 울타리에 있던 서양 독자들은 과부가 무덤에 부채질하여 관을 열고 사랑을 고백한다는 데 대해, 그리고 부부가 이별하고 정조를 지키다가 다시 만나는 이야기에서 색다른 흥미를 느꼈다. 그러나 《호구전》 등의 소설에서 일부다처제의 합리화와 평화적 공존은 그들의 눈에는 새롭고 신기하면서도 재미있어 보였다.

| 세계사 연표 |

1776년 영국의 애덤 스미스가 《국부론》을 내놓았다. 북아메리카에서 〈독립 선언〉 반포가 있었다.

065

《청세종실록淸世宗實錄》 출전

사사정 옥살이 사건

황실을 비방한 자는 죽어 마땅했다. 사사정査嗣庭 역시 황실을 능멸한 죄로 죽은 이후까지 벌을 받았다.

강희·옹정 연간에 절강 해녕에 사사정이라는 사람이 있었다.

사사정의 벼슬은 시강학사侍講學士, 남서방행주南書房行走에까지 이르렀으며, 옹정 황제의 외삼촌 룽커둬의 추천으로 내각학사內閣學士로 승진했고 나중에는 예부좌시랑禮部左侍郞 벼슬까지 했다.

달걀에서 뼈를 골라내다

사사정을 제거하기로 결심한 옹정 황제는 그가 출제한 과거시험 문제인 '군자불이언거인君子不以言擧人(군자는 말에 따라 인재를 천거하지 않으며), 불이인폐언不以人廢言(사람에 따라 나쁜 말을 하지 않는다)'을 인재 천거 제도에 대해 불만을 품고 비방한 것이라고 문제 삼았고, 세 번째 문제인 '개연용지이성로介然用之而成路(등용했다면 일할 수 있는 길을 마련해 주어야 하며), 위간불용측모새지의爲間不用則茅塞之矣(그 사이에 등용하지 않는다면 초가집에 처박아 둔다)'에 대해 사사정에게 이런 까다롭고 생소한 시험 문제를 낸 저의가 무엇이냐고 했다.

그리고 《역경易經》의 추가 제목 '정대이천지지정가견의正大而天地之情可見矣(정대하면 천지간의 정도 보아낼 수 있다)'와 《시경詩經》의 추가 제목 '백실영지百室盈止(백집에 넘쳐난다), 부자녕지婦子寧止(아낙네가 편안하다)'는 더 크게 문제 삼았다. 옹정 황제는 신하들에게 이렇게 해석했다. "앞에서 '정正' 자를 사용하고 그 뒤에 '지止' 자를 사용했다. 이는 분명 사람들로 하여금 '정' 자와 '지' 자를 함께 생각하고 그 속에 담긴 뜻을 알도록 하려는 것이다. 경들이 기억하는지 모르지만, 작년에 사형당한 왕경기汪景祺가 '역대연호론歷代年號論'을 썼는데 그는 책에서 많은 예를 들어가며 '정' 자에는 '일지지상一止之象(단 한 번뿐인 상)'이 있으며 무릇 정 자를 연호로 한 제왕은 모두 길상스럽지 못했다고 했다. 지금 이 사람이 이런 시험문제를 낸 목적이 사람들로 하여금 '역대연호론'을 떠올리게 한 것이 아닌가? 또 짐의 연호에 대해 공격한 것이 아닌가?"

역모의 증거를 조사하다

옹정 황제의 해석은 제법 그럴 듯했다. 그러나 옹정 황제도 고작 시험 문제로 생트집을 잡아 역모죄를 뒤집어씌우려 한다는 여론이 들끓을 것을 우려해 북경에 있는 사사정의 집을 수색하라고 명령했다.

곧 그의 거처에서 일기책 두 권을 찾아내 분석해 보니 그의 본심이 드러나기 시작했다.

첫째, 선황제와 선황제의 조정을 공격했다. 인재 선발 기회를 확대한 것을 '서상시위외도庶常視爲畏途(서

건청궁乾淸宮
건청궁은 명나라 열네 번째 황제와 청나라 순치 황제와 강희 황제의 침궁이었다.

왕사진. 그의 호가 어양산인이다 235

| 중국사 연표 |

1776년 대금천·소금천 전쟁이 결속되었다. 우국사에 이신전貳臣傳, 역신전逆臣傳을 쓰라고 명했다.

분채화훼규판粉彩花卉葵瓣 자기사발

청나라 옹정 시대 경덕진의 어요御窯에서 만든 '연요年窯자기' (독요관년요희감제독窯官年亮希監制)는 원료가 좋고 모양이 아름답기로 소문이 높다. 여요에서 발명한 분채粉彩자기는 밝고 정교해 국내외에 이름이 높았다. 이런 분채자기사발은 색이 맑고 우아하며, 도안이 생동감 있다.

옹정 황제 임옹강학도臨雍講學圖

벽옹辟雍은 벽옹壁雍이라고도 불렸는데 국자감의 주요 건축물이다. 황제가 이곳에 와서 학술 강의를 하는 것을 '임옹臨雍'이라 했다. 옹정 황제는 재위해 있을 때 여러 차례 이곳에 와서 학술 강의를 했다. 그는 또 예부에 어명을 내려 상주서중의 '행학幸學'을 '예학詣學'이라 고쳐 자신의 겸허함을 나타냈다. 여러 황제들은 즉위한 후 관례에 따라 이곳에 와서 한 번씩 학술 강의를 했다.

민들은 위험한 길로 간주한다'라고 했으며, 임금이 직접 내린 명령을 '수심소욕隨心所慾(제마음대로 한다)'이라 했다. 둘째, 본 왕조에 공경스럽지 못했다. 옹정 원년 새해 첫날은 새롭고 상서로운 기운이 도는 날이었고 해와 구름이 화려해 국내외에서 모두 경축하는 날이었는데, 오히려 그는 '큰 바람이 불었다'고 썼다. 그리고 황제가 생일에 총독, 순무, 제독들에게서 예물을 지나치게 많이 받았다고 썼으며, 예부의 연회에 가서 초야의 음식밖에 먹지 못했다고 적었다.

이 외에도 죄로 다스릴 수 있는 조목은 아주 많지만

옹정경직도雍正耕織圖(전금, 재의) (청나라 초병정焦秉貞 그림)

청나라 시대 그림인 '옹정경직도'는 침종, 씨뿌리기, 모내기, 가을걷이, 마당질, 입고 등의 생산 장면을 묘사했고, 직도織圖는 욕잠浴蠶, 상족上簇, 하족下簇, 요충窯蟲, 연사練絲, 염색, 옷짓기 등 생산 장면을 묘사했다. 매 폭마다 모두 청나라 고종 홍력의 시가 있다. 이 그림은 청나라 초기 판화에서 영향력이 비교적 큰 작품이다.

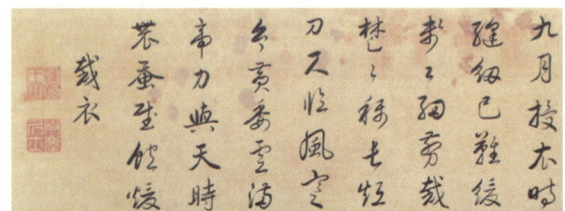

●●● **역사문화백과** ●●●

[청나라 황제의 능침陵寢 규칙]

청나라가 북경을 도읍으로 정한 후 10명의 황제가 재위했는데, 능침은 아홉 자리가 있었다. 동릉東陵에는 세조의 효릉, 성조의 경릉, 고종의 유릉, 문종의 정릉, 목종의 혜릉 등 다섯 자리가 있다. 서릉西陵에는 세종의 태릉, 인종의 창릉, 선종의 모릉慕陵, 덕종의 숭릉崇陵 등 네 자리가 있다. 하지만 마지막 황제 부의는 능침을 건설하지 못했다. 청나라 황제의 능침은 모두 통일된 격식을 갖추었는데, 그 순서는 대체로 다음과 같다. 성덕신공비정聖德神功碑亭, 오공신로공교五孔神路拱橋, 석망주石望柱, 석상생石像生, 용봉문龍鳳門, 하마비下馬碑, 신도비정神道碑亭, 동서조방東西朝房, 융은문隆恩門, 동서배전東西配殿, 융은전隆恩殿, 보성寶城, 보정寶頂 등이었다. 능침의 왼쪽에는 또 신주神廚와 정정井亭이 있었다.

이미 언급한 조목만 해도 사사정은 만번 죽어 마땅했다. 조목조목 의심의 여지가 없을진대 어찌 부인할 수 있단 말인가? 결국 사사정은 옥중에서 죽었지만 관에서 시체를 꺼내 효수하기까지 했다.

억울한 사건을 조작한 목적

황제의 말이 떨어지자마자 형부, 도찰원, 대리사 등 세 개 법사에서 심문했다. 심문을 거쳐 사사정의 죄는 이루 말로 다 할 수 없으며 대역무도해 하늘땅이 용납하지 않기에 '대역률大逆律'에 따라 죄를 다스려야 했

고소번화도姑蘇繁華圖 (청나라 서양 그림. 일부분)
'고소번화도'는 일명 '성세자생도盛世滋生圖'라고도 한다. 그림은 장터와 장사꾼, 배의 돛대 등 건륭 성세 시기 고소姑蘇의 번화한 풍경을 묘사했고, 길이는 1,255cm이다. 이 그림은 중점적으로 일촌(산전), 일진(목독) 일성(소주), 일가(산당)의 경관을 묘사했는데, 그중 목독이 그림의 반을 차지한다. 그림 속 목독의 사교斜橋, 석호石湖, 수반문水盤門, 호구虎口 등 경관을 찾아볼 수 있다.

여강麗江 고성
여강 고성은 송나라 말·원나라 초기에 건설하기 시작했으며, 그 후 규모가 끊임없이 확대되었다. 청나라 때는 이곳에 유관流官을 설치하고 지방사무를 관리하도록 했다.

다. 그리고 사사로이 서로 내통하고 탐오독직하고 수뢰를 청탁하는 등 법을 어기고 기율을 문란하게 한 죄는 경한 죄이기에 처벌을 논하지 않고 관련된 사람들만 처리하기로 했다.

이 사건은 심리로부터 사건을 마무리지을 때까지 7, 8개월간을 끌었는데 사사정은 법에 의해 처결하기 전에 이미 옥중에서 병사하고 말았다. 그러나 관례에 따라 관을 열고 시체를 꺼내 효수했다.

사사정 사건에서 옹정 황제는 다른 부문은 아무 연관도 없는 것처럼 처리했지만 내막을 아는 사람들은 이 사건은 룽커둬 붕당 사건의 연속이라는 것을 잘 알고 있었다.

옹정 황제가 이 사건을 획책한 데는 또 다른 목적이 있었다. 그 목적이란 바로 이 사건으로 '과갑붕당科甲朋黨'을 제거함으로써 황권에 대한 과거 출신 관료 집단의 위협을 제거하기 위함이었다.

| 중국사 연표 |

1777년 회양 운하를 준설했다. 대진이 죽었다.

066

증정에 관한 이야기

옹정 황제는 매우 총명했는데 그가 조작해 낸 문자옥도 아주 독특했다. 그는 부정적인 교재로 이 세상 지식인들을 가르친 첫 인물이었다.

역모 편지와 악종기

천섬총독 악종기岳鍾琪는 총독부로 돌아오는 길에 '남해무주유민南海無主游民 하건이 장탁을 파견해 드리는 편지'를 받고는 흠칫했다. 무주유민이란 지금의 청나라를 인정하지 않는 사람들이었다. 편지 내용은 군사를 세워 반란을 일으키라는 것이었다. 그는 가슴이 뛰었다.

그도 그럴 것이, 악종기는 자그마한 동지 벼슬에서 시작해 무관직을 맡았고, 서남 변경에서 수차례 전공을 세우면서 천섬총독까지 승진한 인물이다. 관례에 따르면 천섬총독직은 만주인이 맡아야 하는데 그에게 주어진 것이다. 그래서 조정의 많은 신하들이 그를 질투하면서 그가 악비岳飛의 후예라는 소문까지 퍼뜨렸다.

이런 까닭에 옹정 황제는 그를 신임하지 않는데, 그가 송나라와 명나라를 생각하고 있지 않는지 의심했다. 이러한 형국에 역모를 꾀하는 편지가 그에게 전해졌다는 사실을

악종기 인물상
악종기는 비록 연갱요와 함께 청해의 반란을 성공적으로 평정했지만 그 후 회갈을 평정하는 전쟁에서 실패했기 때문에 사형당했다.

은 장탁이라고 밝힐 뿐 더는 입을 열지 않았다.

두렵고 난처해진 악종기는 옹정 황제에게 범인을 도성으로 압송해 심문할 것을 주청했다. 상주서를 읽고 난 옹정 황제는 속으로 '네가 그 숙제를 내게 넘기려 하는데, 난 그렇게 미련하지 않아'라고 생각했다. 그래서 "그 일은 경과 이해관계가 있는 만큼 그자에게 내막을 알아내도록 하라."고 했다. 이렇게 그 문제는 다시 악종기에게로 넘어왔다.

황제가 알면 꼼짝없이 죽을 판이었다. 두려우면서도 화가 난 그는 편지를 전한 사람을 심문하라고 했다. 편지를 전한 사람은 자신의 이름

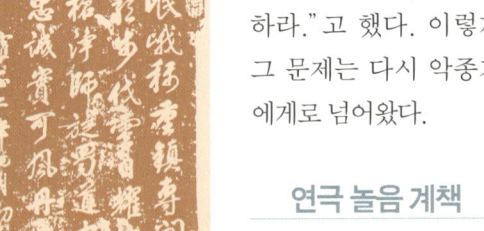

연극 놀음 계책

악종기는 할 수 없이 섬서순무 시린西琳, 안찰사 쉬써碩色와 함께 머리를 짜내 연극을 벌이기로 했다.

악종기와 시린은 밀실에서 장탁을 만났다. 그들은 장탁에게 자리를 권하고 차를 대접한

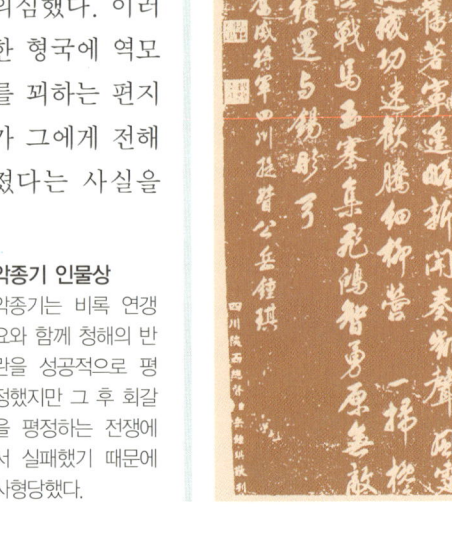

옹정 황제의 어필 《악종기에게 보내는 시》비
옹정 황제는 그의 시에서 악종기는 지용智勇이 뛰어나고 충성심은 단서丹書를 쓸 수 있을 정도라고 평했다.

| 세계사 연표 |

1780년 오스트리아의 요세프 1세가 농노해방령을 공표했다.

출전 《청세종실록淸世宗實錄》 《대의각미록大義覺迷錄》

역사문화백과

[청나라 때 명함]

청나라 시대의 명함은 일명 알謁·자刺·명자名刺·명지名紙·명첩名帖·문상門狀이라고도 했는데 다른 사람을 만나거나 이름, 신분을 소개하는 데 사용했다. 명함에 대해서는 진한 시대 문헌에 이미 기록되어 있다. 명함 재료는 참대, 나무, 비단, 종이 등이었고 이름과 거주 지역, 직함 등을 적었다. 명·청나라 시대 사회 활동이 빈번해짐에 따라 명함은 정계와 사회 중·상류층에서 유행했다. 새해를 맞거나 전통 명절이 되면 명함에 길함을 나타내는 말과 축하의 말을 써 넣고 첩자帖子로 만들어 친구나 스승에게 보냈는가 하면 정계에서 서신 왕래를 할 때 대부분 서신 뒷면에 '명불구名不具'라는 글을 써서 명함을 따로 첨부한다는 것을 표시했다.

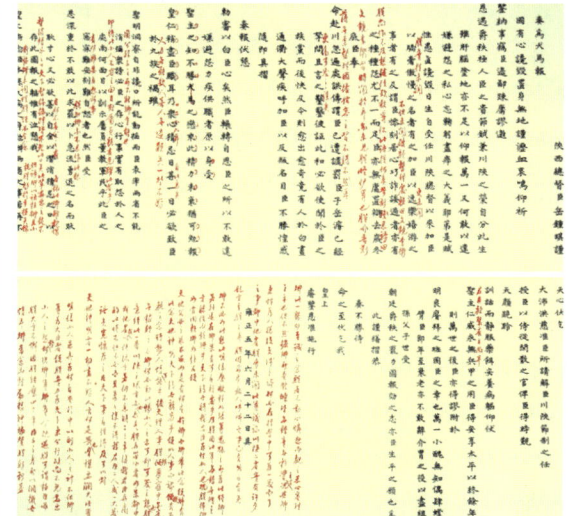

옹정 황제의 주비 《악종기가 자신을 변호하는 상주서》

호남 사람인 증정會靜은 우연히 여유량의 문장을 읽고 그의 학문에 탄복했다. 그는 제자 장희張熙를 여유량의 고향인 절강에 보내 그가 남겨 놓은 초고가 남아있는지를 알아보라고 했다. 절강에 이른 장희는 초고의 행방과 여유량의 두 제자까지 찾아냈다. 증정과 여유량의 두 제자는 어떻게 하면 청나라를 뒤엎을 것인가를 고민하다가 섬감총독직을 맡고 있는 한족 대신 악종기에게 청나라를 반대할 것을 권고하기로 했다. 그러나 그들은 악종기가 이러한 상황을 옹정 황제에게 보고할 줄은 생각지도 못했다.

다음 시종들을 물렸다. 그러고 나서 먼저 장탁에게 이 일은 중대한 일이기 때문에 다른 사람들의 이목을 피하기 위해서 부득이 상주서를 올릴 수밖에 없었는데, 고생하게 해 미안하다고 말했다. 이어 그대는 위험 앞에서도 두려움을 모르는 대범한 사나이고 큰일을 할 사람임에 틀림없다고 칭찬했다.

나중에 악종기는 눈물을 흘리면서 "나는 오래전부터 청나라를 반대하고 무목왕武穆王 평생의 큰 뜻이 이루어지도록 힘써 왔다."고 말했다. 악종기는 또 진심을 전하기 위해 장탁과 함께 땅에 꿇어앉아 향불을 피워 놓고 대업을 이룩할 것을 하늘에 맹세했다.

당시 하늘에 맹세한다는 것은 개인 목숨을 신의 판단에 맡긴다는 뜻이었다. 이 얼마나 정중한 일인가? 한낱 서생인 장탁이 이런 상황

시인 여유량

여유량(1629~1683)은 자가 용회用晦이고, 호는 만촌晚村이며 동향 숭덕 사람이다. 명나라가 멸망할 때 17세이던 그는 산만금散万金과 함께 청나라에 반항하려 했다. 순치 18년에 그는 핍박에 의해 과거 시험에 참가해 제생諸生이 되었으며, 후에는 은거하여 벼슬을 하려 하지 않았다. 그는 죽은 지 45년이 지난 후 증정 사건에 연루되어 시체를 훼손당했으며 가문 사람들까지 연루되었다. 그는 이학을 연구했으며 시를 잘 썼는데, 시는 대부분 고국을 그리는 감정을 표현했다. 《만촌선생문집》 8권과 《동장시존東庄詩存》 7권이 있다.

1780년

| 중국사 연표 |
건륭 황제가 다섯 번째로 남방을 순시하면서 절강 해녕에 도착했다.

《여유량의 4서 강의 반박》

증정이 죽은 후 옹정 황제는 고안高安, 주식朱栻 등에게 여유량의 《4서강의》《어록》 등을 조목조목 반박하는 글을 써서 책으로 묶은 다음 판각인쇄해 발행함으로써 중국 오랑캐의 논조를 숙청하라고 명령했다.

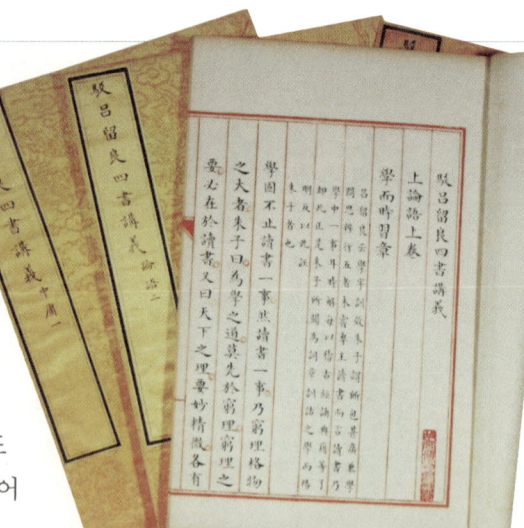

어찌 감동하지 않을 수 있었겠는가. 그는 한 치의 의심도 없이 사실을 곧이곧대로 털어놓았다.

사실이 백일하에 드러났다. 편지를 전한 장탁의 원명은 장희張熙였고, 그에게 편지를 전하라 한 사람은 그의 스승 증정曾靜이었으며, 이 사건과 연관된 나머지 사람들은 호남 또는 절강에 있었다. 그들의 성명과 주소도 모두 밝혀졌다. 악종기는 급히 조정에 상주서를 올렸으며, 군사를 동원해 명단에 적힌 대로 체포했다. 그러나 심문을 반복한 끝에 이 사건은 계획적인 반역 집단의 행동이 아니라는 것이 밝혀졌다.

증정은 역모를 획책한 자신의 편지에서 아버지를 배반하고, 어머니를 핍박하고, 형과 동생을 죽이고, 재산을 탐내고, 주정을 부리고, 음탕하고, 충신을 죽이고, 간신을 등용하는 등 옹정 황제의 열 가지 죄행은 모두 얻어 들은 것이며, 자신의 반역 심리는 도학가 여유량呂留良의 사상에 영향을 받은 것이라고 털어놓았다.

《대의각미록大義覺迷錄》

윤진이 황제 보좌에 오른 후 일어난 일련의 변화로 말미암아 많은 사람이 그가 황위를 정당하게 얻지 못했다고 했다. 증정 사건에서 옹정 황제는 증정이 악종기에게 보낸 편지를 읽었고, 또 여유량의 유작도 읽었다. 옹정 황제는 사실을 정확히 밝히기 위해 증정의 죄를 조사했고, 그에 대한 심문 기록을 《대의각미록》이라는 책으로 묶어 공포했다. 옹정 황제는 그렇게 하면 민심을 혼란시키는 요언이 사라질 것이라고 생각했다. 그러나 그는 소문이 퍼질수록 과장될 줄은 생각지도 못했다. 건륭 황제 즉위 후 소문이 더 퍼지는 것을 막으려고 《대의각미록》을 금서禁書로 선포하자 사람들은 이 책의 내용에 대해 더욱 호기심을 품었다.

양심전養心殿

청나라 옹정 황제 이후 황제는 양심전으로 옮겨가 살았지만, 여전히 건청궁에서 상주서를 읽고 지시를 내리고 대신들을 만났다.

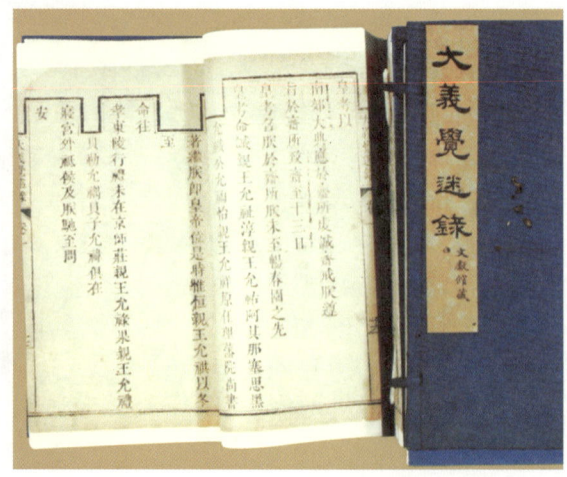

사소한 일이 단서가 되다

옹정 황제는 요언의 출처를 추적 조사했다. 이렇듯 사소한 일이 단서가 되어 마침내 윤사允禩 집단에까지 이르는 도당을 색출해 냈다.

이런 도당 가운데 한 무리는 광서로 유배 보낸 사람들이었고, 다른 한 무리는 북쪽으로 동북에 유배 보낸 사람들이었다.

그들은 길에서 억울함을 호소하며 옹정 황제를 비방했으며, 궁정 내 투쟁을 도처에 전파하는 것으로 마음속 울화를 털어놓았다.

옹정 황제는 이 기회에 유언비어를 퍼뜨린 자들을 증정의 반란과 연계시켜 윤기 집단의 여당을 모조리 수습해 버렸다. 대신들은 증정 등은 죽어 마땅하다고 했으나 옹정 황제는 증정의 역모죄는 여유량과 연관되기 때문에 반드시 여유량과 따져야 한다고 말했다.

당시는 여유량이 죽은 지 이미 45년이나 지난 후였다. 절강총독 이위李衛는 성지를 받들고 여유량과 그의 제자 엄홍규嚴鴻逵의 집을 수색하고 그들과 연관 있는 모든 사람을 체포했다. 그리고 여유량의 무덤에서 시체를 꺼내 효시했다.

그것을 본 여유량의 아들 여보중呂葆中은 울분을 못 이겨 죽었고, 그의 제자 엄홍규는 옥중에서 병사했다. 그리고 나머지 친족은 사형당하거나 유배되었으며, 또는 공신의 노예로 들어가기도 했다.

이렇게 관련자들은 한 사람도 재난을 면하지 못했다.

옹정 연간의 자기공예병 (아래 사진 포함)
이 채색해수단화천구병彩色海水團花天球瓶은 옹정 연간의 대표작이다. 천구병은 위가 넓으며, 아래가 수축되고 배가 크고 편평하며 밑바닥이 오목해 이런 명칭을 얻게 되었다. 두채斗彩는 명나라 때에 등장하기는 했지만 옹정 시기에 이르러서야 한층 발전했다. 두채는 색채가 밝고 아름다우며 무늬 장식이 촘촘하게 제작되었다.

옹정 황제는 무엇 때문에 죽은 지 이미 오래된 여유량을 놓지 않으려고 했는가? 그의 목적은 여유량을 이용해 사상 분야에 대한 숙청을 감행하려는 것이었다. 옹정 황제는 자신의 조서, 증정과 장희의 공술, 회개서 그리고 자기의 견해를 《대의각미록大義覺迷錄》이란 책으로 묶어 증정에게 각지에 내려가 직접 설명하도록 했다.

자신을 죽이지 않은 데 대해 감격한 증정은 각별한 노력을 기울였다. 그는 각지를 돌아다니며 대청의 천하 통치 합리성과 옹정 황제의 계위 합법성을 대대적으로 선전했다. 이런 방법이 지식 분야에서 대체 어떤 반향을 불러일으켰는가? 옹정 황제는 그 성과를 검열해 보기로 했다.

그는 전국의 각급 학교에 명령을 내려 모든 생원生員은 반드시 서면으로 자신의 태도를 표시해야 하며, 그 내용에 대해서는 절대 추궁하지 않을 것이라고 했다.

조사 결과는 불보듯 뻔했다. 대다수 사람이 옹호의 뜻을 나타냈는데, 진심으로 옹호했는지 그렇지 않았는지는 문제는 별개 문제였다.

그후 건륭 황제는 증정과 장희를 죽이고, 또 각지에 발부했던 《대의각미록》을 모두 거두어 들였다.

| 중국사 연표 |
1782년 《사고전서》의 제1부가 출판되었다.

067

에얼타이의 개토귀류

에얼타이鄂爾泰는 일찍이 이렇게 말했다. "큰 일은 정확하게 처리해야 하며 사소한 일은 정확하지 않아도 된다."

옹정 황제가 가장 신임한 세 명의 대신은 전문경田文鏡, 이위李衛와 에얼타이였다. 그중 에얼타이는 북경으로 선발되어 가서 수보首輔, 수석군기대신으로 부임했다.

'천하의 제일포정'

에얼타이는 20세에 세습에 의해 황궁의 시위로 있었기 때문에 세상에 이름이 알려지지 않았다.

강희 55년(1716) 어느 날, 황제는 직접 한림에서 시험을 참관했는데 에얼타이가 자기가 쓴 두루마리 시 한 편을 곁들여 올렸다. 그 시를 읽은 강희 황제는 무척 좋아하면서, 그에게 이후부터 칼을 찬 시위 일을 하지 말고 문관직을 맡으라고 했다. 얼마 안 되어 그는 내무부에서 신형사원외랑愼刑司員外郞 직을 맡게 되었다.

신형사의 직책은 원래 상삼기上三旗의 형옥刑獄 사

에얼타이
에얼타이(1677~1745)는 자가 서림西林이고 호가 의암毅庵이며, 만주 양람기 사람이다. 강희 42년(1703)에 좌령직을 세습받았고 3등 시위직을 수여받았으며, 강희 55년(1716)에는 내무부 원외랑 직으로 옮겼다. 옹정 원년(1723), 그는 운남향시의 시험관으로 부임한 지 얼마 후 강소포정사 직을 수여받았다. 또 3년 후 그는 광서순무로 부임했고, 후에는 운남으로 부임해 순무치종독사巡撫治總督事로 있었으며, 운남, 귀주, 광서성의 총독직을 맡았다. 재임 기간 다민족 국가의 통일 발전과 서남 변경을 다지기 위해 노력했다. 그는 옹정 황제의 심복이었으며, 옹정 황제는 임종 시 그를 고명대신顧命大臣으로 임명했다.

●●● 역사문화백과 ●●●

[대형 유서類書 《고금도서집성》]

《고금도서집성古今圖書集成》의 원래 제목은 《고금도서휘편古今圖書彙編》이다. 《영락대전永樂大典》 이후 제일 큰 유서인 이 책은 강희 황제의 황3자 성친왕 윤지와 시봉사신侍奉詞臣 진몽뢰陳夢雷가 주최하고 강희 40년(1702), 편찬하기 시작해 5년이란 기간을 거쳐 완성했다. 이 책은 고대부터 당시까지의 경經·사史·자子·집集 등 각 부류의 서적 3600권을 수록했다. 이 책은 6편, 32지志, 6109부로 정했고 휘고彙考, 종론 그리고 도표圖表, 열전列傳, 예문藝文, 기사紀事, 잡록雜錄, 외편 등으로 나누었다. 옹정 황제가 등극한 후 윤지가 감금당하고 진몽뢰도 연루되면서 이 책의 편찬을 장정석蔣廷錫이 책임졌다. 장정석은 지志를 전전典으로 고쳤고 편編, 부部는 그대로 두고 총 1만 권으로 늘렸다. 그중 차례만 해도 40권이나 된다. 내용은 고치지 않고 제목을 《금고도서집성》이라 바꾸고, 옹정 4년(1726), 동활자로 64부를 인쇄·발행했으며 일부는 경도京都에 남기고 일부는 중신들에게 선물했다. 그 후 얼마간 민간에 유전되었다. 1920년대에 학자 전목錢穆이 청년 시대에 읽은 책은 바로 강소 무석 후재진 태배도서관에 보존되어 있던 책이다.

| 세계사 연표 |

1783년
프랑스의 몽골피에 형제가 기구를 발명하고 비행에 성공했다.

출전 《청사고清史稿·에얼타이전鄂爾泰傳》
《숙정잡록肅雜錄》

책을 읽고 있는 윤진
강희 황제는 아들 35명, 딸 20명을 두었는데, 그중에서 아들 24명, 딸 7명만이 성년까지 살았다. 윤진은 어려서부터 엄격한 문화·군사 교육을 받았다.

운남여도云南輿圖
중국은 예부터 다민족 국가였다. 국가의 관리를 위해 지배자들은 여도 및 그와 관련한 전적典籍에 대한 제작과 보관을 중요시했다. 청나라 지배자들은 관내에 들어가기 전에 벌써 명나라 여도책들을 수집하기 시작했다. 그 후 강희 황제는 서양 선교사들을 초빙해 서양의 경위도법과 투영법으로 측량해 전국 지도를 다시 제작하도록 했다. 마침내 강희 56년(1717), 전국 631개 경위점의 측량을 완수했으며, 후에 측량한 자료에 근거해 전국 지도 《황여전람도皇輿全覽圖》를 제작했다.

건을 심사한 다음 결정하는 것이었다.

그리고 옹정 황제는 얼마 지나지 않아 그에게 운남 향시의 부시험관으로 임직하라고 명령했으며, 향시가 아직 끝나지 않았음에도 그에게 강소포정사의 벼슬을 하사했다. 강소에 가서 벼슬을 한 에얼타이는 치적이 출중해 옹정 황제에게 '천하제일포정天下第一布政'이라는 칭찬을 받았다.

에얼타이는 부임 후 실제 조사를 거쳐 30년 전 이미 개토귀류한 동천사사東川土司가 예전대로 여전히 당지의 사관土官이 관할하고 있으며, 그 원인은 그 지방이 성의 수부 성도와 2800리나 떨어져 있어 관할할 수 없기 때문임을 발견했다. 그래서 그는 즉시 상주서를 올려 그 지방을 사천에서 운남으로 귀속시켜야 한다고 주장했다.

건의를 윤허 받은 후 그는 즉시 군사를 동천에 파견

해 주둔케 했으며 모든 토사를 바꾸거나 철소해 유관流官들이 관할하도록 했다.

그 후 몇 년 동안 그는 같은 방식으로 운남의 진원鎭沅, 첨익沾益, 오몽烏蒙, 진웅鎭雄, 귀주의 고주古州, 도균都匀과 광서의 몇몇 지구에서 개토귀류를 진행했다. 이때부터 세 개 성은 토사의 통치를 결속지었다. 이런 조치는 또 이웃성인 사천, 호남의 개토귀류를 촉

| 중국사 연표 |

1783년 황하의 새 물길이 열렸다.

진시켰다.

옹정 9년 당시 운남, 귀주, 광서 세 개 성의 총독이던 에얼타이는 공을 세우고 북경으로 돌아왔다. 떠나기 전 그는 자기가 수장해 둔 《고금도서집성》《태평어람》 등 2만여 권의 책을 곤명의 오화서원에 남겨 두면서 이렇게 말했다.

"우리 집 자손들이 읽는 것보다 1만여 호의 자손들이 읽는 것이 낫다."

옹정 연간 흑채미비배석도반
청나라 강희·옹정·건륭 세 왕조 시대의 자기의 품질은 최고에 이르렀다. 특히 강희 왕조 시대에 발명한 유상채釉上彩와 흑채黑彩는 청화오채青花五彩로 유상채를 대체했으며, 채색도자기의 주류가 되었다. 옹정 왕조 시대에 이르러서는 담백하고 우아한 풍격을 추구하는 당시의 영향으로 분채의 다층차기법이 유행했다. 옹정 왕조 시대의 오채는 대부분 인물·화훼·산수 등으로 섬세하고, 구도가 뛰어나다. 이 접시는 바보들의 '배석拜石' 이야기를 묘사했다.

일을 정직하게 처리하다

에얼타이가 북경으로 돌아온 후 옹정 황제는 그에게 보화전 대학사 직을 하사했는데, 직위는 수보首輔였다. 이듬해에 옹정 황제는 비밀리에 그와 장정옥張廷玉을 찾아 홍력에게 전위傳位하는 데에 관한 비밀 조서를 알려주었다. 건륭 황제는 즉위 후 에얼타이에게 군기대신 겸 이시위내대신理侍衛內大臣, 의정대신의 벼슬을 하사했다.

장정옥 시각張廷玉詩刻 탁본
장정옥(1672~1755)의 자는 형신衡臣이며, 일명 연재硯齋라고도 한다. 호는 연재研齋이고 안휘 동성 사람이며 강희 39년(1700)에 진사급제를 하고 내각학사, 이부시랑 등을 지냈다. 세종이 계위한 후 그는 예부상서직을 맡았으며 남서방에 들어가 《성조실록聖祖實錄》 부총재로 있었다. 옹정 황제 시대에 그의 벼슬은 보화전 대학사에까지 이르렀으며, 청나라 시대 한족관리 중에서 유일하게 죽은 후 태묘전에 모셔져 제사 지내도록 한 사람이다.

에얼타이가 두 왕조의 신임을 받을 수 있었던 원인은 그가 일을 정직하게 처리했기 때문이다. 에얼타이는 또 황제의 일에 대해 지성으로 대했다. 그는 사람들에게 이렇게 말했다. "우리들은 황제를 진심으로 대해야 한다. 성심만 있다면 황제의 칭찬을 받지 않을 리 만무하다."

옹정 황제는 이 말을 듣고 주비朱批에서 "짐은 실로 눈물을 머금고 이 글을 보았다. 경은 그야말로 짐의 지기로다. 가령 경이 잘 관찰하지 못하고 믿어 주지 않는다면 그런 행위가 있을 리 만무할 것이로다. 아무려면 그런 행위가 있을 리 만무하고 말고."

에얼타이의 동생이자 호부상서 겸 보군통령인 어얼치가 자기의 저택을 사치스럽게 꾸며놓은 것을 본 에얼타이는 동생을 이렇게 꾸짖었다. "너는 예전에 우리가 집 없이 보낸 나날들을 기억하고 있느냐? 지금 뜻을 이루었다고 그렇게 사치를 부린다면 머지않아 화가 미칠 것이다!

사천이족 토사인土司印
사천이족四川彝族의 도장에 새겨진 문자는 '아도부장관사지인阿都副長官司之印'이다.

중국을 말한다

244 역사 시험장 〉 청나라 시대 황궁의 하루 음식은 어떻게 배치했는가?

| 세계사 연표 |

1784년
영국에서 기구로 하늘을 오르는 '비행선'을 발명했다.

068

원매袁枚 《소창산방시문집小倉山房詩文集》 9권

노량제 적인

전문경田文鏡은 노량제鷺亮儕에게 "자네야말로 이 세상에서 찾아볼 수 없는 사나이로다."라고 말했다.

명을 받고 중모현 현령직을 대리하러 간 노량제는 원 현령의 치적을 직접 목격하고는 벼슬을 마다하고 달갑게 벌을 받으려 했다.

명을 받고 인감을 받으러 가다

전문경이 하남총독으로 있을 때였다. 한번은 중모현中牟縣의 이지현李知縣이 개인적으로 금고의 은전을 써서 대율大律을 범한 일을 조사한 그는 이모를 파직했으며, 수하의 노량제에게 그곳에 가서 인감을 받고 동시에 대리 지현으로 부임하라고 명령했다.

노량제는 전문경 수하에서 이미 몇 년이나 벼슬자리가 나기를 기다리던 사람인지라 이처럼 좋은 자리

정상원광 (청나라 연화)
어린이의 머리카락이 하나도 없어 '정상원광頂上圓光'이라는 제목을 달았다. 청나라 시대 벼슬급은 관복官服 포복위모袍服緯帽의 꽃무늬와 관우의 정주頂珠로 표시했다. 이른바 '정상원광'이란 청나라에서 벼슬이 아주 높은 자리를 설명하는데, 관위의 보석정자寶石頂子가 반짝반짝 빛을 낸다.

가 나자 기쁨을 금치 못해 그날로 편복으로 갈아 입고 나귀를 타고 중모현으로 갔다. 중모현 경내에 들어서자 길 양쪽에 100여 명의 사람이 근심스러운 얼굴로 서 있었다. 노량제는 이상한 느낌을 받았다. 이때 몇몇 노인이 그에게 물었다.

"손님은 개봉에서 오는 길이지요? 손님은 노 선생이라는 분이 우리 현을 대리하러 오는 일을 알고 있는가요?"

노량제가 모르는 척하고 반문했다. "당신들은 왜 그 일을 물어보는지요?" "지현은 훌륭한 관리이고 백성을 자식처럼 아꼈습니다. 우리는 그가 떠나는 것을 차마 보지 못하겠소이다."

노량제는 또 몇 리쯤 길을 재촉했다. 얼마 후 한 무리의 서생이 나누는 말소리가 그의 귀에 들어왔다.

"이토록 훌륭한 관리가 죄를 받는다니, 참으로 애석한 일이로다. 이제 여기로 오는 노 선생도 이런 사연을 알아야 할 텐데." 그러자 다른 사람이 침통한 표정으로 말을 이었다. "전 총독의 명령이라면 노 선생 같은 사람 열이 있다 해도 어쩌할 방법이 없을 것이네. 그 노 선생이 지현대리로 오는 판인데 그 사람이 자기를 잊고 남을 생각할 리 만무하지 않은가?"

그 말을 들은 노량제는 한마디도 말하지 않았지만 마음속으로 어느새 파직당한 이지현에 대한 존경의 마음이 싹트기 시작했다.

1644 ~ 1840 청나라 · 1

| 중국사 연표 |

1784년

건륭 황제가 여섯 번째로 남방을 순시하면서 항주에 도착했다.

빈손으로 돌아온 노량제

중모현 정청에서 이지현이 먼길을 온 노량제를 맞이했다. "오래전부터 관인官印을 탁자에 걸어놓고 당신이 오기를 기다리고 있었소이다."

노량제는 두 손을 마주잡고 물었다. "당신의 언행은 소박해 보이기 그지없습니다. 그리고 백성은 모두 당신이 훌륭한 관리라 말하던데 어찌 부임 후 국고에 적자가 생겼나요? 나는 그것이 궁금합니다."

이지현은 울먹이며 말했다. "저는 멀리 1만 리 밖 운남에서 온 관리올시다. 이곳에 와서 얼마간 은을 선불해 어머님을 모셔오려 했는데 누군가가 금고의 은을 훔쳤다고 고발했구려."

그 말을 들은 노량제는 생각에 잠겼다. 갑자기 그는 이지현에게 작별을 고했다. 이지현이 그에게 어디로 가느냐고 묻자 그는 개봉으로 돌아간다고 대답했다. 이지현이 관인을 주었으나 노량제는 관인을 받지 않고 말에 오르는 즉시 떠나갔다.

《흠정고금도서집성》

《흠정고금도서집성欽定古今圖書集成》은 청나라 시대 윤례允禮 등이 칙령을 받고 편찬한 것이다. 모두 5020권이며, 고금을 연구해 종합한 후 남은 것을 수집해 경經·사史·자子·집集으로 구성했다. 최초의 판본은 청나라 옹정 5년의 동銅활자본이다. 권수가 방대했기 때문에 당시에는 64부만 간행했다. 그래서 전해 내려오는 책이 드물다.

개봉으로 돌아간 노량제는 먼저 포정사와 안찰사를 찾아 사실의 경과를 보고했다. 두 사람은 모두 그를 꾸짖었지만 노량제는 끝까지 자신의 생각을 얘기해 그들을 설득했다. 그리하여 이지현은 예전대로 계속 현령 직을 유지했으며, 노량제 또한 그 일을 계기로 세상에 이름을 날렸다.

사람됨을 알다

전문경은 노량제가 인감을 받지 않고 돌아온 일을 벌써 알고 있었다. 노량제가 관아에 들어서자마자 전문경은 중모에서 일을 보지 않고 다시 돌아온 이유를 물으며, 관인을 받아 벼슬하는 사람들에게 이런 일은 있을 수 없다고 했다.

그러자 포정사와 안찰사가 자리에서 일어서며 말했다. "저희가 제대로 가르치지 못했기에 저렇듯 방자하고 무지한 사람이 배출되었나이다. 저희에게 맡기시면 호되게 심문할 것이옵니다."

노량제는 조금도 두려워하지 않고 후보관候補官의 남정자藍頂子를 벗어 놓고 말했다. "제 말을 들어보십

현대 은행의 역할을 한 청나라 시대 은행 - 전장

전장錢庄은 일종의 금융기구였는데, 송나라 시대의 금은교인포金銀交引鋪에서 발전해온 것이다. 이곳에서는 은전을 교환하고, 전표錢票와 은표銀票를 발행하며 예금과 송금 등의 업무를 취급함으로써 근대 은행의 기능을 갖추기 시작했다. 청나라 '성세자생도盛世滋生圖' 중 소주반당교 상업구 다리 아래가 바로 전장이었다.

| 세계사 연표 |

1785년 영국의 제임스 허튼이 '지구의 이론'을 제출했다.

청나라 시대 금박과형연호金珀瓜形煙壺
과형으로 된 연호는 천연 금박으로 만들었는데, 비취로 만든 호박꼭지형 덮개가 있다. 연호의 겉은 넝쿨과 잎이 가득한 모양으로 만들어 '과일이 주렁주렁하다'는 뜻을 담고 있다.

시오. 저는 10년이나 벼슬을 기다리고 있다가 지금에야 중모현령 자리를 얻을 수 있게 되었나이다. 저의 마음은 즐겁기 그지없었나이다. 그런데 중모현 경내에서 저는 이지현이 백성의 깊은 사랑을 받고 있다는 것과, 금고의 은을 훔쳤다는 일이 사실이 아니라는 것을 알게 되었나이다. 만약 현명하신 총독님께서 이 사실을 알고 일부러 저에게 중모로 가라고 명령했고 제가 명예를 위해 빈손으로 돌아왔다면 그건 저의 잘못이겠지요. 그러나 총독님께서 이 일을 정확히 모르시고 저에게 중모로 가라 하셨고, 제가 돌아와 사실대로 보고를 드렸으며, 또 어떻게 처리하겠는가를 물으셨다면 이야말로 총독님께서 인재를 아끼는 것이 틀림없나이다. 그리고 총독 원문轅門밖에 있는 몇십 명의 후보관 중 어느 누군들 이 기회에 저를 대신해 벼슬자리를 얻으려 하지 않겠나이까?"

그 말을 들은 전문경은 할 말이 없었다. 그는 노량제에게 눈짓으로 자리를 뜨라는 신호를 보냈고, 노량제가 자리를 떠서 문턱을 넘어설 때 전문경은 계단을 달려 내려오면서 자기의 일품대원一品大員 산호주珊瑚珠 감투를 노량제의 머리에 씌워 주며 말했다.

"자네야말로 이 세상에서 찾아볼 수 없는 사나이로다. 이 감투는 자네가 쓰는 것이 제일 적합하도다."

이지현은 예전대로 계속 현령 직을 유지했고, 노량제도 이 일이 계기가 되어 세상에 이름을 날릴 수 있었다.

사원 건축 도고圖稿
이 그림은 청나라 시대 사원寺院 건축도 원고다. 윗면에는 전체 사원의 각 부분 건축물의 명칭을 똑똑히 밝혔는데 패루牌樓, 산문山門, 마전馬殿, 용신전龍神殿, 대전大殿, 어향전御香殿, 침궁, 토지사土地祠, 도방道房, 신주神廚, 영관사靈官祠, 승방僧房, 신고神庫 등이 있다. 특히 양쪽에 각각 대선당大仙堂이 있는 것으로 보아, 이 사묘寺廟는 청나라 시대 친왕이 전사한 것을 기념해 세운 절임을 알 수 있다.

●●● 역사문화백과 ●●●

[소흥사야紹興師爺]
사야란 일반적으로 명·청나라 시대의 각급 지방 관서 중 주관이 청해 온 형벌 명칭, 전량錢糧, 문독文牘 등의 사무를 처리하는 보조 인원을 말한다. 이런 사야들은 흔히 과거에 급제하지 못한 지식인들이 맡았으며 이 외에 일부 수재들도 이 직을 맡았다. 관원편제에 들지 않으며, 주관이 자기 돈을 내어 고용한 판사 인원이었다. 그래서 일반적으로 주관에 따라 사용여부가 결정되었다. 청나라 시대는 사야가 전성하던 시기였다. 사야는 절강 소흥 사람이 제일 많았으며, 능력 또한 뛰어났다. 심지어 '소흥 사람이 없으면 아문이 없다'는 말까지 나올 정도였다.

가경, 도광 연간(1796~1850) 염상이며 양회총상兩淮憁商인 황경태(黃慶泰, 자는 지균이고 호는 개원)이다

| 중국사 연표 |
1785년 건륭 황제 등극 50주년 축전이 건청궁에서 천수연을 거행했다.

069

천민제활賤民除豁

옹정 황제는 "천민의 호적을 없애 버리는 일은 기쁜 일이니, 예부에서는 반대하지 말지어다."라고 말했다.

산서·섬서의 악호

옹정 황제가 연호를 고친 해 봄이었다. 황제의 의사에 따라 감찰어사 연희年熙는 상주서를 올려 산서성과 섬서성 악호樂戶의 천민 호적을 없애 버리자고 했다.

즉, 그들의 성분을 고친다는 것이다. 상주서에서는 악호로 전락한 이들 가정의 선조는 원래 명나라 초기 영락 황제가 정난의 정변을 일으켰을 때 건문제 편에 섰던 관민들로, 영락 황제가 승리하자 그들은 살육당하고 처자식들은 교방사教坊司로 끌려가 악호, 관기官妓가 되었기 때문에 그들의 천민 호적을 없애고 자유인으로 살게 해야 한다고 썼다.

당시 전 왕조의 폐정을 없애려고 한창 서두르는 와중에 상주서를 읽은 옹정 황제는 감탄했다. 그리고 바로 예부에서 논의 후 실시하라고 명령했다.

옹정 황제는 산서·섬서의 악호들을 자유인이 되게 하는 일을 비준했으며, 또 전국 각 성에 조서를 내려 이와 유사한 천민을 발견하면 무조건 천민 호적을 없애 주라고 했다.

이와 동시에 옹정 황제는 즉시 경도京都 교방사에 있는 악호들의 천민 호적을 지우라고 명령했다. 교방사의 천민들도 명나라 초기 영락 황제 시대에 천민이 된 사람들이었는데, 이런 악호의 선조 역시 대부분 건문제에게 충성한 관원들의 후예였다.

그들을 자유인이 되게 하기 위해 옹정 황제는 따로 음악에 정통한 양인良人들을 악공樂工으로 임명해 교방사를 양인들의 직업기구로 삼았다. 그리고 몇 년

옹정제선농단도雍正祭先農壇圖 (청나라 일명 그림)
북경 남성 영문문 내에 있는 선농단은 명·청나라 두 왕조의 황제들이 농신農神에게 제를 지내고 풍작을 기원하던 곳이다. 선농단은 명나라 가정 연간에 건설했으며 청나라 시대에 다시 개축했다. 신농씨神農氏에게 제사를 지내는 것은 '농업에 중요시 해 경작에 종사한다'는 것을 나타낸다. 이때 청나라 황제는 직접 제를 지내고 밭을 경작했으며, 황후는 직접 선잠先蠶에게 제를 지내고 뽕나무를 심고 누에고치를 쳤다.

1786년

| 세계사 연표 |

프랑스와 영국이 자유통상조약을 체결하고 관세를 줄였다.

출전 《영헌록 永憲錄》 2권
원규생阮葵生 《다여객화茶余客話》

도기생산과정도책陶器生産過程圖册
청나라 사람이 그린 도자기 제조 과정 묘사한 그림이다.

제출하라고 했다. 예부 관원들은 심사숙고 후 이렇게 보고했다. "이들 타민들은 인형을 만들거나 개구리와 자라를 잡고, 떡을 팔고 취고수吹鼓手가 되어 극을 공연하고 가마를 메는 일들을 하고 있나이다. 이런 일은 모두 빈민들이 먹고 사는 직업이므로 천민의 호적을 없애 버리면 그들은 이런 직업에 종사하지 못하나이다. 이는 그들의 생계를 끊는 것이나 다름없기에 그들의 천민 호적을 없애는 데 동의할 수 없나이다."

그러나 옹정 황제는 예부의 의견에 동의하지 않고 타민들의 걸인 호적을 없애 그들도 민호民戶와 같은 직업에 종사할 수 있게 했다.

후, 교방사를 화성서和聲署라고 고쳐 불렀다. 이때부터 전국적으로 천민탈적賤民脫籍이 시작되었다.

절강의 타민

절강의 타민惰民은 주로 절강 동부의 소흥·영파 등지에서 사는 수상선민水上船民이었다. 전하는 바에 따르면 원나라가 절강 동부를 점령한 후 남송 백성들을 징벌했는데, 그들은 대대로 육지에서 살지 못한다고 명령했다고 한다. 다시 말해 명나라 초기 장사성 부하들에 대한 주원장朱元璋의 호된 징벌이었다.

후에 비록 그들이 육지에 사는 것을 허락하기는 했지만 옷차림과 가옥 등에서 모두 엄한 규제를 받았고, 규모가 작은 수공업에 종사하거나 노동에만 종사할 수 있을 뿐 지식인, 농민, 상인의 명부에 오르지 못했으며, 더욱이 글을 읽거나 과거를 치르지 못했으며 양인良人과 결혼하지 못했다.

이 일을 알게 된 옹정 황제는 예부에 탈적 방안을

성은이 망극해 통곡하다

이 기간에 옹정 황제는 또 차례로 안휘 남부의 부잣집에서 부리는 세부世仆, 반당伴當, 그리고 광동연해의 단민蛋民(광동성, 복건성 주변의 수상水上생활자)들을 해제했다. 그의 천민제활賤民除豁 조치는 황제의 성망을 크게 높여 주었다. 전하는 바에 따르면, 황제가 악호의 천적을 해제한다는 조서를 반포한 후 산서·섬서와 북경의 악호들은 누구라 할 것 없이 한없이 넓은 성은에 망극해 통곡했다고 한다.

이때부터 천민은 일반 백성의 생활 방식대로 서당에서 공부도 할 수 있었고, 일정한 시기가 지나면 과거시험에 참가해 벼슬도 할 수 있었다. 그리고 평민과 분쟁이 발생했을 경우 예전처럼 천민의 신분 때문에 차별당하지 않고 평민 신분으로 소송을 할 수 있었다. 그러나 이런 사람들은 일부일 뿐이었다. 천민탈적에 대한 청나라 정부의 조건은 여전히 가혹했다.

1644~1840 청나라·1

우유에 설탕을 넣고 끓여 여과한 후 찹쌀술을 넣고 약한 불에 가열해 발효시킨 후 나머지 산액酸液 찌꺼기를 버무려 끓인다

| 중국사 연표 |

1786년 대만의 임상문林爽文이 봉기를 일으켰다.

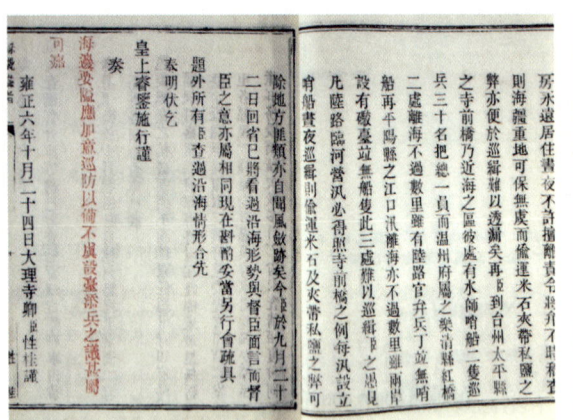

옹정 황제의 《주비유지朱批諭旨》 영인

《주비유지》 360권은 옹정 황제가 비준하고 윤록允祿, 에얼타이 등이 편찬한 것으로 옹정 왕조 정무 활동에 대한 중요한 기록이다. 이 책은 7000여 건의 상주서를 수록했는데, 상주서는 검은색, 평어는 붉은색으로 구별해 수록했다. 이 책은 옹정 황제가 정사를 처리하는 데 시초가 된 서류로, 당시의 많은 대사와 연관이 있어서 청나라 시대의 정치, 경제, 민족, 문화 등 제반 분야를 연구하는 데 중요한 자료다.

건륭 32년 경성번영경상도京城繁榮景象圖

건륭 32년에 서양徐揚이 그린 '어제생춘도御制生春圖'는 건륭 황제의 20수로 된 《어제생춘시御制生春詩》에서 소재를 택해 당시 경성의 번화한 경상을 묘사했다. 이 그림은 황궁과 민가를 정확하게 나타냈기 때문에 청나라 시대 북경성 연구의 중요한 자료가 된다.

건륭 36년(1771), 청나라 정부는 천민탈적한 자가 과거시험에 참가할 때 먼저 자격을 심사해야 하는데, 4대 성분을 똑똑히 조사하며 본 가족의 직계친속이 모두 청백해야 과거시험 응시를 허락하며, 만약 그중 제1대, 제2대와 삼촌 이내 사람들이 여전히 천적의 직업에 종사한다면 어떤 경우든 지식인의 과거 응시 행렬에 들지 못한다고 규정했다.

당시 대다수 천민은 생존 때문에 여전히 천민 직업에 종사하는가 하면 대부분이 차별을 당하고 있다. 그 예로 소주의 걸호들은 봄을 맞을 때 할 수 없이 심부름꾼으로 일하거나 취고수吹鼓手로 일하지 않으면 안 되었다. 안휘 남부의 세부제도世伏制度는 청나라 말기, 민국 초기까지 지속되었으며 절강 동부의 타민들은 여전히 배를 집으로 삼고 살았고 기슭에 오를 때에는 신발을 신지 못했다. 옹정왕조는 다만 천민탈적에 대한 법적 금지령을 해제했을 뿐이고, 그것은 시작에 지나지 않았다.

역사문화백과

[청나라 시대의 개방]

청나라 시대에 '개방丐幇'이라는 걸인 조직이 있었는데, 각지에는 모두 개두丐頭라는 두령이 있었다. 개두는 일반적으로 걸인 중에서 위신이 있는 자가 맡기도 했고 구역 내 보갑장保甲長 가운데 천거하기도 했다. 개두는 30cm 길이의 검은 막대기를 권장權杖으로 삼았으며, 평상시에는 길고 가는 곰방대로 대체했다. 북경에는 황간黃杆을 들고 8기의 고급 걸인들을 관할하는 자가 있었고, 남간藍杆을 든 자는 일반적인 걸인들을 관할했다. 고급 걸인들은 큰 명절 때에만 상점을 찾아다니며 구걸했다. 만약 돈을 주지 않으면 그 상점은 정상 영업을 할 수 없었다. 새로 개방에 가입하는 자는 사흘 동안 구걸한 물건을 개두에게 헌납해야 했다. 새해를 맞이하거나 명절, 관혼상제 때면 그 구역 내 개두들이 찾아가 '축하'를 드리는데, 이를 '수연收捐'이라 했다. 이때 개두에게 돈을 후하게 준 경우에는 '일응형제불준자우一應兄弟不准滋擾'라는 조롱박 모양의 부적을 문에 붙여 놓는데, 이를 '조문罩門'이라 했다. 걸인들이 병들거나 죽으면 개두가 책임지고 보살폈다.

역사 시험장 〉 청나라 시대 북방 교역에서는 '관집官集'과 '의집義集'을 구분했다. 이 양자는 어떻게 구분했는가?

| 세계사 연표 |

1789년
워싱턴이 미국 초대 대통령으로 취임했다.

070

출전
《성무기聖武紀》
《삭방비승朔方備乘》

갈단처링의 평정

동성동명인 대소大小 처링둔둬부策零敦多布은 모두 갈부족의 두령이었다.

갈단噶丹이 죽고 나서 갈몽골을 갈단의 조카 처왕아라부탄策旺阿拉布壇이 통치했다. 그는 반란의 기치를 들고 서장西藏을 공격한 후, 나장한拉藏汗을 죽이고 달라이라마를 구속했다. 청나라군은 타전로打箭爐에서 두 갈래로 나누어 서장으로 들어가 반란을 평정했는데, 여기서 크게 패한 처왕아라부탄은 도주했다.

반역자를 토벌하다

옹정 왕조에 들어선 후 에루터몽골의 허쉬터부족 가운데 뤄부창단진羅卜藏丹津이 아버지 다선바투얼의 허쉬친왕의 작위를 세습받았다. 그러나 그는 반란을 음모했는데 대소 부족들을 규합해 자칭 달라이훈타이지라 하고 처왕아라부탄과 결탁해 청나라군을 상대로 약탈과 살해를 일삼았다.

옹정 황제는 연갱요年羹堯와 악종기에게 토벌을 명했다. 뤄부창단진은 악종기에게 소굴을 잃자 여인으로 가장해 어두운 밤을 타서 회갈부로 도주해 갔다.

전투기회를 놓친 청군

2년 후 처왕아라부탄이 죽고 그의 아들 갈단처링噶丹策零이 계위했다. 옹정 황제는 그가 반란을 책동하

청나라 시대 궁술 필통 (위 사진)
이 자기 필통은 한 무리 사람들이 활시위를 당기고 새를 겨누는 궁수, 그리고 궁전의 계단에 서서 이 장면을 주시하는 사람들의 모습을 묘사했다.

고 있다는 것을 알고, 찬일단傳爾丹이 정변대장군 8기병과 악종기가 영원대장군인 녹영병을 거느리고 출병해 진압할 것을 결정했다.

뤄부창단진이 처링을 모해하려 하고 처링은 단진을 사로잡아 조정에 압송하려 한다는 말을 들은 후 진군하려던 계획을 미루었다. 상상 외로 처링은 갈부를 거느리고 커서투카룬을 습격해 많은 낙타와 말들을 빼앗아 갔으며, 이듬해에는 또 대처링둔둬부와 소처링둔둬부를 파견해 북쪽으로 진군하도록 했다.

대·소 처링둔둬부는 동성동명이었고 모두 갈족의 두령이었는데, 그들을 구별하기 위해 이름 앞에 대·소 자를 붙였다.

적을 경시한 찬일단군의 복멸

대·소 처링둔둬부는 3만여 명의 군사를 거느리고 매복한 후, 사람을 청나라군 진영에 보내 거짓

황청직공도권皇清職貢圖卷 이리 등의 타이지台吉
이리伊犁는 에루터 회갈부의 거주였다. 건륭 20년(1755) 청나라 조정은 준갈의 반란을 평정한 후 이곳의 관리를 강화했다.

1644~1840 청나라·i

관집은 정부가 설립하고 교역세를 바치도록 했으며, 의집은 민간에서 설립하고 납세하지 않으며 적은 액수의 경비만 지출했다

| 중국사 연표 |

1789년 후장설참정계後藏設站定界 규정을 세웠다.

대소금천평정득승도大小金川平定得勝圖 (청나라)

청나라 시대에 유명한 대소금천을 평정한 전투는 청나라 시대에 규모가 가장 크고 긴 시간의 전투였다. 청나라 조정은 두 번이나 군사를 동원해 대소금천을 공격했는데, 전투는 장장 24년 동안 지속되었다. 16폭으로 된 '대소금천평정득승도'는 건륭 시대 대소금천을 평정하는 전쟁 장면을 유럽 동판화 제작 기법으로 묘사했다.

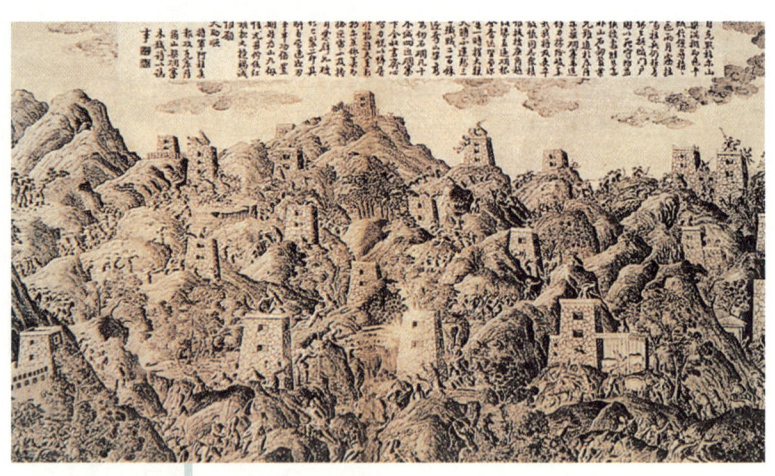

으로 투항하게 했는데, 반란군은 1000여 명밖에 안 된다고 말하라 했다.

그들의 말을 믿은 촨일단은 1만 명의 군사로 공격하려 했다. 그러자 부도통 딩서우定壽와 대장 하이란海蘭이 신중하게 일을 처리할 것을 권고했으나 촨일단은 그들의 말을 무시했다. 주사主事 허푸何溥 또한 신중히 생각할 것을 권했으나 악종기에게는 알리지도 않은 채 말을 몰아 달려갔다.

촨일단의 군사가 통박通泊에 이르자 갑자기 화살이 빗발치듯 쏟아지며 매복해 있던 반란군 기병들이 사방에서 몰려들었다. 청나라군은 후퇴하기 시작했으

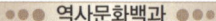

[군기처軍機處]

옹정 황제 시대 군정기관의 기밀을 협력해 처리할 수 있는 사람이 없었기 때문에 장정옥張廷玉·장정석蔣廷錫·마얼싸이에게 특명을 내려 함께 논의하게 한 다음 원래의 군수방을 '군기방'으로 고치고 국가의 기밀 사무를 처리하도록 했다. 결과에 만족한 옹정 황제는 '군기처'로 승급시켰다. 이리하여 군기처는 비공식적으로 안정된 중추판사기구가 되었다. 군기처 내부의 주관관원인 군기대신은 인원수를 정하지 않았다. 건륭 후기에는 일반적으로 6~8명을 두고, 장경章京으로 만족 16명, 한족 20명을 두고 한 반班에 8명씩 매일 두 개 반씩 당직을 섰다. 군기처에서는 만족과 한족 가운데 각각 한 사람씩 수규首揆로 삼아 각기 관원들을 거느리고 사무를 보았다. 군기처에서는 조정에 보내는 성지를 대신들이 직접 받은 후 다시 임금에게 올려보냈으며, 후에는 장경이 대신 작성·발송·밀봉했으며, 군기처의 인감을 찍고 병부에 보내 봉한 다음 전송하도록 했다.

나 딩서우가 희생되고 하이란이 자결했으며 10여 명의 장령이 전사했다.

청나라군은 곧 커얼커까지 철수했다.

대소처링이 매복에 걸려들다

싸움에서 승리한 갈단처링은 청나라군의 뒤를 쫓아왔으나 처링에푸策凌額駙(칭기즈칸의 21대 손)의 도움으로 소처링의 부대가 전멸했으며 소처링둔둬부는 홀로 도주했다. 이 소식을 들은 대처링은 급히 후퇴했다. 청나라군은 간신히 패색이 짙었던 국면을 돌려세우고 전선을 안정시켰다. 그 후 다시 하미哈密로 쳐들어온 갈단처링은 악종기에게 패했다.

소처링이 원수를 갚기 위해 처링에푸의 두 아들을 납치하자 처링에푸는 산등성이를 돌아 매복해 있다가 새벽에 기습했다. 당황한 적군은 황급히 사방으로 도주했고, 처링에푸는 말을 달려 적군을 광현사光顯寺에 몰아넣고는 황혼 무렵 다시 맹공격을 가했다.

이때부터 갈단처링의 갈부는 줄곧 좌불안석이었다. 옹정 12년(1734), 서로의 청나라군이 또다시 그를 공격하자 갈단처링은 결국 머리를 숙이고 신하가 되지 않으면 안 되었다.

071

1791년
미국에서 증기기관을 동력으로 하는 첫 방직 공장이 세워졌다.

《청사고清史稿·감봉지전甘鳳池傳》
《십엽야문十叶野聞》
출전

감봉지

세상에서 으뜸가는 무예를 익힌 감봉지甘鳳池는 동남 연해에서 명성이 높았다. 그는 한때 옥살이를 했으며 만년에는 경호원으로 일하다가 살해당했다.

지혜와 용기

남경 사람인 감봉지의 무예는 강호에서 따를 자가 없었다.

강희 중엽의 어느 해, 감봉지가 북경에 손님으로 갔을 때 감봉지의 명성을 흠모해 온 산동제남부의 장사 장대의張大義는 일부러 북경까지 찾아와 그와 기량을 겨루어 보려 했다. 장대의의 요구에 감봉지는 여러 차례 고사했으나 장대의 고집에 못 이겨 할 수 없이 겨루었다.

몸집이 우람한 장대의는 키가 2m나 되었고 힘 또한 대단했다. 특히 그는 다리의 힘을 강하게 하기 위해 발목에 무쇠를 감싸기까지 했다. 장대의가 자신의 힘을 믿고 감봉지에게 달려들었다. 그 기세를 누구도 막을 수 없는 듯했으나 감봉지는 전혀 두려워하지 않고 장대의를 상대했다.

장대의의 발길이 다시 날아오는 찰나, 감봉지가 손으로 슬쩍 밀자 장대의는 어이없이 비명을 질렀다. 순식간에 신발에서 피가 흘러나왔다. 신을 벗어 보니 그의 발목에 있던 쇠고리가 어느새 그의 살 속에 박혀 있었다.

또 한번은 감봉지가 양주의 한 상점에서 차린 연회에 참가했을 때 일이다. 그가 연회를 찾았을 때는 술좌석에서 술이 세 순배나 돈 때였다. 비록 늦게 찾아오기는 했지만 주인은 그래도 환대하면서 그를 상좌에 모셨다. 그때 그의 아랫자리에 앉은 산동의 검은

청나라 시대 변방 장병들을 장려하기 위한 성지
성지 양쪽에는 두 마리 은룡銀龍을 넣었고 '봉천고명奉天誥命'이라는 네 글자를 새겼다. 청나라 시대 성지는 모두 한문과 만문으로 쓰였는데, 한문은 오른쪽에서 왼쪽으로 쓰였고, 만문은 왼쪽에서 오른쪽으로 쓰였다. 날짜는 가운데 썼으며 그곳에 '제고지보制誥之寶'라 쓰인 도장을 찍었다. 내용은 한림원에서 작성하고 내각대학사가 상주해 결정한 후 다시 급에 따라 발송했다. 성지의 글은 서길사가 썼다. 이런 성지는 사료적 가치가 높다.

양심전 서난각의 편액 '근정친현勤政親賢' 편액
서난각 밖의 나무판자로 된 병풍을 설치한 곳은 꽤 은폐되어 있는 곳이다. 옹정 황제는 이곳에서 늘 군기대신, 심복들과 종종 군기 대사를 의논했다. 후에 벽에 옹정 황제가 친필로 쓴 '근정친현'이란 편액을 걸었다. 이는 옹정 황제의 초심을 나타낸다.

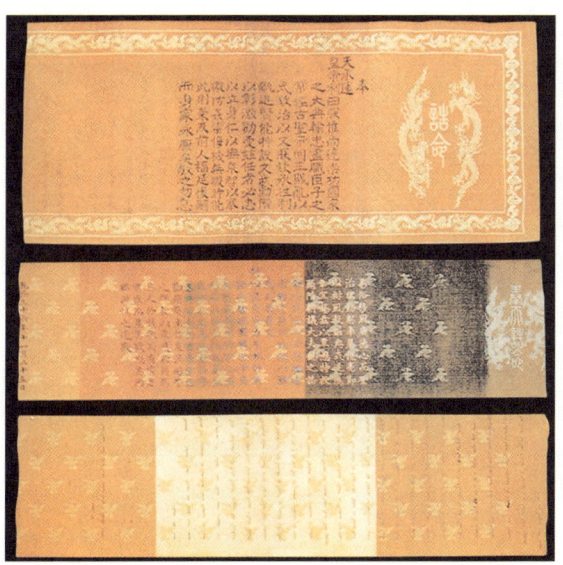

1644~1840 청나라·1

활과 화살을 걸었다. 이는 아이가 어른이 된 후 기마술과 궁술에 능한 용사가 되기를 바라는 뜻이 담겨 있다

| 중국사 연표 |
1791년 퀴얼커가 서장을 침범했다.

옹정 황제 옥새 글 - 긍긍업업
'긍긍업업兢兢業業(착실하게 일하다)'은 자신에 대한 옹정 황제의 요구다.

옹정 황제 옥새 글 - 친현애민親賢愛民
근정勤政·친현親賢·애민愛民은 옹정 황제의 정치적 포부의 토대다.

사나이 마옥린馬玉麟이 화를 내면서 그와 무예를 겨루자고 했다.

그들 둘은 이틀 동안 서로 무예를 겨뤘지만 승부가 나지 않았다.

셋째 날, 마침내 상대방의 약점을 파악한 감봉지

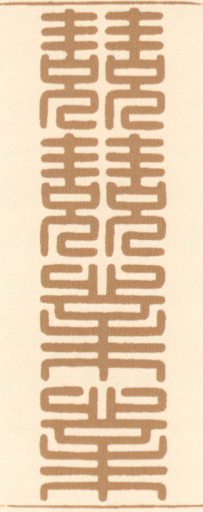

는 일부러 물러섰다. 상대방이 전력을 다해 앞으로 달려 나오면서 그를 잡으려 하는 순간 갑자기 몸을 휙 돌리면서 두 손가락으로 그의 혈위를 살짝 눌렀다. 마옥린은 그대로 땅에 쓰러져 일어나지 못했다.

감봉지는 용감하면서도 지혜로웠다. 그는 늘 "나는 힘이 세지 못하지만 내가 이길 수 있는 까닭은 적수의 힘을 빌려 그 힘을 이용하기 때문이다."라고 말했다.

연좌법에 걸려 옥살이 하다

옹정 7년(1729), 감봉지는 남경에 있었다.

절강총독 이위李衛는 황제의 특별칙령에 따라 강남으로 와서 민정民政을 정돈하고 도적 체포 사건을 감독했다. 남경에는 장운여張云如라 불리는 유명한 건달이 있었는데, 그자는 귀신 부적을 팔고 사람들을 기만하는 주문을 외우면서,

건륭 연간에 만든 황옥조 불수형화삽黃玉雕佛手形花揷

●●● 역사문화백과 ●●●

[표국]

상업활동에 종사하는 표국은 최초에 명나라 말·청나라 초기에 창립되었다. 전하는 바에 의하면 표국은 고염무雇炎武, 부산傅山, 대정식戴廷栻 등이 청나라를 반대하고 명나라를 복구하기 위해 상인들이 현은現銀을 운송하는 것을 보호하고자 설치한 민간기구였다. 북경의 첫 표국鏢局은 건륭 연간에 황제의 비준을 거쳐 전문前門 밖 대가大街에 개설한 융표국隆鏢局이었다. 표국을 개설한 자는 그 자신이 무사武師였고 그들은 무예가 출중한 기사技師를 초빙해 경호 업무에 종사하도록 했다. 이런 경호원의 이름은 표사鏢師였다. 이런 사람은 허리에 표대鏢袋를 차고 다녔는데, 표대안에 비표飛鏢 등 암기暗器를 넣고 손에 자루가 긴 병장기를 들었으며 표거鏢車 또는 태교駄轎에 작은 기를 걸었다. 표국에서 운수에 적용하는 노새는 일명 '표태자鏢駄子'라고 했으며, 한 마리의 노새에 은 3000냥을 실었다. 청나라 전기에 표국에서 운송하는 은이 상당히 많았지만 후에 표호票號가 흥기하면서 점차 쇠퇴했다.

| 세계사 연표 |
1792년 프랑스가 공화정을 선포했다.

100여 명의 사람을 끌어모았다. 그런데도 양강총독 범시강範時綍이 그를 비호하는 바람에 다른 지방 관원들은 그를 건드리지 못했다.

남경에 온 이위는 장윤여가 반역을 밀모하고 있다는 고발을 받았다. 이위는 하급관리를 파견해 장운여 등을 체포했다. 체포자 명단에 들어 있는 대표적인 사람은 다름 아닌 감봉지였다.

이위는 이 일을 옹정 황제에게 상세하게 보고했다. 옹정 황제는 즉시 범시강의 관직을 파면하고 장운여를 처결했지만, 뜻밖에 옥에 갇혀 있는 감봉지 등은 무죄 석방했다.

동정호에서 살해당하다

감봉지도 어느덧 늙었지만, 여전히 남경에서 표국鏢局을 차렸다. 그의 표국은 '남경감흑호南京甘黑虎'의 표기鏢旗를 걸고 있었다. 그는 동서남북을 거침없이 넘나들었으며, 천하무적수天下無敵手라고 불렸다. 명성을 날리자 감봉지는 교만해지기 시작했다.

감봉지가 직접 호위에 나선 어느 날, 그는 배에 앉아 장강長江을 거쳐 동정호洞廷湖에 이르렀다. 동정호에는 바람이 없고 파도도 일지 않았다. 그는 한가로이 왼손에 창을 잡고 오른손으로 책장을 만지면서 태평스럽게 시간을 보냈다.

갑자기 저 멀리 젊은 세 여인이 그의 시야에 들어왔다. 몸에 착 달라붙은 짧은 바지를 입은 그녀들은 수

제토아야祭兎兒爺 (청나라 연화)
이 그림은 추석날 달에 제를 지내는 모습을 표현했다. 이 그림은 온가족이 한자리에 모인 기쁨과 부귀평안을 상징한다.

면을 평지 다니듯 번개같이 그가 탄 배에 접근했다.

감봉지는 이상하다고 생각했지만 자신의 재주를 믿는 그는 그녀들을 안중에 두지 않고 경계심도 갖지 않았다. 그러나 그녀들은 순식간에 그가 탄 배에 올라 한 사람은 그의 창을 뺏고, 다른 두 사람은 그 틈에 좌우로 주먹을 날렸다. 미처 막아내지 못한 감봉지는 그녀들에게 살해당했다.

연초를 분말로 가루 내고 여러 가지 향료를 배합해 조제했다

| 중국사 연표 |
1792년 건륭 황제가 '10전무공기十全武功記'를 창작했다.

072

절강의 이위

옹정 황제는 지방 관리들의 치적을 높이 샀다. 그는 또 변경 독무를 책봉함에 있어 본받을 수 있는 세 명을 세웠는데, 그중 한 사람이 이위李衛다. 이위는 절강에서 7년 동안 많은 치적을 쌓았다.

염정 조사로 발탁

이위는 젊은 시절 무예를 즐기고 독서를 소홀히 했으나 성인이 된 후, 경세지학經世之學이 벼슬의 발판이라는 것을 알고 학문에 매진했으며, 돈을 주고 관직을 사서 벼슬길에 올랐다. 그는 35세 되던 해에 외지의 벼슬인 운남 역염도驛鹽道로 부임했다.

역염도로 부임한 그는 오랫동안 내려오던 염정鹽政의 폐단을 철저히 조사해 옹정 황제의 칭찬을 받았으며, 성의 포정사로 승진하고 또 일반적인 포정사로는 행사할 수 없는, 황제에게 단독으로 상주서를 올릴 수 있는 권력을 갖게 되었다.

과거 급제 출신이 아닌 이위는 옹정 황제의 파격적인 등용에 감동해 황제를 위해 최선을 다하리라 다짐했다.

절강의 중요한 권력을 잡다

이위의 성격은 조급하고 절제할 줄 몰랐다. 그래서 상급, 동료와 관계가 원만하지 못했다. 그러나 옹정 황제는 그를 칭찬하면서 파격적으로 신임해 주고 그에게 중임을 맡겼다.

옹정 3년(1725), 운남에서 임직하고 있던 이위는 갑자기 절강순무로 부임하라는 성지를 받았다. 절강은 전국재부의 요지고, 해안 방어 전선이자 남명南明의 잔여 세력이 활개치는 지역이었다. 절강에 부임한 후 얼마 안 되어 순무와 염정 직을 겸하고, 또 강남이 복잡하니 그에게 모든 형사사건까지 관리하라는 명이 내렸다.

당시 조야에서는 청나라의 건국 이래 이위는 대단한 권리를 가진 첫 사람이라고 인정했다.

탁월한 치적을 올린 이위
이위(1687~1738)는 강소 서주 사람이며 부유한 가정에서 태어났다. 강희 56년(1717), 병부원 외랑직에 부임했으며, 2년 후에는 다시 호부랑중으로 부임되었다. 옹정 황제가 즉위한 후 그는 운남 염역도로 임명되었고, 정치적 업적이 많아 승진을 거듭한 그는 사망할 때까지 직예총독으로 있었다. 이위는 과거시험을 거치지 않았지만, 변경의 고위직으로 있었는데, 이는 청나라 시대에 보기 드문 일이었다. 이위가 죽은 후 조정에서 그에게 '민달敏達'이라는 시호를 하사했다.

건륭 연간에 만든 겹사법랑부준掐絲琺瑯鳧尊

| 세계사 연표 |
1793년 프랑스의 루이 16세가 처형당했다.

《청사고淸史稿·이위전李衛傳》
《옹정국한문주비주절휘편雍正漢文朱批奏折彙編》

건륭 연간에 만든 잡사법랑금문편호卡絲琺瑯錦紋扁壺

옥환도 개발

절강에서 정사를 주관하던 이위는 일을 과감하고도 신속하게 처리했는데, 인구의 비율에 따라 땅을 나누며 소작료를 받는 등 큰 성과를 올렸다.

그는 또 절강 남부의 오랫동안 황폐한 상태로 버려진 섬, 옥환도玉環島를 개발하면서 큰 성과를 올렸다. 그러나 백성들은 여전히 그곳에서 땅을 개간하고 물고기를 잡으며 소금을 만들었다. 이는 금지된 일이었지만 제재를 가해도 아무 효과가 없었다.

이위는 사람을 파견해 현장을 답사했다. 답사를 거쳐 그는 이미 일군 땅과 개간할 수 있는 땅이 방대하며, 섬의 지형이 험준해 해적을 방어할 수 있다는 것을 알았다. 그는 옹정 황제에게 절강성의 인구에 비해 땅이 부족한 문제를 해결하기 위해서는 백성들이 섬에 가서 땅을 개간하도록 해야 한다고 건의했다. 또한 중요한 것은 조례를 제정하고 관리를 강화하는 것이라고 말했다. 그리고 새로 늘어나는 관리와 병사들의 재정 지출은 이 섬에서 거둬들이는 세금으로 충분할 것이라고 했다.

그의 상주서를 읽고 난 옹정 황제는 높이 치하하면서 "지금 이 세상의 총독, 순무 가운데서 짐과 마음을 나눌 수 있는 사람은 에얼타이, 전문경田文鏡, 이위 세 사람뿐이다!"라고 말했다.

옹정 황제는 이위가 절강을 다스린 데 대해 찬사를 아끼지 않았다. 옹정 7년(1729), 옹정 황제는 또 이위, 전문경 등에게 각자의 벼슬경험을 책으로 쓰라고 명했다. 또 그 책에 《흠반주현사의欽頒州懸事宜》라는 제목을 달고 황제의 명의로 각 지방관들에게 발급해 읽고 귀감으로 삼도록 했다.

서호의 화신묘

항주에서 이위는 서호西湖를 준설하고 고적을 보수하는 등 성과를 쌓았다.

그는 악비岳飛를 매우 숭상했는데 악비를 표창하고 진회秦檜를 저주하는 백성들의 심리에 영합하기 위해 각지에서 거둬들인, 이른바 반역자들이 사용하던 여러 가지 병장기를 녹여 진회와 왕씨王氏, 장준長俊 등의 철상鐵像을 만들어 악비 묘 앞에 꿇어앉게 했으며, 묘의 문에 "청산은 다행히 충

●●● 역사문화백과 ●●●

[비밀 상주서 주비]

순치 연간에 비밀리에 상주하는 제도가 있었다. 강희 황제는 만년에 이를 제창했지만 보편적인 것은 아니었다. 옹정 황제는 등극한 후 조정 내외를 막론하고 모두 비밀 상주서를 올릴 수 있게 했으며, 이를 점차 제도화했다. 비밀 상주서에 언급된 내용은 아주 광범위했다. 지방 정황과 관리들의 근태, 공정성, 군대의 훈련 과정, 백성의 생활상, 새로운 소식 등 모든 것을 망라했으며, 한 가지 상주서에는 한 가지 일만 언급했다. 감찰 직책을 맡은 과도科道 관원들은 반드시 매일 상주서를 바쳐야 했는데, 만약 상주서가 없다면 그 사유를 설명해야 했다. 황제는 비밀 상주서는 반드시 본인이 써야 한다고 했다. 그리고 몇몇 비밀 상주서는 검열을 한 후 평어를 달았다. 비밀 상주서와 밀지에는 모두 엄격한 비밀 규정이 있었으며, 절대 서로 돌려보지 못했다. 비밀 상주서에 대한 평어는 일정한 시간이 지난 후 바쳐야 했다.

건륭 연간에 만든 벽옥서원아집 碧玉西園雅集 필통

부시火鎌이다. 칼 모양의 부시와 부싯돌을 마주쳐 불을 얻었다

| 중국사 연표 |

1793년 '흠정서장장정'을 반포하고 서장 주재 대신의 지위와 직권, 그리고 달라이라마, 벤첸에디니와의 관계 등을 확정했다.

건륭 연간에 만든 화법랑개광인물합畵法琅開光人物盒

신의 뼈를 묻어 주고 백철은 무고하게 영신佞臣을 주조했도다."라는 주련을 걸어 놓아 자신의 애증을 표시했다. 그러나 이위는 경험이 별로 없었으며, 권력 계층의 희로애락 등을 몰랐고, 벼슬에 대한 기본 상식이 없었다.

이위가 죽은 후 언젠가 남방 순시차 항주에 찾아간 건륭 황제는 소제 부근의 서호西湖 화신묘花神廟를 참관하던 중 갑자기 그곳에 세워진 주신主神의 용모가 이위와 흡사한 것을 보고 안내하는 관원에게 물었다.

관원의 말을 듣고서 예전에 이위가 묘를 보수할 때 의도적으로 자신의 모습대로 장화지신掌花之神을 만들었다는 사실을 알게 되었다. 안내자는 또 "이위는 자칭 '호산신湖山神'이라 했고, 계단 좌우에 열 두 개의 월화신月花神도 모두 그의 지시에 따라 그의 부인 모습 대로 부각했사옵니다."라고 말했다.

건륭 황제는 제멋대로인 이위를 좋지 않게 보았는데, 이제야 실제로 그것을 보게 되었다. 황제는 이렇게 말했다. "이위라는 사람은 예전에 황제의 총애만 믿고 횡포를 부리고 자신을 절제하지 않았으니, 그야말로 가증스럽도다." 그는 즉시 모든 신상을 없애고 다시 세우라고 명령했다.

옹정 황제의 도장상道裝像

도교를 숭배한 옹정 황제는 도교 활동에 자주 참가했다. 그는 황궁에 도교 활동을 진행하는 흠안전欽安殿을 만들고, 태화전·건청궁 등에 도신부판道神符板을 놓아 두도록 했으며, 자신의 침궁에도 두단斗壇을 설치하고 도신의 보호를 기원했다. 옹정 황제는 법사法事를 진행하기 위해 도사들이 입는 사단법의絲緞法衣를 지었는데, 한 번에 60벌이나 지었다. 그는 또 도사들이 제련하는 단약을 복용하고, 이들 공로를 세운 대신들에게 상으로 주기도 했다.

옹정 황제의 시책諡册

옹정 황제의 시호는 '경천창운건중표정문무영명관인의예성대효지성헌황제敬天昌運建中表正文武英明寬仁信毅睿聖大孝至誠憲皇帝'이고 묘호는 세종世宗이다.

●●● 역사문화백과 ●●●

[식염 전매]

청나라 시대에도 역대 왕조와 마찬가지로 식염에 대한 국가의 전매제도를 실시했다. 염세는 국가 재정의 중요한 원천이었다. 청나라 시대에는 순염어사巡鹽御史·도전염운사사都轉鹽運使司가 있었으며, 그 후에는 6부의 사원司員 또는 독무가 그 직무를 겸임했고, 직접 염무鹽務를 관할하는 관원은 염운사鹽運使(종3품) 또는 염법도鹽法道(정4품)라고 했다.

| 세계사 연표 |

1794년 프랑스에서 정변이 일어나 로베스 피에르가 사형당하고 대혁명이 실패로 끝났다.

073

《장정옥징회원자정연보張廷玉澄懷園自訂年譜》 출전

보친왕 홍력의 계위

건륭 황제는 순수한 만주 혈통의 황자였다.

옹정 13년(1735) 초가을, 옹정 황제가 원명원에서 죽었다. 그가 죽자 여러가지 미비한 일이 많았지만, 다행히 황위 계승 문제는 혼란이 일어나지 않았다.

비밀리에 태자를 세운 옹정 황제

옹정 황제는 등극한 해 8월, 모든 조정대신 앞에서 비밀리에 태자를 세웠음을 선포했다. 그때 그는 이렇게 말했다.

"짐은 이미 태자 자리에 앉을 사람을 결정했으며, 그의 이름을 써서 밀폐해 갑 안에 넣었도다. 이 보갑寶匣은 건청궁에 있는 세조 황제가 어필御筆로 직접 쓰신 '정대광명' 편액 뒤에 놓아 두었다. 짐이 지금 여러 대신에게 이 일을 알리는 목적은, 모두에게 이런 일이 있었다는 것을 알리기 위함이로다."

이외에 그는 또 같은 내용을 써서 밀폐한 작은 함을 자신의 신변에 두었다. 그리하여 이후 서로 대조해 만일의 사태를 방지하도록 했던 것이다.

옹정 13년(1735) 8월 22일 밤 10시경, 옹정 황제가 숨을 거두기 전날 밤이었다. 옹정 황제는 혼미한 임종 상태에 놓여 있었다. 이때 고명顧命대신이며 대학사인 장정옥張廷玉이 궁궐에 들어왔다. 옹정 황제의 상태를 보고난 장정옥은 보화전 대학사 에얼타이에게 황제께서

옹정 황제가 태자를 책립한 밀갑密匣 (위 사진)
옹정 황제는 황자 간 황위 쟁탈 투쟁을 방지하기 위해 비밀리에 태자를 책립하는 방법을 취했다. 즉, 황제의 생전에는 책립한 황태자를 공개하지 않고, 문서 2부를 작성해 한 부는 황제의 신변에 두고 다른 한 부는 '건저갑建儲匣'에 넣어 두었다. 황제가 죽으면 고명대신들은 '건저갑'의 문서와 황제의 신변 문서를 대조해 황위 계승자를 선포했다. 건륭, 가경, 도광, 함풍 네 황제는 모두 이런 제도에 의해 보좌에 올랐다. 청나라 후기 함풍 황제에게는 아들이 하나밖에 없었고, 동치 황제와 광서 황제에게도 아들이 없었기 때문에 이런 방법은 의미가 없었다.

청나라 고종 조복상
청나라 고종 즉, 건륭 황제는 1735년에 즉위했는데 나라를 다스림에 있어 강희·옹정 왕조의 장점을 받아들였다. 재위 기간에 경작지와 인구가 늘었고 상업과 도시가 번영했으며, 국토가 광활하고 국력이 강해졌다. 그림은 건륭 황제는 겨울철 조복을 입고 목에 조주朝珠를 걸고 있다.

1644~1840 청나라·1

전 왕조의 대신이 새로운 왕조에서 계속 임직하는 경우, 이런 신하를 이신이라 했다

| 중국사 연표 |

1794년 백련교 교수敎首 유지협 등을 체포하라는 명령이 내려졌다.

몸에 지니고 있던 금함의 행방을 묻자, 에얼타이는 "우리는 당신이 오면 함께 찾으려고 기다리고 있었다."라고 말했다. 장정옥은 장친왕莊親王, 과친왕果親王, 내대신 하이왕海望 등을 보면서 말했다.

"임금님께서는 전위에 관한 일을 직접 밀지로 쓰셨고, 그때 저와 에얼타이 나리께서 모두 보았소이다. 이 밀지는 궁궐 안에 있소이다. 나라에는 하루라도 임

평안춘신도平安春信圖 (청나라 낭세녕 그림)

궁정화가이며 이탈리아 사람인 낭세녕의 그림이다. 한족 옷을 입고 있는 노인과 아이는 각각 옹정 황제와 보친왕 홍력이다. 그림에 홍력에 관한 시가 이렇게 쓰여 있다. "이 세상에서 제멋대로 하는 사람을 적노니 / 소년시절에 벌써 업적을 쌓았도다. / 집에 들어서도 새하얀 사람 / 그 사람이 누구인가 하노라."

옹정 황제의 태릉 융은전隆恩殿

태릉은 옹정 황제의 능침陵寢이다. 태릉은 청나라 시대 서릉에서 제일 먼저 축조했으며 규모가 가장 크다. 일명 형전亨殿이라고도 부르는 융은전은 능침에 제사를 지낼 때 주요한 장소다. 대부분의 건축물은 거대한 한백옥 기초 위에 세웠고 이중 처마와 구척헐산식九脊歇山式 지붕이며, 다섯 개의 넓은 문이 있고, 안에는 세 개의 칸이 있다. 전 내에는 세 칸의 난각暖閣이 있는데, 중난각에는 신감神龕를 설치해 황제·황후의 위패를 모셨고, 서난각 내에는 보상寶床을 놓았으며, 황귀비 위패를 모셨다. 동난각은 불루佛樓로서 상하 두 개 층에 금은불상이 있다. 전 내에 있는 네 개의 명주明柱는 금칠을 했다. 바닥에는 '금벽돌'을 깔았는데 지금까지도 처음 모습이 그대로 보존되어 있다.

건청궁 편액 '정대광명正大光明'

건청궁 정전에 있는 '정대광명' 편액은 청나라 순치 황제가 직접 쓴 것이다. 이 편액 뒤에 태자의 운명을 결정하는 '건저갑'이 있다.

| 세계사 연표 |
1796년 프랑스의 나폴레옹이 이탈리아 정벌군 사령관을 맡았다.

건륭 황제의 투구와 갑옷
이것은 건륭 황제가 열병 때와 수렵 때 입던 투구와 갑옷이다. 갑옷은 목천으로, 전체에 도금한 동포銅泡를 박고 갑괘甲掛, 갑군甲裙, 좌우호견左右護肩, 갑전흉甲前胸, 호심경護心鏡, 전후차봉前後遮縫, 좌우호륵左右護肋 등 10개 부분으로 구성되었다. 투구는 가죽 바탕에 검은 칠을 했고 도금한 용무늬와 여러가지 색의 보석을 박아 장식했으며, 위에는 유상대동주乳狀大東珠로 장식했다.

밀지의 내용은 '정대광명正大光明' 편액 뒤에서 꺼낸 보갑밀봉寶匣密封의 내용과 같았다.

옹정 황제의 생전의 뜻에 따라 보친왕 홍력弘歷이 황제 보좌에 올랐고, 그가 바로 건륭 황제였다.

홍력의 등극

건륭 황제는 옹정 황제가 낳은 여러 아들 중 유일하게 정실 출신의 만주족 황자였다. 옹정 황제는 등극하자마자 주식朱軾, 장정옥, 에얼타이 등 만족과 한족의 이름난 신하와 지식인들을 선발해 홍력에게 유가 학설을 체계적으로 교육하라 일렀으며, 그 후에는 그를 왕으로 책봉하고 군사 행동에 참가하도록 하여 그가 군공을 세울 수 있는 기회를 주었다.

보친왕 홍력의 사황제嗣皇帝 신분이 선포된 후 홍력은 그 자리에서 장친왕 윤록允祿, 과친왕 윤례允禮, 대학사 에얼타이, 장정옥을 보정대신輔政大臣으로 임명했다. 이는 선황제가 이미 5년 전인 옹정 8년(1730)에 배치해 놓은 일이었다.

옹정 황제가 특별히 중용하던 이친왕怡親王 윤상允祥이 병들어 군정 기밀 사무를 처리할 수 없게 되자 옹정 황제는 장정옥, 마얼싸이馬爾賽 등을 군수방으로 급히 불러 모으고 군수방을 '군기방'이라 고쳤으며, 후에는 군기방을 군기처로 승급시켰다.

금이 없어서는 안 될 것이니, 지금 반드시 찾아내 대통을 바르게 이어야 하오이다."

장정옥은 총관태감에게 밀지의 행방을 물었다. 총관태감은 "임금님께서는 그런 말을 한 적이 없소이다. 우리는 밀지를 어디에 두었는지 모르옵니다."라고 대답했다. 장정옥은 "이 밀지 함은 그리 크지 않소이다. 내가 볼 때에는 누런 종이에 싸고 뒷면에 '봉封'자가 보였소이다."라고 말했다. 얼마 안 되어 총관태감이 누런 봉투를 들고 나와 물었다.

"장중당 어른, 이 물건이 옳소이까?"

그것은 옹정 황제가 직접 쓴 전위에 관한 밀지였다.

| 중국사 연표 |

1796년

옹염 황위에 등극하고 연호를 가경이라 했으며 홍력을 태상황으로 존대하고 훈정하도록 했다. 백련교가 호북, 하남, 사천 등지에서 거사했다.

이친왕이 병으로 세상을 뜬 후 옹정 황제는 줄곧 군기처에 의거했다. 홍력은 이 제도를 계승해 장정옥 등 네 사람에게 중임을 맡겼다. 그리고 '4보정四輔政'이라는 명칭을 '총리사무왕대신總理事務王大臣'이라고 바꿨다.

그날 밤, 홍력과 네 보정대신과 원명원의 전체 종실과 중신들은 옹정 황제의 영구를 모시고 북경 자금성으로 돌아왔으며 관례에 따라 장례를 진행하고, 전국에 공표해 천하의 백성에게 옹정 황제가 죽고 새 황제가 등극한다는 사실을 알렸다.

9월 초사흗날, 홍력은 여러 왕과 문무 관원의 옹위 아래 태화전에 올라 조서를 반포하고 온천하에 대사령을 내렸다.

이듬해인 건륭원년(1736), 건륭시헌신역時憲新歷을 반포하고 돈을 주조했는데, 이 돈을 건륭통보乾隆通寶라 했다. 건륭 황제가 통치하는 청나라는 또다시 새로운 시기에 접어들었다.

●●● 역사문화백과 ●●●●

[건륭 황제가 고구마와 옥수수 재배를 보급했다]
건륭 시대에는 다수확 곡물의 보급에 힘썼는데, 특히 명나라 말에 동남아시아와 남아메리카에서 각각 고구마와 옥수수를 들여왔다. 고구마는 초기에는 복건·광동 연해 지구에서만 재배했으나 건륭 연간에 점차 산동·하남 등에 보급되었다. 건륭 41년(1776), 산동안찰사 육요陸燿는 고구마 재배 경험을 살려《감서록甘薯錄》을 편찬했다. 이 책을 읽은 건륭 황제는 북방의 각 성에 나누어주면서 널리 간행·보급하고 응용하라 했다. 육요 또한 이 일을 계기로 호남순무로 승진했다. 옥수수도 건륭 연간에 유민들에 의해 산악 지대로 들어갔고 호남, 호북, 섬서와 사천 등지에 보급되었다. 건륭 30년(1765), 사천에서 옥수수가 널리 재배되었다.

건륭 연간에 만든 남유리각화랍대藍琉璃刻花蠟台

●●● 권신 화신(1750년~1799년)의 관직 승진 일람표 ●●●

시간	직위	비고
건륭 34년(1769)	3등 경거도위를 세습함	당시 19세
건륭 37년	3등시위, 도보점간처를 수여받음	
건륭 40년 윤 7월	건청문 당직을 섬	
건륭 40년 11월	어전시위 겸 정남기만부도통(정2품)	
건륭 41년 정월	호부좌시랑이 됨	
건륭 41년 3월	군기대신행주가 됨	
건륭 41년 4월	내무부총관대신이 됨	
건륭 41년 8월	양황기 만주 부도통이 됨	
건륭 41년 11월	국사관 부총재가 되고 1품조관을 받음	
건륭 41년 12월	내무부 3기관병 사무를 총관함	
건륭 42년 6월	좌시랑 겸 서리부좌시랑이 됨	
건륭 42년 10월	보군통령이 됨	
건륭 43년	2급을 강직, 숭문문세무총관행영사감독이 됨	이부의 삼벌參罰 사건에서 동첨순同瞻徇을 지지했기 때문.
건륭 44년	어전대신상학습행주가 됨	정월에 형부시랑과 함께 운남에 가서 종독 이시요李侍堯의 군비를 횡령한 일을 조사한 후, 운남 관리들의 적폐를 철저히 정리해야 한다는 상주서를 올림. 그 후 호부상서로 발탁되고 인차 의정대신처행주로 임명됨.

| 세계사 연표 |
1797년 존 애덤스가 미국 제2임대통령으로 당선되었다.

건륭 44년 5월	어전대신, 양남기 만주 부통직을 겸임함	임금이 화신의 아들 풍신은덕豊紳殷德에게 이름을 하사하고 10공주의 액부로 지정했으며, 결혼 적령기에 이르자 즉시 혼례를 지시했음
건륭 44년 6월	정백기를 수여받고 시위내대신을 인솔함	
건륭 44년 10월	4고관 정총재 겸 이번원상서의 일을 겸해 처리함	
건륭 46년 4월	3급 강직당하고 유임됨	감숙 소43 등이 사단을 일으키고 또 난주蘭州에 가까이 접근함. 화신이 흠차대신을 거느리고 가욕관에서 저지했으며, 모든 일을 감독·처리함
건륭 46년 11월	겸해 병부상서로 배치됨	
건륭 46년 12월	호부의 3고 사무를 관리함	
건륭 47년 2월	3급 강직당하고 유임됨	군기대신으로 사건을 심사 처리함. 가벼운 죄로 처리함
건륭 47년 8월	태자태보가 됨	
건륭 47년 10월	경연강관이 됨	
건륭 48년 6월	쌍은화령을 쓸 수 있는 상을 받음	
건륭 48년 10월	국사관 정총재가 됨	
건륭 48년 11월	문연각제독객사가 됨	
건륭 49년 3월	정백기 만주도통이 됨	
건륭 49년 4월	청자경관총재가 됨	
건륭 49년 7월	이부상서, 협판대학사로 조동하고 호부를 관리함	감숙 석봉보石峰堡 역란逆亂을 평정한 화신은 처음으로 성지를 받았고, 다시 경거도위 직을 수여받았음
건륭 49년 9월	일등남작을 책봉받음	역란逆亂을 평정하는 데서 공로를 세웠기 때문
건륭 51년 윤 7월	문화전 대학사를 수여받고 이부·호부의 일을 겸직함	
건륭 53년	3등 충양백을 책봉받음	대만의 임상문林爽文 봉기를 평정하는 가운데 화신이 성지를 대신 씀
건륭 54년 4월	전시 독권관讀卷官이 됨	
건륭 54년 5월	교습서길사가 됨	
건륭 55년	황띠·4개계포四開禊袍를 추가로 하사받음	건륭 황제가 80세 생일에 화신과 상서 김간金簡에게 축전에 관한 일을 공동 관리하라 명했음. 2급을 추가하고 다시 한 급을 더 올림
건륭 56년 11월	탁석경의 총재로 명명받음	
건륭 57년 9월	3급을 추가받음	커얼거 사건을 평정하면서 군공을 논함
건륭 57년 10월	한림원 장원학사, 충일강기거주관직을 겸함	
건륭 58년	교습서길사가 되고, 태의원 및 어약방사무를 겸해 관리함	
건륭 59년	2급 강직당하고 유임됨	유지를 즉시 작성하지 않음
건륭 60년 9월	3급 강직당하고 유임됨	이번원에서 몽골 타이칭의 중요한 옥살이 사건을 관리함에 있어 비호했기 때문
건륭 60년 10월	직을 떼우고 유임됨	궁정 과거시험의 발책發策에서 군기대신들에게 관례에 따라 무과 시험을 내지 말라고 했지만 화신 등이 앞장서 문무시책試策 총재실록으로 답하도록 함. 황제가 문의하자 화신은 여전히 이전대로 대답함. 그러자 건륭 황제는 잘못을 덮어 감춘다면서 호되게 질책함
가경 원년 정월	정황기로 조동하고 시위내대신을 영솔함	
가경 원년 6월	양황기 만주 도통으로 조동함	
가경 2년	형부를 관리하고 여전히 호부를 겸해 관리함	
가경 3년(1798)	1등 충양공으로 책봉받음(당시 48세)	사천 백련교 교수 왕삼괴가 포로가 되었음. 시의를 도왔기 때문에 공작으로 승진함

왕부지 王夫之

| 중국사 연표 |
1797년 왕명성, 원매, 필원이 병사했다.

074

사향공주

향비香妃 즉 이파얼한伊帕爾汗은 위구르족으로 건륭 황제의 비妃다.

신강 남부의 예르캉葉爾羌, 즉 지금의 사차현莎車縣에는 한 세대의 위구르족들이 살고 있었다. 이 집의 가장 아리阿里는 이슬람교의 상류층 인사였는데 사람들은 그를 아리허줘阿里和卓라고 존칭했다.

향기 나는 위구르족 처녀

아리에게는 고운 딸이 있었는데, 동네 사람들이 그녀에게 이파얼한이라는 이름을 지어주었다. 이파얼한은 '사향공주麝香公主'라는 뜻이다. 어린 사향공주가 소녀가 될 무렵 그녀의 아버지가 세상을 떠났고, 그녀는 오빠 투얼둬圖爾都와 같이 살았다.

투얼둬 오누이에게는 무투호쟈墨特和卓라는 큰아버지뻘 되는 먼 친척이 있었는데, 남신강 일대에서 큰 세력을 가지고 있었다. 무투호쟈 슬하에는 아들 둘이 있었는데 큰아들의 이름은 대호쟈무푸라둔大和卓木布拉敦이고 작은아들의 이름은 소호쟈무훠지잔小和卓木霍集占이었다. 그들 형제는 갈부족이 차르러시아와 결탁해 반란을 일으켰을 때 인질로 억류되어 있다가 반란이 평정되자 구출됐다.

어느 날 소호쟈무훠지잔이 이파얼한의 집으로 찾아왔다. 투얼둬와 삼촌 앤쎄이, 사촌형 마무트는 술상을 차려놓고 환대하면서 이리伊犁에서 회부를 총관하고 있는 그가 이곳으로 온 이유를 물었다.

소호쟈무훠지잔은 잠시 침묵을 지키다 술이 어느 정도 들어가자, 그들과 함께 군사를 일으켜 청나라에 대항하자며 말했다.

"청나라군은 방금 갈噶과 큰 싸움을 했기 때문에

건륭 황제비상 (청나라 일명 그림)

태릉 석패방石牌坊

청나라 서릉은 하북 이현易懸 현성 서쪽의 영녕산 기슭에 있다. 이곳에는 옹정, 가경, 도광, 광서 등 네 황제와 그들의 후비, 왕야王爺, 공주·아거阿哥 등 76명이 매장되어 있으며 능침이 모두 14자리가 있고, 그에 따른 행궁, 영복사 등 옛 건축물이 있다. 태릉은 청나라 서릉의 주릉으로서 규모가 제일 크다. 대홍문 앞의 광장에 있는 이 석패방은 높이가 12.75m이고, 너비가 31.85m이며 다섯 개의 문과 여섯 개의 기둥, 열한 개의 누각이 있다. 재료는 천진 계현薊懸 반산의 상등 청백석을 사용했고, 주변에 누척樓脊, 수문獸吻, 와롱瓦壟, 구적勾滴, 두공斗拱, 액방額枋 등을 조각했다.

| 세계사 연표 |

1799년 나폴레옹이 쿠데타르 일으켜 제1통령으로 임명되었다.

《향비고실香妃考實》 출전

역사문화백과

[황궁에 태감이 부족했다]

청나라가 관내로 들어간 후 황궁 내에는 태감이 없었다. 관내로 들어간 순치 황제는 명나라 말부터 내려온 수만 명의 태감을 1000여 명으로 줄였다. 그러나 그 후 다시 점차 태감을 늘리기 시작해 건륭 왕조 시기에 와서는 1673명으로 늘어났고, 황궁의 여러 곳에 태감집사執事를 두었다. 그 예로 고동방古董房에는 6명, 안마실按摩室에는 5명, 대소구방大小狗房에는 31명의 태감이 있었으며, 서양 의학을 배우는 태감은 2명, 승교乘轎를 메는 태감은 39명(2명의 교두轎頭를 포함)이 있었다. 그중 제일 비천하고 인원이 많은 태감은 청소를 하는 태감들이었는데, 101명이나 되었다. 그래도 태감이 부족해 내무부에서는 왕공대신들의 집에서 빌려 썼다.

건륭 사경도寫經圖
건륭 황제는 장전불교의 독실한 신자였다. 그는 한문과 몽골문으로 된 《대장경》을 만문滿文으로 번역하라고 했다.

바로 회복하기 어려울 것입니다. 우리 형제는 이 기회에 군사를 일으켜 왕이 되려고 합니다. 그러니 당신들이 우리 형제를 도우면 앞으로 부귀영화를 누릴 수 있을 것입니다."

그의 말이 채 끝나기도 전에 삼촌이 반박했다.

"당신들이 구금되었을 때 조정에서 당신들을 구해주고 이리에 남아 회부를 총관하도록 했습니다. 그런데 은혜에 보답하기는커녕 조정과 대항하려고 하고 있습니다. 이 말은 안 들은 것으로 하겠습니다."

그러자 투얼둬와 마무트도 반대 의사를 표시했다.

이때 이파얼한이 들어왔다. 옆에서 그들의 이야기를 듣고 난 그녀도 소호쟈무휘지잔을 질책하자 그는 화를 내면서 돌아가버렸고, 친척들은 의논을 거쳐 다른 사람의 눈을 피해 천산 북쪽의 커르크무柯爾克孜로

청나라 효현순孝賢純 황후상
청나라 고종 효현순 황후는 부찰富察씨이며 양황기 사람이다. 차하르察哈爾총관 이보영李保榮의 딸이기도 한 그녀는 1737년에 황후로 책립되었다. 검소한 그녀는 보석 장신구 대신 천으로 만든 꽃을 장신구로 사용했다.

| 중국사 연표 |
1799년 건륭제가 사망했고 묘호는 고종으로 했다.

군기처 당직방

군기처軍機處는 건청문 서쪽에 있었다. 옹정 7년(1729)에 청나라군이 서북에서 회갈몽골과 격전을 벌일 때 군기방을 설치했다. 건륭 황제가 즉위한 후 군기처를 총리처總理處라고 개칭했으며, 건륭 3년(1738)부터 군기처라고 했다. 군기대신·군기장경을 설치했는데 인원 수는 고정되지 않았으며 겸직했다. 군기대신은 황제의 심복들인 만족·한족 대학사·상서·시랑 등이 겸임했다. 군기처의 기능은 원래 어명을 받고 성지를 작성하며 군무에 참여하는 것이었으나 점차 통치 중심으로 되었으며, 그 지위는 국가행정 중추인 내각을 능가하는 가장 중요한 기구가 되었다.

군기처 당직방의 내부시설

군기처는 청나라 시대 황제를 보좌하는 정무기구로서 170여 년을 존재했다. 규정에 의하면 황제가 군기대신들과 논의할 때는 관계없는 자는 그 자리에 있어서는 안 되었다. 궁전 내에서도 군기처를 지날 때 가까이 접근할 수 없으며, 반드시 빠른 걸음으로 지나야 했다. 당직방 내에는 '희보홍정喜報紅旌'이라는 네 글자가 있다.

피신하기로 했다.

얼마 후 이파얼한의 오빠와 삼촌은 반란을 평정한 청나라군이 대소호쟈무에 의해 포위되었다는 소식을 듣자 즉시 정변장군 조혜兆惠에게 그들의 계책을 알려 주었다. 그러자 위태롭던 형세는 청나라군의 연전연승으로 대소호쟈무를 죽이고 반역을 평정했다.

전설 속의 향비香妃

상주문을 받은 건륭 황제는 기쁨을 금치 못했다. 그는 공로에 따라 상을 내리고, 앤써이, 투르뒤, 마무트에게 작위를 내리고 저택을 하사했다. 건륭 황제는 또 투얼뒤에게 여동생 이파얼한과의 결혼을 청했다.

집으로 돌아온 투얼뒤에게 이 말을 전해 들은 이파얼한은 청혼을 받아들였고, 건륭 황제는 그녀를 화귀인和貴人으로 책봉했다. 건륭 황제는 투얼뒤에게 사의를 표하기 위해 신변의 만족 여자인 쑤더蘇德를 투얼뒤의 부인으로 삼도록 했다.

건륭 황제는 화귀인의 민족 풍습과 종교를 존중해 주었다. 이파얼한은 황궁에서 회回족 옷을 입었고 회족 음식을 먹었다. 건륭 황제는 또 궁중에 회족 요리사를 두고 무슬림 음식을 만들도록 했다. 그녀는 또 특별히 방외관方外觀에서 예배할 수 있었고, 그녀의 예배를 위해 건륭 황제는 방외관의 대리석벽에 '코란'을 새겨놓기까지 했다.

2년 후, 건륭 황제는 화귀인이 중앙과 신강 지방과의 관계 개선에 쌓은 공로를 인정해 그녀를 용빈容嬪으로 책봉했고, 후에는 황태후의 제의로 그녀를 용비容妃로 책봉했다. 건륭 황제는 그녀를 더없이 총애했는데 그녀가 바로 전설 속의 향비였다.

건륭 53년(1788), 용비가 55살에 병으로 사망하자 황제는 무척 슬퍼하면서 그녀의 관에 특별히 금박으로 세 단락의 '코란' 경문을 새겨넣었다. 이것은 고고학자들에 의해 1979년에 동릉용비묘東陵容妃墓에서 발견되었다.

| 세계사 연표 |

1802년 영국 의회에서는 면방직 공장에서 9살 이하의 아동 고용을 금지하고, 12시간 이상 일하지 못한다고 결정했다. 프랑스의 나폴레옹이 종신 집정을 선포했다.

075

《정판교집鄭板橋集》 출전

7품 지현 정판교

정판교鄭板橋는 벼슬에 대한 경험을 이렇게 썼다.
"백성들이 잘 살아가는 때에는 자식들이 늘어나고, 벼슬이 한가할 때면 글을 읽어야 하리."

정판교란 양주 흥화 사람인 정섭鄭燮의 자다. 정섭은 '양주팔괴揚州八怪' 중 한 사람이다.

수재와 거인과 진사

정판교는 어려서부터 그림·서예·시 등에 뛰어난 재능을 가지고 있었는데, 동시대 사람들은 그의 문화적 자질은 삼진三眞, 즉 진기眞氣·진의眞意·진취眞趣를 가지고 있다고 했다.

강희 말기에 정판교는 여러 차례의 과거시험을 거쳐 수재로 급제했다. 그러나 생활이 궁핍했기 때문에 할 수 없이 진주眞州, 지금의 의정儀征 강촌에서 서당을 차렸고, 후에는 또 양주로 가서 그림을 팔아 생계를 유지했다.

옹정 10년(1732) 40세에 정판교는 남경에서 거인舉人으로 급제했다.

청렴한 관리 정판교
정판교(1693~1765)는 이름이 섭燮이고 자가 극유克柔이며 호는 판교板橋, 또는 판교도인板橋道人이라고도 한다. 그는 강소 흥화 사람이다. 건륭 원년(1736)에 진사에 급제했고 5년 후에 산동 범현 현령으로 임명되었다. 그는 청렴한 관리였으나 관직을 박탈당한 후, 고향으로 돌아가 대나무를 그리면서 살았다.

건륭 원년(1736)에 정판교는 북경에 들어가 회시에 참가해 진사로 급제했으나 기약 없이 벼슬자리를 기다려야 하고 또 북경에서 살기가 쉽지 않자 양주로 돌아가 예전처럼 그림을 그려 팔았다. 그는 스스로 '강희 시기의 수재·옹정 시기의 거인·건륭 시기의 진사'라고 했다.

두 번 부모관(지현)이 되다

건륭 6년(1741)에 정판교는 북경으로 갔는데, 그때 황숙皇叔이며 신군왕愼郡王인 윤희允禧의 접대를 받았고 외지에 있는 산동성 범현範縣에서 지현知縣 벼슬을 하게 되었다.

처음으로 벼슬자리에 오른 정판교는 관리사회에 잘 적응하지 못했다. 그는 겉치레를 좋아하지 않았기 때문에 늘 편복을 하고 나다니면서 민심을 살폈고, 이에 대해 그는 시에서 이렇게 썼다.

"갈도의 겉치레 금지될 줄 모르니 / 망혜芒鞋가 세상 사람들에게 살림살이 알아보네. / 한 잔의 맹물이 황도荒塗에 들어가니 / 동네 백성들 보기가 부끄럽구나."

| 중국사 연표 |

1802년 영국 배가 광동 영정양(伶仃洋)에 상륙하려고 했으나 저지당했다.

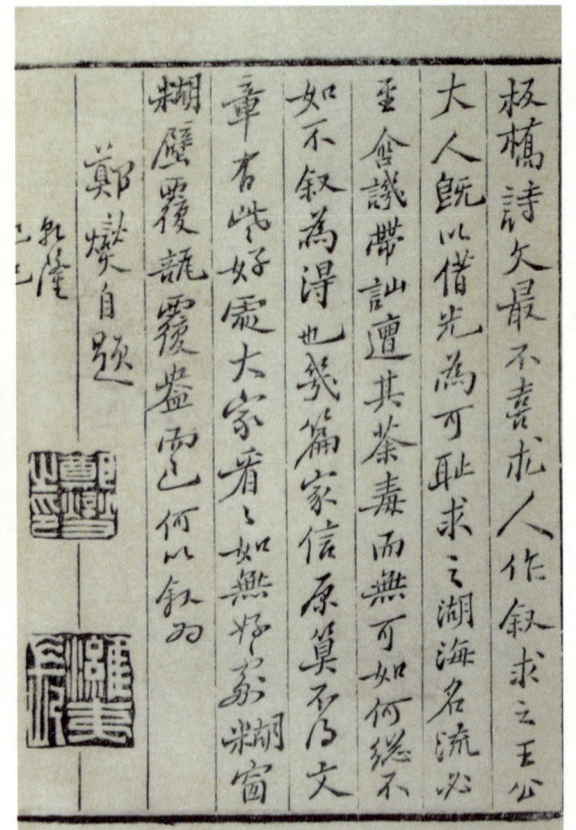

《판교집板橋集》 (건륭 시기 탁본)

《판교집》 7권은 청나라 시대 정섭鄭燮이 저술했다. 이 책은 정섭이 편찬한 시문집인데 여기에는 《판교시초詩鈔 3권》, 《판교사초詞鈔 1권》, 《판교소창小唱 1권》, 《판교제화題畵 1권》, 《판교가서家書 1권》이 포함된다. 전반 책은 작자가 직접 쓴 것으로서 그의 제자 사마문고司馬文膏가 건륭 14년에 판각 인쇄했다. 작자는 서언에서 "판교의 시를 지금 판각 인쇄하노라. 죽은 후 이름을 도용하고 작품을 함부로 고친다면 나는 귀신이 되어 그 사람을 혼내주리라."라고 썼다.

●●● 역사문화백과 ●●●

[양렴은養廉銀]

옹정 2년(1724)에 부세제도를 개혁하면서 '양렴은'을 두었다. 양렴은은 관직에 따라 독무는 해마다 1~2만 냥을 받았고, 7품 지현은 적게는 500냥부터 많게는 3000냥을 받았다. 이런 은 냥은 연봉의 10배, 100배를 넘었다.

정판교는 범현에서 5년 동안 지현벼슬을 하면서 고향을 그리워했고 자신과 함께 고락을 나누었던 친구들을 잊지 못해 이렇게 말했다.

"나 같은 사람은 불쌍도 하도다. 물고기를 잡고, 허름한 집에서 쭉정이와 겨를 먹으며 밀죽을 마시고, 연잎을 따서 거기에 메밀떡을 싸서먹으면 그것이 별미였기에 어린 자식들이 다투어가며 먹었다. 그런 일을 생각할 때마다 정말로 눈물을 흘릴 지경이로다."

이리해 그는 녹봉을 보내 집집마다 나누어주도록 했다.

건륭 11년(1746)에 정판교는 산동성 유현濰縣의 지현으로 발령되었다. 그때 그의 녹봉은 은 45냥이었다. 이외에 양렴은養廉銀은 지방의 세수와 연계시켰는데, 유현은 큰 현이었기 때문에 양렴은이 무려 1400냥이나 되었다.

당시 그 유현에 재해가 드는 바람에 사람이 사람을 잡아먹기까지 했다. 그러자 정판교는 식량을 구하는 백성이 오기 전에 창고를 열어 식량을 대여해 주었는데 차용서를 쓰기만 하면 식량을 타갈 수 있도록 했다. 그리고 부역으로 구제를 대체했으며, 성곽을 쌓고 저수지를 파는 일감을 만들어 그곳에서 먹고 일하도록 했는가 하면 부잣집들에게는 죽을 끓이라고 명령했다. 가을철에 흉작이 들자 그는 또 양렴은까지 헌납했다. 정판교는 후에 이임하게 되자 차용서를 모두 태워버렸다.

건륭 18년(1753) 정판교는 재해를 구제하는 일로 부자들의 미움을 사게 되자 벼슬을 사직하고 고향으로 돌아갔다. 그가 유현을 떠날 때 백성들은 통곡하면서 그를 만류했다. 많은 백성이 그에게 기념으로 그림을 그려 달라고 하자 그는 자기가 잘 그리는 대나무를 그려 선물했다.

이런 그림에는 "사모관대 던져 버리고 / 빈털터리로 떠나가누나 / 여위디 여윈 대나무를 그려놓으니 /

| 세계사 연표 |
인도에서 제2차 마라타 전쟁을 일으켜 영국 침략자를 반대했다.

난죽석도蘭竹石圖 (왼쪽 그림)
정판교는 오로지 난초, 대나무, 돌만 그렸다. 그는 난초 꽃은 사철 동안 지지 않고 대나무는 항상 푸르며 돌은 만고불변이라고 했다. 이는 그의 강하고 굽히지 않는 성격과 맞다. 그의 그림은 일반적으로 구도가 아주 단순하지만 구성과 입체감이 뛰어나다.

행서축行書軸 (오른쪽 그림)
정판교의 서예는 예서의 '한팔분漢八分'에 해서·행서·초서를 혼합한 독특한 풍격을 가지고 있는데 자칭 '육분반서六分半書'라고 하며 사람들은 '판교체板橋體'라고 부른다.

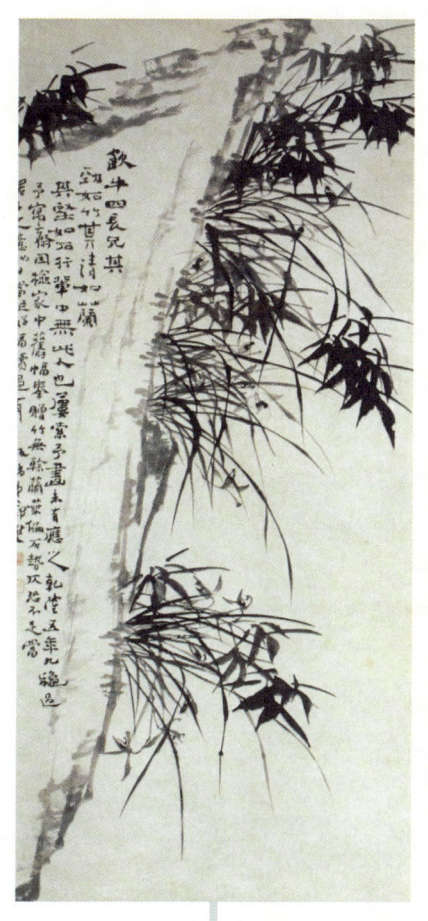

가을 바람 부는 강에서의 낚시대로 쓰라."라고 적혀 있었다.

두 번에 걸쳐 11년 동안 지현을 역임한 정판교는 감개무량했다. 건륭 27년(1762)에 그는 세상을 뜨기 세 해 전에 벼슬에 대한 경험을 썼다.

"백성들이 잘 살아가는 때에는 자식들이 늘어나고 / 벼슬이 한가할 때면 글을 읽어야 하리 / 바보가 되기 어렵구나."

정판교는 지현으로 있을 때 여러 번 '바보 되기가 어렵다'는 글을 썼다. 건륭 17년(1751)에 그는 유현 지현으로 부임되었을 때 벌써 이런 글을 썼으며 또 이런 발문을 썼다. "총명하기가 어렵고 바보 되기가 어려우며 총명으로부터 바보 되기가 더우 어렵도다. 내버려두고 한 걸음 물러서서 마음을 가라앉히며 이후의 복을 따지지 말지어다."

이것은 또한 그가 벼슬을 하고 세상을 살아가는 이념이기도 했다. 사실 이 말에는 사소한 일을 바보처럼 처리하고, 큰일은 바보처럼 처리하지 말아야 한다는 뜻이 내포되어 있다.

역사문화백과

[양주팔괴揚州八怪]

양주팔괴란 건륭 왕조 시기 양주화파에 속하는 왕사신王士慎·황신黃愼·김농金農·고상高翔·이선李鱓·정섭鄭燮·이방응李方膺·나빙羅聘 등 여덟 사람을 말한다. 이 중 대부분은 벼슬을 중도에서 박탈당하고 강호에서 떠돌아다닌 문인들이다. 왕사신은 매화를 잘 그렸으며, 김농은 지식이 해박하고 재능이 출중했다. 이방응의 대나무, 돌, 국화, 매화 그림은 매우 뛰어났으며, 정섭의 시, 서, 화는 3절三絶이라고 불렸다. 정섭이 그린 난초·대나무, 돌, 가시나무 등은 담담하면서도 참신하고 뛰어나다. 그의 그림과 시는 백성의 고통과 사회의 불공평에 대해 풍자했다. 직업화가였던 황신과 나빙 등은 개성과 감정 표현을 중시해 당시 정통적인 화풍과는 완연히 달랐다. 이리하여 화단에서는 그들을 '편사偏師', '괴물'이라고 불렀으며 점차 '양주팔괴'라는 말이 나오게 되었다.

| 중국사 연표 |

1803년 청나라 조정에서 각 성에서는 무릇 민간에서 상소한 사건을 원심관原審官에게 돌려서는 안 된다는 포고를 내렸다.

076

《이신전》을 출판하다

건륭 황제는 전 왕조의 충신들을 총애했으며, 투항했다가 다시 배반한 '역신逆臣'들을 비난했다.

사가법을 표창

북경에 도읍을 정한 후 순치 황제부터 건륭 황제 전기까지 100년이 경과하면서 청나라는 점차 안정되고 부강해졌다. 이때 30여 년간 용상에 앉은 건륭 황제는 유학을 전면적으로 관철하려면 삼강오륜을 다지고 지조와 정의를 중히 여기고, 청렴과 치욕을 분별해야 한다고 생각했다. 그는 먼저 전 왕조 충신들을 귀감으로 삼았다.

건륭 40년(1775)에 건륭 황제는 충성과 지조를 지키는 사가법史可法을 표창하고 그에게 '충정忠正'의 시호를 내렸다. 2년 후에는 또 양주 매화령梅花嶺에 충정공사忠正公祠를 지었으며, 오언근체시五言近體詩 한수를 써서 찬양했으며 초상과 시를 돌에 새겨 세인들이 참배하도록 했다.

그 이듬해에는 전쟁 중에 포로가 되었거나 살해당한 백성들의 사적을 수집하라고 명령했으며, 선별과 확인을 거쳐 그 가운데 26명에게 특별 시호를 하사했다.

또 장황언張煌言 등 113명에게 '충열忠烈'이란 시호를 하사하고 전숙악錢肅樂·심신여沈宸余 등 108명에게 '충절忠節', 왕익王翊·장명양張名揚 등 576명에게 '열민烈愍', 황빈경黃斌卿 등 843명에게 '절민節愍'이라는 시호를 하사했다. 이외에 495명의 관리, 1728명의 평민에 대해 위패를 세우고 제사를 지내도록 했다.

전겸익을 꾸짖다

건륭 34년(1769)에 심덕잠沈德潛은 북경에 와서 황태후의 만수축전에 참가하는 기회에 건륭 황제에게 자기가 편찬한 《국조시별재집國朝詩別裁集》을 올리면서 서언을 써달라고 청했다. 건륭 황제는 심덕잠의 《국조시별재집》의 첫 권에서 전겸익의 시를 발견하고, 그 자리에서 전겸익을 꾸짖었으며 그 시를 삭제하라고 명령했다.

그 후 건륭 황제는 전겸익이 쓴 《초학집初學集》, 《유학집有學集》을 읽은 후 이런 시들의 여러 곳에 왕조정치를 비방한 대목이 있다고 했다. 건륭 황제는 전겸익과 그가 한 일에 대해 비판했으며, 조서를 내려 조정의 문무관원들에게

건륭 황제 관화도觀畵圖
(청나라 낭세녕郞世寧 그림)

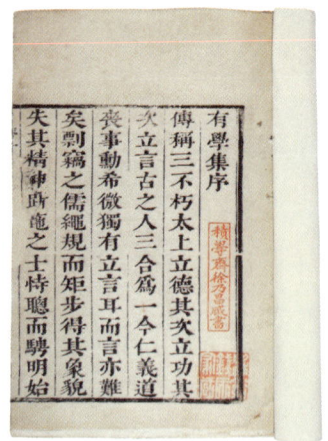

《목재유학집牧齋有學集》 영인
《목재유학집》 50권은 청나라 시대 전겸익錢謙益이 편찬했다. 이 책은 전겸익 시문집의 하나로서 그중 시는 13권, 문장은 37권이다. 이 책에서의 글은 여전히 명나라의 연호대로 배열했고 청나라의 연호가 없다. 이 책은 전겸익이 직접 편찬한 것이다.

이렇게 말했다. "전겸익은 재능은 있지만 품성이 나쁜 사람이다. 그는 명나라 시대에 예부상서로 있었으나 청나라 창건 초기에 귀순했으며, 그 후 고위 관리가 되었다. 그러나 이 사람은 지조가 없어 사람들의 입에 올리기조차 어려운 사람이다. 그러므로 그의 책이 세상에 전하지 않도록 태워버려야 한다."

건륭 43년(1778)에 청나라 국사관에서 명령에 의해 《국사열전國史列傳》을 편찬하게 되었을 때 건륭 황제는 또 특별한 관심을 보이면서 전겸익과 같은 사람은 《이신전貳臣傳》을 乙편에 넣어야지 홍승주 등과 동일한 책에 넣어서도 안 된다고 했다.

《이신전》의 편찬

《이신전》은 《국사열전》 외에 국사관에서 각별하게 편찬한 책이었으며 《국사열전》의 별책이었다.

《이신전》은 총 20권으로 이루어졌고 갑편, 을편으로 나뉘었고 청나라 초기에 청나라에 투항해온 주요 신하들을 수록했는데, 그 가운데는 문신 66명, 무신

제일 좋은 벼룻돌 단연端硯
단연은 벼룻돌 중 명품이다. 벼룻돌은 주로 광동성 고요高要에서 생산되는데, 단단하고 유연하면서도 반들반들하다. 이 벼룻돌의 면은 평평하면서도 약간 오목하고, 그 위에는 산석, 송림, 달, 공작새 암수가 새겨져있다.

54명, 총 120명이 수록되어 있다.

제1권은 청나라에 투항해온 후 청나라 창건을 위해 공로를 세운 문무신하들을 수록했는데, 청나라에 투항한 후 전사한 유량신劉良臣, 손정료孫定遼, 공유덕孔有德, 왕오영王鰲永 등을 수록했고, 제2권에서는 청나라가 관내로 들어오기 전에 투항했고, 중국을 통일하는 데 공훈을 세운 개국공신들인 이영방李永芳, 맹교방孟喬芳, 장존인張存仁 등을 수록했다.

이렇게 정리했기 때문에 홍승주洪承疇와 같은 사람

분백저쌍용희주암화선지粉白底雙龍戲珠暗花宣紙
선지는 모필용지毛筆用紙에서 가장 좋은 종이다. 이 종이는 제일 처음 선주에서 생산되었기 때문에 이런 이름을 갖게 되었다. 선지는 하얗고 유연하며 좀이 먹지 않고, 보존하기가 쉽다. 암화暗花가 있는 이런 선지는 종이를 만들 때 특수한 기술로 만든 것이다.

경사서산전경도京師西山全景圖
북경 서산은 청나라 황실의 후화원後花園이었는데, 전성기에는 산 위에 유명한 5원園, 즉 창춘원暢春園, 원명원圓明園, 청의원清漪園, 정명원靜明園, 정의원靜宜園, 3산山, 즉 만수산萬壽山, 옥천산玉泉山, 향산香山, 외 3영營, 즉 화기영火器營, 정첩영精捷營, 건예영健銳營이 있었다.

| 중국사 연표 |
1804년 8년의 시간을 거쳐 천川, 초楚, 섬陝, 예 등 25개 성에 파급되었던 백련교 활동이 전부 궤멸되었다.

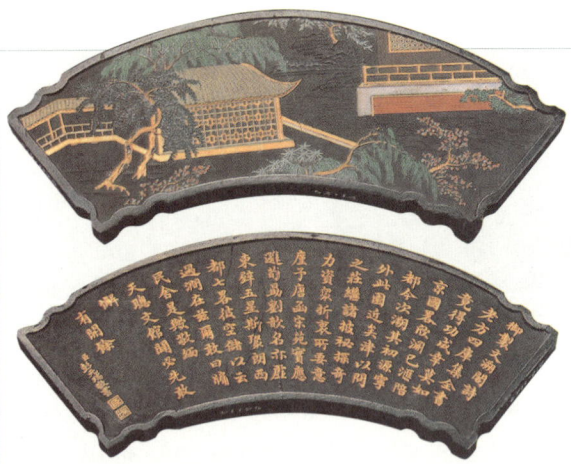

문소각에 있는 건륭 황제의 먹
이 먹은 옥황玉璜 모양으로서 정면에는 문소각외경文溯閣外景이 그려져 있고 뒷면에는 해서체로 된 건륭어제 '문소각'이라는 글이 있다. 문소각은 《사고전서》 장서각의 하나로서 요녕성 심양시 고궁 서쪽에 있다.

삼수성도자수三壽星圖刺繡 (오른쪽 그림)
건륭 연간의 민간작품인 이 그림은 남색의 비단에 복록수福祿壽 3성三星을 수놓은 것이다. 두 어린이가 3성 사이에 있고, 구름, 복숭아나무, 소나무와 박쥐가 있다.

들은 제3권에 열거될 수밖에 없었다. 그 뒤로 내려가면서 마지막 몇 권에서 나오는 이신貳臣들은 청나라에 대해 아무런 공헌도 없고 심지어 죄를 범해 철직당하거나 유배당하거나 전원田園으로 보내진 사람들인 전겸익과 같은 권에 수록된 주량공周亮工, 당통唐通, 왕국보王國寶 등이었다. 제11권에는 손가망孫可望, 백문선白文選이 수록되었다.

건륭 황제에 의하면 이런 부류의 사람들은 대세의 흐름에 따르는 지조가 없는 소인배들이었다.

《이신전》에는 또 네 권의 《역신전逆臣傳》이 첨부되었는데 여기에는 35명이 있었다. 앞의 3권에는 오삼계와 그의 고위급문관 그리고 '삼번의 반란'에 호응한 자들을 수록했고, 제4권에는 투항했다가 다시 반란을 일으킨 관원들인 강양姜瓖, 이성동李成棟, 유택청劉澤淸 등이었으며, 그들과 함께 열거된 사람은 이외에 정지용鄭芝龍이 있었다.

●●● 역사문화백과 ●●●

[시법諡法]

고대에 제왕과 관료가 죽으면, 사망자의 생전 업적에 따라 추가한 칭호를 '시법'이라고 한다. 제왕의 시법은 예관이 황제에게 올려 심사하도록 하며, 신하의 시법은 조정에서 하사한다. 이외에 어떤 사망자의 친족, 가문에 붙인 시법을 사시私諡라고 한다.

| 세계사 연표 |

1805년 넬슨 제독이 지휘하는 영국 함대가 스페인의 트라팔가 앞바다에서 프랑스와 스페인 연합 함대를 격파했다.

077

《청사고淸史稿·심덕잠전沈德潛傳》 출전

강남의 유명인사 심덕잠

건륭 황제는 반드시 자신이 쓴 14권의 시집을 교열한 후에야 고향으로 돌아갈 수 있다고 했다.

심덕잠沈德潛은 건륭 황제가 특별히 관심을 기울인 대시인이었는데, 장장 30년 동안 은혜를 베풀고 총애했다.

일설에 따르면 건륭 황제는 무려 4만 7000여 수의 시를 지었으며 그중 적지 않은 시는 심덕잠이 그를 대신해 지었거나 개작한 것이라고 한다. 그러나 그 역시 죽은 후 10년째 되는 해에 문자옥文字獄의 함정에 빠져들었다.

황제의 신임을 받은 늙은 시인

건륭 왕조 시대의 대시인이었던 심덕잠의 시는 당나라 시대 시인들의 풍격을 숭상했으며, 시가의 체법 성조體法聲調에 깊이 중점을 두어 강남에서 지명도가 높았다.

강소포정사江蘇布政使 에얼타이鄂爾泰는 강남 문인들의 시문집《남도려헌집南都黎獻集》을 편찬하면서 그의 시 몇 수를 이 책에 수록했다. 당시까지 황자로 있던 홍력弘歷(건륭 황제)은 이 판각본을 읽은 후 그의 시를 무척 즐기게 되었다.

건륭 원년(1736)에 심덕잠은 북경에 와서 박학홍사과博學鴻詞科에 응시했는데 급제하지 못하다가 건륭 4년(1739)에야 급제했다. 이때 그는 백발이 성성한 67살의 노인이었다. 3년 후 심덕잠은 전시에 참가했다. 그때까지 그를 기억하고 있던 건륭 황제가 "누가 심덕잠인가?"라고 물었다. 심덕잠을 만난 건륭 황제는 그를 강남의 유명인사라고 칭찬했으며 그 자리에서 한림원편수직을 수여했다.

건륭 7년(1742)에 건륭 황제는 심덕잠을 불러 자기가 쓴 시를 보이며 그에게 화답시를 쓰라고 했다. 심덕잠은 그 자리에서《소하시消夏詩》10영咏에 화답하

건륭 황제 사자상寫字像
건륭 황제는 시 읊기를 무척 즐겼으며, 매일 시도 몇 수씩 지었다. 그는 항상 잘 된 시를 일정한 문학적 소양을 갖춘 관원들에게 평가하게 했다. 고사를 인용한 대목에서는 관원들에게 해석하라고 했으며, 만약 해석하지 못하면 집에 가서 계속 연구하라고 했다.

시인 심덕잠
심덕잠(1673~1769)은 자가 확사確士이고 호는 귀우歸愚이며 강소 장주(지금의 소주) 사람이다. 그는 22살 때부터 향시에 참가하기 시작했는데, 총 17차례나 과거시험에 참가했다. 건륭 4년(1739)에 67살이 되어서야 그는 진사 급제했다. 그 후 그는 10년 동안 내각학사 겸 예부시랑직을 지냈다. 시에서 그는 '격조설格調說'을 주장하고 '온유돈후溫柔敦厚'의 '시교詩敎'를 제창했다. 그의 시는 대부분 위정자의 공적과 은덕을 찬양한 시였다.

| 중국사 연표 |
1805년 서양 서적을 검사하는 규약을 제정함, 기균이 사망했다.

건륭신한乾隆宸翰 옥새글

'건륭신한' 옥새는 높이가 15.2cm이고, 도장면은 8.4cm²이며 양문전서陽文篆書체로 되어 있다. '신한'이란 황제 한묵翰墨이라는 뜻이다. 이 도장은 건륭 24년(1759)에 제작되었다.

고, 또《낙엽落葉》에 관한 시들을 화답했다. 그의 화답시는 건륭 황제의 칭찬을 받았다.

그 후 몇 년 동안 심덕잠은 5급이나 승진했고 건륭 13년에 그는 내각학사가 되었으며, 그리고 얼마 후 다시 예부시랑으로 승진했다. 조정의 많은 만족과 한족 관리들이 이를 불만스러워하자 건륭 황제는 "심덕잠은 성실하고 신중한 사람이고 또 늙은 나이에 짐을 만나게 되었도다. 짐이 여러 번 은혜를 베푼 것은 성실하면서도 재능과 학식이 있는 모든 사람들을 격려하기 위한 것이지 그가 시를 잘 쓴다고 해 발탁시킨 것은 아니로다."라고 말했다.

건륭 13년, 76세의 심덕잠은 사직하고 고향으로 돌아가겠다고 청했으나 건륭 황제는 동의하지 않다가 이듬해에 그가 다시 요구해서야 허락했다. 그러나 건륭 황제는 자기가 쓴 14권의 시집을 교열한 후에야만 고향으로 돌아갈 수 있다는 조건을 내세웠다.

남방 순시 때 만나다

심덕잠은 고향에 돌아간 후《귀우집歸愚集》사본을 올렸다. 사본을 읽은 후 건륭 황제는 높이 치하하면서 그의 시는 '백중고왕伯仲高王'이라고 했다. '고高'란 명나라 초기의 대시인 고계高啓를 말하고 '왕王'이란 당대의 대시인 왕사진王士禎을 말하는데, 그 뜻은 심덕잠의 시는 이 두 사람과 비할 만하다는 것이었다.

건륭 16년(1751)에 건륭 황제는 제1차 남방 순시를

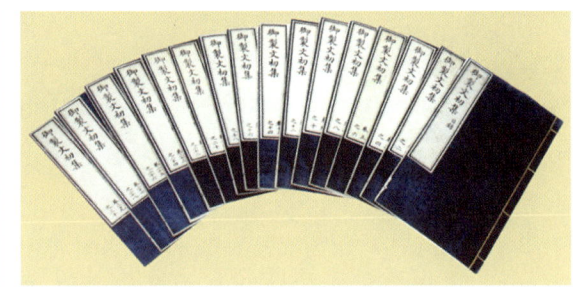

건륭 황제의《어제문초집御制文初集》

건륭 황제는 여유 시간에 글을 쓰거나 그림을 그렸다. 그런 중에도 시는 매일 몇 수씩 지었다. 문집으로 편찬된 시만 해도《어제문초집》《어제문이집御制文二集》《어제문삼집御制文三集》《어제문여집御制文余集》등 모두 1350여 편이 있으며, 이외에 또《청고종성훈清高宗聖訓》300권이 있다. 건륭 황제는 등극하기 전에《악선당樂善堂전집》을 냈으며 선위禪位한 후에는《어제시여집御制詩余集》750여 수를 썼다. 재위기간의《어제시집》은 모두 5집, 434권이다. 통계를 보면 그의 시는 초집에 4166수, 2집에 8484수, 3집에 11519수, 4집에 9902수, 5집에 7792수가 수록되었는데, 총 4만 1863수이다. 그밖의 시와 합치면 총 4만 2613수나 된다.

어용화피궁御用樺皮弓

청나라 시대에는 황제에서 사병에 이르기까지 모두 무예를 연마했는데 해마다 정기적으로 훈련을 했다. 무생武生 및 녹영병들은 무과 시험을 쳐야 했으며 급제자를 무거인武舉人, 무진사武進士라고 불렀고 관작을 수여했다. 황제는 무예를 연마할 때 늘 활과 화살, 칼과 창을 사용했다. 이것은 건륭 황제가 사용했던 활이다.

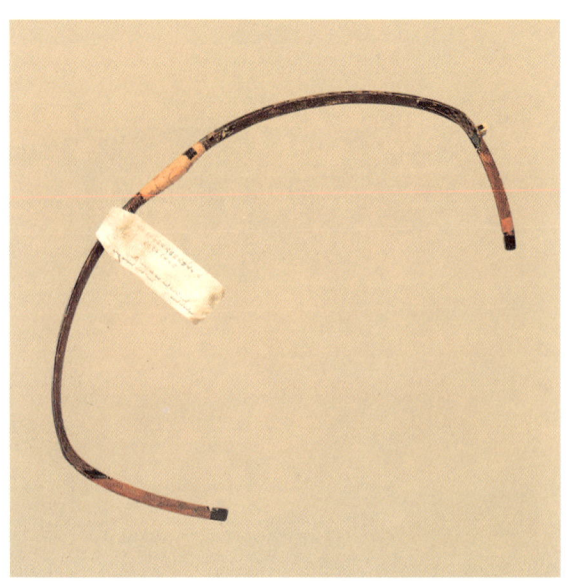

중국을 말한다

274 역사 시험장 》《맹자자의소증孟子字義疏證》의 저자는 누구인가?

| 세계사 연표 |

1806년 프란츠 2세가 신성로마제국의 황제 자리를 내놓고 오스트리아의 황제가 되었다. 나폴레옹이 영국을 봉쇄하고 유럽대륙과 영국과의 통상을 엄금했다.

했는데 순시 도중에 심덕잠을 접견했다. 그해 겨울 심덕잠은 북경에 가서 황태후의 만수를 비는 행사에 참가했는데 그때 그의 나이는 80세였다.

건륭 22년에 건륭 황제는 또다시 남방을 순시하는 길에 배알하러 온 심덕잠에게 예부상서의 벼슬을 하사하면서 이런 시를 지었다. "별담장 안의 황제에게 친구가 없을손가 / 오하의 시인은 아직도 살아있도다."

4년 후 심덕잠은 다시 북경에 가서 황태후의 70세 축전에 참가했는데 건륭 황제는 기뻐하면서 그에게 지팡이를 하사했다. 당시 문무관원들 가운데서 70살 이상 되는 사람들을 '9로九老'라 불렀는데 심덕잠은 나이가 제일 많아 퇴직관원 '9로'에서 첫 자리를 차지했다. 건륭 황제는 또 화가에게 그의 초상을 그려 내부內府에 보관하라고 명령했다.

건륭 27년에 심덕잠은 건륭 황제가 제3차로 남방을 순시할 때 상주에 가서 배알했다. 건륭 황제는 즐거운 심정으로 시 한 수를 하사했으며, 그를 '강남대로江南大老'라고 불렀다. 건륭 30년에 심덕잠은 또 건륭 황제의 네 번째 남방 순시 때에 배알했으며 태자태부太子太傅가 되었다. 그는 그야말로 30년 동안 황제의 은혜를 받은 사람임에 틀림없었다.

묘비를 부수다

건륭 34년 심덕잠은 천수를 다하고 세상을 떠났다.

건륭 황제는 그의 죽음에 애석함을 금치 못하고 태자태사太子太師직을 추가했으며 사당을 지어 제를 지내고 '시단노석詩壇老碩'이란 편액과 '옥황상제수하 관리가 연기로 되고 천자의 문객이 고인으로 되었도다' 라는 주련을 하사했다.

그러나 건륭 황제는 이미 죽은 심덕잠에 대해 시름을 놓지 못했다. 그리해 그는 지방관원에게 밀령을 내

건륭남순도권乾隆南巡圖券
건륭 황제의 어가가 항주에 이르렀을 때 사람들이 구경하고 있는 장면을 묘사했다.

려 심덕잠이 전겸익의 저작을 감추어두지 않았는가를 조사하라고 했고, 마침내 그는 심덕잠에 대해 평가를 내렸다.

건륭 43년 건륭 황제는 서술기徐述夔의 '일주루집一柱樓集' 투옥사건을 처리할 때 심덕잠이 그 책에 서언을 썼다는것을 발견하고 그의 시호와 벼슬을 박탈한 후 묘비를 부수었다.

●●● 역사문화백과 ●●●

[건륭 왕조의 문자옥]

건륭 기간에 사고관을 개설하고 유서遺書들을 모집해 들이는 기간에 금지도서들을 대량으로 소각해버렸는데 장장 19년 동안의 금서기간에 모두 3100여 종, 151만 부의 도서들을 소각했다. 이는 거의 《사고전서》에 수록된 도서목록 수와 대등하다. 통계에 의하면 건륭 왕조 시기 각 유형의 문자옥은 110건 이상으로서 청나라 시대 전체 문자옥의 80%가량 차지하며 그 복사면은 경도와 관내의 대부분 성에 파급되었고 인원은 조정과 재야, 관민에까지 미치었으며 시간은 반세기나 되었다. 즉 건륭 16년(1751)부터 가경 초기(건륭 황제가 태상황으로 있던 시기)까지 지속되었다.

| 중국사 연표 |

1806년 이장경李長庚이 대만해협에서 채견蔡牽과 싸워 크게 이겼다.

078

유통훈, 유용 부자

그들은 정직하고 청렴했기에 두 사람 모두 청렴한 관리라는 영예를 안았다.

건륭 왕조 시기 청렴한 관리들이 많았는데, 그중 유통훈劉通勳, 유용劉墉 부자가 있었다.

참된 재상이 가는 길

유통훈은 과감하게 직언을 하고 단점을 비호하지 않았다. 황제에게는 유통훈 같은 사람이 절실하게 필요했기 때문에 유통훈은 황제의 신임을 받게 되었다.

유통훈이 죽자 건륭 황제는 직접 그의 집에 찾아가 조문했는데, 문이 낮아 어가의 덮개를 떼고 들어갔다. 집 안도 더없이 검소했다. 때는 겨울이었는데 찬바람이 창문 틈으로 스며들어 방 안에는 냉기가 돌았다.

건청궁에 돌아온 후 건륭 황제는 눈물을 머금고 대신들에게 이렇게 말했다. "유통훈과 같은 사람이야말로 참된 재상이 되기에 손색이 없도다."

유통훈은 직분에 충성했으며 폐정과 탐관오리들을 발견하면 즉시 탄핵하곤 했다.

절강에서 제방을 시찰할 때 그는 새로 부임하는 제독과 순무들이 임직할 때 자기가 데리고 온 심복들에게 수입이 좋은 관직을 주는 것을 발견했다. 이에 그는 하공河工, 군전효력軍前效力 등 관직 외에는 심복들을 배치해서는 안 된다는 상주서를 올렸다. 황제는 그의 의견에 동의했고, 심복들에게 수입이 좋은 자리를 배치해주는 기풍이 가라앉았다.

건륭 6년(1741)에 좌도어사직에 있던 유통훈은 원로대학사 장정옥과 상서 납친納親 두 중신을 비판했다. 그는 이렇게 말했다. "여론에 의하면 동성桐城의 장씨, 요씨 가문에서 진신의 절반을 차지한다고 한다. 장정옥의 가문에서 19명이 벼슬을 하고 있고, 요씨 가

일대의 명신하 유용
유용(1719~1804)은 자가 숭여崇如이고 호는 석암石庵이며 산동 제성 사람이다. 건륭 시기에 진사 급제했으며 벼슬이 예부상서겸 병부상서로 있었다. 그리고 《사고전서》의 부총재·삼통관 총재 및 상서방 총사부總師傅로 있었으며, 체인각대학사·태자소보少保 등을 맡았다. 또 세 번이나 국자감을 겸해 관리했으며 향시, 회시의 시험 관직을 맡았다. 글과 서예 면에서 모두 청나라 시대에 이름을 날렸으며 청나라 시대 '4대 서예가'에서 최고였다.

유용이 이무거李武擧를 나포하다 (청나라 말 연화)
유용이 경성에서 편복을 입고 개인 방문할 때의 상황을 묘사했다. 그가 가마를 타고 가는 도중 회오리가 가마를 막자 교군들은 다른 길로 갔다. 그런데 회오리가 세 번이나 그의 가마를 막았다. 그러자 무슨 사연이 있다고 생각한 유용은 회오리를 따라갔는데, 그곳에는 무덤 옆에서 한 여인이 죽은 남편을 위해 곡을 하고 있었다. 회오리는 여인 앞에 가더니 그녀의 효의孝衣를 쳐들었다. 그러자 효의 밑에는 붉은색의 중의中衣가 나타났다. 유용이 조사를 해보니 여인의 이름은 황애옥黃愛玉이며 그녀는 이무거와 통간하고 남편을 모해했다는 것이 밝혀졌다. 유용은 그들을 처단해 죽은 사람의 한을 풀어주었다.

| 세계사 연표 |

1807년
미국에서 증기기관을 사용한 첫 윤선을 제조했다.

《청사고清史稿 · 유통훈전劉統勳傳》 출전

문에서 10여 명이 벼슬을 하고 있는데 두 가족은 서로 추천하고 있다고 한다. 이렇게 되면 후에 관원이 남아돌고 쓸모없는 벼슬이 넘치게 될 것이다. 그런데 납친은 오만한 기세로 사람을 능멸하면서 겸손도 보이지 않고 있다고 한다. 이런 일들에 대해서 임금님께서는 엄하게 훈시하고 잘못을 고치도록 감독해야 할 것이다."

건륭 황제는 유통훈의 상주문을 그 자리에서 대신들이 읽어보도록 돌렸다. 말을 하지는 않았지만 정직

《5체청문감五體淸文鑒》
이 책은 만문, 장문, 몽골문, 위구르문, 한문 다섯 가지 문자로 대조하면서 분류를 나눈 사전이다. 이 사전은 건륭 말기에 편찬되었으며, 사회·정치·경제·문화 등의 단어가 망라되어 있다.

하고 아첨을 모르는 그의 이런 방법을 칭찬하는 것임이 틀림없었다.

평복을 입고 남몰래 관리들을 조사하다

건륭 황제는 유통훈을 대학사, 형부상서로 승진시키고는 그에게 해마다 각지를 순찰하면서 관리들의 공무집행을 조사하라고 명했다.

어느 해에 유통훈은 황하의 치수를 순시하게 되었다. 땅거미가 질 무렵 그는 평복을 입고 황하 제방으로 나갔다. 황하 제방에서 그는 5~60여 대의 수레가 서 있는 것을 보았다. 수레마다 수수대, 옥수수대를 실었고, 수레 옆과 제방에는 옷차림이 남루한 100여 명의 백성들이 모여 있었다. 그들 대부분은 지친 모습이었는데 어떤 사람들은 서로 마주보며 눈물을 흘리고 있었다. 이상하다고 생각한 그가 이유를 묻자 그들은 이렇게 대답했다.

"우리들은 모두 농사꾼인데 지현의 명령에 따라 황

유용의 서예《행서송채명원서行書送蔡明遠敍》

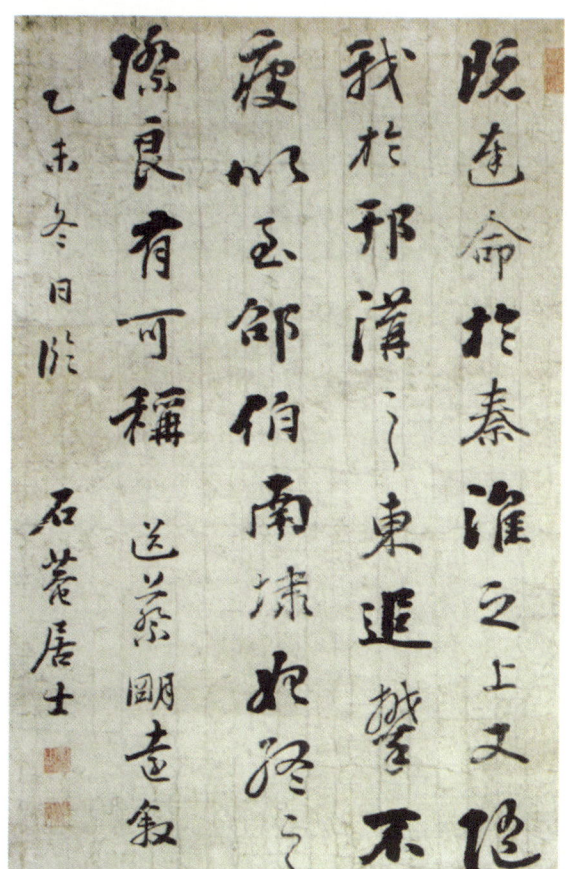

●●● 역사문화백과 ●●●

[경사의 관리들은 노새 수레를 탔다]

옹정·건륭 시기, 북경의 관리들은 대부분 나귀 수레를 탔는데, 유계훈劉啓勛은 백마가 끄는 수레를 탔다. 건륭 30년(1765)에는 마차가 많아지기 시작했다. 촉도蜀道에서 운행하기 시작하면서 많은 노새들이 북경에 들어왔고, 노새 수레가 대량으로 늘어나면서 점차 나귀 수레를 대체했다. 당시 노새 수레를 '천운거川運車'라고 했으며 당시 '노새 수레가 날마다 골목을 누빈다'라는 시구까지 나오게 되었다. 고용된 노새 수레를 '매매거賣買車'라고 했으며 수레 휘장은 비단으로 만든 것과 창에 유리를 단 것이 있었다.

| 중국사 연표 |

1807년
문무관원들이 여러 왕들과 내왕하는 것을 금지할 것을 신청했다.

어필석각장형서십삼경우벽옹서
장형(1672~1743)은 청나라 시대의 저명한 서예가이다. 그는 10년이란 시간을 들여 '13경'을 교정하고 또 해서체로 썼으며 이를 건륭 황제에게 바쳤다. 건륭 50년에 건륭 황제는 장형이 쓴 '13경'을 북경 국자감의 벽옹에 판각했으며, 이 작품에 서언을 써주었는데 이는 유일하게 완벽한 석각 '13경'이다. 이 어필석각장형서십삼경우벽옹서御筆石刻蔣衡書十三經于辟雍序는 건륭 황제가 쓴 서언의 자수이다.

하 치수에 사료를 가져왔습니다. 그런데 관리가 수레당 은 1냥 8푼을 내지 않으면 사료를 받지 않겠다고 합니다. 우리들에게 그렇게 많은 돈이 어디 있나이까? 지금 우리들은 적게는 사흘, 많게는 열흘을 이렇게 기다리고 있습니다."

그 말을 들은 유통훈은 일부러 이렇게 말했다.

"저도 사료를 싣고 온 사람인데요. 저는 나으리의 시종을 알고 있기에 방금 바치고 오는 길이올시다. 제가 대신 당신들의 사료도 바쳐주리다."

말을 마친 유통훈은 사료를 실은 수레를 몰고 접수처로 갔고, 관리는 유통훈의 얼굴에 기름기가 도는 것을 보고 부자라고 여겼는지 은 15냥을 내라고 했다. 이에 유통훈이 항의를 하자 그 관리는 화를 내면서 시종에게 채찍으로 그를 몰아내게 하고 수레까지 몰수해버렸다. 유통훈은 즉시 되돌아가 영전令箭을 발부해 그 자를 결박한 후, 곤장 40대를 때리고 큰 칼을 씌우고 황하 제방으로 끌고 나가 죄를 알렸다.

유용의 상주서 원고
이 상주서는 유용이 건륭 황제에게 올린 상주서다. 상주서의 내용은 건륭 황제가 시를 하사해준 데 대해 감사를 드리며 원음에 화답해 시 한 수를 올린다는 것이다.

그 광경을 본 다른 관원들이 벌벌 떨었고, 가져온 사료를 모두 받아들였다.

유용이 화신을 골려주다

유용은 유통훈의 아들이다. 유용은 정직하고 청렴한 부친의 품성을 이어받은 청렴한 관리였다.

건륭 중기 이후 화신和珅이 권력을 잡자 조정의 관원들은 모두 그에게 몰려들었는데, 기효람紀曉嵐, 팽원서彭元瑞 같은 사람들도 화신을 대신해 시와 글을 대필해주기까지 했다. 그러나 유용은 협력하지 않고 냉담한 태도를 보였다.

어느 해 음력설에 눈이 펑펑 쏟아지고 바람이 세차게 불고 있었다. 화신이 궁을 나선다는 소식을 들은 유용은 화신이 자기 집을 지날 때 일부러 수하들에게 명찰을 내들고 가마 앞에서 "유중당께서 몸소 나으리의 저택을 찾아 세배를 드리려 했지만 만나지 못했나이다. 지금 길 복판에서 기다리고 있나이다."라고 소리치라고 했다. 화신은 할 수 없이 가마에서 내렸다. 유용이 어느새 땅에 꿇어앉아 세배를 올리고 있는 것을 본 화신은 황급히 땅에 꿇어앉아 답례를 올렸다. 그 바람에 그가 입고 있던 비단옷에 진흙이 묻어 꼴불견이 되고 말았다.

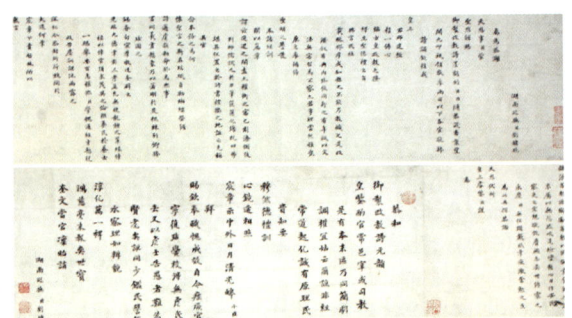

| 세계사 연표 |

1808년 베트남에서 문묘를 세움. 명조의 제도에 따라 공자문선왕孔子文宣王을 지성선사공자至聖先師孔子라고 고쳤다.

079

《삭방비승朔方備乘》 38권

볼가강에서 돌아온 투르후터인들

몽골의 한 갈래 부족인 투르후터土爾扈特인은 유럽에서 중국 땅으로 되돌아왔다. 이는 중국 민족사에서 중대한 사건이었다.

태양이 솟는 곳으로

건륭 30년(1770), 투르후터인이 서쪽으로 이동한 후 제8대 수령이 된 26세의 워빠시는 오래 전부터 벼르던 결정을 내렸다. "우리들은 즉시 동쪽 조국으로 돌아갈 것이다!" 회의가 끝난 후 각 부족의 두령들은 준비를 했다. 소식이 전해지자 볼가강 초원에는 순식간에 환호성이 터졌다.

워빠시는 총명하고 과감한 사람이었다. 17살에 즉위한 후 그는 항상 중국 땅으로 돌아가려던 선조들의 염원을 실현할 것인가를 생각하고 있었다. 투르후터인의 이동 준비는 다음해 1월 5일 전에 끝났다.

1월 5일, 광활한 볼가강 초원에서 수천 수만의 투르후터인들은 조국으로 돌아가는 길에 올랐다. 수레와 마차들에는 간단한 물품을 싣고 노약자, 어린이, 여성들을 태웠다. 사람들은 머리를 돌려 불 타오르는 마을들을 보면서 눈물을 흘렸다. 그들은 "우리는 태양이 솟아오르는 곳으로 간다! 이후부터 우리의 자손들은 절대로 노예가 되지 않을 것이다!"라고 소리쳤다.

황청직공도皇淸職貢圖의 투르후터인

투르후터인은 중국 몽골족 중 옛 부족의 한 갈래이다. 명나라 말기(1628)에 투르후터인들은 새로운 환경을 찾아 부족 대부분이 옛 고향인 신강 타르바하타이를 떠나 카자흐 초원을 지나고 우랄강을 건너 볼가강 하류의 카스피해 기슭으로 이동했다. 인적이 드문 이 초원에서 그들은 땅을 개척하고 유목민족의 투르후터인 한국을 건립하기 시작했다. 18세기에 이르러 러시아제국의 압력에 의해 그들은 다시 고향으로 돌아올 결심을 하게 되었다. '황청직공도 투르후터인'에 이러한 역사적 사실이 기록되어 있다.

고향 찾아 걷는 길

투르후터인은 몽골족의 한 갈래로 대대로 유목생활을 했으며 명나라 말·청나라 초기에 준갈准噶, 허쎄트和碩特, 뚜르베트杜爾伯特와 함께 에루터厄魯特 몽골 4부라고 통칭했다. 100년 전에 강대해지기 시작한 회갈부족이 투르후터인을 삼키려 했으며 동시에 러시아도 무력과 정치적 위협을 가함으로써 투르후터인을 차르에게 충성하도록 하려고 시도했다.

당시 투르후터인 수령으로 있던 어얼러크爾勒克는 준갈부족과의 충돌을 피면함과 동시에 차르러시아의 시달림에서 벗어나기 위해 부족을 거느리고 서쪽으로 수초가 아름다운

1644 ~ 1840 청나라·1

| 중국사 연표 |

1808년
영국의 장선長船이 광동 향산 해면에 들어와 군대를 상륙시켜 오문대 포대를 차지하고 물러나지 못한다는 엄령을 내렸다.

서역도책 투르후터인 사람들
감숙 지현 명복明福은 세 번이나 서역에 다녀왔다. 그는 소수민족 풍습을 기록하고자 도책圖冊을 제작했다.

볼가강 하류의 광활한 곳으로 찾아왔다. 그러나 어얼러크와 그의 자손들은 끊임없이 침략하는 러시아와 항쟁하면서 자기들이 개척한 땅을 지키지 않으면 안 되었다. 차르러시아의 예속에 반항하는 투쟁 속에서 투르후터인들은 조국을 더욱 그리워했다.

워빠시渥巴錫가 17만 명의 군민들을 거느리고 본토로 돌아간다는 소식이 페트르부르크에 전해지자 차르러시아는 즉시 군대를 파견해 저지했다. 게다가 봄이 돌아오자 빙설이 녹으면서 카자흐 초원은 질척질척하기 그지없었다. 찌는 듯한 여름철이 돌아오자 이

●●● 역사문화백과 ●●●

[왕공귀척王公貴戚들의 '지혼指婚' 연인聯姻]
청나라 시대 왕공귀척들 간에는 '지혼'을 통해 서로 결혼하는 것이 보편적이었다. 그 목적은 친척끼리 겹사돈을 맺음으로써 자신들의 정치권력을 강화하기 위한 것이었다. 《청패유초清稗類鈔》의 '혼인류 지혼'이라는 항목에는 다음과 같이 쓰여있다. '근지近支왕패륵 패자공 및 외척 자녀 및 성년자로서 혼인연령에 관해 상주했다.' 즉 황태후가 만주, 몽골, 한군의 귀족과 연인을 맺을 것을 지정한다는 것이다. 지정한 후 의지懿旨를 발표하는데 모 여자가 모 왕 또는 누구와 혼인한다고 했다. 이를 '지혼'이라고 하며 만어에서는 이를 '전혼拴婚'이라고 한다.

워빠시의 요도腰刀
건륭 연간에 투르후터인은 수령 워빠시의 영솔하에 조국으로 돌아왔다. 그림은 워빠시가 돌아온 후 건륭 황제를 배알할 때 건륭 황제에게 드린 예물이다. 칼자루는 나무로 되어 있고 금은색실을 둘렀으며, 자루끝에는 은으로 꽃과 산호를 부각했고, 자루의 홈과 칼집끝의 장식은 모두 은으로 조각한 꽃이다. 칼집은 나무로 만들어졌고, 가죽을 씌웠으며, 그 사이에는 가는 은고리를 박았다. 이 칼은 워빠시의 선조가 물려준 것이다.

글거리는 햇빛이 불처럼 쏟아졌으며 땅에서 열기가 올라왔다. 그러자 워빠시의 대열은 전투와 질병, 피로와 기아로 수많은 목숨을 잃었다. 부락의 수령들은 긴급회의를 열었다. 체버커둬얼제策伯多爾濟는 격앙된 어조로 이렇게 말했다.

"러시아에 남게 되면 차르의 군대는 우리 주변에

보길류도
워빠시는 건륭 35년(1770) 10월에 부족을 거느리고 8개월 동안 만리길을 걸어 마침내 건륭 36년에 7만여 명을 거느리고 이리에 도착했다. 건륭 황제는 그들에 관한 정황에 깊은 관심을 보이며 대량의 식량과 장막, 천, 양들을 투르후터인들에게 주었다. 워빠시 일행은 목란수렵장으로 찾아와서 건륭 황제를 배알함과 아울러 귀순할 것을 표시했다. 다른 한 수령 체바이둬얼제는 자기의 금삭도金削刀와 터키와의 전쟁에서 노획한 써커스용 말을 건륭 황제에게 바쳤다. 건륭 황제는 이 말의 이름을 '보길류寶吉騮'라고 불렀다. 건륭 황제는 승덕에 돌아가 성대한 의식을 거행해 워빠시 일행을 접견하고 그들을 왕으로 책봉했으며 은을 상으로 내주었다.

| 세계사 연표 |

1809년 유럽 각국이 제5차 반프랑스동맹을 결성했다.

보루를 쌓아놓을 것이고, 그러면 우리들은 갇힌 노예가 될 것이다. 그렇게 되면 우리들이 무슨 면목으로 조국에 돌아가려는 염원을 가슴 가득 품고 있었던 선조들을 대할 수 있겠는가?'

타당하게 안치하고 널리 표창하다

투르후터인이 돌아왔다는 소식이 북경에 전해졌

만법귀일도万法歸一圖
만법귀일전은 건륭 왕조 시기에 축조한 건축물로서 청나라 황제가 여러 소수민족 상류층 인사들과 함께 예를 올리고 제를 지내는 곳이었다. 이 그림은 건륭 황제와 투르후터인 수령들이 함께 법사를 올리는 장면을 묘사했다.

어제御製투르후터인전부귀순기
투르후터인이 고국으로 돌아오고 건륭 황제가 결단성 있게 수용했다는 것은 모두 비범한 행동이었다. 《어제투르후터인전부귀순기》에서는 이러한 역사를 상세하게 기록했다.

다. 건륭 황제는 기쁨을 금치 못했다. 섬陝·감甘·녕寧·몽골·신강 등지의 여러 민족들도 식량, 옷, 소와 양 등을 헌납해 투르후터인 형제들이 난관을 이겨나가도록 도왔다.

청나라 정부는 투르후터인의 행동에 대해 표창했는데 워빠시를 왕으로 책봉했고, 체버커둬얼제를 부앤투친왕으로 책봉했으며, 기타 수령들에게도 각각 상을 내렸다.

따와제達瓦齊반란에 참가해 수배를 받아 러시아로 도주했던 세렁捨楞에 대해서는 함께 돌아온 일을 잘못을 뉘우치고 투항한 것으로 간주했기 때문에 그 죄를 묻지 않고 함께 삐리커투군왕으로 책봉했다.

《흠정서역동문지欽定西域同文志》
청나라 때에 간행한 여러 가지 어종語種 대조사서對照辭書인 이 책은 만문·몽골문·한문·장문·위구르문·탁특托式몽골문 등 여섯 가지 문자로 편찬했다. 전책은 모두 24권으로 되었으며, 청나라 고종 건륭 28년(1763)에 인쇄했다.

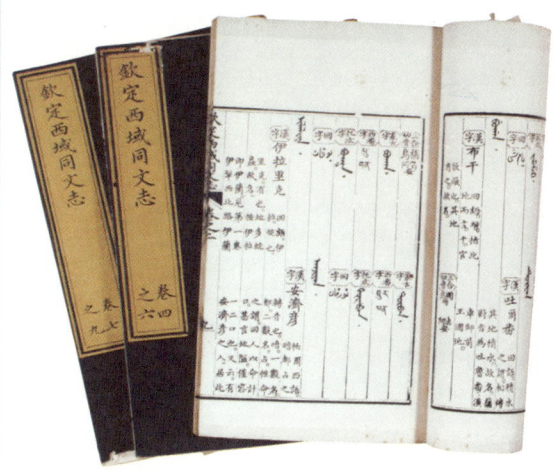

'순수舜水는 옛 읍의 물로 이름을 얻는다'는 말로서 고국과 옛 고향을 잊지 않는다는 뜻이다

| 중국사 연표 |
1809년 광동외양상인무역장정을 제정했다.

080

기효람과 《사고전서》

전하는데 의하면 기효람紀曉嵐은 해박하고 초인간적인 기억력을 가지고 있었다고 한다.

건륭 황제는 스스로 자신은 평생 두 가지 큰 일을 했는데, 하나는 '10전무공十全武功'이고 다른 하나는 《사고전서》라고 말했다. 그가 말하는 '10전무공'은 세월이 지나며 대부분 소실되었지만 《사고전서》는 여전히 남아 있다. 이 거작의 출현은 또한 한 사람에게 의거했는데 그 사람이 기효람이었다.

니었다. 하지만 그가 많은 사람들의 칭찬을 받게 되자 외지인 귀주의 도균지부都勻知府로 부임되었다.

그러나 건륭 황제는 그가 학문이 깊다고 하면서 그를 내놓으려 하지 않고 그에게 품급品級을 더 주었다. 그래서 기효람은 4품급을 가지고 북경에 남아서 원직무인 편수직을 가졌으며 얼마 후에는 한림원 시독학자로 승진했다.

황제가 중요시한 재인

기효람은 건륭 왕조 시기의 대학자였다. 과거 출신인 그는 건륭 19년(1754)에 진사 급제했고, 그후 줄곧 한림원에서 일했다. 한림원은 도읍에서 얼마 되지 않는 녹봉을 받는 벼슬이다. 그러나 그 울타리를 벗어나기란 쉬운 일이 아

박식한 기효람
기윤紀昀(1724~1805)은 자가 효람이고 호가 석운石云, 춘범春帆이며 하북 헌현 사람이다. 그는 건륭 19년에 진사 급제했으며 벼슬은 예부상서에까지 이르렀으며 한림원 서길사, 편수직을 수여받았다. 그는 학식이 해박했기 때문에 건륭 황제의 찬양을 받았다. 건륭 기간에 《사고전서》를 편찬하면서 총찬관總纂官직을 맡았다. 죽은 후 문달文達이라는 시호를 받았다.

총찬관總纂官으로 부임하다

건륭 38년(1773)에 건륭 황제는 사고전서관을 설치하고 민간에 널려 있는 일서逸書(세상에 알려지지 않은 책)들을 망라해 고금의 모든 책들을 수집했다. 그 총책수는 강희 왕조 시기에 편찬한 《고금도서집성》을

흠정 《사고전서》 간명목록함 (위 사진)
《사고전서》의 방대함을 고려해 찾아보기 쉽게 네 가지 색으로 장정했다. 그 가운데 경부經部는 녹색, 사부史部는 적색, 자부子部는 월백색, 집부集部는 검은 회색으로 장정했다. 검색 또한 편리하게 간명목록을 편집했으며 수권手卷을 만들어 함에 보존했다.

●●● 역사문화백과 ●●●

[한림원]
한림원은 청나라 시대 국사 편찬을 장악하고 황제의 기거주起居注를 기재하며 경사經史·책문冊文·봉고封誥·제문祭文 등을 작성하는 기구였다. 주사는 한림원을 장악하고 있는 학사였으며, 만족과 한족이 각각 1명씩 있었다. 소속관원들의 관직에는 시독학사·시강학사·시독·시강·편찬·편수·검토·서길사 등이 있었으며 인원을 고정하지 않았다. 보통 한림이라고 불렀으며 진사 급제해야 한림원에 들어갈 수 있었다.

| 세계사 연표 |

1810년 나폴레옹이 조세핀과 이혼하고 오스트리아 공주 루이스를 황후로 맞아들였다.

출전 《청사고淸史稿·기균전紀昀傳》

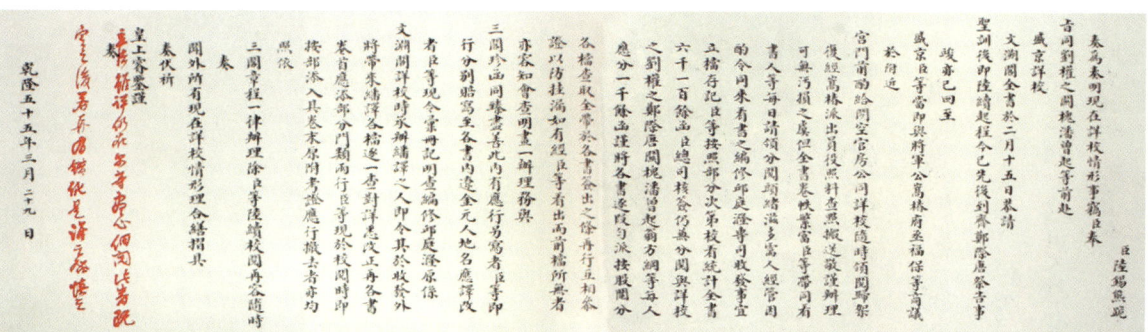

건륭주비 '육석웅陸錫熊 주보상교문소각문소각문奏報詳校文溯閣《사고전서》 정형절情形折'
건륭 38년(1773) 건륭 황제의 직접적인 주최하에 《사고전서》의 편찬 사업이 광범위하게 전개되었다. 이것은 찬관 육석웅이 건륭 황제에게 문소각에 수장한 《사고전서》를 상세하게 교정함에 있어서의 진척 상황을 보고한 상주서이다. 건륭 황제의 주비朱批(주필로 쓴 비평)도 여기에 씌어 있다.

초과해야 한다고 제기했다. 이 책을 편찬하기 위해 유통훈, 유륜劉綸, 우민중于敏中 등을 정총재로 하는 고위급 관원들로 이루어진 기구가 설립되었으며 북경 내외의 지식 있는 300여 명의 인사들을 선발해 참여시켰다. 이 책의 편찬에 참가한 사람들은 대부분 요내姚鼐, 옹방강翁方鋼, 소진함邵晉涵, 대진戴震과 같은 이름있는 학자들이었다. 그러나 총찬관, 즉 일상적인 사업을 주최하고 또 마지막에 원고를 확정할 사람이 부족했다. 건륭 황제는 여러 사람들의 의견을 알아보았다. 그때 수석 정총재正總裁인 유통훈은 《사고전서》를 편찬하는 일은 책의 권수가 많고 또 번잡하기 때문에 반드시 종합적으로 고려해야 된다는 이유로 찬수 기윤紀昀(기효람)을 추천했으며 육석웅陸錫熊을 데려올 것을 건의했다.

곳곳마다 먹의 향기로 넘친 황실 장서루藏書樓
문연각文淵閣은 문화전 북쪽에 자리 잡고 있다. 건륭 39년에 건설된 문연각은 3층으로 영파의 천일각天一閣을 모방해 지었다. 윗층은 한 칸으로 되어 있고, 아래층은 여섯 칸으로 나뉘었는데 이는 '천일생수天一生水·지륙승지地六承之'라는 뜻에서 온 것이며 방화防火를 의미한다. 자금성 궁전에서 도서를 수장하는 주요한 곳은 바로 문연각이었다. 세계에서 제일 큰 총서 《사고전서》는 이곳에 수장되어 있었는데, 정교한 녹나무 상자에 넣어 서가에 얹어 놓았다. 문연각에는 이외에 강희 황제가 편찬한 《고금도서집성》과 대량의 고대 문화재가 수장되어 있고, 지금까지도 중요한 가치를 지니고 있다.

윤희의 〈산수도〉 화첩
윤희(1711~1758)는 강희 황제의 21번째 아들이다. 그는 자가 겸재謙齋, 호는 자경紫瓊이며, 별호는 자경암도인紫瓊岩道人, 춘부거사春浮居士 등이다. 그는 신군왕 익정謚靖으로 책봉되었다. 강희 59년에 장성 밖에 나가 있으면서 정치에 참여하지 않고 한족·만족 문인들과 함께 시를 짓고 술을 마시곤 했다. 그는 여러 책들을 널리 탐독하고 시, 서예, 그림에 뛰어났다. 그림은 산수와 꽃을 잘 그렸다.

광유공소光裕公所이다. 광유공소는 1912년에 광유사光裕社라고 개칭했다

1810년 초상선이 시험적으로 해운을 시작했다. 아편을 금지했다. 광동수사 제독을 설립하고 '분선순집양면장정分船巡緝洋面章程'을 제정했다.

| 중국사 연표 |

임고법첩臨古法帖 (청나라 주답의 글)
주답朱耷이 바로 팔대선인八大仙人이다. 그는 청나라 시대의 저명한 화가이고 서예가이다. 그의 서예는 그의 회화 풍격과 비슷하며 아주 간결하다. 만년에 그는 날카로운 필법을 둥글고 짙은 풍격으로 변화시켰다.

서》편찬을 위해 10년 동안 일했는데 임직 기간이 제일 길었고 공도 제일 컸다. 이에 그는 좌도어사로, 다시 예부상서로 승진했다.

전설을 역사로 간주하지 말아야 한다

기효람은 일생 동안 책과 씨름해온 학자였다. 그렇지만 민간에서는 그를 풍류적이고 호방하고 익살을 잘 부리는 전기적인 인물로 간주했는데 어떤 말들은 사실이 아니었다.

그 가운데서 제일 널리 유전된 이야기는 다음과 같다. 건륭 황제는 그를 곯려주기 위해 그에게 물에 뛰어들어 자결하라고 명령했다. 그는 어구御溝에 달려갔다가 다시 돌아와서 하는 말이 물에 들어갔다가 초나라의 굴원을 보았는데 그가 말하기를, "내가 당년에 물에 뛰어든 원인은 아둔한 초회왕을 만났기 때문이지만 당신은 지금 현명한 임금을 만났는데 왜 물에 뛰어드는가?"라고 했다는 것이다. 듣고 보면 정말 그런 일이 있는 것 같지만 사실 이런 이야기는 아무런 근거도 없는 것이다.

기효람은 평생 책 읽기를 즐겼는데 그는 책을 읽은 후 그것들을 종합해 정리했으며 그것을 다시《사고전서 총제목개요》로 작성했다. 건륭 48년에 이 책에 대한 편찬이 완성되자 그는 책 앞부분에《사고전서》편찬에 관해 반포한 건륭 황제의 '성지'와 관신이 작성한 '표문表文'을 열거해 건륭 황제에게 보고했다. 보고에서 그는《사고전서》를 편찬할 때 경經, 사史, 자子, 집集 네 부분으로 해 모두 3503종, 7만 9337권, 3만 6078책을 받아들였다고 썼다. 표문을 읽고 난 건륭 황제는 크게 기뻐하면서 "이 표문은 틀림없이 기윤의 손에서 나왔으렸다." 하며 표창했다. 기윤은《사고전

●●● 청나라 전기의 화가들 ●●●

이름	생몰연대	자	호	적관	특장	대표작
홍인	1610~1664	육기	절강, 절강학인, 무지, 매화고납	안휘 흡현	산수화	〈청계우제〉〈추림도〉〈고차단획도〉〈서암송설도축〉
정수	1605~1691	목청, 휴민	구구, 구도인, 강동포의	안휘 흡현	초서, 그림, 전각	〈군봉도축〉〈천암경수도축〉〈산수첩〉
곤잔	1612~약1692	석계, 개구	백독, 잔도자	호광 무릉 (지금의 호남 상덕)	산수화	〈창취릉천〉〈추산기사도〉〈보은사도〉〈연파범정도〉〈종대쌍계도〉〈계산한조도〉〈산수첩〉
주답	1626~1705	인암	설개, 개산, 인성, 도랑, 8대선인	남창	화조죽목, 예서	〈하상화도권〉〈등월도〉〈어조〉〈송하명금도〉〈화화수조도〉〈산수도〉〈임구루비석고문병석문〉

역사 시험장 〉 청나라 초기 정성공, 장황언이 군사를 거느리고 북벌할 때 강남으로 들어가는 전투를 무엇이라고 불렀는가?

| 세계사 연표 |

1811년 영국 각지의 수공업자들이 방적기를 부수는 운동을 시작했다.

오역	1632~1718	어산	도계거사, 묵정도인	강소 상숙	산수	〈조설도〉〈비파행권도〉〈호천춘색도〉〈추림보월도〉〈추사만종도〉〈산촌전사도〉〈방송설선거도〉
왕원기	1642~1715	무경 록대	일호석사도인,	강소 태창	산수	〈방오지산수〉〈방황공망산수〉
석도	1642~1707		자칭고과화상이라고 했음.	광서 전주	산수, 인물, 화과, 난죽, 매화	〈소학도〉〈160라응진도권〉〈소죽유란도〉〈고묵저색산수〉〈운산도〉〈난죽도〉〈교송도〉〈산수첩〉
고기패	1660~1734	위지	저원, 남촌, 별호 창장	요녕 철령	손가락으로 인물을 그림, 행서	〈포호도〉〈안행도〉〈노용종규도〉〈오동희학도〉〈규송막축도〉〈행서제화시병〉
왕사신	1686~1759	근인	소림, 계동외사	안휘 휴녕	매화, 난초, 대나무, 팔푼서	〈창송언건도〉〈소상령방도〉〈녹악매개도〉〈주향매영도〉〈월패풍금도〉〈영근출곡도〉〈영견우화시〉
이선	1686~약1762	종양	복당	강소 흥화	사의화조	〈사계화훼권〉〈천지일사구〉〈쌍송〉〈시신가품〉〈오송도〉
김농	1687~1764	수문	동심	절강 항주	서예에서 편필서체를 창조, 해서, 예서체를 겸함, 당시 '칠서' 라고 함. 죽, 말, 불상, 매화를 그렸음.	〈동악토화도〉〈공한여선도〉〈납매초정도〉〈옥접청표도〉〈철간소화도〉〈보살사상도〉〈경자사상도〉〈동몽팔장〉
황신	1687~1770	공무, 공도, 국장	영표자, 일명 동해포의라고 했음.	복건 녕화	인물, 산수, 초서	〈팔선성취도〉〈설류희영도〉〈상산사곡도〉〈관산풍설도〉〈창파조수도〉〈동산상영도〉〈천연도〉〈산곡청금도〉〈초서시축〉
고상	1688~1753		서당 서당 일작서당	강소 양주	산수, 화훼 예서, 각인	〈탄지각도축〉〈오언시〉〈칠언절구시〉
랑세녕	1688~1766	봉강		이탈리아 밀라노	인물초상, 새,짐승, 산수 및 역사사건	〈취서도〉〈호헌영지도〉〈백준도〉〈안평춘신도〉
정섭	1693~1765	극유	판교	강소 흥화	난, 죽, 석, 송, 국, 6푼반서	〈난죽석도축〉〈매죽도축〉〈현애란죽도축〉〈행서축〉〈당인절구시〉
이방응	1679~1755	규중	청강, 일명 추지, 앙원, 백의산인	강소 통주	산수, 인물, 매, 난, 국, 죽 및 소나무	〈소상풍죽도〉〈유어도〉
유용	1719~1804	숭여	석암, 청원	산동 제성	서예에 능함	〈행초서축〉
나빙	1733~1799	도부	양봉, 농운, 별호 화지시승, 금우산인, 주어부, 사련노인	안휘 흡현	인물, 초상, 산수, 화훼	〈매란죽석도축〉〈정경상〉〈유기춘교도축〉〈약근화상상〉〈소재도축〉〈동심선생초음오수도〉
옹방강	1733~1818	정삼	담계, 소재.	직예 대흥	해서, 예서	〈옹방강서서천지수묵사생권가권〉
해강	1746~1803	철생	나암, 계도인, 몽도사, 학저생, 야접자, 몽천외사, 산목거사, 나감외사, 동화암주	절강 전당	예서, 전각, 산수, 화훼	〈암거추상도〉〈초서단원론서일측〉

1644 ~ 1840 청나라 · i

| 중국사 연표 |

1811년 양강총독 근보斯保 등이 해운운영을 반대했다. 각 성에 서양인들이 들어오는 것을 금지하라고 명했다. 따라서 민중들이 천주교를 믿는 것을 금지했다.

081

천하의 기재 대진

건가학파乾嘉學派는 사상과 학식이 넓었다. 그중 대진戴震은 건가학파를 대표하는 학자이며, 40여 종의 전문저서가 있고 실사구시를 추구했다.

배우기를 즐기다

대진은 어려서부터 책읽기를 즐겼다. 당시 서당에서 주요한 학과 목은 '4서5경'이었는데 '4서'란 《논어》와 《맹자》 그리고 주희朱熹가 《예기禮記》에서 발췌편찬한 《대학》과 《중용》이었다. 주희는 이런 책들에 각각 논평과 서술을 하고 주석을 달았다.

일설에 의하면 대진이 열 살 때 주희의 주석 《대학장구大學章句》에 대해 남다른 의문을 제기했다고 한다. 대진은 이렇듯 어려서부터 배우기를 즐기고 깊이 생각했다.

건가학파의 대표인물 대진
대진(1724~1777)은 자가 동원東原이며, 안휘 휴녕 융부 사람이다. 그는 청나라 시대의 진보적 사상가이며, 저명한 학자이며 '건가학파'의 대표인물이다.

그는 글을 읽음에 있어서 기초를 닦으려면 반드시 글자를 잘 알아야 하며 각 글자에 내포된 뜻, 음운 그리고 과정을 정확히 알아야 한다고 생각했다. 그는 한학자 허신許愼의 《설문해자說文解字》와 《13경주소經注疏》를 손에서 놓지 않고 연구하면서 읽었다.

경사에서 소문이 나다

건륭 20년(1755)에 33세의 대진은 고향 안휘 휴녕休寧에서 권세자들의 박해를 받자 고향을 떠나 자신의 저작을 가지고 한림원서길사로 있는 27세의 전대흔錢大昕을 찾아갔다. 두 사람은 하루종일 이야기를 나누었고, 서로가 마음에 들어 사귀기로 했다.

이튿날 전대흔은 형부상서 진혜전秦蕙田을 찾았고 대진에 관해 이야기했고, 전대흔의 말을 들은 진혜전은 대진이 정말로 인재라는 느낌이 들었다. 진혜전과 전대흔의 칭찬에 의해 이듬해에 이부상서 왕안국王安國은 대진을 자기 집으로 데려와 훈장으로 삼고 아들 왕념손王念孫의 스승으로 모셨다.

후에 왕념손과 그의 아들 왕인지王引之는 모두 대진의 고거학考據學을 계승받았고, '고우2왕高郵二王'은 건가학파의 계승자가 되었다.

이때부터 대진의 명성이 높아지기 시작했고, 북경

《대동원선생문집戴東原先生文集》(위 사진)
대진은 진사이며 학문을 널리 연찬했고 천문·수학·역사·지리 등 모든 학문을 깊이 있게 연구했다. 그는 일찍 찬수·한림원 서길사 등 직을 맡았다. 건륭 시기에 《사고전서》를 편찬할 때 특별히 찬수관으로 초빙받았으며, 5년 동안 일하다가 병사했다. 단옥재段玉裁 등이 그의 글들을 정리해 《대동원선생문집》을 편찬했다.

| 세계사 연표 |

1812년 프랑스군이 모스크바를 점령한 후 철수했다.

출전 《청사고清史稿·대진전戴震傳》
《전대흔문집錢大昕文集》

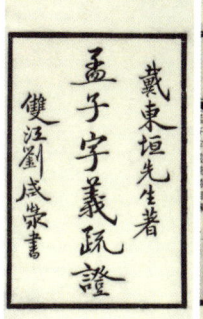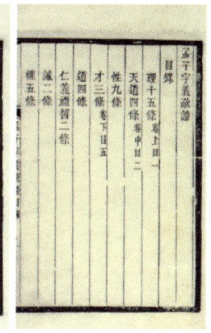

맹자 자의소증字義疏證
대진의 '의리義理' 사상은 주로 그의 《원선原善》·《맹자자의소증》 등의 저작에서 구현된다.

역사문화백과

[건가학파]

청나라 시대 학술 면의 뚜렷한 성과는 고거학考據學, 즉 한학漢學·박학樸學이었다. 고거학은 명나라 말, 청나라 초기의 고염무顧炎武와 황종희黃宗羲로부터 기원했다. 고염무는 거경사립론據經史立論·명도구세明道救世·경세치용을 주장했고, 황종희는 고거考據·의리義理·문장文章을 모두 중시할 것을 주장했다. 건륭·가경 시기에 학자들은 고문경학훈고古文經學訓詁와 조리발명條理發明의 방법으로 언어와 문자를 연구하고 정리했는데, 우선 경서를 교정하고, 나아가서 사적史籍·제자諸子로 확대했으며 경의經義를 해석하고 역사·지리·천문역법·음률·전장제도 등의 연구로 확대했다. 고거학은 목록학目錄學·판본학板本學·교감집일지학校勘輯佚之學으로 발전했다. 이 학파의 학자들을 건가학파라고 불렀는데, 그들은 한유경주漢儒經注의 방법을 취했고 동한東漢 시대의 허신許愼, 정현鄭玄의 소박한 학술 풍격을 숭상했기 때문이다. 그러므로 이들을 일명 박학파樸學派 또는 한학파漢學派라고도 부른다. 건륭 시기에 흥성하고 가경 말기에 몰락한 건가학파는 문자옥을 피하기 위한 일종의 학문 연구이기는 했지만 청나라 초기 이학을 비판하고 경세치용의 전학典學사상을 계속적으로 발전시키기 위한 것이었다. 대표인물로는 대진, 단옥재, 전대흔, 왕념손 등이 있었다.

의 재능과 학식이 있는 진사이며 학자들인 왕명성王鳴盛·왕창王昶·기윤紀昀·주균朱筠 등이 모두 그와 사귀며 가르침을 받았다.

《사고전서》 찬수관

건륭 38년(1773)에 건륭 황제는 사고전서관을 설립하기로 결정했으며, 총찬관의 추천에 의해 대진은 찬수관纂修官으로 임명되었다. 대진은 사고전서관에서 하루도 빠짐없이 책 속에 묻혀 자료를 찾고 고증했으며, 각지에서 보내온 책들을 자세히 열독하면서 조금도 소홀히 하지 않았다.

건륭 40년(1775)에 대진은 회시에서 낙방했다. 이 일을 알게 된 건륭 황제는 파격적으로 전시에 참가하도록 했으며, 그에게 진사 출신에게 수여하는 한림원서길사직을 수여했다. 대진은 음운音韵·소학小學·명물名物·천산天算·지리 등을 모두 연구했다.

대진이 죽은 10여 년 후, 그가 《수경주水經注》를 정리하는데 큰 성과를 올렸다는 말을 들은 건륭 황제는 남서방대신들에게 "대진이 아직 살아 있는가?" 하고 물었다.

그가 더는 이 세상 사람이 아니라는 말을 들은 건륭 황제는 애석함을 금치 못했다.

고거명인 전대흔 (왼쪽그림)
전대흔錢大昕(1728~1804)은 청나라 시대의 저명한 학자이다. 그는 경사經史 면의 여러 가지 학문과 천산지여天算地輿 등을 모두 통달했다. 특히 금석소학金石小學에 통달했으며, 종산鍾山·누동婁東·자양紫陽 등의 서원에서 강연을 했다. 그는 여러 가지 학문을 연구했으며, 다방면의 기술을 습득했다. 그는 옛 성모聲母연구에 주의를 돌렸는데, 이에 관한 그의 견해는 《잠연당문집潛研堂文集》과 《십가재양신록十駕齋養新錄》에서 찾아볼 수 있다. 그는 또 역사책에 대한 교정과 고증에 오랜 기간 종사했는데 《22사고이廿二史考異》 등의 저서를 썼으며, 원조의 역사를 다시 편찬하려는 뜻을 두고 일찍 《예문지》·《씨족표氏族表》 등을 편찬했고, 금석고증 면에서는 《잠연당금석문발미潛研堂金石文跋尾》 등 여러 가지 책을 썼다.

| 중국사 연표 |

1812년
가경 황제가 남원 양응대(南苑鷹臺)에서 기에 가담한 관병들을 사열했다.

082

강남을 순시한 건륭 황제

건륭 황제는 할아버지인 강희 황제를 본받으려고 했다. 강희 황제는 남방을 6차례 순시했는데, 건륭 황제도 강남을 6차례 순시했다.

화려한 남방순시

건륭 16년(1751)부터 건륭 49년(1784)까지 건륭 황제는 6차례 남방을 순시했다. 그는 일반적으로 먼저 육로로 가고 그다음 산동경내에서 대운하 길로 갔는데 도중에 양주, 진강, 강녕, 상주, 소주와 가흥을 지나 항주에 이르렀다. 그 노정은 5800리나 되었으며 육로로 갈 때는 길에 물을 뿌려 먼지를 없애고 모래를 깔아야 했다.

건륭 황제는 겉치레를 무척 좋아해 남방순시를 할 때면 왕공대신과 시위병정侍衛兵丁들을 무려 2500여 명씩 거느렸으며, 황제와 황제 가족을 위해 5척의 거대한 용주龍舟를 건조하기도 했다. 건륭 황제는 때로는 수양제를 모방해 여성들을 모집해 배를 끌도록 했다. 그리고는 자신은 경치를 구경하면서 즐거움을 누렸다.

끝없는 사치

건륭 황제는 남방순시를 하면서 강남 백성들을 혹사시키고 재물을 낭비했다.

그의 욕망은 늘어나기만 했는데 그가 이르는 곳마다 지방관원들은 전력을 다해 지방특산물과 진귀한 물건들을 바쳤고, 그도 역시 지방관원, 유명인사, 퇴직한 관원들을 위해 연회를 베풀었다. 그런 이유로 남방을 순시하기 전에 도읍에서는 순시길에서 쓸 소와 양을 남방에 실어가곤 했는데, 한 번의 순시에 송아지 75마리와 양 1000마리나 소모되었다고 한다.

그리고 건륭 황제는 식수를 중요하게 생각해 북경

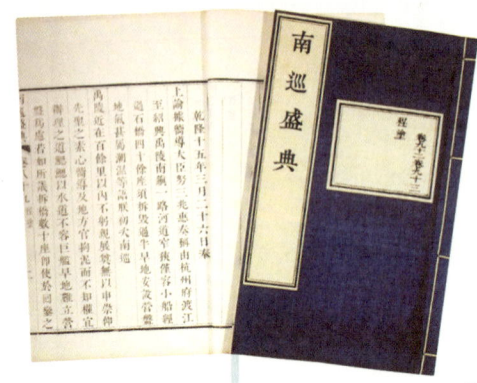

《남순성전南巡盛典》(위 사진)
건륭 황제는 일생 동안 동쪽과 남쪽을 총 11차례 순시했다. 각지의 풍습과 모습을 기록하기 위해 고진顧晉 등에게 《남순성전》을 편찬하도록 했다. 《남순성전》은 그림과 문자로 되어 있고, 건륭 16년부터 30년까지 건륭 황제가 행한 네 차례의 남방순시 과정을 기록했다.

《삼희당법첩三希堂法帖》
《삼희당법첩》은 건륭 초년에 건륭 황제의 칙령에 의해 조판인쇄한 대형종첩從帖이다. 서예를 즐긴 건륭 황제는 여러 학파의 서예를 배웠으며, 선인들의 서예작품을 수집했다. 명나라가 멸망한 후 궁전에 수장해두었던 많은 작품들이 민간으로 흘러들었다. 청나라 강희 황제 이후부터 여러 번 칙령을 내려 수집했는데, 건륭 시기에 와서는 역대 명인들의 서예작품을 많이 수집해 들였다. 그중 왕희지의 〈쾌설시청첩快雪時晴帖〉, 왕헌지의 〈중추첩中秋帖〉 그리고 왕순의 〈백원첩伯遠帖〉은 가장 진귀했다. 건륭 12년에 대학사 양시정梁詩正 등이 명을 받고 내부內府에 수장해두었던 서예가들의 작품을 모아 첩帖으로 인쇄했는데, 건륭 황제는 이를 《삼희당법첩》이라고 이름 지었다. 이 책에서는 총 135명 서예가들의 3340여 점의 작품을 수록했으며, 여러 서예가들의 제발題跋(제사와 발문) 200여 점, 도장 1600여 점, 각석刻石 5000여 쪽을 수집해 32권으로 나누어 인쇄했다.

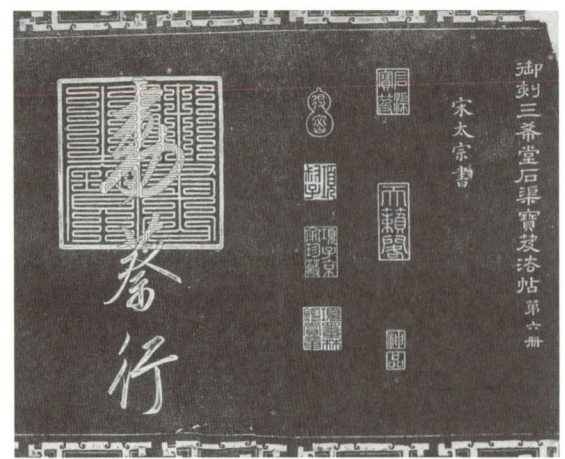

| 세계사 연표 |

1813년 유럽에서 제6차 반프랑스동맹을 결성했다.

《청사고淸史稿·고종기高宗紀》
《청고종실록淸高宗實錄》
《청사고淸史稿·오웅광전吳熊光傳》

을 떠나기전에 몇 칸의 선창에 북경 교외 옥천산의 샘물을 저장해 놓았으며, 순시 중에도 제남의 진주천珍珠泉, 항주의 호포천虎跑泉 등의 이름난 샘물을 마셨다.

건륭 황제가 남방순시를 할 때가 되면 지방의 관리와 유명인사들은 이 때를 아첨하는 기회로 삼았다. 때문에 건륭 황제가 이르는 곳마다 큰거리, 골목 할 것 없이 치장해 놓았다. 건륭 황제가

태상황지보太上皇之寶
건륭 황제는 만년에 황궁의 동북쪽에 궁궐을 대대적으로 건축했고, '태상황지보'라는 옥새까지 만들었다.

처음으로 남방을 순시할 때 형부원외랑 장즙蔣楫은 소주에서 은 30만 냥을 들여 황사로黃沙路를 닦기도 했다.

남방을 순시한 일을 몇 번이나 후회하다

건륭 황제가 여섯 번째로 남방을 순시할 때는 75세였다. 그 전에 일부 관원들이 남방순시를 반대했지만 소용없었다. 공부시랑 윤회일尹會一은 강소를 순시하고 돌아온 후 건륭 황제에게 두 차례의 남방순시로 백성이 고통받고 원성이 높아가고 있다고 보고했으나, 건륭 황제는 오히려 화를 내고 질책했다.

건륭 황제 만년에 청나라는 국력이 쇠퇴해지기 시작했으며 건륭 황제도 이를 인지했다. 건륭 황제가 태상황이 된 어느 날, 직예총독 오웅광吳熊光과 이야기를 나누면서, 자신은 60년간 재위해 있으면서 큰 잘못은 없지만 6차례의 남방순시에서는 백성들을 혹사시키고 재물을 낭비해 아무런 이익도 없이 해만 끼쳤다고 말했다. 그리고 그는 가령 장차 지금의 황제(가경제嘉慶帝)도 남방순시를 하려고 할 경우 경이 막지 않는다면 다시 나를 볼 면목이 없을 것이라고 말했다. 그 후 오웅광은 가경 황제에게 그 말을 전했다.

건륭 황제남순도권 - 대우릉大禹陵을 참배

●●●● 역사문화백과 ●●●●

[4대휘반이 북경에 들어가다]

명나라 때에 나타난 휘반徽班은 장강유역에서 성행한 곤산강崑山腔·해염강海鹽腔·여요강余姚腔·익양강弋陽腔 등 네가지 강腔이 교류하고 융합되면서 형성되었다. 이런 휘반들이 동으로 양주에 들어간후, 노래와 공연 내용이 좋아 항상 당지의 소금 상인들이 고용해 그들의 집에서 살도록 했다. 소금 장인들은 휘반에게 호화로운 무대의상과 도구들을 제공했고, 장강남북에 소문이 나게 되었다. 건륭 황제는 남방을 순시할 여러번 양주에서 휘반의 공연을 관람한 후 그들의 공연에 찬사를 보냈다. 건륭 55년(1790) 건륭 황제의 80회 생일을 축하하기위해 절강의 염업대신이 보낸 휘반 '삼경반三慶班'이 북경에서 공연했다. 이러해 4희, 화춘和春, 춘대春臺 등 여러 휘반들도 북경으로 와서 공연하게 되었다. 이들은 북경에 뿌리를 내리고 북경의 지방극 종목이 되었다. 당시 제일 유명한 4대휘반은 삼경반의 축자軸子(극을 공연하는데 유능했음)부, 4희반의 곡자曲子(곤극종목을 공연하는데 유능했음), 화춘반의 파자把子(격투극을 공연하는데 유능했음), 춘대반의 해자孩子(배우들은 대부분 아이들이었음)이다.

건륭 연간에 만든 분채루공운용문 전심관가粉彩鏤空云龍紋轉心冠架

타천打千. 즉 왼쪽 다리를 뒤로 굽히고 상체를 약간 앞으로 기울이며 오른손은 아래로 드리우고 허리를 굽혀 절하는 것이다

| 중국사 연표 |

1813년 시위, 내정태감, 군민 등이 아편을 팔고 흡식하는 것을 엄금했다. 천리교의 임청林淸, 이문성李文成이 사단을 일으켰다.

083

나이 어린 화가 해강

하급관리는 해강奚岡에게 "자네같은 동생童生은 '철생鐵生'이라고 불러야 해"라고 말했다.

행궁의 흰 담장

남방을 순시하는 건륭 황제의 최종목적지는 항주였다. 항주 서호의 고산孤山에는 그를 위한 화려하고 웅장한 행궁을 지어놓았으며 황제가 올 때가 되면 이 행궁을 새롭게 수선했다. 그리고 높은 당장을 장식할 화가가 필요하게 되었는데, 많은 사람들이 해강奚岡을 추천했다.

그때 해강은 아직 어렸지만 그림은 항주성에서 명성을 날리고 있었다. 그래서 항주지부는 해강을 청해 그림을 그리기로 결정했다.

해강의 거절

해강은 청포도 입지 못한 동생童生(수재 시험을 보지 않았거나 낙방한 사람)이었다. 그날 그는 자신의 '동화암冬花庵' 화실에서 책을 읽으면서 다음 달에 열리게 될 부학府學시험 응시 준비 때문에 그림을 그리지 않고 있었다.

그때 역졸이 그를 찾아와 행궁에 가서 그림을 그리라고 명령했다. 해강이 거절하자 그들은 밧줄을 해강의 목에 걸어 억지로 행궁으로 끌고 가 붓과 안료들을 던져주면서 그에게 명을 거역하지 말고 즉시 그림을 그리라고 했다.

그러나 해강은 꼼짝도 하지 않았고, 하루가 지나도 그림을 그리지 않았다. 이튿날 그는 고산의 높은 곳으로 올라가서 호수와 산을 바라보았다. 사흘날에도 담장벽이 여전히 그대로 있는 것을 본 역졸은 할 수 없이 지부에게 보고를 올렸고, 안달이 난 지부는 4인가마를 타고 행궁에 찾아왔다.

지부가 그림을 그리지 않는다고 해강을 질책하자 해강은 이렇게 말했다. "사람을 청해 그림을 그리라고 하면서 이렇게 밧줄로 목을 매달아 끌고 와도 되나요?" 지부가 명을 거역하는 대죄라며 그를 협박해도 해강은 조금도 두려워하지 않고 대답했다. "흰 담장에 그림을 그리려는 사람이 없다면 당신이 직무에 소홀한 것이오. 그렇게 되면 당신이 먼저 감옥에 들어가게 될 것이오. 어쨌든 나는 당신이 원하는 대로 아무렇게나 처분하시구려. 누가 뭐래도 나는 그림을 그리지 않을 테니 말이오!"

해강

해강(1746~1803)은 자가 철생이고 호는 나암蘿庵, 혜도인, 몽도사, 학저생, 야접자, 몽천외사, 산목거사, 나감외사, 동화암주 등이다. 그는 안휘 흡현 사람이며 후에 절강 전당에서 살았다. 성격이 괴팍한 그는 과거시험에 응시하지 않았으며 평생 벼슬도 하지 않았고, 산수화에 뛰어났다. 그는 황이黃易·오리吳履과 함께 '절서삼묘浙西三妙'로 불린다. 그는 전각에 유능했고 정경丁敬을 숭배했으며 서령西泠 8가의 한 사람이다.

●●● 역사문화백과 ●●●

[청나라 시대 남자들의 겉옷 - 장포단삼長袍短衫]

청나라 시대 민간에서 남자들의 옷차림은 직업과 신분에 따라 장포와 단삼으로 나누었다. 장삼이란 대부분 양쪽으로 열고, 옷깃이 둥글며 전수箭袖가 무릎까지 내려온 것을 말한다. 이외에 또 '일리원一裏圓'이라고 하는 장포도 있었는데, 도시 남자들의 겉옷이었다. 관직이 없는 남자들은 회색, 청색, 흰색 옷만 입을 수 있었다. 일반적인 예복은 장포에 조끼를 받쳐입는 양식이었다. 단삼은 겉옷으로서 도시와 농촌의 육체 노동을 하는 사람들의 일상복장으로 대금對襟과 속요대束腰帶가 있었는가 하면 또 바지 밖에 치마를 두르는 경우도 있었다.

역사 시험장 〉 선교사이며 화가인 이탈리아 사람 낭세녕(Castiglione Giuseppe)은 주로 어떤 재료에 그림을 그렸는가?

| 세계사 연표 |

1814년 나폴레옹이 퇴위하고 세인트 헬레나에 유배되었으며 루이 18세가 복위했다.

출전: 해강奚岡《동화암신여고冬花庵燼余稿》
《청사고清史稿·해강전奚岡傳》

'철생' 의 유래

자신에게 아무런 득이 없다는 것을 안 항주지부는 어찌할 바를 몰랐다. 그리고 이렇게 질질 끌다가 일이 커지고 소문이 나게 될 것을 우려한 그는 해강을 끌고 왔던 그 역졸에게 다시 해강을 모셔가라고 했다.

흉악하고 무례한 역졸도 순순히 해강을 다시 모셔갔다. 길에서 그는 농담조로 이렇게 말했다. "이보게, 자네는 지부어른 앞에서도 그렇게 고집을 부리다니, 정말 대단하단 말이야! 내가 보건대 자네와 같은 동생을 '철생鐵生' 이라고 불러야 할것 같네 그려."

그말을 들은 해강은 마음에 든다는 듯이 이렇게 말했다. " '철생' 이라, 참 좋은 이름이군."

그후 해강은 자기의 자를 철생이라고 했으며 자기가 잘 그리는 산수화와 죽석화목화竹石花木畵에 '해철생' 이라고 서명했다. 그는 더이상 과거시험을 보지 않고 포의布衣로 그림을 그렸다.

그의 명성은 점점 더 높아져 갔고, 40살 이후에 일본으로 갔는데 국내외에서는 모두 높은 값으로 그의 그림을 사들였다.

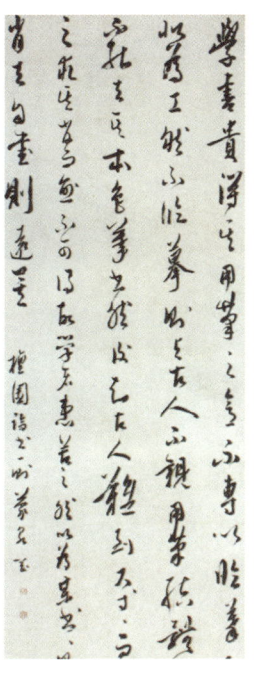

해강의 〈초서단원론서일칙草書檀園論書一則〉 (왼쪽 사진)
해강은 시와 서예, 전각에 능숙했고, 산수와 꽃을 잘 그렸다.

암거추상도岩居秋爽圖 (청나라 해강 그림. 오른쪽 그림)
해강의 산수화는 동기창董其昌과 이유방李流芳의 화풍을 따랐다.

팔자관등도축八子觀燈圖軸 (청나라 민정閔貞 그림. 아래 그림)
민정은 청나라 시대의 인물화가다. 이 그림은 몰골사진歿骨寫眞 기법으로 8명의 남자 아이들이 흥미진진하게 등불을 구경하고 있는 장면을 묘사했다.

화미견우도畵眉牽牛圖 (청나라 마전 그림)
마전馬荃(생졸년대 미상)은 자가 강향江香이고 강소 상숙 사람이며 청나라 시대의 여류화가이다. 마전은 화초를 잘 그렸다. 이 그림에서는 넝쿨이 장미나무를 감싸고 있고 화미조가 장미나무에 앉아서 목을 돌리고 멀리 바라보는 모습을 생동감 있게 묘사했다.

| 중국사 연표 |

1814년 돈으로 벼슬자리를 사는 기풍이 다시 형성되었다. 병사수를 줄이는 것으로 군비를 감축했다. 사사로이 은을 지니고 외국에 가는 것을 금지했다. 광동상인들이 광산을 개발하고 공장 세우는 것을 비준했다.

084

장원 필원

필원畢沅은 재능과 학식이 훌륭했다. 비록 수십 년 동안 변강에서 고위급 관리로 있었지만 정계에서는 다른 사람의 미움을 사고 질책을 받았다.

장원급제하다

건륭 25년(1760)에 예부에서 회시會試를 조직했다. 군기처에 있는 3명의 작은 행주 관원들도 이번의 회시에 참가했다. 그들이 바로 제중광諸重光, 동봉삼童鳳三, 필원畢沅이었다. 당시 그들은 문단에서 명성을 가지고 있었는데, 제중광과 동봉삼은 학문과 서예에 뛰어났다. 그러나 필원은 서예가 그들보다 못해 회시는 통과할 수는 있었지만 서예가 관건인 전시는 결과를 알 수 없었다.

이튿날 회시 결과가 발표되자 세 사람은 모두 공사貢士로 급제했으며 필원은 차석을 차지했다. 며칠 후 그들은 모두 전시에 참가했다. 이번 전시대책殿試對策 문제는 건륭 황제가 직접 낸 것이었다. 문제는 경서, 역사를 논하던 과거의 형식을 타파하고 신강의 둔전 문제를 주제로 문제를 냈다. 그 이유는 당시 신강에서의 반란 평정이 결속되었고, 청나라 조정에서는 그곳에서 둔전간변屯田墾邊의 손익을 계산하고 있었기 때문이었다.

필원이 제출한 답안의 대책은 적절했고, 건륭 황제는 필원을 1갑 1등(장원)으로 선발했다.

《속자치통감》을 편찬

지식이 해박한 필원은 많은 저작이 있다. 그는 몇십 년 동안 변강의 고위급 관리로 있으며 독서와 저술에 노력을 기울였고, 대표작은 《속자치통감》이었다.

이 책은 사건을 기록하는 방법은 사마광의 《자치통

재능과 학식이 뛰어난 필원

필원(1730~1797)은 자가 추범秋帆이고 강소 진양 사람으로서 건륭 연간에 진사 급제했다. 그는 섬서·하남·산동 순무직을 역임했으며, 호광총독으로 임직하던 중 죽었고, 그 후 태자태보 벼슬을 수여받았다. 가경 4년(1799)에 백련교 봉기를 진압하는데 힘을 기울이지 않고 군비를 남용한 일로 세직世職을 박탈당하고 가산을 몰수당했다. 필원은 배우기를 즐기고 인재를 아꼈는데, 벼슬을 하는 학자들을 널리 초빙하고 고서적을 교열해석하고 금석비판金石碑版을 모아들였다. 당시 저명한 학자인 소진함邵晉涵·홍량길洪亮吉·손성연孫星衍·장학성章學誠 등이 모두 그의 문하에 들어왔다. 그가 서명한 《속자치통감》 220권은 비록 막료들의 손에서 나오기는 했지만 학술적 가치가 높았다. 저작으로는 《경전문자변증서經典文字辨正書》 《전경표傳經表》 《음동의이변音同義異辨》 《산해경교본山海經校本》 등이 있다.

황방皇榜

청나라 시대 전시 결과를 발표하면서 황궁문 밖에 내붙이는 '황방'을 대금방大金榜이라고 했다. 전시는 과거시험 중 최고의 시험이었다. '금방'에 이름이 오를 때 지식인들은 가장 감격해 한다. 많은 문인과 학자들이 금방에 오르기 위해 노력하지만, 영예의 대금방에 오르는 사람은 소수뿐이었다.

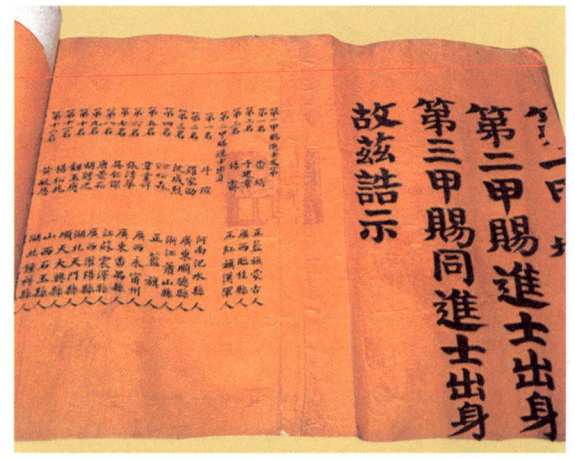

| 세계사 연표 |

1815년 나폴레옹이 워털루에서 크게 패했다. 파리에서 신성동맹이 성립되었다.

양장거梁章鉅《구원기략樞垣紀略》
《청사고清史稿·필원전畢沅傳》

건륭 연간에 만든 갈유묘금번도영지문褐釉描金蟠桃靈芝紋병

감》의 필법을 계승했다. 필원은 자체적으로 체계를 정하고 그 체계에 따라 책을 편찬했으며, 경사학자 소진함邵晋涵, 전대흔錢大昕, 장학성章學誠 등의 협조를 받아 20년간의 시간을 들여 230만 자나 되는 이 거작을 완성했다.

장학성, 소진함, 홍량길洪亮吉, 손성연孫星衍 등은 모두 필원의 문객으로 있던 적이 있었다. 손성연은 아주 오만해 동료들은 그를 쫓아낼 것을 요구했으나 이 일을 알게 된 필원은 "자네들이 그와 한 침실에 있으려 하지 않는다 해도 그를 용납할 곳이 있어야 하지 않겠는가?" 하며 그에게 특별히 독방을 마련해 주었다.

이런 이야기가 전해지고 있다. 필원이 섬서순무로 있을 때였다. 어느 날 길을 가던 중 절에 들른 필원은 노방장老方丈이 경서를 많이 읽었다는 말을 듣고 물었다. "한부의 《법화경法華經》에 '아미타불' 이라는 말이 몇 번 나오이까?"

이에 노방장이 답했다. "쓰러져가는 절의 중으로서 심히 부끄럽사옵니다. 어르신은 하늘의 문곡성文曲星으로서 총명하기 그지없겠지요. 그렇다면 《사서》에는 '공자왈子曰' 이란 말이 몇 번 나오는지요?"

필원은 노방장의 재치있는 말에 감복을 표시했다. 그리해 그는 자기가 녹봉으로 받은 은을 내놓고 사원을 수선하도록 했다.

옛 벽돌로 속이다

필원은 관리라면 청렴하고 백성을 사랑해야 한다고 생각했다. 그러나 그는 금석金石 문화재에 대해 각별한 애착을 가졌다. 그는 섬서에서 순무로 있을 때

뇌물을 보내는 것을 엄하게 단속했다. 그런데 그가 골동품에 관심이 많다는 것을 알게 된 어떤 현의 현령은 필원의 60회 생일에 가복을 보내 20개의 옛 벽돌을 보냈다. 필원은 가복을 접대하면서 감사를 표시하며 말했다. "나는 축하예물을 받지 않는다고 했는데, 이 예물이 일반적인 예물과 다르기에 잠시 여기에 남겨둘 것이로다. 수일 내에 다시 감사의 편지를 보낼 것이다." 라고 말했다.

그러자 가복은 미안한 나머지 자기의 주인이 순무의 환심을 사기 위해 장인에게 옛 벽돌을 모방해 만들었고, 가짜 옛 벽돌을 보낸 것이라고 말했다. 그 말을 듣고 난 필원은 부끄러운 나머지 피식 웃고 말았다.

그러나 필원은 골동품을 보존하는 면에서 확실한 공헌을 했다. 지금 서안의 비림碑林이 최초에 그가 관중에 널려 있는 비석들을 모으면서 마련한 토대다.

●●● 역사문화백과 ●●●

[장원이 가장 많이 배출된 지역]

청나라 시대 장원적관籍貫은 순치 3년의 병문과로부터 광서 30년 갑신과까지 총 114과(정과 87명, 은과 25명과 순치 연간의 두 차례의 만, 몽 전방)를 포함한다. 이 중 장원 114명의 분포는 다음과 같다. 강소에 49명, 절강에 20명, 안휘에 9명, 산동에 6명, 광서에 4명, 광동, 하북, 복건, 강서, 호북, 만주에 각각 3명, 귀주, 호남에 각각 2명, 사천, 하남, 섬서와 북경에 각각 1명이었고 운남, 감숙과 신강 등지에는 없었다. 강소와 절강은 장원이 가장 많았을 뿐 아니라 도시에 집중되었는데, 장원이 가장 많이 나온 도시는 소주부(상숙의 4명, 곤산의 2명을 포함)였다. 이곳에서는 24명의 장원이 나왔다. 절강에서는 항주·호주·소흥에 집중되었고, 총 12명의 장원이 나왔다. 광서의 4명의 장원은 모두 계북이라는 작은 현의 임계 사람이라는 것이다. 소주의 무繆씨·오씨·번씨와 상숙의 옹씨·장씨·절강 해녕의 진씨·사씨 가문은 조손, 부자, 형제, 숙부, 조카들이 연달아 장원 급제하기도 했다.

| 중국사 연표 |

1815년 광동 청리양상淸厘洋商에서 서양인에게 진 빚을 갚으라고 명령함과 아울러 서양 물건을 구매하는 것을 금지했다.

085

원매가 용권풍을 논의하다

대학자 원매袁枚는 한림원을 떠난 후 몇 개 현의 지현으로 임직했다. 지현으로 재임하는 기간 그는 많은 사건을 처리해 백성들의 칭송을 받았다.

용권풍이 불어치다

건륭 10년(1745) 5월의 어느 날, 남경 주변에서 용권풍龍卷風이 불어쳤다. 모래가 온 하늘을 덮었고, 밝은 대낮이 어두워지면서 큰 바람이 성안에 있는 한韓씨 성을 가진 처녀를 남경에서 90리나 떨어진 동정촌銅井村으로 날려버렸다.

동정촌 사람들이 그녀를 발견했고, 그녀가 건강을 회복하자 집으로 돌려보냈다. 그녀가 무사히 돌아오자 식구들과 이웃들은 기쁨을 금치 못했다. 그런데 그 처녀의 정혼자인 이수재李秀才는 이 소식을 듣고 어떻게 바람이 사람을 그렇게 멀리 날려보낼 수 있는가를 의심했다.

수원노인 – 원매

원매(1716~1798)는 자가 자재子才이고, 호는 간재簡齋이며 절강 전당 사람이다. 건륭 4년(1739)에 진사 급제해 서길사가 됐으며, 율수溧水·강포江浦·강녕 등의 지현으로 임직했다. 벼슬을 사직한 후 강녕에 정착했으며 소창산 아래에 '수원隨園'을 지어놓고 스스로 호를 '수원노인'이라고 했으며 유유하게 근 50년을 보냈다. 재질이 출중했고 시와 글이 강남에서 최고였다. 원매와 기효람을 '남원북기南袁北紀'라고 한다.

그러면서 그는 바람에 날려갔다는 말은 꾸며낸 말이고, 간통을 해 혼인을 파기하려는 구실이라고 했다. 그리고 소송을 걸어 혼인을 파기할 것을 요구했다.

학경의 《능천집》

원매는 그때에 강녕 상원 지현으로 있었다. 사건의 전후 과정을 자세히 물어본 그는 이수재에게 이렇게 물었다.

"자네는 이와 비슷한 이야기를 들어본 적이 있나?"

이수재는 머리를 저었다. 원매는 원나라 초기 대학자 학경郝經의 《능천집陵川集》을 꺼내놓고 이수재에게 '천사부인사天賜夫人詞'를 펼쳐 보였다.

"검은 바람이 촛불을 꺼버리자 복숭아 한 알이 하늘 밖에 떨어졌다. 양梁씨네 집 자식은 신랑이었고 미芈씨는 종건의 등에 엎혀 있었다.", "오문이 6000리 밖에 있다고 하는데, 어떻게 이곳까지 오게 되었는지 알 수 없었다. 그래도 그녀는 달갑게 양씨네 며느리가 되려고 했는데, 하늘이 잘사는 집을 내려주는 은혜를 베풀기를 바랐다. 몇 년 후 남편은 나리가 되었고 온 집안 자손들은 모두 조정의 귀인이 되었다."

《원태사문집袁太史文集》(위 사진)
원매는 "시를 지음에 있어서 진정한 감정이 있어야 하고 개성이 있어야 한다."고 강조했다. 이는 옛것을 따르는 형식주의 기풍에 대해 큰 충격을 주었다. 그의 작품은 대부분 한가한 마음과 정취를 토로했으며 '성령설性靈說'을 창조했다. 작품으로는 《소창산방시문집小倉山房詩文集》, 시평詩評 《수원시화》, 필기체 소설전집 《자불어子不語》가 있다. 그는 글을 모아 《원태사문집》을 편찬했다.

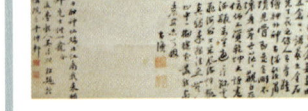

역사 시험장 〉 옛날의 전통적 명절 화조절花朝節은 '백화생일百花生日'이라고 불렸다. 이날에는 주로 어떤 활동을 했는가?

| 세계사 연표 |

1818년 영국에서 최초의 철선인 발칸호가 제작되었다.

《수원시화隨園詩話》 출전

《패문운부》

《패문운부佩文韻府》는 청나라 초기에 편찬한 사조류서辭藻類書로서 1만 9000여 자를 수록하고 전고典故에 약 50여만 개 조條를 수록했다.

책을 본 원매는 그 자리에서 이렇게 말했다.

"이런 일은 책에서도 증명하고 있도다. 이는 또한 예로부터 발생하는 자연현상이로다! 지식인으로 어떻게 허튼소리를 할 수 있겠는가?"

이수재는 반신반의했고, 원매는 말을 이었다.

"당시 그 소주 처녀는 정말로 하늘이 천생연분을 맺어준 셈이었다. 그 후 남편은 재상이 되었고 아들들은 모두 당시 왕조의 귀인이 되었다. 그러나 한씨 처녀는 아마 그런 복은 없을 것이로다!"

그 말을 들은 이수재는 크게 기뻐하면서 원매의 가르침에 거듭 감사를 드리고, 즉시 파혼소송을 취소했으며 얼마 후에는 한씨 처녀와 결혼했다.

만수원사연도万樹園賜宴圖 (청나라 낭세녕 등 그림)

이 그림은 낭세녕郎世寧·왕치성王致誠·애계몽艾啓蒙이 칙서를 받고 그린 그림으로 건륭 19년 5월 건륭 황제가 승덕 피서산장에서 귀순해온 뚜르버트부족 수령을 접견하고 만수원에서 성대한 연회를 차린 장면을 표현했다. 그림은 연회의 성황을 재현했으며, 건륭 황제·문무대신·몽골족 수령 등 40여 명의 모습을 세밀하게 묘사했다. 특히 몽골족 수령의 초상은 진귀한 인물 자료이다.

부모관은 반드시 지식인을 등용해야 한다

양강兩江 총독 윤계선尹繼善은 이 일을 알고 감개무량해 하며 말했다. "부모관父母官은 꼭 지식인을 등용해야 할 것이로다."

용권풍이 갑자기 불면서 검은 구름이 남경성으로 몰려올 때 백중들은 요괴의 장난이라고 했지만 원매가 사건을 해명했기 때문에 유언비어는 저절로 사라지게 되었다.

건륭 연간에 만든 화법랑산수화조서양식畵琺瑯山水花鳥西洋式 제량호提梁壺

1644 ~ 1840 청나라·1

●●● 역사문화백과 ●●●

[지현]

청나라는 명나라 시대의 제도를 이어받았는데, 현은 지방의 행정기구이며 장관을 지현知縣이라고 불렀다. 명나라 말·청나라 초기에 1138개 현(산주를 포괄하지 않았음)이 있었다. 청나라 시대 대만 수복과 성省과 도道를 증설해 청나라 말에는 1358개 현으로 늘어났다. 청나라 제도에 지현은 정7품이지만 네개 현은 예외였는데, 대흥大興(북경), 완평宛平(북경), 승덕承德(심양)과 곡부曲阜였으며, 이 곳의 지현은 정6품이다. 지현은 비록 7품 관리지만 관할하는 반경 100리 안에서는 제일 높은 관리였다. 지현 아래로는 정8품인 현승縣丞 한 사람이 있다. 그리고 주부에는 고정된 인원은 없는데, 있을 경우에 급별은 정9품이다. 전사 1명은 급별이 없었고 교유敎諭는 정8품이다. 명·청 시대의 지현은 정통적인 진사여야만 했고 적어도 동진사同進士(진사에 상당함) 자격을 가져야만 했다.

| 중국사 연표 |

1818년 주, 현 관리가 부자들과 교제하고 서리가 소송을 좌지우지했다. 부, 원 행에서 사건을 조사할 때 권한을 초월하지 못한다고 규정했다.

086

백의시인 황경인

황경인黃景仁은 심혈을 기울여 2000여 수의 시를 지었다. 그의 시 대부분은 가난과 처량함, 불합리한 사회를 소재로 했다.

주균의 서기書記

건륭 36년(1771), 고향 상주를 떠나 안휘로 간 23살의 황경인은 안휘 학정 주균朱筠 사하笥河의 초청을 받아 그의 밑에서 서기書記로 일했다.

당시 유명인사였던 주균은 후진 양성을 주장해 그의 수하에는 명사재자名士才子들이 많이 있었다. 그중 장봉상張鳳翔, 왕념손王念孫, 소진함邵晉涵, 장학성章學誠, 홍량길洪亮吉, 대진戴震, 왕중汪中(용보容甫) 등이 있었다. 그 가운데서 주균이 제일 높이 평가한 사람이 홍량길과 황경인이었다.

황경인은 시를 많이 썼으며, 주균과 시로 화답하곤 했다. 또 그와 깊은 교분을 맺은 철학자이자 역사학자인 왕중은 묵자를 숭배했으며 송나라 시대 유가의 '도통道統'설을 부정했다. 그 이유 때문에 그는 정부에 의해 이단자로 지목되었다. 그러나 그는 황경인을 아주 중시했으며 서로 시를 주고받기까지 했다.

시인 황경인

황경인(1749~1783)은 자가 중칙仲則이며, 한용漢鏞이라고도 했다. 호는 녹비자鹿菲子이고, 무진 사람이다. 청나라 시인인 그는 어려서부터 재질이 넘쳤다. 건륭 41년(1776), 그의 재능을 아낀 섬서 순무 필원은 그가 현승 일을 하도록 도와주었다. 이렇게 얼마 동안 벼슬자리에 있었지만 빚 때문에 병든 몸으로 태항산맥을 넘던 중 사망했다. 이백, 한유, 이상은의 시 풍격을 배운 그의 시는 대부분 가난으로 시기를 만나지 못한 적막하고 처량한 감정을 토로했으며, 현실을 반영하고 불합리한 사회 현상을 반영한 작품도 쓰기도 했다. 저작으로는 시문집 《양당헌집兩當軒集》이 있다.

태백루의 종이값이 급등하다

다음해 3월, 채석기彩石磯의 경치는 아름답기 그지없었다. 주균은 채석 태백루에서 많은 문인들을 모아놓고 시를 짓도록 했다. 모임에는 몇십 명의 명사들이 참가했는데, 그가운데서 제일 나이 어린 사람이 황경인이었다.

황경인은 붓을 빠르게 놀려 몇백 자를 써내려갔는데, 이 시가 바로 〈사하 선생이 태백루에 차린 연회석에서 취중에 쓴 노래〉다.

당시 안휘 8부의 지식인들은 한창 과거시험을 준비하고 있던 중 주균이 모임을 가진다는 말을 듣고 저마다 찾아와 앞다투어 이 걸작을 베꼈다. 이 시는 장강 양안의 8개 부에 전파되었다.

사람들은 이 시를 왕발의 〈등왕각서滕王閣序〉와 같이 미의 걸작이라고 말했다. 대학자 원매袁枚는 이 시를 읽고 나서 이 시는 문채가 비범하기 그지없다고 높이 치하했다.

밤을 새며 시를 짓다

황경인은 시를 부지런히 썼다.

그는 낮이면 주균의

문자학가 왕념손

왕념손(1744~1832)은 자가 회조懷祖이고, 양주 고우 사람이다. 건륭 40년에 진사 급제하고 벼슬은 영정하도永定河道에까지 이르렀다. 문자, 음운, 훈고 등에 많은 기여를 했다. 그 중 제일 유명한 저작은 《광아소증廣雅疏證》이다.

역사 시험장 〉 청나라 시대 민간에서 2월 초하룻날에 태양고太陽糕를 빚어서 태양에 제를 지냈다. 태양고는 어떤 모양으로 되었는가?

| 세계사 연표 |

1820년 엥겔스가 프로이센 바르멘에서 출생했다.

《양당헌집兩當軒集》 출전

●●● 역사문화백과 ●●●

[중국 고대 희극 표연예술의 최고봉 경극의 탄생]

건륭 말기, 가경 초기에 호북에서 유행된 이황二黃과 한조漢調, 진강秦腔(서피西皮) 등의 곡조들은 서로 융합되면서 일종의 성강 신조聲腔新調, 즉 피황강皮黃腔이 형성되었다. 후에 피황강은 안휘에 전해졌고, 또 휘조徽調와 융합되었다. 건륭 55년(1790)에 건륭 황제의 80회 생일을 맞게 되었을 때 4대 휘반이 북경에 들어가 축수를 올렸다. 휘반 예인들은 곤강崑腔, 고강高腔, 방자梆子 등 여러 가지 강腔들의 특징을 흡수해 감상할 수 있도록 했다. 후에 전통적인 피황강을 위주로 하는 경극 종목이 형성되었다.

밑에서 학사學使를 도와 수험생들의 시험지를 심열했기 때문에 밤시간을 이용해 자신의 작품을 창작했다. 그의 작품 〈칠석에 용포를 그리며 채석을 거닐다〉 〈태백루와 치존稚存〉 〈주사하朱筠河선생에게〉 등은 모두 이때에 썼다.

이 가운데서 제일 이름난 작품이 〈잡감雜感〉이다.

"신선과 부처는 아득해 둘 다 이루지 못했으니 / 홀로 밤중에 불평소리만 늘어놓는구나 / 바람은 불어불어 슬픈 노래 전해가고 /진 흙탕은 보잘 것 없는 명성에 달라붙누나. / 열에 아홉은 냉대를 받으니 / 아무런 쓸모도 없는 사람은 서생이구나 / 시편으로 해 참언이 이루어지려는가 / 봄철의 새, 가을철의 벌레가 대답하리로다."

군복 차림의 건륭 황제

청나라 황실에서는 기사무공騎射武功을 숭상했다. 청이 나라를 세우고 창업하던 초기에 8기종실자제八旗宗室子弟은 대부분 어려서부터 기사騎射술을 연마했으며 청소년 시절부터 전선에 나갔다. 중원에 들어온 후 만족 귀족들은 오랫동안 높은 벼슬을 하고 후한 봉록을 탔기에 고생을 이겨내지 못했다. 그래서 역대 제왕들은 만족의 기사 전통을 확보하기 위해 무예 닦기에 힘을 기울였다. 청나라 시대 낭세녕이 그린 '군복 차림의 건륭 황제'는 우리들에게 늠름한 말을 탄 제왕의 형상을 보여주고 있다.

가경 연간에 만든 분채노련粉彩鷺蓮병 (왼쪽 사진)

●●● 역사문화백과 ●●●

[시첩시試帖詩]

청나라 시대 과거시험에서는 시체명詩體名을 사용해야 했다. 일반적으로는 5언에 6운律, 또는 8운으로 율률을 배열했다. 시구나 성구를 제목으로 했으며, 운율을 규정하고는 '부득賦得'이라는 두자를 달았다. 그래서 '부득체賦得体'라고 했다. 마지막에는 반드시 당시의 황제를 가송해야 했기에 '송성頌聖'이라고도 불렀다.

쌀가루로 만드는데 정면에 해와 까마귀의 도안이 있다. 어떤 태양고에는 병아리를 그려넣기도 했다

| 중국사 연표 |

1820년 가경 황제가 병사했고, 묘호는 인종이었다.

087

조설근과 《홍루몽》

조설근曹雪芹은 18세기 문학의 거인이며 그 시대 최선봉에 선 사상가였다. 그의 작품 《홍루몽紅樓夢》에 담겨 있는 문화 및 예술은 무궁무진한 것이었다.

포의성분의 강녕직조

조설근은 강희 말기 강녕직조의 권문세가 집안에서 태어났다.

강녕직조는 비록 3품 관리에 지나지 않았지만 황제의 심복인 사람만이 이 직을 맡을 수 있었다.

조설근의 선조인 조세선曹世選 일가는 원래 요양遼陽의 한인으로서 대체로 후금 천명 6년(1621)을 전후해 후금에 의해 포로가 되어 포의로 전락했으며, 조세선의 아들, 즉 조설근의 고조할아버지 조진언曹振彦은 후금의 관학에서 교관敎官직을 맡았다. 후에 도르곤 막하에서 기고우록장경旗鼓牛錄章京으로 발탁되면서 청나라군을 따라 관내로 들어갔으며, 그의 아들 조새曹璽는 도르곤의 시위로 임직하면서 도르곤을 따라 대동大同으로 출정했다.

강희 2년(1663)에 조새는 강녕직조로 부임되어 황실의 의복 공급을 책임지고 조직했다.

직조 벼슬은 강녕, 소주와 항주에 각각 1명씩 두었다. 조새의 아들 조인曹寅, 즉 조설근의 할아버지는 성년이 된 후 북경의 난의위鑾儀衛에서 임직했고, 조새가 죽은 후 내무부의 신형사랑중愼刑司郎中으로 임직했다.

강희 29년(1690)에 그는 소주직조로 부임했으며, 2년 후에는 다시 강녕직조로 부임하여 강희 황제의 총애와 신임을 받았다.

강희는 남방을 순시 때마다 남경에 오게 되면 강녕직조부를 행궁으로 사용했으며, 항상 조인에게 자신의 구상을 이야기하고, 그에게 비밀상주서를 직접 보내라고 했다. 그러면서 강희 황제는 말했다. "의문나고 어려운 일이 있으면 비밀리에 상주서를 써서 성지를 청구하라. 무릇 상주는 다른 사람이 써서는 안 된다. 그러므로 조심하고 조심하고 또 조심해야 한다."

강희 51년(1712)에 조인이 사망했다. 그때 그는 〈전당시全唐詩〉와 〈패문운부佩文韻府〉 등 규모가 큰 출판물을 감독하고 판각했다. 하지만 임직기간에 국고의 재정적자가 엄청났으며 임종 직전에는 적자가 무려 32만 냥이나 되었다.

옹정 황제는 즉위한 후 조인의 후임자인 조부曹頫를 징계했다. 황제는 그에게 적자를 상환하라고 요구했고, 옹정 6년(1728)에는 조

홍루 노래로 여러 세대를 슬픔에 몰아넣은 문학거장 조설근
조설근은 청나라 시대의 문학거장이었다. 그는 10년 동안 심혈을 기울여 거작 《석두기石頭記》, 즉 유명한 고전소설 《홍루몽》을 창작했다. 《홍루몽》은 예술적 매력과 풍부하고 심오한 사상을 내포하고 있다. 그는 이 작품을 위해 평생 동안 심혈을 기울였으나 소설을 다 쓰기도 전에 아들이 요절하는 슬픔을 겪고 병을 앓다가 일어나지 못하고 죽었다. 뒤의 40회는 고악高鶚이 이어서 썼다고 전해지고 있다.

정갑본 《홍루몽》 영인본

| 세계사 연표 |
1821년 페루, 멕시코 등이 연이어 독립을 선포했다.

밀절용갑密折用匣

《고전문학연구자료회편古典文學硏究資料滙編·홍루몽권紅樓夢卷》 출전

부의 재산을 몰수했다. 이 때문에 조부는 구금당하고 가족은 북경으로 쫓겨났다.

《홍루몽》을 창작하다

당시 조설근의 나이는 13세가량이었다. 조씨 가문은 처음에 숭문 문밖의 산시구蒜市口에서 살았다. 이때부터 조설근의 집안은 궁핍하기 그지없게 되었다.

건륭 10년(1745)에 조설근은 《홍루몽》을 창작하기 시작했다. 그전에 그는 소설 《풍월보감風月寶鑑》을 창작했다.

건륭 17년(1752)에 조설근은 《홍루몽》의 초고를 완성했는데, 전체 분량이 80회로 인물과 구성이 대체로 결정되었다. 그 후 몇 년 동안 몇 번의 수정을 거쳤고, 이때를 전후해 그는 다시 서산 부근으로 이사했다. 그의 생활은 더욱 어려워졌지만 그래도 그는 세속의 구

홍루몽12차책·사상운十二釵册·史湘云 (청나라 비단욱費丹旭 그림)
'금릉 12차정책'은 임대옥林黛玉, 설보차薛寶釵, 가원춘賈元春, 가탐춘賈探春, 사상운史湘云, 묘옥妙玉, 가영춘賈迎春 등 12명의 여성을 그렸다. 이는 도광 연간에 저명한 사여도士女圖 화가 비단욱이 《홍루몽》을 원작으로 해 창작한 12차도책이다. 그림은 인물이 생동감 있고, 성격적 특징이 명확하다.

홍루도영紅樓圖咏 (청나라 개기改琦 그림)

역사문화백과

[포의包衣(가노家奴)]

만어인 포의는 전칭이 '포의아합包衣阿哈'이다. 그 뜻은 '가노家奴'로, 포의를 직접 이끄는 두목을 '포의대包衣大'라 부르며 '관리원'을 뜻한다. 포의는 8기에 예속되었으며 어느 포의든 모두 어느 기, 어느 집의 포의라고 불렀다. 그러므로 8기의 크고 작은 성원들은 모두 일정한 수의 포의들을 거느리고 있었는데, 그들은 대부분 전쟁에서 끌고 온 포로나 평민들이었다. 황제와 왕공 귀족의 포의로서 총애를 받게 되는 경우 관리로 파견될 수도 있었다. 그러나 본인이 그런 영예를 가지고 지위를 높일 수는 있지만, 자신과 자손들의 계급은 변할 수 없고 여전히 포의에 지나지 않으며, 주인에게는 여전히 자칭 '노비'라고 해야 했다.

청나라가 맹, 기 제도로 몽골을 통치했기 때문이다

애를 받지 않고 올바르게 살았다. 그는 한나라 종실의 학생 돈민敦敏과 돈성敦誠형제와 지기가 되었다. 형제는 조설근의 창작 재능과 풍채를 찬양했다.

건륭 27년 섣달그믐날(1763년 2월 12일), 50살 도 안 된 조설근은 가난 때문에 병사했는데, 그가 남긴 것이라고는 몇 권의 원고와 그림 두루마리밖에 없었다. 그의 친구 장의천張宜泉은 그 광경을 보고 〈근계거사를 슬퍼하며〉라는 시에서 이렇게 썼다.

"북풍은 너무 추워 혼이 돌아오지 못하고 / 백설의 노래는 남은 꿈을 이어 가노라."

조설근의 《홍루몽》 80회는 그의 생전에 전사傳寫되었다가 죽은 후 보다 널리 퍼졌다. 호사가好事家들은 한 부씩 베껴가지고는 묘회에서 팔아 몇십 냥의 은을 받았다.

건륭 56년(1791)에 정위원程偉元은 조설근의 원고를 계속 이어서 40회를 쓴 후, 옮겨 적은 80회를 합쳐서 고악高鶚에게 정리시켜 목활자木活字로 조판인쇄(정갑

강녕직조부 화원 옛터
강녕직조부는 청나라 초기 순치 2년(1645)에 건립되었다. 당시 강녕직조부는 그 규모가 방대했는데 대청, 객실, 차실 외에 권속眷屬들의 살림집과 앞뒤로 화원 등이 있었다.

가경 연간에 만든 분채절요粉彩折腰사발

본程甲本)를 했다.

그 다음해에 그들은 조판인쇄본에 평어를 달고 교열한 다음 수정출판(정을본程乙本)했다.

청나라에서의 《홍루몽》

《홍루몽》이 세상에 나오자 독자들의 호응을 얻어 급속히 중국 전체에 퍼졌다.

가경 4년(1799)에는 호북으로부터 강서에 이르기까지, 다시 강서로부터 절강에 이르고, 다시 복건에 이르기까지, 어느 곳에서든 사람들 사이에서는 저마다 《홍루몽》이 회자되었다.

《홍루몽》은 북경에서 아주 큰 영향력을 가지고 있

《홍루몽》 중의 대관원도 (오른쪽 페이지 그림 포함)
이 그림은 소설 '홍루몽'에서 소재를 잡은 그림이다. 대관원은 이 소설에서의 주요 인물 가보옥, 임대옥 등 사람들이 활동하는 중요한 장소다. 전반 그림은 형무원蘅蕪院, 요정관㗊品館, 요풍헌蓼風軒, 모단정牡丹亭 및 철벽산장凸碧山庄 등 5곳의 서로 다른 건축물과 이1 장면을 묘사했는데, 모두 173명을 그렸다. 이 그림은 청나라 시대 민간화가가 그린 작품으로 모두 '홍루몽'을 연구하는데 귀중한 자료다.

었다. 학자 학의행郝懿行은 다음과 같이 말했다.

"우리들은 건륭, 가경 연간에 도읍에 들어와 보았는데 만나는 사람마다 모두 책상머리에 《홍루몽》을 놓아두고 있는 것을 보았다."

학식 있는 사람들은 모두 《홍루몽》을 읽고 평가를 내렸다. 황준헌黃遵憲은 이렇게 말했다.

"《홍루몽》은 유사 이래 최고의 소설이며, 해와 달과 함께 빛을 뿌리고 만고에 지지 않을 것이다."

이 말은 결코 과장된 말이 아니었다. 청나라 말에 이르러 이미 《홍루몽》에 대한 연구와 평가를 '홍학紅學'이라고 불렀다.

••• 역사문화백과 •••

[청나라 시대의 직조아문]

청나라는 명나라의 제도를 이어받아 강녕(남경), 항주, 소주에 직조처織造處를 설립하고, 궁정 및 관청에서 사용하는 각종 비단, 천들을 관리하도록 했다. 직조처에는 직조 1명을 두었는데 명나라 시대에는 제독직조 태감이 이 직을 맡았고, 청나라 강희초부터 순치 초까지는 공부에서 관리하다가 내무부에 귀속시켰다. 내무부에서 낭중, 원외랑 일급의 직조부당織造部堂이라는 관원을 파견했다. 특히 강희 연간에 세 곳의 직조는 바로 황제가 강남에 파견한 대밀정이었으며, 그들은 직접 황제에게 민심과 관리들의 활동을 비밀리에 보고했다. 그러기에 비록 벼슬은 정3품에 지나지 않았지만 그 권세는 강녕장군, 양강총독 등 1, 2품 관리들을 훨씬 초과했다. 강희 황제가 6차례나 남방을 순시하면서 강녕을 지날 때 다섯 번이나 강녕직조서를 행궁으로 사용했다.

| 중국사 연표 |

1822년

은을 서양에 수출하는 것을 금지하고, 무역은 일률적으로 물물교환을 했다. 그리고 서양인들은 반드시 중국의 법률을 준수해야 한다고 했다. 형부에서 '징판계두장정(懲辦械斗章程)'을 제정했다.

088

쿼얼커의 침입을 반격

건륭 황제는 서장西藏의 안전을 수호하고 국가의 주권과 영토를 수호하기 위해 쿼얼커廓爾喀국의 침입을 물리친 후, 친선적인 양국관계를 확립했다.

벤첸 6세의 방문

벤첸班禪 6세는 건륭 45년(1780), 황제의 70세 생일을 축하하려고 찾아왔다. 이에 건륭 황제는 여섯째 아들 영용永瑢 등을 파견해 영접하도록 했으며, 수미복수지묘須彌福壽之廟를 건설해 벤첸이 머물도록 했다.

자시룬부 옷차림을 한 건륭 황제
건륭 황제는 독실한 불교 신자다. 그는 화가에게 자시룬부札什倫佛 옷을 입은 자신을 문주보살로 당잡唐卡에 그려넣도록 했다.

7일 후 북경에 들어온 벤첸은 천연두에 걸려 죽고 말았다.

쿼얼커의 침략

서장과 이웃하고 있으며, 날로 강대해지는 쿼얼커국은 진귀한 보물을 노리고, 무역 불평등을 구실로 삼아 서장을 침입했다.

변강에서의 보고를 받은 건륭 황제는 군사를 이동시켰다. 달라이, 벤첸에게는 통지를 보내 창고에 있는 식량을 군용으로 충당하되 먼저 값을 매기고 후에 은으로 값을 치른다고 했다. 그는 대군이 서장에 들어가는 목적은 서장을 지키기 위한 것이라고 했다. 건륭

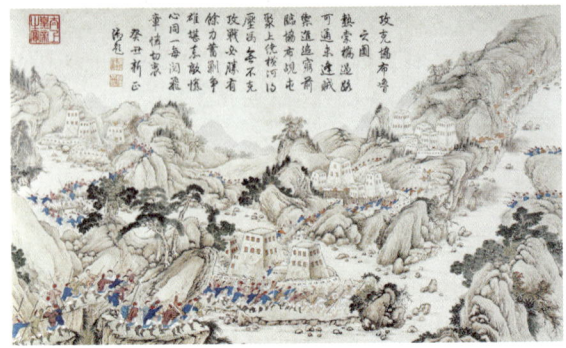

쿼얼커평정전 도책 – 쎄부루를 공략

쿼얼커평정전 도책 – 쿼얼커가 신하와 함께 북경에 이르다

| 세계사 연표 |

1822년 ~ 1823년

러시아, 오스트리아-헝가리제국, 프로이센, 프랑스 등은 회의를 열고 스페인 혁명에 개입하기로 결정했다. 미국 대통령이 '먼로선언'을 발표했다.

출전 《성무기聖武記》《소정잡록嘯亭雜錄》 《청사고淸史稿·쿼얼커전廓爾喀傳》

보새寶璽

'벤첸에디니'란 봉호는 범어, 장어, 만어의 혼합어이다. '벤'은 범어이고 '첸'은 장어로 합치면 '대사大師'라는 뜻이다. '에디니'는 만어이며, 뜻은 '진귀한 보배'라는 뜻이다. 그래서 일반적으로 벤첸대사라고 부른다. 벤첸 5세 때에 강희 황제의 책봉을 받은 후 벤첸가는 시가체를 중심으로 하는 후장后藏 지방 정교 권력을 이끌기 시작해 달라이라마의 전교前敎세력과 대등한 지위를 차지하게 되었다. 이것은 건륭 황제가 벤첸 6세에게 발급한 보새다.

벤첸 6세의 상주서

벤첸 6세의 상주서는 불교언어로 건륭 황제에 대한 서장 각계의 찬양과 축원을 표시했다. 상주서는 금, 먹으로 색이 누런 장지藏紙에 썼는데, 장문은 초서체이고 황제이름이 언급되는 곳은 금자金字로 썼다. 한문역본의 첫머리에는 "공덕이 불佛처럼 한량없고 / 12궁전에 자리를 잡고 / 80가지의 모습을 보이니 / 가지가지가 모두 원만하리로다."라는 오언시를 적었다. 상주서의 결말에는 공물로 바치는 예물명세서가 적혀있었다.

황제는 서장의 정황에 익숙하고, 의사소통이 가능한 파충巴忠을 지휘관으로 임명했다.

파충이 일을 그르치다

건륭 황제는 전략을 주도면밀하게 세웠지만, 서장의 제륜噶倫이 쿼얼커에게 은으로 땅을 사는 강화를 모색하고 있었다. 즉 해마다 한 정錠에 32냥의 대원보大元寶로, 300정을 바쳐 이미 점령당한 세 곳을 산다는 것이었다. 파충도 제륜의 방법에 동의한 후 북경에 돌아와 황제에게 쿼얼커인들을 설득해 그들이 서장에서 물러갔으며, 쿼얼커국의 국왕이 조공朝貢을 바치러 올 것이고, 책봉을 받으려고 한다고 했다.

건륭 56년(1791)에 아무것도 모르고 있던 건륭 황제는 갑자기 서장 주재 대신이 800리 밖에서 보내온 홍기를 단 화급을 다투는 상주서를 받았다. 상주서는 서장에서 쿼얼커인들이 대원보를 바치는 것을 거절해서 네그르, 지룽 등지를 점령했을 뿐만 아니라 자시룬부를 약탈했다고 적혀 있었다. 그 말을 들은 건륭 황제는 대노했다. 그날 저녁 파충은 물에 뛰어들어 자결했고, 건륭 황제는 마침내 파충이 자신을 속인 진상을 밝혀내고 말았다.

쿼얼커가 강화를 요구하다

건륭 황제는 다시 군사를 이동시켰으며 복강안福康安을 대장군으로 임명해 군사 1만 4000명을 거느리고 출정하라고 명령했다. 그리고 이번 출정의 전략은 쿼얼커의 침입을 막고, 서장 지구의 안전을 유지하며, 서장에 대한

벤첸 6세 승장상班禪六世僧裝像 - 당잡唐雜

건륭 44년(1779) 6월에 벤첸 6세가 서장의 시카제에서 출발해 1년을 걸어 열하熱河에 도착했으며, 건륭 황제의 70세 생일에 참가해 황제를 위해 복을 빌고 축복을 드림으로써 조정에 대한 서장 백성들의 공경과 옹호를 표시했다. 건륭 황제는 사의를 표하기 위해 궁정화가에게 당잡의 형식으로 벤첸 6세 승복상 및 평복상을 그리라고 명했다.

| 중국사 연표 |

1824년 강소안찰사 임측서가 강소, 절강의 수리건설을 종합적으로 관리했다.

벤첸 6세가 헌납한 석가모니상

이 상은 명나라 때에 만든 적동으로 도금한 석가모니상인데 높이가 26.7cm이다. 벤첸 6세는 피서 산장 수미복수묘須彌福壽廟에서 건륭 황제에게 하례를 드렸다.

중앙의 관할을 수호하는 것이라고 했다.

그는 일을 아주 주도면밀하게 계획했다. 그는 군사를 움직이기도 전에 식량을 실어나르기 시작했으며, 사천 총독 손사의孫士毅에게 양대糧台를 책임지라고 명령했다.

서장 백성들은 군대가 서장으로 들어오는 것을 적극적으로 지원했다. 손사의는 한 섬에 세 냥을 주고 한 척의 배의 사들여 군비를 절약했고, 달라이, 벤첸가 각 사묘寺廟에서도 말과 소, 화약 등을 보내왔다. 달라이는 또 특사를 청해 靑海 등지에 파견해 말들을 사들이도록 했다.

다음해 여름, 복강안은 출동한 지 한달만에 잃은 땅을 수복했다. 쿼얼커는 수차례 패전했고, 복강안의 대군은 적의 도읍까지 700리나 들어가 적군의 주력부대를 공격했다. 계속된 승리로 복강안은 거만해졌다. 그는 스스로 자신은 군대를 귀신같이 지휘한다고 여기고는 《삼국연의三國演義》의 나오는 제갈량처럼 손에 거위털 부채를 들고 4인가마에 앉아서 태연자약하게 행진하기도 했다.

쿼얼커국은 결국 강화를 요구할 수밖에 없었다.

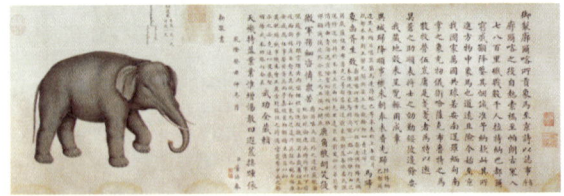

쿼얼커공상마도貢象馬圖 (일부분)

피서산장의 수미복수지묘

수미복수지묘는 건륭 45년(1780)에 벤첸 6세가 거주하고, 불경을 강의하도록 한 건축물이었다. 수미복수지묘의 앞부분은 한족 건축물 양식을 모방해 지었고, 뒷부분의 대홍대는 장족 양식으로 지었는데, 이는 절의 주요 건축물이다. 대홍대 중심 건축물은 3층 대전인 묘고장엄전妙高庄嚴殿이다.

●●● 역사문화백과 ●●●

[제비뽑기로 황교수령계승자를 확정하는 '금분파 체첨' 제도]

'금분파金奔巴'란 장어로 '병'의 음역이다. 금분파체첨제도는 청나라 조정이 확정한 서장 황교수령계승자 추첨법이다. 황교의 규칙에 의하면 승려는 부인을 맞아들이지 못한다. 그러기에 환생의 방법으로 계승문제를 해결하곤 했다. 그 종교 지도자는 달라이와 벤첸으로서 정교합일의 서장 지구에서 최고 권위를 가지고 있다. 그러므로 달라이와 벤첸 사이의 계승권 쟁탈은 매우 치열했다. 건륭 57년(1792)에 건륭 황제는 금병金瓶 두개를 내려, 이후 이번원理藩院에 등록한 몽장대활불蒙藏大活佛 입적일에 출생한 영아를 영동靈童으로 했다. 만약 영동이 여러명이라면 먼저 고승과 조정에서 파견한 사람이 일일히 면접을 한 후 결정하며, 몽골 각 부족은 북경 옹화궁에서 금병으로 추첨하고, 서장에서는 라싸 대소사에서 금병으로 추첨한다고 규정했다.

| 세계사 연표 |

1824년 영국이 양털수출금지령을 취소했고, 노동자들이 자유롭게 이동하는 것을 허락했다.

089 매카트니 특사를 접견

《영국특사건륭 황제배알기 英使謁見乾隆紀實》

이는 중국 역사의 궤적을 세계로 돌릴 수 있는 기회였으나, 서방의 선진 과학기술 문명을 거부해 중국의 근대화가 지연되었다.

산업혁명을 거친 영국은 상품 판매시장을 개척하기 위해 중국으로 눈길을 돌렸다. 영국 정부는 건륭 황제 80세 생일에 매카트니를 특사로 하는 축하 외교사절단을 중국으로 보냈다.

중국에 도착한 영국 사절단

건륭 57년(1792)에 매카트니 사절단은 영국 국왕 조지 3세의 국서와 예물을 가지고 포츠머스에서 닻을 올리고 동방행을 시작했다.

만국래조도萬國來朝圖 (청나라 요문한姚文翰 등 그림. 일부분)
건륭 16년(1751) 9월, 요문한, 정량진程梁進 등이 궁에 머물며 그림을 그렸는데, 건륭 26년(1761) 7월, 요문한과 장정언張廷彥이 명령을 받고 길이가 322cm, 폭이 210cm되는 하얀 비단에 〈만국래조도〉 초고 한 폭을 그림으로써 건륭 왕조 시대에 만국에서 청나라 왕조를 찾아오고, 수많은 사람들이 조공하는 장면을 표현했다.

사절단은 화학, 천문, 항해, 의사, 통역, 정보, 동인도회사 직원 등으로 구성된 경험이 많은 전문가를 포함시켰고, 총 700여 명이나 되었으며, 5척의 배를 타고 10개월의 항해 끝에, 다음해 7월 25일 천진天津에 도착했다.

청나라 황제가 영국 국왕의 국서를 접수

건륭 황제는 열하행궁熱河行宮 만수원万樹園에서 사신을 접견하기로 결정했다. 산과 물에 둘러싸여 있고 수목이 무성하며 연우루煙雨樓와 마주하고 있는 이곳은 건륭 황제가 항상 소수민족의 고위 인사들과 외국 사신을 접견하는 곳이었다.

9월 14일 새벽, 화려한 옷차림을 한 영국 특사가 만수원에서 접견을 기다리고 있었다. 태양이 떠오르자

황청직공도皇淸織貢圖 – 영국인
〈황청직공도〉에서 영국은 네델란드의 속국으로 기록되어 있다.

1644~1840 청나라·1

| 중국사 연표 |

1825년 강소, 절강에 해운을 재차 조직할 것을 명령했다.

《봉표지시이지사奉表至詩以志事》
영국 사신 매카트니가 청나라에 와서 축수를 드린 일을 기록하고자 건륭 황제는 시문詩文으로 이 책을 창작했다.

건륭 황제는 만수원 전당에 앉았고 대신들도 자리를 잡았다.

매카트니는 건륭 황제에게 한쪽 무릎을 꿇는 예를 올리고 나서 진주보석을 박은 금함을 올렸는데, 그 속에는 영국 국왕이 건륭 황제에게 드리는 국서가 들어 있었다. 접견에 참가한 왕공대신들의 인사가 끝나자 건륭 황제는 연회를 차려 초대했으며, 동시에 영국 국왕과 매카트니에게 예물을 주었다.

중국과 서양 문화의 충돌

건륭 황제는 매카트니를 접견할 때 속으로는 매우 불편하게 생각했다. 영국 특사라고 해도 청나라의 법도를 따라 황제를 배알할 때 두 무릎을 꿇는 예를 올려야 한다고 생각했기 때문이었다.

결국 몇 번의 논의를 거쳐 절충적인 방법, 즉 매카트니는 영국 국왕을 배알할 때 한쪽 다리만을 꿇는 예절에 따라 건륭 황제를 배알하되 황제의 손에 입을 맞추지 않는다는 것이었다.

건륭 황제가 영국사신을 접견한 조서詔書
건륭 황제는 건륭 58년(1793)에 영국 사신 매카트니를 접견할 때 이 조서를 반포했다.

그러자 건륭 황제는 아주 불쾌했다. 그는 규격을 좀 높여 잘 접대하며 하사하는 물건도 후하게 주려고 했으나 접견이 끝난 후 모든 절차를 줄여버리고 말았다.

조화될 수 없는 공물상납과 무역

9월 17일은 건륭 황제의 83세 생일이었다. 매카트니는 왕공대신들과 함께 첨박경성전에 가서 축수를 올렸다. 생일축전은 아주 장중했는데, 열병식과 극 공연, 교예, 민간가무, 불꽃놀이 등이 벌어졌다.

모든 행사가 끝나자 건륭 황제는 영국 사신의 임무가 이미 완수되었기에 돌아가야 한다고 했다. 그런데 매카트니는 북경으로 돌아온 후 무역과 세율우대 등의 여섯 가지를 요구했으며, 자신은 영국 대사로 북경에 상주하려 하며 청나라도 사신을 영국에 파견할 수

●●● 역사문화백과 ●●●

[피서산장避暑山莊]

피서산장은 하북성 승덕 북부 주변의 산봉우리들에 둘러싸인 평지에 자리잡고 있다. 피서산장은 강희 42년(1703)에 건설하기 시작했으며, 건륭 55년(1790)에 준공되었다. 부지 면적이 564만㎡인데, 여기에는 120여 곳의 궁전누대와 정원각사閣榭, 사원묘우廟宇 등이 있다. 원래 이곳은 열하행궁이라고 불렀으나 오문午門에 강희 황제의 '피서산장'이란 글이 있기 때문에 이런 명칭을 가지게 되었다. 대부분의 건축물은 채색그림을 그리지 않고, 유리기와도 사용하지 않았기에 옛스럽고 소박해보인다. 그리고 건축물들은 강남과 장성 이북의 신비한 경치를 받아들여 자연산수의 색채를 띠고 있다. 그리고 피서산장에는 궁전 부분과 경원景苑 부분이 있으며, 경원은 호수 구역, 평원 구역, 산 구역으로 나뉘었고, 궁전은 정궁正宮, 송학재松鶴齋, 만학송풍万壑松風, 동궁東宮 네 개 건축군으로 되어 있다. 정궁 내의 담박경성전澹泊敬誠殿은 청나라 황제가 소수민족 왕공들과 외국 사신을 접견하는 장소였다. 당년에 강희 황제와 건륭 황제는 여름과 가을에 이곳에 거주하면서 조정의 정사를 처리했는데, 이곳에 머문 기간은 보통 5, 6개월이나 되었다.

| 세계사 연표 |
1825년 영국에서 공공철도 노선이 최초로 개통되었다.

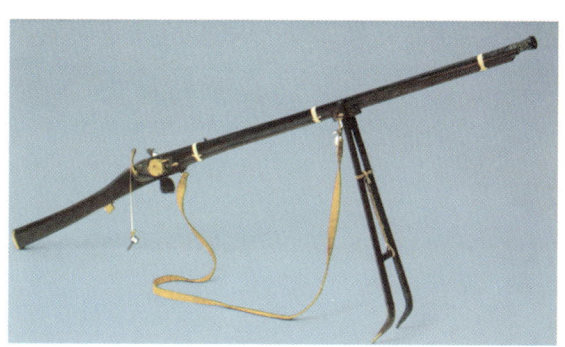

매카트니가 올린 자래화창自來火槍
총은 당시 영국의 최신 과학 기술 발명품이었다. 이 자래화창은 매카트니가 올린 590건의 예물 가운데 하나다.

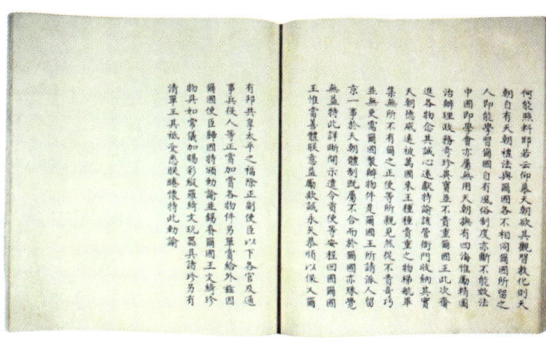

건륭 황제가 영국 국왕에게 보낸 상유당上諭檔(조서)
매카트니는 영국인들이 중국 경내에서 장사를 하고, 주산珠山 또는 광주廣州 부근의 작은 섬에 영국 상인들이 거주할 수 있도록 요구했다. 그러나 건륭 황제는 거절했고, 영국 국왕에게 이 장편의 글을 보냈다.

있다고 말했다.

영국 정부는 건륭 황제의 마음을 움직이기 위해 세계 과학기술 수준을 대표하는 천체운행의, 지구의, 천문망원경, 유탄포, 권총, 연발총, 그리고 유럽 역사와 문화 및 풍속을 반영하는 그림들을 가지고 왔다. 그 중 가장 눈에 띄는 예물은 110문의 중포를 장치한 군함 모형이었다. 이런 예물들은 모두 600여 개의 상자에 담았다.

건륭 황제는 "우리 청나라는 아무것도 모자라지 않기 때문에 외국 물건을 그리 희한하게 여기지 않고 있다. 그런데 무슨 무역이란 말인가!"라고 명확하게 표시했다.

방대한 사절단을 거느리고 중국을 방문한 매카트니는 건륭 황제 앞에서 예물만 바치고 말았으며, 중국의 문호를 열고, 중국시장을 개척하려던 목적을 이루지 못했다.

그렇지만 그들의 군함이 중국을 떠날 때 그들은 이미 매우 큰 수확을 얻었다. 그것은 바로 중국은 힘없는 종이 호랑이에 불과하다는 것이었다.

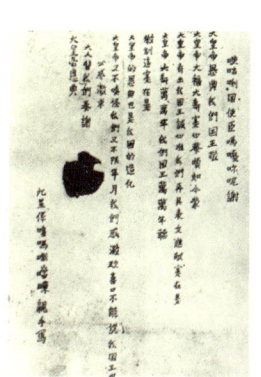

매카트니의 사은서
청나라 조정의 예의에 감사를 표시하기 위해 매카트니는 중국어를 알고 있는 부사신에게 친필로 감사 편지를 쓰라고 명했다.

••• 청나라 전기 여러 황제들의 건강에 관한 서류 •••

연호	이름	년령	임기	사망원인	비고
천명	누르하치(태조)	68세	11년	등의 종창	영원에서의 실패로 인한 화병
천총, 숭덕	홍타이지(태종)	52세	17년	고혈압으로 인한 중풍	앉아 있는 상태에서 돌연사
순치	복림(세조)	24세	18년	천연두	
강희	현엽(성조)	69세	61년	노년 심장병, 혈액순환 장애	50세 후에 이 병에 걸렸음
옹정	윤진(세종)	58세	13년	단약중독	가끔 중풍이 일고 감기에 걸렸음
건륭	홍력(고종)	89세	60년		퇴위한 후 3년간 태상황으로 있었음
가경	옹염(인종)	61세	25년		갑자기 병에 걸렸음

| 중국사 연표 |

1827년
청나라군이 장거얼張格爾에서의 반란을 평정했다.

090

화신이 권력을 잃다

태상황이 사망한 6일만에 가경 황제는 조정에서 화신和珅의 20가지 죄상을 선포했다.

60년 재위한 황제

건륭 60년(1795), 85세의 고령인 건륭 황제는 퇴위에 관한 일을 제기했다. 그러자 건륭 황제를 뒷배경으로 권력에 오른 화신和珅이 급히 나서면서 퇴위를 말렸다. 그러나 건륭 황제는 이렇게 선포했다. "짐은 절대로 강희 황제의 재위기간을 넘기지 않기로 결정했도다."

옹염에게 하례를 드리다

화신은 매일 황제의 주변에서 맴돌았지만 자신과 대립 관계에 있는 옹염顒琰을 태자로 옹립하려는 기미를 눈치채지 못했다.

화신은 자신의 말로가 다가옴을 예감했다.

집으로 돌아온 화신은 여러 생각으로 머리가 아팠다. '오늘의 중대한 결정은 9월 초이튿날에야 정식으로 선포하지 않는가? 그렇다면 아직 늦지 않았다. 비록 막다른 골목에 빠져들기는 했지만 그래도 절대 포기해서는 안 된다.'

이렇게 생각한 그는 즉시 값을 헤아릴 수 없는 금을 박은 옥여의玉如意를 옹염에게 보내면서 그가 태자로 옹립된 것을 축하했다.

화신의 이런 수법에 대해 옹염은 너무나도 익숙했

건륭 황제 만년조복상
건륭 왕조 후기에 사회의 여러 모순들이 심화되었으며, 청나라 왕조는 몰락으로 나아가기 시작했다.

유릉 전경
유릉은 청나라가 관내로 들어온 후 네 번째 황제 건륭의 능침이다. 유릉은 효릉 이서의 승수욕勝水峪에 자리잡고 있으며, 건륭 8년(1743)에 건축하기 시작해 건륭 17년에 준공되었다.

●●● 역사문화백과

[환천이 흥행한 전장錢莊]

전장은 일명 은호銀號라고도 한다. 청나라 중기에 전장업이 크게 발달했다. 북경에는 강희 시기로부터 도광 10년(1830)까지 이미 은포銀鋪가 389집이나 되고, 상해에는 건륭 51년(1786)부터 가경 2년(1796)까지 전장이 124집이나 있었다. 이때의 전장에는 은전을 환전해 신용대부로 전환시켰으며, 동시에 전장에서 서명 발부한 전표錢票가 일부에서 사용되고 유통되었다. 교통이 불편한 서북 지구는 많은 양의 은을 지니고 다닐 수 없었기 때문에 전표가 도착하면 돈을 지불했다.

| 세계사 연표 |

1827년
미국이 철도를 부설하기 시작했다.

《청사고清史稿·화신전和珅傳》

가경 황제 조복상
가경 황제(1760~1820)는 이름이 옹염顒琰이고, 건륭 황제의 15자다. 그는 건륭 60년(1795)에 황태자로 책립되었으며, 다음해에 즉위했다. 가경 4년에 태상황이 사망하자 그는 친정을 했다.

다. '네가 옥여의를 보내오지만 나는 나대로 때를 기다릴 것이다.'

병신년 원단에 옹염이 즉위했다. 옹염의 위에는 태상황이 있었기에 옹염은 화신에 대해 예전처럼 존대했으며, 태상황에게 아뢸 일이 있으면 모두 그에게 보고하도록 했다.

보복을 면치 못한 화신

3년이 지나 태상황이 승하하자, 가경 황제는 화신에게 보복할 기회가 왔다고 생각했다. 그는 황태자로 있을 때 화신이 권력을 독차지하고 불법적인 일을 한 것을 이미 알고 있었다.

가경 황제는 화신이 자신이 존경하는 스승 주규일朱珪一을 공격한 일을 잊을 수 없었다. 화신은 스승이 이전에 쓴 시를 증거로 내놓고 황부皇父 앞에서 주 선생이 나쁜 마음을 품고 있다고 모함했으며, 황부는 조사도 해보지 않고 스승의 대학사 벼슬을 박탈하고 억울한 옥살이까지 시킬 뻔했다.

가경 황제는 이토록 간사한 자와 결판을 낼 준비를 단단히 하고 있었다. 그렇지만 그는 당대종唐大宗이 예李預가 이보국李輔國을 대처하던 것과 같은 어리석은 일은 하지 않으려 했다.

그는 이렇게 말했다. "나는 정정당당하게 그자를

벼슬운이 좋았던 화신
화신(1750~1799)은 원명이 선보善保이고, 자는 치재致齋다. 한때 높이 추대되어 정황기에 들어갔지만 죄를 지은 후 그의 가족은 다시 정홍기正紅旗에 귀속되었다. 건륭 황제 때 정계에서 높은 벼슬자리에 올랐는데, 후에 권리를 독점하며, 뇌물을 받아 가경 황제 시기에 가산을 몰수당했으며, 자결을 명받았다.

1644~1840 청나라·1

사야師爺 309

| 중국사 연표 |

1828년 강소, 안휘, 호광에서 사사로이 회염淮鹽(회화 유역의 소금)을 판매하는 것을 금했다.

화신부화원 호심정湖心亭 옛터
화신의 저택은 부저府邸와 화원으로 이루어졌다. 저택의 부지 면적은 약 6만㎡나 되었는데 그가 어느 만큼 사치와 호화스런 생활을 했는지 상상할 수 있다.

외국인이 기록한 청나라 진공도進貢圖
일본인 마미야 린조는 1808년 7월에 명을 받고 두 번째로 화태樺太로 갔다. 동해안에서 러시아와 청나라의 국경을 찾을 수 없자 토착민들에게 물어보아 화태 지방은 예로부터 독립적인 섬이고, 대륙과 연결되지 않았다는 것을 알게 되었다. 그후 그는 1809년 7월에 토착민들의 배를 얻어타고 해협을 건너 '동달東韃'에 이르렀다. 동달은 흑룡강 하류의 '덕릉德楞'이었는데, 청나라의 파견 기구가 있는 곳이었다. 그는 이곳에서 당지 토착민들이 지방 특산물을 공헌貢獻하는 특별한 의식과 무역을 하는 장면을 직접 목격하게 되었다. 1809년 9월에 탐사를 끝내고 돌아온 마미야 린조는 '동달기행'이란 보고서를 올렸다.

법적으로 처리할 것이다."

 태상황이 죽고 사흘이 되자 급사중 광흥曠興, 어사 왕념손王念孫 등 관원들이 화신의 위법을 고발하기 시작했다. 사흘이 지나자 가경 황제는 화신이 20가지 대죄를 범했다고 선포하고, 즉시 체포해 법적으로 처리하라고 명령했다.

 열흘 후 가경 황제는 화신이 수보首輔로 있었다는 것을 고려해 관대하게 처리해야 한다고 하면서 이렇게 말했다. "짐은 그가 저잣거리에서 뭇사람들 앞에서 죽는 모습을 보이고 싶지는 않도다. 그러니 그에게

화신의 인견절引見折
이 상주서는 화신이 건륭 49년(1784)에 추천한 관원 15명을 거느리고 건륭 황제를 배알하면서 올린 상주서다.

자결을 명하노라."

 화신은 목숨도 잃고 가산도 몰수당했다. 몰수한 화신의 가산을 본 사람들은 너무 놀라 입을 쩍 벌렸다. 보석과 비단, 인삼만 해도 산더미처럼 쌓여 있었다. 그리해 민간에서는 이런 말이 돌게 되었다. "화신이 죽자 가경의 배가 불렀다."

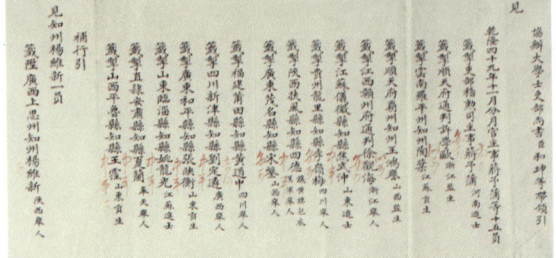

●●● 역사문화백과 ●●●

[발달한 전당업]
청나라 시대 건륭 중기 후부터 상업 자본이 고리대 자본으로 전환되면서 전당업이 발달했다. 강희 3년(1664)에 전국적으로 당포가 2만 여 개나 있었다. 그중 장강 이남에서는 많은 휘주인徽州人들이 당포를 경영했고, 장강 이북에서는 많은 산서인山西人들이 당포를 경영했다.

| 세계사 연표 |

1828년

러시아와 터키가 전쟁을 했다.

091

《천지회天地會》
《청사고清史稿·복강안전福康安傳》

대만천지회

천지회는 명나라 말, 청나라 초 남중국의 민간 비밀조직이었다. 천지회는 '청나라를 반대하고 명나라를 회복하자'는 기치를 들고 민중을 모았다.

건륭 48년(1783)에 일어난 대만 천지회는 복건福建에서 전파된 조직이었다. 그 이듬해에 대만 창화彰化에 호적을 올린 임상문林爽文이 천지회의 첫 번째 성원이었다.

의리와 식견이 뛰어난 임상문에 의해 대만에도 천지회가 생겼다. 그들은 하늘땅에 제를 지내고 가축의 피로 맹세를 했으며, 맹세문을 태우면서 의형제를 맺었다.

대만임상문 봉기

건륭 황제는 스스로 '10전무공十全武功'이라고 했다. 여기에는 천지회天地會에 대한 탄압도 포함되었다.

건륭 23년(1758)에 청나라 정부는 대만에 대한 금지령을 풀자, 복건과 광동 연해의 백성들이 대만에 가서 생계를 도모했다. 이때 도움이 필요한 이들에게 임상문이 천지회라는 명의를 내걸자 수많은 사람들이 이에 가담했다.

건륭 51년(1786)에 임상문은 창화연 지현이 군사를 보내 천지회 사람들을 체포하자 봉기를 일으켰다. 그는 현성을 수비하는 청나라군이 80명밖에 안 되는 것을 알고 창화를 공격했으며, 뒤이어 제라현諸羅縣(가의嘉義)을 공격했다.

임상문은 건호建號를 '순천順天'이라고 했으며 자

임상문 봉기군 군령

임상문(1756~1788)은 복건성 장주부 평화 사람이며, 농민 출신이다. 건륭 49년에 천지회에 가담했으며, 창화 지구 천지회 수령의 한 사람이었다. 건륭 51년 11월(1787년 1월)에 임상문은 1000여 명을 거느리고 대리익大里弋에서 봉기를 일으켰는데, 대열은 빠르게 3000명으로 늘었다. 그들은 창화현성彰化縣城을 공략하고 군정회軍政會합일의 정권기구를 건립했는데, 임상문이 대맹주였다. 그들은 연호를 '천운天運'이라고 했고, 다음해에 '순천順天'으로 고쳤다.

황청직공도皇淸織貢圖 - 고산족高山族 제라현諸羅縣 사람

〈황청직공도〉는 청나라 시대 여러 나라와 국내 소수 민족에 대해 기술한 사적史籍이다. 건륭 시기 대학사 부항傅恒이 주최해 편찬한 이 책은 총 9권이다. 이 책은 여러 나라 민족의 지역, 용모, 복장 및 생활습관을 그려 넣고, 간단하게 그들의 분포 지역, 역사 그리고 청나라에 공물을 바친 정황을 설명했다.

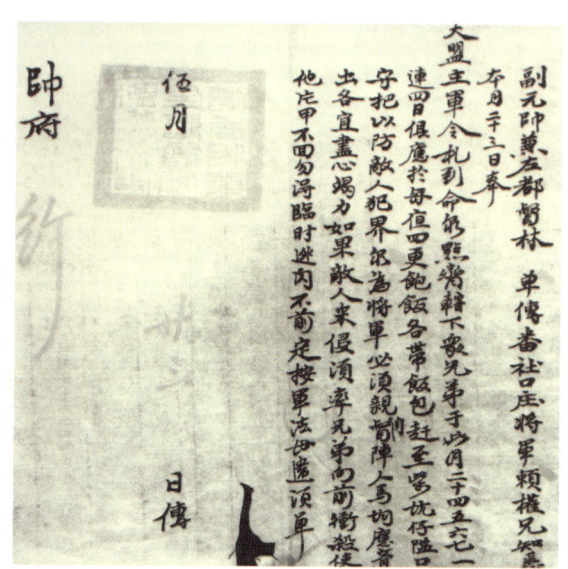

1644~1840 청나라·1

금사고金絲糕. 주로 밀가루에 엿, 깨, 청홍사, 해바라기씨 등을 기름에 튀겨 만든다

| 중국사 연표 |

1829년 광동에 서양 상인들이 사사로이 아편을 운반하는 것을 금지하라는 명령을 내렸다.

복강안

복강안福康安(1754~1796)은 자가 요림瑤林이고, 부찰富察씨다. 만주 양황기장鑲黃旗長이며 명장 부항傅恒의 아들이고, 고종 효현황후孝賢皇后의 조카다. 청나라 시대 종실이 아닌 사람으로서 왕으로 책봉받은 사람은 복강안 한 사람뿐이다.

신을 '맹주대원수盟主大元帥'라고 칭했다. 그의 친구이며 동향사람인 다른 천지회 수령인 장대전莊大田도 그와 함께 봉산현鳳山縣을 공격했다.

●●● 역사문화백과 ●●●

[대만의 문묘무묘文廟武廟]

문묘(공묘), 무묘(관묘)는 중국에서 특색이 있는 묘우廟宇다. 기록에 의하면 대만에서 최초의 문묘가 남명 영력 20년(1666)에 정성공鄭成功의 아들 정경鄭經이 설립한 대만의 공묘라고 한다. 이 건물의 구조는 대륙 각지에 있는 문묘와 같고 대성전·숭성사, 명륜당과 만한궁전 관원의 하마비下馬碑가 있다. 대남의 공묘는 대만의 첫 사적史籍이라고 불리고 있다. 대만의 무묘는 정성공이 대만으로 건너가기 전에 있었으며, 복건 동산의 무성전의 영혼을 나누면서 지은 것이다. 후에 정경이 또 대남에 무묘를 세웠다. 청나라는 대만에 무묘를 대대적으로 건설했는데, 지금 대만에는 무묘가 200자리가 있다.

순천대맹주인順天大盟主印 - 인문印文

'순천대맹주' 임상문은 천지회 봉기군 수령이었다. 이것은 그가 자칭 맹주대원수가 되어 집권함을 표징하는 인장印章이다.

제라를 포위 공격

강희 황제가 대만을 수복한 후 대만은 복건성 소속으로 대만부(대남)를 설치하고, 산하에 대만(대남臺南), 제라(가의), 봉산(고웅高雄)과 창화 등 네 개의 현을 두었다. 이때 대만부는 부소재지를 제외하고 나머지 세 개 현은 모두 함락되었다.

이때 대만총병 시대기柴大紀가 군사를 거느리고 제라성을 함락했다. 남북 중앙에 자리잡은 제라성은 대만부의 보호벽이었다. 임상문은 하는 수 없이 10만여 명을 모아 제라성을 8개월 동안 공격했다.

싸움을 두려워한 상청

민절閩浙 총독 상청常靑은 여러 번 군사를 대만에 파견했고, 그 자신도 대만으로 건너와 대만부를 사령부로 삼고 독려하고 있었다. 시대기는 수차례 포위를

가의전투嘉義之戰

| 세계사 연표 |

1829년 미국 노동당이 뉴욕에서 성립되었다.

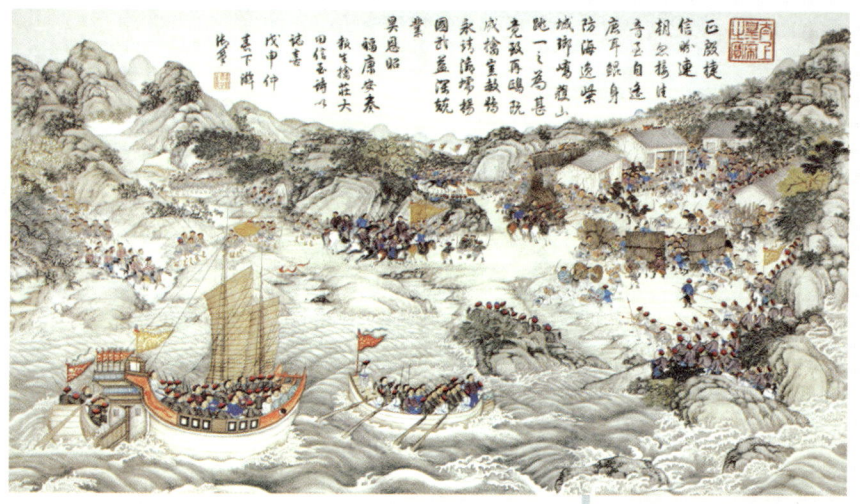

장대전이 포로가 되다

임상문이 창화에서 년호를 '순천'으로 정한 후 봉산 천지회의 수령 장대전이 봉기를 일으켜 호응했으며, 자칭 '남로보전대원수南路輔田大元帥'로 칭하고 12월 13일 봉산에서 내려왔다. 19일에는 임상문과 대만부성을 협공했다. 1788년(건륭 53) 2월 10일에 임상문이 포로가 되었다. 장대전은 부대를 거느리고 낭교郞嶠로 퇴각해 결사적으로 저항했고, 2000여 명의 사상자를 낸 후 포로가 되었으며, 후에 북경으로 압송되어 사형당했다.

뚫고 사람을 보내 지원을 요청했다. 싸움을 두려워한 상청은 감히 맞서 싸울 엄두를 내지 못했다.

어느 날 장대전과 임상문의 연합군 1만여 명이 대만부성을 협공했다. 상청의 수하에는 3만여 명의 군사가 있었지만 상청은 두려워하며 말머리를 돌려 도망쳤고, 장병들은 그 뒤를 따라 퇴각했으며, 성문을 닫고 다시 나오지 못했다.

복강안에게 패하다

건륭 황제는 풍부한 군사 경험을 가진 섬감陝甘 총독 복강안에게 임상문을 토벌하도록 했다. 대만에 도착한 그는 절대적으로 우세한 병력을 집결한 후 제라로 진군해 임상문 포위군을 다시 포위했다.

제라를 포위하고 있던 임상문군은 어느새 지쳐 있었다. 이때를 노린 복강안군은 임상문군을 공격했고, 싸움에서 패한 임상문군은 포위를 풀고 두육문斗六門, 대리익大里杙 등 원래의 근거지로 옮겨가서 계속 싸웠는데, 여러 차례의 전투에서 매번 패했다.

건륭 53년(1788)에 전패한 임상문은 포로가 되었다. 며칠 후 장대전 부대도 모두 섬멸되었고, 장대전도 포로가 되었다. 얼마 후 임상문은 북경으로 압송되었으며 두 달 후에 살해되었다.

건륭 황제가 시대기를 죽이다

시대기는 식량이 떨어진 지 오래되었지만 여전히 제라를 지키고 있었다. 건륭 황제는 그를 높이 칭찬하면서 그를 복건육로제독福建陸路提督·참찬대만군무參贊臺灣軍務로 승진시켰으며 일등백一等伯으로 책봉했다.

그러자 시대기는 큰 공로를 세웠다고 자만하기 시작했다. 그래서 복강안이 제라성으로 들어설 때 자신의 신분마저 잊고 예절에 따라 영접한 것이 아니라 주인이 손님을 맞는 예절로 맞이했다.

이 일은 원래부터 한인을 얕보고 있던 복강안으로 하여금 심한 불쾌감을 느끼게 했다. 복강안은 몇 번이나 상주서를 올려 임상문 사건이 발생한 원인은 시대기가 탐욕으로 백성들의 변란을 불러 일으켰기 때문이라고 했다. 다른 몇몇 참찬대신들도 같은 내용의 상주서를 올렸다. 상주서를 받은 건륭 황제는 즉시 시대기를 처결하라는 칙령을 내렸다.

| 중국사 연표 |

1830년 — 서양 상인들이 총과 대포를 광주에 수송하는 것을 금지했다. '양회염 무장정'을 개정하고 양회사염兩淮私鹽의 거상巨商 황옥림을 체포했다.

092

여장수 왕총아

그녀가 거느린 양양襄陽 의병은 인원이 많았고, 백련교에서도 항렬이 높아 총교사總敎師로 추대되었다.

백련교 봉기군

청나라 중기, 전국적으로 백련교白蓮敎에서 조직한 대규모 농민 봉기가 폭발했다. 그 가운데서 세력이 비교적 강한 봉기군은 왕총아王聰兒가 이끄는 양양 의병이었다.

왕총아는 호북 양양 사람이었다. 그녀는 어려서 아버지를 여의었고, 어머니는 그녀를 극단으로 들여보냈다. 그때부터 그녀는 강호江湖를 돌아다니면서 재주있는 배우가 되었다.

오래도록 하층민으로 생활해온 그녀는 백성의 고난에 대해 잘 알고 있었다. 그래서 그녀는 비밀리에 청나라를 반대하는 백련교에 가담했으며, 16세 되던 해에 형양荊襄 일대의 대사부大師父 제림齊林과 결혼해 위신 높은 이사부二師父가 되었다.

제림은 원래 건륭 59년(1794) 정월대보름에 봉기를 일으키기로 했으나 변절자가 비밀을 누설하는 바람에 그와 100여 명이 무참하게 살해당했다. 다행히 화를 모면한 왕총아는 삭발하고 비구니가 되어 청련암靑蓮庵에 은거했다.

가경 원년(1796)에 각지의 백련교들이 앞다투어 일어났다. 그 소식을 들은 왕총아는 즉시 요지부姚之富, 제국모齊國謨 등 수령들과 토론한 다음 양양 북쪽 교외의 황용당黃龍璫에서 선서를 하고 봉기를 일으켰다.

8갈래 통수로 칭하다

20세의 왕총아는 지도력을 가지고 있었다. 사람들은 그녀를 총교사로 추대했다. 그녀가 거느린 양양 의병은 인원이 많았을 뿐만 아니라 전투력도 강했으며,

백련교 봉기를 탄압하는 방어배치도
건륭 후기에 백련교의 규모가 커졌다. 청나라 왕조는 위협을 느끼고 가경 원년(1796)에 많은 군대를 보내 백련교 봉기군에 대처했다.

백련교 교수敎首 나포에 관한 섬서순무 봉승은의 상주서
이것은 가경 원년(1796) 4월 14일에 섬서 순무가 백련교를 포위 토벌한 정황에 관한 상주서다.

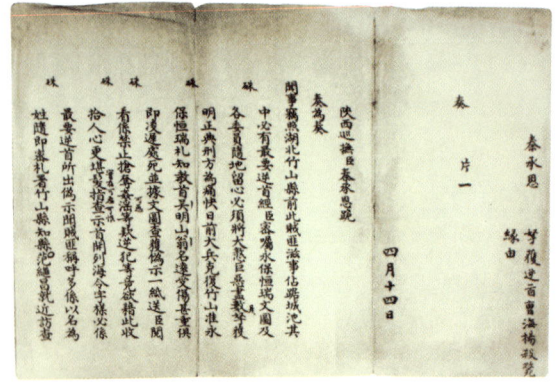

| 세계사 연표 |
1830년 프랑스에서 7월혁명이 일어났다.

출전 《성무기聖武記》 9권
《소정잡록嘯亭雜錄》

백련교 내에서도 항렬이 비교적 높았기 때문에 여러 갈래 의병의 주력이 되었다.

왕총아는 14, 5만 명 대군을 양양 황호黃號, 백호白號, 남호藍號, 달주청호達州靑號, 동향백호東鄕白號, 대평황호大平黃號, 파주백호巴州白號, 통강남호通江藍號 등 여덟 갈래로 나누고 유격전술로 적군과 공방전을 벌였고, 우세한 병력으로 섬멸전을 펼치곤 했다.

봉기군은 싸울수록 강대해졌다. 가경 황제는 처음에는 도총 영보永保에게 군무를 총관하게 했지만, 그가 실패하자 호북 순무 후이링惠齡에게 군무를 총관하도록 했다. 그러나 왕총아가 사천에 들어서자 다시 섬감총독 의금宜錦으로 교체했다. 그러나 왕총아군이 사천에서 벗어나 호북으로부터 섬서로 진군하자 세 번째로 통수를 바꾸었는데, 새로 호광총독 러보勒保에게 의금을 대체하도록 했다.

가경 3년(1789) 2월에 왕총아는 고균덕高均德 부대에 밍량明亮, 더렁타이德楞泰가 거느리는 청나라군 주력을 유인하고, 양양 의병은 진창陳倉을 건너 유명한 한중전역漢中戰役을 일으켰다.

이 전투에서 그녀는 왕문웅王文雄, 최문崔雯이 통솔한 청나라군을 크게 이긴 다음 서안으로 나갔다. 그런데 선두부대가 서안 교외에서 좌절당하는 바람에 왕총아는 산양으로 가지 않으면 안 되었다.

연도에서 청나라군과 지방 단련향용團練鄕勇에게 저지를 당

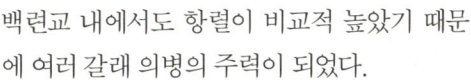
가경 연간에 만든 녹지백화삼공綠地白花三孔호로병

하는 바람에 호북 내지로 깊이 들어가지 못했고 삼차하三岔河로 퇴각해갔다.

호북 운서鄖西 삼차하 괴수구槐樹溝는 산이 높고 험준했다. 산에서의 유일한 통로인 등모산염왕편登茅山閻王扁은 호북, 사천, 섬서로 통하는 지름길이었다.

이 지름길을 따라 서쪽으로 구비구비 24구비를 돌면 섬서 경내에 들어설 수 있었다. 왕총아는 원래 청나라군을 떨쳐버리고 이 길로 섬서에 들어갔다 다시 사천으로 가려고 했다. 예상밖으로 청나라군은 현지의 향용들과 결탁해 봉기군을 물 샐 틈 없이 포위했고, 또 여러 출구에 많은 군대를 배치해 놓았다.

왕총아는 의병이 이미 궁지에 빠졌다는 것을 의식했다. 그녀는 장령들을 모아놓고 이렇게 말했다. "죄

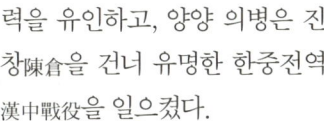
가경 연간에 만든 분채모통粉彩帽筒

●●● 역사문화백과

[청나라 시대의 방회]

방회幇會는 봉건사회가 해체되면서 발생한 유민 결사대였다. 청나라에 들어선 후 건륭 시기부터 인구의 급증, 토지 겸병, 정치 부패, 전쟁 등으로 인해 백성들이 파산하게 되었는데, 이것이 방회가 흥성하게 된 사회적 원인이었다. 청나라 초기부터 건륭 중엽까지 방회가 발생하는 시기였는데 '청나라를 반대하고 명나라를 회복하는' 것을 취지로 하는 조직이 출현했다. 이 중에서 북쪽의 제일 큰 방회 조직은 백련교이고, 남쪽에서 제일 큰 방회 조직은 천지회였다. 가경, 도광 연간에 걸인방, 도적방 세력이 크게 흥성했다. 이 시기 천지회 성격을 융합한 청련교靑蓮敎를 토대로 하는 가로회哥老會가 형성되었다. 따라서 옹정 초기 남북운하 선민船民들은 조정의 운송을 도맡으면서, 방규의식幇規儀式을 규정하고, 항렬별로 제자들을 받아들이면서 업종과 방회를 일체화한 조직이 되었다. 이 조직은 그후 해운업종에서의 장강 중하류 선업船業의 청방으로 발전해 전국적으로 세력이 제일 강하고 영향력이 제일 큰 방회조직이 되었다.

| 중국사 연표 |

1831년 광동에 아편밀수 조사를 금지하라고 명령했다.

화약연자매
화기(화포, 화전, 총)를 대량으로 사용함에 따라 화약 가공이 중요하게 되었다. 이는 청나라 시대 화약을 가공할 때 사용하던 연자매다.

후의 결전이 다가왔다. 살지 못하면 죽을 것이다!'

뒤이어 그녀는 말에 올라 칼을 휘두르며 침착하게 지휘했다. 그러나 포위는 갈수록 좁아졌고, 결국 왕총아는 절벽에서 뛰어내려 죽고 말았다.

높은 벼랑에서 뛰어내리다

어두운 밤, 비가 줄줄 쏟아졌다. 왕총아의 하얀 전포戰袍는 어느덧 자홍색으로 변했다. 육박전이 아직도 계속 벌어지고 있었다. 밍량과 더렁타이는 완강하게 저항하는 봉기군 병사들에게 "너희들은 이미 달아

연단도煉丹圖 (청나라 황신黃愼 그림)
황신은 중년을 전후해 화풍이 바뀌었는데, 섬세하게 그리던 화풍을 뜻을 표현하는 것을 중점으로 했다. 이 그림에서는 그의 이런 변화를 구현하고 있다.

날 길이 막혔다. 투항하면 목숨을 살려준다!'라고 외치자 왕총아는 이렇게 말했다. "형제들이여, 그따위 말을 듣지 말라! 지금 우리는 위기에 직면했지만 또한 광명이 다가올 것이다. 중생들은 노력해야만 진공眞空의 고향으로 갈 수 있다!'

왕총아는 장병들을 거느리고 다시 치열한 전투를 했으며 6시간 후에는 그녀의 주변에 온몸에 상처를 입은 몇몇 호위병밖에 남지 않았다.

그녀가 말했다. "이제 어떻게 해야 하는가?' 남은 사람들이 말했다. "죽을지언정 포로가 되지는 않을 것이다!' 이리해 왕총아는 전기戰旗를 휘두르면서 대열을 거느리고 절벽에서 뛰어내렸다.

더렁타이
더렁타이德楞泰(1749~1809)는 자가 순당淳堂이고, 정황기 몽골사람이며, 우이트伍爾特씨다. 건륭 중기에 선봉으로 금천, 석봉보, 대만으로 진군했으며, 참령參領으로 승진하고, '계용빠투루'의 봉호를 하사받았다. 강경 연간에 삼성교三省敎 사건이 일어났을 때, 인종은 궁전에서 점을 쳤는데, '세사람이 합심하면 짐을 도와 성공하리로다' 라는 점괘를 얻었고, 후에 점괘대로 되었다. '세 사람' 이란 어러덩보, 더렁타이, 러보를 말한다.

역사 시험장 〉 청나라 시대 왕청임王淸任이 '뇌주사유腦主思維'에 관한 인식을 제출한 저서는 무엇인가?

| 세계사 연표 |

1831년 프랑스 리옹의 방직 노동자들이 첫 봉기를 일으켰다. 러시아에서 철도를 부설하기 시작했다.

093

《나문안공주의那文顏公奏議》
《정역기靖逆記》5권 출전

황궁으로 쳐들어간 천리교

그들은 궁전 내의 하급 태감의 안내로 자금성의 동화문과 서화문으로 쳐들어갔다.

활현 봉기

이문성李文成, 임청林淸, 우량신牛亮臣, 풍극선馮克善 등 천리교 수령들은 활현滑縣에서 청나라를 반대할 명분을 여러 번 토의한 후, 이문성이 활현에서 거사해 북경의 임청과 손잡고 황궁으로 쳐들어가기로 결정했다.

그들은 오랜 준비를 거쳐 가경 18년(1813) 9월 15일에 하남, 하북, 산동에서 동시에 봉기를 일으키기로 결정했으며, 모두 머리와 허리에 흰 천으로 띠를 매기로 정했다. 그런데 몇백 명의 대장장이들을 동원해 대비산大伾山 기슭에서 화로를 피워놓고 병장기를 만드는 바람에 관부에서 알게 되었다.

활현 지현 강극첩強克捷은 아문의 역졸들을 거느리고 사가장謝家庄을 포위하고는 한꺼번에 이문성 등 열 몇 명의 천리교 수령들을 체포했다.

이문성의 부인은 성이 장張씨다. 사람들이 이문성을 넷째 형이라고 불렀기에 그녀도 넷째 아주머니라고 불렸다. 사태가 긴급한 것을 본 네째 아주머니는 아직 붙잡히지 않은 황흥재黃興宰, 황흥상黃興相 형제와 송원성宋元成 등에게 대책을 강구하라고 했다.

그러자 황씨 형제는 강극첩을 죽이고 이문성을 구하자고 했다. 그들의 말에 동의해 미리 봉기를 일으키기로 결정하고 시간을 9월 7일 아침으로 정했으며 목표는 현성으로 하고, 목적은 잡혀간 교우敎友들을 구하는 것으로 했다.

이날 넷째 아주머니는 붉은 머릿수건을 두르고 양손에 칼을 들고 나섰다. 얼마 후 현성에서 불길이 치솟으면서 함성소리가 하늘을 진동했다. 성문이 활짝 열리면서 성루에서는 붉은 기가 솟아올랐다. 넷째 아주머니의 명령이 떨어지자 봉기군들을 현성으로 밀물듯이 쳐들어가 강극첩을 죽이고 이문성 등을 구해냈다.

황궁으로 쳐들어가다

북경에서 임청은 원래의 계획대로 일을 해나갔다. 그는 활현의 이문성이 약속 전에 거사한 일을 알지 못하고 있었다.

임청의 모습
임청(1770~1813)은 천리교의 한 갈래인 진괘교震卦敎主다. 봉기가 실패한 후 포로가 되어 살해당했다.

가경어필 '재유운거사첨례시비再游云居寺瞻禮詩碑'

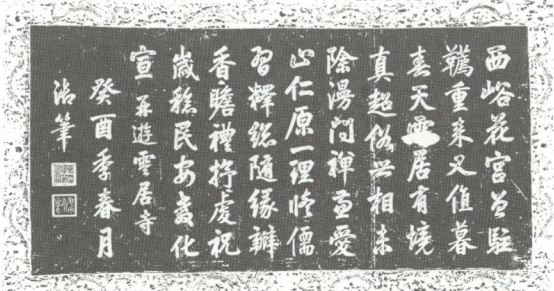

1644~1840 청나라·1

중국사 연표

1832년 백양, 백련, 팔괘, 홍양 등의 교수敎首와 성원은 대사에서도 특사되지 못한다고 규정했다.

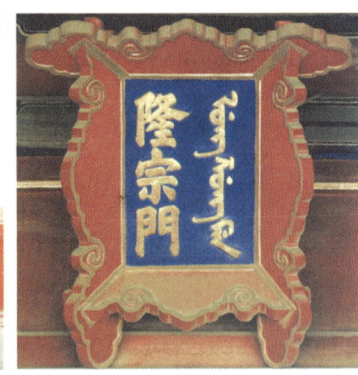

당시집구唐詩集句 - 청나라 시대 등석여의 글 (위 왼쪽 사진)
등석여鄧石如(1743~1805)은 원명이 염琰이고, 자는 석여石如이며, 호는 완백, 완백산인完白山人이다. 그는 안휘 회녕 사람이며 청나라 시대의 저명한 서예가이고 전각가이다. 그는 당시 사람들로부터 '네 가지 체에 모두 정통한 국조國朝의 으뜸'이라고 불렸다. 그러나 그는 전예篆隸체가 가장 뛰어났다.

동화문東華門 (위 가운데 사진)
임청林淸이 거느린 봉기군이 이 문으로 들어가 전투를 한 곳인데, 중과부적으로 청나라군에 의해 살육당했다.

융종문隆宗門 (위 오른쪽 사진)
융종문은 언제나 굳게 닫혀 있었다. 그러나 청나라 가경 18년에 천리교는 이 문을 통해 자금성으로 들어갔다. 융종문 서쪽의 편액과 동쪽 서까래에 있는 화살이 당시 치열한 격전을 말해 준다.

9월 15일, 그는 200여 명의 교도들을 조직해 두 갈래로 나눈 다음 궁궐에서 천리교에 가담한 하급 태감들과 내통하면서 변장을 하고 각각 자금성 동화문, 서화문으로 들어갔다.

그런데 모인 사람이 많고, 길이 익숙하지 못하여 얼마 후 모두 살해되었다. 서화문으로 들어가던 100여 명의 교도들도 융종문 밖에서 길이 막히고 말았다. 이때 황차자 금녕錦寧(후의 도광 황제)이 소식을 듣고, 조총으로 성벽을 오르는 2명의 교도들을 명중시키자 나머지 사람들은 물러섰다.

점심때가 되자 교도들은 불을 질러 융종문을 태워 버리려고 했다. 바로 이때 경사를 지키고 있던 제왕諸王 문경聞警이 금군을 거느리고 신무문으로 들어왔으며, 마침내 무영전 어하御河에서 천리교의 나머지 교도들을 모두 죽였다. 임청은 이틀 후 북경 교외에서 체포되어 그와 포로들이 모두 살해되었다.

이문성은 활현에서 봉기를 선포하고 왕으로 칭하고 대명천순리진주大明天順李眞主의 기치를 처들었으며 문관, 무관들을 책봉했다. 하북, 산동 등의 현들에서 이 소식을 듣고 호응해 의병의 대열은 끊임없이 확대되었다. 그들은 정도, 조현 등지를 점령했다.

가경 황제는 섬감 총독 나언성那彦成을 흠차대신으

역사문화백과

[청나라 시대 궁문수위 제도]

왕공대신들이 조정에 들어갈 경우 하마비에서 반드시 말에서 내리거나 가마에서 내려야 했으며, 패자貝子 이상 또는 자금성에서 말을 탈 수 있는 상을 받은 관원이라 해도 동화문으로 들어가서 전정箭亭에 이르고, 서화문으로 들어가서 내무부에 이르러서는 반드시 말에서 내려야 했다. 각 아문의 관원들은 이런 문으로 드나들 경우 먼저 조명책造名冊을 들여보내 검사받고 비준을 받은 후에야 들어갈 수 있었다. 시종의 수도 급에 따라 제한했다. 관역관물官役官物은 내무부에서 발급한 화락요 패火烙腰牌를 검사한 후 들여보낼 수 있었으며, 물품은 반드시 명세서가 있어야 했다. 궁정의 여러 개의 문의 열쇠는 사약장 경리鑰章京이 순찰하면서 수거했다. 만약 특수한 상황에서 궁문을 드나들 경우 반드시 도금합부鍍金合符를 소지해야 했다. 합부의 한쪽 음문陰文 '성지聖旨'는 당직호군통령, 참령이 보관했고 다른 한쪽의 양문陽文 '성지'는 자물쇠를 잠그어 대내에 두었는데, 음양이 맞아야만 문을 열고 들어갈 수 있었다.

| 세계사 연표 |

1832년 영국 상원에서 '1832년 개혁 법안'을 채택했다.

가경 연간에 만든 화법랑집호畵琺瑯執壺

로 임명하고 진압하기로 결정했다. 엄청난 병력의 청나라군이 의병의 근거지인 활현으로 진격했고, 사태는 더없이 위급해졌다. 이문성은 4000명의 군사들과 포위를 뚫고 휘현사채에 이르렀지만 다시 포위당한 후 혈전 끝에 자결했다.

활현 보위전

이문성이 희생되었다는 소식이 활현에 전해지자 전사들은 통곡했다. 넷째 아주머니는 원수를 무찔러 우리의 근거지를 지키라고 전사들을 격려했다.

현성을 지키는 싸움은 아주 치열해 청나라군의 수차례 공격이 모두 격퇴당했다. 그러자 나언성은 계책을 꾸몄다.

12월 10일은 활현을 고수한 지 40일째 되는 날 새벽, 나언성은 다시 쳐들어오기 시작했다. 그는 동시에 다섯 개의 성문을 공격했다. 나언성이 갱도에 묻어둔 폭약을 터뜨리자 서북쪽의 성벽이 순식간에 허물어졌다. 넷째 아주머니는 한편으로 방어전을 지휘했고, 다른 한편으로 성벽 구멍을 막기 시작했다. 갑자기 '쿵' 하는 소리와 함께 성벽 한 구간이 또 무너졌고, 뒤이어 남문 성벽도 폭음과 함께 무너졌다.

성곽과 함께 생사를 같이 하다

그녀는 침착하게 의병들을 지휘했다. 골목에는 시체가 널렸고, 손에 도끼를 든 한 전사는 십여 명의 청나라군과 육박전을 했다. 의병들의 태반이 쓰러졌고 그 자신의 머리도 온데간데없었지만 여전히 도끼를 부여잡고 그 자리에 꿋꿋이 서 있었다. 그 바람에 겁에 질린 청나라군 병사들은 달려들 엄두를 내지 못했다.

하루 온종일 넷째 아주머니는 입에 쌀 한 톨 대지 못했기에 지칠 대로 지쳐 있었다.

밤이 깊어지자 장군이 넷째 아주머니에게 변장을 하고 성 밖으로 나가라고 했다. 그러나 그녀는 희생된 형제들을 볼 면목이 없어 넷째 형을 따라 저승으로 갈 것이라고 말했다. 말을 마친 넷째 아주머니는 또다시 청나라군에게 달려들었다. 여러 곳에 상처를 입은 그녀는 결국 자결했다.

소천세연도疏泉洗硏圖 (청나라 홍인弘仁 그림)
홍인(1610~1664)은 성은 강江이고 이름은 도韜이며, 자는 육기六奇다. 일명 이름은 방昉이고 자는 구맹鷗盟이라고도 하며, 흡현, 지금의 안휘 사람이다. 청나라 순치 4년(1647)에 고항법사古航法師에 의해 승려가 되었고, 건양보친암建陽報親庵에서 살았다. 법명은 홍인이고, 호는 절강승이며, 일명 호를 무지無智라고도 했다. 죽은 후 사람들은 그를 매화고납梅花古衲이라고 불렀다. 명나라 말, 청나라 초기의 화가로서 산수와 매화를 잘 그렸다. 소운종蕭云從에게서 그림을 배웠으며, 예찬倪瓚의 영향을 많이 받았다. 그는 왕지서汪之瑞, 손일孫逸, 사사표査士標 등과 함께 신안파新安派 4대가에 속한다.

1644~1840 청나라·1

| 중국사 연표 |
1833년 서양에 대한 순은수출을 금지하는 조례'를 세웠다.

094

장거얼의 난

초기의 도광 황제는 결코 평범한 사람이 아니었다. 그는 전력을 다해 남부 변강을 수복했으며 선조의 업적을 계승했다.

함락당한 커선가얼

장거얼張格爾은 다허줘大和卓 보뤄니博羅尼의 손자였는데 다허줘가 나라를 배반해 주살된 후 그의 아들이 호한浩罕으로 도망가 낳은 아들이었다. 호한과 영국이 그의 뒷배경이었다.

도광 황제가 등극할 때 장거얼 일당은 청나라의 관리가 남부 변경에서 백성들을 가혹하게 다스리는 기회를 이용해 실력을 확장했다.

도광 6년(1826)에 장거얼과 호한 수령 아리한阿里汗은 남부 변경 커선가얼喀什噶爾, 잉지사얼英吉沙爾, 선얼창什爾羌, 호톈和田 등 네 개 성을 공격하는 것을 도와주기만 하면 성안의 여자들과 옥과 비단을 절반씩 나누며, 또 커선가얼을 할양한다고 약속했다.

남부 변강 주재 참찬 대신 칭샹慶祥은 호한을 수차례 공격했다. 두 달 후, 커선가얼은 탄약과 식량이 떨어지는 바람에 함락되었으며, 칭샹은 자결했다. 그후 나머지 세 개 성도 함락되었다.

장거얼은 네 개 성을 함락한 후 자칭 '싸이더 장거얼쑤단賽義德張格爾蘇丹'이라고 했으며 그 후 그는 군대를 파견해 동진하는 것으로 쿠처庫車와 아커쑤 등지를 점령하려고 시도했다.

아커쑤 보위전

도광 황제는 장거얼의 반란을 아주 중요하게 생각했다. 도적을 잡으려면 우두머리부터 잡아야 한다며

도광 황제道光皇帝 조복상
청나라가 관내로 들어간 후 여섯 번째 황제인 도광 황제(1782~850)는 이름이 아이신줴뤄 민닝이다.

●●● 역사문화백과 ●●●

[자금성紫禁城]

황제는 자칭 천자天子라고 했다. 천제天帝는 자미성원紫微星垣에서 살았고, 뭇별들은 자미성원을 감싸고 있기 때문에 천자가 살고 있는 곳을 '자미금지紫微金地'라고 했으며, 황궁을 '자금성'이라고 불렀다. 성벽으로 둘러싸여 있는 금지는 높이가 7.9m이고, 윗면의 폭은 6.66m다. 성의 동·서·북 외측에는 수위방 732칸이 있고, 주거책란朱車柵欄 28곳, 수위방 밖에는 호성하護城河(해자)가 있다. 호성하는 폭이 52m이고, 깊이가 6m다. 자금성 밖의 18리 떨어진 곳에는 황성이 있고, 황성 밖에서 다시 40리가 되는 내성이 있으며, 또 그 밖에는 외성공위拱衛가 있다. 각 성곽은 층층이 겹쳐지면서 호수와 강을 감싸고 있으며 전루, 포대가 수풀처럼 서 있다. 이런 전루, 포대에는 어림군御林軍이 지키고 있어 삼엄한 경비체계를 이루고 있다.

| 세계사 연표 |

1833년 영국 의회에서 '공장법'을 채택했다. 프랑스에서 교회에 초급교육을 처리하는 주권을 수여했다.

출전 《성무기聖武記》
《청사고淸史稿·장령전長齡傳》
《청사고淸史稿·양우춘전楊遇春傳》

전방 장병들에게 장거얼을 사로잡거나 사살하라고 했고, 장거얼을 나포하는 자는 왕으로 책봉하며 은 10만냥을 상으로 준다는 포고를 붙였다. 그리고 대학사 창링長齡을 양위揚威장군으로 임명하고, 자신은 전선의 군수물자, 특히 식량과 군복 수송을 책임졌다.

이후 아커쑤에서 격전을 벌여 공방전이 빈번했다. 청나라군은 때로 속임수까지 썼는데 반란군이 성곽에 접근할 때면 몇백 명밖에 안 되는 기마대가 이리저리 돌아다니면서 적군의 시선을 현혹시키곤 했다. 며칠 후, 3만 명의 청나라 원군이 도착해 반란군을 쫓아버렸으며, 몇달 후에는 또 아커쑤 서남쪽의 커얼핑柯爾坪을 공격하는 전투에서 적군 3000명을 섬멸했다.

아커와바터에서의 대결전

도광 7년(1827) 봄에 창링은 대군을 거느리고 서진했다. 15일 동안 행진한 대군은 식량이 떨어지자 지쳐버린 낙타와 말을 잡아먹는 수밖에 없었다. 그리고 마침내 아얼바터에서 2만여 명의 반란군과 맞닥뜨렸다. 청나라군은 세 갈래로 맹공격을 해 반란군 1만 명을 죽이고 3000명을 포로로 잡았을 뿐만 아니라 대량의 식량과 마초, 가축을 노획했다.

이틀 후 청나라군은 또 사부더우얼沙布都爾에서의 몇 차례 전투에서 승전을 했다. 이리해 반란군은 무려 4, 5만여 명이나 섬멸되었다.

청나라군은 승리의 기세를 몰아 추격했으며, 사흘 후에는 커선가얼의 문호인 아커와바터에 이르렀다. 장거얼도 이번의 전투가 생사여부를 결정하는 전투

충모무략忠謀武略의 양우춘
양우춘楊遇春(1760~1837은 자가 시자時齋이고, 사천 숭경주 사람이다. 건륭 44년(1779)에 무과에 급제했으며, 그 이듬해에 군대에 들어갔다. 그후 복강안을 따라 감숙 전오 봉기, 대만 임상문 봉기, 백련교 봉기 등의 봉기를 탄압했다. 조정은 자광각공신상을 평할 때 그를 '충모무략' 이라고 했다.

라는 것을 잘 알고 있었다. 그래서 그는 10만여 명의 모든 병력을 이 전투에 투입했다. 청나라군은 총포의 엄호를 받으며 호모虎帽를 쓰고 호의虎衣를 입고 적진으로 쳐들어갔다. 크게 놀란 반란군 기병들은 스스로 전투 대열을 분산시켰다.

청나라군은 양다마허에 이르러 반란군 2만 명을 섬멸하고 2000명을 포로로 잡았다. 이튿날 청나라군은 훈허 북쪽 기슭으로 진격해 남쪽 기슭의 반란군과 대치해 있었다.

그날 밤, 모래바람이 크게 불기 시작했다. 창링은 반란군이 유리한 지세를 차지하고 있는데다가 또 병력이 절대적 우세를 차지하고 있고, 또 모래바람을 타

1644~1840 청나라·1

아들딸을 거느리고 위로는 시어머니를 모시고 아래로는 손자를 두고 네 세대가 함께 사는 여자

| 중국사 연표 |

1834년 영국 배가 일년 내내 영정양 등에서 밀수를 하자 아편 판매와 밀수를 금지한다고 재언명했다.

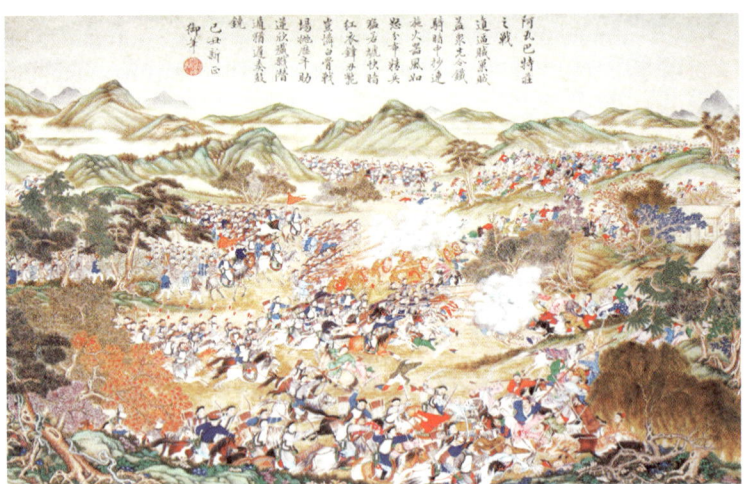

고 기습을 하면 당해내기 어렵기 때문에 뒤로 10리 물러서자고 했다. 그러나 그의 부장副將이며 섬감총독인 양우춘楊遇春은 이런 시기를 놓쳐서는 안 된다고 하면서, 적진 깊숙이 들어왔기 때문에 속전속결하지 않으면 안 된다고 했다. 그래서 청나라 기병은 하류를 돌아 강을 건넜으며, 창링, 양우춘 등 주력은 상류로 올라가 바람이 부는 방향을 따라 강을 건넜다.

날이 밝자 강을 건넌 청나라군은 반란군을 물리쳤고, 장거얼은 황급히 도주했다. 이번 전역에서 청나라군은 적군 6만 명을 섬멸하고 4000명을 포로로 잡았다.

카쉬거얼과 잉지사얼, 선얼챵, 호텐 등 성도 수복되었다. 8개월 후 포로가 된 장거얼은 북경으로 압송되어 처형되었다. 이로써 신강은 다시 평화를 찾았다.

아얼바터에서의 싸움 (위 그림)
아얼바터에서의 싸움은 청나라군이 회강回疆을 평정한 제5차 승리다.

카선가얼에서의 전투 (가운데 그림)
카선가얼을 수복하는 전투는 청나라군이 거둔 또 한 차례의 승리였다. 이 전투를 거쳐 반란군에게 점령당했던 중요한 도시 카선가얼을 되찾음으로써 주권을 수호했다.

장거얼을 생포하다 (아래 그림)
장거얼은 다허줘의 손자였다. 다허줘가 주살된 후 그는 호한으로 도망쳐 난을 피했다. 하지만 청나라군은 그를 생포해 후환을 없애버렸다.

| 세계사 연표 |

1834년

프랑스 리옹 방직노동자들이 제2차 봉기를 일으켰다.

095

출전
《성무기聖武記》
《청사고淸史稿·이장경전李長庚傳》
《청사고淸史稿·왕득록전王得祿傳》

바다에서의 밀수

동남의 해환海患

가경 연간에 동남 바다에는 청나라를 반대하는 민중의 무장선대가 있었다. 이 무장력의 수령은 채견蔡牽과 주분朱濆이었다.

건륭 59년(1794)에 바다로 나가기 시작한 채견의 부대는 처음에 몇 십 명밖에 안 되던 대열이 얼마 지나지 않아 수백 명으로 늘었다.

가경 7년(1802) 여름, 채견의 부대는 청나라군과 싸우게 되었다. 이날 밤 500여 명이 30여 척의 배에 나누어 타고 하문廈門과 금문金門 사이에 있는 대단도大擔島와 소단도小擔島를 습격해 신포를 빼앗고 수비군을 모두 섬멸했다.

이 소식이 북경에 전해지자 청나라 조정은 더이상 그들을 해적이 아니라 청나라를 반대하는 무장세력으로 간주하게 되었다. 청나라 조정은 절강 수사제독 이장경李長庚에게 군사를 출동해 그들에 대처하라고 했다.

다음해에 채견은 선대를 거느리고 관례대로 보타산普陀山에 올라 향을 올렸는데, 산에서 내려와 배에 오를 때에 중도에 매복해있던 이장경 수사水師의 습격을 당했다. 처음에 그는 청군이 낡은 장비를 가지고 있는 줄로 알았을 뿐 배마다 10여문의 대포를 장치한 '정선霆船'을 가지고 있는 줄은 전혀 몰랐다.

채견은 민절총독 왕덕王德이 이장경이 공로를 세우는 것을 질투하고 있다는 것을 알고는 백기를 걸고 그에게 투항하려 한다고 했다. 그의 투항에 동의한 왕덕은 이장경에게 추격하지 말라고 했다.

이번 전투를 거쳐 채견은 바다에서 활동하려면 반드시 정선보다 더 크고 장비도 좋은 배를 건조해야 한다는 것을 느꼈다. 그래서 그는 거금을 들여 복건에서 비밀리에 그런 배를 건조했다.

배가 건조되자 조선상造船商은 배에 식량과 무기를 가득 싣고 외국에 나가서 거래를 마쳤다. 이로 인해 채견은 강대한 함대를 가지게 되었다.

가경 9년(1804), 채견은 광동에서 온 주분의 밀수선대와 절강 부응浮鷹에서 온 주진 총병 호진성胡振聲부 24척의 배와 조우했다. 그들은 근 100척의 해선海船으로 청나라군을 모두 섬멸했다. 그러자 청나라 조정이 발칵 뒤집혔다.

채견의 해상봉기경시패警示牌
가경 연간에 채견, 주분 두사람은 청나라 조정으로부터 '한두목悍頭目'이라 불렸다. 청나라 조정은 '강도들을 모아 한 지방에서 호령을 내리는' 그들을 타격 목표로 한다고 했다.

강소 순무 장사성상

1644~1840
청나라·1

곤명호昆明湖 수군포함 연합훈련도

이장경이 직접 나서다

그때부터 가경 황제는 채견의 활동을 주시했다.

그는 군기처와 민절대사가 올린 채견과 관련된 상주는 모두 직접 주비를 썼으며, 또 이장경을 등용해 절강과 복건의 수사水師를 지휘하면서 채견의 공격에 대처하도록 했다.

그해 가을, 채견·주분 연합함대 110척의 배가 북상하는 길에 이장경 수사에 의해 패배했다. 겨울에 주분은 또다시 갑자양甲子洋에서 패배했고, 이듬해 여름에는 채견도 청용항靑龍港에서 패배했다.

이장경은 채견과의 싸움에서 대부분 승리했지만 채견을 잡지는 못했다. 그 원인은 청나라군의 장비가 채견보다 못했기 때문이었는데, 배의 높이만 봐도 이장경의 주력함마저 상대방의 주력함보다 5, 6자 낮았던 것이다. 그후 청나라 조정은 이장경의 요구에 따라 대동안사선大同安梭船 60척을 건조했으며, 이장경을 배척한 신임 민절총독 아림보阿林保를 호되게 꾸짖었다. 이리해 이장경의 수사는 전투력이 보다 높아지게 되었다.

가경 12년(1807)에 이장경 수사는 남오흑수양南澳黑水洋에서 적 선박의 마지막 포격에 맞아 사망했다.

가경 14년에 채견은 절강 정해 어산에서 민절수사에 의해 패하고 흑수양으로 도망쳤으나 그곳에서도 이틀간 격전을 치렀다.

포탄을 다 써버린 채견은 나머지 포에 불을 지르고는 배를 침몰시켜 자결했다.

보병·기병 진세훈련도

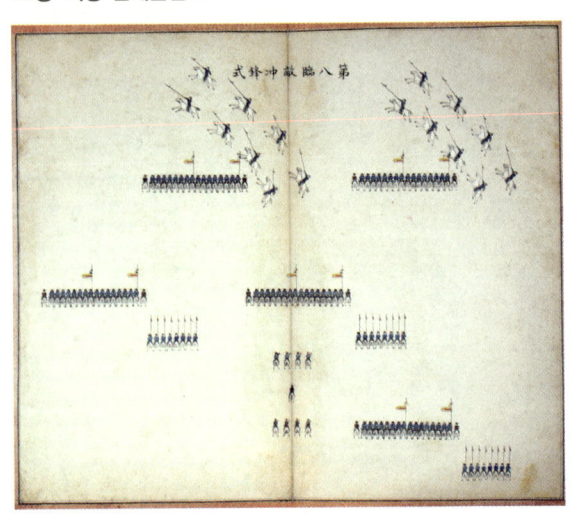

역사문화백과

[녹영綠營]

청나라 초기에 북경을 도읍으로 정한 후 8기의 병력을 보충하기 위해 명나라 제도를 모방했다. 그래서 부분적으로 투항한 명나라의 관군, 농민군과 새로 모집한 한족군을 각 성의 지방군으로 재편성하고 총독과 순무가 병책兵冊을 작성해 병부에 보고했는데, 병적에 오르면 평생 변하지 않았다. 그들은 녹기를 표징으로 하고, 영營을 단위로 했기에 '녹영'이라고 했다. 청나라는 한족과 무관을 차별했기 때문에 녹영병정은 동급인 기영병정旗營兵丁보다 대우가 낮았다. 그 예로 기영병정은 일인당 매달 봉급으로 3냥 받았지만 녹영병들은 1. 5냥을 받았으며, 녹영병들은 동급의 문관을 보면 무릎을 꿇고 절을 해야 했고, 2, 3품의 문관을 보면 문안을 드린 후 측면에 앉음으로써 존경을 표시해야 했다.

| 세계사 연표 |

1835년 영국에서 선거법 개혁을 위한 대중운동이 일어났다.

청나라 전기(1644년 ~ 1840년) 문학가 일람표

이름	생졸년대	자	호	적관籍貫	저작	문학이론관점
황종희	1610-1695	태충	남뢰, 이주	절강 여요	《송원학안》《명유학안》《명이대방록》《황리주문집》	참된 성정을 강조함
이어	1611-1680		입옹	절강 란계	《일가언》《입옹10종곡》《한정우기》《12루》	유기적이고 완정한 예술구조 전일체를 창조함
고염무	1613-1682	녕인	정림	강소 곤산	《천하군국이병서》《음학5서》《시본론》《일지록》	경세치용의 실제적인 학문을 제창함
왕부지	1619-1692	이농	강재	호남 형양	《시역》《남창만기》《선산유서》《강재시화》	창작에서는 '집적 겪어보고 본 것'으로 해야 한다고 주장
포송령	1640-1715	유선, 검신	유천거사	산동 치천	《요재지이》《포송령집》	소설창작은 반드시 진보적인 내용이 있어야 한다고 주장함
공상임	1648-1718	빙지, 계중	동당, 안당, 운정산인	산동 곡부	《도화선》	희곡은 '세상을 경계하고 풍속을 바꾸도록 해야 한다'고 주장함
방포	1668-1749	영고	망계	안휘 동성	《망계집》《고문약선》	'자연적이고 원기왕성' 해야만 좋은 문장이라고 함
정섭	1693-1765	극유	판교	강소 흥화	《정판교전집》	'글은 침착하고 통쾌함이 제일' 이라고 주장함
유대괴	1698-1779	재보, 경남	해봉	안휘 동성	《해봉선생문집》《해봉선생시집》	신, 기, 음절을 추구했음
오경재	1701-1754	민헌, 문목		안휘 전숙	《유림외사》《문목산방집》	직접적인 체험에 근거해 여러 가지 면으로 사대부들의 생활면모를 반영했음
조설근	1715-1763	몽원	설근, 근보, 근계	료양	《홍루몽》	
원매	1716-1797	자재	간재	절강 전당	《수원시화》《소창산방시문집》	성령설性靈說을 주장하고 개인의 성정과 조우를 쓰며 개인의 영감을 쓸 것을 주장함
기윤	1724-1805	효람, 춘범	석운	직예 헌현	《기문달공유집》《열미초당필기》	
요내	1731-1815	희전	석포	안휘 동성	《석포헌문집》《석포헌시집》	강함과 유연함은 비록 한쪽을 소홀히 할 수는 있지만 반드시 서로 보완해야 하며 그렇지 않으면 진정한 예술을 형성할 수 없다고 주장함
옹방강	1733-1818	정삼	담계	순천 대흥	《복초재시집》《문집》《석주시화》《소석범정저록》《소시보주》	좋은 시는 반드시 '기리肌理'를 기준으로 해야 한다고 주장함
장학성	1738-1801	실재	소암	절강 회계	《문사통의》《장씨유서》	'육경이 모두 역사' 라고 주장함
원원	1764-1849	백원	운대	강소 의정	《주인전》《연경실집》《적고재종정이기관식》	'문필논', 대구를 제창함
포세신	1775-1855	신백	권옹	안휘 경현	《예주쌍집》《중형일작》《광정삼의》	경세지학에 주의를 돌리고 사회실제문제에 대한 연구에 중시를 돌릴 것을 주장함

1644 ~ 1840 청나라 · 1

| 중국사 연표 |
청나라 조정이 광동에서 아편수입을 금지시켰다.

096

근검절약하는 도광 황제

도광 황제 민녕旻寧은 즉위한 후 '지경至敬·존성存誠·근학勤學·개과改過'를 좌우명으로 했다.

여섯 번째 황제

승덕 피서산장承德避暑山莊에서 진행하는 전통적인 추선대전秋獮大典에 참가하러 간 가경 황제는 그곳에 도착하자마자 앓기 시작했다. 그는 다음날 성황묘城隍廟, 영우사永佑寺에 가서 향을 올렸으나 저녁이 되자 병세가 갑자기 악화되어 죽고 말았다.

너무나도 갑작스러운 일에 수행한 대신들은 어찌할 바를 몰랐다. 그들은 초조한 마음으로 무슨 유언이 없는지 알려고 태감에게 모든 상자들을 다 열어보라고 했다. 그러나 그들은 아무것도 찾아내지 못했다.

대학사 대균원戴均元과 퇴진托津은 논의를 거쳐 수행한 태감들의 몸을 뒤지라고 명령했다. 마침내 하급 태감의 몸에서 작은 함을 찾았는데, 함에는 금자물쇠가 채워져 있었다. 퇴진이 자물쇠를 끊어버리자 안에는 비단 조각이 들어 있었다. 퇴진은 즉시 여러 사람들 앞에서 비단 조각을 꺼내들고 읽었다.

"황차자 금녕錦寧을 황태자로 책립하노라."

이렇게 해서 청나라의 여섯 번째 도광 황제가 즉위했다.

도광 황제는 즉위하자마자 위기감을 느끼지 않을 수 없었다. 그래서 황제가 된 두 달 만에 그는 칙령을 내려 근검절약을 숭상할 것을 호소했다.

의식주에서도 절약

열하에서의 피서, 목란추선木蘭秋獮은 이미 청나라 시대 황제들의 전통이었다. 이에 도광 황제는 이렇게 말했다. "이렇게 하려면 많은 돈을 들어야 하고 외번外藩의 각 부족들도 조정으로 찾아와 배알해야 하는데, 그러면 백성들을 혹사시키고 재물을 낭비하게 되니 그만둘지어다." 그리고 그에게는 여우 가죽으로 만든 조끼가 있었는데, 입으면 좀 헐렁해 보였다. 그래서 태감에게 주변에 털가죽을 대라고 분부했으나 그 비용으로 은 1000냥이 든다고 하자 그만두라고 했다.

이튿날 그는 이 일을 몇몇 군기대신들에게 말했다. 그리해 경성내에서 왕공귀족들이 입고 다니는 모피 옷들은 모두 가죽털을 밖에 내놓지 않았다.

도광 황제는 또 정치의례의 번잡한 범절들을 허장성세하는 것이라고 했으며, 또 자신이 쓰던 나머지 벼루돌도 그대로 두면 아깝다고 하면서 신하들에게 나누어주었다.

안빈낙도安貧樂道의 다른 한 측면

도광 황제는 원래 자신이 모범이 되어 조야에서의 근검절약 기풍을 이끌어나가려고 했다. 그는 자신이 입던 바지의 무릎에 구멍이 나자 시중하는 관리에게 수선을 명했다. 그러자 대신들은 앞다투어 입고 있는 바지의 무릎 부위를 기워 입었다고 한다.

어느 날 도광 황제는 군기대신을 접견할 때 조진용曹振鏞이 바지를 기운 것

도광어용 '공간유덕恭簡惟德' 옥새 및 옥새글
도광이 계위한 후 조정의 법과 기율을 독단했으며 일마다 꼭 직접 스스로 했으며 소박함으로 소문났다. '공간유덕'은 자신에 대한 그의 요구였다.

| 세계사 연표 |

1836년 전 유럽에 경제공황이 일어났다.

출전 《청조야사대관清朝野史大觀·청궁유문清宮遺聞》
마상백馬相伯《일일일담一日一談》

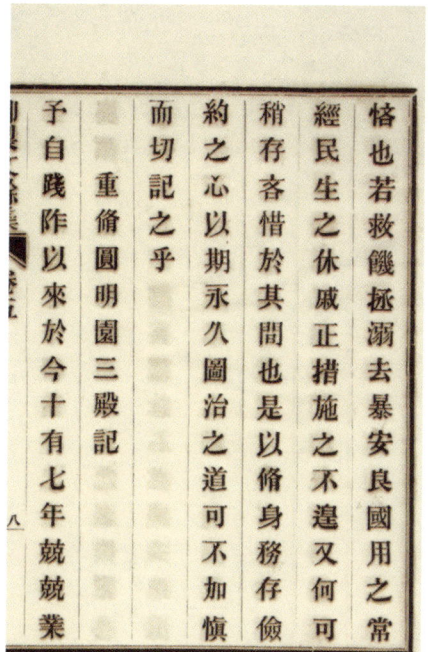

도광 어제 '원명원 3전복구기' (왼쪽 사진)
도광 16년(1836) 8월 26일에 화재에 의해 불타버린 구주청안지원 원명원 3전을 복구하기 시작했으며 이듬해에 복구가 완료되었다. 이에 도광 황제는 '원명원 3전복구기' 라는 글을 지었다.

도광 황제의 '성색화리유聲色華利諭' (오른쪽 사진)
도광 황제 즉위 초기에 중국은 내외 위기에 직면했다. 대내적으로는 관리들이 부패하고, 국고가 비었으며, 백성들 사이에선 반청 투쟁이 빈번하게 일어났고, 대외적으로는 서방열강의 침범과 아편이 만연했다. 그러자 도광 황제는 일련의 조치를 강구해 중흥을 시도하기도 했으며, 근검절약을 숭상했다.

●●● 역사문화백과 ●●●

[치파오]
청나라 시대 도시의 여성들은 겉옷으로 치파오旗袍를 입었다. 치파오는 원래 만족 여성들의 옷으로 허리와 소매가 넓었다. 귀족의 예복으로서의 치파오는 굽 높은 신까지 내려왔으나 일반적으로는 발을 가리지 않았다. 중원에 들어선 후 점차 조끼식 치파오가 되었으며 그후에 오른쪽을 트고, 허리에 딱 붙게 입었으며, 갈수록 옆을 텄는데, 어떤 경우에는 둔부까지 트여 있었다. 트인 곳은 무늬로 장식을 했고 소매는 자유로웠으며, 소매가 없는 경우도 있었다.

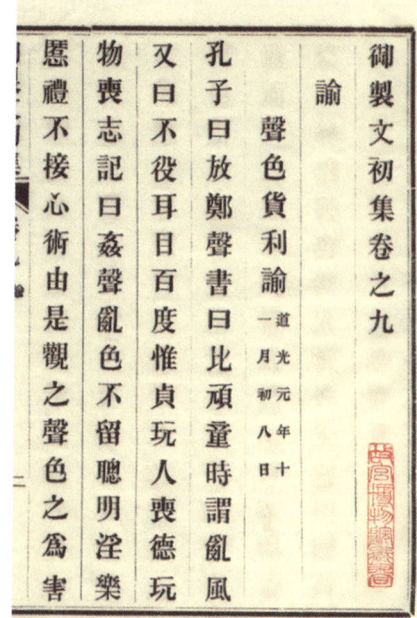

을 보고 얼마를 주고 기웠는가고 물었다. 조진용은 잠시 생각을 하더니 "은 세푼을 주었나이다." 라고 대답했다.

그 말을 들고 난 도광 황제는 놀랍다는듯이 말했다. "경들이 밖에서 기울 때는 정말 싸게 했는데, 짐의 옷을 기운 후 내무부에서는 은 5냥을 청구했단 말이요?"

또 이런 이야기가 있다. 도광 황제의 바지가 구멍이 나자 두 조각의 담황색천으로 기웠는데 그것도 수를 놓아서 기운 것이었다. 그 바지를 이렇게 기우면서 내무부에서는 국고에서 은 50냥을 받았다. 하지만 오랫동안 궁전에만 있던 도광 황제는 민간에서 이런 옷은 몇십 문이면 기울 수 있다는 사실을 모르고 있었기 때문에 계속 아주 싸다고 말했다.

어느 날 그는 군기대신 반세은潘世恩도 자신의 옷과 똑같이 기운 것을 보고 돈을 얼마 들였는지 물었다. 번세은도 이리저리 생각을 하고 나서 은 20냥을 주었다고 대답했다. 그 말을 들은 도광 황제는 자기가 크게 밑졌다고 아우성을 쳤다.

'공간유덕恭簡惟德' 첩락帖落
비록 도광 황제는 부지런히 정사를 보고 나라를 다스리기는 했지만 해낸 일은 별로 많지 않았다.

| 중국사 연표 |
1837년
각 성에서의 백은의 수출을 금한다는 칙령을 내렸다.

097

동방에 온 '상선'

영국 상선 암허스트호

중국 해안과 물길에 대한 측량을 전문적으로 책임지고 있으면서 측량해낸 수치로 항해도를 그렸다.

도광 12년(1832), 영국의 상선 암허스트호가 중국 연해에 도착했다. 그때 청나라 정부는 쇄국정책을 실시하고 있었기 때문에 그 어떤 외국인이든 광주廣州를 제외한 그 어느 항구에도 들어설 수 없었다.

암허스트호는 모직물, 우사羽紗, 서양천, 목화, 시계, 망원경 등을 싣고 오문에서 출항했다. 그러나 이 암허스트호는 원래 동인도회사에서 파견한 배였다. 동인도회사는 동방을 침략하기 위해 무역을 가장한 영국 회사이다.

동인도회사는 암허스트호를 중국에 파견할 때 선장 린제이에게 이렇게 말했다.

"각하의 사명은 중화제국을 어떻게 개방시키겠는가, 어느 통상구가 제일 적합하겠는가, 그리고 어떻게 중국인과 당지 정부와 교섭하면 제일 유리하겠는가를 확정하는 것입니다."

린제이는 중국의 해안과 항만, 물길에 대해 측량했으며, 측량해 얻은 수치를 가지고 항해도를 제작했다.

배에는 또 린더싸이라고 부르는 사람이 있었는데 그는 동인도회사 광동상관商館의 직원이었다. 이번에 그는 선주로 가장하고 호하미胡夏米라는 가명을 달았다. 그의 임무는 이번의 항행과정에서의 정찰활동을 하는 것이었다.

배에는 또 독일 선교사 퀴츨라프도 있었는데 그는 갑리甲利라는 가명을 달고 번역가와 의사 신분으로 행세했다. 그는 배가 항구에 들어서기만 하면 백성들에게 병을 고쳐주는 척하면서 선교를 했다.

'영국과의 무역 중단에 관한 오웅광의 상주서'

18세기 말부터 아편무역을 하면 폭리를 얻을 수 있다는 것을 안 동인도회사는 벵골의 농민들에게 아편을 심을 것을 강요했으며 또 아편무역을 독점하고 중국에 아편을 대량으로 수송해왔으며 이로써 막대한 이윤을 챙겼다. 이것은 양광총독 오웅광이 영국 상인들의 불량한 목적을 발견한 후 청나라 조정에 영국과의 무역을 잠시 중단하자는 상주서이다.

| 세계사 연표 |

1837년

영국에서 빅토리아 여왕이 즉위했다.

《청선종실록淸宣宗實錄》 출전

청나라 시대 광동의 전선 모형

간첩활동에 종사하다

중도에서 폭풍을 만난 암허스트호는 광동에서 복건 변경과 가까운 남오도南澳島로 들어섰다. 그들은 마음대로 상륙해 섬을 자세히 정찰했다. 호하미는 동인도회사에 보내는 정보에서 이렇게 썼다.

"이곳은 광동의 두 번째 해군기지로서 절반은 광동에, 다른 절반은 복건에 위치해 있으며, 군대의 편제는 총병관 또는 제독을 지휘관으로 총 5237명을 관할한다. 그중 4078명은 광동에 속하고 1159명은 복건에

●●● 역사문화백과 ●●●

[최초의 '성경' 중역본]

가경 12년(1807)에 영국인 모리슨이 런던에서 광주廣州로 왔다. 그는 중국에 온 기독교의 새로운 선교사였다. 런던교회의 명을 받고 온 그는 중국에서 선교할 수 있는 곳을 찾으려 했다. 그의 주요 임무 중의 하나는 '성경'을 한문으로 번역하는 것이었다. 장기간의 노력을 거쳐 그는 마침내 '성경 신약'을 한문으로 번역해냈으며, 또 장인을 고용해 판각하고 광주에서 2000부를 인쇄했다. 그후 모리슨은 영국 선교사와 함께 가경 24년(1819)에 구약을 번역했다. 그리고 이 역본과 원래의 '신약' 역본을 합해 말라카에서 출판했다. 도광 4년(1824)에 귀국한 모리슨은 '성경' 중역본을 국왕 조지 4세에게 올렸다.

소류전금도疏柳顚禽圖 (청나라 장문도張問陶 그림)

장문도(1764~1814)는 자가 중야仲冶이고, 일명 악조樂祖라고도 한다. 호는 선산船山이며, 사천 수녕 사람이다. 후에 그는 오문, 지금의 강소 소주로 이사했다. 그는 청나라 시대의 시인이고 서화가이다. 이 그림은 까마귀 한 마리가 버드나무 가지에 앉아서 하늘을 쳐다보며 우짖는 장면을 묘사했다. 화면은 더없이 간결하지만 뜻은 아주 심오하다.

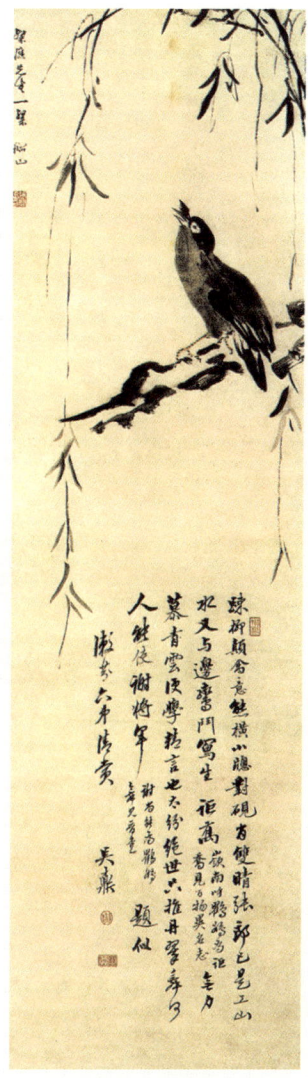

속한다. 조사에 의하면 이들의 방어능력은 7, 8척의 전선戰船의 규모밖에 안 되며 배의 외형은 복건의 소형상선과 흡사하고 장비는 광주보다 보잘것없다. 항만입구에는 두 개의 포대가 있는데 보다 높은 포대에는 8문의 대포가 있고, 낮은 포대에는 6문의 포가 있다. 이외에 항만 안쪽에 작은 포대가 있는데, 이 포대에는 대포가 없다."

암허스트호의 사람들은 원래 이런 일을 하는 사람들이었다. 그들은 단단한 배와 정교한 대포를 마음대로 설치했다. 하문에서 서양인들은 관부의 금지령에도 아랑곳하지 않고 다니자 하문의 지방관리는 어쩔 수 없이 군사를 몇 개의 분대로 나누어 그들을 뒤따르게 했다.

천비天妃, 천비를 마조媽祖라고도 한다 329

| 중국사 연표 |

1838년
임측서에게 흠차대신으로 광동에 가서 아편을 조사할 것을 명령했다.

13행유화

건륭 22년(1757), 광주에서만 통상한다는 명령을 내렸다. 광주에는 월해관이 있었으며, 대외무역을 오랫동안 경영해온 상인들도 있었다. 외국 상인들이 중국인과 직접 무역을 하려면 반드시 청나라 정부가 특별허가한 대외무역상과 무역을 해야 했다. 이런 무역상들을 흔히 13행(13개 소인 것이 아니라 때로는 40, 50개 소가 될 때도 있었음)이라고 불렀다. 이들은 무역뿐 아니라 외국 상인들을 관리하고 단속하는 책임도 지고 있었다. 그림에서는 광주에 있는 13행사무청사를 묘사했다.

암허스트호가 하문을 떠날 때 하문항에서 직접 상선의 화물을 적재할 수 있으며, 이 항구에 군함을 정박시킬 수 있다는 정보가 이미 다 작성되었다.

복주를 떠나기 전에 그들은 또 민강閩江의 수문, 느슨한 방어, 복주항의 특징 및 차잎 생산량 등의 자료들을 정리했다. 호하미는 심지어 동인도회사에 '한 척의 전선에 4, 5척의 상선을 파견하기만 하면 민강에서 거침없이 다닐 수 있을 것'이라고 건의했다. 그후 암허스트호는 청나라 병선의 저지를 무시하고 용강甬江으로 들어갔다. 이는 청나라군 실력에 대한 호하미의 판단을 증명했다. 이에 갑리는 "영파지방의 모든 해군선박들이 한 척의 외국상선이 들어서는 것을 저지할 수 없다는 것은 그야말로 상상조차 할 수 없는 일이다."라고 말했다.

1832년 6월 20일, 암허스트호가 상해 해역에 들어섰다. 그들은 먼저 숭명崇明에 정박해 장강과 황포강 어구의 물길을 자세히 측정했다. 그리고 황포강을 따라 점차 내지로 항행했다. 호하미는 오송어구의 포대는 크기만 하고 포를 충분하게 이용하지 못한다는 것과 포의 직경이 포탄과 맞지 않고, 포탄의 질도 형편없는 등 문제가 많다는 것을 발견했다.

이날 어찌된 영문인지는 모르지만 호하미는 병영에 들어가 참관할 수 있는 기회까지 얻게 되었다. 그리고 호하미는 벌써 부패한 청나라 군대가 일격에도 견뎌내지 못하리라는 것을 알았다. 그에게 있어서 제일 인상 깊은 것은 이 군대에서 어떤 사람은 총火槍을 쓰고 있고, 어떤 사람은 칼을 사용하고 있으며, 어떤

| 세계사 연표 |

1838년

영국 차티스트파들이 대표회의를 거행했다.

청나라의 천문학 발전을 상징하는 천구의天球儀 (왼쪽 사진)

강서 무원 사람인 제언괴齊彥槐는 청나라 중엽의 과학자로서 천문학과 농토수리연구 면에서 모두 탁월한 성과를 올렸다. 이 계기는 제언괴가 만든 천구의이다. 천구의는 천상에 근거해 시간을 기록하는 계기로서 내부는 시계를 모방해 태엽을 동력으로 했으며, 자동적으로 운행하면서 시간을 알렸다. 이 천구의는 도광 10년에 만들어졌다.

쌍구죽석도雙鉤竹石圖 (청나라 조지침趙之琛 그림)

조지침(1781~1852)은 자가 차한次閑이고, 호는 헌부獻父이며, 전당錢塘, 지금의 항주 사람이다. 그는 청나라 시대의 서화가로서 서예에 능숙했고 산수, 화훼를 잘 그렸으며 불상을 즐겨 묘사했다. 흙담 위에 있는 세 그루의 대나무잎은 푸른색을 띠고 있으며, 작자의 만년 작품이다.

사람은 창을 쥐고 있다는 것이었다. 벽에는 화살이 걸려 있었지만 활은 보이지 않았다. 들리는 말에 의하면 활은 강 저쪽의 다른 곳에 있다고 했다.

호하미는 그날 오송어구 주둔군을 열병하던 장면을 연상했고, 또 군관들이 아주 예의를 갖춰 자신을 데리고 장비를 구경시켜주던 일을 연상했다. 그것이 어찌 무기라고 할 수 있는가? 그런 무기들은 모두 방패와 큰 칼이었던 것이다. 이런 칼은 사실상 녹슨 철편에 지나지 않았다. 그리고 대포도 그저 하나의 무쇠덩이에 불과했다.

무력으로 공격할 준비를 하다

암허스트호는 중국에서 반년 남짓 정찰활동을 했다. 이 과정에서 영국인들은 영국 정부가 중국과의 통상을 요구하기만 하면 얼마든지 성공할 수 있다는것을 알았다. 그리고 협상보다는 무력으로 위협을 해야 더 효과적이라는 것도 알게 되었다.

암허스트호는 중국에서 제마음대로 횡행했다. 이 가운데서 영국은 결국 중국에 대한 정책을 결정하게 되었다.

아편전쟁의 발발은 다만 시간문제일 따름이었다.

| 중국사 연표 |

1839년 임측서가 광주에서 몰수한 아편을 없애 버렸다.

098

공자진

공자진龔自珍은 금문경학今文經學의 이치를 서술하면서 부패한 정치와 사회 개혁을 호소했다.

서책을 제외한 사고

항주杭州에서 태어난 공자진은 일반적인 지식인들과 마찬가지로 공부와 과거급제, 벼슬을 하는 세 과정을 거쳤다.

어린 공자진은 음악에 대해 각별한 흥미를 가지고 있었다. 봄날 밤이면 소동파의 〈동선가洞仙歌〉를 반복적으로 불렀고, 사람들은 그의 재능에 탄복했다.

공자진의 스승은 송번宋璠이었다. 송번은 공자진에게 학문은 서책 외에 있다고 하면서 제자들이 능동적 생각을 하도록 이끌어 주었다. 그의 이런 방법은 공자진의 일생에 큰 영향을 주었다.

3명의 가정교사

공자진에게는 3명의 가정교사가 있었는데 그들은 바로 모친 단훈段馴, 부친 공려정龔麗正과 외할아버지 단옥재段玉裁였다.

공자진이 여섯 살 되던 해에 모친은 그에게 오위업吳偉業의 시를 가르쳤다.

오위업은 장편서사시를 잘 썼는데 사람들은 그의 시를 '한 세대의 시사'라고 불렀다. 그의 시는 명나라의 멸망에 대해 통탄했는데, 이런 시들은 그후 공자진이 청나라 왕조가 붕괴하게 되리라는 견해에 대해 형상적이고 역사적인 자료를 제공했다.

공자진이 8세 되던 해에 그의 부친은 《소명문선昭明文選》을 가르쳐 주었으며, 그를 데리고 북경의 태학을 유람하면서 석고문石鼓文을 고찰하고 금석학金石學을 탐구하라고 격려했다. 이로써 공자진은 어려서부터 자료를 중시하고 실증을 중시하는 토대를 닦았다.

공자진에게 제일 큰 영향을 준 사람은 단옥재였다. 단옥재는 박학대사朴學大師로서 허신의 '설문해자'에 대해 큰 기여를 했다.

가경 8년(1803), 공자진이 12세 되던 해에 그는 외손자에게 계몽서《허씨설문부목許氏說文部目》을 주면서 그에게 '경문으로 글자를 말하고 글자로 경문을 말하도록' 요구하고 공려정에게 해석하게 했다.

공자진은 12세까지 정식 이름이 없었다. 공려정은 북경에서 단옥재에게 편지를 보내 아들의 이름을 지어달라고 했다. 단옥재는 답장에서 '이름은 자진自珍이라고 하고 자는 애오愛吾가 좋을 듯하다.'고 하면서 외손자에게 "임금과 백성을 사랑하고 물건을 사랑하는 것을 모두 자신의 일로 삼으라."고 격려했다. 2년 후, 그는 다시 공자진에게 편지를 보내 "이름난 지식인으로, 이름난 신하가 되어야 하되 명사名士가 되지 말며, 자신의 지식과 능력으로 큰 일을 하라."고

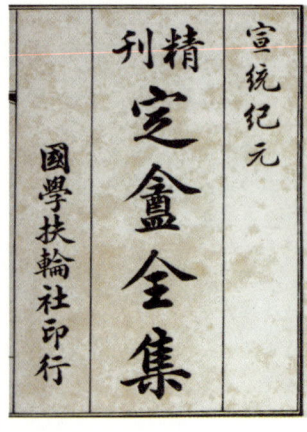

《정암전집定庵全集》
공자진(1792~1841)은 원명이 공조鞏祚이고, 자는 슬인瑟人, 이옥爾玉이다. 이름을 역간易簡이라고 고친 후의 자는 백정伯定이고, 호는 정암定庵이었다. 그는 절강 인화, 지금의 항주 사람이다. 《정암전집》에서는 사회 변혁에 힘쓰는 것을 통해 위기를 만회하려는 그의 이상을 반영했다.

공자진 조각상

했다. 그는 왕안석을 모범으로 삼았고, 《인종 황제에게 올리는 글》을 9번이나 필사했다.

상제께서 술을 하사하시라

그는 일찍이 이런 이야기를 엮었다.

상제의 생일을 축하하기 위해 신들이 모였다. 상제께서는 연회를 베풀어 그들을 초대하려고 비서에게 연회참가자 수를 파악하라고 했다. 그러나 비서장은 3000년이 지나도록 다 쓰지 못했다. 상제께서 늦은 이유를 묻자, 비서는 신들은 모두 교군군을 데리고 오는데 교군군의 자리까지 배치해야 하지 않는가 하고 대답했다. 그러자 상제는 그렇다면 계속 등록하라고 명했다. 그렇지만 7000년이 지나도록 여전히 등록하지 못했다. 상제께서 다시 이유를 묻자 비서는 교군군에게도 그 수하의 교군군이 있기에 늦는다고 대답했다.

도광 19년(1839), 그는 숙부 공수정이 예부상서로 승진하게 되자 예부주사직을 사직하고 고향으로 돌아갔다. 4월의 어느 날 밤, 그는 두 대의 마차를 세내었는데 한 대는 자기

박학대사 단옥재

단옥재(1735~1815)는 자가 약용若庸이고, 호는 무당茂堂이며, 강소 금단 사람이다. 그는 청나라 시대 문자훈고학자이고 경학가이다. 건륭 시기에 거인으로 급제한 그는 사천 무산현 지현으로 있었다. 그의 스승은 대진戴震이었다. 그의 저작 《설문해자주說文解字注》는 문자훈고학을 연구함에 있어서의 중요한 참고서이다. 이외에 《고문상서찬이古文尚書撰異》, 《시경소학》《의례한독고》《모시고훈전정본》《경운루집》등이 있다.

공자진 기념관

공자진 기념관은 절강 항주성 동쪽 마파항 6번지 채원내에 자리잡고 있으며 부지면적은 600㎡이다. 기념관은 청나라 시대의 풍격을 띤 2층집으로 각각 다섯칸이 있고 양쪽에 작은 칸이 있다. 기념관 건물의 기둥에는 모두 조각과 그림이 있다. 기념관 대청에는 공자진의 반신 조각상이 있으며, 사면에는 사맹해沙孟海, 조박초趙朴初 등 유명 인사들의 제사와 편액, 주련이 걸려 있다. 네개의 전람실내에는 공자진의 그림과 문자소개, 대사연표, 연보, 시선과 후세사람들의 연구문집 등이 진열되어있다.

가 타고 다른 한 대에는 문집 100부를 싣고 북경과 작별했다. 연도에서 많은 느낌을 받은 그는 315수의 절구絶句를 써서 조시로 합성했다.

이 시가 바로 유명한 〈을해잡시乙亥雜詩〉다. 〈을해잡시〉는 그가 벼슬을 사직하고 남하할 때의 가슴에서 우러나온, 우국우민憂國憂民의 감정을 표현했다.

••• 역사문화백과 •••

[상업이 번창한 불산진佛山鎭과 한구진漢口鎭]

불산진과 한구진은 청나라 시대 상공업이 매우 번영했다. 불산진은 철기업으로 유명했는데, 중국 내에서는 남방의 각 성에 팔렸으며, 국외로는 선박으로 대량 수출했다. 때문에 정부에서는 수송을 금지하기까지 했다. 쇠줄을 생산하는 노동자는 1000여 명이나 되었고, 못을 생산하는 노동자는 수천 명이나 되었다. 건륭 시기에 점포와 작업장들이 많이 생겨났으며 이런 거리와 골목이 무려 621개나 되었다. 한구진은 소금과 쌀의 집산지였다. 건륭 초에만 해도 인구가 20여만 명이나 되었고, 동서남북 각 성의 상인들은 모두 회관會館을 세우고 있었다. 업종은 소금업, 전당업, 양곡업, 목재업, 약재업이 제일 많았다. 가경 15년(1810)에 큰 화재로 상인들의 점포 8만여 호가 소실되었다.

초점 : 1644년부터 1840년까지의 중국

만족이 궐기할 수 있었던 가장 중요한 요소는 정신력이었다. 만족의 생기 넘치고 활동적인 정신은 민족의 기둥을 떠받들었다. 굴하지 않고 싸우면서 적은 군대로 많은 군대를 물리쳐 전국적인 정권을 창건하기까지 정신적 역량은 없어서는 안될 근본적인 요소였다.

다이이 戴逸

청나라 시대 중앙집권이 강화될 수 있었던 원인은 풍부한 통치경험을 갖춘 황제가 있었기 때문이었다. 명나라 시대의 홍희洪熙 이후의 황제들은 조정朝政을 다스릴 줄 몰랐거나 독단적으로 통치해 나라가 망하고 말았다. 그러나 청나라는 이와 달리 대부분의 황제들은 충분한 훈련을 거쳤을 뿐만아니라 통치를 위한 일련의 방법까지 알고 있었다.

정톈팅 鄭天挺

청나라의 가장 위대한 성과 중 하나는 광활한 국토를 개척한 것이다. 동한, 서한 두 왕조와 당나라는 모두 170만km²의 국토를 더 확장시켰지만 얼마 안 되어 잃고 말았다. 그러나 청나라가 개척한 영토는 명나라에서 계승한 중국 영토의 4배가 넘었다.

보양 柏楊

청나라의 국가 통일사업은 명나라의 토대 위에 진일보 발전시킨 것이다. 청나라는 국가의 판도를 발전시켜 확정했으며 공고히 했다. 이 때 큰 기여를 한 황제는 강희 황제와 건륭 황제였다.

리전위 呂振羽

아편전쟁 이전의 청나라 정치는 대체적으로 한족에 대한 만족의 투쟁과 한족에 대한 청나라 지배자들의 투쟁, 또 한족 지배계급에 대한 만족 지배계급의 투쟁, 만족 지배계급 내부의 투쟁이었다. 이러한 복잡한 투쟁은 역대 청나라 황제들의 정치책략에서 표현되었다. 왜냐하면 황제는 지

문단의 태두泰斗, 학술분야의 이름난 학자들이 1644년부터 1840년까지의 중국을 분석했다. 그들은 독특한 안목으로 청나라 전기의 정치, 경제 및 사회문화의 각 측면에 대해 심도있고 알기 쉽게 분석했다. 이 책은 우리를 중국 역사의 문화전당으로 들어서는 길잡이가 될 것이다.

배계급 내부의 유일한 수장이었기 때문이다. 그들은 모두 훌륭한 재능으로 이 모든 것을 장악하고 승리를 쟁취했다.

판원란 范文瀾

청나라에서 융성한 왕조는 강희 왕조, 옹정 왕조, 건륭 왕조다. 가경 왕조와 도광 왕조 시대의 청나라는 쇠퇴와 몰락의 길로 접어들었다. 만인들이 중원의 주인이 된 후, 제왕들은 중국의 문학을 배우지 않으면 안되었다. 그중 강희 황제는 많은 일을 한 황제였다.

류이정 柳怡徵

강희 황제는 청나라의 여러 황제 가운데서 학문을 가장 즐긴 사람이었다. 그는 유가경전儒家經典, 주희朱熹의 저작, 나아가서 역대 사서에 대해 깊이 연구하지 않은 것이 없었다. 그는 항상 박학통유博學通儒들을 궁정으로 불러 함께 연구했다.

저우구청 周谷城

청나라 시대 황제들은 송나라, 명나라 시대의 정주이학程朱理學을 신봉하고 명분을 규정할 것을 주장했다. 옹정 황제는 항상 "천리天理에 부합되지 않는다."고 말했다. 이런 원인으로 옹정 황제는 가혹하게 통치했으며 많은 사람을 죽였다.

구제강 顧頡剛

역사적으로 오랫동안 최하층에 있었던 양한兩漢의 경학經學은 청나라 건륭, 가경 시대에 갑자기 발전하기 시작해 학술 분야의 새로운 인재들을 배출했다. 경학은 일종의 특정한 사회환경의 산물이거니와 동시에 예술 사상 변화의 법칙도 반영했다.

류다녠 劉大年

1644년부터 1840년까지의 사회 생활 및 역사 문화 백과
(각 조항은 페이지 번호에 따라 검색)

이 내용은 중국 최후 왕조 전반부의 기록이다.
이 시대 국가는 대일통大一統을 마련했으며, 민족은 대단결의 토대를 마련했다.

1. **제왕과 황실 생활**

청나라 태조의 조복朝服상 32
누르하치의 어용검 34
복릉도福陵圖 (청나라 일명佚名 그림) 44
청나라의 시조릉인 영릉 44
계운전 45
홍타이지 인물상 47
홍타이지의 갑옷과 투구 47
홍타이지의 말안장과 요도腰刀 48
숭정 황제가 자결하다 51
청조전기 황제들의 개인서류 078
순치 황제 반신 조복朝服상 64
장비의 조복상 65
소릉도昭陵圖 (청나라 일명佚名 그림) 65
청나라 태종 문 황제의 시책 66
북경에 있는 태묘 72
황제의 제일조복 74
황제의 제월조복 74
봉선전 76
'황제의 보배' 옥새 85
청나라 정부가 반포한 〈초무서〉 94
황부 섭정왕 이질상빈애조以疾上賓哀詔 95
달라이라마 5세, 순치 황제 배알 (벽화) 99
영력 황태후 인물상 112
효강 장황후 114
효강 장황후 시책 115
효강 장황후의 시보諡寶 116
효강 장황후의 시보인면諡寶印面 116
효강 장황후의 시보문諡寶文 116

강희 황제의 용포龍袍 134
군복 차림의 강희 황제 135
강희 황제 158
강희 황제의 독서讀書상 159
채지도采芝圖 (청나라 낭세녕郞世寧 그림) 160
강희 황제 남방순시도권·치수 (청나라 왕휘 등 그림) 165
강희 황제 남방순시도권·강희 황제가 황하에 이르다 (청나라 왕휘 등 그림) 166
강희 황제의 '문화전보文華殿寶'와 옥새의 글 168
강희 황제의 '무근전보懋勤殿寶'와 옥새의 글 169
남서방南書房 170
자식을 많이 둔 강희 황제 170
삼태타호三太打虎 (청나라 연화) 175
순시를 나가는 강희황제 181
피서산장에서의 황제의 흠연欽宴 활동 184
효장 황태후상 188
효장 황태후의 편복상便服像 189
청나라 초기 궁정 사건은 대부분 사실이 아니다 189
유친왕에게 친필로 써준 강희 황제의 시 197
소소량갑일 198
강희 황제가 직접 출정해 갈단의 반란 평정 199
역조현후고사도歷朝賢后故事圖 중 린지이휴麟趾貽休 (청나라 초병정焦秉貞 그림) 210
강희 황제 남방순시도 (청나라 왕휘 등 그림) 211, 212
수녀선발 215
청 성조 강희 황제 조복상 216
만년의 강희 황제 217
성조정훈격언 217
성조인황제시보聖祖仁皇帝諡寶 및 보문寶文 217

1644년부터 1840년까지의 사회 생활 및 역사 문화 백과

성조인황제시책聖祖仁皇帝諡冊 218
청나라 황실의 가장 큰 수렵장 - 목란 사냥터 219
녹나무로 정교하게 만든 초록 221
옹정 황제 윤진이 홍력(건륭 황제)이 태어날 때 목욕 시켜 준 세삼분洗三盆 224
경치를 구경하는 윤진 224
반이뉴인 225
육경궁毓慶宮 225
효공인황후孝恭仁皇后 226
옹정 황제의 조복상 227
옹정 황제의 '위군난爲君難' 옥새 글 227
윤사의 상주서 229
옹정 효경헌 황후 조복상 230
윤진지장胤禛之章 231
과친왕 윤례 인물상 231
효공인 황태후 조복상 231
건청궁乾淸宮 235
옹정 황제 임옹강학도臨雍講學圖 236
옹정 황제의 어필《악종기에게 보내는 시》비 238
옹정 황제의 주비《악종기가 자신을 변호하는 상주서》 239
양심전養心殿 240
《대의각미록大義覺迷錄》 240
책을 읽고 있는 윤진 243
옹정제선농단도雍正祭先農壇圖 (청나라 일명 그림) 248
옹정 황제의《주비유지朱批諭旨》영인 250
청나라 시대 변방 장병들을 장려하기 위한 성지 253
양심전 서난각의 편액 '근정친현勤政親賢' 편액 253
옹정 황제 옥새 글 - 긍긍업업 254
표국 254
옹정 황제 옥새 글 - 친현애민親賢愛民 254
비밀 상주서 주비 257
옹정 황제의 시책諡冊 258

옹정 황제의 도장상道裝像 258
옹정 황제가 태자를 책립한 밀갑密匣 259
청나라 고종 조복상 259
평안춘신도平安春信圖 (청나라 낭세녕 그림) 260
옹정 황제의 태릉 융은전隆恩殿 260
건청궁 편액 '정대광명正大光明' 260
건륭 황제의 투구와 갑옷 261
건륭 황제비상 (청나라 일명 그림) 264
청나라 효현순孝賢純 황후상 265
건륭 사경도寫經圖 265
건륭 황제 관화도觀畫圖 (청나라 낭세녕郎世寧 그림) 270
문소각에 있는 건륭 황제의 먹 272
건륭 황제 사자상寫字像 273
건륭신한乾隆宸翰 옥새글 274
어용화피궁御用樺皮弓 274
건륭 황제의《어제문초집御制文初集》 274
건륭 왕조의 문자옥 275
어필석각장형서십삼경우벽옹서 278
보길류도 280
만법귀일도万法歸一圖 281
윤희의 〈산수도〉화첩 283
건륭주비 '육석웅陸錫熊 주보상교문소각奏報詳校文溯閣《사고전서》정형절情形折' 283
《남순성전南巡盛典》 288
태상황지보太上皇之寶 289
건륭 황제남순도권 - 대우릉大禹陵을 참배 289
군복 차림의 건륭 황제 297
밀절용갑密折用匣 299
자시문부 옷차림을 한 건륭 황제 302
퀴얼커공상마도貢象馬圖 (일부분) 304
건륭 황제가 영국사신을 접견한 조서詔書 306
《봉표지시이지사奉表至詩以志事》 306
청나라 전기 여러 황제들의 건강에 관한 서류 307

337

1644년부터 1840년까지의 사회 생활 및 역사 문화 백과

건륭 황제가 영국 국왕에게 보낸 상유당上諭檔(조서)
    307
건륭 황제 만년조복상 308
유릉 전경 308
가경 황제 조복상 309
가경어필 '재유운거사첨례시비再游云居寺瞻禮詩碑' 317
도광 황제道光皇帝 조복상 320
도광어용 '공간유덕恭儉惟德' 옥새 및 옥새글 326
도광 어제 '원명원 3전복구기' 327
'공간유덕恭儉惟德' 첩락帖落 327
도광 황제의 '성색화리유聲色華利諭' 327

2. 군사와 전쟁

여진의 기마무사 조각 30
호산장성虎山長城 30
실용적인 만주족의 말채찍 31
양은호수월아구鑲銀護手月牙鉤 31
남령 유지 34
바르다성을 공략하는 얼이도 -《만주실록》 36
노구교盧溝橋 37
사르후 전투 38
마림부대 섬멸도 -《만주실록》 39
영원성의 종고루鍾鼓樓 46
덕승문전루 50
산서영무관 54
청나라 시대 역참에서 사용하던 신용물 - 만문신패 58
병부화표 58
양황기 기치 60
정황기 기치 60
양백기 기치 61
양홍기 기치 61
정백기 기치 61
정홍기 기치 61

양남기 기치 62
정남기 기치 62
하북성 천서현 희봉구장성喜峰口長城 63
금산령장성 67
천하제일관天下第一關 산해관성문루 68
양황기의 갑옷과 투구 69
정황기의 투구와 갑옷 69
양백기·정백기·양남기·정남기·양홍기·정홍기의 갑옷과 투구 69
9변도九邊圖 - 대동大同 76
남경으로 들어가는 도도 (청나라 일명 그림) 78
정성공의 흑인 병사 95
청나라군이 쓰던 등패 182
청나라군의 제1차 포위공격 형세도 182
신위무적대장군포 182
동위원장군포銅威遠將軍砲 197
울란부퉁 198
북정독운도北征督運圖 199
식은화총飾銀火槍 199
보군통령 228
대소금천평정득승도大小金川平定得勝圖 252
퀴얼커평정전 도책 - 쎄부루를 공략 302
퀴얼커평정전 도책 - 퀴얼커가 신하와 함께 북경에 이르다 302
매카트니가 올린 자래화창自來火槍 307
임상문 봉기군 군령 311
가의전투嘉義之戰 312
장대전이 포로가 되다 313
백련교 교수敎首 나포에 관한 섬서순무 봉승은의 상주서 314
백련교 봉기를 탄압하는 방어배치도 314
화약연자매 316
동화문東華門 318

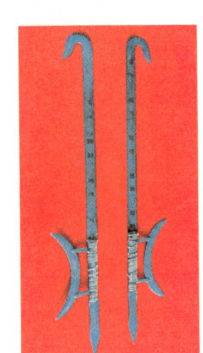

1644년부터 1840년까지의 사회 생활 및 역사 문화 백과

융종문隆宗門 318
아얼바터에서의 싸움 322
카선가얼에서의 전투 322
장거얼을 생포하다 322
채건의 해상봉기경시패警示牌 323
곤명호昆明湖 수군포함 연합훈련도 324
보병·기병 진세훈련도 324
녹영綠營 324
청나라 시대 광동의 전선 모형 329

3. 경제와 무역

순치통보 64
청나라 시대의 '양세' 77
청나라 시대 전당포 간판 87
통혜하조운도通惠河漕運圖 (청나라 시대. 일부분) 110, 111
양주의 염상 123
급상조험 - 청나라 시대 영업허가증 137
이용통보 154
소무통보昭武通寶 155
장사가 잘되는 비단상점 (청나라 일명 그림) 179
북경의 전문 상업지구 180
염상부호 180
카흐타 무역성 186
수로우정水路郵政 209
역참에서의 문서 전달 증거 - 전패傳牌 234
청나라 때 명함 239
현대 은행의 역할을 한 청나라 시대 은행 - 전장 246
표국 254
식염 전매 258
환천이 흥행한 전장錢莊 308
발달한 전당업 310
13행유화 330
상업이 번창한 불산진佛山鎭과 한구진漢口鎭 333

4. 귀족의 생활

난모 96
양모 96
원화院畵 12월령도十二月令圖 (청나라) 125
5월경주도五月競舟圖 126
2월답청도二月踏靑圖 127
3월상도도三月賞桃圖 127
4월류상도四月流觴圖 127
6월납량도六月納凉圖 127
7월걸교도七月乞巧圖 127
8월상월도八月賞月圖 127
9월상국도九月賞菊圖 127
10월화상도十月畵像圖 127
납월상설도臘月賞雪圖 128
동월삼선도冬月參禪圖 128
궁녀 선발 128
가마의 유행 151
현모도賢母圖 (청나라 강도康濤 그림) 186
발달한 초상화 기법을 구현한 청나라 시대 여성 초상 190
묘금칠기의 대표작 - 후비가 쓰던 주칠묘금용봉문수로 朱漆描金龍鳳紋手爐 191
청나라 때 주선도합酒膳挑盒 200
취귀도醉歸圖 (청나라 원강袁江 그림) 200
매관 - 연납 204
건륭 연간에 만든 분채칠왕각산수문난粉彩漆王閣山水紋 暖 가마 207
만주 귀족 자제들의 수렵 장면 220
청나라 때 황궁 용품 두방지斗方紙 232
공부채孔府菜를 각별히 즐긴 관료 사대부들 232
황궁에 태감이 부족했다 265
경사의 관리들은 노새 수레를 탔다 277
만수원사연도万樹園賜宴圖 (청나라 낭세녕 등 그림) 295

339

1644년부터 1840년까지의 사회 생활 및 역사 문화 백과

포의包衣 (가노家奴) 299

5. 자랑할만한 과학기술성과

청나라 초기의 나침반 90
기계가 자동으로 시간을 알리다 98
장족의 의학 경전 - 〈4부의전계열괘도〉 100
흑백이 분명한 〈장의맥락도〉 100
〈장의의 발육도〉 100
청나라 순치 원년에 설립한 '태의원' 106
청나라 때 궁정 의료보건 기구 109
천연두 115
채색 서화집 -《개자원화전》 117
건륭 연간에 만든 누대수법좌종樓臺水法座鐘 131
제조 공예가 발달한 청나라 시대의 선지 141
《숭정역서》 146
탕약망 게첩揭帖 147
남회인이 만든 혼천의渾天儀 149
《서양약서西洋葯書》 149
장성이 편역한 만문《기하원본》 149
청나라 시대의 지구의 149
《부청주남여과傅靑主男女科》 152
《치하방략治河方略》 166
성숙해하원도星宿海河源圖 167
〈황여전람도〉 213
서양 수학과 연결된 청나라 시대의 대수척과 평행선척 214
청나라 때 시계 215
운남여도云南輿圖 243
제일 좋은 벼룻돌 단연端硯 271
분백저쌍용희주암화선지粉白底雙龍戱珠暗花宣紙 271
청나라의 천문학 발전을 상징하는 천구의天球儀 331

6. 생활과 풍속

청나라 때의 인순人殉 45
만주족들의 전통적 미덕을 구현한 선조상 52
포견례 55
강희 연간에 만든 창금전채칠화훼소기戧金塡彩漆花卉小幾 79
묘봉산묘회妙峰山廟會 86, 87
역대의 변발제 87
만주족의 주택 91
건륭 시대의 저잣거리 1 107
건륭 시대의 저잣거리 2 108
대만풍속도 121
청나라 때의 씨름 부쿠 134
부쿠 선수 136
서양문화의 전입傳入과 융합 148
연생귀자도連生貴子圖 (청나라 냉매 그림) 167
도자도挑刺圖 (청나라 소류붕 그림) 169
걸인도 (청나라 고기패 그림) 170
관공상도축關公像圖軸 (청나라 일명佚銘 그림) 172
사복천궁도賜福天宮圖 (청나라 정관붕丁觀鵬 그림) 172
세조환경도축歲朝歡慶圖軸 (청나라 요문한姚文瀚 그림) 173
합가환合家歡 (청나라 연화) 174
서역도책 투르후터의 풍속 (일부분) 183, 184
할자설창도瞎子說唱圖 (청나라 김정표金廷標 그림) 187
민간 결혼식 190, 191
용주 경기에서 현명한 신하를 얻다 194
어가락도漁家樂圖 (청나라 황신黃愼 그림) 201
청나라 시대의 행빙정혼 201
강호랑중행의도江湖郎中行醫圖 204
강희 황제만수도권康熙皇帝万壽圖卷 (청나라 왕휘 등 그림) 209
명절의 장거리 215
설을 쇠는 기인旗人들 218

340

1644년부터 1840년까지의 사회 생활 및 역사 문화 백과

고소번화도姑蘇繁華圖 (청나라 서양 그림. 일부분) 237
정상원광 (청나라 연화) 245
건륭 32년 경성번영경상도京城繁榮景象圖 250
황청직공도권皇淸職貢圖卷 이리 등의 타이지台吉 251
제토아야祭兎兒爺 (청나라 연화) 255
건륭 연간에 만든 남유리각화랍대藍琉璃刻花蠟台 262
건륭남순도권乾隆南巡圖券 275
황청직공도皇淸職貢圖의 투르후터인 279
서역도책 투르후터인 사람들 280
왕공귀척王公貴戚들의 '지혼指婚' 연인聯姻 280
외국인이 기록한 청나라 진공도進貢圖 310
황청직공도皇淸織貢圖 - 고산족高山族 제라현諸羅縣 사람 311
대만의 문묘무묘文廟武廟 312
청나라 시대의 방회 315

7. 청나라 전기의 명인

진원원 인물상 69
이자성 능원 75
이자성의 묘비 75
전겸익 인물상 82
진회8염 84
유물주의 사상가, 왕부지 92
국성야 정성공의 국성병 95
강희 연간에 만든 분채묘금粉彩描金 태백취주太白醉酒 상 97
하문에 있는 정성공 군대 주둔지 119
바둑을 두면서 군사를 지휘하고 있는 정성공 119
정성공의 묘 120
《도상부전島上附傳》 120
정성공과《삼국연의》 121
전동 (청나라 개기 그림) 133
'천하의 흥망은 필부에게도 책임이 있다' 는 글이 있는
책과 고염무 140
귀장 141
천하의 흥망은 필부에게도 책임이 있다 142
명나라 말기, 청나라 초기 사상가 황종희 142
역사학자 만사동 145
대학자 서건학 145
이공 145
탕약망 146
남회인 인물상 148
남회인의 거처 148
남회인 무덤 148
부산 150
부산이 책을 읽던 곳 150
우성룡의《행서격언行書格言》 159
청나라 초기의 사인詞人 나란싱더 178
나란싱더 가족 묘지 - 제존묘당 178
서일승 묘비 187
늙은 수재 포송령 192
산동 치박의 포송령 옛집의 출입구 192
포송령의 옛집 내당 193
왕사진잠미산도鑾尾山圖 (청나라 우지정禹之鼎 그림) 195
왕사진 195
왕사진 방한도放呂圖 (청나라 우지정禹之鼎 그림) 196
후방역 205
이향군 독서도李香君讀書圖 207
사신행 인물상 208
시인 여유량 239
장정옥 시각張廷玉詩刻 탁본 244
청렴한 관리 정판교 267
양주팔괴楊州八怪 269
시인 심덕잠 273
워빠시의 요도腰刀 280
박식한 기효람 282

341

1644년부터 1840년까지의 사회 생활 및 역사 문화 백과

건가학파의 대표인물 대진 286
고거명인 전대흔 287
해강 290
재능과 학식이 뛰어난 필원 292
수원노인 - 원매 294
시인 황경인 296
문자학가 왕념손 296
홍루 노래로 여러 세대를 슬픔에 몰아넣은 문학거장 조설근 298
매카트니의 사은서 307
순천대맹주인順天大盟主印 - 인문印文 312
임청의 모습 317
《정암전집定庵全集》 332
공자진 조각상 332
박학대사 단옥재 333
공자진 기념관 333

8. 종교와 종교예기禮器

어제의 화산, 지금의 천지 28
선녀 부쿠룬 29
부러후리 호수에서 목욕하는 세 선녀 30
살만신안 35
살만제사신후 35
위엄 있는 살만신의 36
달라이라마 5세 상 (당잡 그림) 98
북경성 내에 현존하는 성당 - 남당南堂 147
대만의 녹항 마조신상 164
네르친스크성에 있는 교회 185
장경 198
영은사 212
양주의 고민사 213
보타종승지묘 220
옹화궁 225

사원 건축 도고圖稿 247
벤첸 6세 승장상班禪六世僧裝像 - 당잡唐雜 303
보새寶璽 303
벤첸 6세의 상주서 303
제비뽑기로 황교수령계승자를 확정하는 '금분파 체첨' 제도 304
피서산장의 수미복수지묘 304
벤첸 6세가 헌납한 석가모니상 304

9. 문화예술

만주족의 역사책《흠정만주원류고》 28
시일시이도是一是二圖 (청나라 정관붕 그림) 31
아제그뢔명 사건에 관한 만문 목간木簡 33
만주족의 옛글 목간 33
선산누각도仙山樓閣圖 (청나라 왕시민王時敏 그림) 34
만주족 문자 35
종산란약도從山蘭若圖 (청나라 왕탁王鐸 그림) 39
백운홍수도白雲紅樹圖 (청나라 유도劉度 그림) 40
산수도山水圖 (청나라 보하普荷 그림) 43
세조도歲朝圖 (청나라 장정석蔣廷錫 그림) 49
산수도山水圖 (청나라 만수기万壽棋 그림) 52
앵속화도罌粟花圖 (청나라 유우柳遇 그림) 54
유당하우도劉塘夏雨圖 (청나라 장종창張宗蒼 그림) 55
왕유의 〈강산설제도江山雪霽圖〉의 모방 (청나라 왕시민 그림) 55
춘산난취도春山暖翠圖 (청나라 운수평 그림) 59
한문 번역에 역점을 둔 홍타이지 62
관조도觀潮圖 (청나라 원강袁江 그림) 77
계산비폭도溪山飛瀑圖 (청나라 오우화 그림) 80
층암첩학도層岩疊壑圖 (청나라 곤잔 그림) 80
봉래선경도蓬萊仙境圖 (청나라 원요袁耀 그림) 81
미인도美人圖 - 독서讀書 (청나라 일명 그림) 82
청만춘애도淸巒春靄圖 (청나라 당대唐岱 그림) 84

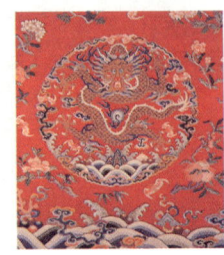

342

1644년부터 1840년까지의 사회 생활 및 역사 문화 백과

잡화도雜畫圖 (청나라 변수민邊壽民 그림) 91
문방4보 중의 하나인 붓 93
《논서論書》의 한 단락 (청나라 단옥재 글) 97
만한 대역본《삼국지》 103
천암경수도千岩競秀圖 (청나라 정수程邃 그림) 103
강산와유도江山臥游圖 (청나라 정정규程正揆 그림) 106
어가도漁家圖 (청나라 사빈謝彬 그림) 110
추경산수도秋景山水圖 (청나라 오력吳歷 그림) 113
장송선관도長松仙館圖 (청나라 왕감王鑒 그림) 113
청나라 가경 시대의 목각본《김성탄비제류재자서》영인본 117
왕첨후 귀고소에게 보낸 시 (청나라 황신黃愼 글) 121
송등도松藤圖 (청나라 이선 그림) 122
송학도松鶴圖 (청나라 심전 그림) 123
자랑선관도紫琅仙館圖 (청나라 전두 그림) 124
구두조도狗頭雕圖 (청나라 아이패 그림) 130
청나라 전기 한학 편찬 일람표 132
매화도梅花圖 (청나라 이방응 그림) 133
10준마도의 한 폭 (청나라 왕치성 그림) 136
일본에서의《수호전》 137
〈사녀도仕女圖〉의 한 폭 (청나라 진자 그림) 138
인물산수도人物山水圖 (청나라 나빙 그림) 138
옥호춘색도玉壺春色圖 (청나라 김농 그림) 139
고염무의《음학5서》의 영인 141
청원도聽阮圖 (청나라 유언충 그림) 142
체인각體仁閣 144
《흠정명사欽定明史》 144
방고산수도 145
야전황작도野田黃雀圖 (청나라 화암 그림) 160
산수도山水圖 (청나라 석도石濤 그림) 161
연당쌍금도蓮塘雙禽圖 (청나라 황신 그림) 161
청나라 때의 공안 소설 176
비덕공을 붙잡다 (자기 접시 그림) 176

산수도 (청나라 왕감王鑒 그림) 180
《요재도책聊齋圖冊》(청나라) 193
왕사진의《행서시》두루마리 196
《어양산인정화록전주》영인 196
공상임가도孔尙任引駕圖 (청나라 일명 그림) 205
공상임서《행서제중경소조行書題仲景小照》 206
인형으로 〈서상기〉 공연 206
사신행의 〈행서칠언시〉 208
홍승의 〈장생전〉 영인 209
청나라 전기 희곡 중 일지독수一枝獨秀 곤극 210
동성파 사승師承 213
《남산집》영인 214
문예부흥 후 유럽인들이 중국 소설에 주목하다 234
대형 유서類書《고금도서집성》 242
《흠정고금도서집성》 246
《판교집板橋集》(건륭 시기 탁본) 268
난죽석도蘭竹石圖 269
행서축行書軸 269
《목재유학집牧齋有學集》영인 270
《5체청문감五體淸文鑒》 277
《흠정서역동문지欽定西域同文志》 281
흠정《사고전서》간명목록함 282
곳곳마다 먹의 향기로 넘친 황실 장서루藏書樓 283
임고법첩臨古法帖 (청나라 주답의 글) 284
청나라 전기의 화가들 284
《대동원선생문집戴東原先生文集》 286
맹자 자의소증字義疏證 287
건가학파 287
《삼희당법첩三希堂法帖》 288
4대휘반이 북경에 들어가다 289
해강의 〈초서단원론서일칙草書檀園論書一則〉 291
암거추상도岩居秋爽圖 (청나라 해강 그림) 291
팔자관등도축八子觀燈圖軸 (청나라 민정閔貞 그림) 291

343

1644년부터 1840년까지의 사회 생활 및 역사 문화 백과

화미견우도畫眉牽牛圖 (청나라 마전 그림) 291
《원태사문집袁太史文集》 294
《패문운부》 295
시첩시試帖詩 297
중국 고대 희극 표연예술의 최고봉 경극의 탄생 297
정갑본《홍루몽》영인본 298
홍루몽12차책·사상운十二釵冊·史湘云 (청나라 비단욱費丹旭 그림) 299
홍루도영紅樓圖詠 (청나라 개기改琦 그림) 299
《홍루몽》중의 대관원도 300, 301
연단도煉丹圖 (청나라 황신黃愼 그림) 316
당시집구唐詩集句 -청나라 시대 등석여의 글 318
소천세연도疏泉洗研圖 (청나라 홍인弘仁 그림) 319
청나라 전기(1644년~1840년) 문학가 일람표 325
최초의 '성경' 중역본 329
소류전금도疏柳顚禽圖 (청나라 장문도張問陶 그림) 329
쌍구죽석도雙鉤竹石圖 (청나라 조지침趙之琛 그림) 331

10. 훌륭한 기술을 과시한 공예품

동주 28
국새의 진위 48
강희 연간에 만든 법랑채락사 그림 무늬 자기접시 48
강희 연간에 만든 법랑목단 무늬가 그려 있는 작은 병 51
강희 연간에 만든 황유암화제량호黃釉暗花提梁壺 52
강희 연간에 만든 비단으로 수놓은 금계錦鷄 목단 무늬 도배조각 53
강희 연간에 만든 유리홍단화무늬의 연적 62
건륭 연간에 만든 채루공반리문투병彩鏤空蟠螭紋套瓶 77
강희 연간에 만든 겹사법랑천구식향훈掐絲琺瑯天球式香熏 79
강희 연간에 만든 가피자유리이병茄皮紫釉螭耳瓶 81
강희 연간에 만든 오채가금화접五彩加金花蝶 무늬 반찬

그릇 84
옹정 연간에 만든 법랑채홍琺瑯彩紅 사발 90
옹정 연간에 만든 방가유삼양병敦哥釉三羊瓶 90
수자도壽字圖 (청나라 때 그림) 93
청나라 건륭 시대 〈투조군진해회도透雕群眞海會圖〉 109
건륭 연간에 만든 광채인물화조曠彩人物花鳥 대야 110
건륭 연간에 만든 법랑채황지개광양인산수수대琺瑯彩黃地開光洋人山水綬帶 호리병 112
황실의 존귀한 기질을 과시한 법랑채화훼 자기 사발 118
투조가채투병透雕加彩套瓶 118
건륭 연간에 만든 파리태법랑비연호玻璃胎琺瑯鼻煙壺 122
건륭 연간에 만든 자지알도법랑채쌍련병紫地軋道琺瑯彩雙連 병 123
건륭 연간에 만든 남색 유리로 만든 반룡조관이삼족로蟠龍朝冠耳三足爐 124
건륭 연간에 만든 외남지분채루공전심外藍地粉彩鏤空轉心 병 129
분채십금배粉彩什錦杯 130
건륭 연간에 만든 자기 접시 131
강희 연간에 만든 청화유리홍青花釉里紅 그물 무늬 주전자 139
강희 연간에 만든 오채가금로사하화문봉미존五彩加金鷺鷥荷花紋鳳尾尊 139
휴금방우도척홍携琴訪友圖剔紅 필통 142
강심초각도江深草閣圖 (부산 그림) 151
공작개병도孔雀開屏圖 (청나라 낭세녕 그림) 153
최고에 이른 오채소제 155
강희 연간에 만든 적록채묘紅綠彩描 금수면문루공방훈金獸面紋鏤空方薰 170
강희 연간에 만든 청화만수자青花万壽字 큰 병 174
청나라 시대의 대음도배對飲圖杯 203
산호 괴성점두독점오두魁星点頭獨占鰲頭 화분 233

1644년부터 1840년까지의 사회 생활 및 역사 문화 백과

분채화훼규판粉彩花卉葵瓣 자기사발 236
옹정 시대의 자기공예병 241
옹정 연간 흑채미불배석도반 243
청나라 시대 금박과형연호金珀瓜形煙壺 247
청나라 시대 궁술 필통 251
건륭 연간에 만든 황옥조불수형화삽黃玉雕佛手形花揷 254
건륭 연간에 만든 겹사법랑부준掐絲琺瑯鳧尊 256
건륭 연간에 만든 잡사법랑금문편호卡絲琺瑯錦紋扁壺 257
건륭 연간에 만든 벽옥서원아집碧玉西園雅集 필통 257
건륭 연간에 만든 화법랑개광인물합畵法琅開光人物盒 258
삼수성도자수三壽星圖刺繡 272
건륭 연간에 만든 분채루공운용문전심관가粉彩鏤空云龍紋轉心冠架 289
건륭 연간에 만든 갈유묘금번도영지문褐釉描金蟠桃靈芝紋병 293
건륭 연간에 만든 화법랑산수화조서양식畵琺瑯山水花鳥西洋式 제량호提梁壺 295
가경 연간에 만든 분채노련粉彩鷺蓮병 297
가경 연간에 만든 분채절요粉彩折腰사발 300
가경 연간에 만든 녹지백화삼공綠地白花三孔호로병 315
가경 연간에 만든 분채모통粉彩帽筒 315
가경 연간에 만든 화법랑집호畵琺瑯執壺 319

11. 농업생산

밭갈이 (청나라 때 사람이 그린 농사도) 202
옹정경직도雍正耕織圖(전금, 재의) (청나라 초병정焦秉貞 그림) 236
도기생산과정도책陶器生產過程圖冊 249
건륭 황제가 고구마와 옥수수 재배를 보급했다 262

12. 청나라 전기의 복장과 방직품

차하르 여성의 머리 장식품 49
현청단운견대금대양변 여면괘玄靑緞云肩對襟大鑲邊女綿掛 83
장단 여례복 83
화려하고 아름다운 거울 커튼 96
권서도倦書圖 (자수) 96
황색혁사공작모용수자망포黃色緙絲孔雀毛龍壽字蟒袍 102
만주족과 한족의 문화가 결합된 여성 복장 113
청나라 시대 여성 신발 124
마괘 164
석청색납사채운금용문황후하조복石靑色納紗彩云金龍紋 皇后夏朝服 176
호색지매죽제화여단의湖色地梅竹提花女單衣 176
금황색자수채운금용쌍희귀비길복金黃色刺繡彩雲金龍雙喜貴妃吉服 177
황후의 겨울 조복 177
명황색 단수오채금용의주녀조복 189
청나라 때의 혁사 - 단용團龍 232
촉수금죽연화8선도蜀銹錦竹年畵八仙圖 (청나라 시대) 233
청나라 시대 남자들의 겉옷 - 장포단삼長袍短衫 290
치파오 327

13. 경, 상과 중신들

명나라 충신 원숭환 45
원숭환 묘비 - 탁본 51
홍승주 화상 57
홍승주사 옛터 57
도르곤 인물상 66
소니 고봉비 118
《장씨사안본말》 129
청나라 초기 4대 보좌 대신 중 한 사람인 수크사하 134

345

1644년부터 1840년까지의 사회 생활 및 역사 문화 백과

에빌룬의 패도佩刀 135
평서왕 오삼계 154
한족 관원들에 대한 조정의 방비 대책 154
경중명의 인감 156
상가희 156
상지신 157
상지신의 인감 157
대만을 수복한 공신 시랑 162
개원사 석비石碑 162
시랑이 수사를 훈련시키던 지휘대 163
사천정 163
마상작진도 (청나라 낭세녕 그림) 164
명주가묘비明珠家墓碑 179
붕춘고서비朋春誥書碑 182
청렴한 관리 탕빈 203
뤄부창단진에 관한 연갱요의 상주서 228
연갱요의 수적 228
룽커둬의 상주서 229
악종기 인물상 238
《여유량의 4서 강의 반박》 240
에얼타이 242
탁월한 치적을 올린 이위 256
권신 화신(1750년~1799년)의 관직 승진 일람표 262
군기처 당직방 266
군기처 당직방의 내부시설 266
일대의 명신하 유용 276
유용이 이무거李武擧를 나포하다 (청나라 말 연화) 276
유용의 서예《행서송채명원서行書送蔡明遠敍》 277
유용의 상주서 원고 278
벼슬운이 좋았던 화신 309
화신부화원 호심정湖心亭 옛터 310
화신의 인견절引見折 310
복강안 312

더렁타이 316
충모무략忠謀武略의 양우춘 321
강소 순무 장사성상 323
'영국과의 무역 중단에 관한 오웅광의 상주서' 328

14. 청나라 전기의 건축

수복한 후의 동경성 남문 천우문天佑門 38
심양성 최초의 약도 - 〈성경성궐도〉 41
심양고궁의 대정전 42
심양고궁의 십왕정 42
봉황루 42
취규탑奎塔 46
웅위한 대묘방 58
자금성 내에서 제일 웅장한 황극문 71
천단 기연전 72
고궁 전경 73
전정 73
원명원의 분수 74
북경의 천안문 74
포탈라 궁 99
청나라 때의 공부 103
실용성에서부터 장식에 이르기까지 - 태화문 들보의 채색 그림 104
황권의 상징 - 태화전 105
어도에서의 상징석 105
명·청나라 때 후비들이 거주하던 궁전 - 경인궁 114
순치 황제 효릉석패방 115
17세기의 네르친스크 185
우기괭촌 194
청나라의 황실 정원 194
피서산장의 정문 220
승덕피서산장의 주전主殿 - 담백경성전澹敬誠殿 221
피서산장 (청나라 냉매冷枚 그림) 222

1644년부터 1840년까지의 사회 생활 및 역사 문화 백과

승덕피서산장 223
여강麗江 고성 237
태릉 석패방石牌坊 264
경사서산전경도京師西山全景圖 271
피서산장避暑山莊 306
자금성紫禁城 320

15. 정령, 법규
인삼 매매 독점 33
청나라 황족 특권의 상징 황띠·홍띠 39
본 민족을 위해 명분을 바로잡은 홍타이지 43
8대왕과 8분공 51
'3향'의 폐지 59
섭정攝政 64
청나라 시대 지방 행정 체제 69
청나라 궁전의 경비 제도 80
일품 문관의 관복 보자 88
일품 무관의 관복 보자 89
거거 93
청나라의 지방 주요 관제官制 일람표 101
신분제도를 구현한 건축 장식 - 오문의 문고리와 문정門
 釘 104
청나라 때의 과거제도 105
정대화령 109
강남의 지주 진신을 타격한 '진소 사건' 116
청나라에서 만든 벼슬 명칭의 통칭 경당 130
흠정만인불득전각欽定滿人不得纏脚 141
전시 전과에 따로 첨부한 과거시험 특과 144
《평정삼역방략》 157
포정사 161
청나라 때의 관원 등용 방식 167
관학화官學化한 청나라 때 서원 174
황족을 관할하는 기구 - 종인부 179

네르친스크 조약 186
과거시험장 북경공원貢院 196
출상장경出相藏經 204
인구가 늘었지만 세금을 늘리지 않았다 218
권지 223
청나라 황제의 능침陵寢 규칙 236
소흥사야紹興師爺 247
청나라 시대의 개방 250
군기처軍機處 252
양렴은養廉銀 268
시법諡法 272
어제御製투르후터인전부귀순기 281
한림원 282
황방皇榜 292
장원이 가장 많이 배출된 지역 293
지현 295
강녕직조부 화원 옛터 300
청나라 시대의 직조아문 301
청나라 시대 궁문수위 제도 318

16. 기타
칠대한 - 목각계방木刻揭榜 43
사천이족 토사인土司印 244
만국래조도萬國來朝圖 (청나라 요문한姚文翰 등 그림. 일부분)
 305
황청직공도皇淸織貢圖 - 영국인 305

찾아보기

ㄱ

가경 황제嘉慶皇帝 204, 288~289, 298, 308~310, 315, 318, 324, 326

가규柯奎 131

가부서賈鳧西 206

갈례噶禮 174

강홍립姜弘立 38

강희 황제康熙皇帝 92, 102, 114~116, 118, 120, 130, 132, 134~136, 142~144, 146~149, 152, 154~156, 158~176, 178, 180~182, 184~185, 188, 190~191, 195~205, 209, 211~213, 216~221, 224~226, 228, 231, 235, 243, 257, 278, 283, 288, 298, 301, 303, 306, 308, 312

감봉지甘鳳池 253~255

건가학파乾嘉學派 214, 286~287

건륭 황제乾隆皇帝 31, 42~43, 48, 77, 105, 107~108, 114, 116, 123, 132, 136, 144, 151, 189, 192, 194, 196, 198, 218~219, 224, 231~232, 240~241, 244, 246, 248, 250, 256, 258~259, 261~266, 270~278, 280~284, 287~290, 292, 295, 297, 302~311, 313

경정충耿精忠 102, 154~157

경중명耿仲明 31, 61, 63, 154, 156

계심랑啓心郞 47

고대절高大節 155

고수귀高守貴 128

고염무顧炎武 29, 114, 140~142, 151~152, 254, 287, 325

고제高第 45

고홍중高鴻中 50~51

공유덕孔有德 61~63, 109, 150, 271

공상임孔尙任 89, 162, 205~207, 209, 325

공자진龔自珍 327, 332~333

공정번孔貞璠 206

구식사瞿式耜 84, 112, 150

구조오仇兆鰲 143

굴대균屈大均 151

근보靳輔 165~167, 325

급사중給事中 106, 152, 310

기효람紀曉嵐 278, 282~284, 294

김경서金景瑞 38

찾아보기

ㄴ

나란싱더納蘭性德 178~180, 265

나자목羅子木 122~123

나장한拉藏汗 251

남리藍理 162

《남산집南山集》 152, 214~215

남회인南懷仁 146, 148~149

네르친스크 조약 124, 158, 186~187, 233

노량제魯亮儕 245~247

누르하치努爾哈赤 28~30, 32~47, 51, 60, 64~66, 72, 307

니칸와이란尼堪外蘭 28, 32~35

ㄷ

달라이라마 5세 98~101

담희민潭希閔 131

당수소黨守素 127

대명세戴名世 152, 213~215

대진戴震 238, 275, 283, 286~287, 296, 333

도광 황제道光皇帝 77, 204, 318, 320, 326~327

도도多鐸 48, 64, 66~67, 75~76, 78~79, 81, 87, 91

도르곤 45, 48~50, 58~59, 62, 64~68, 70~76, 85, 87~88, 95, 99, 146, 188~189, 223, 298

도용陶鏞 233

《도화선桃花扇》 89, 205~206, 209, 325

돈민敦敏 300

돈성敦誠 300

동국강佟國綱 185

동기창董其昌 80, 130, 291

동봉삼童鳳三 292

동이유董二酉 131

두우황杜于皇 206

두월杜越 152

등효위鄧孝威 206

딩서우定壽 252

ㄹ

라다羅多 130

루쉰魯迅 233

룽커둬隆科多 226~229, 235, 237

찾 아 보 기

뤄부창단진진羅卜藏丹津 228, 251

ㅁ

마등운馬謄雲 127

마얼싸이馬爾賽 252, 261

만사대万斯大 143

만사동万斯同 132, 143~145

매카트니 305~307

《명사明史》 37, 58, 110, 129~132, 144~145, 178

《명사집략明史輯略》 129~131

모명원茅元銘 페이지없음

모문용毛文龍 50~51

모벽강冒辟疆 206

목리마穆里瑪 127

문자옥文字獄 38, 129~131, 152, 174, 238, 273, 275, 287

문천상文天祥 107, 141

ㅂ

범문정范文程 47, 59, 61~62, 68, 189

범시강範時綱 255

범양范驤 129~131

범진范進 233

부미傅眉 152

부산傅山 150~153, 254, 267

붕춘朋春 114, 182~183

ㅅ

사계좌查繼佐 129, 131

《사고전서四庫全書》 112, 132, 242, 272, 276, 282~284, 286~287

사르후 전투 38~39

사마천司馬遷 129

사사련查嗣璉 208

사사정查嗣庭 235, 237

상가신尙可信 156~157

상가희尙可喜 31, 63, 104, 154~156

샬 폰 벨 57, 146

찾 아 보 기

서건학徐乾學 123, 143~145, 178~179

서광계徐光啓 146

서원문徐元文 144

석도石濤 80, 161, 206, 269, 285

소식蘇軾 195

손가감孫嘉淦 230~232

손승종孫承宗 45

손혜孫蕙 192

송가성宋可成 147

송발宋發 147

수크사하蘇克薩哈 134~135

순치 황제順治皇帝 48, 52, 64, 67~68, 71, 80, 83, 95, 98~102, 104~106, 110~111, 114~118, 134, 146~147, 188~189, 235, 260, 265, 270

숭정 황제崇禎皇帝 45, 50~52, 57~58, 68~69, 71, 83, 93, 146, 208

쒜에투索額圖 134~135, 184~185, 187, 197

시대기柴大紀 312~313

시랑施琅 162~164

시세륜施世綸 175~177, 224

시윤장施閏章 192

신함광申涵光 151

심덕잠沈德潛 237, 270, 273~275

ㅇ

아구다阿骨打 28

아산阿山 172~174

아지게阿濟格 48, 58, 64, 66, 71, 75~76

악비岳飛 124, 238, 257

악종기岳鍾琪 228, 238~240, 251~252

양관옥楊冠玉 122~123

양광선楊光先 147~149

양호楊鎬 38, 40

엄홍규嚴鴻逵 241

에얼타이鄂爾泰 242~244, 250, 257, 259~261, 273

여유량呂留良 174, 239~241

연갱요年羹堯 168, 170, 227~229, 238, 251

염이해閻爾海 151

엽방갈葉方葛 144

엽방항葉方恒 141

에빌룬遏必隆 118, 134~135

찾아보기

오명환吳明桓 148~149

오보이鰲拜 65~66, 90, 96, 118, 134~136, 147, 149, 190

오경재吳敬梓 123, 233~234, 325

오삼계吳三桂 31, 52, 57, 68~71, 75~76, 100, 102, 104, 112~113, 154~158, 181, 272

오세번吳世璠 156~157

오육기吳六奇 131

오응기吳膺麒 155

오조吳祚 160

오종만吳鐘巒 137

오지명吳之銘 129

오지영吳之榮 130, 133

옹정 황제雍正皇帝 102~103, 114, 132~133, 164, 171, 178, 189, 194, 204, 219, 223~224, 226~231, 235~244, 248~262, 298

요계성姚啓聖 162

《요재지이聊齋志異》 192~194, 233, 325

요지부姚之富 314

왕사진王士禛 193, 195~196, 235, 274

왕소훈王紹勳 38

왕수인王守仁 137

왕염오王炎午 141

왕원아王元雅 50

왕조정王兆楨 131, 270

왕총아王聰兒 314~316

우겸于謙 124

우성룡于成龍 158~161, 166~167, 211~213

우포랑牛浦郎 234

원매袁枚 121, 264, 294~296, 325

원숭환袁崇煥 45~46, 50~52

원종제袁宗第 126

유곤劉琨 151

유국헌劉國軒 162~163

유군부劉君孚 158~159

《유림외사儒林外史》 122, 233~234, 235

유옹금鈕翁金 36

유용劉墉 276~278, 285

유유태劉有泰 147

유체순劉體純 125~126

유통훈劉通勳 230, 276~278, 283

유패선劉沛先 152

찾 아 보 기

육기陸圻 129, 131, 284

윤잉胤礽 171, 224~226

윤제胤禵 171, 173, 226

이계현李契玄 137

이과李過 76, 112, 125

이광영李光榮 38

이국영李國英 126

이금습李錦襲 169

이난옥李蘭玉 169

이래형李來亨 125~128

이백용李佰龍 47

《이신전貳臣傳》 236, 270~272

이영석李令晳 129, 131

이옹李顒 152

이위李衛 195, 231, 241~242, 254~258

이인독李因篤 151

이조백李祖白 147

이종공李宗孔 152

이지犂支 214

이지현李知縣 245~247

이파얼한伊帕爾汗 264~266

이향군李香君 84, 205~207

이환영李煥寧 131

임상문林爽文 123, 250, 263, 311~313, 321

임흥주林興珠 181~183

ㅈ

장거얼張格爾 308, 320~322

장걸張杰 122~123

장긍당張肯堂 137

장대의張大義 253

장대전莊大田 312~313

장량張良 151

장백항張伯行 174

장붕핵張鵬翮 212~213

장산용蔣山傭 141

《장생전長生殿》 89, 206, 208~210

장승기張承基 38

장요성張瑤星 206

장육영蔣毓英 164

장윤성庄允城 129~131, 133

찾아보기

장영張英 132, 168~171, 196

장정롱庄廷鑨 129, 131

장정옥張廷玉 144, 244, 252, 259~262, 276

장조진張朝珍 158~159

장학명張鶴鳴 44

장황언張煌言 76, 84, 94~95, 97, 122~124, 270, 284

전문경田文鏡 242, 245~247, 257

정극상鄭克塽 63, 162~164

정성공鄭成功 76, 80, 82, 84, 94~97, 113, 119~121, 142, 159, 162~163, 203, 284, 312

정판교鄭板橋 267~269, 325

제국모齊國謨 314

제르비용Jean-Francois Gerbillon 187

제중광諸重光 292

조군송趙君宋 131

조대수祖大壽 53~57, 59

조설근曹雪芹 77, 298~300, 325

조세선曹世選 298

조신교趙申喬 215

조웅조趙熊詔 215

조집신趙執信 208

주국정朱國楨 129~130

주분朱蕡 323~324

주량공周亮工 130, 272

주순수朱舜水 137~139

주우명朱佑明 129~131, 133

주원장朱元璋 137, 249

주이해朱以海 143

주전朱典 208, 221

주희朱熹 137, 286

진붕년陳鵬年 172~174

진영뢰陳永賴 133

진영명陳永命 131

진자용陳子龍 83, 141

진정경陳廷敬 196

진황陳潢 68, 165~166

ㅊ

차커단查克旦 135

채견蔡牽 276, 323~324

처링둔둬부策零敦多布 251~252

찾 아 보 기

처링에푸策凌額駙　252

처왕아라부탄策旺阿拉布壇　251

천지회天地會　311~313, 315

찬일단傳爾丹　251~252

ㅋ

커선가얼喀什噶爾　320~321

쿠룬多倫회맹　200~202

쿼얼커廓爾喀　254, 302~304

ㅌ

탕빈湯斌　144, 203~204

탕약망湯若望　146~149

투르크土爾扈特　183, 279

ㅍ

파충巴忠　303

팽백령彭百齡　158

팽붕彭鵬　175~177, 212

페레이라 토마스Thomas Pereira　187

포송령蒲松齡　83, 156, 192~194, 233, 325

포승선鮑承先　50~51

풍부馮溥　152, 196

풍석범馮錫範　162~163

피서산장避暑山莊　184, 220~223, 295, 304, 306, 326

필원畢沅　264, 292~293, 296

ㅎ

하가강何可綱　53, 55

하이란海蘭　252

학요기郝搖旗　126

해강奚岡　285, 290~291

해경방解經邦　44

허투알라赫圖阿拉성　32

허푸何溥　252

현엽玄燁　56, 80, 114~116, 190, 213, 307

홍력弘歷　56, 160, 178, 218, 224, 236, 244, 259, 262, 273, 307

찾아보기

《홍루몽紅樓夢》 77, 298~301, 325

홍승洪昇 89, 206, 208~210

홍타이지皇太極 30, 35~37, 40, 42~43, 45~57, 59~66, 68, 71~72, 74, 98, 141, 188~189, 200, 307

화신和珅 262~263, 278, 308~310

화양산인華陽山人 233

황경인黃景仁 296, 303

황금용黃金龍 158~159

황종희黃宗羲 29, 111, 137, 143~144, 208, 287, 325

후방역侯方域 143, 205~207

편집위원

김경선
문학박사
북경 중앙민족대학 한국어학과 졸업, 부산대학교 국어국문학과 박사과정
현재 북경 외국어대학교 한국어학과 교수
저서 : 《한국문학선집》《중·한 30년대 소설 비교 연구》 외 다수

문일환
문학박사
북경 중앙민족대학 조선언어문학 학과 졸업, 김일성종합대학 박사원, 연변대학 연구생원
현 북경 중앙민족대학 언어문학학원 교수, 중국 사회과학원 학술위원회 및 직함평의위원, 중국 소수민족문학 학회 부이사장, 중국 인민대학 국학원 전문가 위원
저서 : 《조선 고대 신화연구》《조선 고전문학 연구》《조선 고전문학사》 외 다수

서영빈
문학박사
북경 중앙민족대학 졸업, 북경대학 대학원 및 한남대학교 대학원 졸업
홍익대학교 및 한남대학교, 신라대학교 초빙교수 역임
현 중국 대외경제무역대학 교수, 외국어대학 부학장, 한국경제연구소 소장
저서 : 《한국현대문학》《서사문학의 재조명》《중국의 불가사의》 외 다수

이선한
문학박사
연변대학 조선어문학과 졸업
오사카 경제법과대학 객원교수, 숭실대학교 국어국문학과 및 서울대학교 국어국문학과 객원연구원
북경대학 조선문화연구소 소장, 북경대학 한국어학과 교수 역임.
현 북경대학 조선문화연구소 고문, 북경대학 외국어학원 동방학부 교수
저서 : 《패설작품집》《한국고전문학선집》《중국 조선민족 문학선집》《중국 조선민족문화사 대계》 외 다수

장춘식
문학박사
북경 중앙민족대학 조선언어문학 학과 졸업, 전북대학교 국어국문학과 박사과정
현 중국사회과학원 민족문화연구소 교수
저서 : 《시대와 우리 문학》《해방전 조선민족 이민소설 연구》《일제 강점기 조선족 이민문학》 외 다수

최순희
문학박사
연변대학 조선어과 졸업, 인하대학교 대학원 졸업
현 북경 언어문화대학교 교수, 한국문화연구센터 센터장, 중국 비통용어교육연구회 이사
저서 : 《한국어 어휘 교육연구》《사랑차 한잔 들이서》 외 다수

번역위원

김동휘
장춘광학정밀기계학원 졸업
중국조선어규범위원회 상무위원, 연변번역가협회 부회장, 연변인민출판사 사장·주필·편심 역임
번역서 : 《청대철학》《중국유학사》《중국오천년황궁비사》《치국방략》《상도와 인도》 등

김봉술
길림공업대학, 연변대학 조문학부 졸업
동북과학기술신문사 사장·주필·고급기자 역임
문학, 과학보급 및 번역 작품 다수 발표

김순림
연변대학 조문학부 졸업
중학교 조선어문 교연실 부실장 역임
현 연변교육출판사 편집

김춘택
길림사범대학 중문학부 졸업
정부 통·번역, 고등학교, 사범학교 교원 역임
현 연변교육출판사 부편심
번역 서 : 1980~90년대 소설, 시 및 2007년 고등학교 역사교재 등

남광철
연변대학 한어학부 졸업
연변번역국 부역심, 정부 통·번역 역임
번역 서 : 중국 방송대학 교재 (중한번역), 한국 산업(한중 번역, 합작 및 주역), 《한방 치료법 해설》《돈을 버는 사람은 따로 있다》《한국 명가 요리》 등

남홍화
연변대학 한어학부 및 한어학부 한어문 석사 졸업
연변대학 학보 편집
문학 및 번역 작품 다수

남희풍
연변대학 조문학부 졸업
연변대학 교수, 중국조선족가사문학연구소 소장
저서 : 《알기 쉬운 우리 민족역사》《중국항일전쟁과 조선족》《중국조선족가사문학대전》《가학창작연구》《음악문학창작의 길》, 시조 가사 집 《푸른 하늘 푸른 마음》 및 대학교서 등 다

박기병
연변대학 중문학부 졸업, 길림성 대학학보연구회 부이사장, 연변대학 농학학보 주임 역임
저서 : 《신문출판이론과 실천》《연변농업과학기술사 개론》 등 다수

이원길
연변대학 및 중앙민족대학, 북경대학 대학원 졸업
현 중앙민족대학교 소수민족언어문학대학 부학장·교수
저서 : 《설야》《춘정》《땅의 아들》《한국어의 표현방식과 그 체계》 등
번역서 : 《지낭》《천년상도》《인물과 사건으로 보는 중국상하오천년사》 등

이인선
연변대학 역사학부 졸업
중국 흑룡강신문사 기자·편집, 중국 전국인대 통·번역 역임
시, 산문, 수필, 소설 등 번역 작품 다수 발표

중국을 말한다
14 석양의 노을

초판 1쇄 인쇄 2008년 8월 25일
초판 1쇄 발행 2008년 8월 30일

총기획 | 허청웨이
지은이 | 멍펑싱
옮긴이 | 김순림
펴낸이 | 신원영
펴낸곳 | (주)신원문화사

편집 | 최광희, 김은정, 김숙진, 장민정
교정·교열 및 디자인 | 인디나인
영업 | 윤석원, 이정민, 박노정
총무 | 양은선, 최금희, 전선애, 임미아, 김주선
관리 | 조병래, 김영훈

주소 | 서울시 강서구 등촌1동 636-25
전화 | (02) 3664-2131~4
팩스 | (02) 3664-2130
출판등록 1976년 9월 16일 제5-68호

ISBN 978-89-359-1453-1 (04910)
ISBN 978-89-359-1439-5(세트)

 '本书获得中国图书对外椎广计划支持'
이 도서는 중국 도서 대외 보급 계획의 번역 원고료 지원을 받았음.